南陵漳河—大工山区域考古调查与研究

安徽大学历史学院考古学系
芜湖市文物考古研究所　　编著
南陵县文物管理所

张爱冰　　主编

上海古籍出版社

图书在版编目(CIP)数据

南陵漳河—大工山区域考古调查与研究 / 安徽大学
历史学院考古学系，芜湖市文物考古研究所，南陵县文物
管理所编著；张爱冰主编. -- 上海 ：上海古籍出版社，
2024. 7. -- ISBN 978-7-5732-1238-2

Ⅰ. K872.544

中国国家版本馆CIP数据核字第2024QB7565号

南陵漳河—大工山区域考古调查与研究

安徽大学历史学院考古学系

芜 湖 市 文 物 考 古 研 究 所　编著

南 陵 县 文 物 管 理 所

张爱冰　主编

上海古籍出版社出版发行

（上海市闵行区号景路159弄1-5号A座5F　邮政编码 201101）

（1）网址：www.guji.com.cn

（2）E-mail: guji1 @ guji.com.cn

（3）易文网网址：www.ewen.co

上海雅昌艺术印刷有限公司印刷

开本889×1194　1/16　印张23　插页41　字数576,000

2024 年 7 月第 1 版　2024 年 7 月第 1 次印刷

ISBN 978-7-5732-1238-2

K·3649　定价：298.00 元

如有质量问题，请与承印公司联系

本报告为

国家社科基金重大项目
"安徽沿江地区矿冶遗址调查与综合研究"
阶段性成果
（项目批准号：17ZDA222）

本书主编：张爱冰

副 主 编：胡小伟　王东明　魏国锋

考古工作各阶段参加工作人员

项目负责人：张爱冰

培训指导：吴卫红、张小雷

现场负责人：魏国锋

考古调查：

安徽大学历史学院考古学系：张爱冰、吴卫红、魏国锋、肖航、王爱民、常经宇、王艳杰、李强、孙天强、夏四达、杨朴、安昭、胡娜、高君、左亚琴、刘调兰、张乃博、史红妍、周扬、王寅、邓栋梁、张斌斌、方家领、王志文、杨盼、袁学梅、张文利、韦邦加、伏金兰、李迎港、李如雪、孙阳洋、张治宇、谢秋惠、陈亮亮、张佳慧

中国科学技术大学：方立

安徽省文物考古研究所：张小雷

南陵县文物管理所：王东明、姚耘、王陵华

芜湖市文物考古研究所：胡小伟、张伟、秦亚萍

标本整理：

肖航、张文利、杨朴、高君、夏四达、胡娜、刘调兰、伏金兰、李如雪、袁学梅

绘图：

安徽省文物考古研究所：蔡波涛、田玉龙

拓片：

肖航、张文利

地图制作：

肖航、张文利

摄影：

张文利、吕乐双、王梦月、孙昕阳、张欣如、伏金兰

执笔：

张爱冰、肖航、张文利、吕乐双、王梦月、孙昕阳、张欣如、钱静轩、韦荣和、王爱民、郁永彬、王志文等（详细分工见后记）

序

张爱冰先生领衔的国家社科基金重大项目"安徽沿江地区矿冶遗址调查与综合研究"即将结项,安徽大学历史学院考古学系与南陵县文物管理所共同编著的《南陵漳河—大工山区域考古调查与研究》也已杀青。付梓之际,嘱我为"序"。

我虽多次徜徉在大工山下,徘徊于漳河之畔,但如今已是古稀之人,知识老化、思想僵化、思维固化是客观规律,为洋洋洒洒的鸿篇巨制作序,令人畏葸,更令人汗颜。然爱冰先生再三相邀,实感却之不恭,于是不知天高地厚地胡乱写上几句朽迈之言,滥竽充数。

唐·杜牧《南陵道中》:"南陵水面漫悠悠,风紧云轻欲变秋。"第一次踏上南陵道中是1984年,荏苒之间已过去了四十年。20世纪80至90年代,为了解皖南土墩墓和矿冶遗址的分布,我曾在南陵做过多次考古调查,当年穿行在山间小路的情景历历在目,在荒山野岭中饥渴难耐的窘境恍如昨日,回首往事,感慨万千。

皖南的贵池、青阳、铜陵、南陵、泾县、繁昌境内先后发现矿冶遗址100余处,分布范围达2 000平方公里,以南陵大工山—铜陵凤凰山一带最为集中。

南陵有方圆数十平方公里的矿冶遗址群,南陵有分布密集的聚落遗址群,南陵有漫山遍野的土墩墓群,南陵有水路四通八达的牯牛山古城,先秦时期南陵的所有文化遗存似乎都与矿冶息息相关。

《左传》僖公十八年:"郑伯始朝于楚,楚子赐之金,既而悔之,与之盟曰:'无以铸兵!'故以铸三钟。"铜既可铸造兵器,亦可铸造礼乐器。

矿、冶、铸是矿冶业与铸造业的重要流程。《周礼·地官·卝人》:"卝人掌金玉锡石之地。""卝人掌金玉锡石之地"即"矿"。《周礼·考工记》:"攻金之工:筑、冶、凫、栗、段、桃。""攻金"即"冶"。《墨子·经说下》:"火铄金,火多也;金靡炭,金多也。""火铄金"可能是"铸"。

《左传》成公十三年:"国之大事,在祀与戎。"铜是先秦时期"国之大事"的物质载体,而矿冶业的最终产品就是铜锭。铜不仅是国家重要的经济资源,更是重要的战争资源,因此,掌控了矿冶业就掌控了国家的政治命脉与经济命脉。

国家掌控的产业即"官工业"。通过强权政治将公共资源垄断为国家资源,将手工业者和商人集中起来设官吏统一管理,由政府提供衣食,按照政府的意志、根据政府的需求进行生产和贸易是"官工业"的生产模式;产业规模大、生产地集中、从业人员多、分工细致化是"官工业"的基本特征。

《左传》昭公二十六年："民不迁，农不移，工贾不变。"《国语·晋语四》："大夫食邑，士食田，庶人食力，工商食官。""工贾不变"与"工商食官"是先秦时期"官工业"的真实写照。南陵的矿冶遗址群、聚落遗址群、土墩墓群和牯牛山古城无疑展现了一幅先秦时期矿冶业的宏伟画卷。

南陵的矿冶遗址群、聚落遗址群、土墩墓群、牯牛山古城之间有着密切的联系，各类遗存之间的有机联系构成了庞大的矿冶系统：南陵的矿冶遗址群是采矿冶炼的作业遗存，聚落遗址群是矿冶人群的生活遗存，土墩墓群是矿冶工匠的最终归宿，而牯牛山古城则是国家管理矿冶的机构所在和贮存矿冶产品的仓储所在。

先秦时期南陵的矿冶业是一个庞大而复杂的工业体系，从而衍生出一系列亟待解决的问题，《南陵漳河—大工山区域考古调查与研究》有条不紊地回答了与矿冶业相关的一系列问题，首开系统研究南陵矿冶遗存之先河。

根据区域系统调查理论，安徽大学的师生对南陵境内的漳河流域、大工山北麓、七星河流域进行了拉网式调查，调查发现了先秦时期的遗址、土墩墓群72处，并在此基础上对文化遗存的年代与序列、区域聚落的形态、聚落形态的演变、皖南早期铜矿的开发与社会发展进行了全面细致的研究。

皖南的矿冶业我关注多年，也思考多年。2019年我在《东南文化》上发表了《陶冶吴越——简论两周时期吴越的生业形态》，对皖南的矿冶业作了初步梳理，然与20余万字的《南陵漳河—大工山区域考古调查与研究》不可相提并论，也不能同日而语。

《南陵漳河—大工山区域考古调查与研究》分为上下两编：上编为"南陵漳河—大工山区域考古调查报告"，下编为"南陵矿冶与青铜文化研究"。

上编除按漳河流域、大工山北麓、七星河流域等区域公布了调查成果外，还介绍了南陵的自然环境、历史沿革、以往的考古工作和区域系统调查理论与方法。

下编为南陵矿冶与青铜文化研究，研究内容包括印纹陶遗存、聚落空间分布特征、南陵境内土墩墓群、南陵出土青铜器、青铜文化分期、青铜器编年、青铜器文化因素分析以及族属研究等，涵盖了矿冶业的方方面面；下编包含冶炼遗物的科技研究、青铜器的科技研究、青铜冶铸技术的科技研究、砷、锡、锑青铜冶炼和使用的研究、范铸工艺技术的研究、冶铸工业生产组织的研究等，通过上述内容对南陵的矿冶遗存与矿冶技术进行了全方位的研究。

传统考古与科技考古相结合是《南陵漳河—大工山区域考古调查与研究》的显著特色；以考古与科研为基础，促进南陵矿冶遗产的保护、展示、利用，是《南陵漳河—大工山区域考古调查与研究》的又一特色。

尽管《南陵漳河—大工山区域考古调查与研究》已有条不紊地回答了与矿冶相关的一系列问题，已完成了国家社科基金重大项目的既定目标，但就先秦时期皖南庞大的矿冶系统而言，《南陵漳河—大工山区域考古调查与研究》仅揭开了冰山一角，皖南矿冶业的研究还有待拓展研究的领域与深化研究的内涵，还有待从技术层面的研究拓展到社会层面的研究。

树老根多，人老话多。借此机会谈点不着边际的想法作为续貂。

一、考古学是实证科学，田野工作是考古学研究的基础。虽然安徽省文物考古研究所发掘过江木冲遗址和牯牛山城址，但发掘规模不大，南陵矿冶遗存的考古发掘仍是弱项，因此南陵矿冶遗存的田野工作还有待于逐步展开，尤其是矿井巷道的考古发掘。铜矿的采矿技术包括矿井的选择、巷道的布置、架构、排水、通风、照明和矿石的采掘、破碎、装载、运输、提升、筛选等，冶炼技术包括焙烧脱硫、添加辅料、鼓风冶炼、冷却成锭等，因此铜矿的采冶是一项复杂而庞大的系统工程，在发掘中应特别注重对人的行为能力的观察，在研究中应特别注重人的行为过程研究和技术创新研究。

二、矿冶业是"官工业"，是国家经济的重要构成。因此皖南的矿冶业一定有强大的国家为后盾，为矿冶业提供人力、物力、财力的支撑，一定有国家机构进行矿冶业的管理和调度，皖南矿冶业必然有国属是不可回避的史实。因此，皖南矿冶业的国属研究理应成为下一步研究的目标。只有明确了皖南矿冶业的国属方可与周边国家进行资源互动的研究，方可与齐、晋、秦、楚等上国的"官工业"进行横向的比较；因为即便是由众多族群构成的"百越集团"，在两周时期也纷纷以于越、姑蔑、瓯越、闽越、干越、杨越、南越、骆越的国家形态登上历史舞台。

三、矿冶业是一个庞大的系统，矿冶业的主要流程为开采、冶炼、库存、运输，因此系统论的理论和方法可作为南陵矿冶业研究的基础理论。根据系统论的基本思想，将矿冶业作为一个整体系统，将国家组织和资源管理作为社会层面的子系统，将矿冶技术和矿冶流程作为技术层面的子系统，用系统论的方法研究矿冶系统的结构、特点、规律，研究各子系统之间的相互关系。通过研究矿冶遗存的结构、功能与人的行为能力等子系统，比较大工山—凤凰山矿冶遗址群与大冶铜绿山矿冶遗址群、瑞昌铜岭矿冶遗址群的异同，以期达到皖南矿冶业研究的最佳效果。

四、考古学可正经补史，历史文献亦可阐释考古学文化现象，因此历史文献的研究是皖南先秦时期矿冶业研究不可或缺的重要构成。历史文献是前人留下的宝贵财富，《周礼·考工记》《梦溪笔谈》《天工开物》等文献中与古代矿冶相关的记载丰富了皖南矿冶业的研究内容。合理利用前人智慧的结晶对于正确理解矿冶考古中出现的文化现象，正确阐释古代矿冶的技术流程和铜资源的流向，或许有所裨益。

五、安徽的历史深厚凝重，皖人的著述丰富多彩。从刘安的《淮南子》到戴震的《考工记图》、程瑶田的《考工创物小记》等，都可作为皖南矿冶业研究的参考；而徐乃昌主修的《南陵县志》不仅详尽地记载了南陵的山川地理，且刊印了有等高线的实测地图，为寻找南陵矿冶遗址的分布提供了最原始的地理资料。发挥安徽大学的地缘优势，充分发掘和科学利用皖人的研究成果，形成别具一格的安大风格，应成为安大考古追逐的目标。

皖南矿冶遗存的考古发掘与研究虽任重道远，然仓箱可期。屈子《离骚》云："路漫漫其修远兮，吾将上下而求索。"愿安徽大学的师生在大工山的漫漫长路上，在先秦时期矿冶遗存的上下求索中，再创辉煌。

拉拉杂杂写了一堆"废话"，也不知能不能算作"序"。

张 勋

2023 年 10 月 18 日

目　录

序…………………………………………………………………………………………………… 张　勄　i

上编　南陵漳河—大工山区域考古调查报告

第一章　概述…………………………………………………………………………………… 3
　第一节　自然环境……………………………………………………………………………… 3
　　一、地貌………………………………………………………………………………… 3
　　二、水文………………………………………………………………………………… 4
　　三、气候………………………………………………………………………………… 4
　　四、地质构造、成因及矿产资源 ……………………………………………………… 5
　第二节　历史沿革……………………………………………………………………………… 7
　第三节　考古工作……………………………………………………………………………… 8
　　一、皖南沿江地区的考古发现与研究………………………………………………… 8
　　二、区域系统考古调查的理论与实践…………………………………………………11

第二章　调查概况及工作方法…………………………………………………………………13
　第一节　调查概况………………………………………………………………………………13
　　一、工作缘起及目标……………………………………………………………………13
　　二、调查范围……………………………………………………………………………14
　第二节　调查方法及经过………………………………………………………………………14
　　一、田野工作方法………………………………………………………………………14
　　二、信息采集及处理方法………………………………………………………………15
　　三、遗址与聚落的判定标准……………………………………………………………16
　　四、调查经过……………………………………………………………………………17

第三节　资料整理方法与过程 ··· 18
　　一、整理思路和方法 ·· 18
　　二、报告整理和编写过程 ·· 18

第三章　调查成果 ··· 20
　第一节　漳河流域（籍山镇、家发镇） ··· 20
　　一、滨河垴遗址 ··· 20
　　二、竹丝遗址 ··· 23
　　三、前桥遗址 ··· 26
　　四、墩汪遗址 ··· 28
　　五、联工遗址 ··· 31
　　六、曹村遗址 ··· 32
　　七、鲍家屋遗址 ··· 34
　　八、鲍家屋东遗址 ·· 37
　　九、高墩遗址 ··· 38
　　十、永林遗址 ··· 39
　　十一、甘罗墩—汪村遗址 ·· 41
　　十二、邓村遗址 ··· 43
　　十三、风合刘北遗址 ·· 45
　　十四、老屋遗址 ··· 47
　　十五、铁桥遗址 ··· 49
　　十六、老鸦冲遗址 ·· 49
　　十七、下分卢遗址 ·· 50
　　十八、老鸦冲土墩墓 ·· 51
　　十九、荷花冲土墩墓 ·· 52
　　二十、永林土墩墓 ·· 53
　　二十一、谈冲土墩墓 ·· 53
　　二十二、孙村土墩墓 ·· 53
　　二十三、青山土墩墓 ·· 56
　　二十四、联工土墩墓 ·· 56
　　二十五、徐村土墩墓 ·· 56
　　二十六、六冲土墩墓 ·· 58
　　二十七、散点 ··· 58
　第二节　大工山北麓（工山镇） ·· 69
　　一、店门林遗址 ··· 69

二、店门林南遗址 …………………………………………… 84

三、芦塘遗址 ………………………………………………… 86

四、回龙墩遗址 ……………………………………………… 88

五、回龙墩东遗址 …………………………………………… 90

六、南村遗址 ………………………………………………… 92

七、姚家村遗址 ……………………………………………… 93

八、下屋沈遗址 ……………………………………………… 95

九、何家冲遗址 ……………………………………………… 96

十、塔里遗址 ………………………………………………… 98

十一、毕村遗址 ……………………………………………… 101

十二、垅下遗址 ……………………………………………… 102

十三、崔涝遗址 ……………………………………………… 105

十四、回龙墩南遗址 ………………………………………… 106

十五、四垅遗址 ……………………………………………… 108

十六、排形遗址 ……………………………………………… 109

十七、周塘坊遗址 …………………………………………… 111

十八、上分桂遗址 …………………………………………… 112

十九、团山涝遗址 …………………………………………… 114

二十、金子阡遗址 …………………………………………… 115

二十一、沙滩脚遗址 ………………………………………… 116

二十二、长塘冲遗址 ………………………………………… 118

二十三、古塘冲遗址 ………………………………………… 119

二十四、上牧冲遗址 ………………………………………… 120

二十五、山柏村土墩墓 ……………………………………… 120

二十六、阮冲土墩墓 ………………………………………… 121

二十七、塘埂土墩墓 ………………………………………… 122

二十八、四甲土墩墓 ………………………………………… 123

二十九、团山马土墩墓 ……………………………………… 123

三十、新塘土墩墓 …………………………………………… 125

三十一、庆山土墩墓 ………………………………………… 125

三十二、岭头土墩墓 ………………………………………… 125

三十三、散点 ………………………………………………… 127

第三节　七星河流域（何湾镇）……………………………… 140

一、下屋遗址 ………………………………………………… 141

二、毛草棚遗址 ……………………………………………… 147

三、下叶遗址 ……………………………………………………… 148

四、南山脚遗址 …………………………………………………… 150

五、燕屋旺冲遗址 ………………………………………………… 151

六、刘家井遗址 …………………………………………………… 153

七、冷水冲遗址 …………………………………………………… 154

八、水龙湖遗址 …………………………………………………… 155

九、樟木涝遗址 …………………………………………………… 156

十、小燕冲遗址 …………………………………………………… 156

十一、神冲遗址 …………………………………………………… 157

十二、余家冲遗址 ………………………………………………… 158

十三、铜塘遗址 …………………………………………………… 158

十四、散点 ………………………………………………………… 159

第四章　结语 …………………………………………………………… 161

　第一节　年代及文化序列 …………………………………………… 161

　第二节　区域聚落形态初步认识 …………………………………… 165

　　一、新石器时代聚落形态 ………………………………………… 166

　　二、周代聚落形态 ………………………………………………… 167

　第三节　先秦时期聚落形态的演变 ………………………………… 171

　　一、聚落遗址 ……………………………………………………… 171

　　二、采冶遗存 ……………………………………………………… 173

　　三、土墩墓 ………………………………………………………… 173

　第四节　皖南沿江中部地区早期铜矿开发与社会发展 …………… 174

　　一、夏商时期 ……………………………………………………… 174

　　二、两周时期 ……………………………………………………… 176

　　三、外部势力的介入与铜矿采冶业的发展 ……………………… 178

附表 ……………………………………………………………………… 182

下编　南陵矿冶与青铜文化研究

第五章　南陵漳河—大工山区域考古调查所见印纹硬陶遗存研究 …… 189

　第一节　概述 ………………………………………………………… 189

　　一、研究背景 ……………………………………………………… 189

　　二、研究对象 ……………………………………………………… 189

三、研究现状 ……………………………………………… 190

四、以往研究中的不足之处 ……………………………… 192

第二节　印纹硬陶遗存的分期与年代 …………………………… 192

一、分期 …………………………………………………… 192

二、年代 …………………………………………………… 195

第三节　印纹硬陶遗存的文化属性 ……………………………… 197

一、文化因素分析 ………………………………………… 197

二、族属推测 ……………………………………………… 201

第四节　印纹硬陶的制作工艺 …………………………………… 202

一、材料与方法 …………………………………………… 202

二、结果与讨论 …………………………………………… 204

三、小结 …………………………………………………… 213

第五节　结语 ……………………………………………………… 213

第六章　GIS视角下漳河—大工山区域聚落空间分布特征初探 ……… 215

第一节　研究区域概况 …………………………………………… 215

第二节　数据的获取及预处理 …………………………………… 216

第三节　遗址空间分布特征分析 ………………………………… 217

一、遗址在高程上的分布特征 …………………………… 217

二、遗址在坡度上的分布特征 …………………………… 218

三、遗址在坡向上的分布特征 …………………………… 219

四、遗址在水文上的分布特征 …………………………… 220

第四节　结语 ……………………………………………………… 221

第七章　无人机航拍在大工山南麓土墩墓调查中的实践 …………… 223

第一节　研究区域概况 …………………………………………… 224

第二节　工作过程 ………………………………………………… 225

第三节　墓地布局和规划的分析 ………………………………… 232

一、小乔村土墩墓群 ……………………………………… 232

二、危家大塘土墩墓群 …………………………………… 233

第四节　结语 ……………………………………………………… 234

第八章　南陵出土青铜器研究 ………………………………………… 236

第一节　概述 ……………………………………………………… 236

　　第二节　南陵出土青铜器的分布……………………………………… 238

　　　　一、牯牛山—千峰山区……………………………………………… 238

　　　　二、峨岭河与漳河交汇区…………………………………………… 240

　　　　三、后港河流域……………………………………………………… 242

　　　　四、峨岭河上中游…………………………………………………… 243

　　　　五、澄清河与漳河交汇区…………………………………………… 245

　　　　六、七星河流域……………………………………………………… 246

　　　　七、小结……………………………………………………………… 247

　　第三节　南陵出土青铜器的年代……………………………………… 247

　　　　一、青铜容器………………………………………………………… 248

　　　　二、青铜兵器………………………………………………………… 254

　　　　三、青铜工具………………………………………………………… 258

　　　　四、小结……………………………………………………………… 259

　　第四节　南陵出土青铜器文化因素分析……………………………… 261

　　　　一、越式铜器………………………………………………………… 261

　　　　二、中原型铜器……………………………………………………… 262

　　　　三、融合型铜器……………………………………………………… 262

　　　　四、徐舒系铜器……………………………………………………… 263

　　　　五、小结……………………………………………………………… 264

　　第五节　结语…………………………………………………………… 264

第九章　南陵地区青铜文化分期研究…………………………………… 266

　　第一节　聚落遗址陶器分析…………………………………………… 266

　　　　一、铜陵师姑墩遗址………………………………………………… 266

　　　　二、铜陵夏家墩、神墩遗址………………………………………… 275

　　　　三、繁昌板子矶遗址………………………………………………… 277

　　第二节　聚落遗址年代探讨…………………………………………… 282

　　　　一、铜陵师姑墩遗址………………………………………………… 282

　　　　二、夏家墩、神墩遗址……………………………………………… 285

　　　　三、繁昌板子矶遗址………………………………………………… 286

　　　　四、聚落遗址综合分期探讨………………………………………… 286

　　第三节　青铜器编年研究……………………………………………… 287

　　　　一、商代青铜器……………………………………………………… 287

　　　　二、西周青铜器……………………………………………………… 288

三、春秋青铜器 ··· 291

　　第四节　土墩墓编年研究 ·· 293

　　　　一、千峰山土墩墓 ·· 293

　　　　二、龙头山土墩墓 ·· 294

　　　　三、繁昌平铺土墩墓 ··· 296

　　　　四、年代讨论 ·· 296

　　第五节　青铜文化分期探讨 ··· 298

第十章　安徽沿江地区青铜冶铸技术研究 ···································· 300

　　第一节　概述 ··· 300

　　第二节　安徽沿江地区冶、铸遗址和青铜器的发现 ····················· 301

　　　　一、冶、铸遗址的发现 ··· 301

　　　　二、青铜器的发现 ·· 304

　　第三节　安徽沿江地区冶炼遗物的科技研究 ···························· 304

　　第四节　安徽沿江地区青铜器的科技研究 ······························ 308

　　第五节　安徽沿江地区青铜冶铸技术相关问题探讨 ····················· 310

　　　　一、冶铸工业生产组织 ··· 310

　　　　二、砷、锡和锑青铜冶炼及使用 ·· 311

　　　　三、范铸工艺技术研究 ··· 312

　　　　四、与其他地区青铜文化的联系 ·· 313

　　第六节　结语 ··· 314

第十一章　南陵地区矿冶遗产保护利用研究 ··································· 315

　　第一节　概述 ··· 315

　　第二节　南陵地区矿冶遗产概况 ··· 315

　　　　一、南陵地区自然条件和地理位置 ······································ 316

　　　　二、南陵地区矿冶遗址的分布、分类及特点 ······························ 316

　　第三节　南陵地区矿冶遗产的价值 ··· 322

　　　　一、历史价值 ·· 322

　　　　二、科学价值 ·· 323

　　　　三、社会价值 ·· 324

　　第四节　南陵地区矿冶遗产保存现状及存在问题 ·························· 324

　　　　一、保存现状 ·· 324

　　　　二、存在问题 ·· 329

第五节　南陵地区矿冶遗产保护与利用的对策研究 ···························· 330

　　一、对于规模较大的矿冶遗产的保护与利用 ···························· 330

　　二、对于规模较小的矿冶遗产的保护与利用 ···························· 332

第六节　结语 ·· 333

附录　参考文献 ·· 334

后记 ··· 346

图 目 录

图 1　调查区域示意图 ………………… 14

图 2　漳河流域遗存分布图 ………………… 21

图 3　滨河塲遗址聚落分布图 …………… 22

图 4　滨河塲遗址采集遗物 …………… 22

图 5　竹丝遗址剖面 P1 堆积情况 ……… 23

图 6　竹丝遗址聚落分布图 …………… 24

图 7　竹丝遗址采集遗物 ……………… 25

图 8　前桥遗址聚落分布图 …………… 26

图 9　前桥遗址采集遗物 ……………… 27

图 10　墩汪遗址聚落分布图 ………… 29

图 11　墩汪遗址采集遗物 …………… 30

图 12　联工遗址聚落分布图 ………… 31

图 13　联工遗址采集遗物 …………… 32

图 14　曹村遗址聚落分布图 ………… 33

图 15　曹村遗址采集遗物 …………… 34

图 16　鲍家屋遗址聚落分布图 ……… 35

图 17　鲍家屋遗址采集遗物 ………… 36

图 18　鲍家屋东遗址聚落分布图 …… 37

图 19　鲍家屋东遗址采集遗物 ……… 38

图 20　高墩遗址聚落分布图 ………… 39

图 21　永林遗址聚落分布图 ………… 40

图 22　高墩、永林遗址采集遗物 …… 41

图 23　甘罗墩—汪村遗址聚落分布图 … 42

图 24　甘罗墩—汪村遗址采集遗物 … 44

图 25　邓村遗址聚落分布图 ………… 45

图 26　风合刘北遗址聚落分布图 ……… 46

图 27　邓村、风合刘北遗址采集遗物 …… 46

图 28　老屋遗址聚落分布图 ………… 47

图 29　老屋遗址采集遗物 …………… 48

图 30　铁桥遗址聚落分布图 ………… 50

图 31　老鸦冲遗址聚落分布图 ……… 51

图 32　下分卢遗址聚落分布图 ……… 52

图 33　下分卢遗址采集遗物 ………… 52

图 34　老鸦冲土墩墓分布图 ………… 53

图 35　荷花冲土墩墓分布图 ………… 54

图 36　永林土墩墓分布图 …………… 54

图 37　谈冲土墩墓分布图 …………… 55

图 38　孙村土墩墓分布图 …………… 55

图 39　青山土墩墓分布图 …………… 56

图 40　联工土墩墓分布图 …………… 57

图 41　徐村土墩墓分布图 …………… 57

图 42　六冲土墩墓分布图 …………… 58

图 43　盛桥散点分布图 ……………… 59

图 44　宛村散点分布图 ……………… 59

图 45　湾里南散点分布图 …………… 60

图 46　泉塘散点分布图 ……………… 61

图 47　刘家湾南散点分布图 ………… 61

图 48　张家墩散点分布图 …………… 62

图 49　石峰水库散点分布图 ………… 63

图 50　散点采集遗物 ………………… 63

图51　散点采集遗物　………… 64
图52　孙村散点分布图　………… 65
图53　滨玉散点分布图　………… 65
图54　黄祠散点分布图　………… 66
图55　散点采集遗物　………… 66
图56　闵村散点分布图　………… 67
图57　天马散点分布图　………… 68
图58　天马散点采集遗物　………… 68
图59　联三散点分布图　………… 69
图60　大工山北麓遗存分布图　………… 70
图61　店门林遗址 P1剖面图　………… 71
图62　店门林遗址聚落分布图　………… 71
图63　店门林遗址采集遗物（一）　………… 72
图64　店门林遗址采集遗物（二）　………… 74
图65　店门林遗址采集遗物（三）　………… 75
图66　店门林遗址采集遗物（四）　………… 76
图67　店门林遗址采集遗物（五）　………… 78
图68　店门林遗址采集遗物（六）　………… 79
图69　店门林遗址采集遗物（七）　………… 81
图70　店门林遗址采集遗物（八）　………… 82
图71　店门林遗址采集遗物（九）　………… 83
图72　店门林南遗址聚落分布图　………… 84
图73　店门林南遗址采集遗物　………… 85
图74　芦塘遗址聚落分布图　………… 86
图75　芦塘遗址采集遗物　………… 87
图76　芦塘遗址采集遗物　………… 88
图77　回龙墩遗址聚落分布图　………… 89
图78　回龙墩东遗址聚落分布图　………… 91
图79　回龙墩、回龙墩东遗址采集遗物
　　　………… 91
图80　南村遗址聚落分布图　………… 92
图81　姚家村遗址聚落分布图　………… 93
图82　南村、姚家村遗址采集遗物　………… 94
图83　下屋沈遗址聚落分布图　………… 95
图84　下屋沈遗址采集遗物　………… 96

图85　何家冲遗址剖面图　………… 96
图86　何家冲遗址聚落分布图　………… 97
图87　何家冲遗址采集遗物　………… 98
图88　塔里遗址聚落分布图　………… 99
图89　塔里遗址采集遗物　………… 100
图90　毕村遗址聚落分布图　………… 102
图91　毕村遗址采集遗物　………… 103
图92　坑下遗址聚落分布图　………… 104
图93　坑下遗址采集遗物　………… 104
图94　崔涝遗址聚落分布图　………… 105
图95　崔涝遗址采集遗物　………… 106
图96　回龙墩南遗址聚落分布图　………… 107
图97　回龙墩南遗址采集遗物　………… 107
图98　四坑遗址聚落分布图　………… 108
图99　四坑遗址采集遗物　………… 109
图100　排形遗址东部坡地剖面　………… 109
图101　排形遗址聚落分布图　………… 110
图102　排形遗址采集遗物　………… 111
图103　周塘坊遗址聚落分布图　………… 112
图104　上分桂遗址聚落分布图　………… 113
图105　上分桂遗址采集遗物　………… 113
图106　团山涝遗址聚落分布图　………… 114
图107　团山涝遗址采集遗物　………… 115
图108　金子阡遗址聚落分布图　………… 116
图109　沙滩脚遗址聚落图　………… 117
图110　长塘冲遗址聚落分布图　………… 118
图111　古塘冲遗址分布图　………… 119
图112　古塘冲遗址采集遗物　………… 120
图113　上牧冲遗址聚落分布图　………… 121
图114　山柏村土墩墓群分布图　………… 122
图115　山柏村土墩墓出土遗物　………… 122
图116　阮冲土墩墓分布图　………… 123
图117　塘埂土墩墓分布图　………… 124
图118　四甲土墩墓分布图　………… 124
图119　团山马土墩墓分布图　………… 125

图 120 新塘土墩墓分布图 ·················· 126
图 121 庆山土墩墓分布图 ·················· 126
图 122 岭头土墩墓分布图 ·················· 127
图 123 工山东散点分布图 ·················· 128
图 124 乌基塘散点分布图 ·················· 128
图 125 店门林中散点分布图 ··············· 129
图 126 店门林东北散点分布图 ··········· 130
图 127 店门林西散点分布图 ··············· 131
图 128 回龙墩北散点分布图 ··············· 131
图 129 店门林周边、回龙墩北散点采集遗物
　　　　··· 132
图 130 藕塘冲散点分布图 ·················· 133
图 131 藕塘冲采集遗物 ····················· 133
图 132 团山涝散点分布图 ·················· 134
图 133 上曹散点分布图 ····················· 134
图 134 荷花桥散点分布图 ·················· 135
图 135 山头俞散点分布图 ·················· 136
图 136 山头俞西北散点分布图 ··········· 136
图 137 姚冲散点分布图 ····················· 137
图 138 殿冲散点分布图 ····················· 138
图 139 黄山岗散点分布图 ·················· 138
图 140 田头吴散点分布图 ·················· 139
图 141 牧家亭散点分布图 ·················· 139
图 142 七星河流域调查遗存分布图 ····· 140
图 143 下屋遗址聚落分布图 ··············· 141
图 144 下屋遗址 001-002 采集遗物 ····· 142
图 145 下屋遗址 003-007 采集遗物 ····· 145
图 146 下屋遗址 008-014 采集遗物 ····· 146
图 147 毛草棚聚落遗址分布图 ··········· 147
图 148 毛草棚遗址采集遗物 ··············· 149
图 149 下叶遗址采集遗物 ·················· 150
图 150 南山脚遗址采集遗物 ··············· 151
图 151 燕屋旺冲遗址采集遗物 ··········· 152
图 152 刘家井遗址采集遗物 ··············· 153
图 153 冷水冲遗址采集物 ·················· 155

图 154 周代遗址分区图 ····················· 168
图 155 遗址与散点分布情况 ··············· 190
图 156 DML-5（左）、DML-13（右）样品
　　　　情况 ····································· 203
图 157 店门林遗址印纹硬陶与师姑墩遗址原
　　　　始瓷胎的 Si-Al 散点图 ··········· 205
图 158 店门林遗址印纹硬陶与师姑墩遗址原
　　　　始瓷胎的 Ca-Mg 散点图 ········ 206
图 159 店门林遗址印纹硬陶与师姑墩遗址原
　　　　始瓷胎的 Fe-Si 散点图 ·········· 206
图 160 陶片加工及修整痕迹 ··············· 207
图 161 DML-6 岩相切片照片（单偏光 50×）
　　　　··· 210
图 162 DML-6 岩相切片照片（正交偏光
　　　　50×）··································· 210
图 163 DML-7 岩相切片照片（单偏光 50×）
　　　　··· 211
图 164 DML-7 岩相切片照片（正交偏光
　　　　50×）··································· 211
图 165 DML-9 岩相切片照片（单偏光 50×）
　　　　··· 211
图 166 DML-9 岩相切片照片（正交偏光
　　　　50×）··································· 211
图 167 DML-7（左）、DML-14（右）热膨胀
　　　　曲线图 ································· 212
图 168 漳河—大工山区域及区域内遗址
　　　　分布图 ································· 216
图 169 漳河—大工山区域商周时期遗址
　　　　高程分布图 ··························· 217
图 170 漳河—大工山区域商周时期遗址
　　　　坡度分布图 ··························· 218
图 171 漳河—大工山区域商周时期遗址
　　　　坡向分布图 ··························· 219
图 172 漳河—大工山区域商周时期遗址
　　　　核密度分布图 ······················· 220

图173 漳河—大工山区域商周时期遗址至河流距离分布图 …………… 221

图174 小乔村、危家大塘土墩墓群位置示意图 ……………………… 224

图175 戴汇地区周代遗址分布图（底图为Google Earth影像，摄于2016年12月） …………………… 225

图176 小乔村土墩墓群Google Earth影像（摄于2016年12月） ……………… 226

图177 危家大塘土墩墓群Google Earth影像（摄于2014年10月） ……………… 227

图178 小乔村土墩墓群正射影像 …… 228

图179 小乔村土墩墓群数字表面模型 …… 229

图180 小乔村土墩墓群坡度图 …… 229

图181 小乔村土墩墓群部分土墩底径与高程关系 …………………… 230

图182 危家大塘土墩墓群航拍数据成果 …………………………… 231

图183 南陵县位置及地形示意图 …… 237

图184 南陵商周青铜器出土地点及集中分布区域示意图 …………… 239

图185 牯牛山－千峰山区商周青铜器及周边遗址分布图 …………… 240

图186 峨岭河与漳河交汇区商周青铜器及周边遗址分布图 ………… 241

图187 后港河流域商周青铜器及周边遗址分布图 …………………… 242

图188 峨岭河上中游商周青铜器及周边遗址分布图 ……………… 244

图189 澄清河与漳河交汇区商周青铜器及周边遗址分布图 ………… 245

图190 七星河流域商周青铜器及周边遗址分布图 …………………… 246

图191 垂腹柱足鼎 …………………… 249

图192 垂腹蹄足鼎 …………………… 250

图193 南陵商周球腹鼎 ……………… 251

图194 龙耳尊与窃曲纹 ……………… 253

图195 曲柄盉 ………………………… 254

图196 南陵商周青铜剑 ……………… 255

图197 凹字形宽格圆茎剑 …………… 256

图198 铜戈 …………………………… 257

图199 铜矛 …………………………… 258

图200 铜工具 ………………………… 259

图201 师姑墩遗址陶鬲型式演变 …… 268

图202 师姑墩遗址陶鼎型式演变 …… 270

图203 师姑墩遗址陶豆型式演变 …… 271

图204 师姑墩遗址印纹陶罐型式演变 …………………………… 273

图205 师姑墩遗址原始瓷豆型式演变 …………………………… 274

图206 夏家墩、神墩遗址陶鬲、豆型式演变 …………………… 277

图207 板子矶遗址陶鬲型式演变 …… 279

图208 板子矶遗址陶罐型式演变 …… 279

图209 板子矶遗址印纹陶、原始瓷器型式演变 …………………… 281

图210 童墩青铜器 …………………… 288

图211 孙村青铜器 …………………… 289

图212 汤家山青铜器 ………………… 291

图213 董店青铜甬钟 ………………… 292

图214 谢垅青铜器 …………………… 293

图215 千峰山土墩墓出土器物 ……… 295

图216 龙头山土墩墓出土器物 ……… 296

图217 平铺土墩墓出土器物 ………… 297

图218 南陵县古矿冶遗产分布图 …… 320

表　目　录

表1　家发镇、籍山镇聚落遗址登记表……182

表2　家发镇、籍山镇土墩墓登记表　……183

表3　家发镇、籍山镇散点登记表　………183

表4　工山镇聚落遗址登记表　…………184

表5　工山镇土墩墓登记表　……………185

表6　工山镇散点登记表　………………185

表7　何湾镇聚落遗址登记表　…………186

表8　何湾镇散点登记表　………………186

表9　南陵漳河—大工山区域印纹硬陶纹饰
　　　分期表　……………………………194

表10　各遗址（散点）所见纹饰统计表……195

表11　各遗址（散点）各期所见纹饰统计表
　　　………………………………………195

表12　南陵漳河—大工山区域印纹硬陶
　　　年代简表　…………………………197

表13　店门林遗址印纹硬陶样品性状描述表
　　　………………………………………203

表14　实验仪器信息统计表　……………204

表15　店门林遗址印纹硬陶样品元素含量
　　　（wt%）……………………………204

表16　店门林遗址印纹硬陶样品物相分析
　　　结果　………………………………208

表17　南陵商周青铜容器分期表　………260

表18　南陵商周青铜兵器分期表　………260

表19　聚落遗址分期与地层、遗迹对应表
　　　………………………………………287

表20　南陵一带青铜文化遗存综合分期表
　　　………………………………………299

表21　社科院考古所测定的部分古矿井出土
　　　冶炼遗物^{14}C年代数据　…………302

表22　皖江地带经正式田野考古发掘的典型
　　　商周冶炼和铸造一体的遗址　……302

表23　江木冲遗址采集标本的检测结果
　　　………………………………………305

表24　铜陵和繁昌出土铜锭和炼渣的化学
　　　成分　………………………………306

表25　南陵矿冶遗址一览表　……………316

表26　因工业生产建设活动导致消失的
　　　遗址一览表　………………………329

图 版 目 录

图版一　调查人员合影

图版二　重要活动照片（一）

图版三　重要活动照片（二）

图版四　调查工作照（一）

图版五　调查工作照（二）

图版六　调查工作照（三）

图版七　漳河流域遗址照片（一）

图版八　漳河流域遗址照片（二）

图版九　漳河流域遗址照片（三）

图版一〇　漳河流域遗址照片（四）

图版一一　漳河流域遗址照片（五）

图版一二　漳河流域遗址照片（六）

图版一三　漳河流域遗址照片（七）

图版一四　漳河流域遗址照片（八）

图版一五　漳河流域遗址照片（九）

图版一六　大工山北麓遗址照片（一）

图版一七　大工山北麓遗址照片（二）

图版一八　大工山北麓遗址照片（三）

图版一九　大工山北麓遗址照片（四）

图版二〇　大工山北麓遗址照片（五）

图版二一　大工山北麓遗址照片（六）

图版二二　大工山北麓遗址照片（七）

图版二三　大工山北麓遗址照片（八）

图版二四　大工山北麓遗址照片（九）

图版二五　大工山北麓遗址照片（十）

图版二六　大工山北麓遗址照片（十一）

图版二七　七星河流域遗址照片（一）

图版二八　七星河流域遗址照片（二）

图版二九　七星河流域遗址照片（三）

图版三〇　七星河流域遗址照片（四）

图版三一　七星河流域遗址照片（五）

图版三二　漳河流域陶片标本（一）

图版三三　漳河流域陶片标本（二）

图版三四　漳河流域陶片标本（三）

图版三五　漳河流域陶片标本（四）

图版三六　漳河流域陶片标本（五）

图版三七　漳河流域陶片标本（六）

图版三八　漳河流域陶片标本（七）

图版三九　漳河流域陶片标本（八）

图版四〇　漳河流域陶片标本（九）

图版四一　漳河流域陶片标本（十）

图版四二　大工山北麓陶片标本（一）

图版四三　大工山北麓陶片标本（二）

图版四四　大工山北麓陶片标本（三）

图版四五　大工山北麓陶片标本（四）

图版四六　大工山北麓陶片标本（五）

图版四七　大工山北麓陶片标本（六）

图版四八　大工山北麓陶片标本（七）

图版四九　七星河流域陶片标本（一）

图版五〇　七星河流域陶片标本（二）

图版五一　七星河流域陶片标本（三）

图版五二　七星河流域陶片标本（四）

图版五三　七星河流域陶片标本（五）

图版五四　七星河流域陶片标本（六）

图版五五　七星河流域陶片标本（七）

图版五六　七星河流域陶片标本（八）

图版五七　七星河流域陶片标本（九）

图版五八　七星河流域陶片标本（十）

图版五九　调查所获炼渣与炉渣（一）

图版六〇　调查所获炼渣与炉渣（二）

图版六一　调查所获炼渣与炉渣（三）

图版六二　调查所获炼渣与炉渣（四）

图版六三　调查所获炼渣与炉渣（五）

图版六四　调查所获炼渣与炉渣（六）

图版六五　调查所获炼渣与炉渣（七）

图版六六　调查所获炼渣与炉渣（八）

南陵漳河—大工山区域考古调查报告

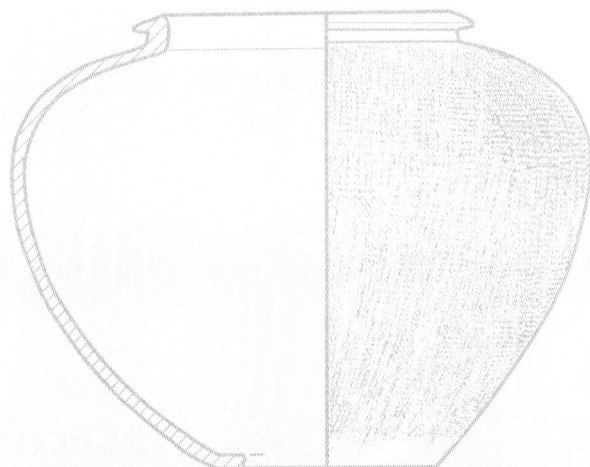

第一章 概 述

第一节 自 然 环 境

一、地貌

南陵县地处安徽省皖南沿江地区,属于皖南沿江平原与皖南山区的过渡地带,位于东经117°57′至118°30′,北纬30°38′至31°30′之间。县域以北为芜湖市、繁昌县,东界与宣州市毗邻,西与铜陵市、青阳县相接,南靠泾县,总面积1 263.7平方千米。县境内地貌类型多样,因受到地壳内、外力不同作用,构成了低山丘陵、台地及沿河平原三种不同类型的地貌组合。地势总体西高东低。

低山地貌主要分布在县境西北一线的工山、戴镇、绿岭、何湾、丫山一带。此外,南部亦有小面积的低山地带。南陵境内的山地均属九华山支脉,根据形成原因的不同可分为断块式、侵蚀剥蚀式及溶蚀式三种。前者以大工山为代表,另有张家山等。大工山位于县城以西,戴镇西北方约2千米,北东走向,北高南低,由砂岩和石英砂岩等构成,东西向长约2千米、南北向宽约1.5千米,山体占地约2.8千米,主峰海拔高度约558米,为县境内最高峰。次者以尖山为代表,另有水龙山、西山等。尖山位于县境西部,南距丫山镇约3千米,同为北东走向,整体为西南向东北倾斜,主体由石灰岩构成,东西向长约4千米,南北向宽约2千米,山体占地约8千米,最高峰海拔401米。后者以平顶山为主,位于县域西部,戴镇西北方约2千米,东西走向,居于谷地之中,由砂岩、页岩及石灰岩等构成,东西向长约2千米,南北向宽约1千米,山体占地约2平方千米,最高峰海拔352.2米。县域西南部还分布有较多丘陵,海拔大多在100至250米之间,主要由火山岩、红色砾岩、石灰岩等构成。

台地地貌多分布在三里、烟墩、五里、峨岭等境内。台地顶部较为平坦,坡部较为陡峭,外形常见为片状或条带状,海拔多在100米以下,比高在30至60米之间。该地貌主要由洪积、冲积而成的网纹红土组成,根据起伏情况,大致分为高、低两种。高低台地间均有大量的冲积谷地分布,纵向坡度小于5至8度者,多已辟为水稻田。

平原地貌主要分布在南陵县中部、东部及七星河、漳河、西岗河两岸,主要由河漫滩、低级阶地构成,土壤成分多为亚砂土和亚黏土。平原海拔一般不超过30米,比高在10米以下,平均比降0.5‰至0.2‰。按其形态特征可细分为三类：1. 洼地平原，主要分布在黄墓、奎湖、东塘等地，这一地区分布着大量的河塘，且海拔低于10米，比高约3米，地势十分低洼。2. 圩田平原，多见于石铺、东河、九连及太丰等地区，水域面积较前者少，地势低平，海拔多在10至12米，比高5米。3. 河谷平原，大量分布在县域中部和西部的沿河两岸，呈狭长状，由河漫滩和低级阶地构成，上下游之间落差较大，土壤主要为亚砂土[1]。

二、水文

南陵县境河网均属于长江水系，有大小河流30余条，相互交织。河流流向多变，纵横交错，呈水网形态。其中河流以青弋江、漳河、七星河为主，最大的湖泊为奎湖。

漳河，属长江南岸支流，全长约115千米，流域总面积达1 450平方千米，被视为南陵县的母亲河。北支源自县域西南部的何湾镇绿岭村荷花塘，南支则出自县域南部烟墩乡水龙洞，两者交汇于三里店，西汇峨岭河后，自南向北经过县城东缘，再并入后港、西港、中港等河流，至弋江区澛港镇后最终汇入长江。实测资料表明，漳河的平均水位常年为10.26米，最高达到17.21米（1983年7月3日），最低7.12米（1967年2月1日）；流量年平均为8.28立方米/秒，最大流量14.9立方米/秒（1969年），最小6.8立方米/秒（1968年），月均最大流量91.5立方米/秒（1969年7月），最小0.11立方米/秒（1966年8月）。以县城为界，上游地区属低山丘陵和山间谷地地带，地势起伏不定，沟壑众多，河流水面狭窄。由于河床较陡，落差较大，水位变化不定，梅雨汛期时多易造成山洪，秋冬旱季则见断流。县城以北的中游河段地貌以平原为主，这一区域水网密布，各水系之间相互交汇，四通八达。该段河道较为开阔，河宽80至135米，水流缓慢。三埠管以下的下游河段，河宽120至200米，河道弯曲，淤积严重，洪水期水位高出两岸地表1.45米[2]。主要支流包括长河、资福河、荆山河、后港河等[3]。

七星河，属长江南岸支流，全长55千米，流域面积538.7平方千米[4]，发源于县境内何湾镇，由南至北穿过青阳县并入大通河，后经铜陵流入长江。

三、气候

南陵县地处我国长江下游地区，属于亚热带季风气候。因受季风影响，四季冷暖分明，年光照充足，年平均日照时数1 935.4小时，且无霜期较长，年平均可达236天。南陵降水充沛，年均降水量为1 402.6毫米，但年际分布不均，最多可达2 301.9毫米（1983年），最少仅有906.2毫米（1978年），旱、涝灾害多发。此外，来自南方的暖湿气流到达县境南部山地时受地形影响，气流抬升后温度下降，多在迎风坡处形成降雨，因此县境内降水的分布具有显著的差异。总的来说，县境南部的山地和迎风坡等位置降水较多，而北部的盆地、平原及背风坡等地带降水较少。

[1] 南陵县地方志编纂委员会：《南陵县志》，第65—68页，黄山书社，1994年。
[2] 安徽省地方志编纂委员会：《安徽省志·自然环境志》，方志出版社，1999年。
[3] 南陵县地方志编纂委员会：《南陵县志（1991—2000）》，第42—43页，黄山书社，2007年。
[4] 刘新钧：《南陵县七星河治理工程水文分析》，《江淮水利科技》2019年第1期。

春季开始在惊蛰后、春分前,南陵县温度10至22℃,此时冷暖空气反复拉锯,气温回升较快,但回暖不稳定。冷暖不定,晴雨交替是这一时期的气候特色。南陵县春季降水较多,多年平均降水量约400毫米,占全年的30%。小满后进入夏季,温度高于22℃。受到江南准静止锋的影响,这一时期降水集中,梅雨显著,年均降水量可达600毫米,占全年的40%,是南陵县的主要雨季。尤其是6、7月份,易发生山洪滑坡等灾害。7月中旬后,受副热带高压影响,进入三伏天气,天气炎热,干旱少雨。秋分后进入秋季,这时的温度回归10℃至22℃,气温凉爽,降水量较春夏两季明显减少,年均仅有250毫米左右,但年际变化较大。冬季始于小雪之后,为一年中的最长季节。温度均在10℃以下,以1月温度最低,平均最低气温在−7.5℃左右。冬季也是全年最干燥的季节,降水量不足200毫米。至2月份后气温开始回升并伴之降雨的增加[1]。

四、地质构造、成因及矿产资源

南陵县在大地构造上属下扬子台坳的沿江拱断褶带,长久以来受下降运动控制。在中三叠世(2.3亿至1.95亿年)之前的地质时期,南陵县长期处于海洋环境,积累了万米以上的浅海或滨海相沉积岩,且未受到强烈的构造运动影响,仅存在轻度振荡作用。三叠世中晚期,因受印支运动的强烈影响,南陵县及周边地区形成了一系列褶皱和断裂现象,此时地壳开始抬升,海水退去后成为陆域。在侏罗纪—白垩纪(1.95亿至0.7亿年)时期,中国东部的长江中下游及东南沿海等地区进入了以断裂和岩浆活动著称的燕山运动时期。南陵县境的多处断裂构造和岩体发育均是这一时期的产物,如中分村复向斜、宣南坳陷和板石岭岩体、小工山岩体、戴家汇岩体等。与此同时,火山活动频繁,在南陵县与繁昌、铜陵交界处存在多处火山形成的侵入岩体和喷出岩,总厚度可达2 252米。新生代(6 500万年)早期,在中生代晚期宣南坳陷之上,地壳下降构造的坳陷运动继续作用。第三纪末期时,在前期构造运动的基础上,新构造运动发生差异性升降运动,其中东北部下降最为明显,为这一地区河湖平原的形成创造了条件。而与铜陵交界之地因受到地壳抬升的作用,形成了低山丘陵地貌。在轻度隆起的县境中部地区,除沿河平原外大多为丘陵和台地,经过流水切割后呈破碎状分布[2]。

由于中生代多次发生岩浆侵入和喷出活动,成矿条件较好,县境内形成了燃料、金属和非金属矿产等中小型矿床和矿化点,储存了丰富的矿产资源。南陵的丫山、绿岭、戴镇(江木冲)、工山(塌里木)等一线,均分布有砂卡岩型的铜矿和矿化点。地质调查显示,县境内大工山附近发现较多铜矿床。

（一）姚家岭铜铅锌矿床
姚家岭铜铅锌矿床是斑岩型、矽卡岩型和热液脉型相结合的复合型铜矿床,处于扬子准地

[1]　南陵县地方志编纂委员会:《南陵县志》,第68—76页,黄山书社,1994年。
[2]　南陵县地方志编纂委员会:《南陵县志》,第62—64页,黄山书社,1994年。

台下扬子台坳繁昌凹陷区与铜陵隆起区的交接地带,区域内褶皱构造为戴公山背斜。矿石矿物主要为黄铜矿、方铅矿、闪锌矿,伴有少量的黄铁矿。脉石矿物主要为方解石、石英、长石、高岭石等。黄铜矿呈细脉状、稀疏浸染状分布于花岗闪长斑岩体中,铜矿石一般含铜0.4%至2.81%,最高达12.9%[1]。

（二）戴腰山矿床

戴腰山矿床属中—高温热液接触交代变质矽卡岩型的铜段矿床,属层控矽卡岩型铜铁矿床。位于沙滩脚矿田的南部,大工山背斜北西侧,矿体产于中生代酸性浸入岩体与灰岩交代蚀变而形成的砂卡岩中,砂卡岩体产于花岗闪长岩与栖霞灰岩接触带中,矿石中主要组分为铜、铁,伴有金、银等。矿石中金属矿物主要为黄铜矿、磁铁矿等。脉石矿物主要为石榴子石,次为透辉石、绿帘石、方解石、石英,少量斜长石、绿泥石等。

（三）沙滩脚铜矿床

位于沙滩脚矿田的西南部一处中型矽卡岩型铜矿床,走向近似东西,东部转为北东向,倾向北。包括2个主矿体、38个零星矿体。矿石中金属矿物主要为黄铜矿,次为黄铁矿、磁黄铁矿,及少量的磁铁矿等。工业储量矿石含铜平均品位为1.1%,远景储量矿石含铜平均品位为0.8%。

（四）戴家汇铜矿床

位于南陵县工山镇,县城255°方向13 000米处,铜陵矿集区的东部边缘,大地构造属于扬子准地台下扬子台坳,贵池—繁昌断褶束的东段,铜陵隆起区与宣南坳陷的隆凹过渡地带。该矿床位于沙滩脚矿田内,系接触交代矽卡岩型铜矿床。矿石矿物以黄铜矿、自然铜、辉铜矿为主,伴有斑铜矿、辉钼矿等。脉石矿物主要为石榴子石、方解石、石英、菱铁矿等。

（五）凤形山铜多金属矿床

位于沙滩脚矿田的南部,戴腰山铜矿的西侧,为铜多金属共、伴生矽卡岩型矿床,有37个矿体,呈层状、脉状、透镜状。矿石矿物主要有黄铜矿、黄铁矿、磁黄铁矿等。脉石矿物主要为石榴子石、透辉石、石英、绿泥石、方解石等。

（六）桂花冲铜多金属矿床

位于铜陵矿集区沙滩角矿田,矿床有主矿体3个,呈东西向带状分布。矿体呈透镜状产出,其形态、产状受岩体的接触带构造及断裂破碎带控制。该矿床是以矽卡岩型为主的矽卡岩—斑岩型复合型矿床。矿石中的黄铜矿、斑铜矿、自然铜等矿石矿物,呈不等粒分布于脉石矿物及其他金属

---

[1]　蒋其胜、赵自宏、黄建满:《安徽南陵姚家岭铜铅锌矿床的发现及意义》,《中国地质》2008年第2期。

矿物晶隙、裂隙中,黄铜矿粒径为0.05至3毫米,脉石矿物主要为斜长石、方解石、钾长石等。

(七) 近山铜矿床

位于扬子准地台,沿江拱断褶带中,矿床北东部为繁昌断陷盆地,南东部为宣广断陷盆地。区内以接触变质为主,矽卡岩、大理岩、角岩广泛分布,为接触交代矽卡岩型铜矿床。铜矿体赋存于岩体接触带的矽卡岩中,矿石矿物成分中金属矿物主要为黄铜矿,其次为斑铜矿、磁黄铁矿、黄铁矿等。脉石矿物主要为石榴子石,次为透辉石、方解石、石英、绿泥石等。

除以上矿床外,还有一些小型矿床(点):

仙人冲矿床 地处何湾镇丫山村与铜陵县交界处,由29个矿体组成。主矿体位于大理石岩与花岗闪长岩接触带上,小矿体分布于主矿体附近的大理岩、矽卡岩、花岗闪长岩中。

大元岭矿点 地处何湾镇丫山村,由4个小矿体组成,矿体位于花岗闪长岩与大理岩接触带砂卡岩内。此外丫山村的清水塘、横山岭、马蹄山等地均见铜矿化点。

综上所述,南陵县境内存在多种形式的铜矿床。矿床中分布有黄铜矿、斑铜矿、黄铁矿、磁铁矿等含铁矿石矿物,以及石榴子石、方解石、长石等含钙脉石矿物。

第二节 历史沿革

南陵县境内属《禹贡》中的扬州,西周时期为吴国所有。进入东周后,安徽江淮一线成为吴楚对峙前线。周元王时,吴为越所灭,南陵县域归越。楚威王时,楚国败越,杀越王无疆,南陵被纳入楚国版图。秦灭楚后置楚郡,后属彰郡。西汉武帝元封二年(前109),改彰郡为丹阳郡,南陵县域分属陵阳、春谷县的一部分,东汉时合为春谷县。东汉末至三国时期属孙吴政权,春谷县如故。西晋太康二年(281),归宣城郡治下。东晋时改春谷为阳谷,先后并入湖县(今当涂)、繁昌县。南梁武帝普通六年(525)始置南陵县,并设南陵郡,其下治有南陵、青阳、贵池三县。隋文帝开皇九年(589),撤南陵郡,下属三县归宣城郡管辖。入唐后改郡为州,高祖武德四年(621),南陵县改属池州;贞观元年(627),复归宣州,属江南道;天宝元年(742),各州复郡之称,南陵县属江南西道宣城郡治下;乾元元年(758),属宣歙观察使宣州;大顺元年(890),属宁国军宣州。南唐升元元年(937),仍属宁国军宣州。北宋太祖开宝八年(975),宋灭南唐,南陵县入宋,隶江南路;仁宗天圣八年(1030),隶属江南东路宣州。南宋孝宗乾道二年(1166),升宁国军为府,属江南东路宁国府。元灭宋后,实施行省制,元世祖至元十四年(1277),南陵县隶属浙江行省宁国路;元惠宗至正二十六年(1366),改为宣州府。明洪武年间属直隶宁国府,永乐元年(1403),属南直隶宁国府。清顺治二年(1645),属江南省徽宁道;清康熙六年(1667),属安徽省徽宁道,直至清末,均为宁国府所治。民国时,南陵县属安徽省芜湖道,废道后直隶安徽省[1]。

---

[1] 南陵县地方志编纂委员会:《南陵县志》,第40—41页,黄山书社,1994年。

第三节 考古工作

一、皖南沿江地区的考古发现与研究

(一) 商周考古

20世纪80年代以后,皖南沿江地区田野考古工作进入一个新阶段,通过一系列重要遗址和墓葬的发掘,已初步建立起对该地区青铜文化年代、内涵和特征的认识。

皖南地区已发表的商周考古材料主要有:南陵牯牛山、铜陵师姑墩、夏家墩、神墩、繁昌板子矶、马鞍山五担岗等聚落遗址;南陵千峰山、龙头山、繁昌平铺、当涂陶庄等土墩墓;繁昌汤家山、孙村、芜湖柳春园、韩墩、铜陵童墩、谢垅、钟鸣、凤凰山、金口岭、贵池墩上、徽家冲、青阳汪村、龙岗等墓葬及其所出青铜器。

这些考古材料表明,这一区域既有十分丰富的矿冶遗存,也有数量巨大的聚落,还存在与之匹配的数以万计的土墩墓。特别是它们之间有着明显的共存关系,即矿冶遗存的存在并不是孤立的,而是与聚落、墓葬有对应关系。通过对此"三位一体"的研究,结合周边出土的青铜器,可以更清晰地把握该区域矿冶、聚落的兴替过程,以及它们与区域青铜文明兴衰的关系。

安徽沿江地区青铜文化的研究,主要集中在以下几个方面:

宏观认识方面,俞伟超论述了长江流域青铜文化发展的背景,认为长江流域的青铜文化是二里岗时期的一支商人带到长江中游,直到殷墟时期,长江流域才发展出本地的青铜文化;李学勤认为,今安徽南部在商周时期已经受到中原文化的影响,从商代晚期到西周,存在着颇具特色的青铜文化,西周以后逐渐创造出自己独特的传统,到春秋末年,比较统一的南方系青铜器型式已经形成。

文化谱系方面,杨德彪、杨立新、王迅、宋健等对江淮地区夏商周时期的文化分区和年代有过初步论述;李伯谦论述了皖南青铜文化的基本面貌;邹厚本论述了西周王朝所征伐的南淮夷在皖南宁镇地区的活动区域;张敏提出了一个完整的宁镇地区青铜文化序列,点将台文化、湖熟文化和吴文化一脉相承。

聚落遗址方面,研究较为薄弱,张敏提出牯牛山古城是西周时期吴国经营铜矿开采和冶炼的管理中心;鸠兹城应为西周晚期至春秋早期的吴国都城。近十年来,中国科技大学、国家博物馆与安徽省文物考古研究所先后在马鞍山的采石河流域、姑溪河流域开展了区域系统调查,对商周遗址的分布特点、聚落结构有了初步认识。

土墩墓方面,邹厚本最早建立了苏南土墩墓的分期体系;杨德彪、杨鸠霞、杨楠、宫希成等先后对皖南土墩墓的年代和性质做出探讨;张敏对吴越贵族墓葬的等级进行了研究,提出汤家山西周墓为吴国君王墓,屯溪M3、M1的墓主为西周时期越国的国君、王室和权臣等的新认识;叶润清等认为当涂陶庄的战国土墩墓可能为越国贵族墓。

青铜器方面,殷涤非、李学勤、陈公柔、张长寿、马承源、李国梁、邹厚本、张敏、杜廼松、肖梦龙、林留根、朱凤翰、施劲松、毛颖、王俊、郑玲、王爱武、郑小炉、郎剑锋等均有论述。邹厚本提供了宁镇区(包括皖南)出土青铜器的年代框架;肖梦龙、林留根等认为皖南和宁镇地区同属吴文化圈;张敏解析了长江下游西周青铜器的构成。

矿冶文化方面,裴土京系统地探讨了"江南铜"的发展历史,特别讨论了"丹阳铜"的问题。

(二)矿冶考古

皖南沿江地区位于长江下游,以平原和低山丘陵为主,是中国商周时期青铜文化的重要组成区域。本区域的矿冶考古工作始于20世纪80年代,1984年安徽省文物考古研究所在铜陵、南陵等地发现了一批古代铜矿采冶遗址。20世纪80年代后期,在国家文物局的支持下,安徽省开展了皖鄂赣商周古铜矿(皖南区)课题研究。杨立新较早地对皖南古铜矿的分布范围、遗址类型、采冶技术、产品去向以及与中国先秦青铜文化的关系等问题进行探讨,并根据皖南沿江地区的青阳、贵池、铜陵、南陵及繁昌等市县的矿冶遗存的调查材料,提出这一区域内古代矿冶活动的年代最早可至西周晚期,同时期待找到年代更早的矿冶遗存[1]。

1984至1987年,南陵文物普查队在南陵县西南部的大工山地区发现了古代矿冶遗址36处,其中以南陵江木冲遗址规模最大、内涵最丰富,年代可早至西周时期。对此,刘平生认为南陵大工山古矿冶遗址群规模大、年代早、保存好、采冶并存且延续时间长,是研究商周时期青铜矿料来源、采冶技术出现及发展等问题的重要资料[2]。2002年,南陵地区矿冶遗存的发掘材料进一步披露,如破山头和寺冲岭采矿遗址及江木冲和塌里牧冶炼遗址,宫希成由此提出将南陵的古铜矿遗址分为周和汉唐两个阶段,其中周代遗存的上限约为西周中晚期,此时南陵地区的铜业已相当兴盛[3]。

大致在同一时期,铜陵地区铜官山、狮子山、凤凰山及铜山等地亦发现了几十处古代矿冶遗址,并对部分遗址进行清理,发现了大量的炼渣和较多的采矿坑口、斜井和平巷等遗迹,出土了丰富的采矿工具及各类型陶器残片。其中资料较为详细的有金牛洞遗址。该遗址位于铜料凤凰山矿区,清理发现了竖井、斜井、平巷等采矿遗迹,巷井支护均为木质框架支撑式。遗物包括铜器、铁器、石器、竹器、木器等,大多为开采工具,另发现一件木质耳杯。陶器均为残片,年代为西汉时期[4]。张国茂认为本地区矿冶遗存中部分遗物的纹饰和形制可早至西周时期,但大多数属于东周时期,与大冶铜绿山出土的遗物较为相似[5]。

[1] 杨立新:《皖南古代铜矿初步考察与研究》,《文物研究》第3辑,黄山书社,1988年。
[2] 刘平生:《南陵大工山古矿冶遗址群江木冲冶炼场调查》,《文物研究》第3辑,黄山书社,1988年;刘平生:《安徽南陵大工山古代铜矿遗址发现与研究》,《东南文化》1988年第6期。
[3] 安徽省文物考古研究所、南陵县文物管理所:《安徽南陵县古铜矿采冶遗址调查与试掘》,《考古》2002年第2期。
[4] 安徽省文物考古研究所、铜陵市文物管理所:《安徽铜陵金牛洞铜矿古采矿遗址清理简报》,《考古》1989年第10期。
[5] 张国茂:《安徽铜陵地区古矿、冶遗址调查报告》,《东南文化》1988年第6期。

　　20世纪80年代末,枞阳汤家墩遗址清理出了铜容器陶范7件,其中一件带有弦纹和云雷纹,其余6件均为素面。这批陶范的出土对认识安徽沿江地区商周矿冶的生产模式和社会背景等问题具有重要意义[1]。

　　20世纪90年代初,杨立新根据既有材料将安徽沿江地区的矿冶遗存分为皖南、庐枞、滁马三个区域,其中皖南区的规模最大,尤以皖南沿江中部地区大工山两侧的采冶遗存分布最为密集,可进一步细化为若干采冶中心。结合矿冶考古材料,杨立新分别对采矿技术、炼铜技术及铜业手工业的兴衰进行深入探讨,指出安徽地区的铜矿开发活动最早可至夏商时期[2]。汪景辉则以20世纪80年代铜矿考古的调查工作为基础,详细分析了安徽古代矿冶遗存的分布、规模、年代及文化内涵,并对硫化铜矿冶炼、铸造及原料与铜产品的输出路线等问题进行探讨[3]。

　　进入21世纪之后,国家博物馆联合安徽省文物考古研究所等单位,对皖南沿江地区古代矿冶遗址的系统调查持续了十余年。2016年安徽大学联合铜陵市博物馆、南陵县文管所等单位对矿冶遗址进行了分阶段的详细调查,进一步掌握了铜陵、南陵地区古铜矿冶遗址的类型、年代、分布、规模及保存状况等问题[4]。同时期,李延祥、崔春鹏等对南陵大工山古矿冶、牯牛山城址、象山小脚园、苍溪吴家墩等古铜矿冶遗址进行了考古调查,并对炉渣等矿冶遗物进行了检测分析,取得了诸多新认识[5]。

　　除上述工作外,铜陵东部沿江盆地师姑墩遗址、夏家墩和神墩遗址的发掘亦极大地推动了安徽沿江地区矿冶考古研究工作。其中师姑墩遗址将安徽沿江地区采冶活动的年代明确提早至二里头文化三、四期,并在两周时期的地层中发现了丰富的冶铸遗物,其中还包括西周中期的青铜容器陶范一件[6];后两处遗址的周代地层中同样出土了较为丰富的冶铸遗物,并清理出一座保存较好的西周早期的炼炉及配套设施[7]。吴卫红认为师姑墩所在盆地内的商周聚落群与青铜冶铸关系密切,但发掘显示其冶铸规模偏小,或为民营,或为官控的特殊群体[8]。黎海超指出,夏家墩遗址的冶铜活动规模很小,应是"家庭作坊式"生产[9]。

　　对于皖南沿江地区夏商周时期青铜冶铸活动的组织模式,王开、陈建立等通过对师姑墩遗址中青铜冶铸遗址的分析,认为该遗址的冶铸遗物合金配比无严格要求,且以铜镞等兵器为主,具有远离政治中心、整体规模较小、出土遗物少、合金类型繁杂兼具冶炼铸造活动的特点,与同

[1]　安徽省文物考古研究所:《安徽枞阳县汤家墩遗址发掘简报》,《中原文物》2004年第4期。
[2]　杨立新:《安徽沿江地区的古代铜矿》,《文物研究》第8辑,黄山书社,1993年。
[3]　汪景辉:《安徽古代铜矿考古调查综述》,《文物研究》第8辑,黄山书社,1993年。
[4]　魏国锋等:《安徽铜陵古铜矿冶遗址2016年调查及若干收获》,《南方文物》2019年第2期。
[5]　崔春鹏:《长江中下游早期矿冶遗址考察研究》,北京科技大学博士论文,2016年。
[6]　安徽省文物考古研究所:《安徽铜陵县师姑墩遗址发掘简报》,《考古》2013年第6期。
[7]　安徽省文物考古研究所、北京大学考古文博学院:《安徽铜陵夏家墩、神墩遗址发掘简报》,《江汉考古》2015年第6期。
[8]　安徽省文物考古研究所:《安徽铜陵县师姑墩遗址发掘简报》,《考古》2013年第6期。
[9]　安徽省文物考古研究所、北京大学考古文博学院:《安徽铜陵夏家墩、神墩遗址发掘简报》,《江汉考古》2015年第6期。

时期中原地区的官营作坊有明显区别[1]。魏国锋等认为铜陵地区存在采矿、冶炼、铸造这一完整的青铜工业链条,其冶铸活动可能为本地族属或地方政府所控制[2]。

二、区域系统考古调查的理论与实践

(一)国内区域系统考古调查

1984年,张光直在北大演讲,首次将"聚落考古"的理念带入国内,一同进入国内的还有区域系统调查这种全新的田野考古调查方法。区域系统调查是一种为了满足宏观聚落形态研究需要,对某一区域进行全面、系统、拉网式的考古调查方法[3]。美国考古学家戈登·威利于20世纪40年代在维鲁河谷率先尝试,随后得到推广。国内的区域系统调查工作始于1990年,北京大学在湖北石家河和甘宁葫芦河流域开展的两项调查。此后,各地区结合自身特点,有序推动本地区的区域系统调查工作,其中较为重要的有赤峰半支箭河中游地区、河南洛阳盆地、伊洛河地区、鲁东南地区、安阳洹河流域及晋南垣曲盆地等地区的调查。安徽省在本世纪内先后对裕溪河、杭埠河、大沙河、采石河及姑溪河流域开展了区域系统调查工作,相关的聚落考古研究取得了丰硕的成果。

(二)安徽区域系统考古调查

进入21世纪以后,安徽省内的田野考古调查工作进入了新阶段——区域系统调查期,也称之为全覆盖式调查。这是一种将聚落形态研究作为目的和目标的考古调查方法[4],重点研究以遗址群为代表的聚落范围、变迁、周边资源及环境,更加注重遗址间的系统性与关联性。安徽地区借助此方法研究聚落形态的地区有:皖南地区的采石河流域、姑溪河—石臼河流域,江淮地区的杭埠河流域、大沙河流域、裕溪河流域等。

吴卫红以安徽沿江两岸的区域系统调查材料为基础,结合皖江两岸历年来的考古发掘和调查资料,分别从宏观和微观两个角度剖析了崧泽时代皖江两岸的聚落分布规律、选址特点和单体结构,并将皖江流域分为以姑溪河、裕溪河为中心的东区和以皖河、大沙河为核心的西区,从历时性的角度详述了崧泽时代不同时期东、西两区各自的文化面貌特点和发展趋势[5]。

马鞍山采石河流域调查采用了石家河遗址调查的方法,从聚落形态的角度考察这些遗址群及其之间的关系,探讨聚落分布与演变规律、人类活动和与然环境间的关系,分析聚落变迁的脉络和背后原因;杭埠河的调查[6]虽在实地操作时采用了区域系统调查的目的和方法,对整个区域

[1] 王开等:《安徽铜陵县师姑墩遗址出土青铜冶铸遗物的相关问题》,《考古》2013年第7期。

[2] 魏国锋等:《安徽铜陵古铜矿冶遗址2016年调查及若干收获》,《南方文物》2019年第2期。

[3] 王巍:《中国考古学大辞典》,第10页,上海辞书出版社,2014年。

[4] 陈建立、李延祥:《再议矿冶遗址的研究、保护与展示》,《湖北理工学院学报(人文社会科学版)》2014年第2期。

[5] 朔知:《崧泽时代皖江两岸的聚落与文化》,《东南文化》2015年第1期。

[6] 安徽省文物局、安徽省文物考古研究所:《杭埠河中游区域系统调查报告》,文物出版社,2012年。

进行了连续而极少间断的调查,但在后期资料整理的过程中,由于地图附图较少,对遗址的分布范围及聚落间的关系并没有能够明确地表示出来,仅在"聚落时空考察"一章中以对单一遗址外部形态及面积描述这种相对平稳的叙述方式略微带出,对不同遗址间的关系和聚落的经济及环境形态并未进行过多实际性阐释;借鉴了这一经验与教训,姑溪河—石臼湖流域的调查[1]则通过在地图上对各个遗址的不同聚落的可能面积进行了圈注,使长时段的聚落范围变化一目了然,最后以统计学的方法对聚落规模、人口规模及密度进行了估算。

总的来说,20世纪80年代至今,无论是皖南沿江平原地区三代时期的矿冶考古还是基于区域系统调查资料的聚落考古研究,皆取得了丰硕的成果。前者在安徽沿江地区早期的铜矿资源开发、冶炼技术、生产模式等诸多方面取得了新进展;后者为探索早期区域社会发展、文化格局演变及文明、国家起源等问题提供了重要途径。

通过以上的梳理不难发现,包括安徽省在内,国内现有的区域系统调查侧重于对区域社会发展进程的探索,相关的聚落考古研究也多是着力于区域社会复杂化进程和文化面貌演变问题的探讨,缺乏从聚落考古角度对特定的手工业遗存展开细致研究。皖南沿江地区的矿冶考古研究多是针对单一矿冶遗存的探讨,忽视了各类遗存之间的有机联系,特别是未能对一定时空框架内的居(聚落遗址)、葬(土墩墓)、产(矿冶遗址)遗存进行"三位一体"的聚落考古考察,难以从社会阶段性发展的角度认识皖南沿江地区早期铜矿资源的开发和青铜冶铸业的发展等问题。

---

[1]　中国国家博物馆、安徽省文物考古研究所编:《姑溪河—石臼湖流域先秦时期聚落考古调查与研究》,科学出版社,2019年。

第二章　调查概况及工作方法

第一节　调查概况

一、工作缘起及目标

本工作源于国家社科基金重大项目"安徽沿江地区矿冶遗址调查与综合研究"的设计。在对矿冶遗址进行了新一轮考古调查的同时,运用聚落考古理念,在江南、江北分别选择一个地点开展区域系统调查,考察矿冶、聚落和墓葬等遗址形态及其相互之间的关系,探讨矿冶活动区的社会生活、生产组织方式和规模,揭示矿冶、聚落的兴替与青铜文明发展的关系。课题组在2018年对江北的枞阳县罗昌河—柳峰山区域系统调查之后,2019年起对南陵漳河—大工山区域开展系统考古调查。选定该区域基于以下几点考虑:其一,该地区位于皖南沿江中部地区腹地,地貌包括平原、岗地及山地,是皖南沿江地区先秦时期遗存最为丰富的区域之一,具有较高的聚落考古研究价值;县城东部的牯牛山遗址为长江下游地区先秦时期较为重要的城址之一,对探讨皖南沿江地区先秦时期的社会组织模式及社会结构的阶段性演变等问题意义重大。其二,南陵县地处长江中下游成矿带,矿产资源十分丰富,尤以铜矿资源闻名,分布于县境西部的工山、戴汇、绿岭、丫山等地,先秦时期即为长江下游地区最为重要的铜料开采冶铸中心,是进行安徽沿江地区矿冶考古研究不可忽视的核心区域。其三,南陵县曾进行过多次田野发掘,先秦时期考古具有较好的调查基础。其四,该地区位于皖南山区向平原过渡地带,在江南水田进行区域系统调查也增加了方法论上的尝试和探索。

安徽沿江地区三代时期的聚落遗址、土墩墓及矿冶遗址数量众多、规模庞大,是进行区域青铜文化研究不可多得的个案。本工作立足于聚落考古的理念,首次尝试以矿冶遗存为导向,以矿冶、聚落、墓葬遗存为核心,通过对南陵漳河—大工山区域进行系统考古调查,进一步深化对安徽沿江地区早期铜矿资源开发和社会发展等问题的认识。

本工作的目标为:第一,通过调查及对调查材料的分析,初步建立这一区域先秦时期考古学文化的年代和构成;第二,采用聚落考古的研究方法对调查登记的矿冶遗址、聚落遗址和土墩墓遗存进行综合研究,揭示调查区内先秦时期聚落形态的共时性布局及历时性演变;第三,将本次调查材料和以往考古发现相结合,从宏观层面探讨皖南沿江中部地区夏商周时期的铜矿资源开发与区域社会发展间的关系,促进对长江下游地区先秦时期区域社会发展进程的研究。

二、调查范围

时间范围：主要为先秦时期。

空间范围：南陵漳河—大工山区域，涉及乡镇包括籍山镇、家发镇、工山镇和何湾镇。

2019年调查了该区域的东部，2020年调查了该区域的西部和南部。东部区域主要为漳河沿岸平原一带，调查面积约100平方千米。西部主要集中在南陵县城西部的工山镇一带，紧邻2019年度调查范围的西北部，接近铜陵地区，调查面积约90平方千米。南部则在南陵县城西南部何湾镇一带的七星河流域，调查面积约60平方千米（图1）。

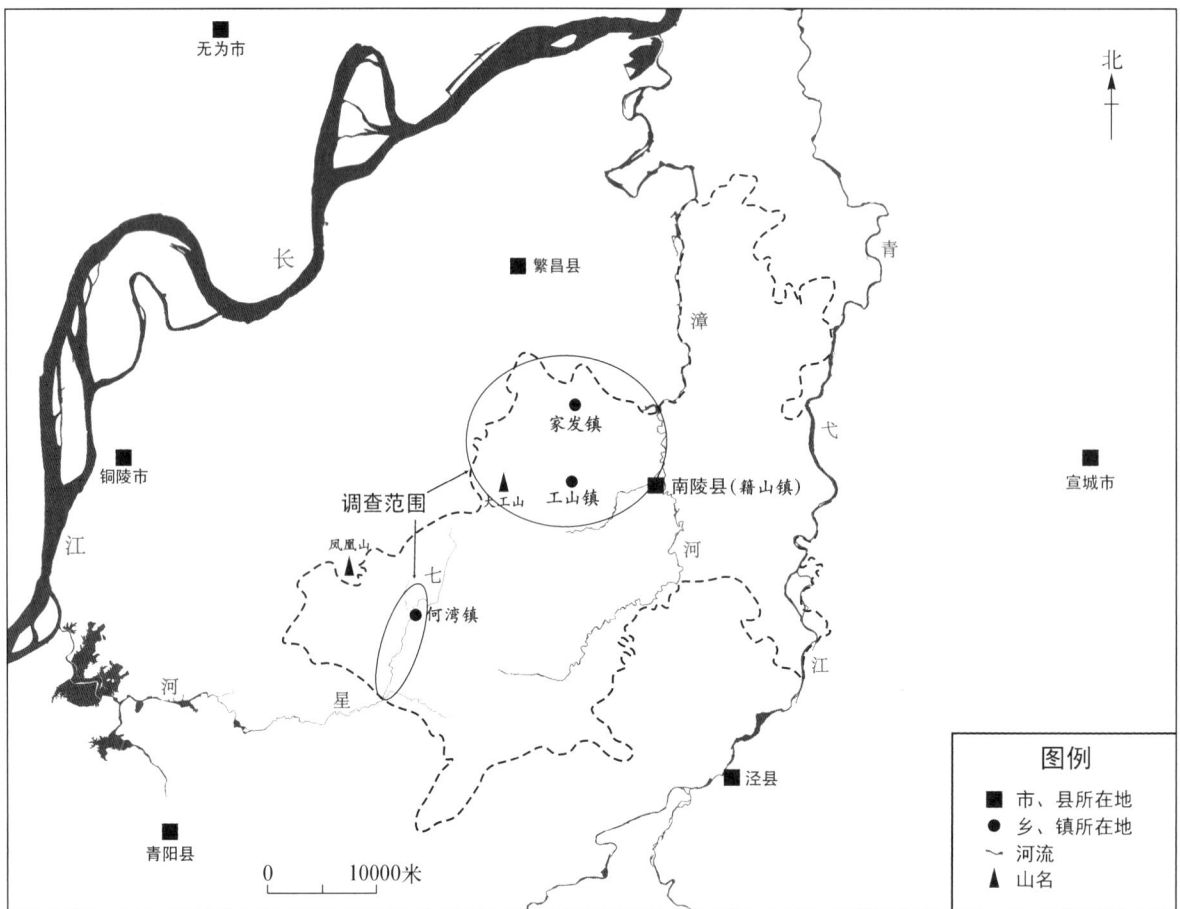

图1　调查区域示意图

第二节　调查方法及经过

一、田野工作方法

南陵县地处长江以南，属于亚热带季风气候，春、夏、秋三季降水较多，地表植被生长茂盛，地表可见度低,不适宜田野调查的开展。冬季气温虽低但降水量少,地表植被已枯黄,农作物尚未成熟,可见度远高于其他季节,有利于考古调查地表采集工作的开展。再结合以往区域系统调查经验,本次调查分为两个阶段,第一阶段为2019年12月至2020年1月;第二阶段为2020年12月,以区域系统调查为主、专题调查为辅,因地制宜,根据调查区域的地形、地貌特点以及调查目标的差异采用不同的调查方法。上文述及,本次调查可分为三个区域,即漳河西、工山北和七星河流域,主体地貌为低矮的岗地,山前平原及沿河平原。根据课题研究需要,漳河西、工山北采用区域系统调查的方法,七星河流域采用专题调查的方法。其中,区域系统调查,又称“拉网式”调查。即调查时,将队伍一字排开,组长手持1∶10 000地图处于中间位置,组内各成员手持在线地图便于观察实时位置。队员间距依据地形保持在30至50米之间。如调查区东部为地势开阔的平原地带,水稻田广泛分布,因此各队员之间的距离在50米左右;而调查区的中、西部地区多为长岗,岗地之间则为狭长的冲地,因此这一区域的队伍间距多保持在30米左右。一般情况下,队伍沿岗地的一侧排开,两侧队员位于岗顶或岗脚,其他队员则在岗坡,完成岗地一侧的调查时,队伍在岗地的顶段,以岗顶队员为圆心折返到岗地的另一侧,向反方向继续调查,如遇到连续岗地则进行多次折返。

根据实际情况,调查工作舍弃了区域内海拔50米以上的岗地、山地及海拔5米以下的沿河圩田。前者地形陡峭,人迹罕至,冬季时枯草和落叶密布,地表可见度极低,参考周边地区调查经验,这一区域内不见先秦遗址分布;后者虽地势平坦,但河网密布,易积水,且多为近年来新开垦的水稻田,并不适宜人类居住。

在调查工作中如遇到遗物,便将队伍间距收缩,向发现地点靠拢,并以此点为坐标圆心,10米为间距排列队员,每位队员所站的位置为其采集区的原点,原点前方10米和右方10米的范围设为采集范围,这一区域内若发现遗物需全部收集并定为采集区、填写标签,若未发现遗物则以前方第二个10×10的区域继续前进。在明确为采集区之后,同时寻找断面进行清理,了解是否存在文化层或是遗迹现象,若有发现则进行拍照绘制,并采集断面上的遗物。

每天的调查区域及路线由组长和成员商讨决定。调查的区域大小以前日的调查效率作为参考,每队日均可调查1.5至2平方千米。为便于识别,调查区域的边界多以地图上的河流、沟渠或岗地为主。此外,由于地图存在的时效性问题,如土地利用方式的改变(旱地改为水塘),这就可能导致预定调查区域的实际调查面积小于预期,为此我们在制定第二天的调查区域时还特意在所定区域外划出预留区,以便遇到上述情况时能够快转移,提高调查效率,避免不必要的时间损耗。

二、信息采集及处理方法

本次调查所采用的是1∶10 000的地形图,地图的坐标为1980西安坐标系。在田野工作中,成员所定的采集区坐标点均在电子地图上标注,遗址的坐标原点多设置在明显标志物附近。在数据处理时,我们使用ARCGIS软件进行绘图。因电子地图上的坐标是GCJ-02坐标,因此在将采集区坐标落在1∶10 000地形图上时,只需将后者转化为1980西安坐标系即可。得益于本次调查多见台墩型遗址,在数据校正时可以利用地形图上的遗址范围来验证相关数据是否精确。

调查中所发现的遗址、遗物及遗迹等重要信息均是现场填写登记。在确认发现遗物时,开始划分采集区,每一采集区都须填写一张登记表,内容包括采集区的编号、相对位置、地貌、遗物类型、丰富程度等信息。采集区的标号格式统一为:19/20+调查日期+N(南陵县"南"汉语拼音首字母缩写)+镇名首字母+遗址名首字母+采集者名缩写+采集区序号,如:刘调兰竹丝遗址1号采集区,191211NJZ"LTL"001。在确认发现遗址后,还需填写遗址登记表,包括遗址的名称、编号、所在乡镇自然村、环境地貌类型、海拔、面积、遗物等相关信息。遗址的名称是以其所在的最小自然村的名字命名,具体编号可参考采集区的格式。另外,我们还对遗址内断面所见的文化层、遗迹等信息进行登记记录,并拍照绘图。

在整理采集区信息时,为方便行文,以遗址为单位,将采集区的编号以"C"开头进行重新编号,如191211NJZ"LTL"001改为191211NJZ-C01,191211NJZ"XSD"001改为191211NJZ-C02,以此类推,在书中以CXX代替。其中,散点的遗物仅做列举,不再分采集区介绍。对于采集点数据的处理,依然是使用ARCGIS软件。有关数据转换的问题前文略有介绍,兹不赘述。我们是以调查所用的1:10 000的地图作为底图,依据采集遗物的年代不同,分别制作采集区分布图,并用折线将某一遗址时代相同的采集区勾画出来,这即是该遗址某一时期的聚落面积,最后将遗址中不同年代的聚落范围叠加在一起(不同年代的采集区范围用不同类型的折线框出,以便区分),这样就可以从历时性的角度观察某一遗址在不同时代聚落形态的演变,进而从宏观层面探讨这一地区先秦时期的聚落变迁问题。

三、遗址与聚落的判定标准

区域系统调查中,遗址的判定标准是直接影响前期调查结果和后期研究结论的关键因素。以往的区域系统调查工作各有自身的一套判定标准,如社科院考古研究所在河南伊洛河流域和洛阳盆地的工作,基本是以遗迹现象的有无作为判定标准;国家博物馆在垣曲盆地的调查亦是结合遗迹现象和文化层综合判断;中美合作在鲁东南地区的调查则是只要有一片可以断代的陶片即给予遗址编号,赤峰地区调查的判定模式与前者基本相似;国家博物馆在姑溪河—石臼湖流域的调查是以遗物的采集点为参考,并以文化层或者遗迹现象来确定,而某些地形特征明显,如墩型,遗物丰富却无断面可清理的地点,仍可判定为遗址,遗物较少且无文化层的地点则定为散点;安徽省文物考古研究所在杭埠河中下游的调查工作中,对遗址的判定采用了三套标准:一是在100米的范围内发现3片及以上陶片,并可观察到原生文化堆积,即视为遗址,这也是大多数调查工作所采取的判定方法;二是采集陶片在3片以下,但其所在地点为一独立的地貌单元,且发现有文化遗迹,则可定为遗址;三是陶片数量稀少(不超过3片),且无各类遗迹,微观地貌亦无遗址特征,则定为散点。

通过分析已有工作对遗址的判定标准,并结合安徽皖南沿江地区实际情况,本次调查的遗址判定,综合考虑遗物的数量、采集地点的微观地貌、文化层和遗迹现象有无三方面,标准如下:一是凡有原生文化层或遗迹现象者,则为遗址;二是地表遗物丰富且微观地貌具有遗址特点者(如墩型)，定为遗址；三是地表遗物较为匮乏，未见原生文化遗迹，且微观地貌不具备遗址特征者，则定为散点。

需要说明的是，"微观地貌具有遗址特点"作为遗址判定标准虽有主观臆断之嫌，但在安徽皖南、江淮地区数十年的先秦考古调查工作中，这一经验得到了不断地验证，基本无误。相当多的资料表明，安徽皖南沿江地区先秦时期的遗址基本分为两类，一是平原上人工堆筑起的墩型遗址或自然岗丘，一是位于岗地边缘地带，这两种类型的遗址微观地貌特征显著，其上若发现有丰富的遗物基本可视为遗址。

在确认为遗址之后，需要统计遗址面积。依据皖南沿江地区先秦遗址，尤其是商周遗址的分布特点，一般采用微观地貌和遗物的分布情况相结合的方式综合判断，但有时二者的面积会出现较大差异，这时就需要考虑是否是遗址遭到破坏所致。此外，本地区的商周遗址常见集聚的现象，如本次调查发现的店门林遗址即是由多个土墩组成，这些共存的土墩间距最多仅十余米，应是在当时的生活中具有不同的功能定位或是属于不同的家庭社群。对于此类现象，宜将其使用统一的名称命名，遗址名下再做具体标注。对于遗址关系的判定，一般认为采集区之间的距离若超过100米，则被视为不同的遗址，反之则视为同一遗址。其间若是存在天然屏障，我们亦将其视为两个独立的遗址，若是由于后期人力活动导致，如修路、开挖河渠、挖土作业等，仍需将其视为一个遗址。

划分遗址内不同时期的聚落，我们采取目前认可度较高的方法，即按同时期的遗物采集区来划分。对于聚落面积的计算，长期以来存在不同的观点，有些调查工作中聚落的面积是以采集区的面积累加而得，若遗址内某一时期的聚落仅有一个采集区且不见各类遗迹现象，则该聚落的面积即为此采集区的面积。本章认为，在调查工作中对于单一年代的聚落，可以将地表现存的遗址面积等同于当时聚落的面积，如本地区周代的墩型遗址基本如此(严重破坏者除外)。但对于多个时期持续沿用的遗址来说，受制于自然和人为因素，在实际调查工作中很难能掌握一个遗址中不同时期聚落面积的真实变化，因此在探讨早期聚落(特指新石器时代聚落)的规模时，需要从采集区的分布、遗物的情况及微观地貌综合判断。

四、调查经过

自项目实施以来，分别于2019年12月至2020年1月初、2020年12月进行了两次田野考古调查。

2019年12月至2020年1月的调查主要涉及漳河流域西岸、大工山北麓两块区域。2019年11月开始前期准备工作，主要有实地考察确定调查区域、与地方文管机构协商、购买调查所用地图等。田野调查工作于2019年12月7日开始，12月18日因天气原因返校，26日再次抵达南陵，至2020年1月3日结束。本次调查所涉及的乡镇有籍山镇、家发镇和工山镇。调查的总体方向由东部的沿河平原向西部山地深入。2019年12月9日至12月17日，完成了对籍山镇的调查，并对家发镇的部分地区进行调查。2019年12月27日至2020年1月3日，完成了对家发镇剩余地区的调查和工山镇的调查。总调查面积约100平方千米。参与调查的人员有张爱冰、吴卫红、魏国锋、张小雷、王东明、姚云、王陵华、肖航、王爱民、常经宇、王艳杰、李强、孙天强、夏四达、杨朴、安昭、胡娜、高军、左亚琴、刘调兰、张乃博、史红妍、周扬、王寅、邓栋梁、方立、张斌斌。其中，张爱冰为项目负责人，魏国锋为领队，吴卫红、张小雷为培训指导。

2020年12月的调查，于11月10日开始准备工作，首先发放并阅读有关田野调查的学习资料。11月17日召开培训会，就田野调查方法及资料收集工作作了详细说明。11月26日至12月4日，对诸如调查范围的确定、整理地图和工具的使用等工作进行了培训。本次调查正式开始于12月5日。当日下午，吴卫红对参与调查的人员进行了田野实地培训和分组，次日正式开始分范围、定区域的调查工作。本次调查涉及乡镇主要有家发镇、工山镇、何湾镇。12月19日，抽取第二组组员前往何湾镇进行考古调查。12月21日全体调查人员在何湾镇汇合，对七星河流域进行了为期四天的专题调查，12月24日调查结束。本次调查，漳河流域总面积约90平方千米，七星河流域总面积约30平方千米。参与调查的人员有张爱冰、吴卫红、魏国锋、张小雷、王陵华、王东明、王艳杰、常经宇、肖航、方家领、王志文、杨盼、袁学梅、张文利、韦邦加、伏金兰、李迎港、李如雪、孙阳洋、张治宇、谢秋惠、陈亮亮、张佳慧、方立。其中，张爱冰为项目负责人，魏国锋为领队，吴卫红、张小雷为培训指导。

第三节　资料整理方法与过程

一、整理思路和方法

基于本次调查所获资料，将调查采集的陶片依据其时代差异进行归类，并在地图上划分出不同时期陶片的分布范围，以此判断各遗址不同时期聚落范围的变化。在此基础上，从聚落考古角度对调查区域内新石器时期至周代的聚落形态变化进行宏观研究和微观分析，并尝试结合已有的考古资料，从历时性的角度对皖南沿江平原中部地区先秦时期的社会发展及铜矿资源开发等问题进行探讨。

二、报告整理和编写过程

2019年12月至2020年1月的调查，由肖航负责整理并作初步研究。

经过：第一阶段调查工作结束后，肖航对本次调查工作的电子材料和纸质文档进行整理。2020年1月10日至15日，由肖航、高军、夏四达、胡娜、刘调兰对调查所获采集物进行清洗。2020年5月16日至2021年1月25日，肖航完成采集区坐标点的整理以及采集物的拓片、测量、描述、年代判断及遗址图、遗址分布图的制作工作。2020年6月10至8月5日，安徽省文物考古研究所蔡波涛、田玉龙完成部分采集物的绘图工作。2021年5月，肖航完成硕士论文《漳河—大工山先秦时期区域系统调查与研究》。

2020年12月的调查，由张文利负责整理并作初步研究。

经过：调查结束后，12月28日张文利汇总并整理本次调查的电子资料。1月7日伏金兰、李如雪、袁学梅、张文利完成本次调查所有陶片的清洗工作。1月19日至4月18日,杨朴、张文利完成标记、测量、描述、拓片、挑选陶片、年代判断、整理采集点坐标等工作。4月28日至5月6日,肖航完成所有拓片的扫描工作,张文利根据遗址进行分类整理。6月16日至7月9日,蔡波涛、田玉龙完成线图绘制,张文利根据遗址进行分类整理。7月15日至9月10日,张文利利用GIS软件制作遗址分布图。11月5日至10日,伏金兰、张文利对所选遗物进行补充拍照。2022年5月,张文利完成硕士论文《2020年度南陵漳河—大工山区域系统调查报告》。

调查报告的撰写:2022年12月起,肖航、张文利负责调查资料的核对与补充。肖航负责重新制作地图。吕乐双、王梦月、孙昕阳、张欣如负责标本的拍摄和图版编排。张爱冰负责统筹报告编写的体例、结构及全文审核、统稿。

第三章　调查成果

第一节　漳河流域（籍山镇、家发镇）

本调查区域位于漳河中游西岸，地处南陵县城西部及北部，根据地貌大致分为东部的漳河沿岸平原和西部的低山岗地两个部分。调查共登记遗存39处（表1；图2），其中聚落遗址17处、土墩墓9处（表2）、散点13处（表3）。

一、滨河塝遗址

1. 遗址概况（191217NJB）

遗址位于家发镇滨河塝村西北部，为平面近似长方形的墩型遗址，高出地面1至2米，面积约2 200平方米，遗物分布面积约700平方米。遗址地处漳河沿岸平原，四周均为平地，其东北部距漳河仅百余米。现代农耕活动及坟茔的修建对遗址本体造成了一定的破坏（图版七，1）。

2. 聚落

遗址含新石器时代晚期聚落与周代聚落各一处。新石器时代聚落仅见1个采集区，面积100平方米，周代聚落见于所有7个采集区，面积700平方米（图3）。

3. 遗物

遗物均为陶片，以泥质硬陶为主，纹饰包括小方格及复线回纹，另有夹砂红陶鼎足1件。

C01

标本01：灰色硬陶，拍印有小方格回纹，其下为数道线纹，长3.3、宽3.5厘米（图4-1；图版三二，1）。

标本02：青灰色硬陶，拍印有交错复线回纹，长5.1、宽4.2厘米（图版三二，2）。

C02

标本01：硬陶，外为黑色陶衣，内为深紫色陶胎，拍印有交错复线回纹，纹饰残损严重，长3.7、厚5.5厘米（图4-2；图版三二，3）。

标本02：硬陶，外为黑色陶衣，内为红褐色陶胎，拍印有斜雷纹，长2.6、宽3.4厘米（图4-3；图版三二，4）。

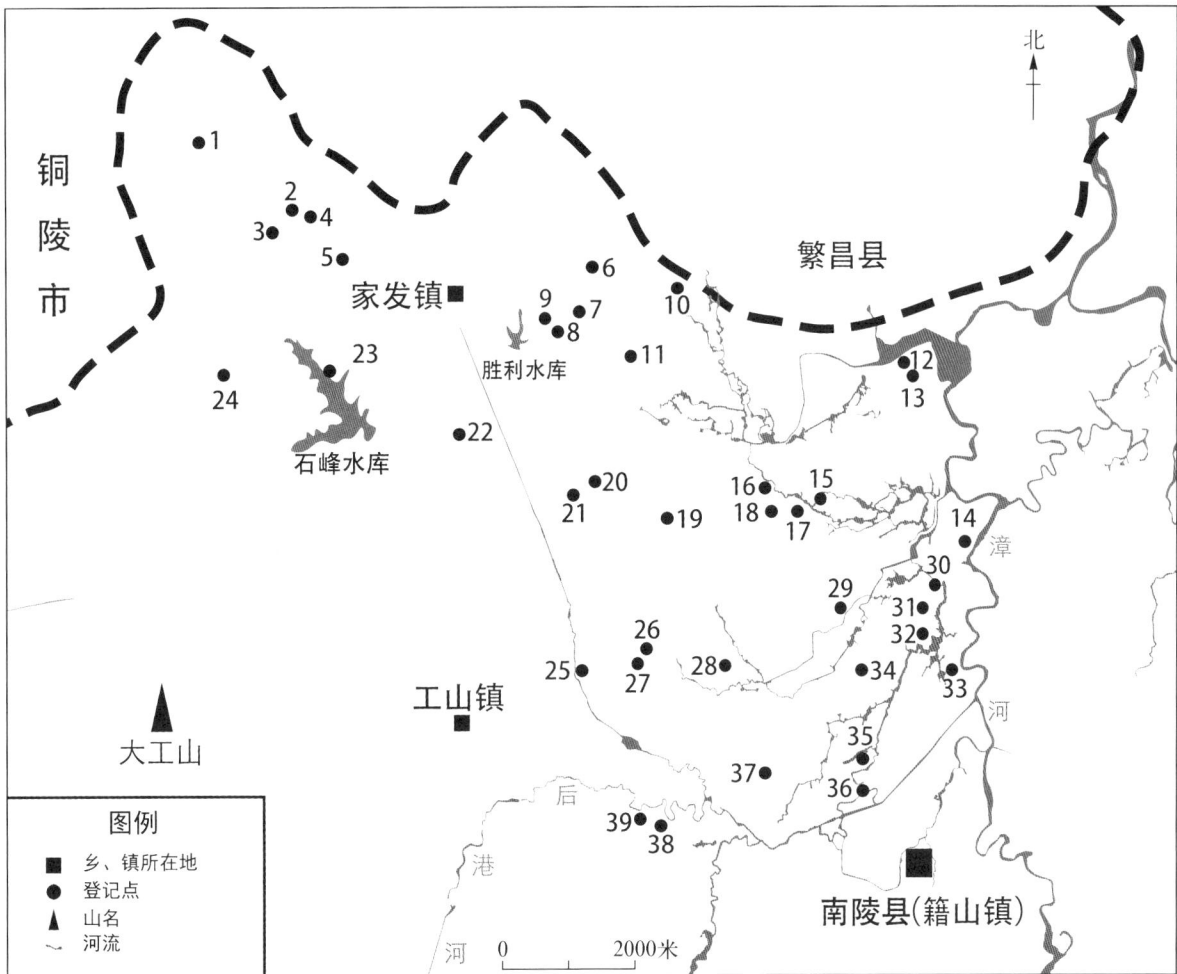

图2 漳河流域遗存分布图

1. 联三散点、2. 联工遗址、3. 天马散点、4. 联工土墩墓、5. 曹村遗址、6. 徐村土墩墓、7. 闵村遗址、
8. 老鸦冲土墩墓、9. 老鸦冲遗址、10. 竹丝遗址、11. 黄祠散点、12. 邓村遗址、13. 风合刘遗址、14. 湾里南散点、
15. 刘家湾散点、16. 老屋遗址、17. 孙村散点、18. 孙村土墩墓、19. 谈冲土墩墓、20. 永林土墩墓、21. 永林遗址、
22. 荷花冲土墩墓、23. 石峰水库散点、24. 下分卢散点、25. 墩汪遗址、26. 盛桥散点、27. 六冲土墩墓、28. 铁桥遗址、
29. 前桥遗址、30. 泉塘散点、31. 宛村散点、32. 甘罗墩—汪村遗址、33. 滨河埘遗址、34. 高墩遗址、35. 滨玉散点、
36. 张家墩散点、37. 青山土墩墓、38. 鲍家屋东遗址、39. 鲍家屋遗址

标本03：夹砂红陶，素面，长4.8、宽3.2厘米（图版三二，5）。

C03

标本01：灰色硬陶，拍印有交错的复线回纹，长3.2、宽3.3厘米（图4-4）。

标本02：砖红色硬陶，拍印有复线回纹，长3.7、宽2.5厘米（图4-5；图版三二，6）。

标本03：砖红色硬陶，拍印有小方格网纹，长7.8、宽4.8厘米（图版三二，7）。

标本04：硬陶，白色陶衣，红褐色胎，素面，长2.9、宽1.6厘米（图版三二，8）。

C04

标本01：硬陶，外为灰色陶衣，内为红褐色陶胎，拍印有复线回纹，长3.1、宽3.2厘米（图

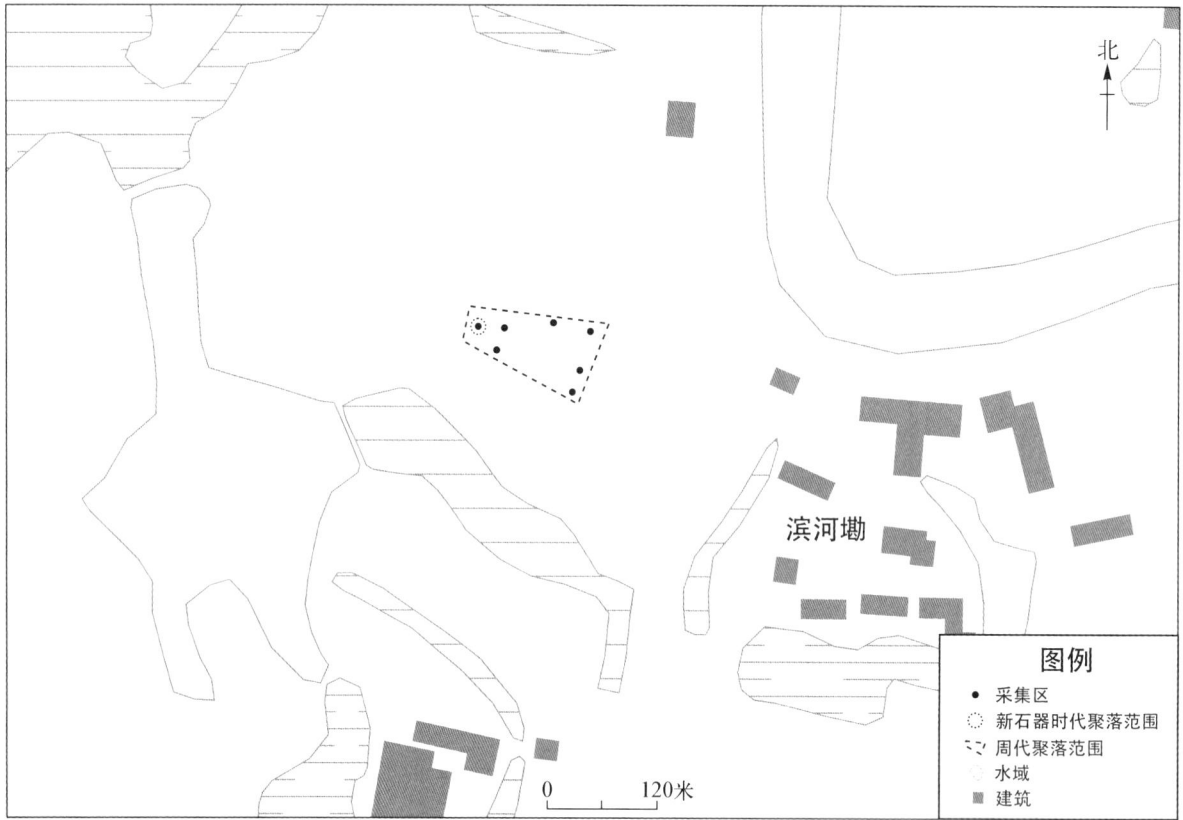

图3　滨河塅遗址聚落分布图

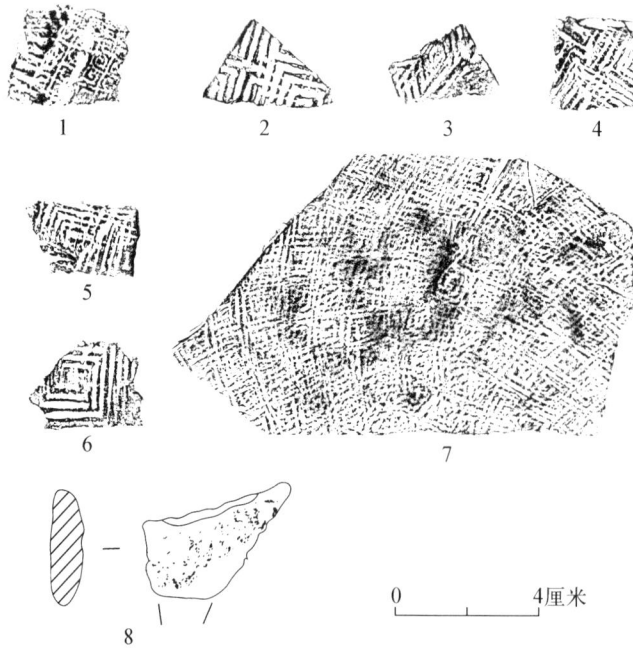

图4　滨河塅遗址采集遗物

1. C01-01、2. C02-01、3. C02-02、4. C03-01、5. C03-02、6. C04-01、7. P1-01、8. P1-02

4-6；图版三三，1）。

标本02：硬陶，外为灰色陶衣，内为红褐色陶胎，拍印有复线回纹，长2.9、宽2厘米（图版三三，2）。

标本03：灰色硬陶，素面，长3.6、宽3.3厘米（图版三三，3）。

C05

标本01：夹砂灰陶，器型不清，装饰有排列整齐的多道绳纹，长4.4、宽3.8厘米。

C06

标本01：夹砂红陶，内为灰色陶胎，素面无纹，长3.8、宽2.2厘米（图版三三，4）。

P1

标本01：灰色硬陶，器腹残片，拍印有交错复线回纹，长12.5、宽8.4厘米（图4-7；图版三三，5）。

标本02：夹砂红陶，侧装三角形鼎足，足根处残损，高3.2、宽1.8厘米（图4-8）。

二、竹丝遗址

1. 遗址概况（191211NJZ）

遗址位于家发乡竹丝村西北380米，地处岗地的下部缓坡地带，地势平坦，西侧邻近水源。遗址平面呈不规则形，属岗地型聚落，据地形推测遗址面积5 200平方米。地表遗存较为丰富，多集中于遗址的中东部，包括陶片、瓷片、石器及炉渣，分布范围700平方米。断面可见较为丰富的红烧土颗粒（图版七，2）。清理剖面P1，堆积情况如下：

第①层：褐色沙土，厚度25至30厘米，包含较多的植物根茎；

第②层：褐色沙土，厚度15至28厘米，包含丰富的烧土颗粒及炭屑、陶片等；

第③层：灰褐色沙土，厚度10至28厘米，包含少量的红烧土颗粒；

第④层：灰黄色沙土，厚度25厘米以上，包含较多的炭屑及零星红烧土颗粒；

未清理至生土（图5）。

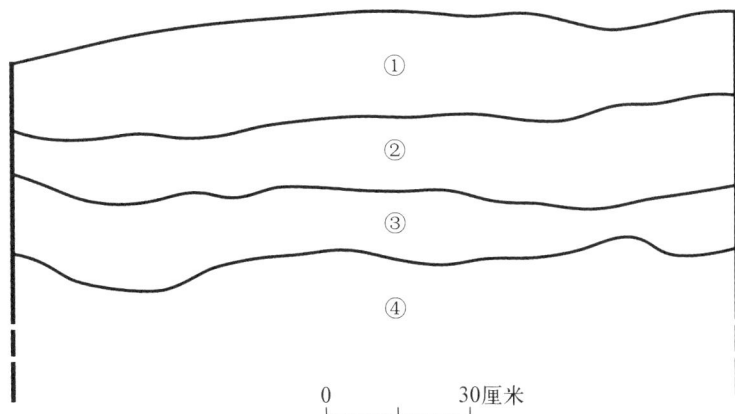

图5 竹丝遗址剖面P1堆积情况

2. 聚落

遗址含新石器时代聚落与周代聚落各一处。其中，新石器时代聚落共设采集区3个，面积300平方米；周代聚落共设采集区7个，面积700平方米（图6）。

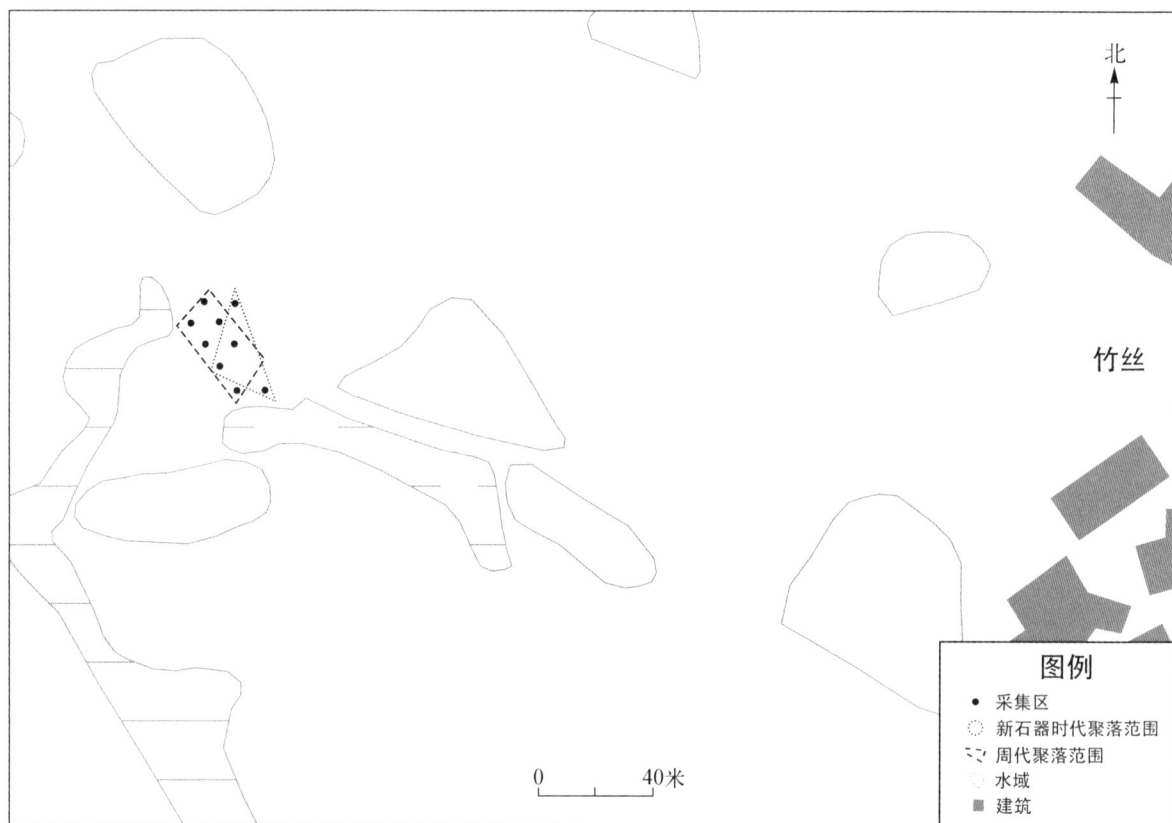

图6 竹丝遗址聚落分布图

3. 遗物

遗物以陶片为主，多为泥质硬陶，夹砂红陶和泥质红陶数量较少，可辨器形有鬲足。另采集石器1件。

C01

标本01：硬陶，器肩，颈部素面无纹，肩部装饰有多道水波纹，长9.6、宽2.2厘米（图7-1）。

标本02：硬陶，拍印有方格纹及折线回纹，长6.1、宽3.1厘米（图7-2）。

标本03：硬陶，纹饰为拍印的复线回纹，长3.8、宽2.3厘米（图7-3）。

C02

标本01：硬陶，器表拍印复线回纹，长4.4、宽2.1厘米（图7-4）。

C03

标本01：夹砂红陶，鬲足，呈上宽下窄的柱状，无纹饰，直径2.3、高4.5厘米（图7-11；图版三三，6）。

标本02：夹砂红陶，器表装饰有数道弦纹，长5.6、宽4.1厘米（图7-12；图版三三，7）。

标本03：夹砂红陶，器表施一层灰色陶衣，鬲足，仅存下部实根且足端略残，装饰有数道斜线纹，高8.5、足端直径2.6厘米（图版三三，8）。

标本04：硬陶，拍印有复线雷纹，长4.0、宽3.5厘米（图7-5）。

标本05：硬陶，拍印有复线回纹，长2.2、宽2.0厘米（图7-6）。

标本06：硬陶，拍印有规整的复线回纹，长4.2、宽1.2厘米（图7-7）。

C04

标本01：硬陶，拍印小方格纹，长4.0、宽3.5厘米（图7-8）。

标本02：硬陶，拍印有小方格纹，长5.8、宽1.2厘米（图7-9）。

C05

标本01：硬陶，拍印有复线雷纹，长4.2、宽2.2厘米（图7-10）。

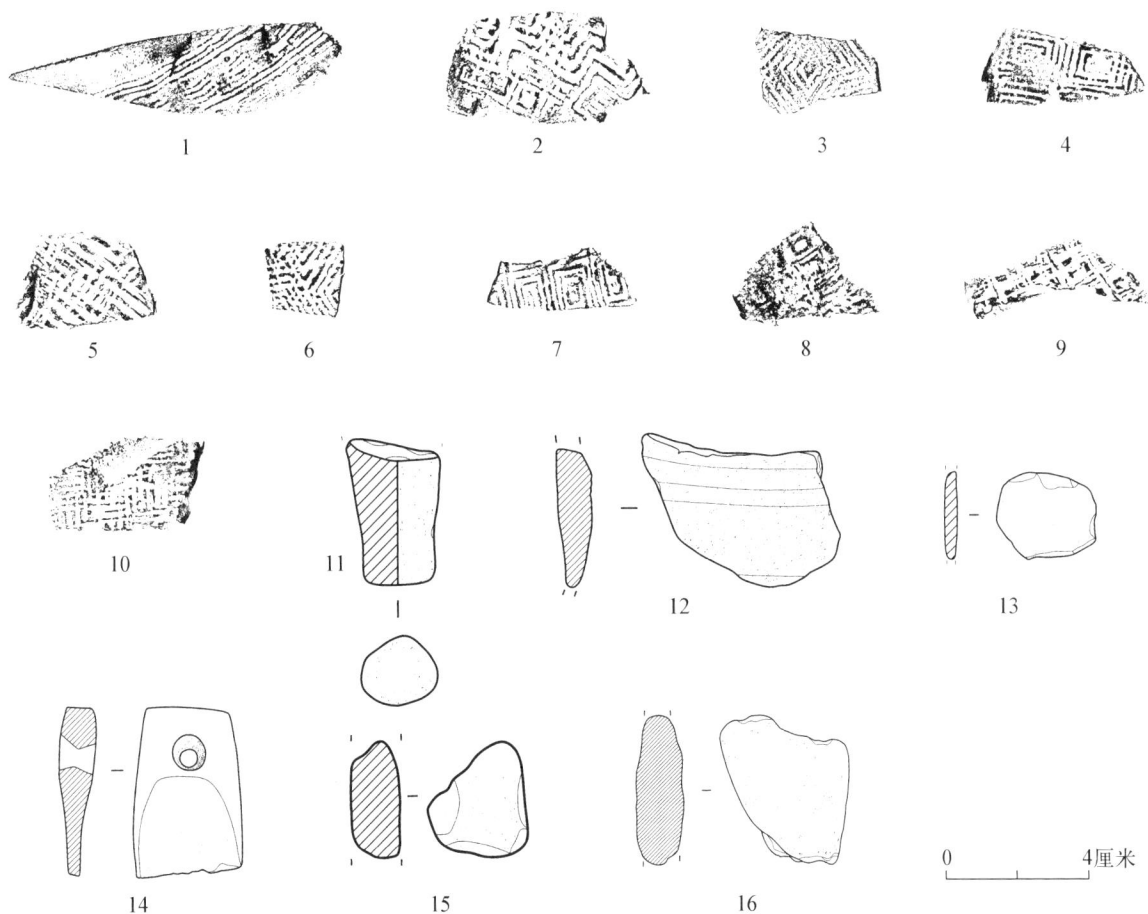

图7 竹丝遗址采集遗物

1. C01-01、2. C01-02、3. C01-03、4. C02-01、5. C03-04、6. C03-05、7. C03-06、8. C04-01、9. 04-02、10. C05-01、
11. C03-01、12. C03-02、13. C06-01、14. C07-01、15. C08-01、16. C08-02

C06

标本01：泥质红陶，无纹饰，长3.1、宽2.5厘米（图7-13）。

C07

标本01：石器，整体呈扁长条形，顶部有一圆形穿孔，中下部的正反面有明显的使用磨损痕迹，长6.2、宽3.8厘米（图7-14；图版三四，1）。

C08

标本01：泥质红陶，无纹饰，长3.5、宽2.6厘米（图7-15；图版三四，2）。

标本02：泥质红陶，无纹饰，长5.2、宽4.1厘米（图7-16）。

三、前桥遗址

1. 遗址概况（191227NJQ）

遗址位于家发镇前桥村西，为一处岗地遗址，遗物分布于两岗之间的冲谷中，东距水道仅100米左右，遗址中部有一条现代公路。根据地形推测遗址面积约500平方米，遗物分布面积200平方米，但因遗址破坏较为严重，其实际面积应当更大。采集遗物均为陶片（图版八，1）。

2. 聚落

遗址含新石器时代中期聚落一处，设采集区2个，面积200平方米（图8）。

图8　前桥遗址聚落分布图

3. 遗物

遗物均为夹砂红陶,口沿多为锯齿状,器身饰以戳印纹,可辨器形有釜、鋬手等。

C01

标本01:口沿,胎体为泥质灰陶,外着红陶衣,手制,外侈,唇呈锯齿形,束颈,腹部微鼓,装饰有三排戳印纹,长9.6、宽7.8厘米(图9-1;图版三四,3)。

标本02:腹片,夹砂泥质黄陶,手制,装有一条乳突带纹,长8、宽9厘米(图9-2;图版三四,4)。

标本03:腹片,泥质灰陶胎,手制,外有红色陶衣,其上有三条摁压带纹,带纹下有椭圆形凹窝装饰,长3.8、宽2.4厘米(图9-3;图版三四,5)。

标本04:口沿,泥质,手制,内黑外红,口沿外侈,唇部为锯齿形,斜深腹,颈下装饰有内凹圆形小坑,长6.4、宽3.9厘米(图9-4;图版三四,6)。

标本05:口沿,泥质红陶,手制,口沿外撇,唇部为锯齿形,口沿下有一排小圆凹坑纹,长5.9、宽3.8厘米(图9-5;图版三四,7)。

标本06:鋬手,泥质红陶,手制,鋬手呈半椭圆形,无纹饰,长5.4、宽2.1厘米(图9-6;图版三四,8)。

标本07:口沿,泥质红陶,手制,敞口,微侈,唇部为锯齿形,腹部有三排竖线摁压纹,每一排中间有一道凹弦纹,长5.5、宽5.3厘米(图9-7;图版三五,1)。

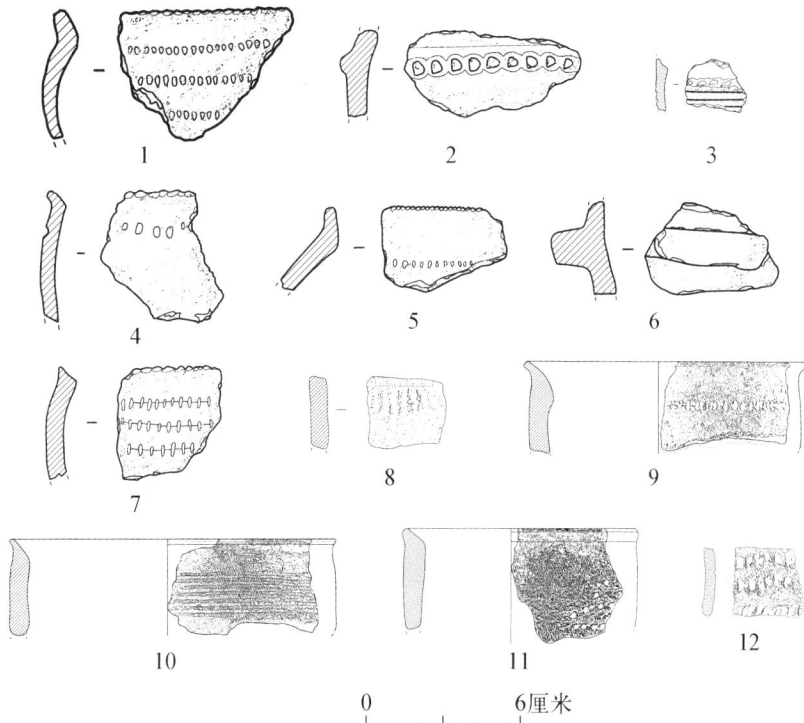

图9 前桥遗址采集遗物

1. C01-01、2. C01-02、3. C01-03、4. C01-04、5. C01-05、6. C01-06、7. C01-07、8. C02-01、9. C02-02、
10. C02-03、11. C02-04、12. C02-05

C02

标本01：腹片，泥质红陶，手制，横向两条摁压线纹，中间有五条纵向线纹，长4、宽3.8厘米（图9-8；图版三五，2）。

标本02：口沿，泥质红陶，手制，沿部微外撇，唇部为锯齿形，口沿下装饰有一条小椭圆形凹窝组成的带纹，并被一条阴刻弦纹穿过，长6.5、宽4.0厘米（图9-9；图版三五，3）。

标本03：口沿，泥质红陶，手制，口沿微撇，唇部为细锯齿形，腹部有数道摁压弦纹，长7.1、宽4.3厘米（图9-10；图版三五，4）。

标本04：口沿，泥质红陶，手制，口沿微撇，唇部为锯齿形，腹部有道摁压绳纹，内壁呈黑色，长6.0、宽5.2厘米（图9-11；图版三五，5）。

标本05：腹片，泥质，内黑外红，外壁有三道椭圆形凹窝组成的环带纹，呈三角折线状，长4.5、宽4.2厘米（图9-12；图版三五，6）。

标本06：夹砂红陶，素面，鼎足，残损较甚，高4.4、最大径3.6厘米（图版三五，7）。

四、墩汪遗址

1. 遗址概况（200101NJD）

遗址位于家发镇墩汪村西南部，地处河流东岸，遗址南部为长方形台墩型，根据地形推测遗址面积约600平方米。遗物集中分布在遗址的南北两侧，北部丰富，分布范围约200平方米；南部略少，见于台墩两侧（图版八，2）。

2. 聚落

遗址含新石器时代晚期聚落与周代聚落各一处。其中新石器时代晚期遗存稀少，仅见于西部的1个采集区内，面积100平方米。周代遗存较为丰富，见于4个采集区，面积400平方米（图10）。

3. 遗物

遗物均为陶片，包括泥质硬陶、夹砂红陶及泥质红陶，可辨器形以陶鬲足为主。

C01

标本01：夹砂红陶，无纹饰，长3.5、宽2.8厘米（图11-1）。

标本02：夹砂红陶，无纹饰，长2.3、宽2.0厘米（图11-2）。

标本03：灰色硬陶，腹片，拍印折线纹，长6.2、宽4.3厘米（图11-15）。

C02

标本01：灰色硬陶，拍印席纹，长4.0、宽2.2厘米（图11-16）。

C03

标本01：夹砂红陶，口沿，敞口外撇，方唇，束颈，无纹饰，高3.8、宽5厘米（图11-3；图版三五，8）。

标本02：夹砂红陶，腹片，表面装饰有绳纹，长4.8、宽2.9厘米（图版三六，1）。

标本03：夹砂红陶，甗腰上部，绳纹，长5.8、宽4.4厘米（图版三六，2）。

标本04：夹砂红陶，外壁装饰有绳纹，内壁为黑色，长6.0、宽4厘米（图11-4；图版三六，3）。

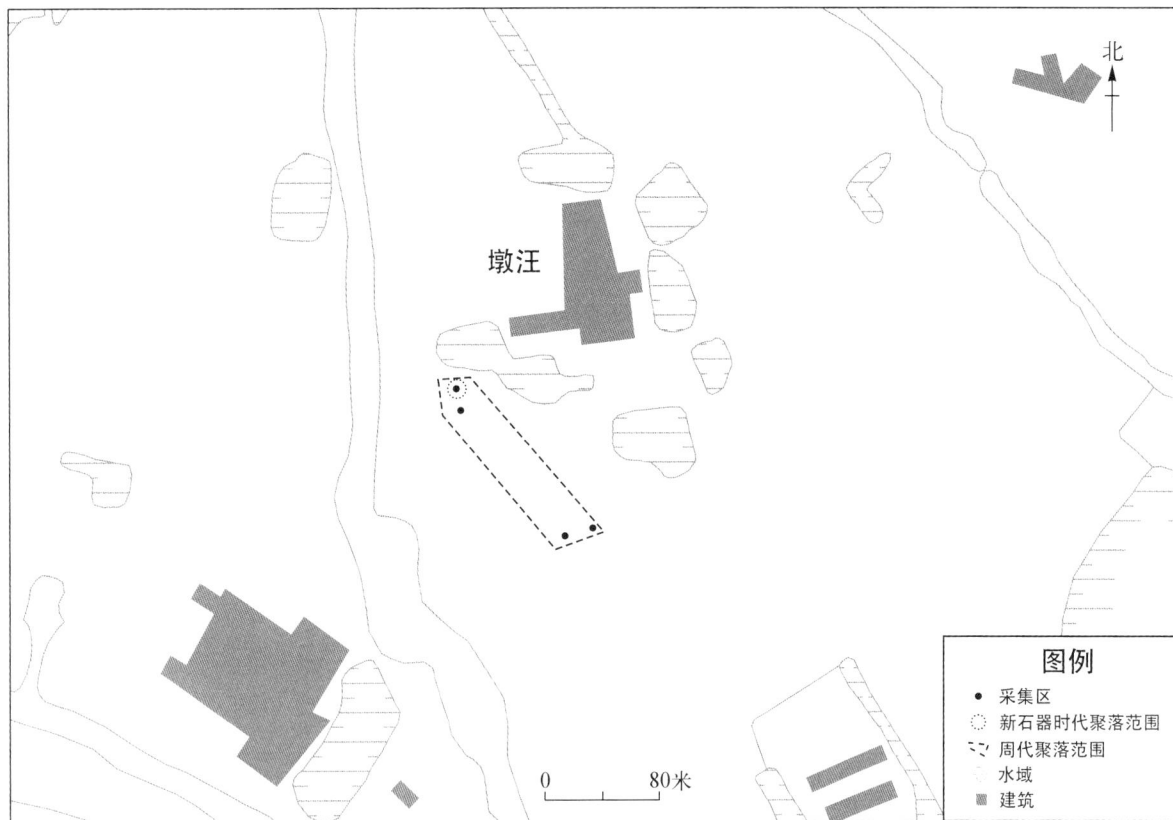

图10　墩汪遗址聚落分布图

标本05：红色硬陶，拍印复线回纹，长6.8、宽6厘米（图11-17）。

C04

标本01：夹砂红陶，口沿处残缺，束颈，颈下为绳纹，长6.0、宽6厘米（图11-5；图版三六，4）。

标本02：泥质红陶，鬲足，柱形，素面，平底，底处有数道绳纹，高4.4、底径2.6厘米（图11-6；图版三六，5）。

标本03：夹砂红陶，鬲足，柱形，素面，截面呈梯形，实足，平底，底部有绳纹，高3.4、底径1.8厘米（图11-7；图版三六，6）。

标本04：夹砂红陶，鬲足，柱形，素面，截面呈梯形，实足，平底，高4.6、底径2.0厘米（图版三六，7）。

标本05：泥质红陶，鬲足，素面，截面近锥形，高3.1厘米（图11-8；图版三六，8）。

标本06：泥质红陶，表面装饰有绳纹，长3.2、宽3厘米。

标本07：夹砂红陶，鬲足，柱形，素面，截面呈梯形，实足，平底，底部有绳纹，高3.3、底径1.9厘米（图11-9；图版三七，1）。

标本08：夹砂红陶，带有绳纹，长4.0、宽3厘米（图11-10）。

标本09：夹砂灰陶，器底，内壁为灰色，底部有绳纹，外壁为红色，高1.6、长5.4厘米（图

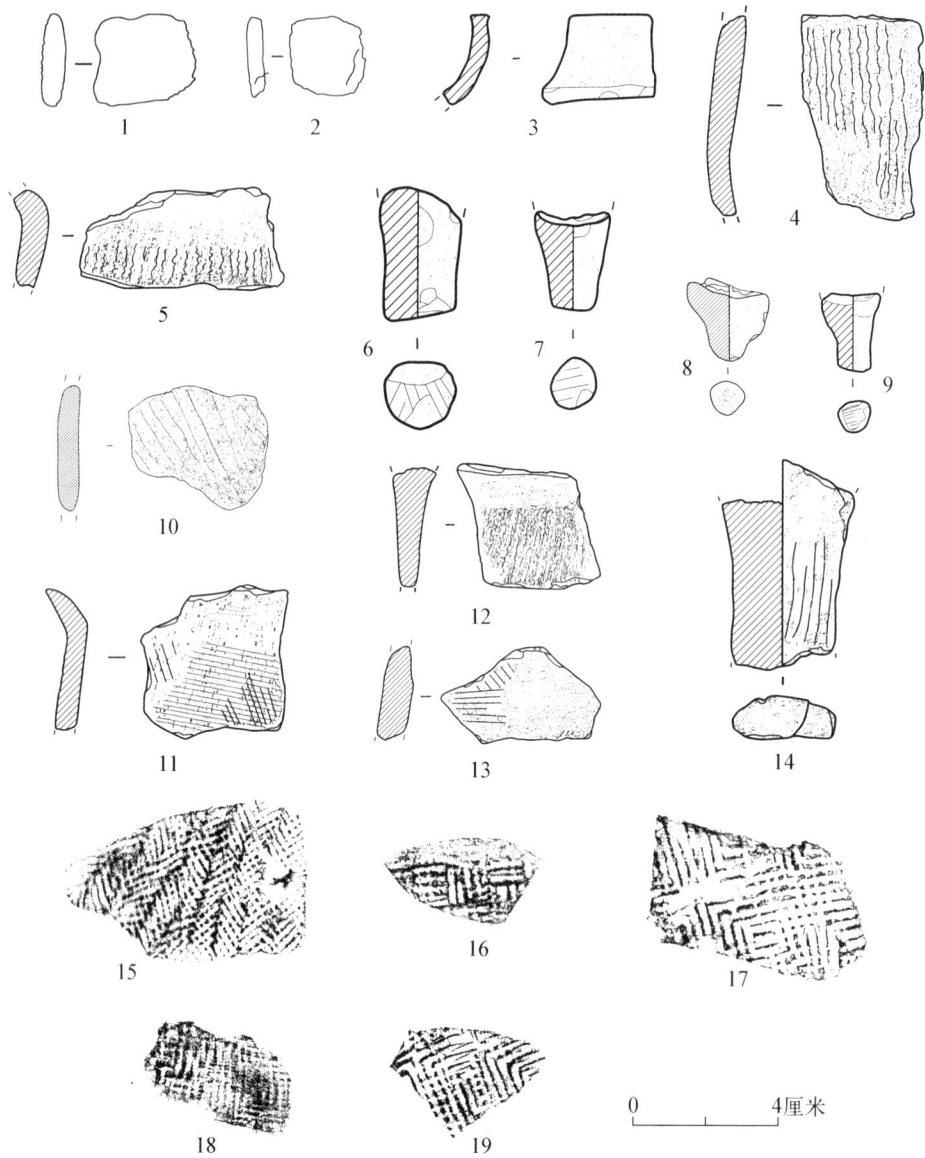

图11　墩汪遗址采集遗物

1. C01-01、2. C01-02、3. C03-01、4. C03-04、5. C04-01、6. C04-02、7. C04-03、8. C04-05、9. C04-07、10. C04-08、11. C04-09、12. C04-10、13. C04-11、14. C04-13、15. C01-03、16. C02-01、17. C03-05、18. C04-14、19. 04-15

11-11；图版三七,2）。

标本10：夹砂红陶,器底,底部不存,外壁装饰有交错绳纹,长4.8、宽9厘米（图11-12；图版三七,3）。

标本11：夹砂红陶,表面装饰有绳纹,长4.9、宽8厘米（图11-13；图版三七,4）。

标本12：夹砂红陶,外壁呈黑色,装饰有绳纹,长3.4、宽3厘米。

标本13：夹砂红陶,侧装偏鼎足,外侧有数道突脊,高6.5、宽3.4厘米（图11-14）。

标本14：红色硬陶,表面拍印折线纹,长4、宽3厘米（图11-18）。

标本15：红色硬陶，表面拍印复线回纹，长4.4、宽4厘米（图11-19）。

五、联工遗址

1. 遗址概况（191213NJL）

遗址位于家发镇联工村西，为一处岗地遗址，北部为山地，南临冲谷平原。遗址主要分布在岗地的东坡，面积约16 000平方米，遗物分布面积约900平方米，遗址因开挖水塘遭到严重破坏（图版九，1）。采集的遗物主要为陶片和与冶炼相关的遗存。遗址东侧岗地发现有土墩墓群。

2. 聚落

遗址含周代聚落一处，因采集有较为丰富的冶炼遗存，推测应是一处具有冶炼功能的聚落（图12）。

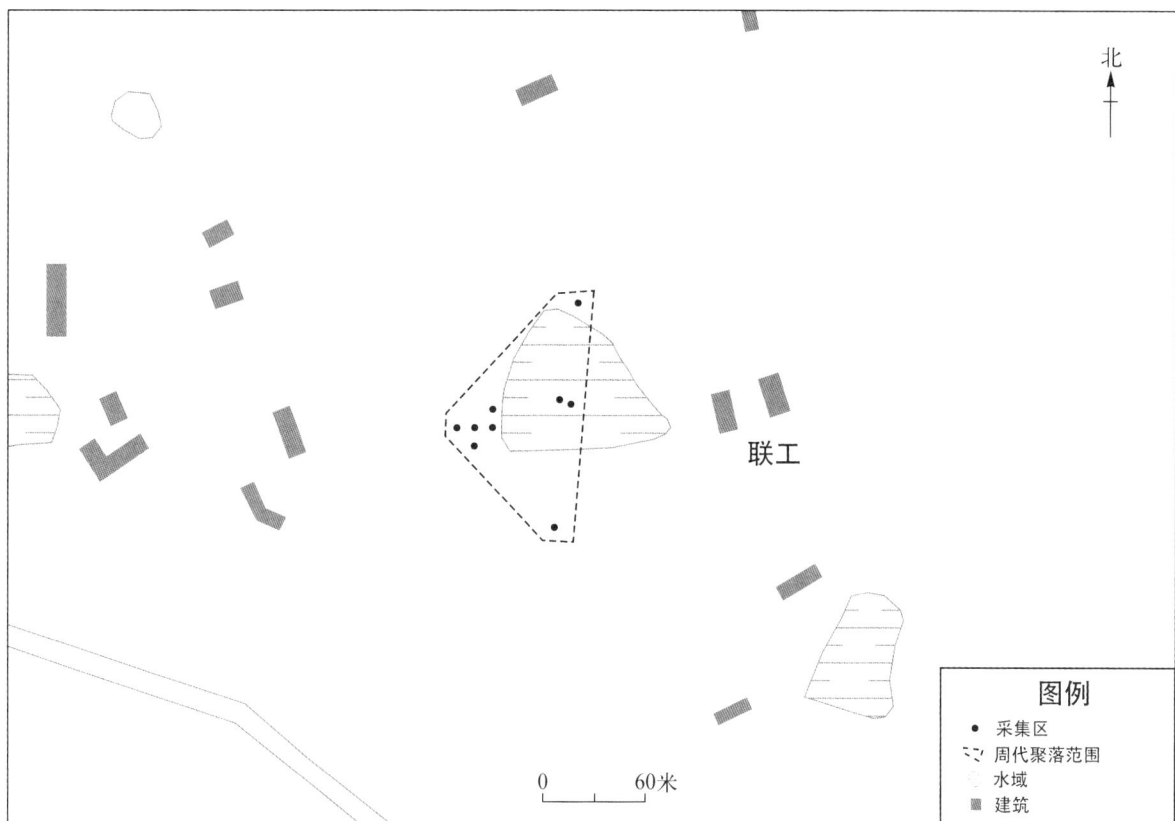

图12　联工遗址聚落分布图

3. 遗物

C01

标本01：灰色硬陶，拍印线纹，长3.0、宽7厘米（图13-1）。

C02

标本01：灰色硬陶，拍印线纹，长3.4、宽7厘米（图13-2）。

C03

标本01：硬陶，内为砖红色，外为灰色，拍印复线交错回纹，长3.6、宽7厘米（图13-3）。

C04

标本01：硬陶，内为淡紫色陶胎，外为灰色，拍印席纹，长3.2、宽6厘米（图13-4）。

C05

标本01：泥质红陶，器口，敛口，圆唇，素面无纹，长2.8、宽2.0厘米（图13-9；图版三七，5）。

C06

标本01：硬陶，内为淡紫色陶胎，外为灰色，拍印席纹，长3.8、宽5厘米（图13-5）。

C07

标本01：灰色硬陶，拍印复线回纹及斜十字纹，长3.5、宽7厘米（图13-6）。

标本02：泥质红陶，器口，敛口，圆唇，素面无纹，长4.1、宽2.9厘米（图13-10；图版三七，6）。

C08

标本01：泥质红陶，素面，长2.6、宽7厘米（图13-11；图版三七，7）。

C09

标本01：夹砂黄褐陶，残存有绳纹痕迹，长7.2、宽5厘米（图13-7）。

标本02：黑色硬陶，拍印席纹，长3.8、宽5厘米（图13-8）。

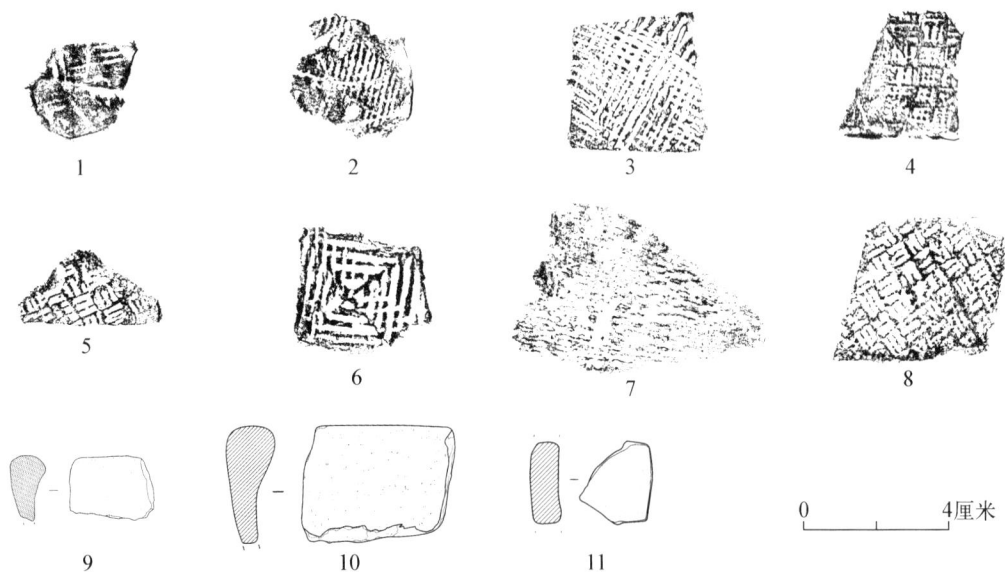

图13 联工遗址采集遗物

1. C01-01、2. C02-01、3. C03-01、4. C04-01、5. C06-01、6. C07-01、7. C09-01、8. C09-02、9. C05-01、10. C07-02、11. C08-01

六、曹村遗址

1. 遗址概况（191212NJC）

遗址位于家发乡曹村东南方370米，地处岗地的东南侧缓坡位置。遗址平面呈不规则形，整体保存较差,东部为现代水塘,根据地形推测面积不少于6200平方米,其中遗物的分布范围900平方米,多集中在遗址的西部,包括陶片、炉渣等(图版九,2)。

2. 聚落

遗址含周代聚落一处,设采集区9个,面积900平方米(图14)。

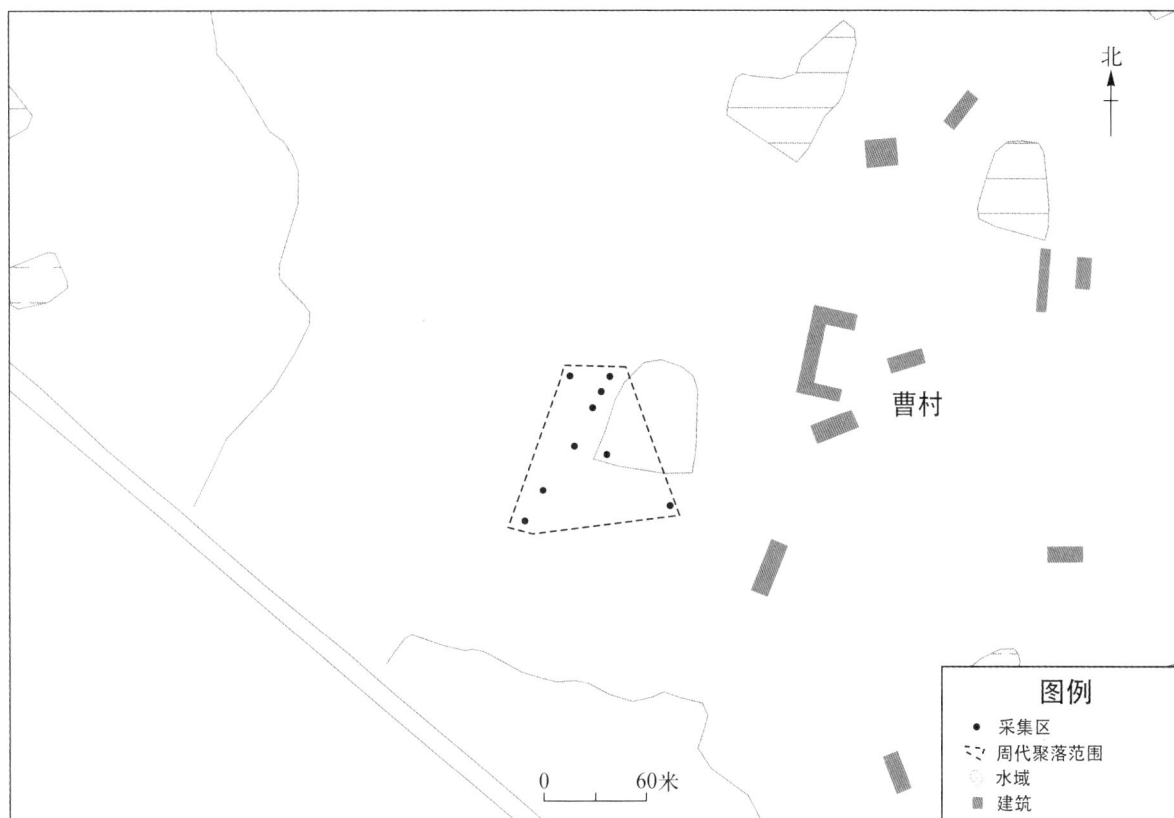

图14 曹村遗址聚落分布图

3. 遗物

遗物均为泥质硬陶,纹饰多样,包括小方格纹、折线雷纹以及复线回纹等。

C01

标本01:硬陶,拍印小方格纹,内填X纹,长4.2、宽3.4厘米(图15-1;图版三八,1)。

C02

标本01:硬陶,拍印复线折线雷纹,长3.1、宽3.3厘米(图15-2;图版三八,2)。

C03

标本01:泥质灰陶,拍印窄长方形复线回纹,长4.0、宽3.6厘米(图15-3;图版三八,3)。

C04

标本01:硬陶,拍印复线交错雷纹,长5.5、宽3.4厘米(图15-4;图版三八,4)。

C05

标本01：硬陶，纹饰为交错的复线回纹，长2.8、宽2.0厘米（图15-5；图版三八，5）。

C06

标本01：硬陶，纹饰为复线回纹，纹饰残缺严重，长1.5、宽1.3厘米（图15-6；图版三八，6）。

C07

标本01：硬陶，仅存细线纹，纹饰残损严重，长1.3、宽1.0厘米（图15-7；图版三八，7）。

C08

标本001：硬陶，拍印席纹，长4.6、宽2.2厘米（图15-8；图版三八，8）。

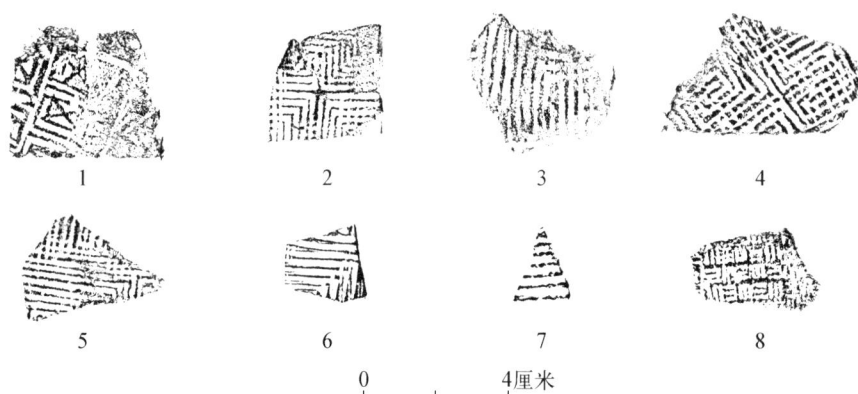

图15　曹村遗址采集遗物

1. C01-01、2. C02-01、3. C03-01、4. C04-1、5. C05-1、6. C06-1、7. C07-1、8. C08-1

七、鲍家屋遗址

1. 遗址概况（200101NJB）

遗址位于籍山镇鲍家屋村北部，地处河湾地带，为一处台墩型聚落遗址，高出地面约2米，面积约45 000平方米，遗物分布面积约900平方米。遗物多分布在遗址的中北部，南部较少，遗物以陶片为主（图版一〇，1）。

2. 聚落

遗址含周代聚落一处，面积约12 000平方米。遗物分布在9个采集区内，面积900平方米（图16）。

3. 遗物

遗址较为丰富，主要为泥质硬陶，纹饰包括复线三角纹、小方格纹、交错线纹、席纹及菱格纹等，此外还有1件夹砂红陶鬲足。

C01

标本01：硬陶，拍印细线纹，长5.0、宽4.5厘米（图17-2）。

标本02：硬陶，纹饰为复线三角折线纹，长5.5、宽4.3厘米（图17-1）。

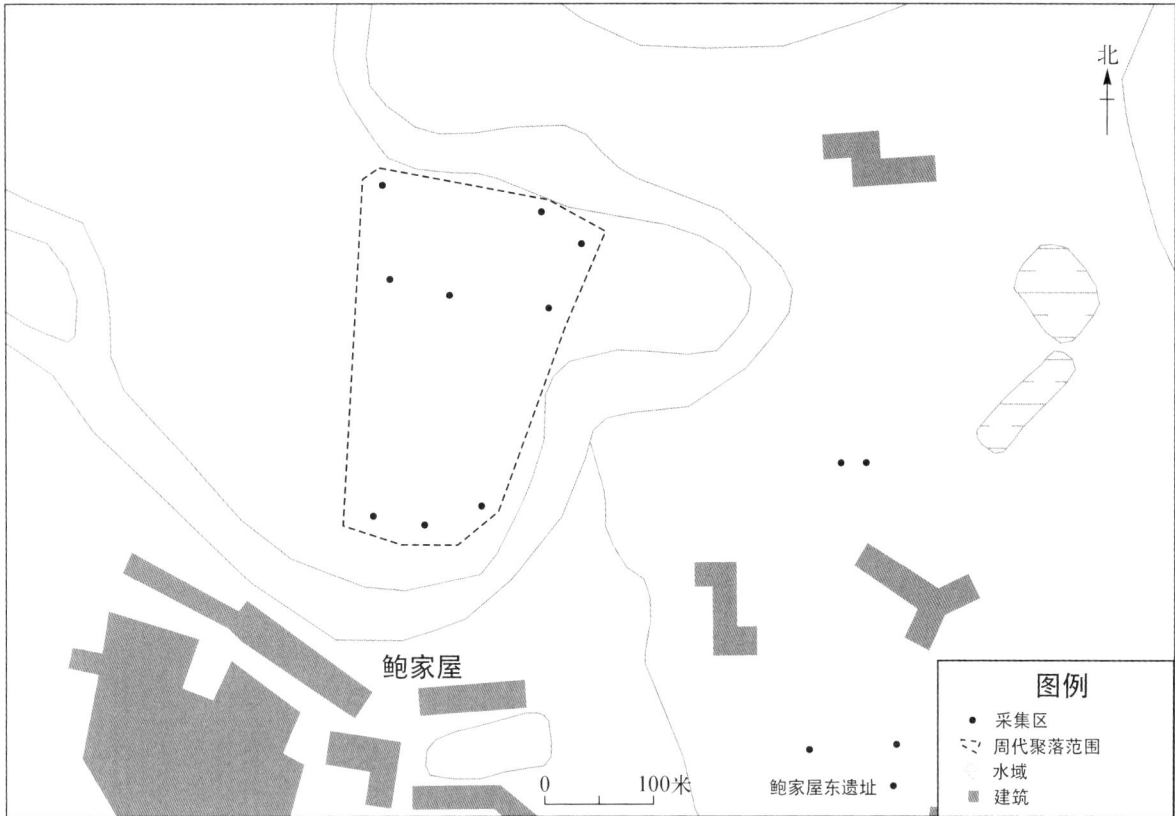

图16 鲍家屋遗址聚落分布图

C02

标本01：硬陶，纹饰为小方格纹和复线折线纹，长4.3、宽3.8厘米（图17-3）。

C03

标本01：硬陶，拍印交错复线纹，长6.5、宽5.5厘米（图17-4）。

标本02：硬陶，拍印复线折线纹，长5.4、宽4.5厘米（图17-5）。

标本03：硬陶，纹饰为交错线纹，长4.5、宽4.3厘米（图17-6）。

C04

标本01：硬陶，纹饰为复线交错折线纹，长5.0、宽4.3厘米（图17-7）。

C05

标本01：硬陶，拍印复线回纹，内填X纹，长4.5、宽3.0厘米（图17-8）。

标本02：泥质灰陶，纹饰为细小的方格纹，长5.0、宽4.5厘米（图17-9）。

标本03：硬陶，拍印席纹，长5.5、宽4.6厘米（图17-10）。

标本04：硬陶，纹饰为折线菱格纹，长6.5、宽3.5厘米（图17-11）。

C06

标本01：硬陶，拍印复线交错纹，长2.0、宽1.5厘米（图17-12）。

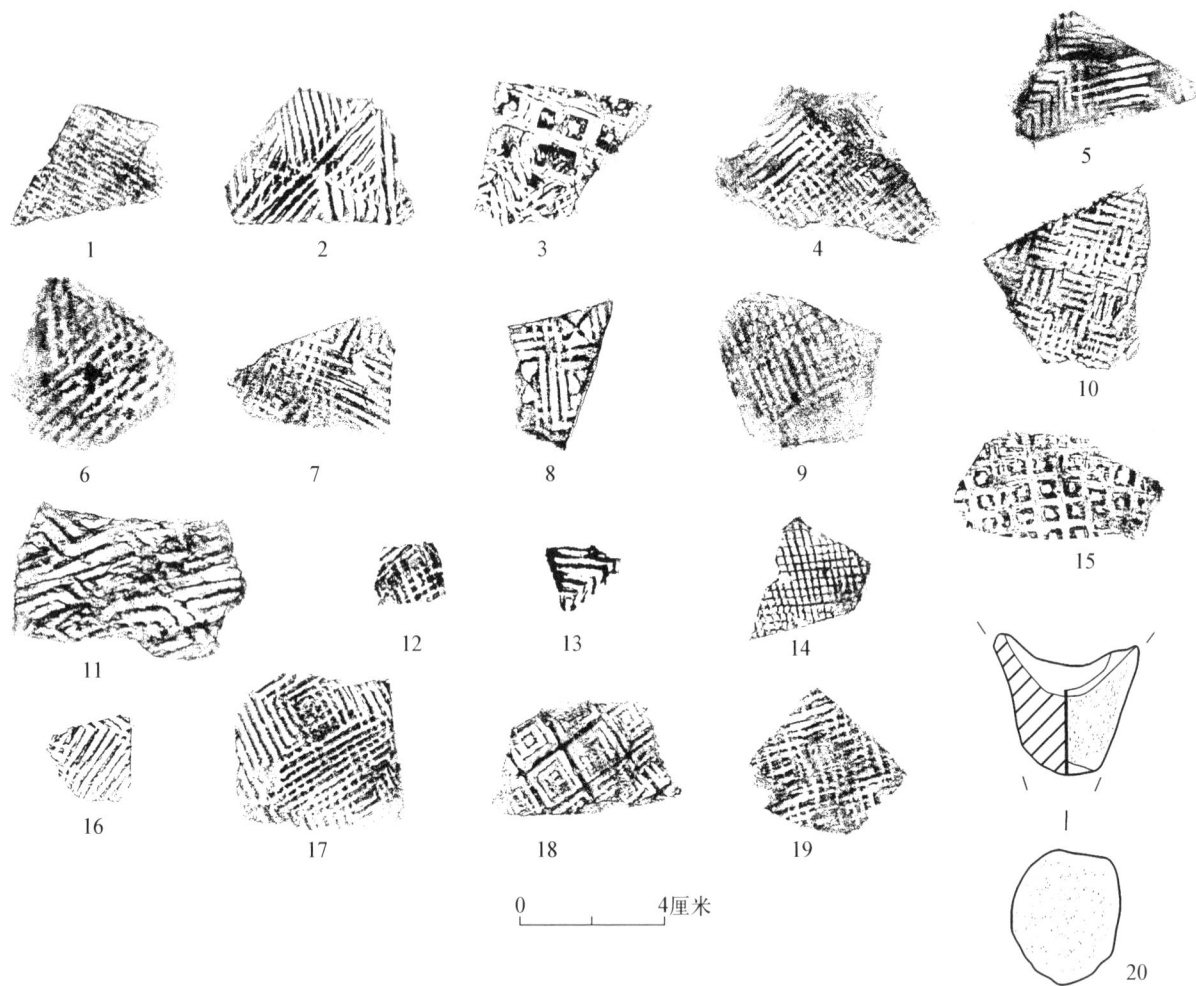

图17　鲍家屋遗址采集遗物

1. C01-02、2. C01-01、3. C02-01、4. C03-01、5. C03-02、6. C03-03、7. C04-01、8. C05-01、9. C05-02、10. C05-03、
11. C05-04、12. C06-01、13. C06-02、14. C07-01、15. C07-02、16. C08-10、17. C09-01、18. C09-02、19. C09-03、20. C07-03

标本02：硬陶，纹饰为复线回纹，残损严重，长2.0、宽1.7厘米（图17-13）。

C07

标本01：硬陶，拍印细密的小方格纹，长4.0、宽3.6厘米（图17-14）。

标本02：硬陶，纹饰为小方格纹，长6.0、宽3.0厘米（图17-15）。

标本03：夹砂红陶，鬲足，呈锥形，下部残缺，直径4.5、高4.1厘米（图17-20；图版三七，8）。

C08

标本01：硬陶，纹饰为复线回纹，纹饰残缺较甚，长2.4、宽1.2厘米（图17-16）。

C09

标本01：硬陶，拍印复线回纹，长4.5、宽4.0厘米（图17-17）。

标本02：硬陶，纹饰为排列规整的回纹，长5.4、宽3.0厘米（图17-18）。

标本03：硬陶，拍印复现雷纹，长4.5、宽4.3厘米（图17-19）。

八、鲍家屋东遗址

1. 遗址概况（200101NJBD）

遗址位于籍山镇鲍家屋村东部130米，与鲍家屋遗址隔河相望。平面呈不规则形，为一处平底台墩型聚落遗址，高出地面约2米，据地形推测遗址面积约3 000平方米，遗物分布面积约500平方米。遗物分布在遗址的南、北两侧，中部因现代建筑占压，未见遗物。

2. 聚落

遗址含周代聚落一处，面积13 000平方米，遗物分布在5个采集区，面积500平方米（图18）。

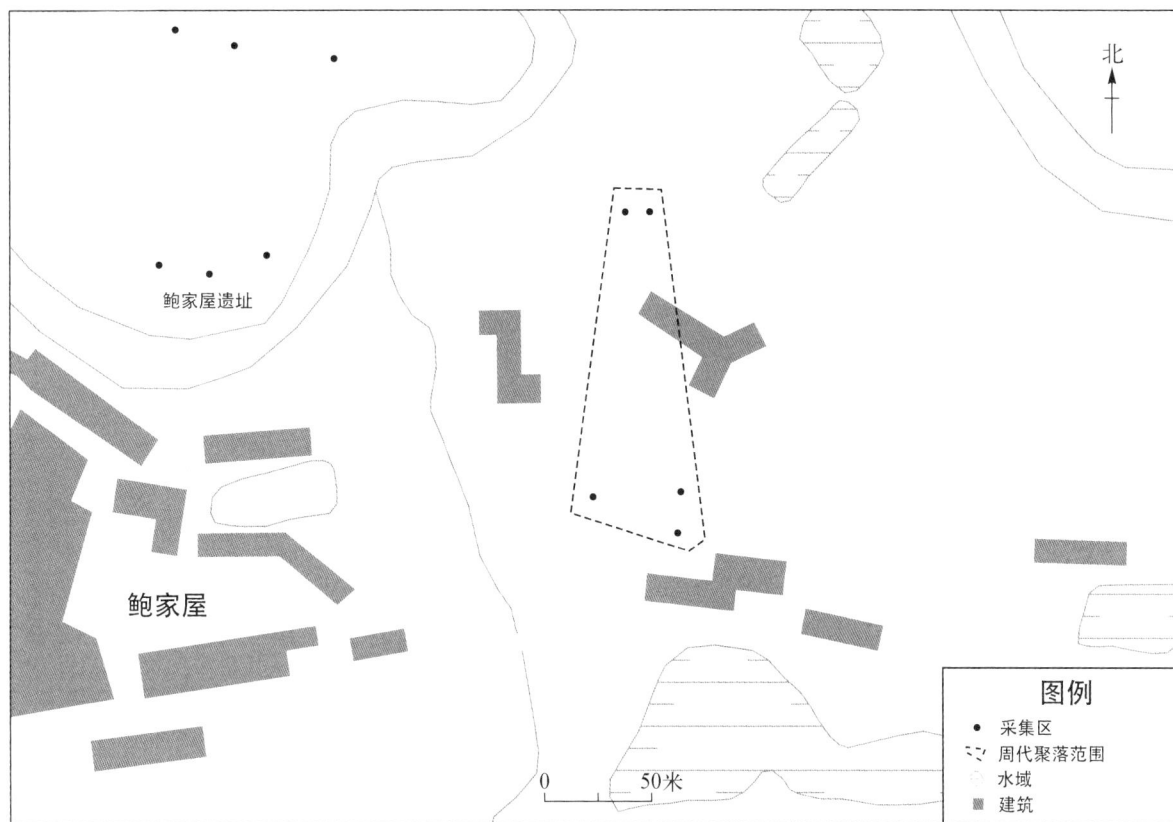

图18　鲍家屋东遗址聚落分布图

3. 遗物

遗物较为丰富，均为泥质硬陶，纹饰多样，包括小方格纹、交错雷纹、复线回纹以及复线折线纹等。

C01

标本01：硬陶，拍印细密的小方格纹，长5.0、宽4.1厘米（图19-1）。

标本02：硬陶，拍印复线雷纹，纹饰残损严重，长2.6、宽2.0厘米（图19-2）。

C02

标本01：硬陶，拍印复线交错雷纹，长4.0、宽3.2厘米（图19-3）。

标本02：硬陶，拍印复线回纹，长3.8、宽2.8厘米（图19-4）。

C03

标本01：硬陶，拍印交错线纹，长2.6、宽2.4厘米（图19-5）。

标本02：硬陶，纹饰为规整的小方格纹，长3.5、宽3.4厘米（图19-6）。

C04

标本01：硬陶，拍印复线回纹，长3.6、宽3.5厘米（图19-7）。

标本02：硬陶，拍印竖线纹，长5.3、宽3.0厘米（图19-8）。

标本03：硬陶，拍印复线折线纹，长5.6、宽2.5厘米（图19-9）。

标本04：硬陶，拍印交错线纹，长2.7、宽2.0厘米（图19-10）。

C05

标本01：硬陶，拍印方格纹，内填斜线纹，长5.8、宽3.5厘米（图19-11）。

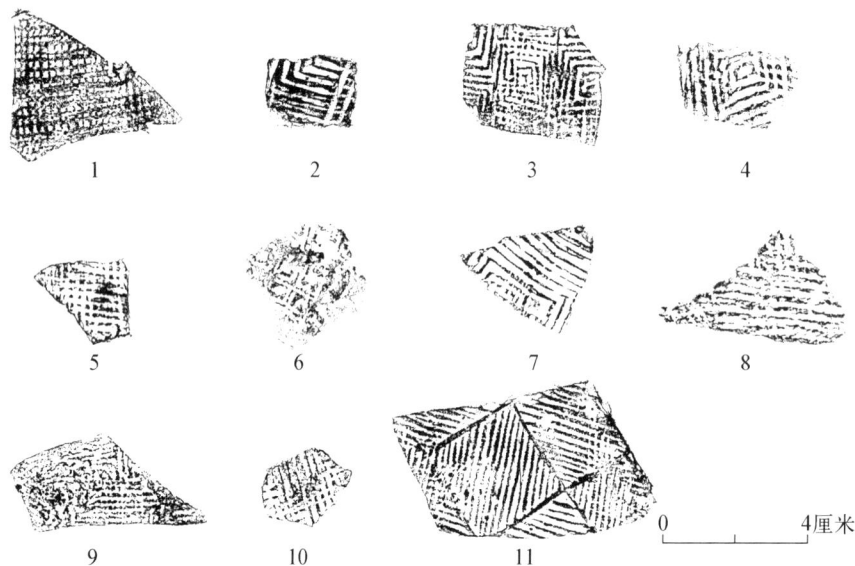

图19　鲍家屋东遗址采集遗物

1. C01-01、2. C01-02、3. C02-01、4. C02-02、5C03-01、6. C03-02、7. C04-01、8. C04-02、
9. C04-03、10. C04-04、11. C05-01

九、高墩遗址

1. 遗址概况（191216NJG）

遗址位于家发乡高墩村西部100米，地处漳河西岸的平原地带，平面为长方形，依据地形推测遗址面积9 000平方米，遗物分布范围约400平方米，集中分布在遗址的西部沟渠沿岸及沟渠外侧。河渠所围的范围因现代房屋占压，未见遗物及文化层分布。

2. 聚落

遗址含周代聚落一处,遗物分布在4个采集区内,面积400平方米(图20)。

图20 高墩遗址聚落分布图

3. 遗物

遗物较少,均为泥质硬陶,纹饰包括复线回纹、雷纹以及小方格纹。

C01

标本01:硬陶,拍印交错复线回纹,长5.0、宽3.5厘米(图22-1)。

C02

标本01:硬陶,拍印雷纹,长2.2、宽1.8厘米(图22-2)。

C03

标本01:硬陶,纹饰为细密的小方格纹,长8.0、宽5.1厘米(图22-4)。

C04

标本01:硬陶,拍印复线回纹,长2.8、宽2.0厘米(图22-3)。

十、永林遗址

1. 遗址概况(191213NJY)

遗址位于家发乡永林村南170米,地处山岗所夹的谷地,地势平缓。因遗址被现代鱼塘破坏,形状及范围不明。遗物见于水塘的岸坡,以陶器为主,另有少量炉渣,分布面积400平方米(图版一〇,2)。该遗址与永林土墩墓相距380米,二者应存在一定的对应关系。

2. 聚落

遗址含周代遗存一处,设采集区4个,面积400平方米(图21)。

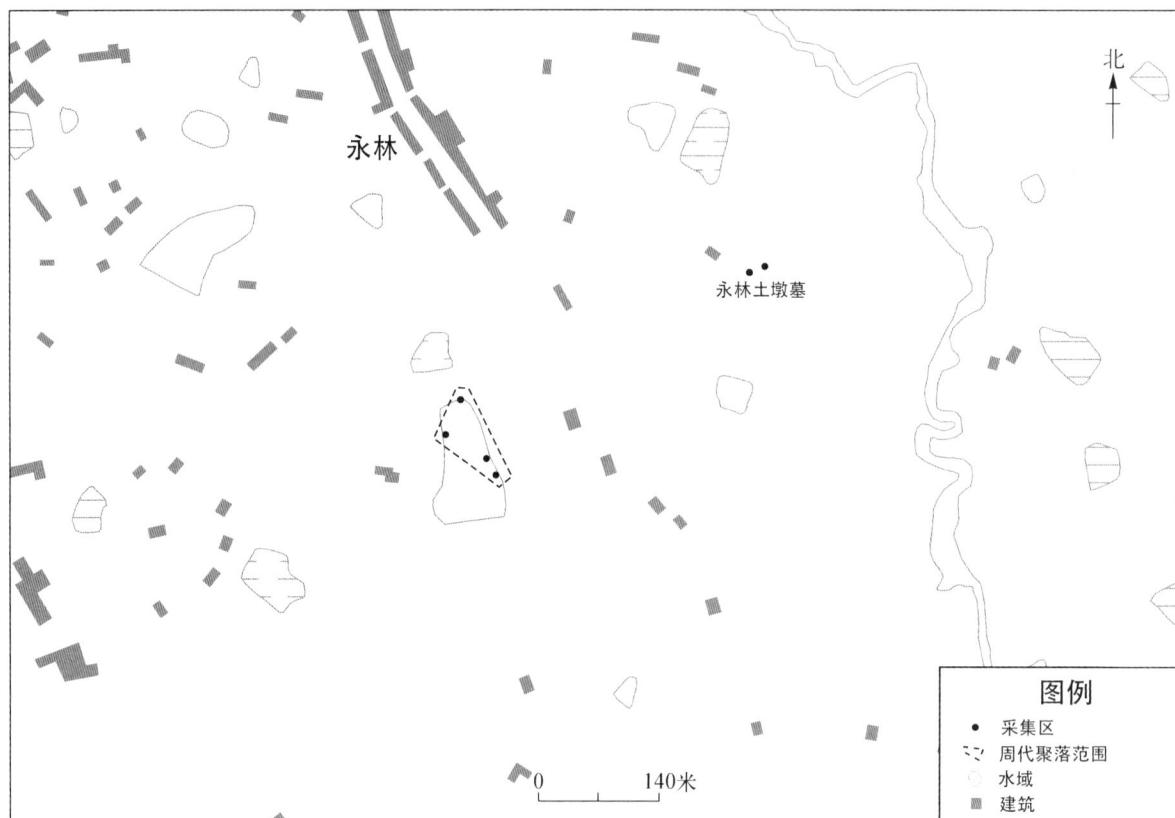

图21 永林遗址聚落分布图

3. 遗物

遗物数量较少,均为泥质硬陶,纹饰有细方格纹、复线三角纹,可辨器形为罐。

C01

标本01:硬陶,口沿,折沿,矮直颈,斜鼓腹,纹饰为拍印的细密方格纹,长3.9、高4.4厘米(图22-5;图版三九,1)。

标本02:硬陶,口沿,卷沿,斜弧腹,长6.8、高7.3厘米(图22-6;图版三九,2)。

标本03:夹砂红陶,器表装饰有弦纹,长5.5、宽4.7厘米(图版三九,3)。

C02

标本01:硬陶,纹饰为拍印的复线三角线纹,长6.0、宽5.1厘米(图22-7)。

C03

标本01:硬陶,纹饰为拍印的细密小方格纹,长7.8、宽5.3厘米(图22-8)。

C04

标本01：硬陶，纹饰为拍印的小方格纹，长4.1、宽3.8厘米（图22-9）。

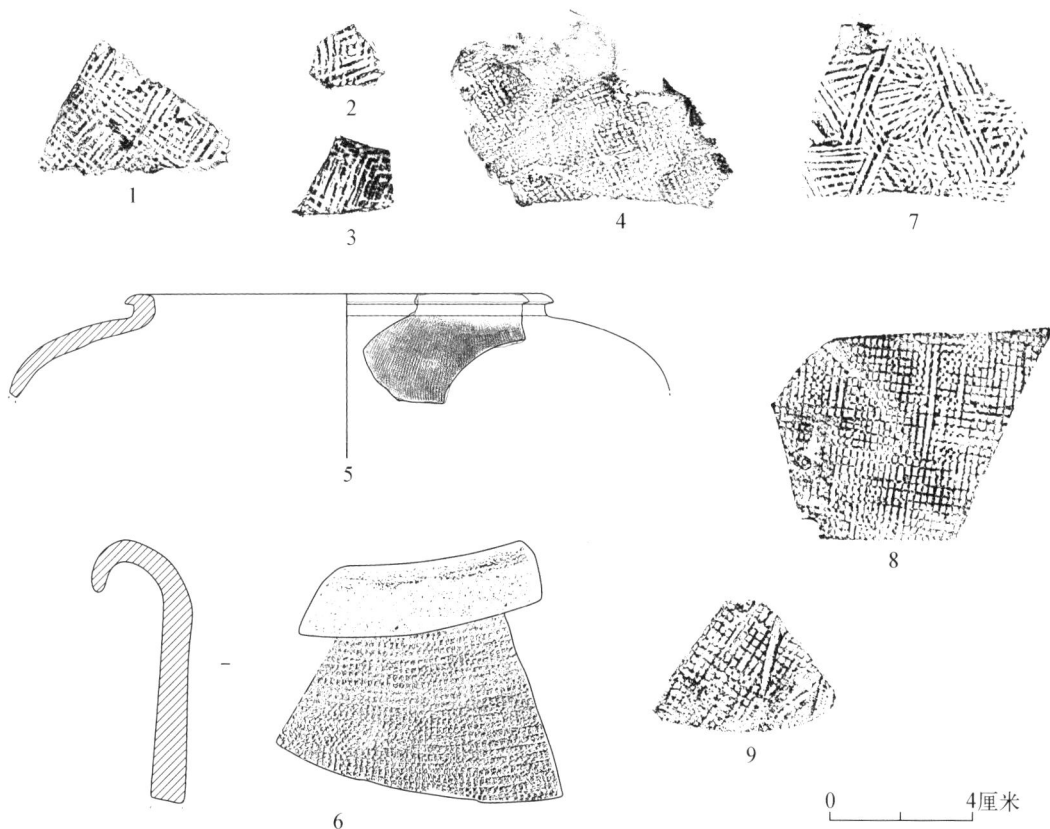

图22 高墩、永林遗址采集遗物

1. C01-01、2. C02-01、3. C04-01、4. C03-01（高墩遗物）；
5. C01-01、6. C01-02、7. C02-01、8. C03-01、9. C04-01（永林遗物）

十一、甘罗墩—汪村遗址

1. 遗址概况（191209NJGW）

遗址位于家发镇甘罗墩村及汪村一带，主体为一处台墩型遗址，南、北、东三面环水，平面大致为不规整长方形。在西北角共发现采集区2处，面积约200平方米，其北一水之隔的汪村遗址亦发现有先秦遗物，共6个采集区。上述采集区虽分属两个不同的自然村，但二者仅以水塘相隔，距离甚近，采集物包括有印纹陶和夹砂陶两类，年代相同，因此归为同一处聚落遗址。从地形推测该遗址的面积约41000平方米。第二次文物普查时在甘罗墩村遗址内发现有残存土筑城垣，修筑年代尚待考证（图版一二，1）。

2. 聚落

遗址含新石器时代聚落一处和周代聚落两处。第二次文物普查时曾在此处发现汉代砖瓦，表明该遗址亦存在一处汉代聚落。由于甘罗墩现代建筑覆盖率极高，其中新石器时代采集区1

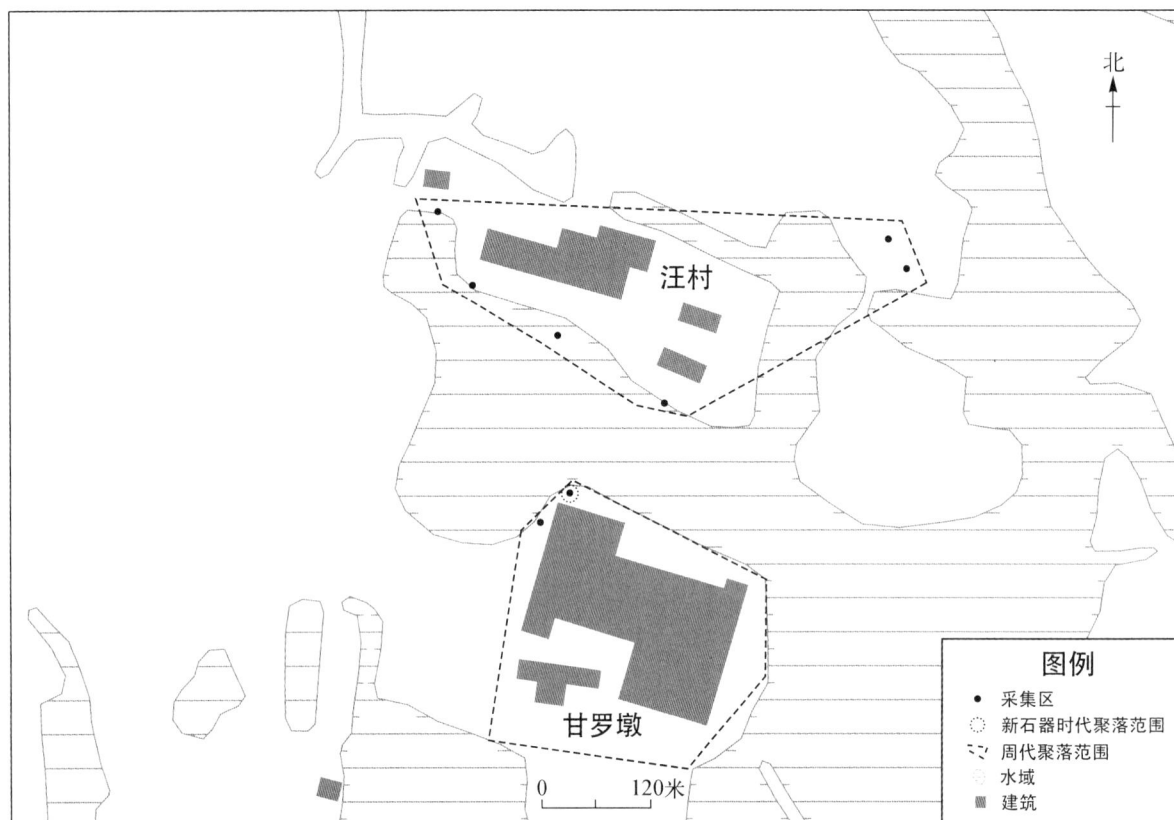

图23　甘罗墩—汪村遗址聚落分布图

个、周代采集区2个,汪村的6个采集区均为周代(图23)。

3. 遗物

遗物均为陶片,数量丰富,包括夹砂红陶、夹砂灰陶、泥质红陶、夹砂黄褐陶以及泥质硬陶,可识别器形有罐口沿、鬲足、鼎足等。

C01

标本01:夹砂黄褐陶,内为灰色陶胎,口沿,敞口,卷沿,方唇束颈,素面,长9.0、宽3.3厘米(图24-1)。

标本02:夹砂红陶,鬲足,柱状实足,残损较甚,素面,高4.0、底径2.3厘米(图24-2)。

标本03:泥质灰陶,口沿,敞口,圆尖唇,长4.4、宽1.6厘米(图24-3)。

标本04:夹砂红陶,装饰有纵向细弦纹,长4.6、宽3.4厘米(图24-4)。

C02

标本01:夹砂红陶,鼎足,截面呈近三角形,足根残缺,正面中部有纵向浅槽,高8.6、上宽5.0、下宽2.8厘米(图24-5;图版三九,4)。

标本02:夹砂红陶,素面,疑似颈部,长3.4、宽3.2厘米(图24-6;图版三九,5)。

标本03:夹砂红陶,外有烟熏痕迹,素面,长4.3、宽2.1厘米(图24-7;图版三九,6)。

标本04：泥质红陶,装饰有附加堆纹,其下有竖绳纹,长3.6、宽1.6厘米(图24-8;图版三九,7)。

标本05：泥质灰陶,装饰有数道绳纹,长5.8、宽3.6厘米(图24-17)。

标本06：硬陶,内为紫红色陶胎,外为青灰色,拍印复线回纹,长4.2、宽3.5厘米(图24-18)。

C03

标本01：硬陶,内为紫红色,外为青灰色,拍印交错斜复线回纹,长5.4、宽5.0厘米(图24-12)。

C04

标本01：夹砂灰陶,鬲足,柱状高实足,平底,装饰有斜绳纹,高10.3、底径2.8厘米(图24-9)。

标本02：泥质灰陶,口沿,敞口,方唇折沿,直腹,无纹饰,高6.2、宽8.0厘米(图24-10)。

标本03：夹砂红陶,装饰有数道线纹,长4.3、宽3.8厘米(图24-11)。

C05

标本01：硬陶,内为紫色,外为黑色,拍印交错复线雷纹,长5.6、宽5.4厘米(图24-13)。

C06

标本01：泥质红陶,拍印复线回纹,纹饰残损严重,长3.1、宽2.3厘米(图24-14)。

C07

标本01：灰褐色硬陶,表明残存有绳纹痕迹,长5.0、宽3.3厘米(图24-15)。

C08

标本01：红色硬陶,拍印方格及三角纹,长4.3、宽4.0厘米(图24-16)。

十二、邓村遗址

1. 遗址概况(191216NJD)

遗址位于家发乡邓村东北部,为平地型聚落遗址,西北部临近漳河支流。遗址平面呈不规则形,根据地形推测遗址面积40 000平方米,遗物分布范围400平方米,以夹砂陶为主。

2. 聚落

遗址含周代聚落一处,遗物分布在4个采集区,面积400平方米(图25)。

3. 遗物

遗物数量较少,均为泥质硬陶,纹饰有小方格纹、菱格纹及复线回纹等。

C01

标本01：硬陶,纹饰为拍印的小方格纹,长5.5、宽4.5厘米(图27-1)。

C02

标本01：硬陶,泥质灰陶,纹饰为菱格纹,内填线纹,长5.2、宽4厘米(图27-2)。

C03

标本01：硬陶,纹饰为拍印的小方格纹,长4.5、宽4.0厘米(图27-3)。

C04

标本01：硬陶,纹饰为规整的复线回纹,长8.0、宽4.0厘米(图27-4)。

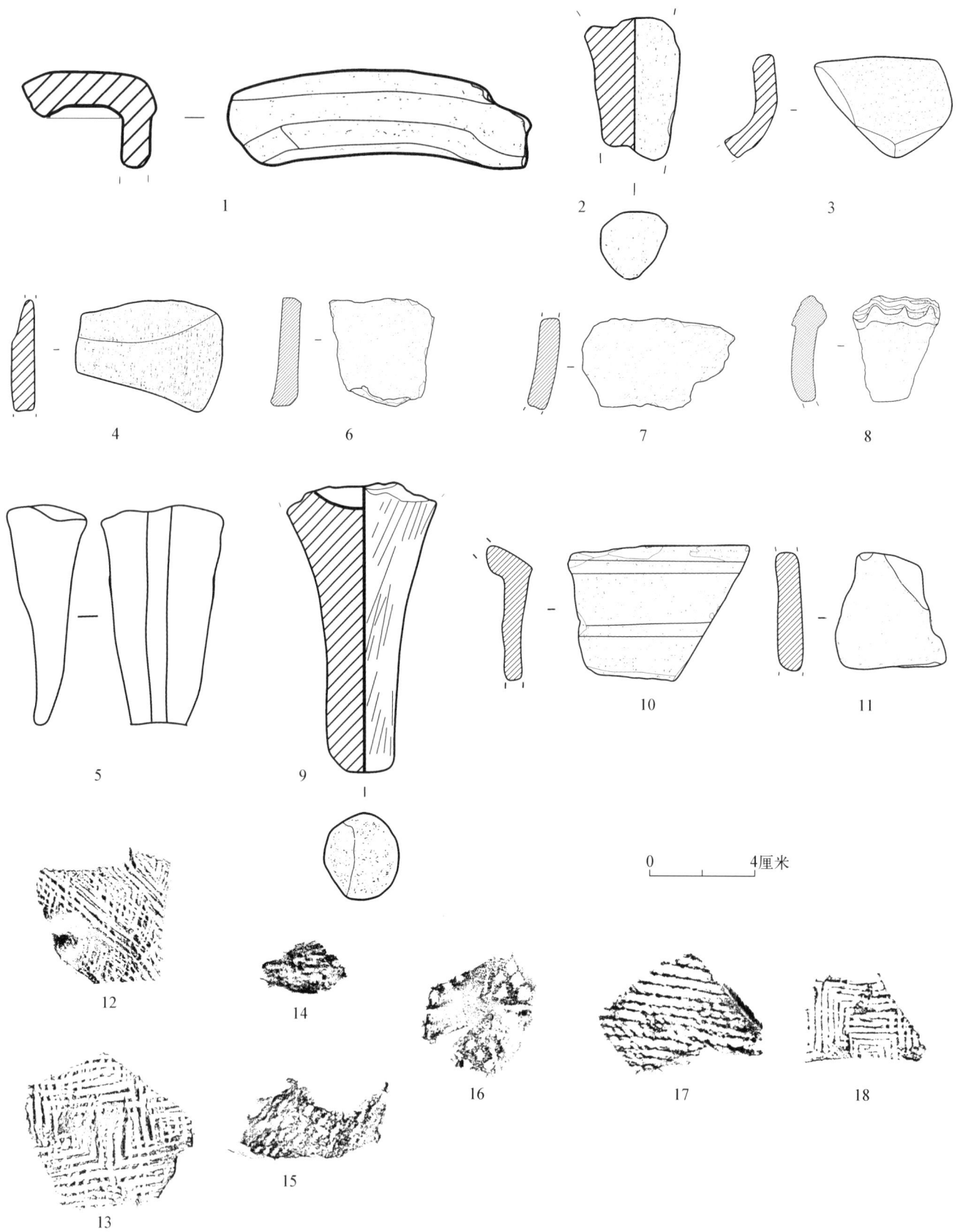

图24 甘罗墩—汪村遗址采集遗物

1. C01-01、2. C01-02、3. C01-03、4. C01-04、5. C02-01、6. C02-02、7. C02-03、8. C02-04、9. C04-01、10. C04-02、11. C04-03、
12. C03-01、13. C05-01、14. C06-01、15. C07-01、16. C08-01、17. C02-05、18. C02-06

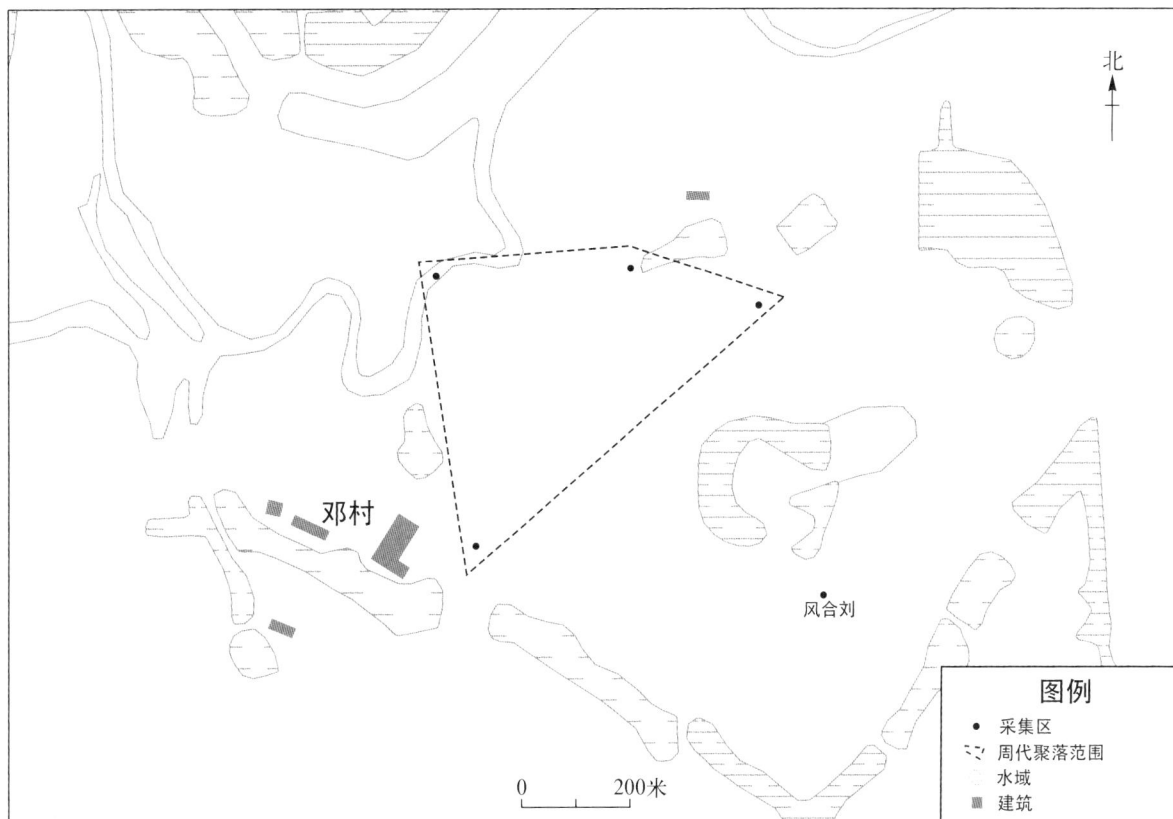

图25 邓村遗址聚落分布图

十三、风合刘北遗址

1. 遗址概况（191216NJFB）

遗址位于家发乡风合刘村北部310米,因长期耕种,遗址上部破坏严重,范围不明。地表未见遗物。在遗址的东北部有一断面,可见有烧土颗粒、炭屑及陶片,应属灰坑遗迹,遗物分布范围100平方米（图版一一,1）。

堆积情况,大致可分三层（图版一一,2）:

第①层:砂质黏土,灰褐色,厚度5厘米,包含较多的植物根系。

第②层:灰褐色,较为致密,厚度15至25厘米,包含较多的炭屑、烧土块及少量陶片。

第③层:黄褐色生土。

2. 聚落

从断面清理的陶片来看,遗址含周代聚落一处,面积不清,遗物见于剖面,设采集区1个,面积100平方米（图26）。

3. 遗物

遗物稀少,均为陶片,包括泥质硬陶和夹砂红陶。

图26　风合刘北遗址聚落分布图

P1

标本01：硬陶，纹饰为拍印的复线雷纹，长12.3、宽8.3厘米（图27-5）。

标本02：夹砂红陶，尖唇，口沿微撇，直腹，长6.2、宽2.8厘米（图27-6）。

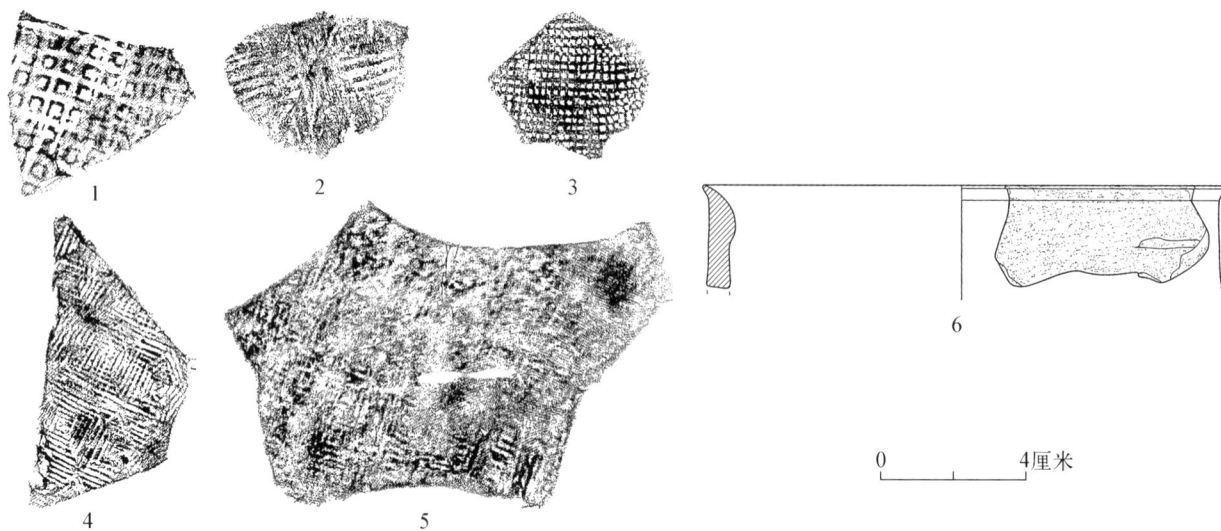

图27　邓村、风合刘北遗址采集遗物

1. C01-01、2. C02-01、3. C03-01、4. C04-01（邓村遗物）、5. P1-01、6. P1-02（风合刘遗物）

十四、老屋遗址

1. 遗址概况（191228NJL）

遗址位于家发乡老屋村东南200米，北临河流，平面呈不规则墩型，推测遗址面积1 600平方米，遗物多分布在墩顶及田埂处，均为陶片，数量较为丰富，范围约300平方米（图版一二，2）。遗址西北部清理断面一处。

堆积情况：

第①层：黄褐色黏土，厚度10至20厘米，包含植物根茎及少量红烧土。

第②层：红褐色沙土，厚度10至25厘米，包含有陶片、红烧土及炭粒。

第③层：灰褐色沙土，厚度100厘米，包含红烧土颗粒、陶片及植物根茎。

未清理至生土。

2. 聚落

遗址含周代聚落一处，设采集区3个，面积300平方米（图28）。

3. 遗物

遗物多为陶片，数量丰富，以泥质硬陶为主，少量鬲足及附加堆纹为夹砂红陶，另采集到硬陶罐1件。

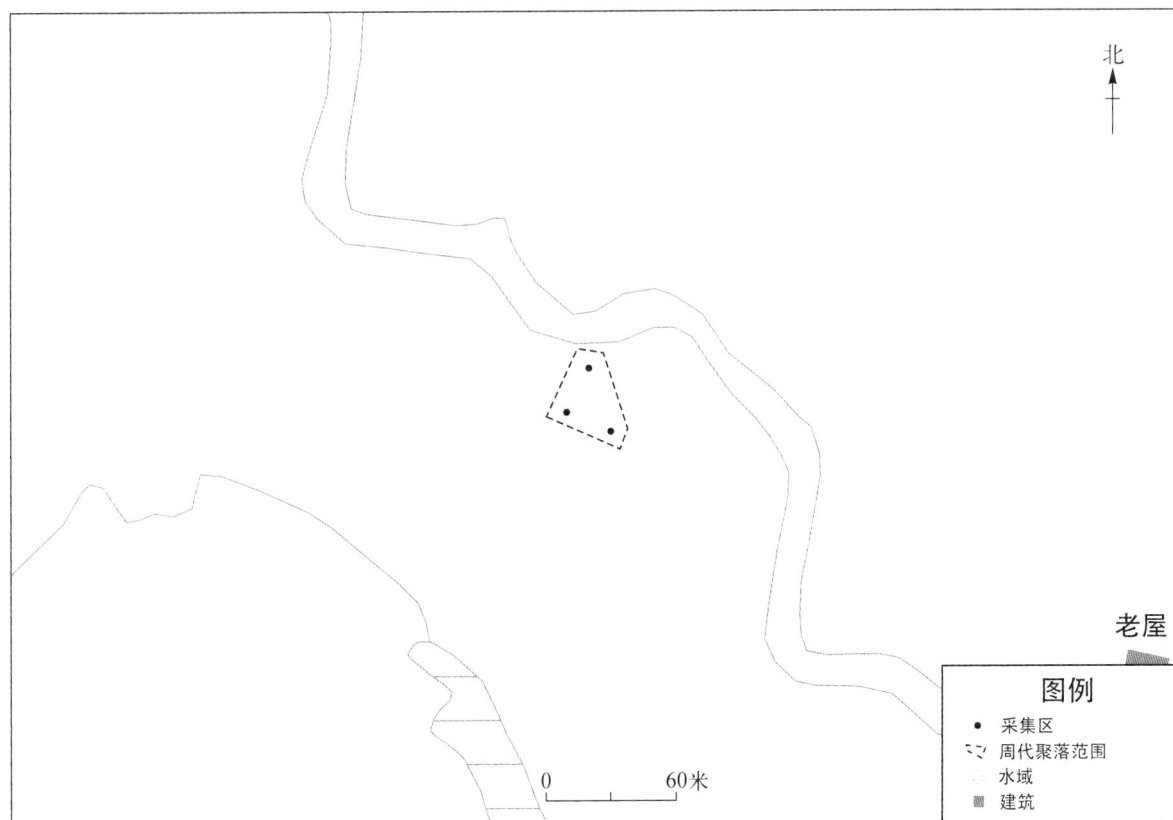

北

老屋

图例
- 采集区
- 周代聚落范围
- 水域
- 建筑

0　　　60米

图28　老屋遗址聚落分布图

C01

标本01：硬陶，纹饰为拍印的复线折线纹，长1.6、宽1.5厘米（图29-1）。

标本02：夹砂红陶，鬲足，呈锥形，下部残缺，无纹饰，直径3.0、高3.6厘米（图29-5）。

C02

标本01：硬陶，纹饰为拍印的点状复线折线纹，长5.3、宽4.8厘米（图29-2）。

标本02：硬陶，纹饰为拍印的复线折线纹，长3.0、2厘米（图29-3）。

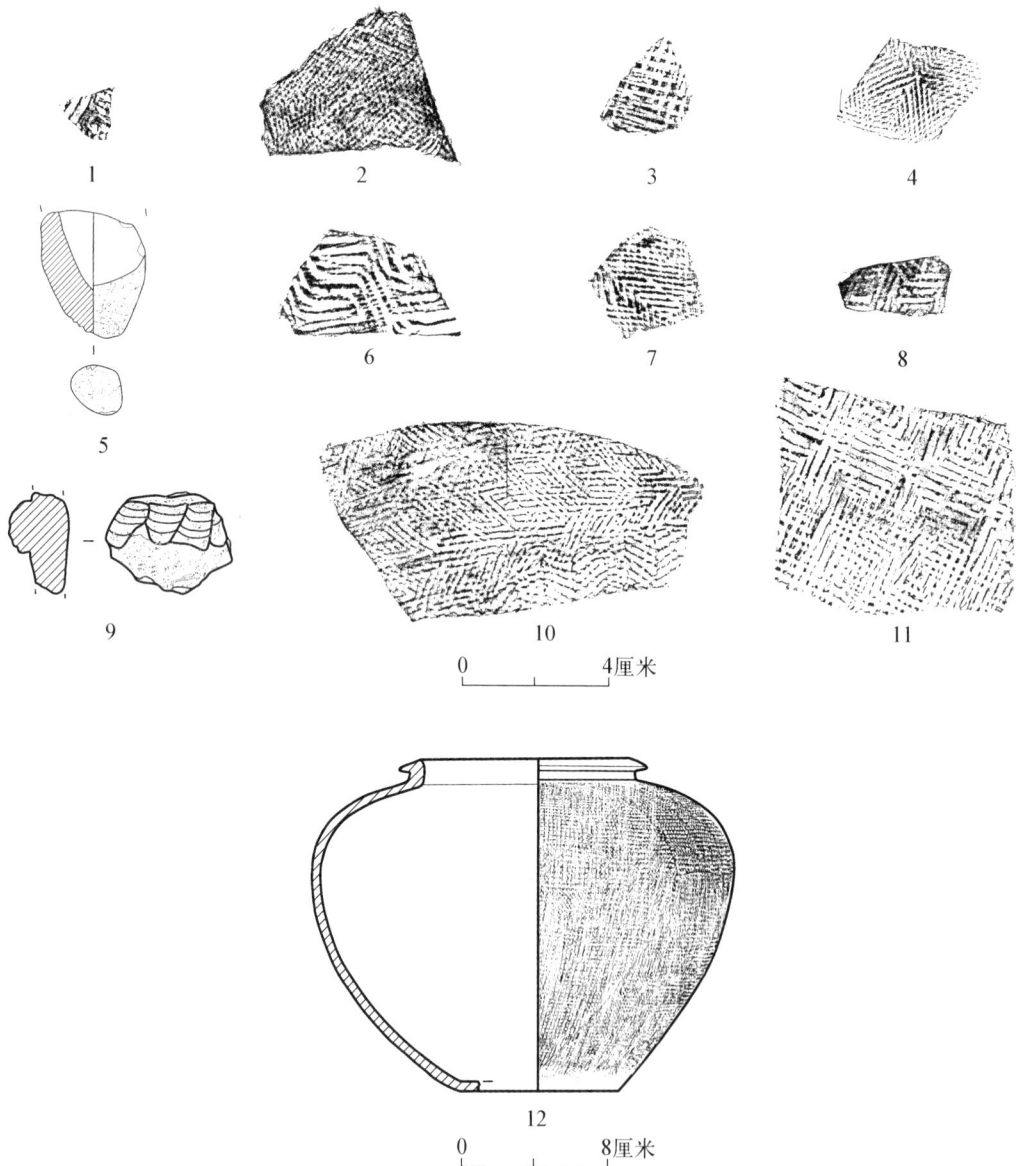

图29　老屋遗址采集遗物

1. C01-01、2. C02-01、3. C02-02、4. C02-03、5. C01-02、6. C02-04、7. C03-01、8. C03-02、
9. C03-03、10. P1-01、11. P1-02、12. P1-03

标本03：硬陶，纹饰为拍印的复线折线纹，长4.2、3.0厘米（图29-4）。

标本04：硬陶，拍印有复线折线雷纹，长5.1、宽3.1厘米（图29-6）。

C03

标本01：硬陶，纹饰为细密的复线折线纹，长3.1、宽3.0厘米（图29-7）。

标本02：硬陶，纹饰为拍印的复线斜回纹，长3.2、宽1.6厘米（图29-8）。

标本03：夹砂红陶，器身装饰有波浪状的附加堆纹，长3.8、宽3.0厘米（图29-9；图版四〇，1）。

标本04：夹砂红陶，素面，长5.2、宽3.2厘米（图版四〇，2）。

标本05：夹砂红陶，装饰有绳纹，长8.8、宽5.7厘米（图版四〇，3）。

P1

标本01：硬陶，纹饰为拍印的复线斜雷纹，长10.8、宽5.4厘米（图29-10；图版四〇，4）。

标本02：硬陶，纹饰为拍印的复线交错雷纹，长7.2、宽5.5厘米（图29-11；图版四〇，5）。

标本03：灰色硬陶罐，折沿，直颈，圆鼓肩，鼓腹，下腹斜收，平底，器身拍印有细密的小方格纹，通高18.5、腹径24厘米（图29-12）。

标本04：夹砂红陶，器底，弧壁、平底，器表装饰有绳纹，高1.6、长3.9厘米（图版四〇，6）。

标本05：夹砂红陶，残损严重，器型不明，素面，长4.2、宽1.9厘米（图版四〇，7）。

标本06：夹砂红陶，残损严重，器型不明，素面，长3.1、宽2.5厘米（图版四〇，8）。

十五、铁桥遗址

1. 遗址（191215NJT）

位于家发乡铁桥村东700米，地处岗地缓坡，地势开阔。平面呈不规则形，推测面积400平方米。遗物集中在遗址南部，均为炉渣。

2. 聚落

共设采集区2处，遗物分布面积200平方米，聚落年代不明（图30）。

十六、老鸦冲遗址

1. 遗址概况（191211NJL）

遗址位于家发乡老鸦冲村西120米，地处岗前坡地位置，平面呈不规则形，依据地形推测遗址面积8 000平方米。遗物以炉渣、炉壁为主，并有少量烧土块，分布范围400平方米（图版一三，1、2）。该遗址与老鸦冲土墩墓仅相距300米，二者应存在一定关联。20世纪80年代，刘平生等人对老鸦冲冶炼遗址调查时仅采集到炉渣[1]。

2. 聚落

共设采集区4处，遗物分布面积400平方米，聚落年代不明（图31）。

---

[1] 安徽省文物考古研究所、南陵县文物管理所：《安徽南陵县古铜矿采冶遗址调查与试掘》，《考古》2002年第2期。

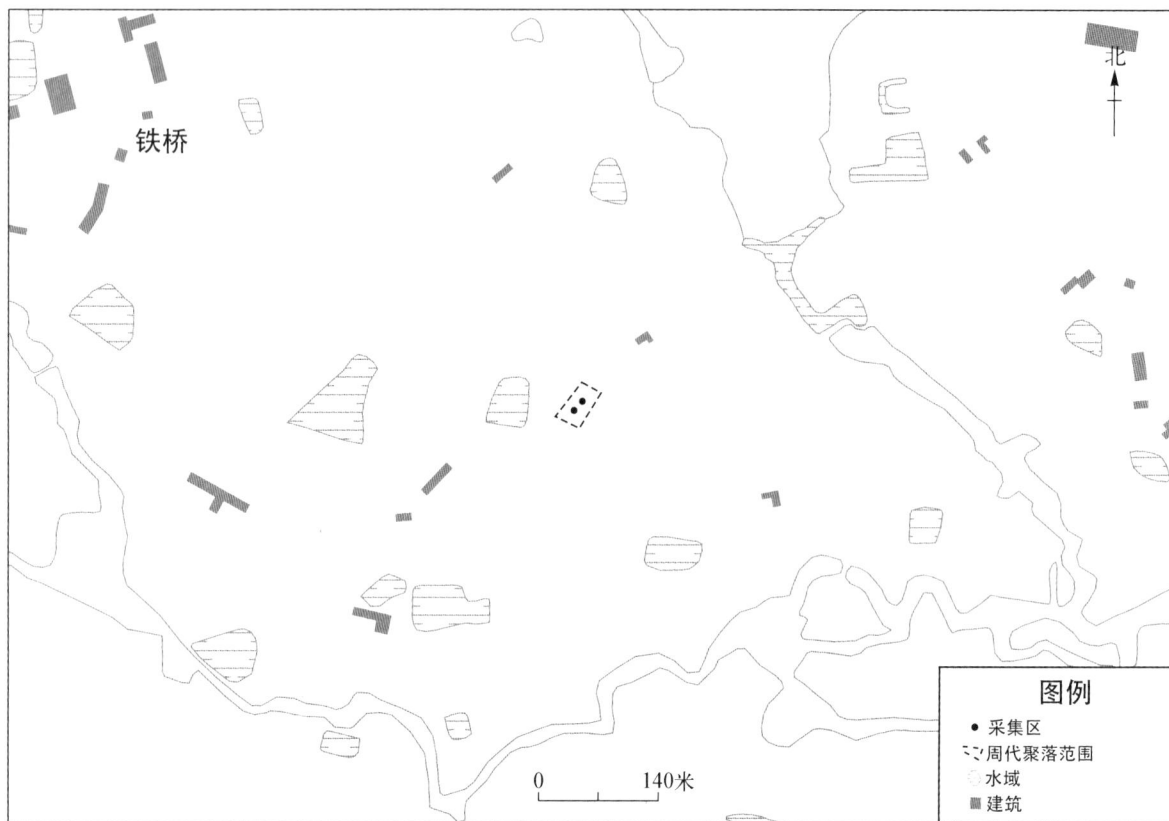

图30　铁桥遗址聚落分布图

3. 遗物

遗物有炉渣、炉壁。

采集区191211NJLYP001：采集到1枚炉渣和1块挂渣炉壁。炉渣呈黑褐色板状，长约7、厚2厘米，表面附着有红棕色锈蚀物，质地较密，断面可见点状红棕色锈蚀物，表面可见零星金属光泽。挂渣炉壁，呈长条状，长约8厘米，炉壁部分呈砖红色，厚5厘米，炉渣部分呈黑褐色，厚3厘米（图版五九，1、2）。

采集区191211NJLZYQ001：采集到炉渣及挂渣炉壁，1枚炉渣呈铜绿色，疏松多孔，厚2厘米，附着有红棕色锈蚀物；另1枚炉渣整体呈黑褐色，表面有较多孔隙，厚1厘米。挂渣炉壁，厚15厘米，炉壁部分呈砖红色，炉渣部分呈黑褐色，质地均较密（图版五九，3）。

十七、下分卢遗址

1. 遗址概况（201216NJX）

遗址位于南陵县家发镇下分卢村民组东约60米处的岗坡上。东距漳河约10千米，西南约990米为古塘冲冶炼遗址。遗址呈不规则形，炉渣散落面积100平方米，根据土地利用情况及地形推测遗址面积约6000平方米。

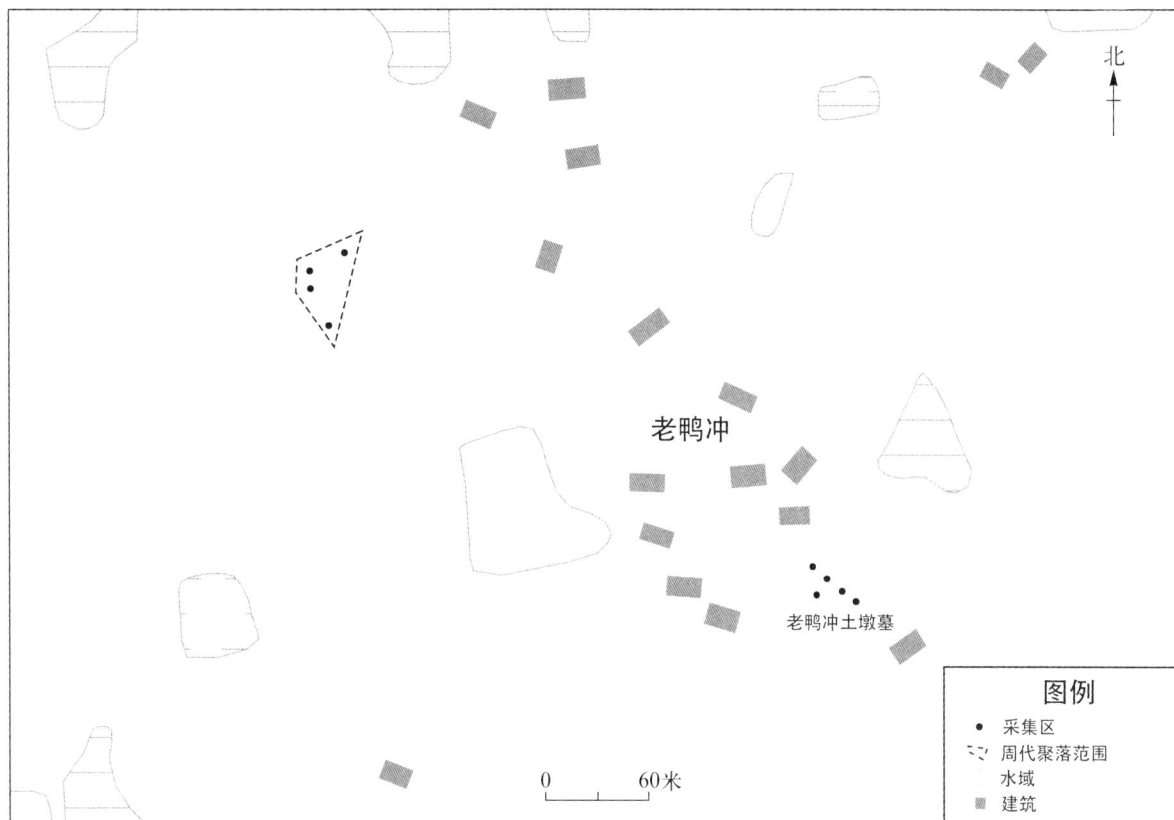

图31 老鸦冲遗址聚落分布图

2. 聚落

共设采集区1处,遗物分布面积100平方米,聚落年代不明(图32)。

3. 遗物

遗物有陶片、炉渣,未见炉壁。炉渣呈黑(灰)褐色,最长约16厘米,厚2至5厘米,炉渣表面有水波纹,质地较密,部分炉渣表面附着有红棕色锈蚀物。

C01

标本01：泥质灰陶,酱绿色釉。口沿,敞口,卷沿,圆唇。饰两道弦纹。高3.8厘米(图33)。

标本02：夹砂红陶,灰胎,平底,素面,高1.8厘米。

标本03：呈黑(灰)褐色板状,表面粗糙,表面附着有红棕色锈蚀物,质地较为致密(图版五九,4)。

标本04：呈黑(灰)褐色板状,表面有水波纹,表面附着有红棕色锈蚀物,质地较为致密(图版五九,5)。

十八、老鸦冲土墩墓

老鸦冲土墩墓(191211NJLD)位于家发乡老鸦冲村南10米,地处岗地的顶部,呈东南—西北

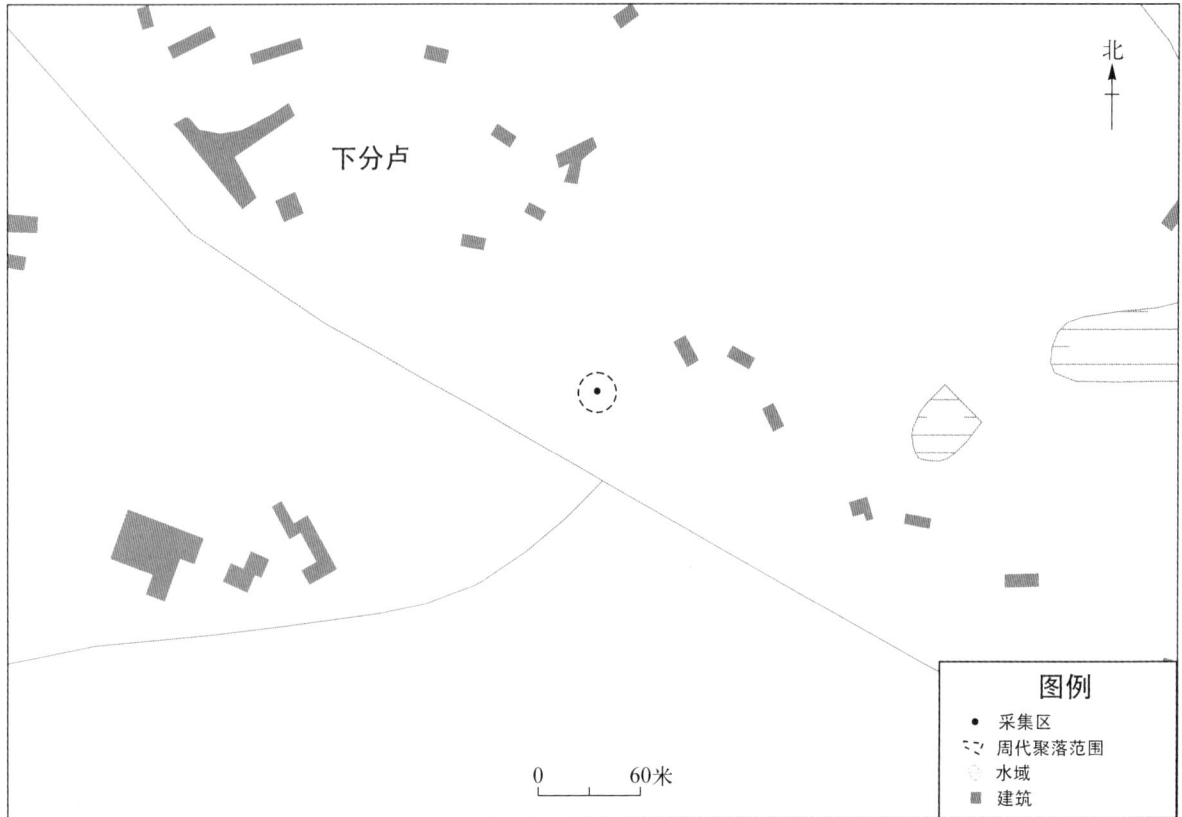

图32 下分卢遗址聚落分布图

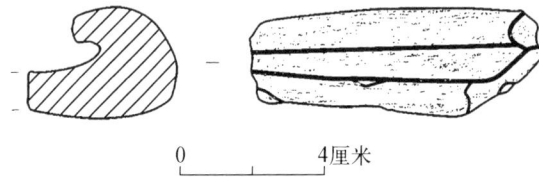

图33 下分卢遗址采集遗物

走向,与岗地地形基本一致。共登记墓葬5座,间距5至10米不等。部分墓葬被盗,未见遗物(图34;图版一四,1)。

十九、荷花冲土墩墓

荷花冲土墩墓(200101NJHD)位于家发乡荷花冲村西部,可分为3个小区,均位于岗地的顶部,墓葬走向与岗地基本一致。北部共有墓葬2处,呈东西向排列,底径约15米,高约2至3米,间距35米。中部墓群共有墓葬9处,呈南北向分布,底径9至15米,高度1至2米,间距2至12米不等。东部墓群共有墓葬3座,呈南北向分布,间距5至20米,底径10至20米不等,高1至2米之间。上述墓群周边均未见遗物(图35;图版一四,2)。

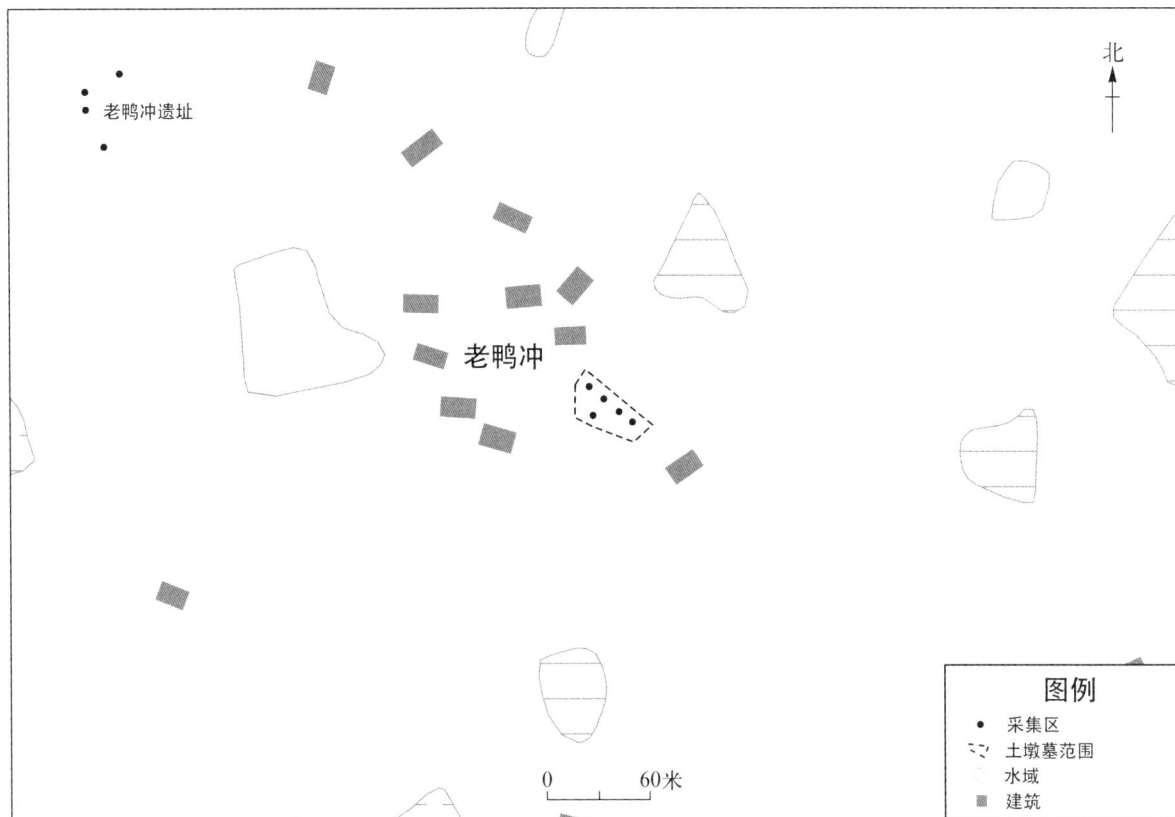

图34　老鸦冲土墩墓分布图

二十、永林土墩墓

永林土墩墓（191213NJYD）位于家发乡永林村东300米，地处岗地缓坡，地势平整。共登记墓葬2座，呈东西向排列，间隔3米，底径10至13米，高2.5至3米。墓葬整体保存较好，未见遗物（图36）。

二十一、谈冲土墩墓

谈冲土墩墓（191213NJTD）位于谈冲村东南，地处岗地顶部，地势平缓。共登记墓葬2座，呈东北—西南走向，底径8至10米，高1.5至2.0米，间距2米。墓葬保存较好，未见遗物（图37）。

二十二、孙村土墩墓

孙村土墩墓（191217NJSD）位于家发乡孙村西北200米，地处岗地缓坡。共登记墓葬4座，呈由东向南转折的弧线状分布，底径约6米，高1.0至1.5米，间距5至15米（图38；图版一五，1）。

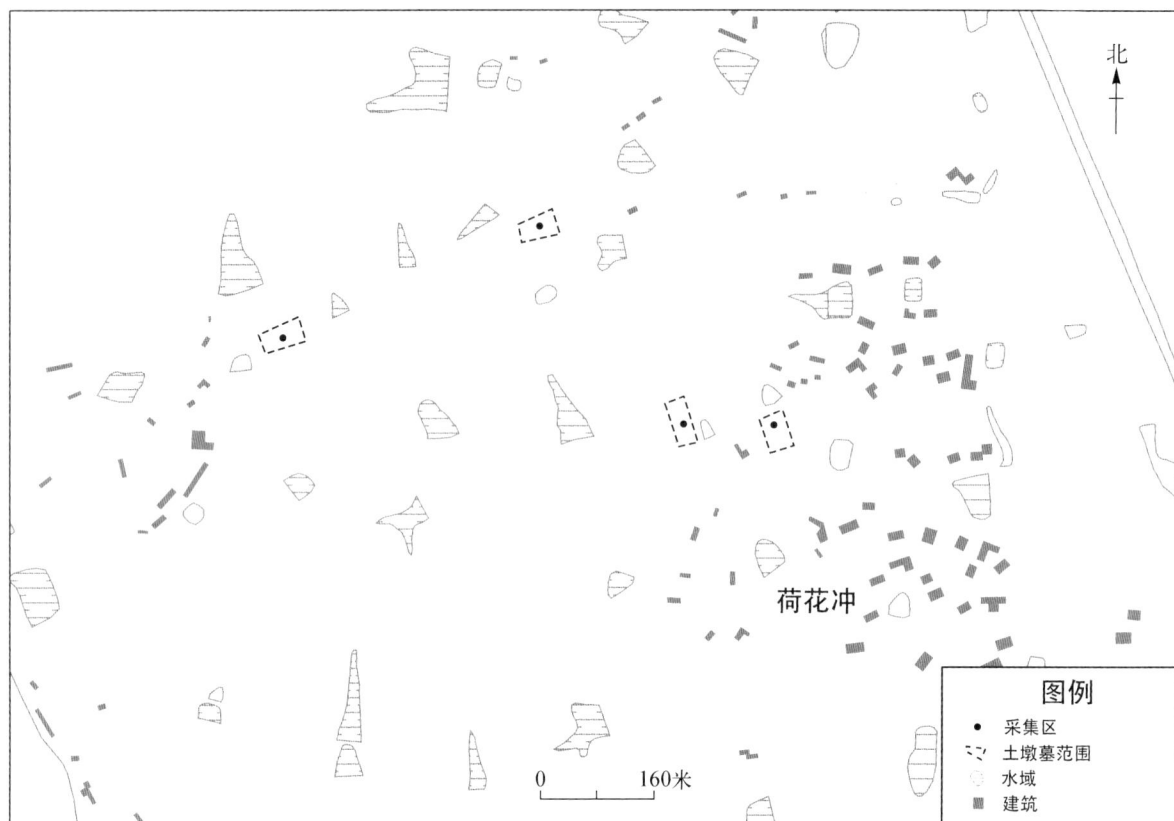

图例

- 采集区
- 土墩墓范围
- 水域
- 建筑

0   160米

北

荷花冲

图35　荷花冲土墩墓分布图

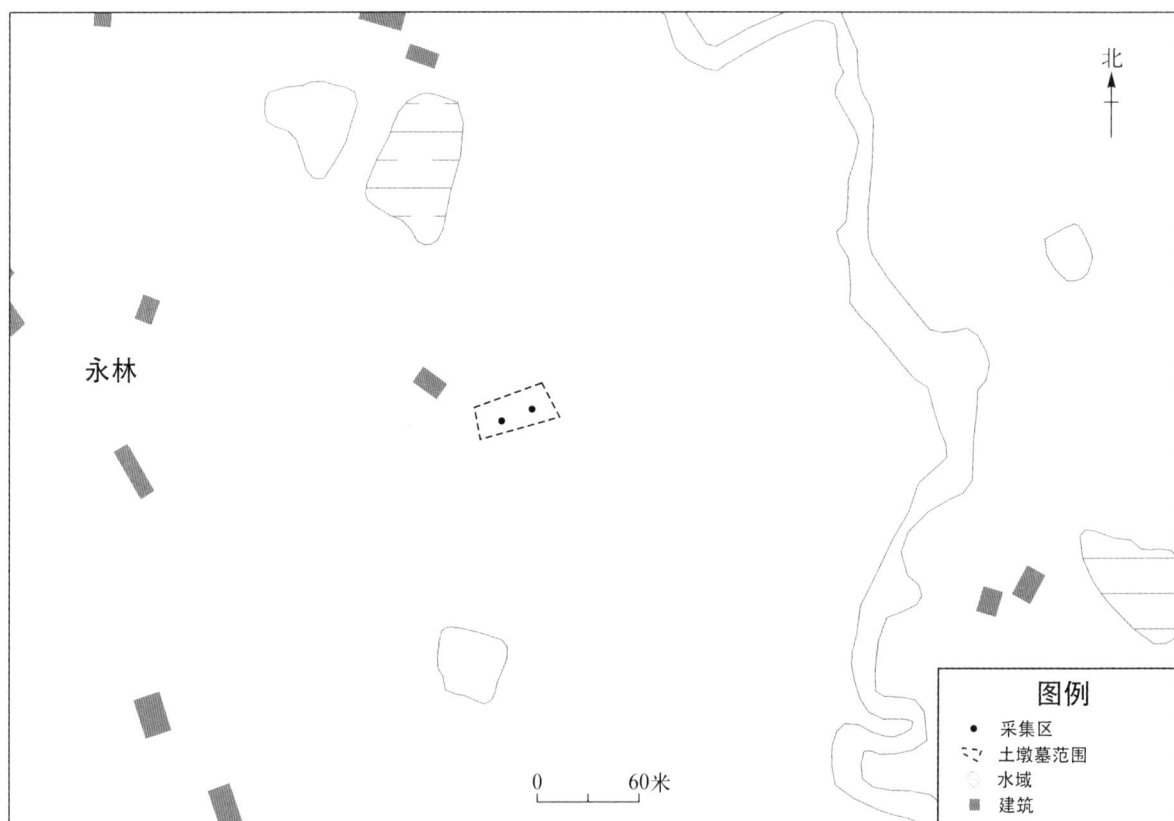

永林

图例

- 采集区
- 土墩墓范围
- 水域
- 建筑

0   60米

北

图36　永林土墩墓分布图

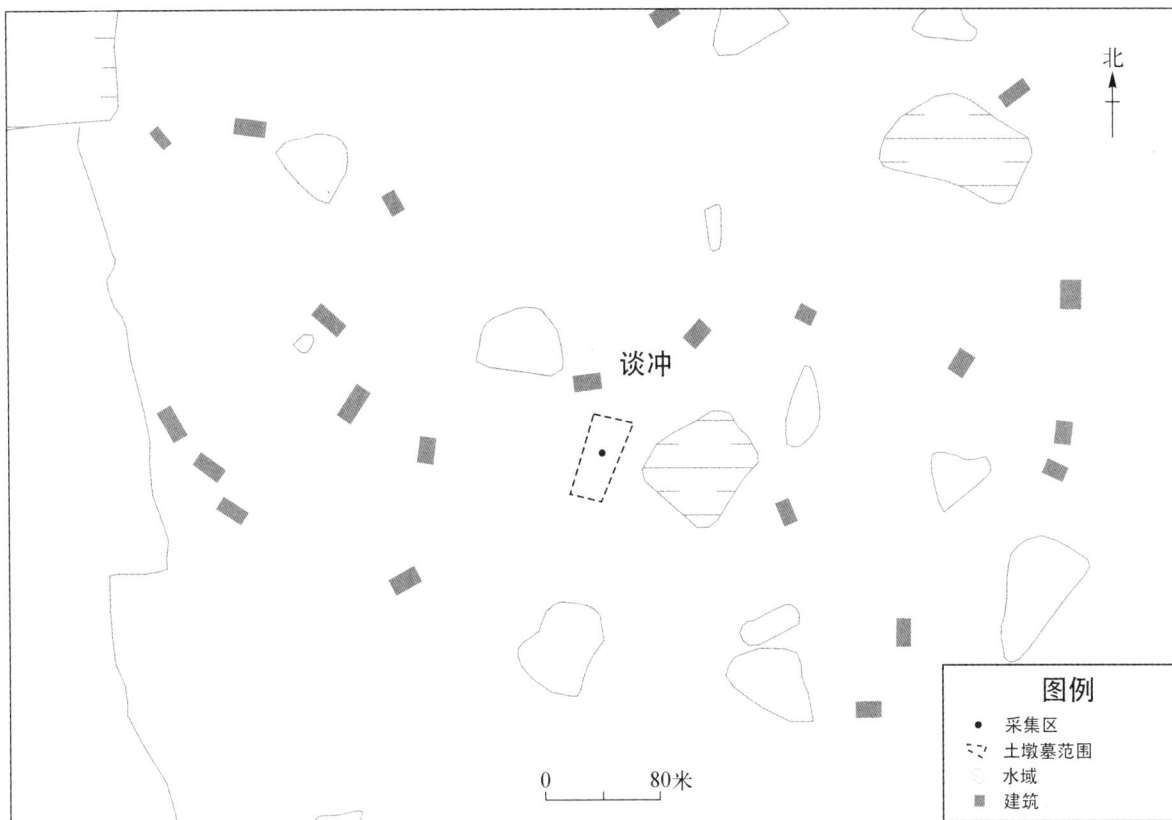

图37 谈冲土墩墓分布图

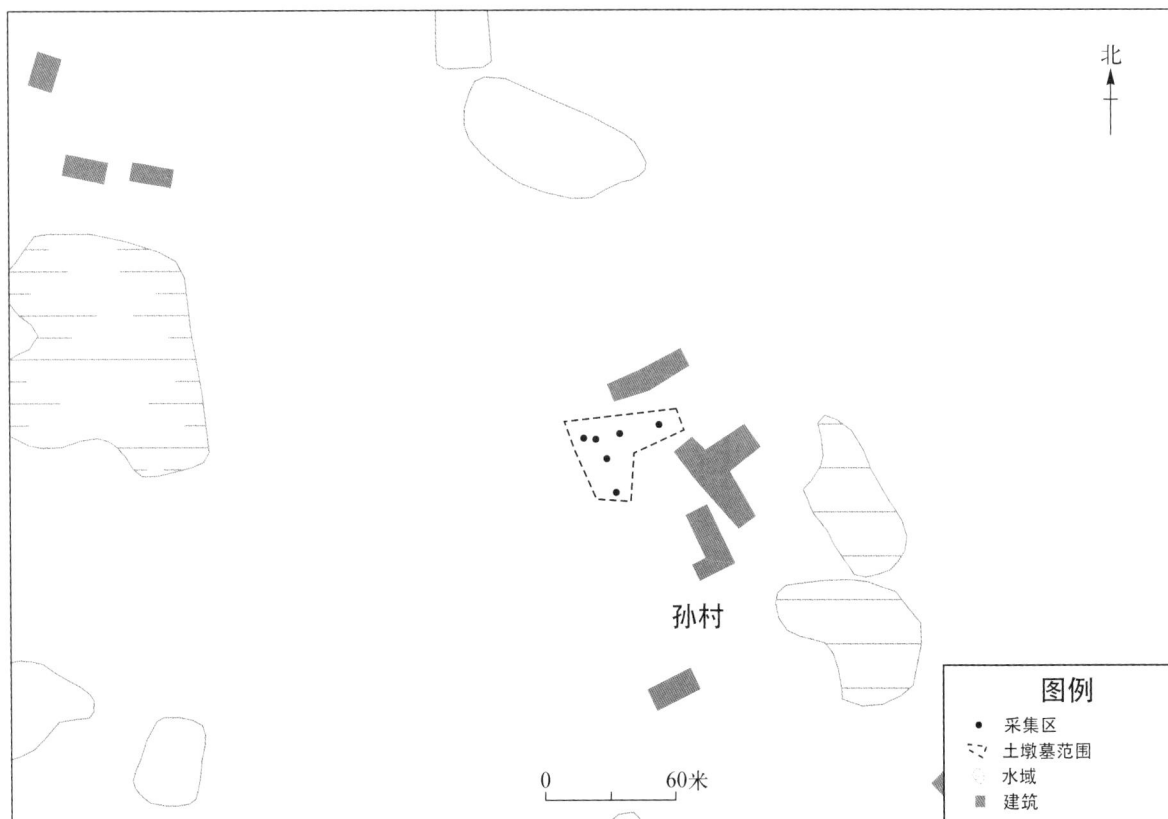

图38 孙村土墩墓分布图

二十三、青山土墩墓

　　青山土墩墓（191231NJQD）位于家发乡青山村南部，地处岗地的岗坡位置。共登记墓葬5
座，呈东西向排列，底径6至10米，高1.0至1.5米，间距5至20米。墓葬整体分布紧凑，个别顶部
发现盗洞，未见遗物（图39）。

图39　青山土墩墓分布图

二十四、联工土墩墓

　　联工土墩墓（191213NJLD）位于家发乡联工村东南300米，地处岗顶位置，呈东北—西南走
向，共登记墓葬2座，底径18至20米，高2.1至2.5米，间距50米。墓葬整体保存完好，未见遗物
（图40）。

二十五、徐村土墩墓

　　徐村土墩墓（191210NJXD）位于家发乡徐村中部，地处岗地缓坡。共登记墓葬3座，分布紧
凑，呈东北—西南走向，底面直径6至8米，现存高度1.5至2.0米。墓葬整体保存完好，周边区域
未见遗物（图41）。

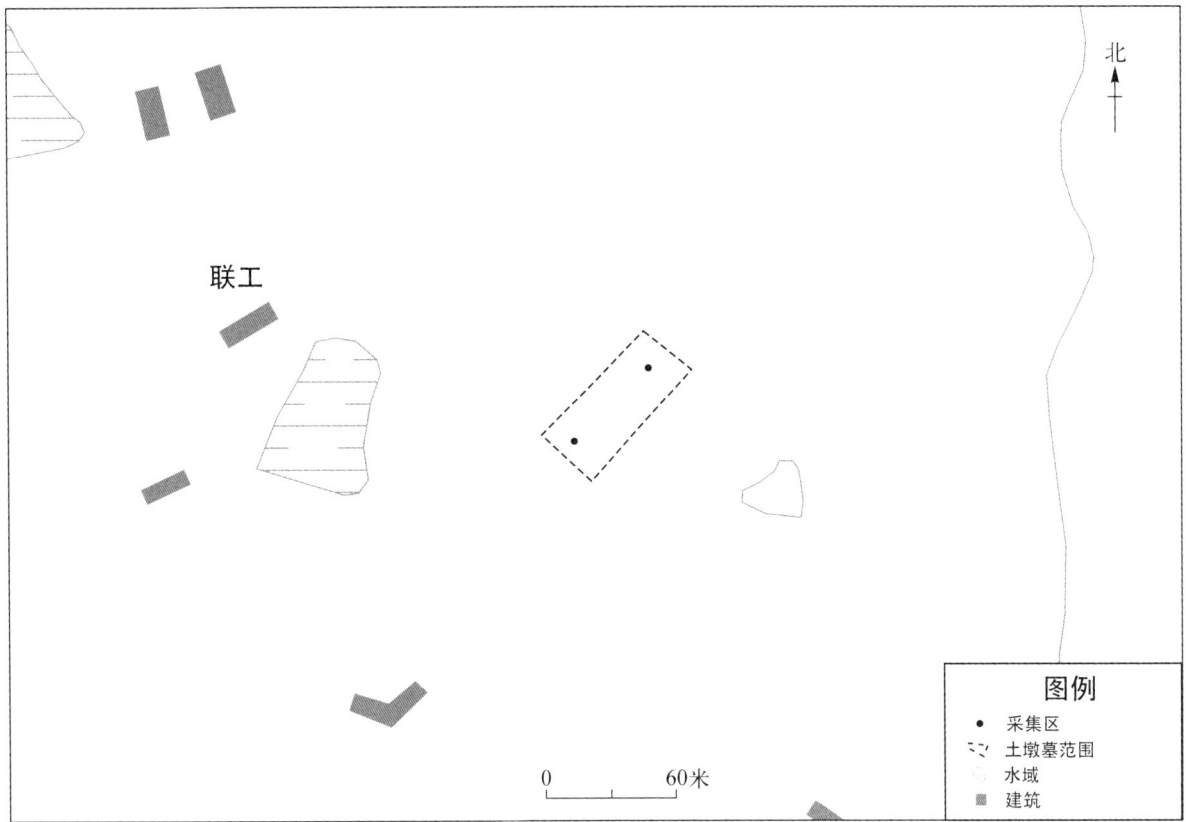

图40　联工土墩墓分布图

图41　徐村土墩墓分布图

二十六、六冲土墩墓

六冲土墩墓（191230NGLD）位于工山镇六冲村东15米，地处指状岗地的顶部。共登记墓葬5座，略呈东西向排列，与岗地走向一致，底径8至12米，高1.2至1.6米，间距5至15米。墓葬保存完好，未见遗物（图42）。

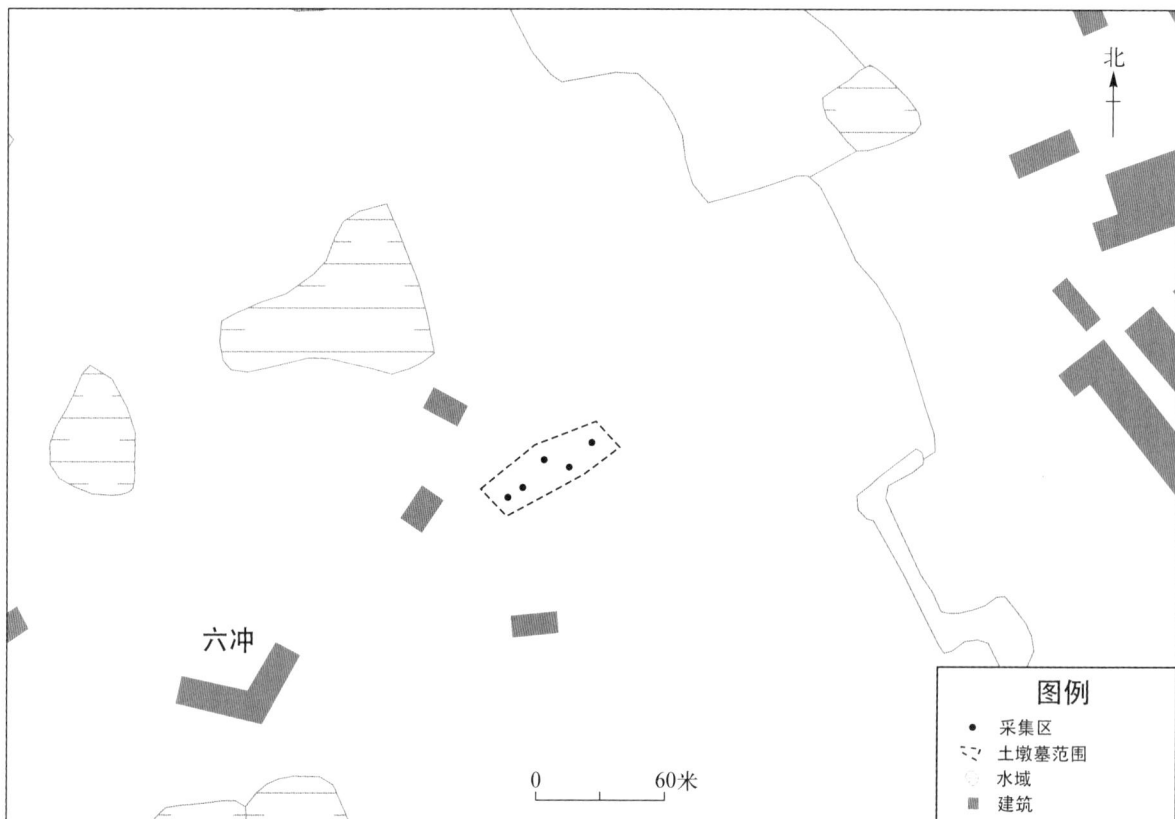

图42　六冲土墩墓分布图

二十七、散点

1. 盛桥

盛桥散点（191211NJS）位于家发乡盛桥村西北，地处岗坡底部，地势平整，北部倾斜，设采集区1个，遗物有陶片1件（图43；图版一五，2）。

标本01：硬陶，器表拍印斜菱格纹，长6.0、宽5.5厘米（图49-1）。

2. 宛村

宛村散点（191217NJW）位于家发乡宛村西北200米，地处漳河沿岸平原，地势平坦，设采集区1个，仅有陶片1件（图44）。

标本01：硬陶，器表纹饰不甚清晰，拍印交错线纹，长4.3、宽1.4厘米（图49-2；图版四一，1）。

图43 盛桥散点分布图

图44 宛村散点分布图

3. 湾里南

湾里南散点(191228NJW)位于家发乡湾里南南550米,地处漳河西岸的二级台地,地势平坦,设采集区1个,仅有陶片1件(图45)。

标本01:硬陶,拍印复线三角折线纹,长5.0、宽4.1厘米(图49-3)。

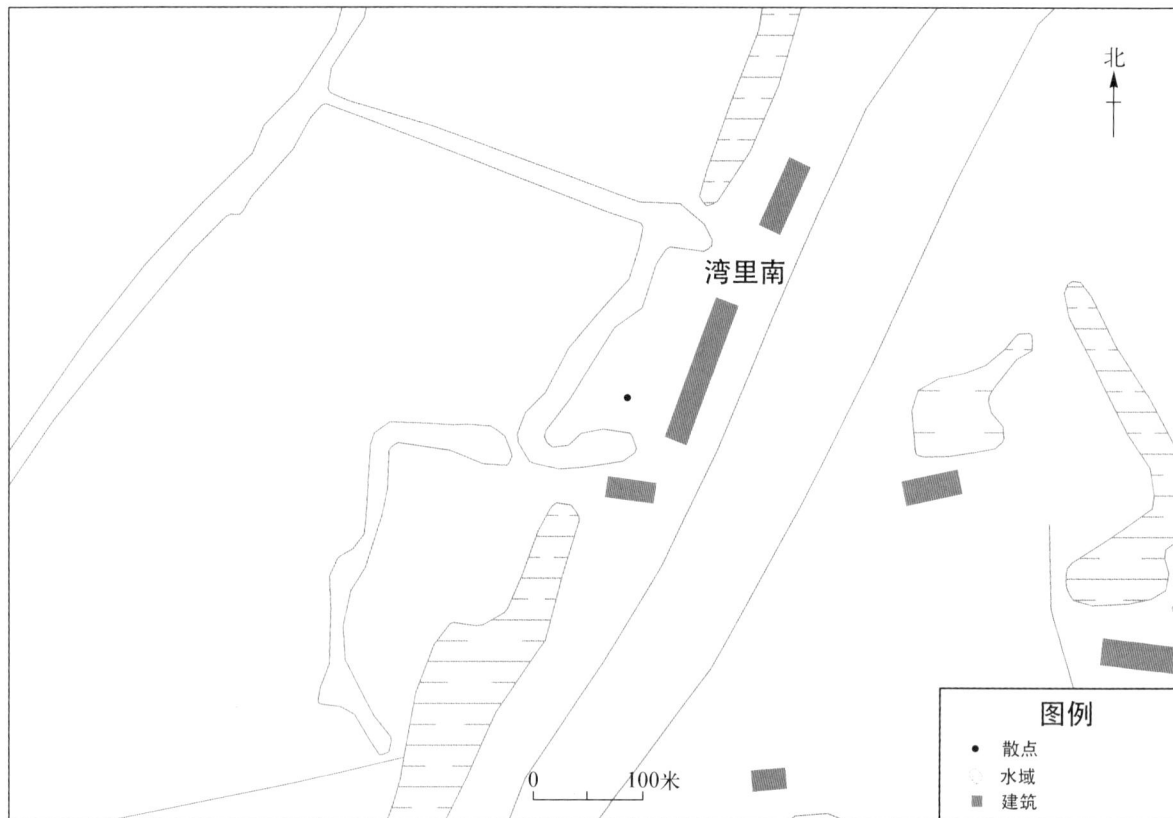

图45 湾里南散点分布图

4. 泉塘

泉塘散点(191209NJQ)位于家发乡泉塘村东北,地处漳河支流西侧,地表平整,设采集区1个,遗物仅有陶片1件(图46)。

标本01:硬陶,拍印小方格纹,长4.6、宽4.4厘米(图49-4)。

5. 刘家湾南

刘家湾南散点(191228NJLN)位于家发乡刘家湾村南375米,地表为水田,被高压电塔破坏。设采集区1个,遗物仅有陶片3件(图47)。

标本01:硬陶,器表拍印规整的复线回纹,长5.6、宽5.4厘米(图49-5)。

标本02:硬陶,器物颈部及上肩,侈口微撇,束颈,圆弧肩,颈部素面,肩部装饰有细密的水波纹,高6.3、宽5.5厘米(图49-6)。

标本03:硬陶,器身装饰有大菱格纹,内填竖线纹,长7.2、宽5.3厘米(图49-7)。

图46　泉塘散点分布图

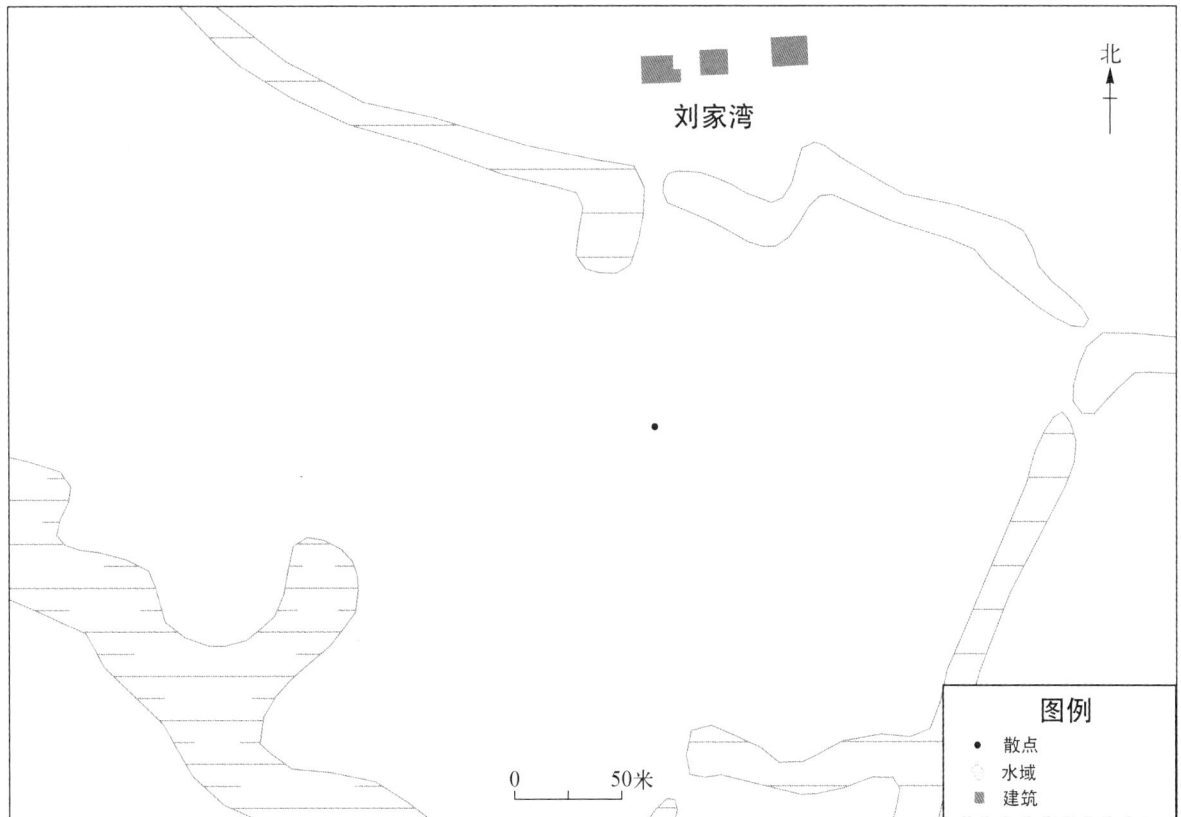

图47　刘家湾南散点分布图

6. 张家墩

张家墩散点（191231NJZ）位于家发乡张家墩村北150米，地处后港河河湾位置，未见文化层。设采集区1个，遗物仅有硬陶2片（图48）。

标本01：硬陶，拍印交错线纹，长2.4、宽1.2厘米（图50-8）。

标本02：硬陶，拍印交错雷纹，长4.0、宽3.0厘米（图50-9）。

7. 石峰水库

石峰水库散点（191215NJS）位于家发乡石塘李村西北200米。遗物散落在干涸的水库岸坡，遗物数量较多，以硬陶为主，另有青瓷器耳1件。因水库建设破坏，采集物的原出土地点均已不清，在此仍作为散点记录（图49）。

标本01：硬陶，器表拍印细密的方格纹，长4.3、宽4.2厘米（图51-1）。

标本02：硬陶，器物口沿，敛口，短颈，鼓肩，器肩位置拍印细密的方格纹，长9.0、宽6.3厘米（图51-2）。

标本03：青瓷器耳，桥型，压印有三角斜线纹，长4.0、宽1.6厘米（图51-3）。

标本04：硬陶，器表拍印斜方格纹，长5.3、宽4.0厘米（图51-4）。

标本05：硬陶，器表装饰有梯形方格纹，内填斜菱形网格纹，长13.0、宽6.2厘米（图51-5）。

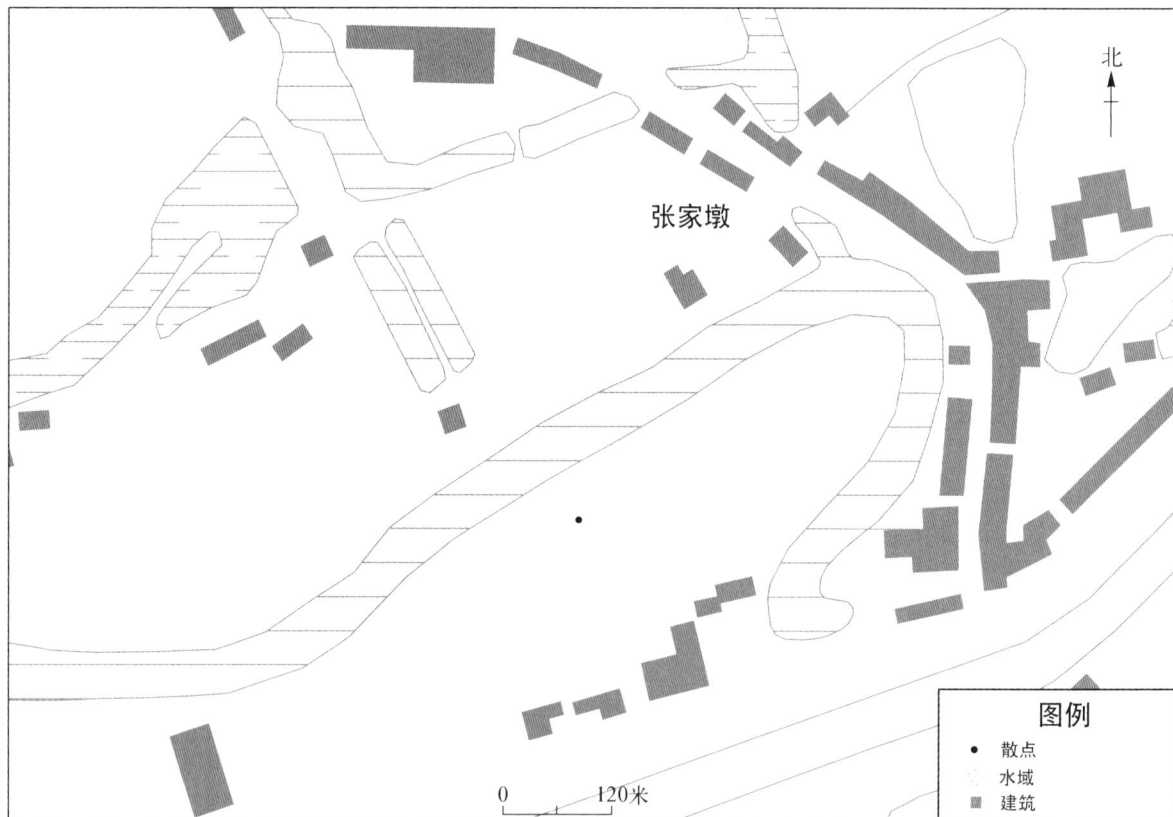

图48　张家墩散点分布图

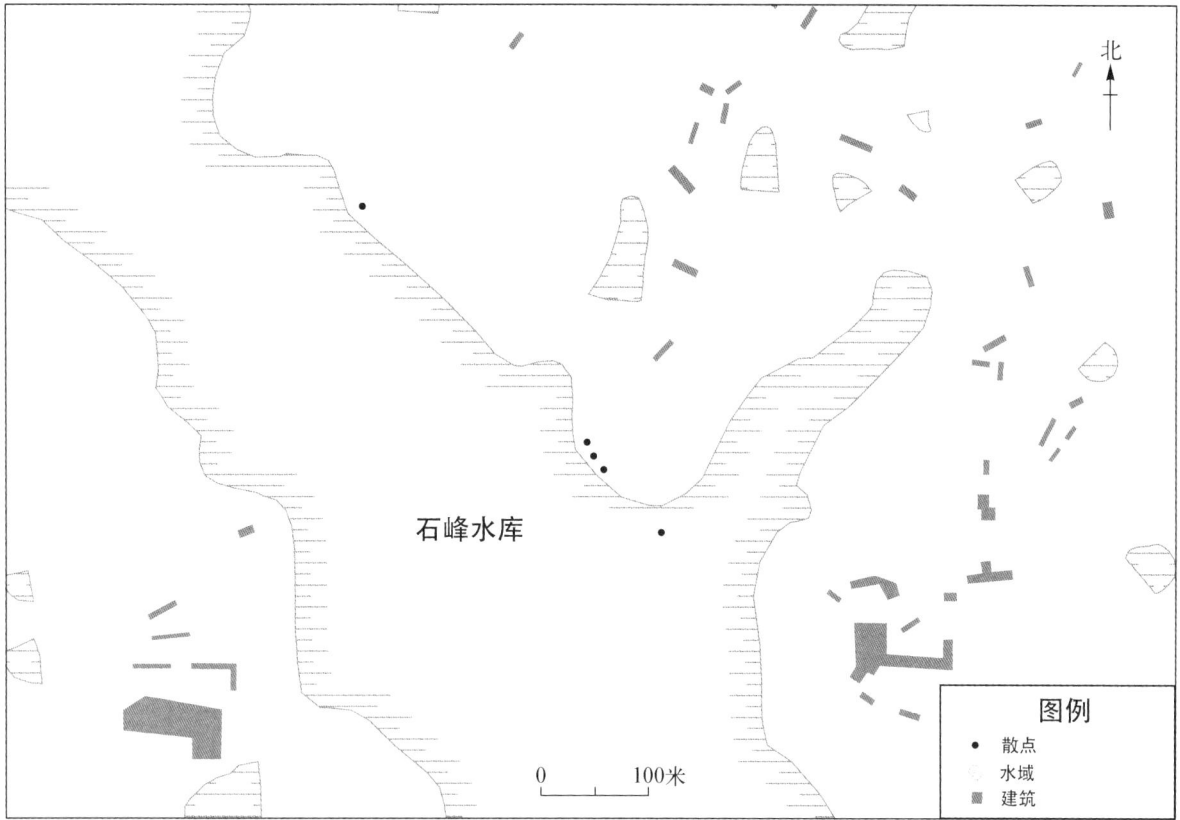

图49 石峰水库散点分布图

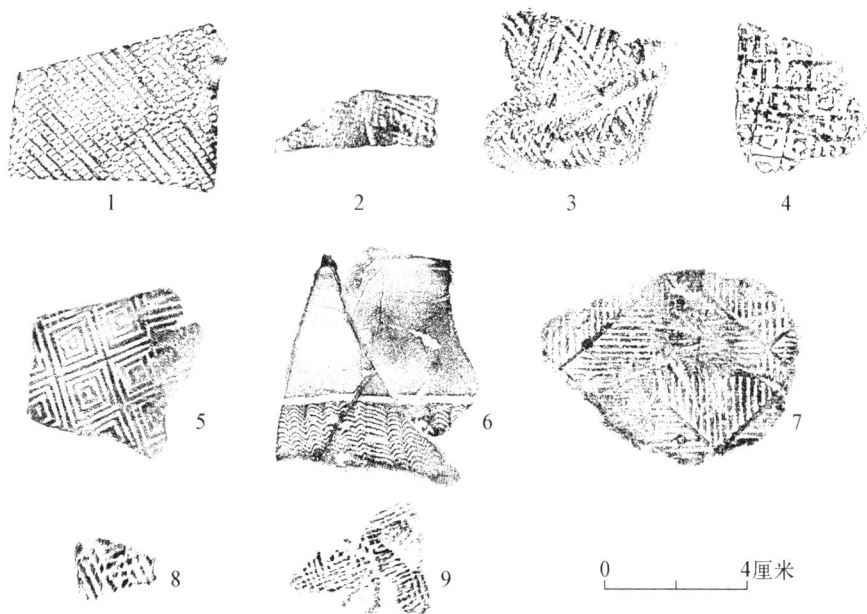

图50 散点采集遗物

1. 盛桥标本01、2. 宛村标本01、3. 湾里南标本01、4. 泉塘标本01、5. 刘家湾南标本01、6. 刘家湾南标本02、
7. 刘家湾南标本03、8. 张家墩标本01、9. 张家墩标本02

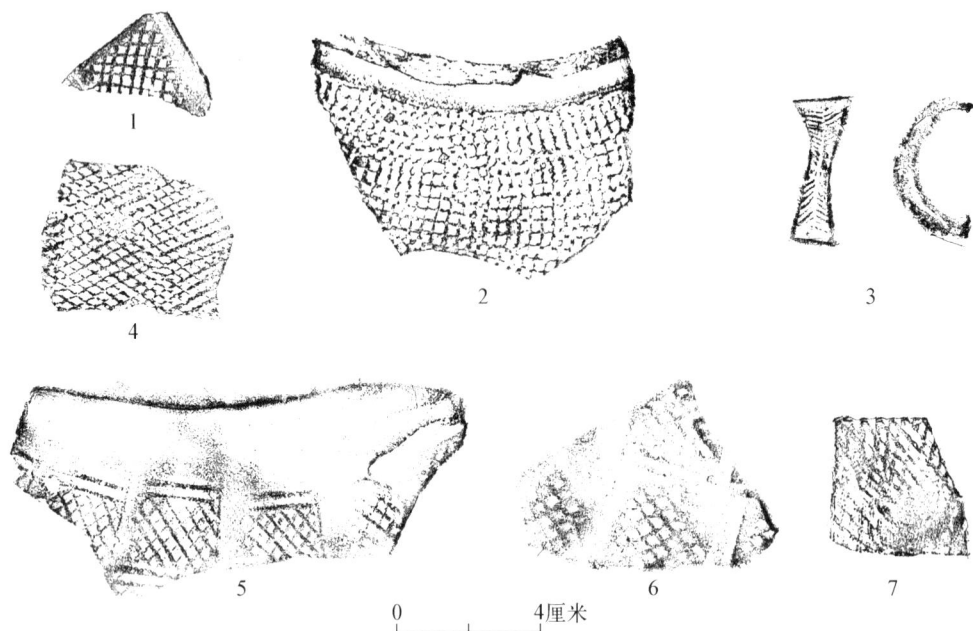

图51 散点采集遗物

1. 标本01、2. 标本02、3. 标本03、4. 标本04、5. 标本05、6. 标本06、7. 标本07

标本06：硬陶，器身拍印大方格纹，内填细密的菱格纹，长7.5、宽5.2厘米（图51-6）。

标本07：硬陶，器身装饰有斜菱格纹，长4.0、宽3.8厘米（图51-7）。

标本08：橙红色硬陶，器物颈肩部，器表装饰有席纹，高3.5、长6.5厘米（图版四一，2）。

8. 孙村

孙村散点（191217NJS）位于家发乡孙村东北300米，地表平整，仅设采集区1个，采集陶片5片（图52）。

标本01：硬陶，纹饰为拍印的复线雷纹，长5.5、宽4.5厘米（图55-1；图版四一，3）。

标本02：夹砂红陶，器型不明，素面，长3.6、宽2.6厘米（图版四一，4）。

9. 滨玉

滨玉散点（191209NJB）位于家发乡滨玉村南300米，地势平坦，未见文化层，仅有1个采集区，遗物包括陶片3件（图53）。

标本01：夹砂红陶，着白色陶衣，素面无纹饰，长4.0、宽3.1厘米（图55-2；图版四一，5）。

标本02：夹砂红陶，器物底部，素面，长7.1、高2.0厘米（图55-3；图版四一，6）。

标本03：夹砂红陶，器物下部，素面，长3.8、高2.1厘米（图55-4）。

10. 黄祠

黄祠散点（191212NJH）位于家发乡黄祠村东南方50米，地处岗地的缓坡位置，仅有采集区1个，采集有石器1件（图54）。

标本01：石斧，整体呈扁平的靴形，长6.8、宽8.6、刃宽4.2厘米（图55-5；图版四一，7）。

图52　孙村散点分布图

图53　滨玉散点分布图

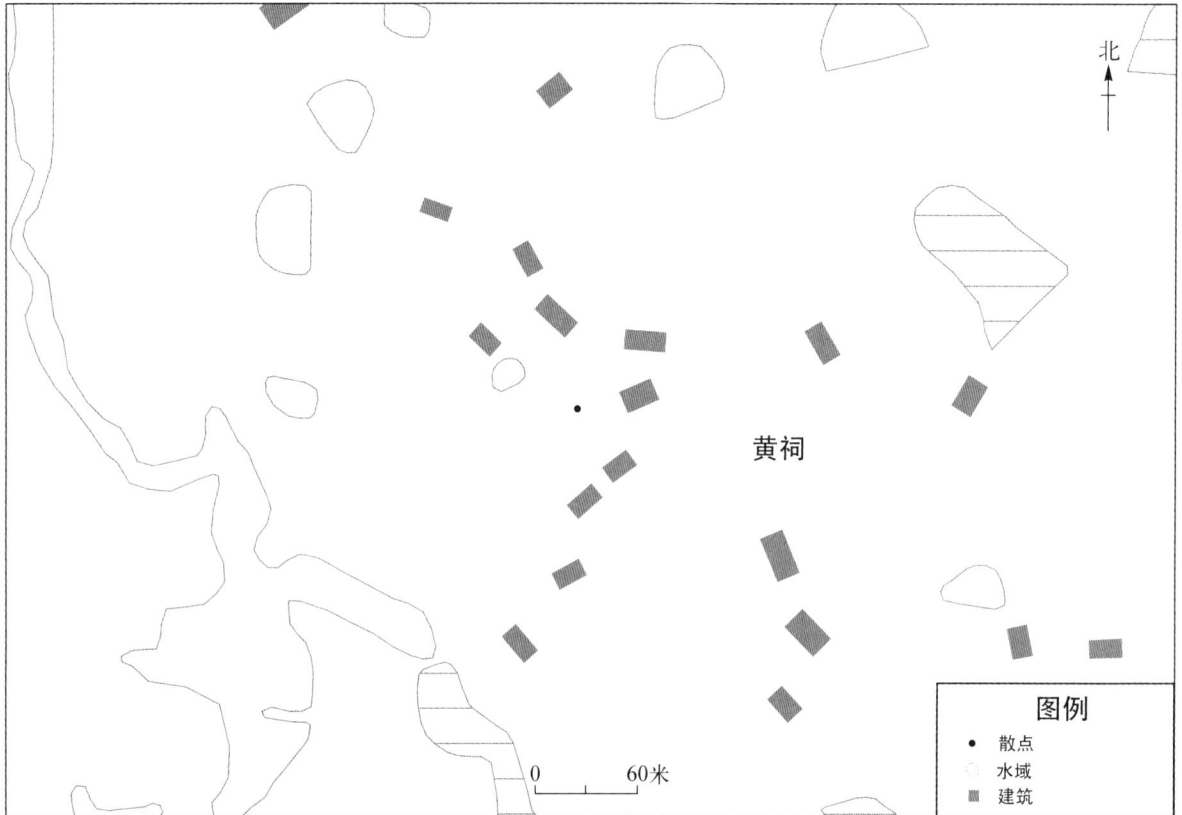

图54　黄祠散点分布图

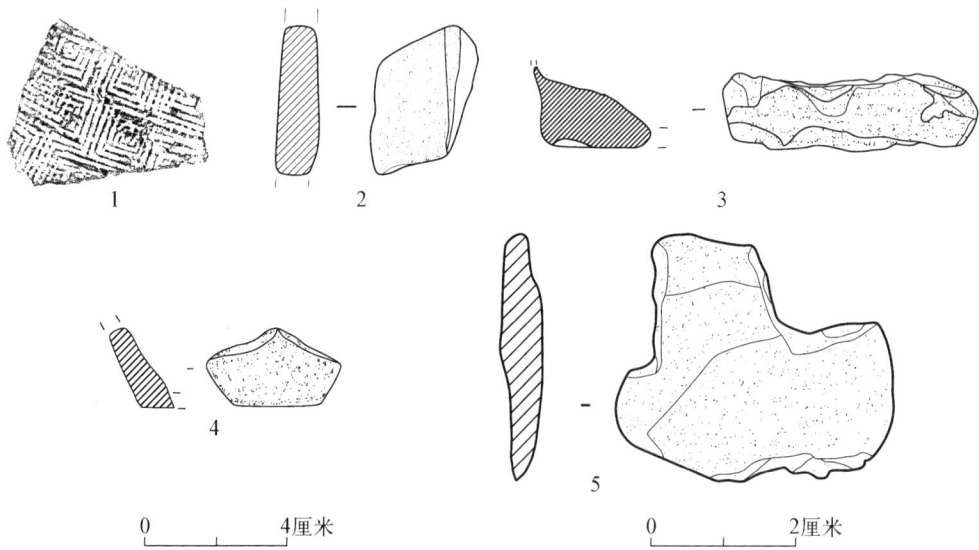

图55　散点采集遗物

1. 孙村标本01、2. 滨玉标本01、3. 滨玉标本02、4. 滨玉标本03、5. 黄祠标本01

11. 闵村

闵村散点（191210NJM）位于家发乡闵村，地处岗地顶部，地表平整，仅设采集区1个，采集炉渣4块，未见其他遗物（图56）。

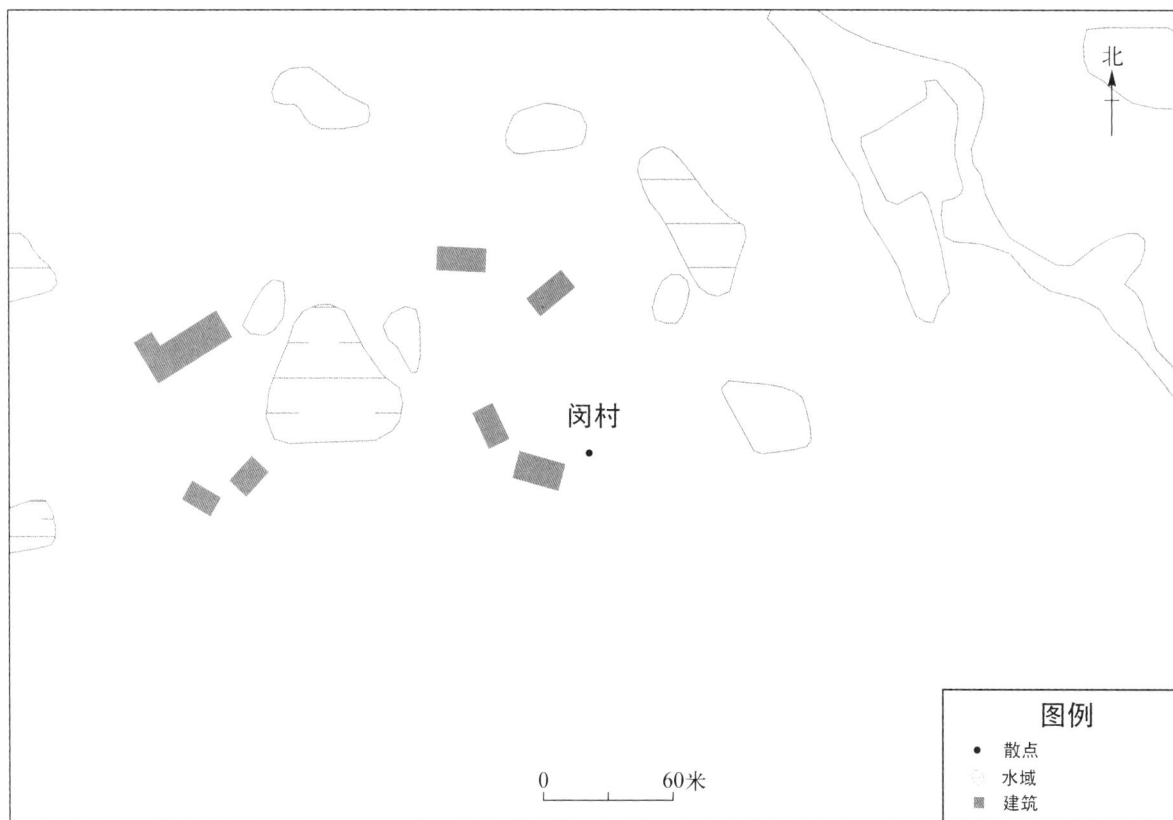

图56 闵村散点分布图

12. 天马

天马散点（201220NJT）位于家发镇联三村天马组，在居民点门口断面发现2片陶片，这一区域土壤包含物杂乱，有泡沫，垃圾，玻璃，疑是二次搬运，非原生土层。共设采集区1个（图57）。

标本01：泥质灰陶，红褐色胎，复线回纹，高4.3、宽5.5厘米（图版四一，8）。

标本02：夹细砂红陶，红胎，横装扁平足，素面，高4.8厘米（图58）。

13. 联三

联三散点（201220NJL）位于家发镇联三村，地处岗地顶部，地表平整，设采集区1个，采集陶片1件，未见其他遗物（图59）。

标本01：夹细砂红陶，红胎，口沿，敛口，卷沿，圆唇，饰一道凹弦纹，高5.7厘米。

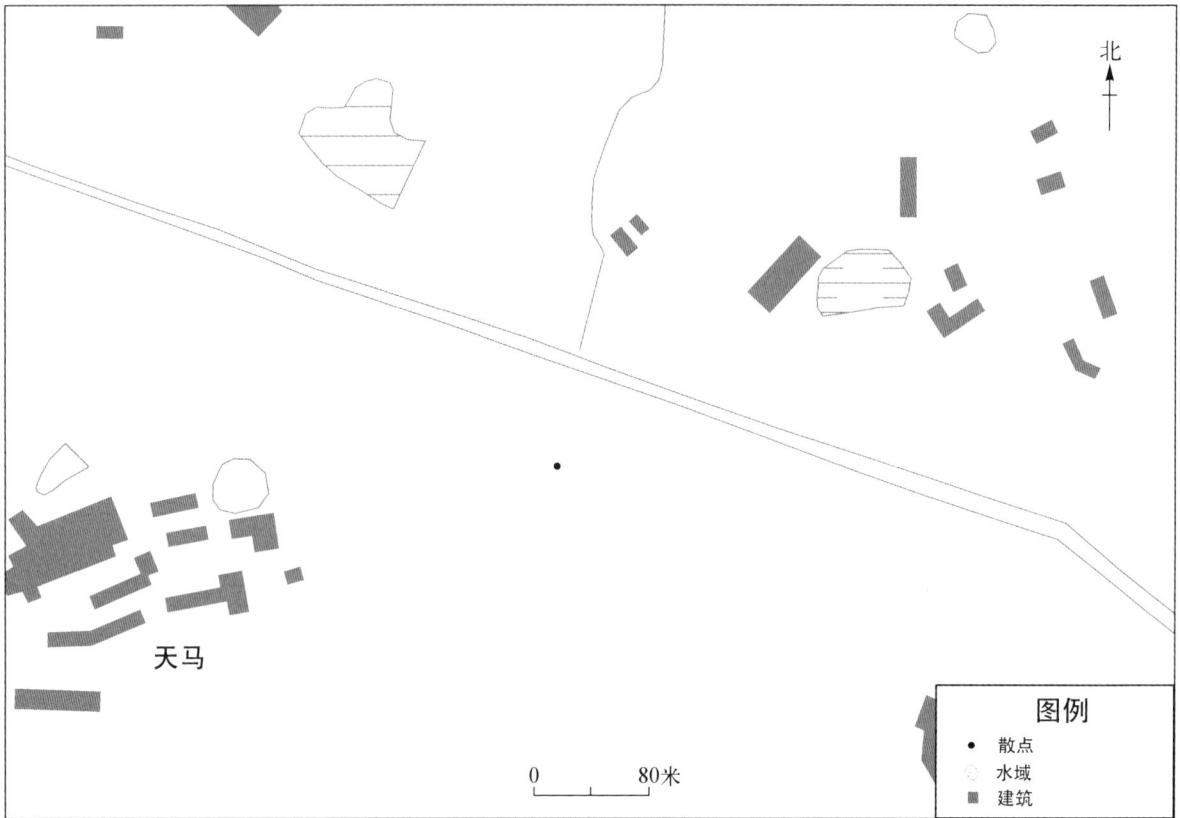

图57　天马散点分布图

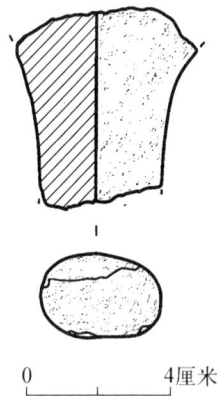

图58　天马散点采集遗物

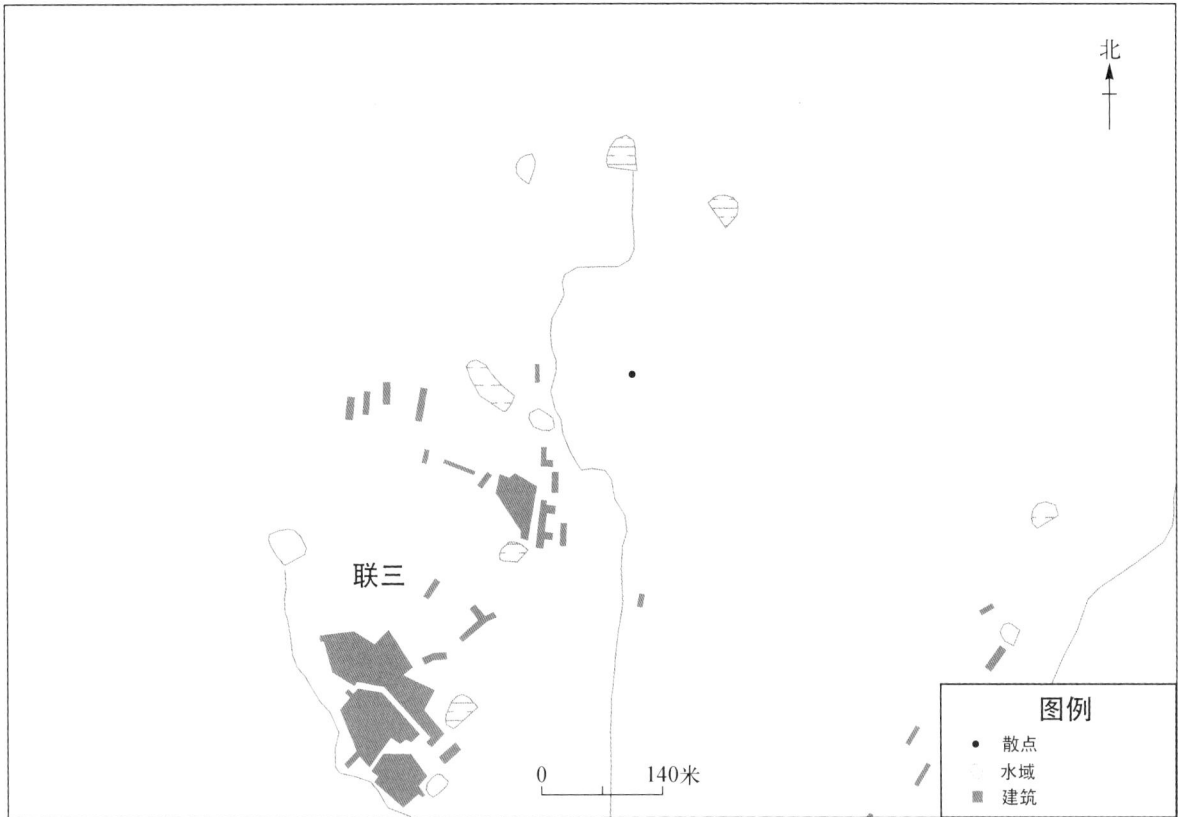

图59 联三散点分布图

第二节 大工山北麓（工山镇）

该区遗存主要分布在山间冲谷平原地带，共登记遗存49处，其中聚落遗址24处，土墩墓群8处，另有散点17处（图60）。

一、店门林遗址

1. 遗址概况（191229NGD）

遗址位于工山镇店门林村东部，地处岗前平原，南、北、西三面环山，是一处由4个主体台墩组成的聚落遗址。遗址高出地面1至5米不等，面积约12 000平方米，遗物分布面积约4 700平方米。土墩大体呈方形或长条形，西侧土墩因村民建房，破坏较为严重。遗址范围内遗物分布十分丰富，尤以陶片数量最多。遗址西侧的水塘北部和东部亦有陶片分布。在店门林村的周边地区亦发现有较为丰富的陶片遗存，但尚不清楚其是否存在文化层（图版一六，1、2）。

在一号墩东侧断崖清理剖面P1，可大致分为4层（图61；图版一七，1）：

第①层：耕土，黑色沙土，较为疏松，厚约15至20厘米，包含较多植物根茎及近现代瓷片；

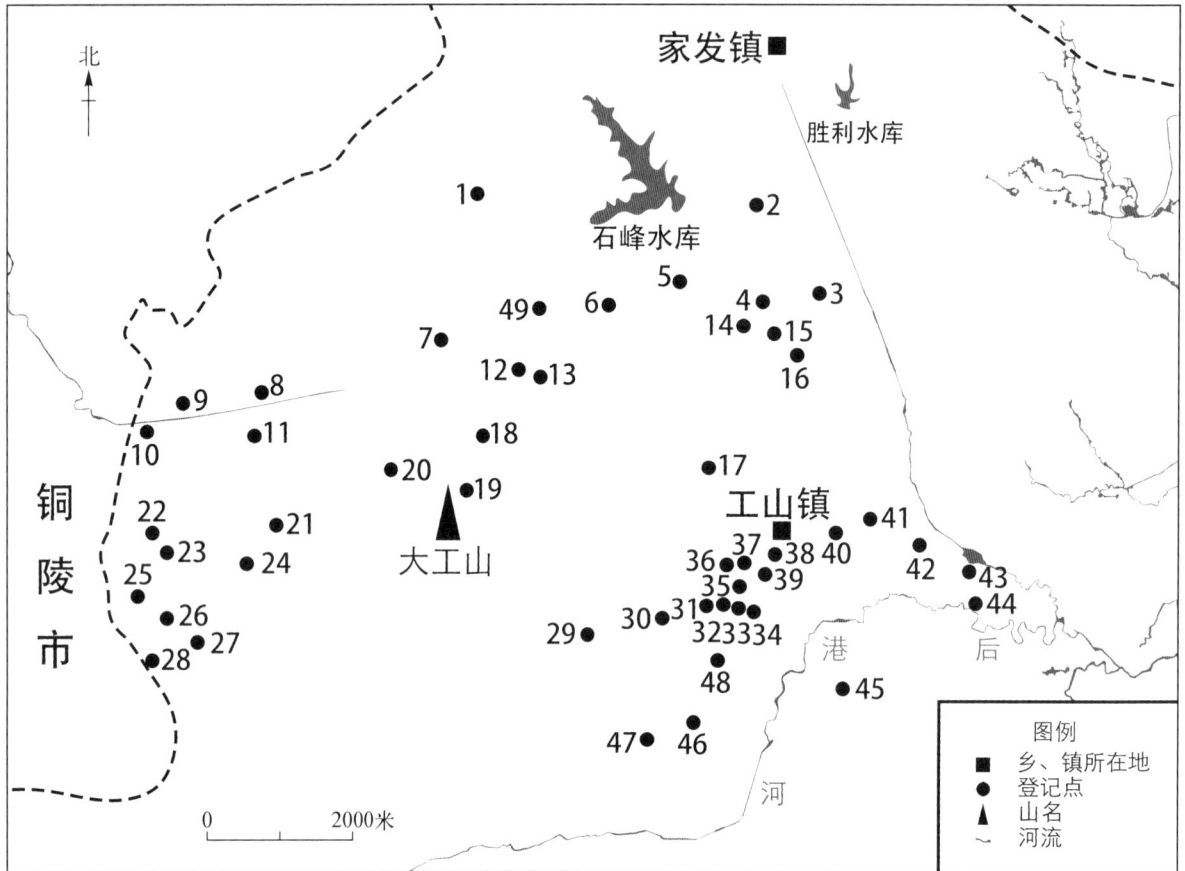

图60 大工山北麓遗存分布图

1. 古塘冲遗址、2. 团山马土墩墓、3. 毕村遗址、4. 黄山岗散点、5. 新塘土墩墓、6. 庆山土墩墓、7. 上分桂遗址、8. 田头吴散点、9. 何家冲遗址、10. 牧家亭散点、11. 排形遗址、12. 四垅遗址、13. 阮冲土墩墓、14. 荷花桥散点、15. 山头俞西北散点、16. 山头俞散点、17. 山柏村土墩墓、18. 上曹散点、19. 岭头土墩墓、20. 崔涝遗址、21. 团山涝遗址、22. 长塘冲遗址、23. 塔里遗址、24. 金子阡遗址、25. 殿冲散点、26. 团山涝散点、27. 上牧冲遗址、28. 沙滩脚遗址、29. 姚冲遗址、30. 周塘坊遗址、31. 回龙墩遗址、32. 回龙墩北散点、33. 回龙墩东遗址、34. 芦塘遗址、35. 店门林南遗址、36. 店门林西散点、37. 店门林中散点、38. 店门林东北散点、39. 店门林遗址、40. 工山东散点、41. 乌基塘散点、42. 下屋沈遗址、43. 南村遗址、44. 姚家村遗址、45. 四甲土墩墓、46. 垅下遗址、47. 塘埂土墩墓、48. 回龙墩南遗址、49. 藕塘冲散点

第②层：深褐色土，质地紧密，厚约10至24厘米，包含较多红烧土块；

第③层：灰褐色细沙土，较为致密，厚约25厘米，包含陶片、黑色颗粒等；

第④层：黄褐色细沙土，较为致密，厚约45至50厘米，不见生土，包含较多陶片。

2. 聚落

遗址含周代聚落一处，面积约12 000平方米，其他地点虽然同样采集有这一时期遗物，但因缺乏文化层且微观地貌不具备遗址特点，故暂不计入聚落面积（图62）。

3. 遗物

遗物以陶片最为丰富，可大体分为印纹硬陶和泥质或夹砂陶，前者主要为青灰色，后者则以红色为主。多数陶片残损较甚，可辨器形有鬲、甗、盆、罐等。

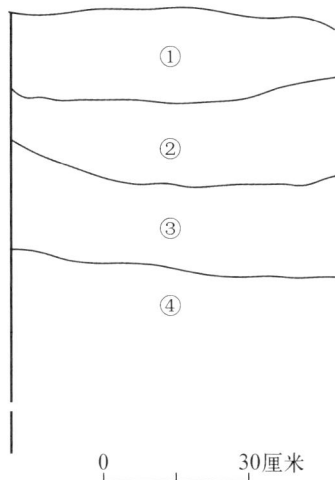

图61　店门林遗址P1剖面图

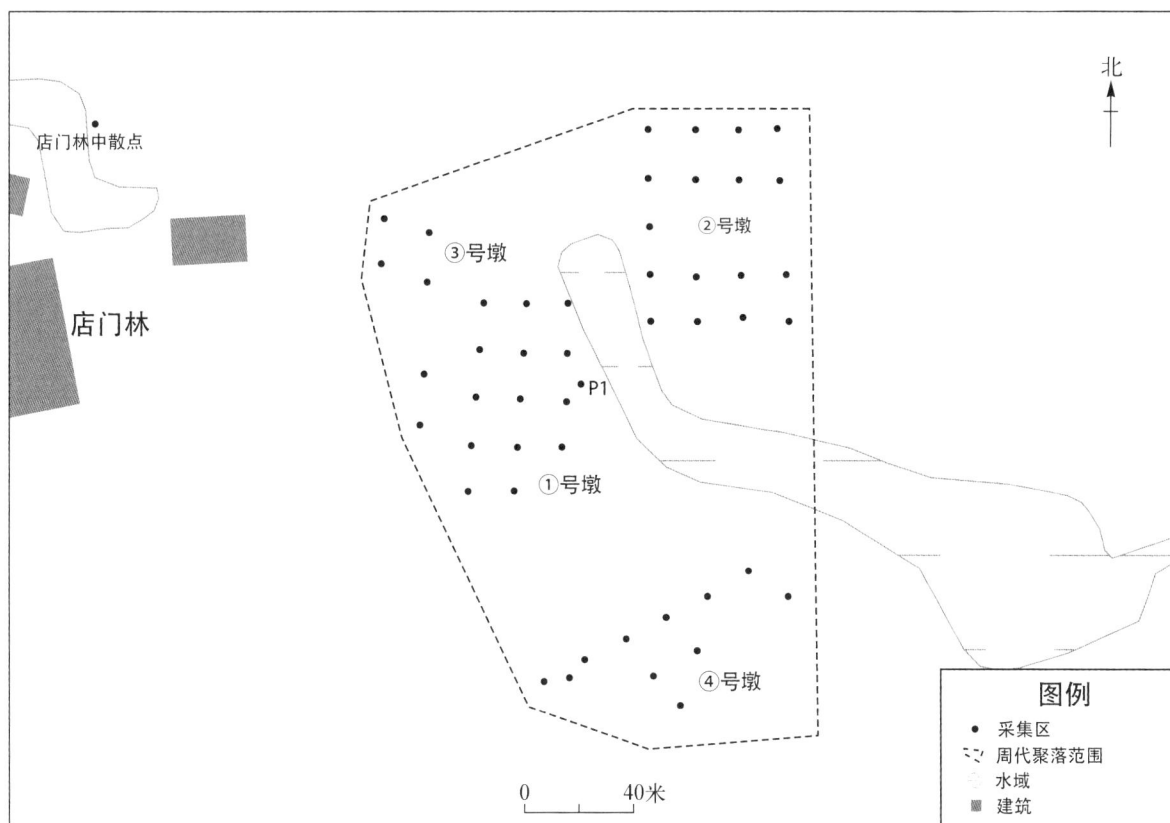

图62　店门林遗址聚落分布图

一号墩

C01

标本01：红色硬陶，拍印复线回纹，长6.3、宽5.1厘米（图63-1；图版四二，1）。

标本02：泥质红陶，表面装饰有交错绳纹，长5.5、宽3.8厘米（图64-1）。

标本03：褐色硬陶，拍印小方格回纹，长4.0、宽2.8厘米（图63-2；图版四二，2）。

标本04：硬陶，内为深紫色，外为灰色，拍印雷纹，长7.1、宽5.2厘米（图63-3；图版四二，3）。

标本05：夹砂红陶，表面装饰有绳纹，并有泥条贴塑的附加堆纹，长7.6、宽6厘米（图64-2）。

C02

标本01：夹砂红陶，口沿，敞口，方唇，束颈，斜弧上腹，装饰有纵向绳纹，口沿处绳纹被抹，长11.8、宽5.7厘米（图64-3）。

标本02，夹砂红陶，陶鬲口沿，侈口，圆尖唇，折沿，弧腹，器表装饰绳纹，长6.9、宽6.2厘米（图64-4）。

标本03：硬陶，陶胎为紫色，器表为青灰色，拍印复线回纹，长11.5、宽8.5厘米（图63-4；图版四二，4）。

标本04：泥质红陶，口沿，平沿较宽，圆唇，沿下有纵向绳纹，长5.0、宽4.8厘米（图64-5）。

标本05：红色硬陶，陶罐肩部，领部有弦纹，溜肩，拍印席纹，长10.2、宽5.4厘米（图64-6）。

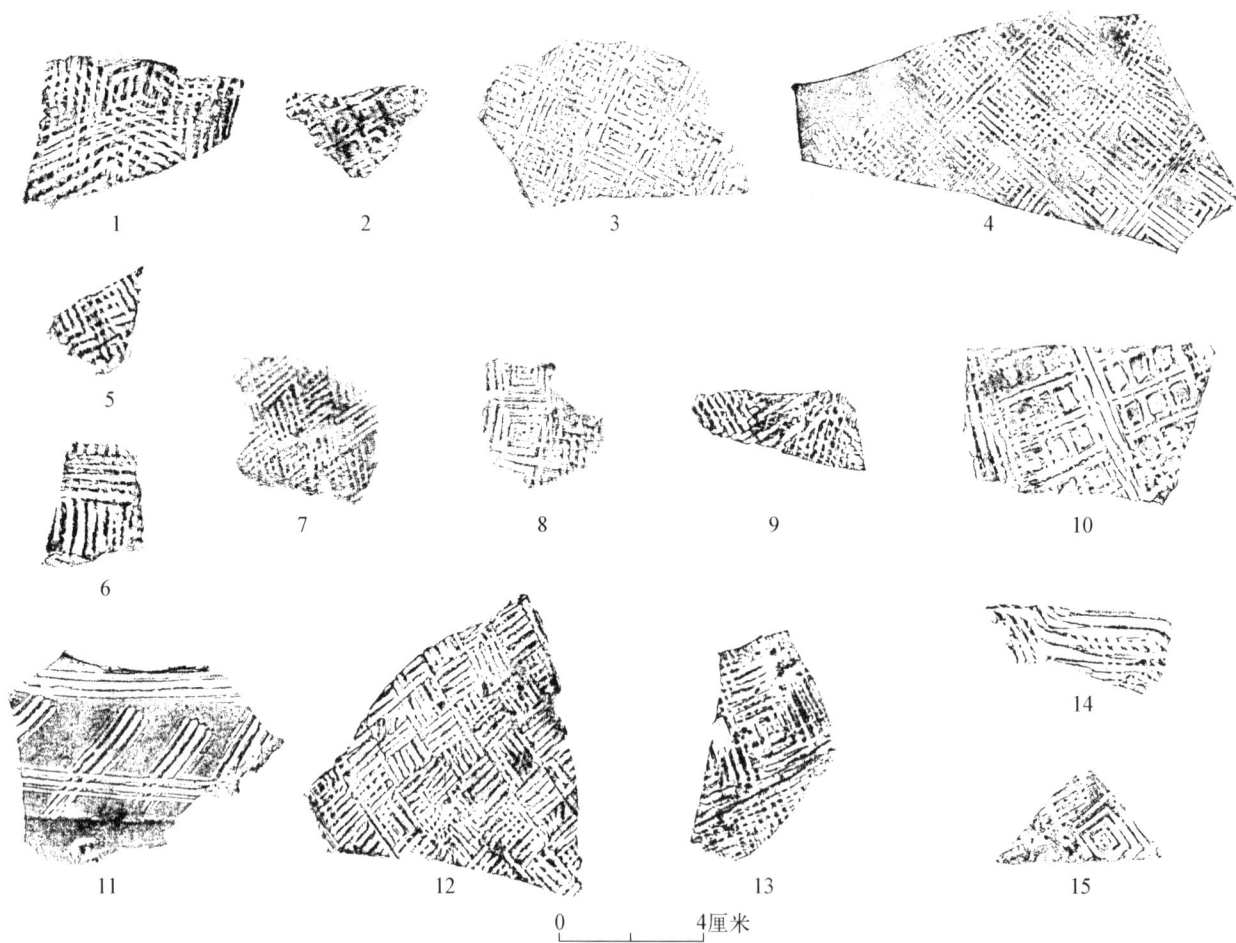

图63　店门林遗址采集遗物（一）

1. C01-01、2. C01-03、3. C01-04、4. C02-03、5. C03-01、6. C03-02、7. C04-01、8. C04-02、9. C05-01、10. C05-02、11. C05-03、12. C06-01、13. C06-02、14. C06-03、15. C05-04

标本06：泥质红陶，口沿，侈口近平，圆唇，沿下为绳纹，长5.5、宽3.8厘米。

标本07：夹砂红陶，腹片，表面装饰有绳纹，并有一伞状鋬手，素面无纹，长12.2、宽9.8厘米（图64-7）。

标本08：泥质红陶，口沿，短沿外侈，方唇，沿下装饰有波浪形附加堆纹，腹部为绳纹，长7.4、宽7厘米（图64-8）。

标本09：泥质红陶，口沿，侈口外撇，方唇，腹部装饰有绳纹，口沿下绳纹被抹平，长12.5、宽7.2厘米（图64-9）。

标本10：泥质红陶，口沿较短，侈口，方唇，深弧腹，腹部装饰有间断绳纹，长13.1、宽7.2厘米。

标本11：泥质红陶，口沿外侈，方唇，沿下装饰有两排交错绳纹，长7.5、宽4.1厘米（图64-10）。

标本12：夹砂红陶，鬲足，呈锥形，实足，足根残缺，无纹饰，有烟熏痕迹，高5.5、底径2.5厘米（图65-1；图版四二，5）。

标本13：泥质红陶，鬲足，实足，根部残缺，无纹饰，高4.0、底径2.6厘米（图65-2）。

标本14：夹砂红陶，鬲足，呈柱状，表面残存竖斜纹饰，高6.5、底径1.1厘米（图65-3）。

标本15：泥质红陶，鬲足，柱状实足，平底，表面带有刮抹痕迹，无纹饰，高5.1、底径1.7厘米（图65-4；图版四二，6）。

C03

标本01：红色硬陶，拍印雷纹，纹饰残损严重，长3.4、宽2.3厘米（图63-5；图版四二，7）。

标本02：青灰色硬陶，拍印规格较大的席纹，长3.4、宽2.9厘米（图63-6；图版四二，8）。

C04

标本01：红色硬陶，拍印席纹，长4.2、宽4.0厘米（图63-7）。

标本02：硬陶，胎为紫红色，外为青灰色，拍印雷纹，长3.4、宽2.8厘米（图63-8；图版四三，1）。

标本03：夹砂红陶，鬲足，实足粗壮，足根残缺，高5.5、底径2.4厘米（图64-11）。

C05

标本01：灰色硬陶，拍印交错线纹，长4.8、宽1.8厘米（图63-9；图版四三，2）。

标本02：灰黑色硬陶，拍印小方格纹，并以大方格分区，长6.1、宽4.5厘米（图63-10；图版四三，3）。

标本03：硬陶，胎为砖红色，外有黑陶衣，器肩残片，颈部有弦纹，折肩，肩部有斜线纹，并由弦纹贯穿，长6.5、长0.7厘米（图63-11；图版四三，4）。

标本04：灰色硬陶，拍印雷纹，长3.2、宽3.0厘米（图63-15；图版四三，5）。

标本05：红褐色硬陶，拍印菱形席纹，长4.1、宽3.3厘米（图版四三，6）。

C06

标本01：灰色硬陶，拍印席纹，长8.0、宽6.6厘米（图63-12；图版四三，7）。

标本02：灰色硬陶，拍印雷纹，长7.1厘米；宽4.1厘米（图63-13；图版四三，8）。

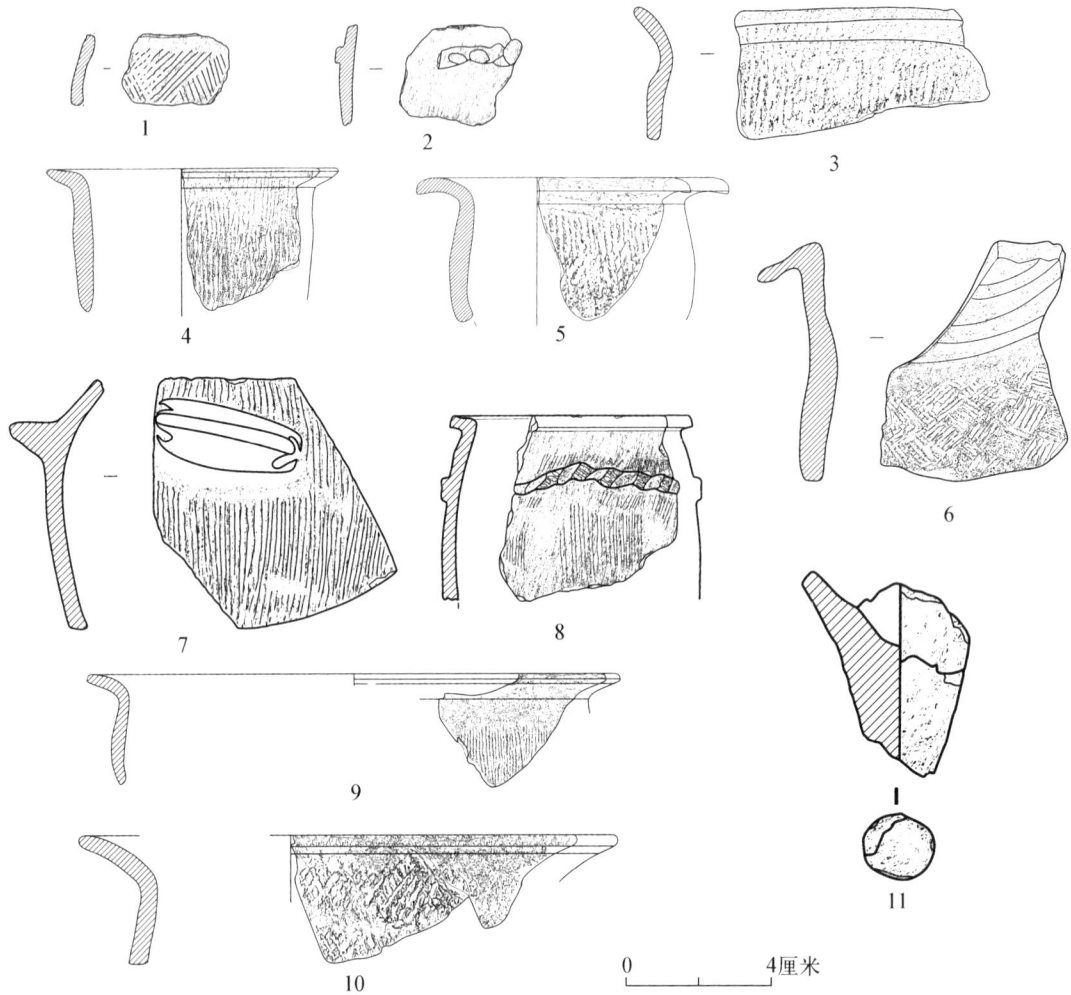

图64 店门林遗址采集遗物（二）

1. C01-02、2. C01-05、3. C02-01、4. C02-02、5. C02-04、6. C02-05、7. C02-07、8. C02-08、9. C02-09、10. C02-11、11. C04-03

　　标本03：硬陶，内为紫色，外为青灰色，拍印变形回纹，长4.1、宽3.0厘米（图63-14；图版四四，1）。

　　C07

　　标本01：泥质红陶，残鬲足，高3.5、底径2.8厘米（图65-5）。

　　标本02：灰色硬陶，器肩，颈部残存有弦纹，肩部为折线纹，长6.3、宽4.5厘米（图66-1）。

　　标本03：硬陶，内为紫红色，外为青灰色，拍印复线回纹，长6.8、宽6.0厘米（图66-2；图版四四，2）。

　　C08

　　标本01：红褐色硬陶，拍印方格直线纹和折线纹，长5.1、宽4.7厘米（图66-3）。

　　标本02：夹砂红陶，疑似陶鬲下腹，装饰有绳纹，长8.2、宽5.8厘米（图65-6）。

　　标本03：夹砂红陶，装饰有绳纹；长5.2、宽4.4厘米（图65-7）。

C09

标本01：灰色硬陶，拍印雷纹，残损严重，长4.8、宽4.0厘米（图66-4；图版四四，4）。

标本02：夹砂红陶，装饰有绳纹，长3.3、宽2.8厘米（图65-8）。

C10

标本01：夹砂红陶，口沿，敞口，外侈，束颈，上腹斜直，长4.5、宽4.2厘米（图65-9）。

标本02：红色硬陶，拍印大型回纹，纹饰残缺严重，长3.8、宽3.5厘米（图66-5；图版四四，4）。

标本03：硬陶，内为青灰色，外为红色，拍印变形雷纹，长3.2、宽2.9厘米（图66-6；图版四四，5）。

标本04：夹砂红陶，口沿残缺，上腹为纵向绳纹，长5.9、宽3.3厘米（图65-10；图版四四，6）。

C11

标本01：红色硬陶，拍印方格回纹，长3.2、宽3.1厘米（图66-7；图版四四，7）。

标本02：硬陶，内为红褐色，外为青灰色，拍印斜线菱形纹，长3.5、宽3.3厘米（图66-8；图版四四，8）。

标本03：黑色硬陶，陶瓿肩部，肩与颈部相接处有弦纹，鼓肩，拍印折线纹，长4.3、宽3.5厘米（图66-9；图版四五，1）。

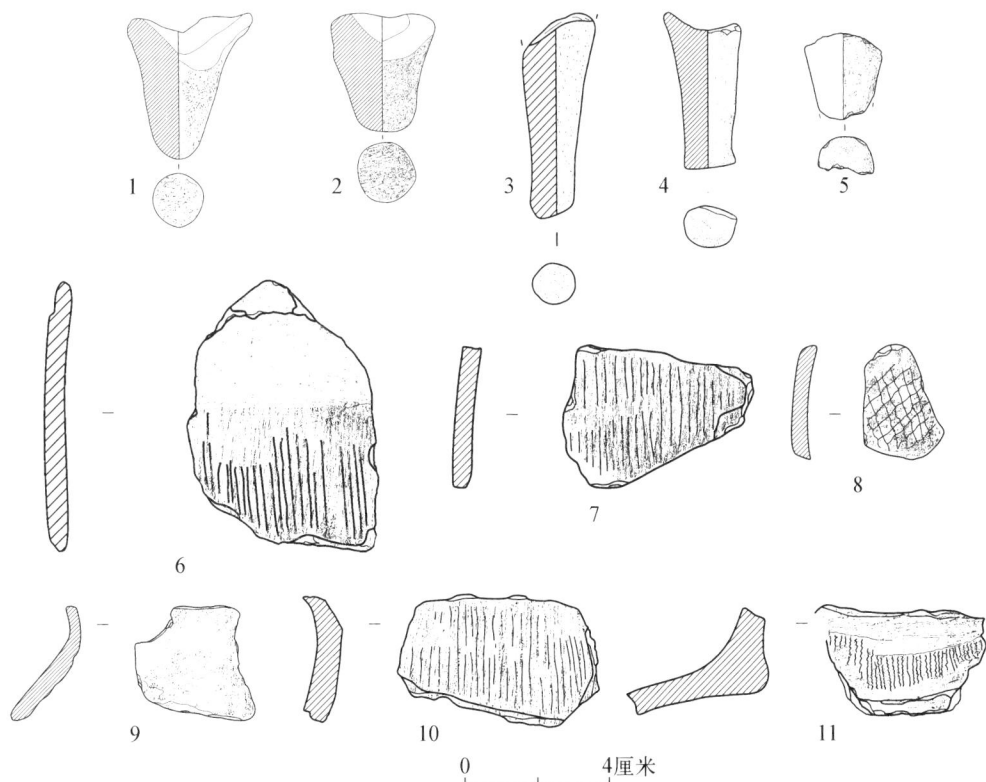

图65 店门林遗址采集遗物（三）

1. C02-12、2. C02-13、3. C02-14、4. C02-15、5. C07-01、6. C08-02、7. C08-03、8. C09-02、9. C10-01、10. C10-04、11. C12-02

标本04：硬陶，内为紫红色，外为青灰色，拍印小方格回纹，长7.1、宽5.7厘米（图66-10；图版四五，2）。

C12

标本01：硬陶，内为紫红色，外为青灰色，拍印复线回纹，长4.9、宽4.0厘米（图66-11；图版

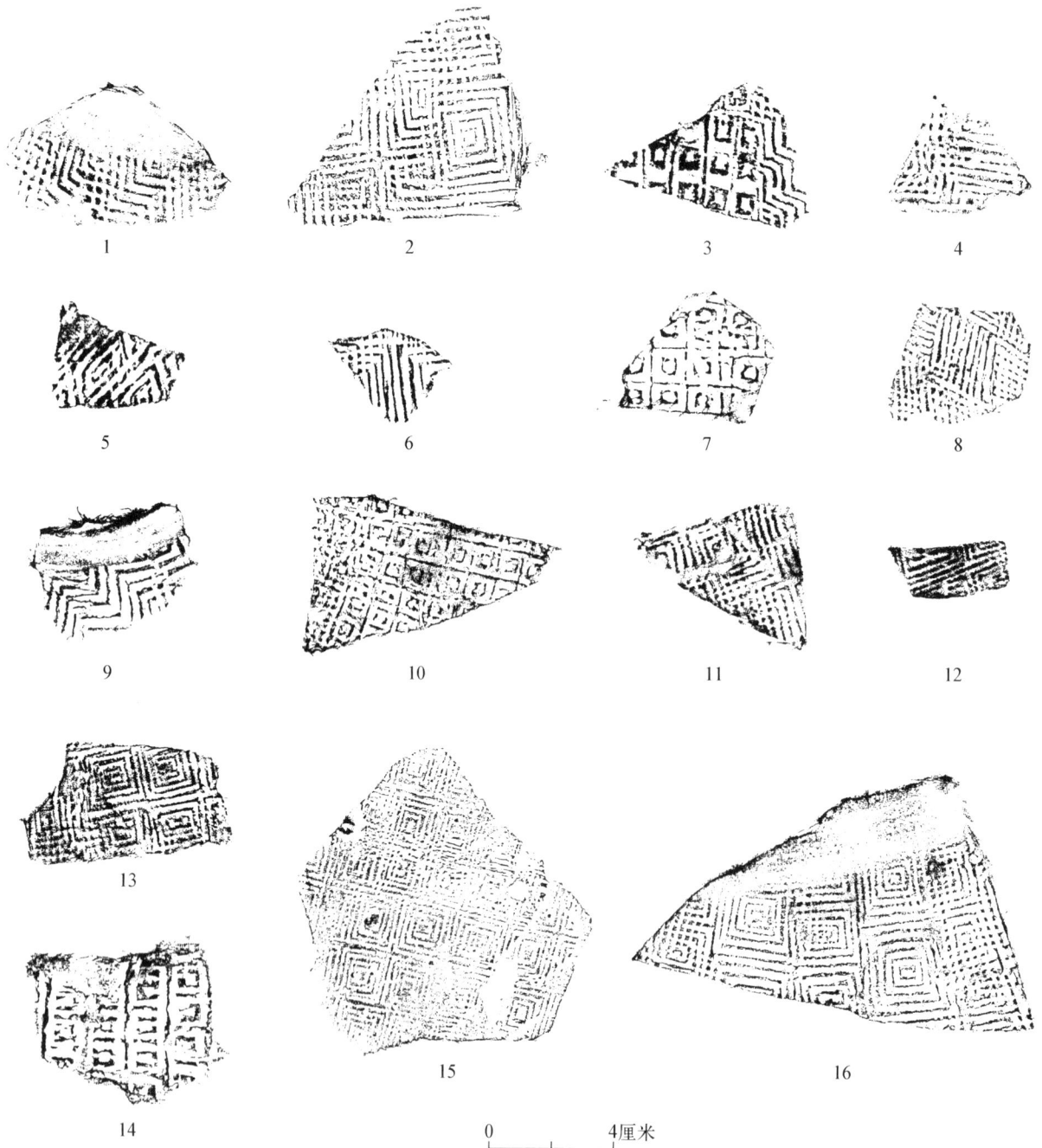

图66　店门林遗址采集遗物（四）

1. C07-02、2. C07-03、3. C08-01、4. C09-01、5. C10-02、6. C10-03、7. C11-01、8. C11-02、
9. C11-03、10. C11-04、11. C12-01、12. C13-01、13. C13-02、14. C14-02、15. C14-03、16. C14-04

四五,3)。

标本02：夹砂灰陶，领口或腰部，上部为素面，下部装饰有绳纹，长6.6、高4.3厘米（图65-11）。

C13

标本01：硬陶，内为砖红色，外为青灰色，拍印雷纹，长3.1、宽1.5厘米（图66-12；图版四五,4）。

标本02：硬陶，内为紫红色，外有黑色陶衣，拍印雷纹，长5.5、宽3.5厘米（图66-13；图版四五,5）。

标本03：夹砂红陶，表面装饰有绳纹，长3.4、宽3.2厘米（图67-1）。

C14

标本01：泥质红陶，鬲足，脚窝较深，实柱足，裆部较低，平底，无纹饰，高7.0、底径3.0厘米（图67-2）。

标本02：灰色硬陶，表面拍印方格回纹，长5.9、宽5.1厘米（图66-14；图版四五,6）。

标本03：硬陶，内为紫红色，外为深灰色，拍印细线雷纹，长8.0、宽6.3厘米（图66-15；图版四五,7）。

标本04：器肩，硬陶，内为紫红色，外为灰色，拍印大雷纹，长10.0、宽8.6厘米（图66-16；图版四五,8）。

P1：③

标本01：夹砂红陶，交错绳纹，长4.8、宽2.5厘米（图67-3）。

标本02：泥质红陶，装饰有交错绳纹，长7.5、宽3.3厘米（图67-4）。

标本03：夹砂红陶，装饰有较粗的交错绳纹，长5.5、宽4.8厘米（图67-5）。

P1：④

标本01：泥质红陶，口沿，侈口外撇，方唇，束颈，领下装饰有斜绳纹，领部素面无纹，长4.1、宽2.8厘米（图67-6）。

标本02：夹砂红陶，器表有纵向绳纹，长7.5、宽5.8厘米（图67-7）。

二号墩

C01

标本01：灰色硬陶，拍印交错线纹，长3.0、宽2.9厘米（图68-1）。

标本02：夹砂红陶，表面有绳纹痕迹，长2.6、宽1.9厘米（图67-8；图版四六,1）。

C02

标本01：硬陶，内为红褐色，外为深褐色，拍印方格纹，长3.1、宽2.8厘米（图68-2）。

C03

标本01：夹砂红陶，拍印复线回纹和三角斜线纹，保存较差，长5.5、宽3.1厘米（图67-9；图版四六,2）。

C04

标本01：红褐色硬陶，拍印复线回纹，长3.9、宽3.9厘米（图68-3）。

标本02：红褐色硬陶，拍印复线回纹，长5.0、宽2.8厘米（图68-4）。

标本03：灰色硬陶，拍印雷纹，长2.1、宽1.9厘米（图68-5）。

C05

标本01：灰色硬陶，拍印两联方格纹，长4.7、宽3.8厘米（图68-6）。

标本02：红色硬陶，拍印席纹，长4、宽3.8厘米（图68-7）。

C06

标本01：红色硬陶，拍印复线回纹，纹饰残损严重，长3.8、宽3.3厘米（图68-8）。

C07

标本01：灰色硬陶，拍印雷纹，长4.9、宽3.5厘米（图68-9）。

C08

标本01：硬陶，胎为紫色，表面为黑色，拍印席纹，长6.1、宽5.6厘米（图68-10；图版四六，3）。

标本02：硬陶，陶胎为紫色，表面为黑色，拍印雷纹，纹饰残缺严重，长3.9、宽2.1厘米（图68-11）。

C09

标本01：夹砂红陶，口沿，敞口，卷沿，圆尖唇，束颈，弧腹，腹部有绳纹，长4.5、宽2.9厘米（图

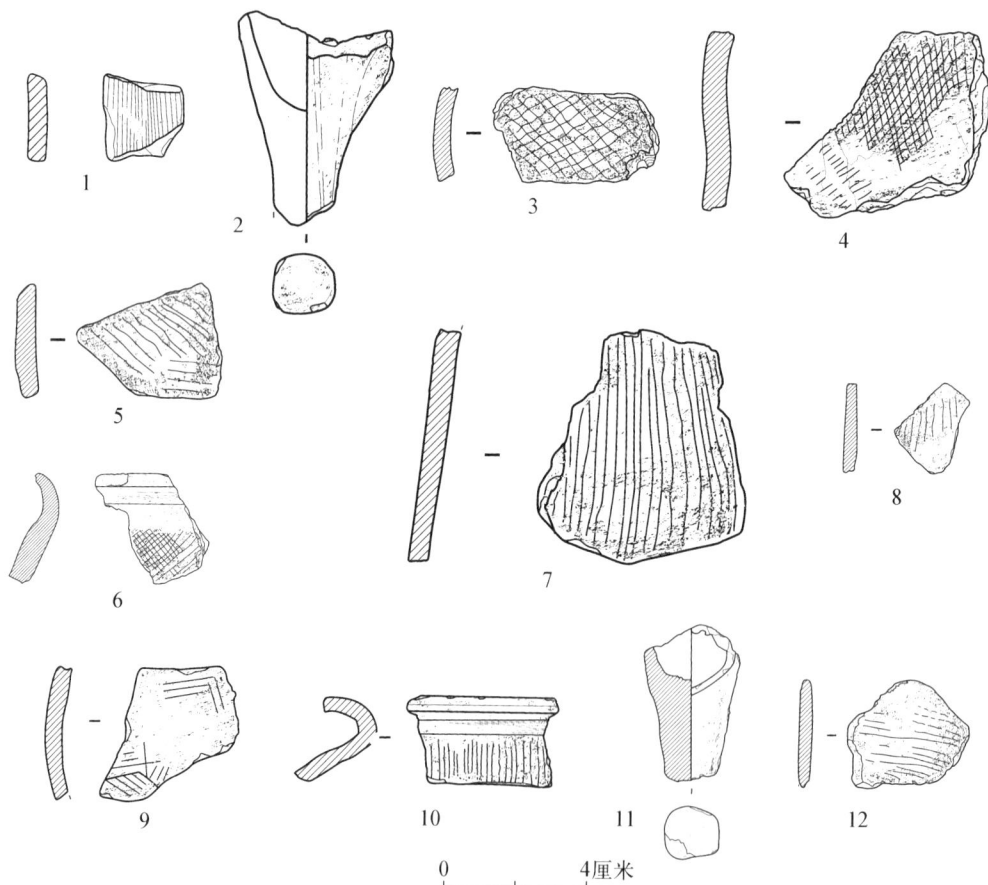

0　　　　　　4厘米

图67 店门林遗址采集遗物（五）

1. C13-03、2. C14-01、3. P1③-01、4. P1③-02、5. P1③-03、6. P1④-01、7. P1④-02（一号墩）；
8. C01-02、9. C03-01、10. C09-01、11. C11-01、12. C13-01（二号墩）

67-10；图版四六,4)。

标本02：赤红色硬陶,拍印复线回纹,内填X纹,长5.5、宽3.5厘米(图68-12)。

标本03：青灰色硬陶,拍印菱形纹,长2.1、宽2.3厘米(图68-13)。

C10

标本01：红褐色硬陶,拍印方格纹,长5.1、宽3.0厘米(图68-14)。

标本02：灰色硬陶,拍印雷纹,长7.4、宽4.4厘米(图68-15)。

C11

标本01：夹砂红陶,高足,近锥状实足,平底,足身及足底拍印绳纹,高4.8、底径2.0厘米(图67-11；图版四六,5)。

C12

标本01：深褐色硬陶,拍印复线回纹,纹饰残损严重,长2.8、宽2.3厘米(图68-16)。

C13

标本01：夹砂红陶,装饰有纵向绳纹,纹饰残损严重,有烟熏痕迹,长4.4、宽3.8厘米(图

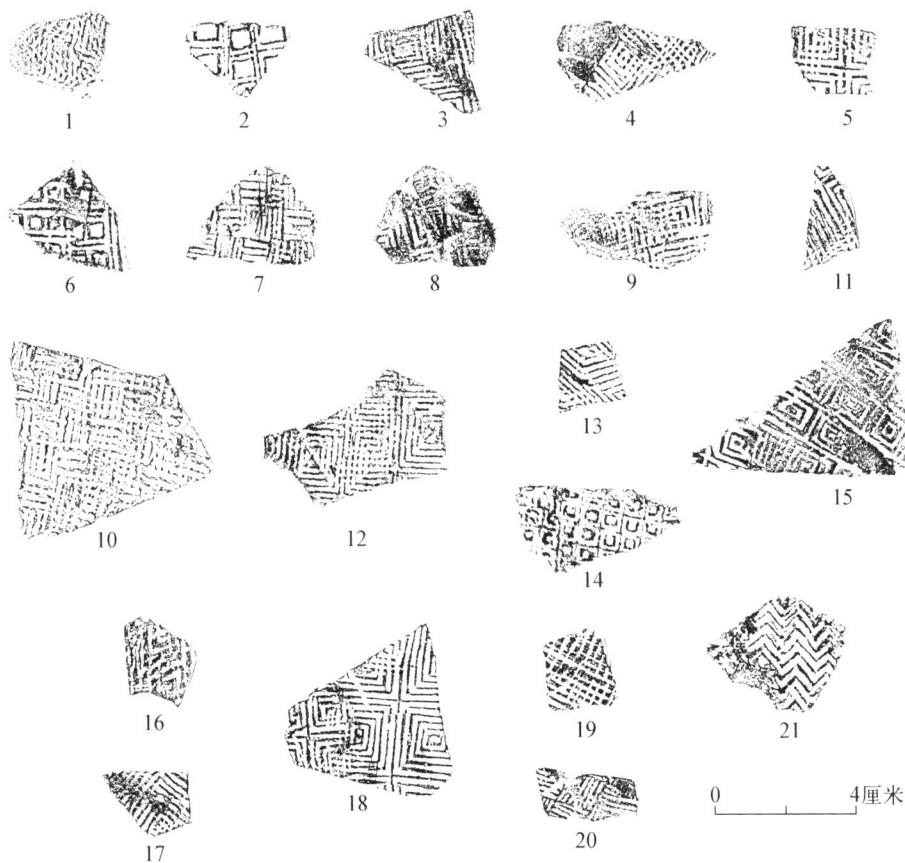

图68 店门林遗址采集遗物(六)

1. C01-01、2. C02-01、3. C04-01、4. C04-02、5. C04-03、6. C05-01、7. C05-02、8. C06-01、9. C07-01、10. C08-01、11. C08-02、12. C09-02、13. C09-03、14. C10-01、15. C10-02、16. C12-01、17. C14-02、18. C15-01、19. C16-01、20. C16-02、21. C17-01

67-12；图版四六,6）。

标本02：夹砂红陶,鬲足,表面装饰有纵向绳纹,长5.4、宽3.3厘米（图版四六,7）。

C14

标本01：夹砂灰陶,表面装饰有绳纹,长3.4、宽4厘米。

标本02：硬陶,内为深红色陶胎,外为灰色,拍印雷纹,纹饰残缺严重,长2.6、宽7厘米（图68-17）。

C15

标本01：灰色硬陶,拍印交错线纹,长5.4、宽5.1厘米（图68-18）。

C16

标本01：灰色硬陶,拍印复线回纹,长2.3、宽2.0厘米（图68-19）。

标本02：红褐色硬陶,拍印席纹,长3、宽1.2厘米（图68-20）。

C17

标本01：红褐色硬陶,拍印三角折线纹,长4.0、宽3.8厘米（图68-21）。

三号墩

C01

标本01：灰色硬陶,拍印方格回纹,长7.0、宽6.8厘米（图69-1）。

标本02：硬陶,内为紫红色,外为黑色,拍印雷纹,长4.2、宽2.1厘米（图69-2）。

标本03：硬陶,内为紫红色,外为青灰色,拍印雷纹,长4.0、宽2.0厘米（图69-3）。

C02

标本01：硬陶,内为紫红色,外为青灰色,长4.8、宽3.9厘米（图69-4）。

标本02：青灰色硬陶,拍印斜线菱形纹,长6.2、宽5.5厘米（图69-5；图版四六,8）。

C03

标本01：硬陶,内为砖红色陶胎,外为青灰色,拍印雷纹,纹饰残损严重,长3.7、宽2.1厘米（图69-6）。

C04

标本01：硬陶,内为砖红色,外为青灰色,拍印雷纹,长2.7、宽2.8厘米（图69-7）。

标本02：灰色硬陶,拍印三角折线纹,长4.2、宽3.5厘米（图69-8；图版四七,1）。

C05

标本01：夹砂红陶,鬲足,锥状实足,素面无纹,高4.0、足径1.8厘米（图70-1；图版四七,2）。

标本02：硬陶,内为紫红色,外为青灰色,拍印复线回纹,长3.5、宽2.3厘米（图69-9）。

标本03：硬陶,胎为砖红色,外为灰色,拍印雷纹,长4.2、宽3.8厘米（图69-10）。

标本04：灰色硬陶,拍印交错线纹,长4.5、宽4.0厘米（图69-11）。

C06

标本01：红色硬陶,拍印排列整齐的复线回纹,长5.8、宽5.8厘米（图69-12；图版四七,3）。

标本02：硬陶,陶胎为紫红色,表面为深灰色,拍印交错线纹,纹饰脱落四分之一,长4.9、宽

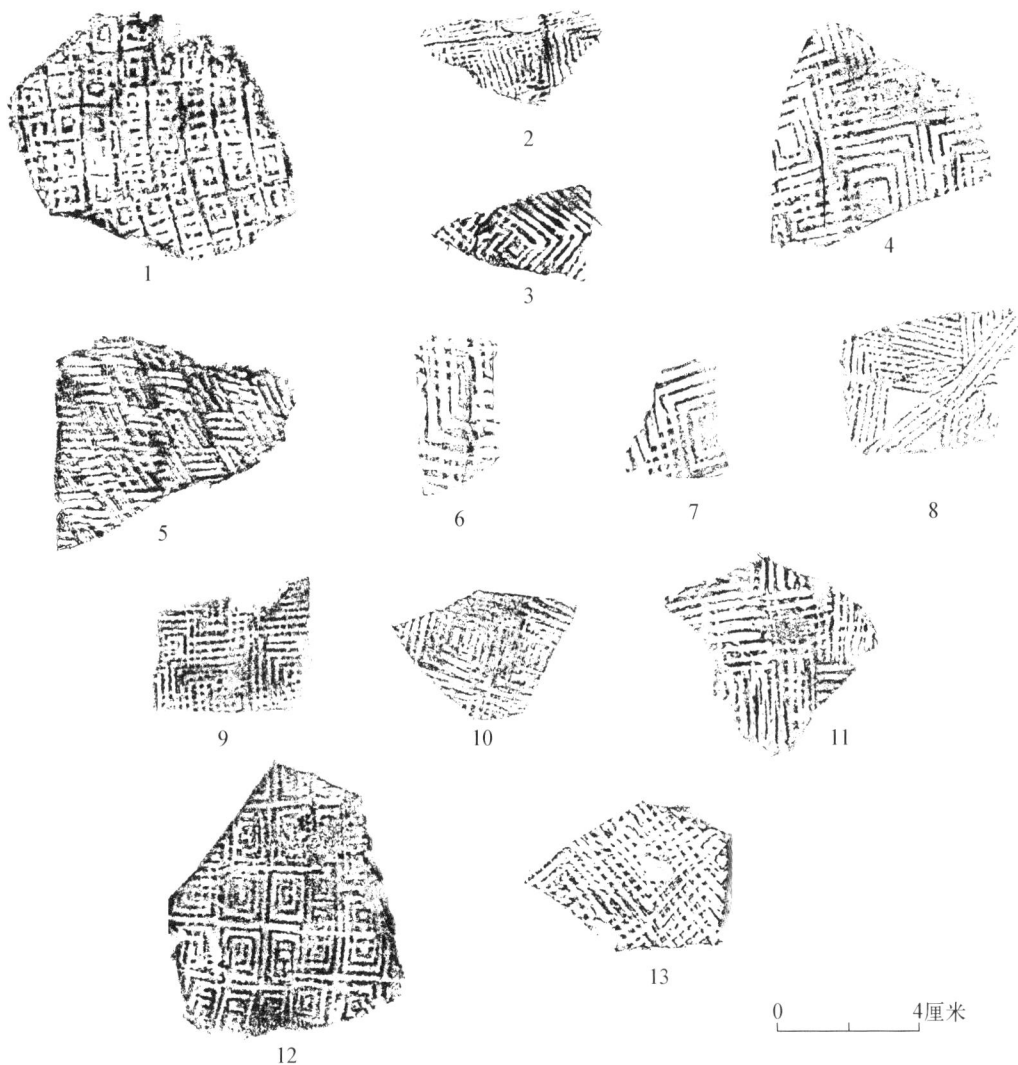

图 69　店门林遗址采集遗物（七）

1. C01-01、2. C01-02、3. C01-03、4. C02-01、5. C02-02、6. C03-01、
7. C04-01、8. C04-02、9. C05-02、10. C05-03、11. C05-04、12. C06-01、13. C06-02

3.5厘米（图69-13；图版四七,4）。

四号墩

C01

标本01：夹砂红陶,陶鬲袋足残片,素面无纹,长7.1、高5.0厘米（图70-2）。

C02

标本01：灰色硬陶,拍印雷纹,长3.3、宽2.8厘米（图71-1）。

标本02：灰色硬陶,拍印大型回纹,长4.4、宽4.0厘米（图71-2）。

C03

标本01：夹砂红陶,鬲足,实足,足根残缺,素面无纹,高4.5、底径2.8厘米（图70-3；图版四七,5)。

标本02:灰色硬陶,拍印大规格雷纹,长5.6、宽4.0厘米(图71-3)。

标本03:深灰色硬陶,拍印排列规整的雷纹,长6.5、宽5.5厘米(图71-6)。

C04

标本01:红色硬陶,拍印雷纹,长7.5、宽4.8厘米(图71-4)。

标本02:硬陶,胎为紫色,外为青灰色,拍印大方格雷纹,长8.5、宽6.5厘米(图71-5)。

C05

标本01:夹砂红陶,口沿,侈口外撇,窄沿尖唇,束颈,弧腹,腹部装饰有交错绳纹,长7.3、宽7.2厘米(图70-4)。

标本02:灰色硬陶,拍印方格纹,内填斜线纹,长3、宽2.8厘米(图71-7)。

标本03:深褐色硬陶,拍印复线回纹,长3.6、宽3.1厘米(图71-8)。

C06

标本01:泥质红陶,器领部,领部有三道粗弦纹,弦纹下有拍印的三角斜线纹,长6.0、宽3.0厘米(图70-5;图版四七,6)。

标本02:泥质红陶,装饰有斜绳纹,长4.5、宽3.1厘米(图70-6)。

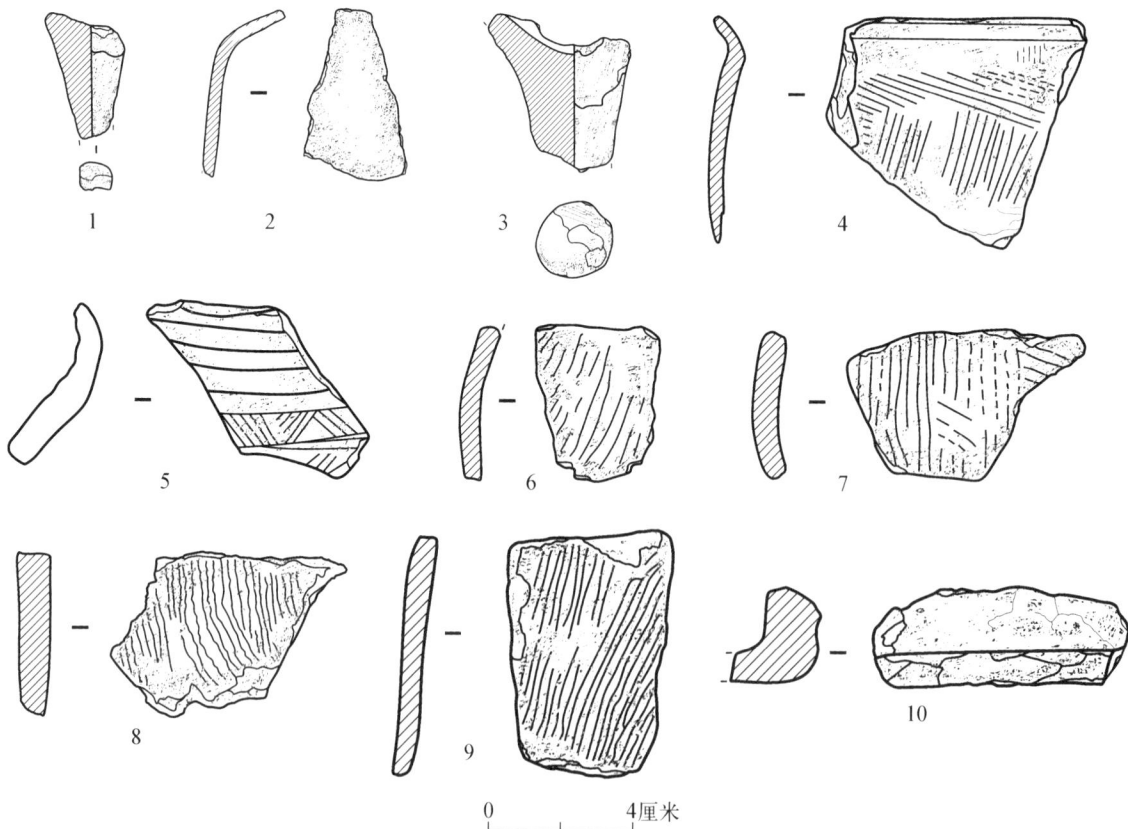

图70 店门林遗址采集遗物(八)

1. C05-01(三号墩); 2. C01-01、3. C03-01、4. C05-01、5. C06-01、6. C06-02、7. C06-03、8. C07-01、9. C07-02、10. C08-01

标本03：泥质红陶，装饰有交错绳纹，长6.8、宽3.8厘米（图70-7；图版四七，7）。

标本04：硬陶，内为紫色，外为青灰色，拍印复线回纹，长8.0、宽4.4厘米（图71-9）。

C07

标本01：夹砂灰黑陶，表面装饰有斜绳纹，有烟熏痕迹，长6.5、宽4.5厘米（图70-8；图版四七，8）。

标本02：夹砂红陶，拍印复线回纹，长6.2、宽3.8厘米（图70-9）。

C08

标本01：夹砂红陶，口沿或甗腰，呈半环形，长6.4、宽3.3厘米（图70-10）。

C09

标本01：深灰色硬陶，拍印雷纹，纹饰残缺较甚，长4.6、宽2.3厘米（图71-10）。

图71　店门林遗址采集遗物（九）

1. C02-01、2. C02-02、3. C03-02、4. C04-01、5. C04-02、6. C03-03、
7. C05-02、8. C05-03、9. C06-04、10. C09-01、11. C10-01、12. C10-02

C10

标本01：灰色硬陶，拍印长方形雷纹，长3.4、宽3.0厘米（图71-11）。

标本02：硬陶，胎为紫色，外为深褐色，拍印雷纹，长5.8、宽5.0厘米（图71-12）。

二、店门林南遗址

1. 遗址概况（191230NGDN）

遗址位于工山镇店门林村南200米，地势平坦开阔，平面呈不规则形，依据地形推测遗址面积约4 700平方米。遗物分布较广，均为陶片，散落面积约700平方米。遗址中部的沟渠断面可见文化层，且夹杂有少量陶片。该遗址与店门林遗址相距300米，二者应属于同一大型聚落的不同组成部分（图版一七，2）。

2. 聚落

遗址含周代聚落一处，设采集区7个，面积700平方米（图72）。

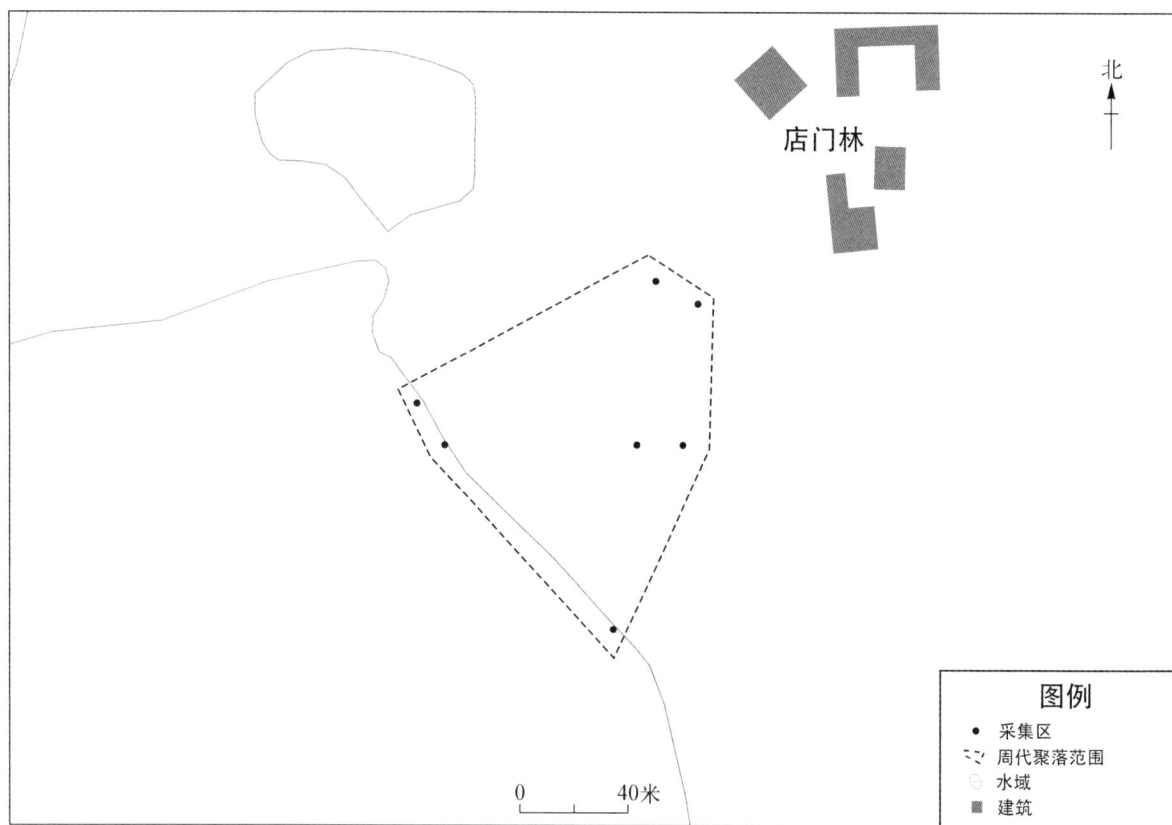

图72　店门林南遗址聚落分布图

3. 遗物

遗物较为丰富，均为泥质硬陶，纹饰多样，包括复线回纹、雷纹、斜席纹以及交错线纹。

C01

标本01：硬陶，纹饰为拍印的复线回纹，内填田字纹，长5.4、宽3.5厘米（图73-1）。

C02

标本01：硬陶，拍印复线雷纹，长3.3、宽3.0厘米（图73-2）。

C03

标本01：硬陶，纹饰为复线回纹，长4.3、宽3.1厘米（图73-3）。

标本02：硬陶，纹饰为规整的方格复线回纹，长4.4、宽4.0厘米（图73-4）。

C04

标本01：硬陶，拍印交错的复线回纹，长4.8、宽4.2厘米（图73-5）。

C05

标本01：硬陶，拍印规整的方形的雷纹，长6.5、宽4.5厘米（图73-6）。

标本02：硬陶，拍印有规整的方格复线回纹，长6.6、宽5.4厘米（图73-7）。

标本03（原编号为02）：硬陶，拍印有斜线席纹，长4.5、宽4厘米（图73-8）。

C06

标本01：硬陶，纹饰为交错线纹，不甚清晰，长4.9、宽3厘米（图73-9）。

C07

标本01：硬陶，纹饰为拍印的复线交错回纹，长7.0、宽3.9厘米（图73-10）。

标本02：硬陶，纹饰为拍印的复线交错线纹，长5.7、宽3.5厘米（图73-11）。

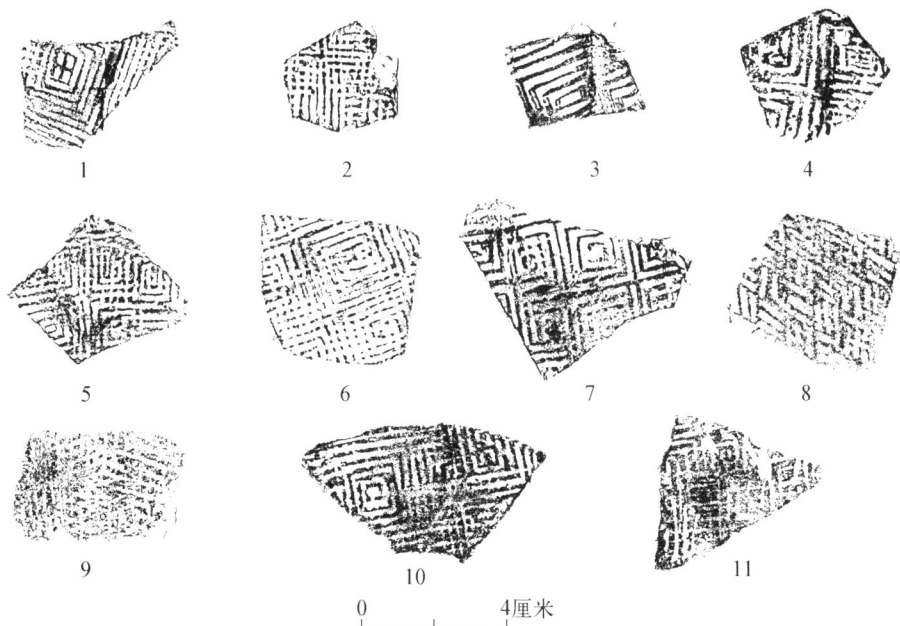

图73 店门林南遗址采集遗物

1. C01-01、2. C02-01、3. C03-01、4. C03-02、5. C04-01、6. C05-01、7. C05-02、8. C05-03、9. C06-01、10. C07-01、11.C07-02

三、芦塘遗址

1. 遗址概况（191230NGL）

遗址位于工山镇回龙墩村东200米，地势平坦。因开挖水塘，遗址严重破坏，遗物只分布在水塘的西侧岸坡，散落面积约1 000平方米，均为陶片（图版一八，1）。该遗址与回龙墩遗址距离相近，二者应存在一定关联。

2. 聚落

遗址含周代聚落一处，设采集区10个，面积1 000平方米（图74）。

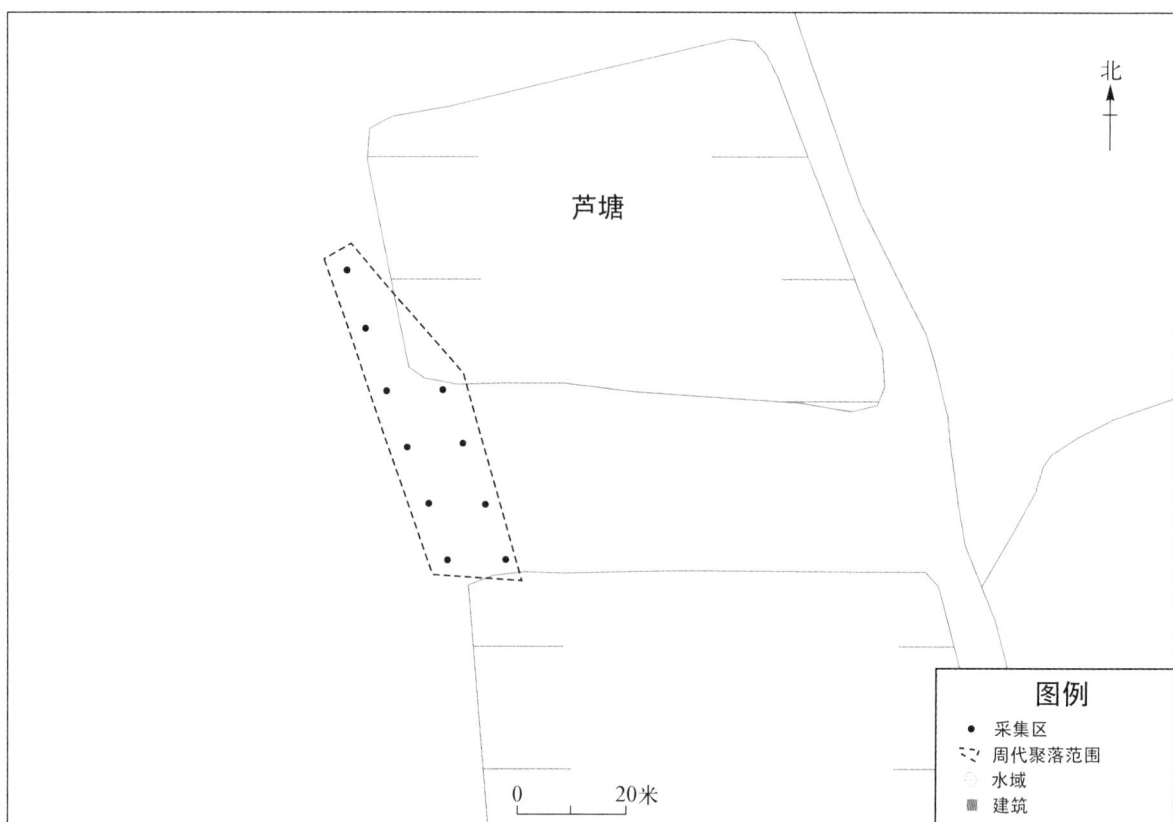

图74 芦塘遗址聚落分布图

3. 遗物

遗物均为泥质硬陶，纹饰种类丰富，包括复线回纹、交错回纹、复线雷纹、斜席纹、"日"字纹等。

C01

标本01：硬陶，纹饰为拍印的复线回纹，内填X纹，长5.0、宽4.8厘米（图75-1）。

标本02：硬陶，拍印复线回纹，长6.8、宽3.0厘米（图75-2）。

C02

标本01：硬陶，纹饰为拍印的交错复线回纹，长10.4、宽6.1厘米（图75-3）。

标本02：硬陶，纹饰为拍印的复线回纹，长4.0、宽3.0厘米（图75-4）。

C03

标本01：硬陶，纹饰为拍印的复线回纹，长5.1、宽3.2厘米（图75-5）。

标本02：硬陶，纹饰为拍印的席纹，长10.0、宽4.0厘米（图75-6）。

C04

标本01：硬陶，纹饰为拍印的复线回纹，内填"日"字纹，长4.0、宽3.7厘米（图75-7）。

C05

标本01：硬陶，拍印交错复线雷纹，长8.0、宽6.1厘米（图75-8）。

标本02：硬陶，纹饰为拍印的复线回纹，长6.5、宽5.9厘米（图75-9）。

标本03：硬陶，纹饰为拍印的复线回纹，长5.5、宽4.4厘米（图75-10）。

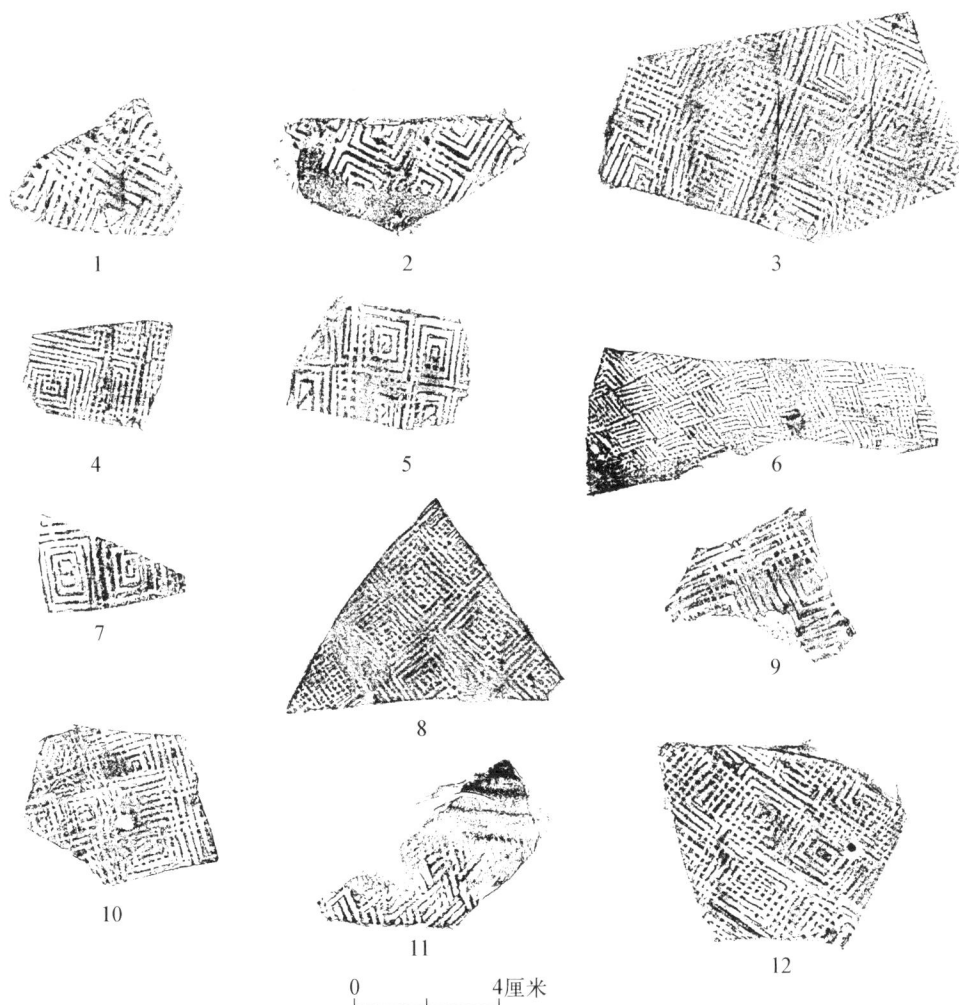

0　　　　4厘米

图75　芦塘遗址采集遗物

1. C01-01、2. C01-02、3. C02-01、4. C02-02、5. C03-01、6. C03-02、7. C04-01、8. C05-01、9. C05-02、
10. C05-03、11. C06-01、12. C06-02

C06

标本01：硬陶，器物肩部，颈部装饰弦纹数道，肩部拍印斜席纹，长6.4、宽2.5厘米（图75-11）。

标本02：硬陶，纹饰为拍印的交错复线回纹，长7.2、宽7.0厘米（图75-12；图版四八，1）。

C07

标本01：硬陶，纹饰为拍印的复线回纹，长3.3、宽3.2厘米（图76-1）。

标本02：硬陶，拍印交错的复线回纹，长6.5、宽4.5厘米（图76-2；图版四八，2）。

标本03：硬陶，纹饰为拍印的复线回纹，长4.5、宽4.0厘米（图76-3；图版四八，3）。

C08

标本01：硬陶，纹饰为拍印的交错复线回纹，长7.5、宽4.5厘米（图76-4）。

标本02：硬陶，拍印复线折线纹，长5.0、宽3.4厘米（图76-5）。

标本03：硬陶，纹饰为拍印的复线雷纹，长3.9、宽3.1厘米（图76-6）。

标本04：硬陶，纹饰为拍印的复线回纹，内填"日"字纹，长4.2、宽3.6厘米（图76-7）。

C09

标本01：硬陶，纹饰为拍印的复线折线纹，长3.5、宽3.4厘米（图76-8）。

标本02：硬陶，纹饰为拍印的交错复线回纹，长4.2、宽3.0厘米（图76-9）。

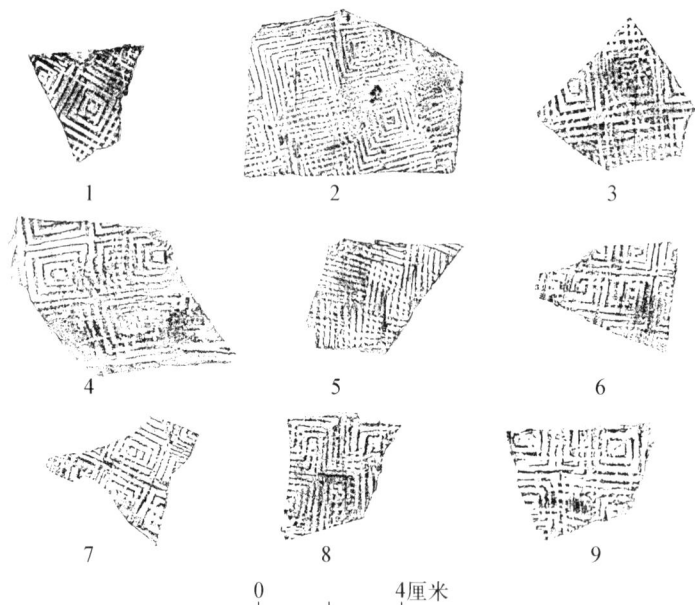

图76　芦塘遗址采集遗物

1. C07-01、2. C07-02、3. C07-03、4. C08-01、5. C08-02、6. C08-03、7. C08-04、8. C09-01、9. C09-02

四、回龙墩遗址

1. 遗址概况（191230NGH）

遗址位于工山镇回龙墩村，平面呈不规则墩型，推测遗址面积12 000平方米，遗物分布范围约800平方米,均为陶片,集中分布在遗址的西北和东南两侧。遗址中部因现代房屋占压,破坏严重,未见遗物及文化层(图版一八,2)。

2. 聚落

遗址含周代聚落一处,遗物分布在8个采集区内,面积800平方米(图77)。

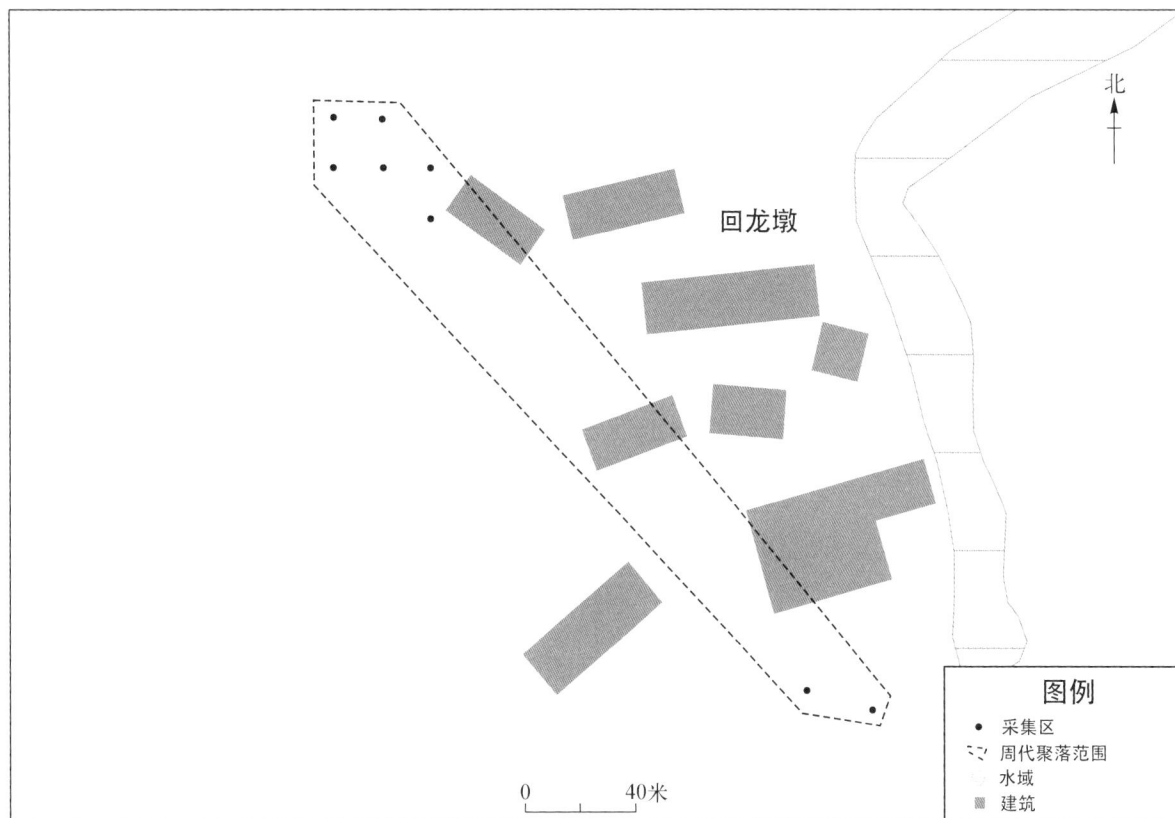

图77 回龙墩遗址聚落分布图

3. 遗物

遗物数量丰富,均为泥质硬陶,纹饰较为多样,包括复线折线纹、交错线纹、雷纹、席纹、三角折线纹以及弦纹等。

C01

标本01:硬陶,纹饰为拍印的复线交错回纹,长6.8、宽5.6厘米(图79-1)。

标本02:硬陶,纹饰为拍印的复线折线纹,长2.5、宽2.0厘米(图79-2)。

标本03:硬陶,纹饰为拍印的雷纹,长3.1、宽1.6厘米(图79-3)。

C02

标本01:硬陶,纹饰为交错线纹,长2.6、宽1.8厘米(图79-4)。

C03

标本01:硬陶,拍印复线回纹,长5.0、宽2.8厘米(图79-5)。

标本02：硬陶，装饰有交错的复线回纹，长4.1、宽2.6厘米（图79-6）。

C04

标本01：硬陶，纹饰为规整的复线回纹，长2.5、宽2.0厘米（图79-7）。

标本02：硬陶，纹饰为拍印的复线回纹，部分回纹内填X纹，长4.2、宽3.8厘米（图79-8）。

C05

标本01：硬陶，纹饰为复线回纹，部分纹饰内填X纹，长2.8、宽2.5厘米（图79-9）。

C06

标本01：硬陶，表面拍印规整的复线方格回纹，长6.9、宽5.5厘米（图79-10）。

标本02：硬陶，纹饰为拍印的席纹，长4.3、宽3.6厘米（图79-11）。

标本03：硬陶，纹饰为拍印的复线交错回纹，长4.5、宽2.3厘米（图79-12）。

标本04：硬陶，纹饰为拍印的席纹，长3.0、宽2.0厘米（图79-13）。

C07

标本01：硬陶，纹饰为拍印的复线回纹，长4.6、宽2.3厘米（图79-14）。

标本02：硬陶，纹饰为小方格纹，部分方格纹中内填折线三角纹，长3.5、宽2.3厘米（图79-15）。

标本03：硬陶，纹饰为拍印的席纹，长4.2、宽3.4厘米（图79-16）。

标本04：硬陶，器肩位置，装饰有弦纹两道，长3.3、宽2.5厘米（图79-17）。

C08

标本01：硬陶，纹饰为席纹，长5.5、宽3.8厘米（图79-18）。

五、回龙墩东遗址

1. 遗址概况（191230NGHD）

遗址位于工山镇回龙墩村东部130米处，因长期耕种，遗址整体破坏严重，地表微凸，呈不规则的矮墩型，依据地形推测遗址面积2 000平方米，遗物分布在300平方米的范围内，均为陶片（图版一九，1）。

2. 聚落

遗址含周代聚落一处，共设采集区3个，面积300平方米（图78）。

3. 遗物

遗物数量较少，均为泥质硬陶，纹饰包括复线三角折线纹、交错折线纹、复线方格纹以及复线雷纹等。

C01

标本01：硬陶，纹饰为拍印的复线三角折线纹，并辅多道弦纹，长3.6、宽3.3厘米（图79-19）。

标本02；硬陶，纹饰为拍印的复线交错线纹，长3.1、宽1.2厘米（图79-20）。

C02

标本01：硬陶，纹饰为拍印的复线方格纹，纹饰不甚清晰，长3.2、宽1.8厘米（图79-21）。

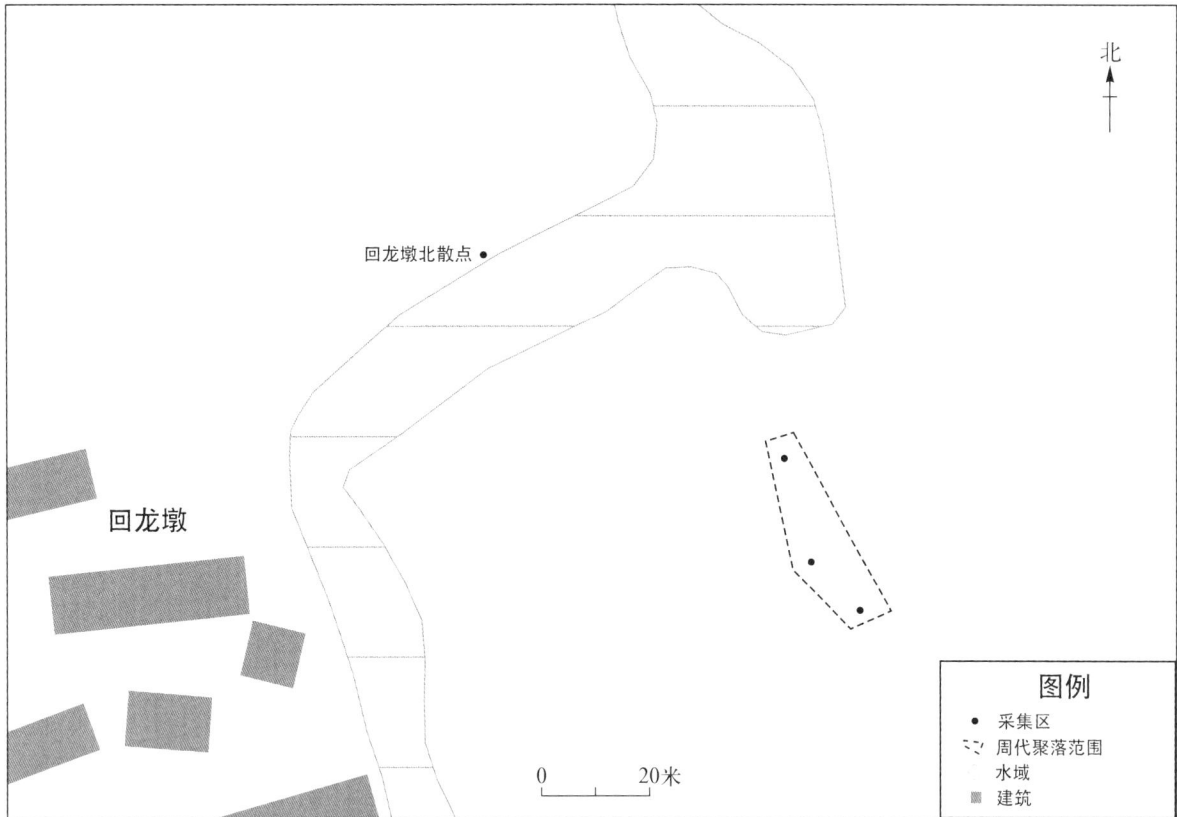

图78 回龙墩东遗址聚落分布图

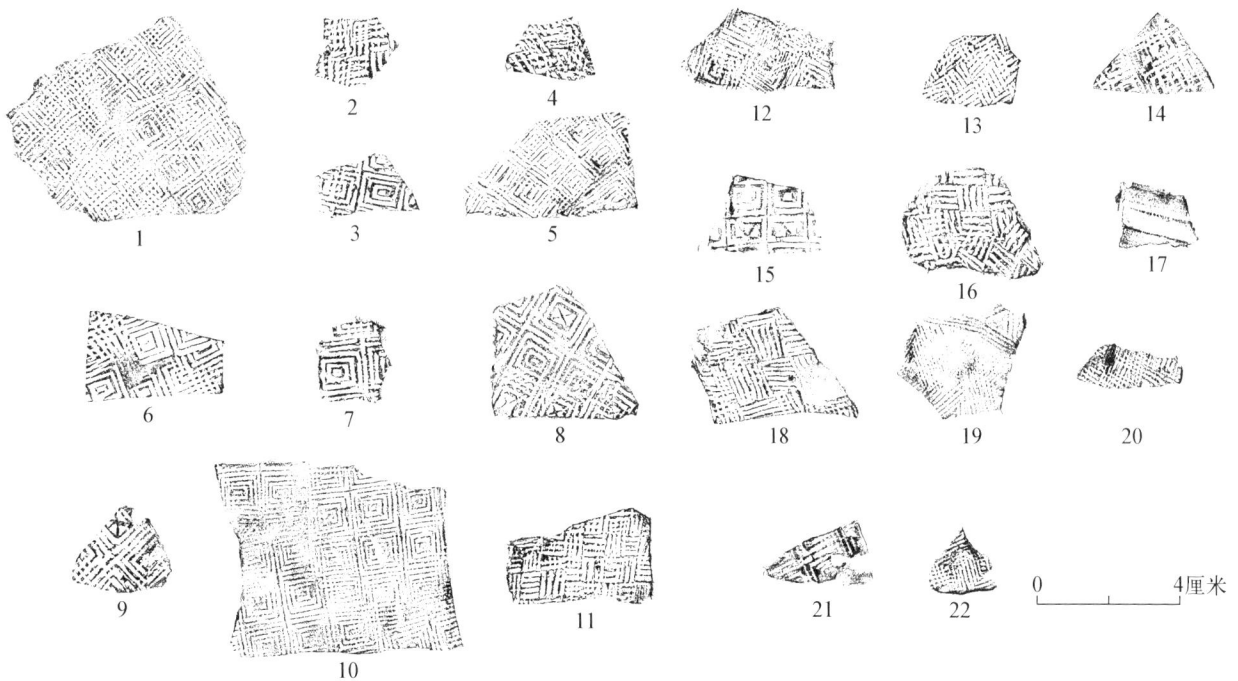

图79 回龙墩、回龙墩东遗址采集遗物

1. C0-01、2. C01-02、3. C01-03、4. C02-01、5. C03-01、6. C03-02、7. C04-01、8. C04-02、9. C05-01、10. C06-01、11. C06-02、
12. C06-03、13. C06-04、14. C07-01、15. C07-02、16. C07-03、17. C07-04、18. C08-01(回龙墩遗址);
19. C01-01、20. C01-02、21. C02-01、22. C03-01(回龙墩东遗址)

C03

标本01：硬陶，纹饰为拍印的复线雷纹，内填"日"字纹，长2.0、宽1.8厘米（图79-22）。

六、南村遗址

1. 遗址概况（200101NGN）

遗址位于工山镇南村南250米，地处后港河东岸的二级台地边缘，为平地型聚落遗址，平面呈不规则形，根据地形推测遗址面积约8000平方米。遗物集中于遗址的南北两侧，均为陶片，分布范围400平方米。

2. 聚落

遗址含周代聚落一处，设有采集区4个，面积400平方米（图80）。

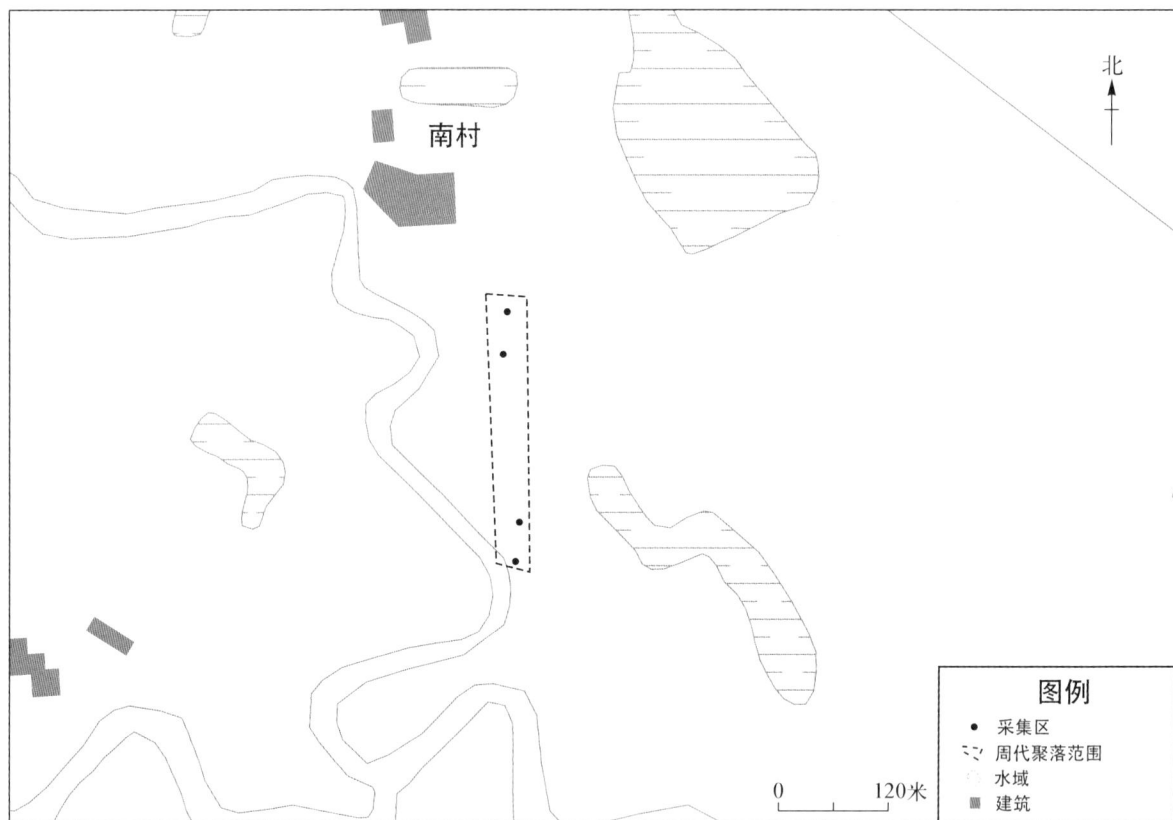

图80 南村遗址聚落分布图

3. 遗物

遗物以泥质硬陶为主，另有少量泥质灰陶，器形均不可识。

C01

标本01：泥质灰陶，器表拍印复线回纹，长7.8、宽6.0厘米（图82-1）。

标本02：硬陶，器表拍印多道弦纹及斜线纹，长3.5、宽2.2厘米（图82-2）。

C02

标本01：硬陶，纹饰为菱格形斜席纹，长3.6、宽2.6厘米（图82-3）。

C03

标本01：硬陶，器表拍印斜复线回纹，长4.0、宽3.6厘米（图82-4）。

C04

标本01：硬陶，纹饰为大菱格纹，内填多道线纹，长2.8、宽2.6厘米（图82-5）。

标本02：硬陶，拍印复线回纹，长3.2、宽2.0厘米（图82-6）。

七、姚家村遗址

1. 遗址概况（200101NGY）

遗址位于工山镇姚家村东部，东临后港河，为一处不规则的墩型聚落，根据地形推测遗址面积2 800平方米。遗物均为陶片，散布在墩顶及旁边的旱地，分布面积500平方米。

2. 聚落

遗址含周代聚落一处，共设采集区5个，面积500平方米（图81）。

3. 遗物

遗物多为泥质硬陶，纹饰包括席纹、复线回纹、小方格纹及雷纹等，另有1件夹砂红陶鬲足。

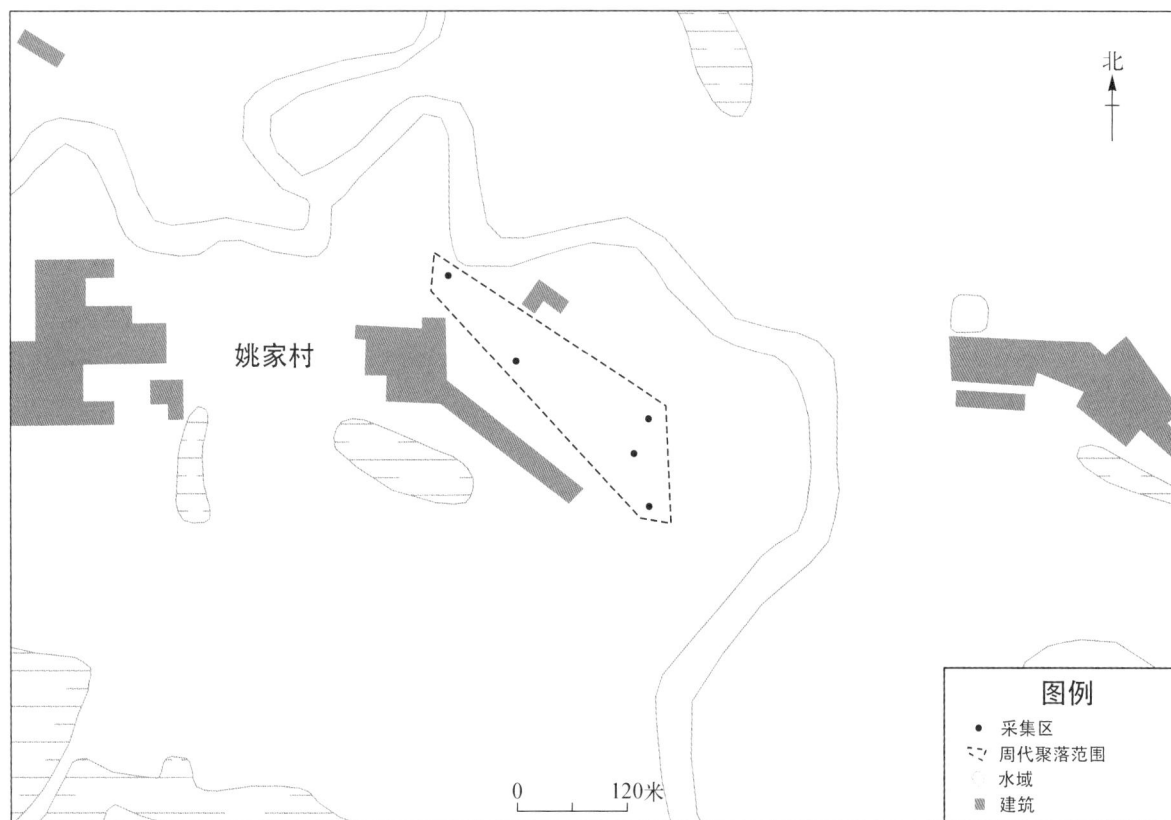

图81　姚家村遗址聚落分布图

C01

标本01：硬陶，器表拍印席纹，长6.1、宽4.1厘米（图82-7）。

C02

标本01：硬陶，器表拍印复线回纹，长4.0、宽3.1厘米（图82-8）。

标本02：硬陶，器表拍印规整的小方格纹，宽9.0、宽6.0厘米（图82-9）。

C03

标本01：夹砂红陶，鬲足，呈细长柱状，无纹饰，底部近平，高8.9、直径4.5厘米（图82-15）。

标本02：硬陶，器肩部分，近口沿处为一周素面，肩部拍印有复线雷纹，长6.0、宽6.3厘米（图82-10）。

C04

标本01：硬陶，拍印数道斜线纹，长3.5、宽2.0厘米（图82-11）。

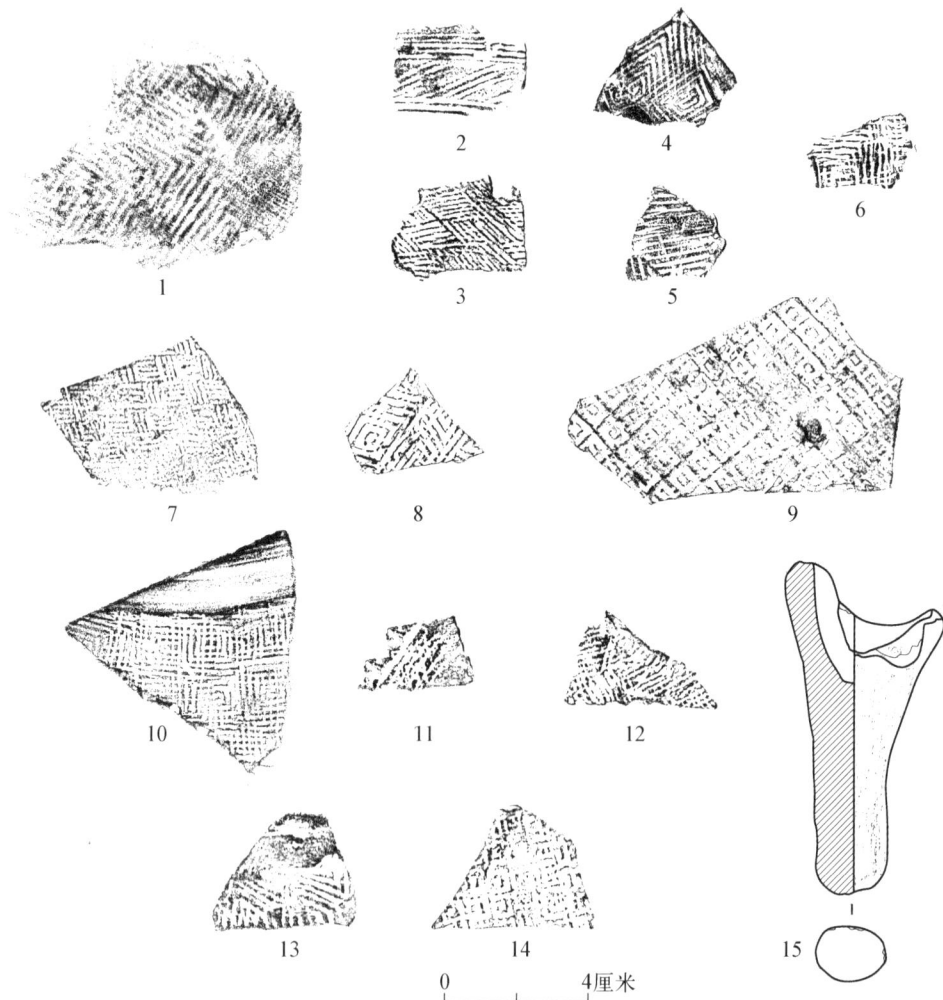

图82　南村、姚家村遗址采集遗物

1. C01-01、2. C01-02、3. C02-01、4. C03-01、5. C04-01、6. C04-02（南村遗址）；

7. C01-01、8. C02-01、9. C02-02、10. C03-02、11. C04-01、12. C05-01、13. C06-01、14. C06-02、15. C03-01（姚家村遗址）

C05

标本01：硬陶，拍印复线雷纹，长4.0、宽3.5厘米（图82-12）。

C06

标本01：硬陶，拍印复线回纹，纹饰较浅，长4.1、宽3.0厘米（图82-13）。

标本02：硬陶，器表拍印规整的双线方格纹，长4.2、宽3.8厘米（图82-14）。

八、下屋沈遗址

1. 遗址概况（200101NGX）

遗址位于工山镇下屋沈村西北250米处，南临后港河，家黄公路从北部穿过，地表未见起伏，根据地形推测遗址面积3500平方米。遗物数量较少，均为陶片，呈东北—西南线状分布，面积约300平方米。

2. 聚落

遗址含周代聚落一处，遗物分布在3个采集区内，面积300平方米（图83）。

3. 遗物

遗物数量较少，均为泥质硬陶，纹饰包括交错线纹和雷纹。

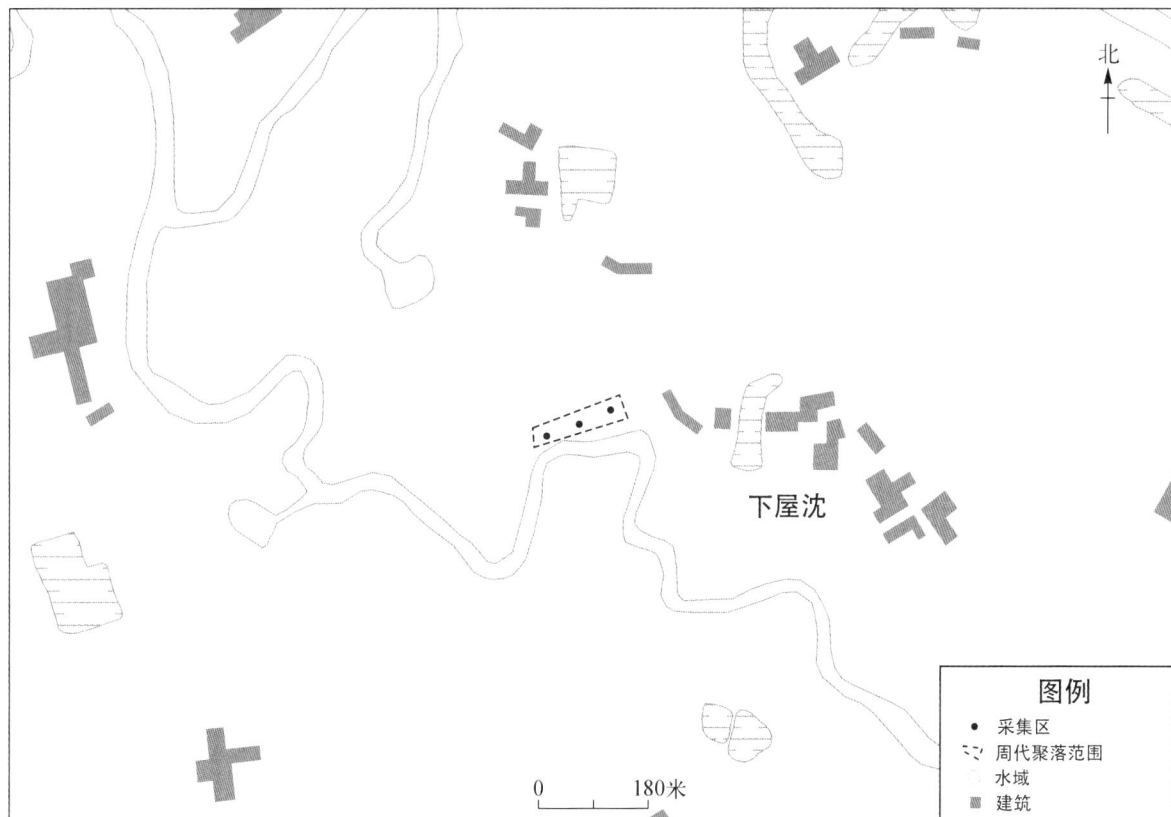

图83 下屋沈遗址聚落分布图

C01

标本01：硬陶，拍印交错线纹，长3.6、宽2.8厘米（图84-1）。

C02

标本01：硬陶，拍印交错雷纹，长7.2、宽4.0厘米（图84-2）。

C03

标本01：硬陶，拍印交错雷纹，长2.1、宽2.0厘米（图84-3）。

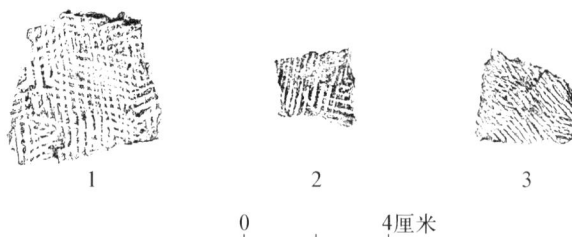

0   4厘米

图84 下屋沈遗址采集遗物

1. C01-01、2. C02-01、3. C03-01

九、何家冲遗址

1. 遗址概况（201206NGH）

遗址位于工山镇何家冲村东50米处，为一处岗地遗址，东距樱桃山100米，南侧为水田，西侧为何家冲村，北侧靠近460省道。遗物分布于两岗之间的冲谷中。采集遗物丰富，绝大多数为陶片，在遗址北部靠近公路的地方发现少量炉渣（图版一九，2）。

在遗址中部C03内的坡地发现剖面P1，堆积叠压关系如下（图85）：

第①层：灰褐色粉砂土，质地疏松，厚约27厘米，包含植物根系；

第②层：灰色泛白黏土，较为致密，厚约20厘米，包含炭灰；

第③层：灰色黏土，较为致密，厚约10厘米，包含陶片；

第④层：黄褐色黏土，质地紧密，厚约7厘米，无包含物；

第⑤层：灰色黏土，质地紧密，厚约9厘米，包含石块；

第⑥层：黄褐色黏土，质地紧密，厚约10厘米，无包含物。

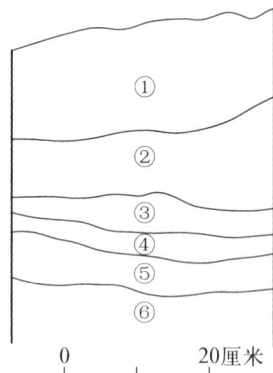

0   20厘米

图85 何家冲遗址剖面图

2. 聚落

遗址含周代聚落一处，设有采集区5个，其中有炼渣的采集区2个。遗物分布面积500平方米。根据遗物分布范围及地形推测遗址面积约9 000平方米。通过向村民咨询得知，此处炼渣较为丰富，由于修路和农田耕种，导致炼渣流失较多，推测应是一处具有冶炼功能的周代聚落（图86）。

3. 遗物

遗物有陶片、炼渣两类。陶片大部分为泥质陶，以紫褐色和红色为主，由于多数陶片残损较

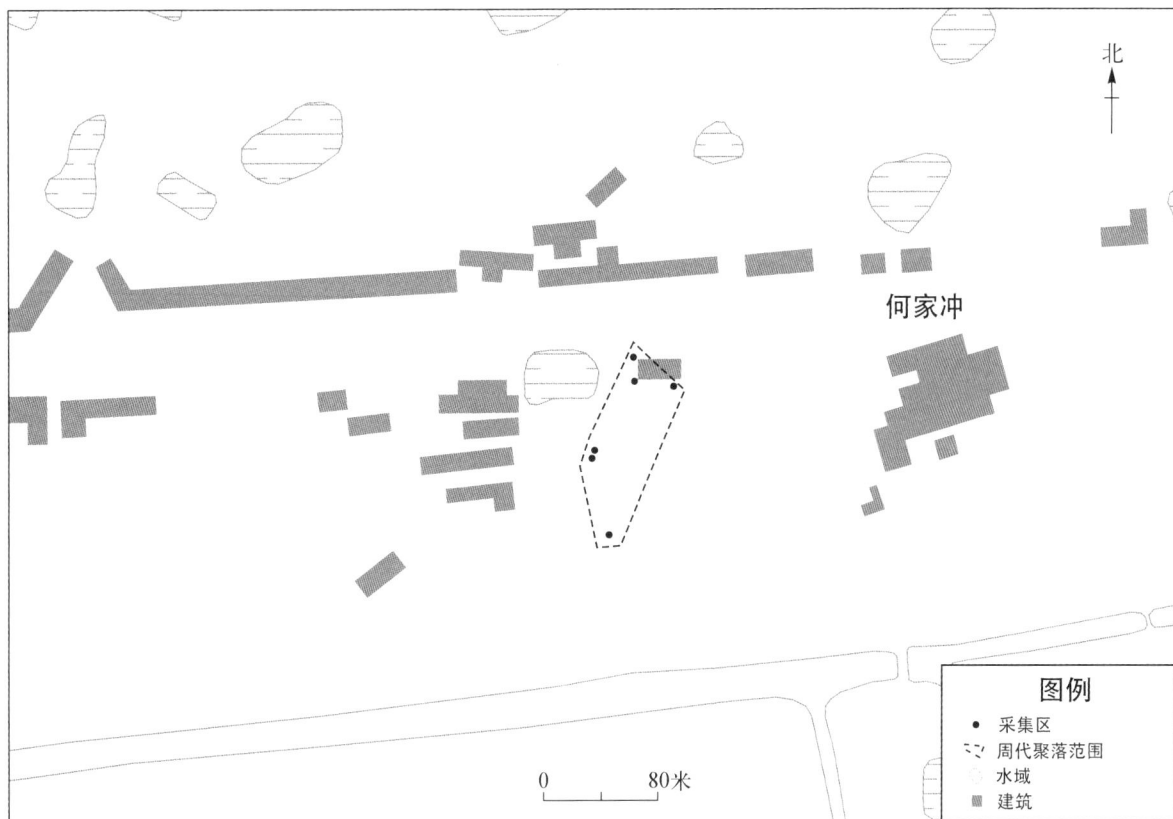

图86 何家冲遗址聚落分布图

甚,可辨器形较少。

该遗址炉渣位于靠近公路的水塘附近,数量较多,呈黑褐色块状、条状,均较小,长3—7、宽约3厘米,部分表面附着有红棕色锈蚀物,部分炉渣断口平整,质密。

C01

标本01:呈黑褐色块状,表面附着有红棕色锈蚀物,有孔洞,质地较密(图版六〇,1)。

标本02:呈红褐色块状,表面附着有红棕色锈蚀物,断口处平整,质密(图版六〇,2)。

C03

标本01:印纹硬陶,泥质灰陶,紫褐色胎,填线回纹,高5.9、宽6.0厘米(图87-4)。

标本02:印纹硬陶,泥质红陶,红胎,复线回纹,高7.2、宽7.0厘米(图87-5)。

标本03:印纹硬陶,泥质灰陶,紫褐色胎,席纹,高5.2、宽6.0厘米(图87-6)。

标本04:印纹硬陶,泥质红陶,红胎,篮纹,高2.6、宽5.0厘米(图87-7、9)。

标本05:印纹硬陶,泥质灰陶,紫褐色胎,填线回纹,高3.0、宽5.0厘米(图87-8)。

标本06:印纹硬陶,泥质红陶,红胎,口沿残缺,上腹部有纵向绳纹,高3.8、宽4.0厘米(图87-10)。

标本07:印纹硬陶,泥质红陶,红胎,绳纹,高3.1、宽6.0厘米。

标本08:夹砂红陶,红胎,素面,背面黑色,高34.1、宽6.0厘米(图87-11)。

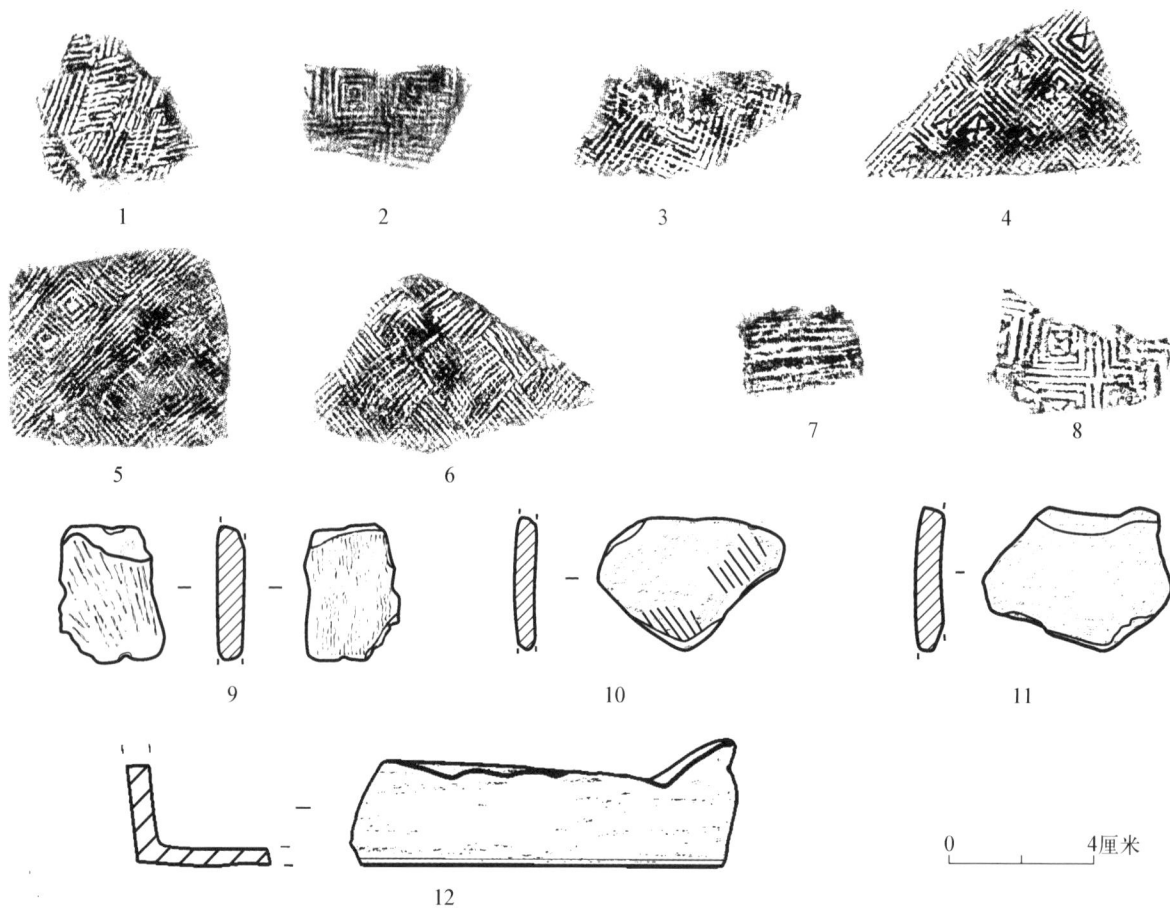

图87 何家冲遗址采集遗物

1. C04-01、2. C05-01、3. C05-02、4. C03-01、5. C03-02、6. C03-03、7. C03-04、8. C03-05、9. C03-04、
10. C03-06、11. C03-08、12. C03-10

标本10：器底，夹砂灰陶，红胎，器底，底部有绳纹，高4.4、长13.4厘米（图87-12）。
C04
标本01：印纹硬陶，泥质灰陶，紫褐色胎，复线菱形纹，高4.8、宽8.0厘米（图87-1）。
C05
标本01：印纹硬陶，泥质灰陶，紫褐色胎，复线回纹，高1.9、宽6.0厘米（图87-2）。
标本02：印纹硬陶，泥质灰陶，紫褐色胎，席纹，高3.1、宽7.0厘米（图87-3）。

十、塔里遗址

1. 遗址概况（201209NGT）

遗址位于工山镇大工村塔里组50米，为一处山前岗地遗址，西南距大工村约130米，中间为水田，东北部是一小山坡。遗物主要分布于岗地间的菜垄里，遗物丰富。遗址现为水田、旱地，呈不规则形。

2. 聚落

遗址含周代聚落一处,设有5个采集区,其中有炼渣的采集区3个,遗物分布面积500平方米。根据遗物分布范围及地形推测遗址面积约4 000平方米(图88)。

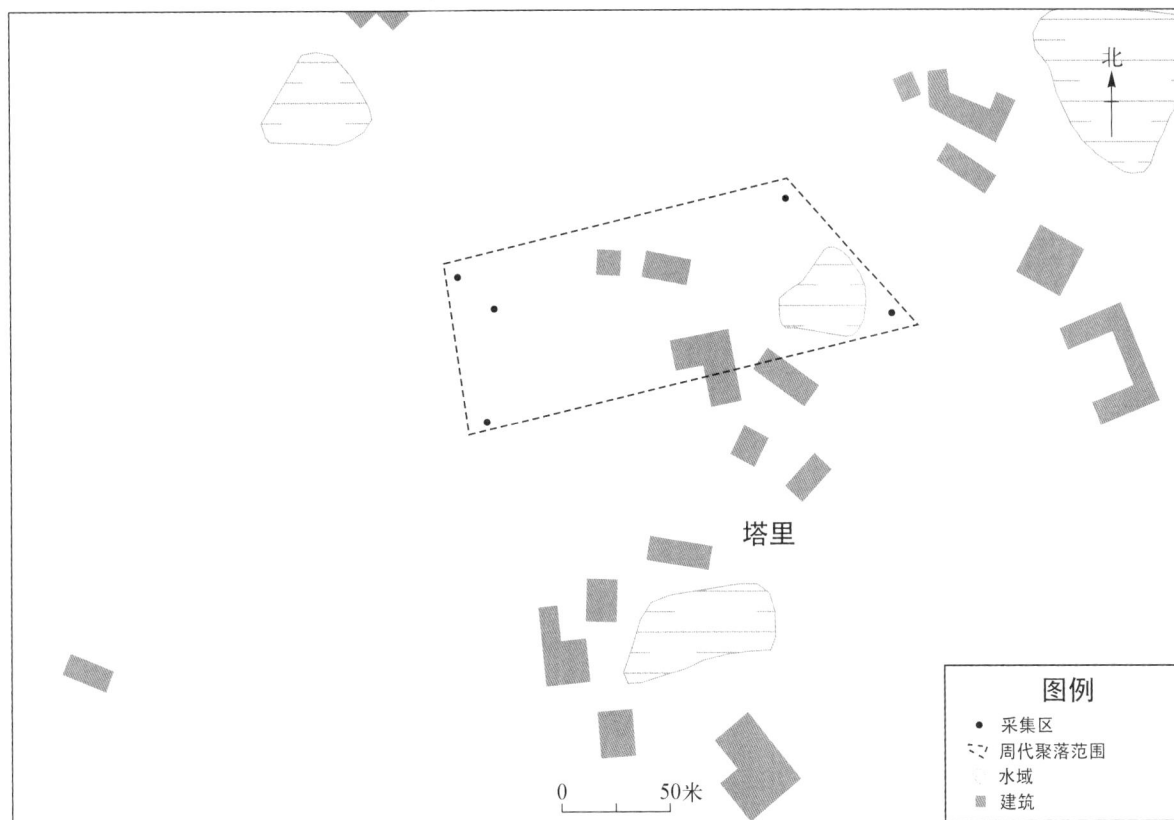

图88 塔里遗址聚落分布图

3. 遗物

遗物有陶片和炼渣两类。陶片大部分为泥质陶,以灰色为主,由于多数陶片残损较甚,可辨器形较少。

C01

标本01:印纹硬陶,泥质红陶,红胎,复线回纹,高2.8厘米。

标本02:印纹硬陶,泥质灰陶,灰胎,复线回纹,高4.5、宽9.0厘米(图89-3)。

标本03:印纹硬陶,泥质灰陶,灰胎,复线回纹,高5.7、宽6.0厘米。

标本04:印纹硬陶,泥质灰陶,灰胎,复线回纹,高5.1、宽8.0厘米。

标本05:印纹硬陶,泥质红陶,红胎,近颈部,弦纹与复线回纹组合,高4.2、宽8.0厘米(图89-4)。

标本06:印纹硬陶,泥质灰陶,红胎,弦断绳纹,高3.6、宽4.0厘米(图89-5)。

标本07:印纹硬陶,泥质红陶,红胎,乱绳纹,高3.6、宽6.0厘米。

标本08:黄褐色硬陶,器底,可见数道同心圆痕迹,长7.8、宽5.4厘米(图版三九,8)。

C02

标本01：印纹硬陶，泥质灰陶，灰胎，复线回纹，高3.8厘米（图89-1）。

标本02：印纹硬陶，泥质红陶，灰胎，复线回纹，高5.4、宽9.0厘米（图89-2）。

标本03：印纹硬陶，泥质红陶，红胎，素面，足身有多道刮抹痕迹，柱形鼎足，底部疑似摩擦痕

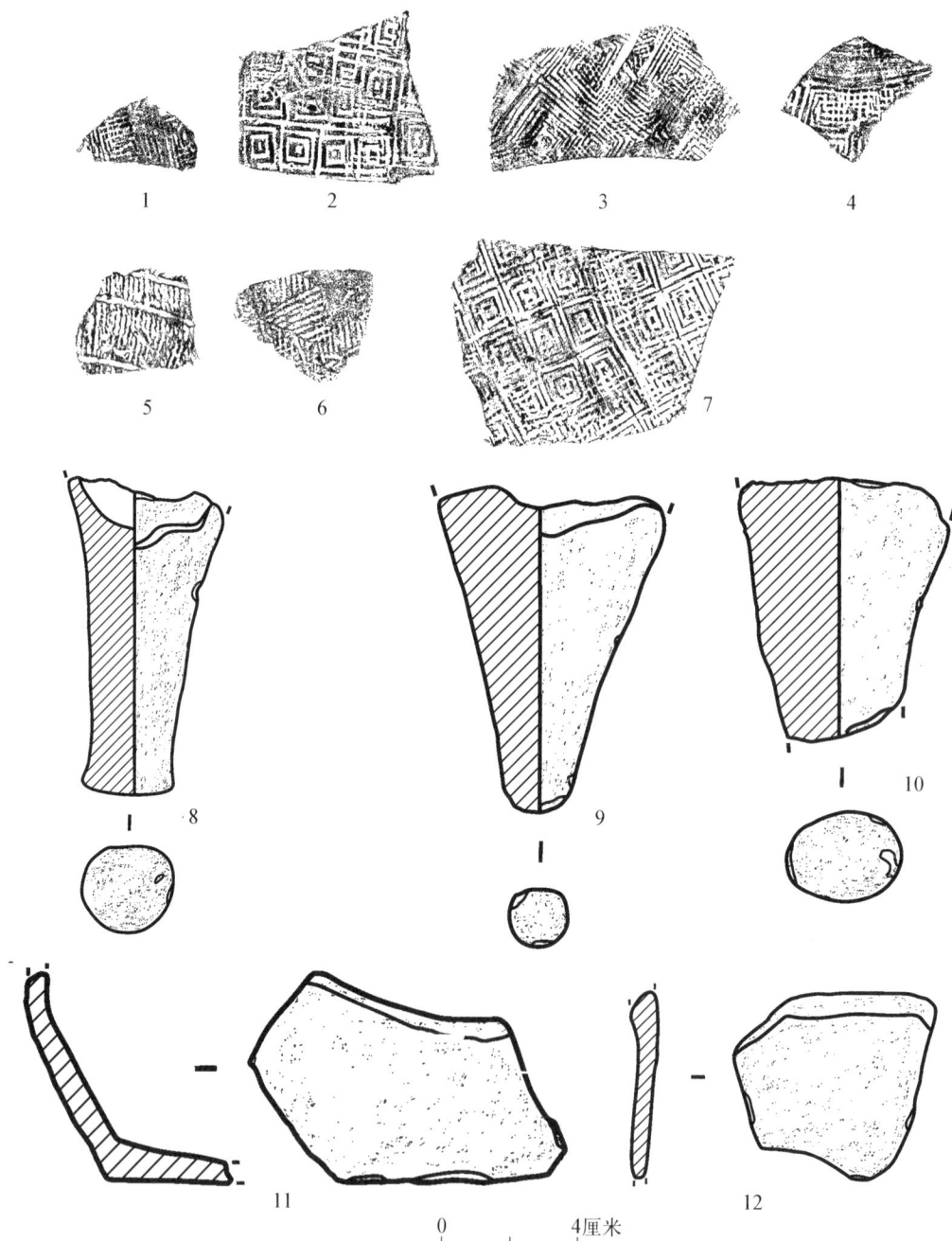

图89 塔里遗址采集遗物

1. C02-01、2. C02-02、3. C01-02、4. C01-05、5. C01-06、6. C03-02、7. C03-01、8. C02-03、9. C02-04、
10. C02-05、11. C02-06、12. C02-07

迹,高8.2、宽5.0厘米(图89-8)。

标本04:夹砂红陶,灰胎,素面,锥形足,高8.4厘米(图89-9)。

标本05:鼎足,夹细砂红陶,红胎,素面,横装扁平足,横截面为椭圆形,高6.8、厚2.7厘米(图89-10)。

标本06:印纹硬陶,夹砂灰陶,灰胎,素面,近底部,高4.0、宽8.0厘米(图89-11)。

标本07:印纹硬陶,泥质红陶,灰胎,平底,高5.6、宽4.0厘米(图89-12)。

标本08:呈黑褐色块状,表面有水波纹及规则圆孔,上半部分呈玻璃质感,下半部分粗糙,质地较为致密(图版五九,6)。

C03

标本01:印纹硬陶,泥质灰陶,灰胎,复线回纹,高6.7、宽8.0厘米(图89-7)。

标本02:泥质黄褐色胎,席纹,高3.6厘米(图89-6)。

C04

标本01:呈青色等边三角形板状,一面呈光滑的玻璃质平面,有光泽,似瓷器表面的釉,背面有明显金属光泽(图版五九,7)。

C06

标本01:呈黑褐色块状,有光泽,断面平整,质地较为致密,侧面呈梯形(图版五九,8)。

十一、毕村遗址

1. 遗址概况(201216NGB)

遗址位于工山镇毕村北部约50米,地处山岗坡面,西、南两面地势较高,有树林环绕,东部、北部高出地面1至5米不等。遗物丰富,以陶片最多。由于后期修路铲开岗体,导致遗址破坏严重,路旁断崖中部(距离原点约200米处的散点)发现印纹硬陶,经过刮面后发现文化层痕迹,均为疏松的黄色粉沙土,疑是被破坏的土墩墓,实际面积较小,故未做详细记录。

2. 聚落

遗址含周代聚落一处,设采集区3个,遗物面分布积约300平方米,根据遗物分布范围及地形推测遗址面积约1 000平方米(图90)。

3. 遗物

仅有陶片,大部分为泥质陶,以灰色和红色为主,由于多数陶片残损较甚,可辨器形较少。

C01

标本01:印纹硬陶,泥质红陶,红胎,复线窗格纹,高4.1、宽6.0厘米(图91-1)。

标本02:印纹硬陶,泥质灰陶,红胎,席纹,高3.2、宽6.0厘米(图91-2)。

C02

标本03:印纹硬陶,泥质红陶,施黄色釉,内壁紫褐色,红胎,敞口,卷沿,尖唇,方格纹,高3.5厘米。

标本04:印纹硬陶,泥质红陶,红胎,席纹和水波纹,间有圆点,高16.5、宽6.0厘米(图91-10)。

标本05:印纹硬陶,泥质灰陶,红胎,填线纹,高8.4、宽6.0厘米(图91-3)。

图90 毕村遗址聚落分布图

标本06：印纹硬陶，泥质灰陶，红胎，填线纹，高6.4、宽6.0厘米（图91-4）。

标本07：印纹硬陶，泥质灰陶，施绿色釉，灰胎，小方格纹，高2.8、宽4.0厘米（图91-5）。

标本08：印纹硬陶，泥质红陶，红胎，小方格纹，高6.5、宽7.0厘米（图91-6）。

标本09：印纹硬陶，泥质红陶，内壁紫褐色，红胎，方格纹和弦纹，高6.1厘米（图91-8）。

标本10：印纹硬陶，泥质红陶，施黄色釉，内壁紫褐色，红胎，方格纹，高6.1厘米（图91-9）。

标本11：印纹硬陶，泥质红陶，红胎，小方格纹，高2.7、宽7.0厘米（图91-7）。

标本12：印纹硬陶，泥质红陶，施黄色釉，内壁紫褐色，红胎，方格纹，高6.1、宽4.0厘米。

C03

标本01：印纹硬陶，泥质灰陶，灰胎，米筛纹，高3.9、宽6.0厘米。

十二、垅下遗址

1. 遗址概况（201206NGL）

遗址位于工山镇山峰村垅下村民组东100米，地处山岗坡面，四周地势低平，遗址地表现为水田、旱地与树林结合。附近水源有泔水塘，位于遗址东北方向47米，东侧为高速建设区，北距S320省道1.4千米（图版二〇，1）。

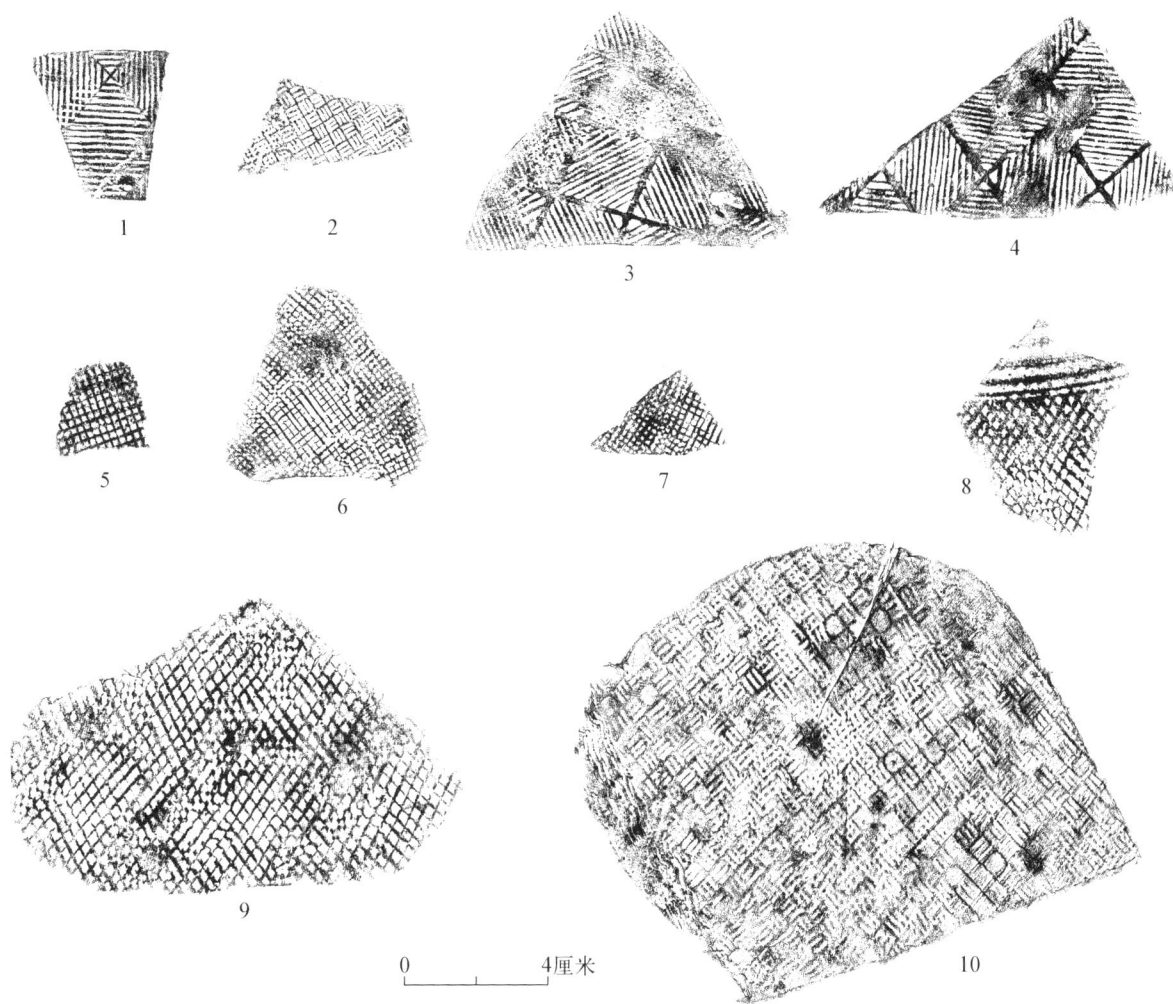

图91　毕村遗址采集遗物

1. C01-01、2. C01-02、3. C02-05、4. C02-06、5. C02-07、6. C02-08、7. C02-11、8. C02-09、9. C02-10、10. C02-04

2. 聚落

遗址含周代聚落一处,设有采集区3个,其中有炼渣的采集区1个,遗物主要分布在树林里,散落面积300平方米,根据遗物分布范围及地形推测遗址面积约850平方米(图92)。

3. 遗物

遗物有陶片、瓦片和炼渣(图版六○,3)。陶片大部分为泥质陶,以灰色和黑色为主。由于多数陶片残损较甚,可辨器形较少。

C01

标本01:印纹硬陶,泥质灰陶,灰胎,篮纹,背部麻布纹,口沿,敛口,卷沿,圆唇,高7.4厘米(图93-1、3)。

标本02:印纹硬陶,泥质灰陶,灰胎,篮纹,背部麻布纹,高6.9、宽1.0厘米(图93-4)。

标本03:印纹硬陶,泥质灰陶,灰胎,篮纹,背部麻布纹,高6.4、宽1.0厘米。

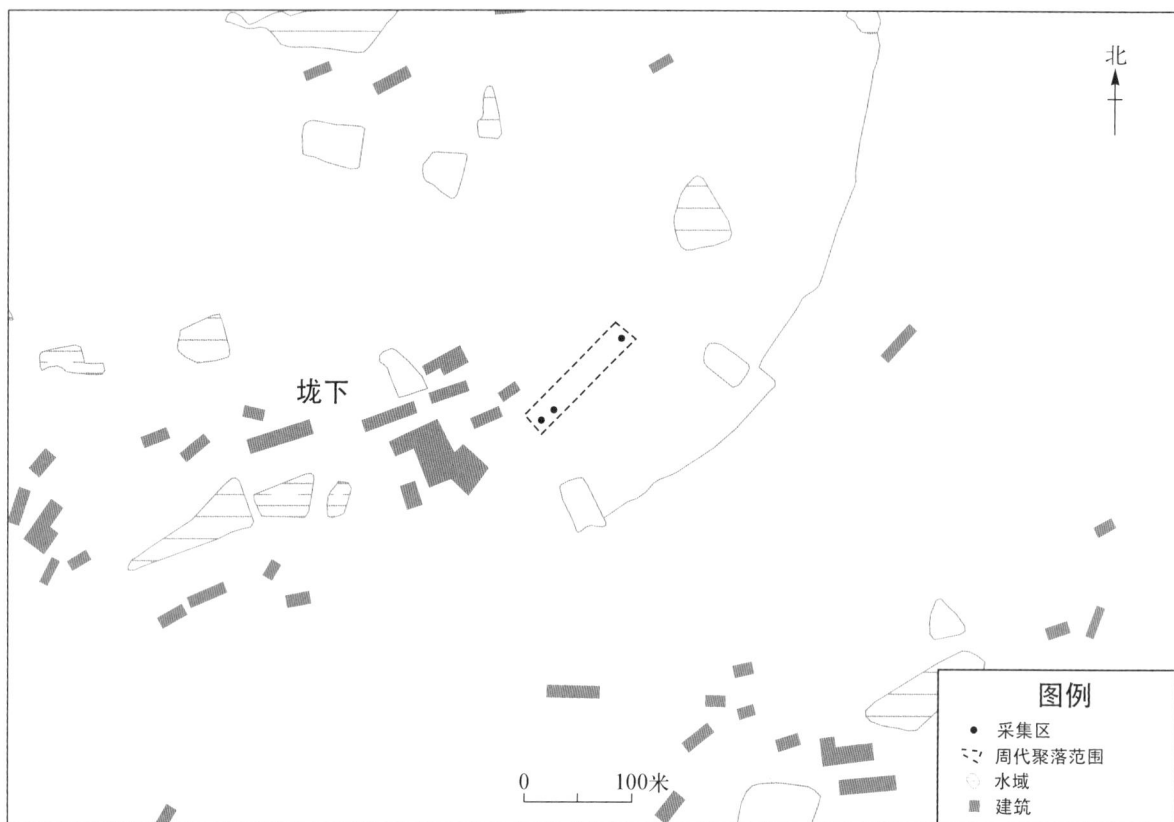

图92　垅下遗址聚落分布图

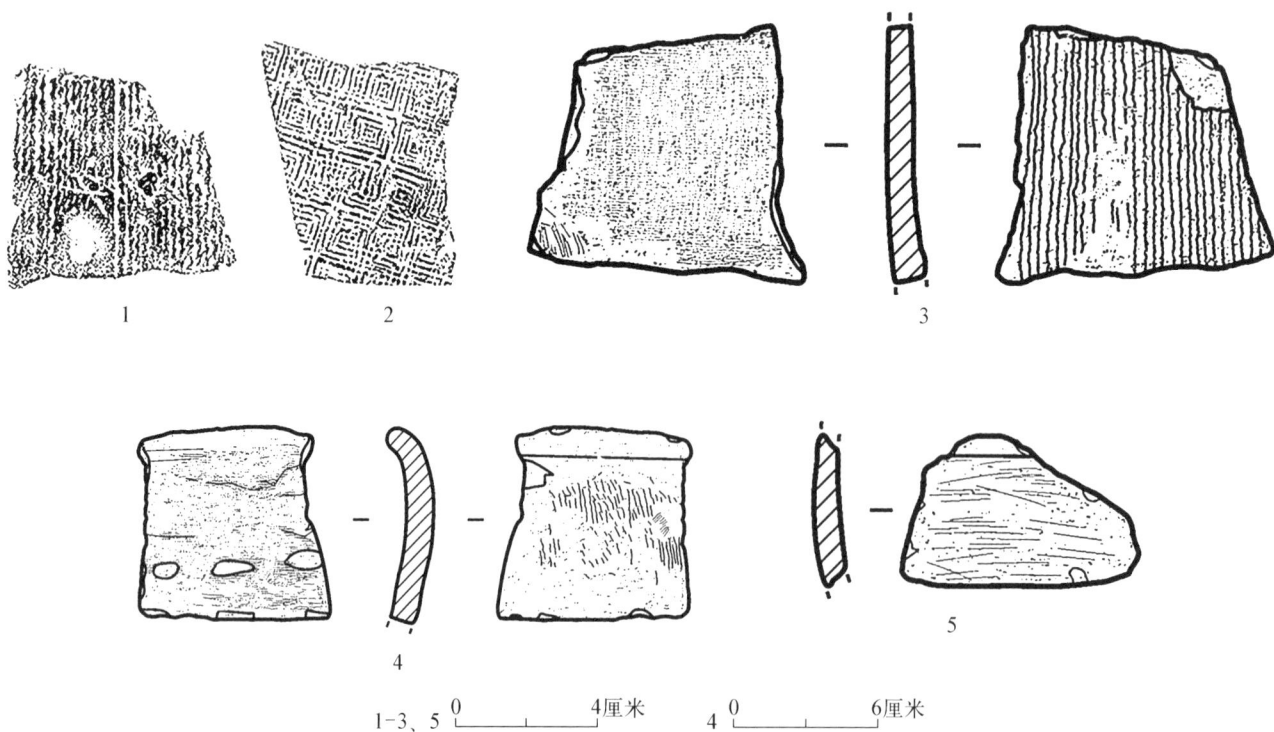

图93　垅下遗址采集遗物

1、3. C01－01、2. C02－01、4. C01－02、5. C01－04

标本04：泥质黑陶，灰胎，黑釉，素面，高3.9、宽5.0厘米（图93-5）。

标本05：炉渣呈黑褐色，质密，表面附着有黄、白色硬结物，大炉渣长10、宽8.0、高3.0厘米。

C02

标本01：印纹硬陶，泥质灰陶，紫褐色胎，复线回纹，高7.0、宽7.0厘米（图93-2）。

C03

标本01：印纹硬陶，泥质灰陶，紫褐色胎，复线回纹和弦纹，高3.5、宽8.0厘米。

十三、崔涝遗址

1. 遗址概况（201214NGC）

遗址位于工山镇高岭村崔涝村民组西北方向1000米，为一处洼地遗址，东北侧距省道S320约300米，西北侧距离牛冲郎水库约2300米。遗址地表现为洼地，四周为水塘，因人为破坏严重，遗物较少，主要分布于洼地及周边水塘边缘（图版二〇，2）。

2. 聚落

遗址含周代聚落一处，设采集区1个，遗物分布面积100平方米，根据遗物分布范围及地形推测遗址面积约400平方米（图94）。

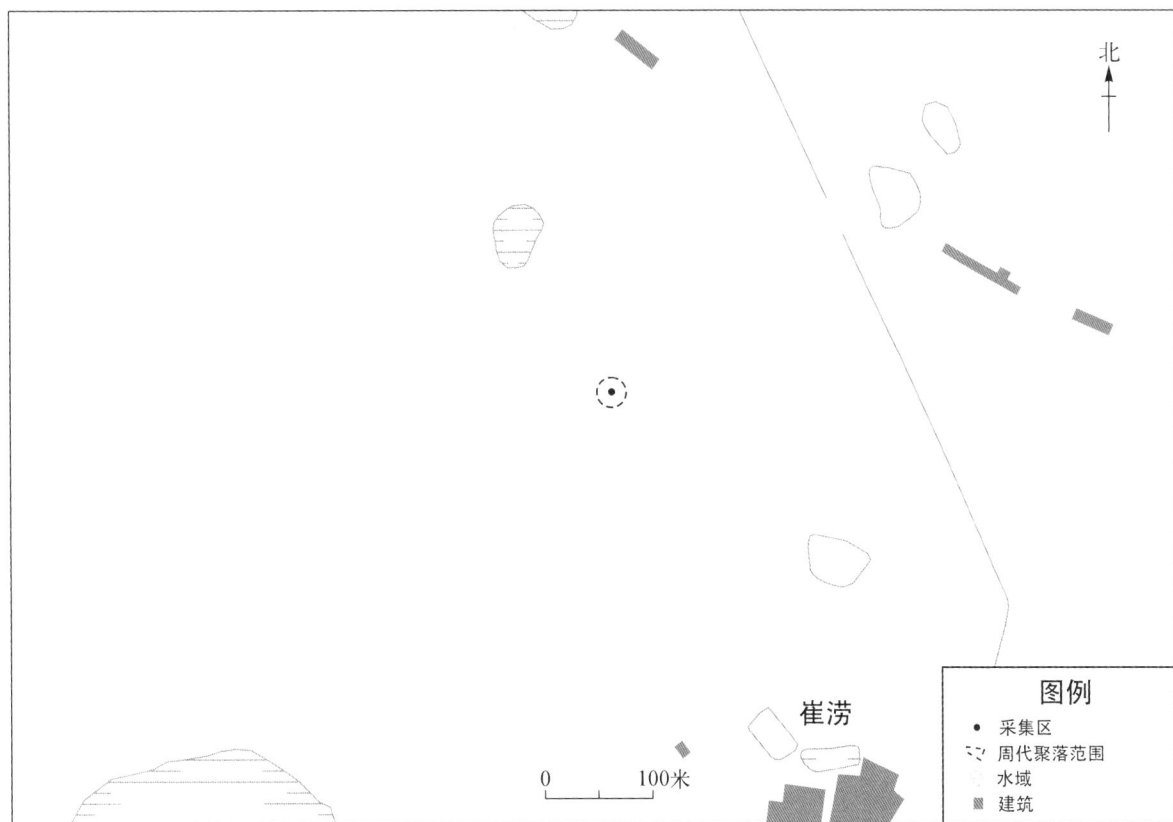

图94　崔涝遗址聚落分布图

3. 遗物

遗物仅有陶片,陶片为泥质陶和夹砂陶,以灰色为主,由于多数陶片残损较甚,可辨器形较少。

C01

标本01:印纹硬陶,泥质红陶,红胎,绳纹,高6.6、宽5.0厘米(图95-1)。

标本02:印纹硬陶,泥质灰陶,灰胎,绳纹,高11.1、宽5.0厘米(图95-4)。

标本03:夹粗砂灰陶,灰胎,正面、背部绳纹,高5.2、宽3.0厘米(图95-2)。

标本04:夹粗砂灰陶,灰胎,绳纹,高5.0、宽8.0厘米(图95-3)。

十四、回龙墩南遗址

1. 遗址概况(201206NGHN)

遗址位于工山镇回龙墩村民组南方向300米,为一处墩型遗址,有不知名水塘位于遗址西120米,北侧紧邻省道S320,东侧紧邻芜黄高速,南侧距坝下遗址1 200米。回龙墩南遗址地表为旱地、荒地和树林,相对高度1至2米,遗物主要分布于墩型遗址上。遗址距离村落较近,被村民动土破坏严重,遗址北部被省道穿过,西南部正在修建高速公路,遗址原貌及形状不清。

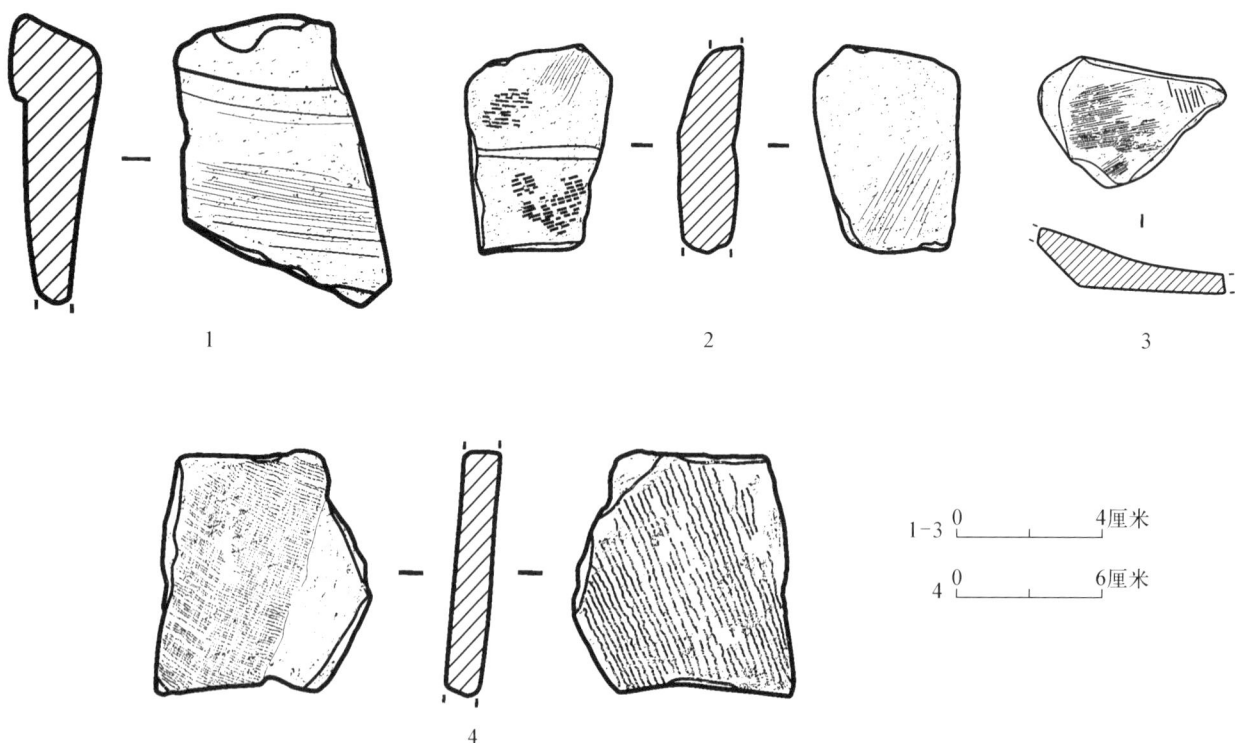

图95 崔涝遗址采集遗物

1. C01-01、2. C01-03、3. C01-04、4. C01-02

2. 聚落

遗址含西周中晚期聚落一处,设采集区3个,遗物分布面积约300平方米,根据遗物分布范围及地形推测遗址面积约1 200平方米(图96)。

3. 遗物

遗物均为陶片,且均是泥质陶,以灰色为主。由于多数陶片残损较甚,可辨器形较少。

C01

标本01:印纹硬陶,泥质灰陶,紫褐色胎,复线回纹,高3.8、宽7.0厘米(图97-3)。

图96　回龙墩南遗址聚落分布图

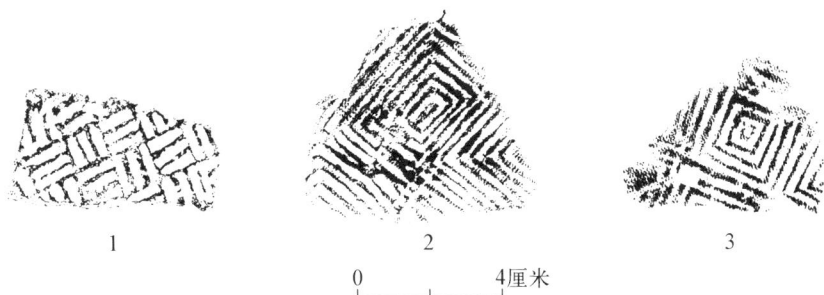

图97　回龙墩南遗址采集遗物

1. C02-01、2. C03-01、3. C01-01

C02

标本01：印纹硬陶，泥质灰陶，紫褐色胎，席纹，高1.6、宽7.0厘米（图97-1）。

C03

标本01：印纹硬陶，泥质灰陶，紫褐色胎，复线回纹，高4.2、宽9.0厘米（图97-2）。

标本02：印纹硬陶，泥质灰陶，紫褐色胎，复线回纹和复线菱形纹，高7.0、宽3.6厘米。

十五、四垅遗址

1. 遗址概况（201214NGS）

遗址位于工山镇桂镇村四垅村民组东南190米，为一处墩型遗址，土墩现高约1.7米。遗址以西约100米为不知名水塘，南距S32宣铜高速约800米、距牛冲郎水库3 000米。四垅遗址地表现为树林，西北部被现代房屋和水塘破坏（图版二一，1）。

2. 聚落

遗址含西周中晚期聚落一处，遗物主要分布于墩型遗址表面上，设有1个采集区，面积约100平方米，根据地形推测遗址面积约300平方米（图98）。

3. 遗物

遗物仅有陶片，均为泥质陶，以灰色和红色为主，由于多数陶片残损较甚，可辨器形较少。

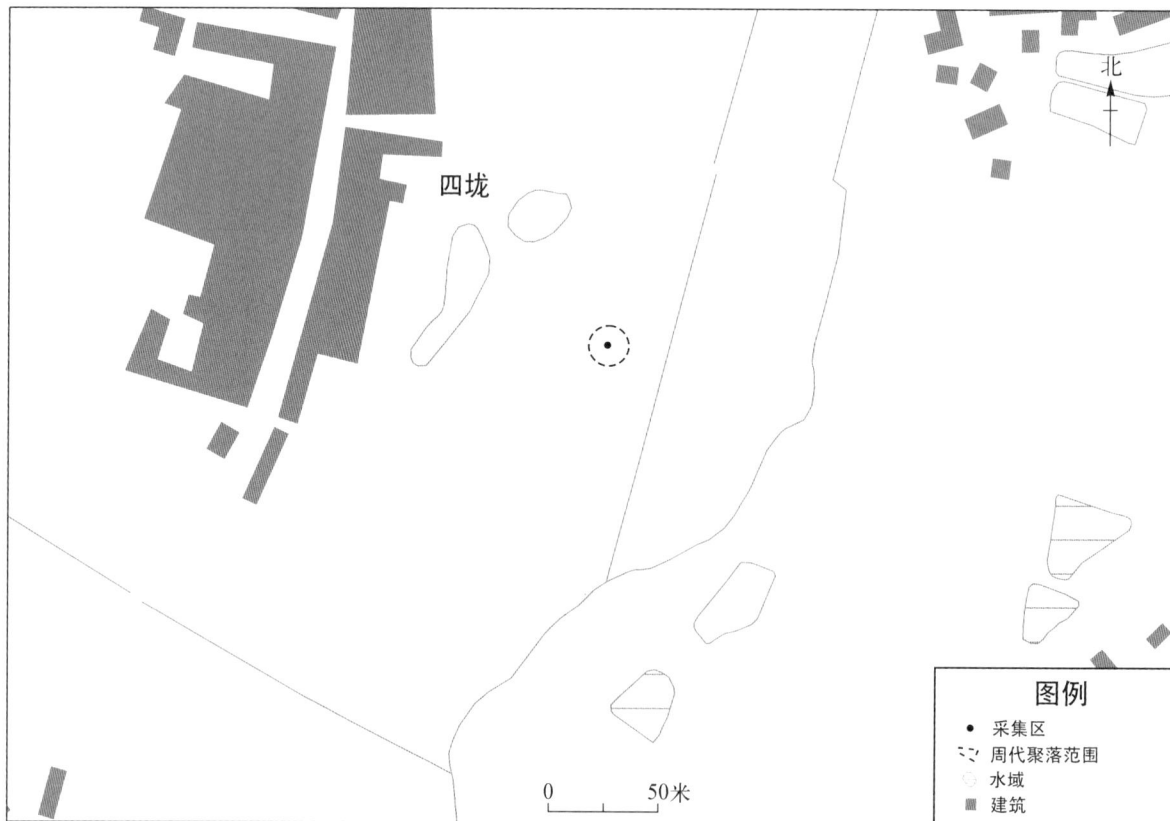

图98　四垅遗址聚落分布图

C01

标本01：印纹硬陶，泥质灰陶，紫褐色胎，复线回纹，高4.8、宽7.0厘米（图99-1）。

标本02：印纹硬陶，泥质灰陶，紫褐色胎，复线回纹，高3.2、宽7.0厘米（图99-2）。

标本03：印纹硬陶，泥质红陶，红胎，篮纹，高8.6、宽8.0厘米（图99-3）。

标本04：印纹硬陶，泥质红陶，红胎，素面，高2.2、宽2.0厘米。

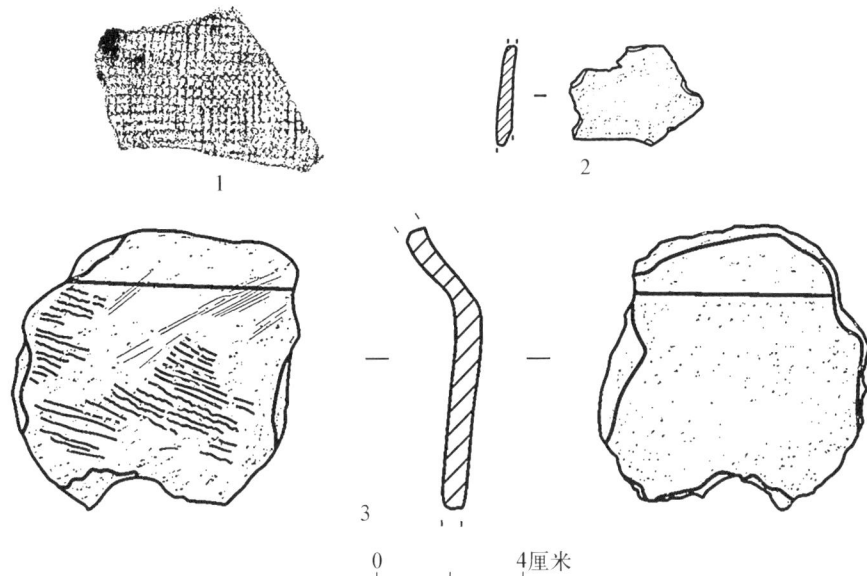

图99 四垅遗址采集遗物

1. C01-01、2. C01-02、3. C01-03

十六、排形遗址

1. 遗址概况（201208NGPYXMP）

遗址位于工山镇大工村排形村民组东50米方向的岗坡，海拔38米。西北约1 000米为何家冲冶炼遗址，东距漳河约15 000米。遗址地表现为水田、旱地与树林的结合，由于现代生产劳作，遗址被分割为若干区域，呈不规则形（图版二二，1）。

距省道S32北侧约90米靠近水渠的田埂上发现一枚炉渣，在排形村北侧发现炉渣和少量陶片，采集到炉渣及印纹硬陶，其中两枚炉渣体量较大。在遗址南部进行剖面观察，发现地层中包含大量炉渣。

在遗址东部坡地发现剖面P2，堆积叠压关系如下（图100；图版二二，2）：

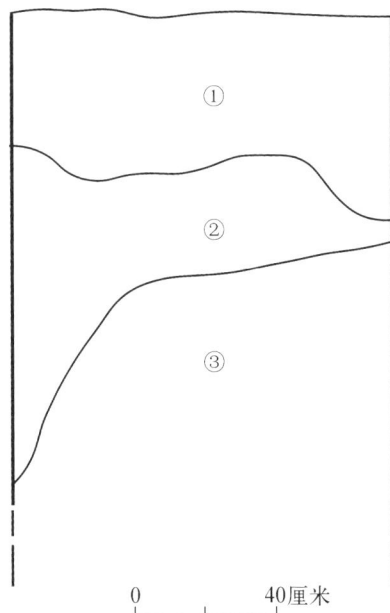

图100 排形遗址东部坡地剖面

第①层：黄褐色黏土，较为致密，厚约37厘米，无包含物；

第②层：黄色砂土，质地疏松，厚约55厘米，包含植物根系、炼渣、石块；

第③层：灰色黏土，较为疏松，厚约115厘米，包含大量炼渣；

未及生土。

2. 聚落

遗址含西周时期聚落一处，设有8个采集区，面积约800平方米，根据遗物分布范围及地形推测遗址面积约20 000平方米（图101）。

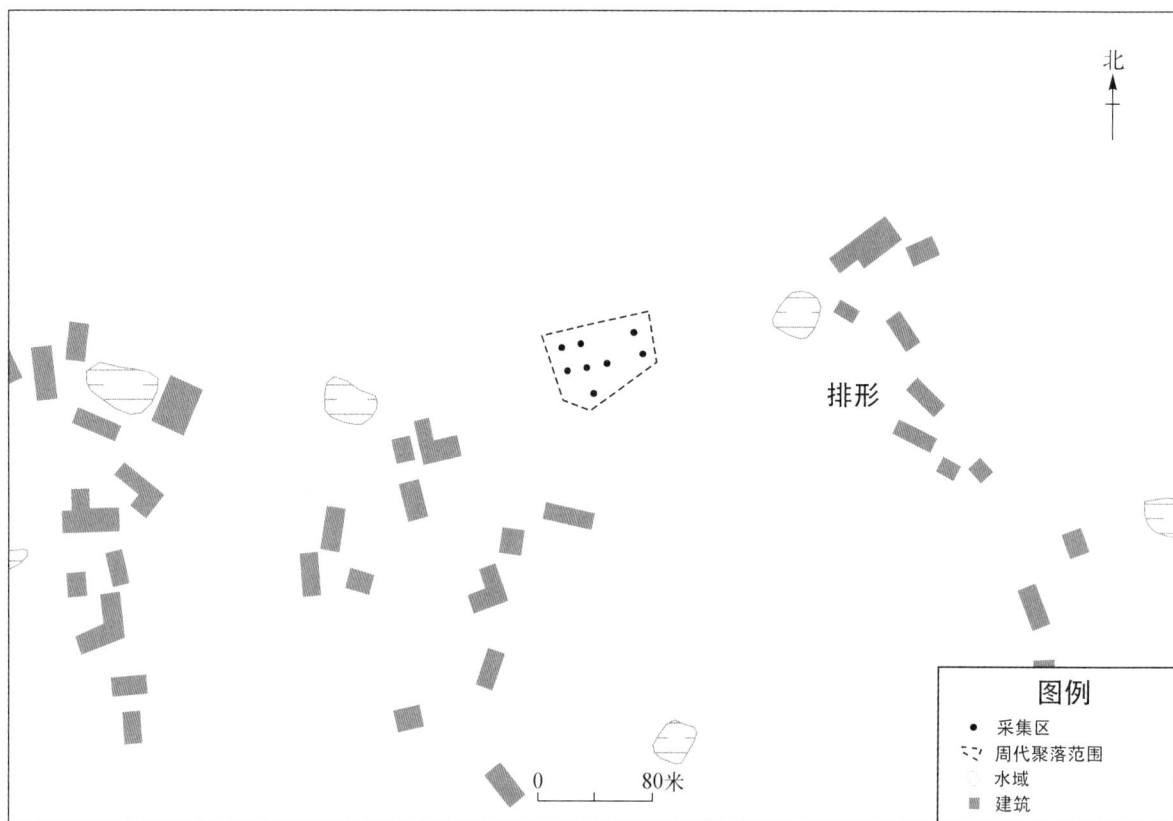

图101　排形遗址聚落分布图

3. 遗物

遗物有陶片、炼渣两类，大部分为炼渣，以紫褐色和红色为主。由于陶片残损较甚，无可辨器形。

C02

标本01：呈黑褐色块状，因表面附着有红棕色锈蚀物而偏红，背面附着有白色硬结物，且有较大孔洞（图版六〇，4）。

C03

标本01：炉渣，呈黑褐色部分偏红、红棕色，块状，厚约2.5、长3.0—7.0厘米。

C05

标本01：呈黑红色块状，断面呈红褐色，表面可见水波纹，较为致密（图版六〇，5）。

标本02：呈黑褐色板状，断面平整，局部呈银白色，质地较密，背面呈瘤状凸起，有光泽（图版六〇，6）。

C06

标本01：泥质灰陶，印纹硬陶，紫褐色胎，席纹，高3.6、宽7.0厘米（图102；图版四八，4）。

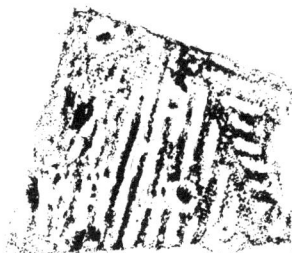

图102 排形遗址采集遗物

C06-01

标本02：炉渣，呈黑褐色块状，因表面附着有红棕色锈蚀物而偏红，背面附着有白色硬结物，且有较大孔洞，长6.0、宽5.0、高3.0厘米。

C08

标本01：大型炉渣，表面黝黑发亮，质密，长约40.0、厚约8.0厘米。

C09

标本01：炉渣，呈黑褐色偏红，质地较密，棱角分明，表面有较大孔洞，厚2.0、长5.0、宽3.0厘米。

C10

标本01：炉渣，呈灰褐色，断面疏松多孔，近圆形，直径约为6.0厘米。

C11

标本01：大型炉渣，呈片状，表面可见明显的流动痕迹，长约30.0、宽约10.0厘米。

十七、周塘坊遗址

1. 遗址概况（201208NGZ）

遗址位于工山镇工山村周塘坊村民组南方向67米，为一处墩型遗址，土墩现高约70米。东距回龙墩遗址约930米，北距S32宣铜高速约300米，西距牛冲郎水库约2500米。遗址距离村落较近，土墩被菜地、耕地破坏严重。

2. 聚落

仅有周代聚落一处，设3个采集区，遗物分布面积约300平方米。根据遗物分布范围及地形推测遗址面积约600平方米（图103）。

3. 遗物

仅有陶片，均为泥质陶，以灰色和红色为主，由于多数陶片残损较甚，可辨器形较少。

C01

标本01：泥质红陶，红胎，方格纹，高1.9、宽6.0厘米。

C02

标本01：泥质灰陶，灰胎，方格纹，高4.1、宽7.0厘米。

C03

标本01：泥质红陶，红胎，方格纹，高2.8、宽7.0厘米。

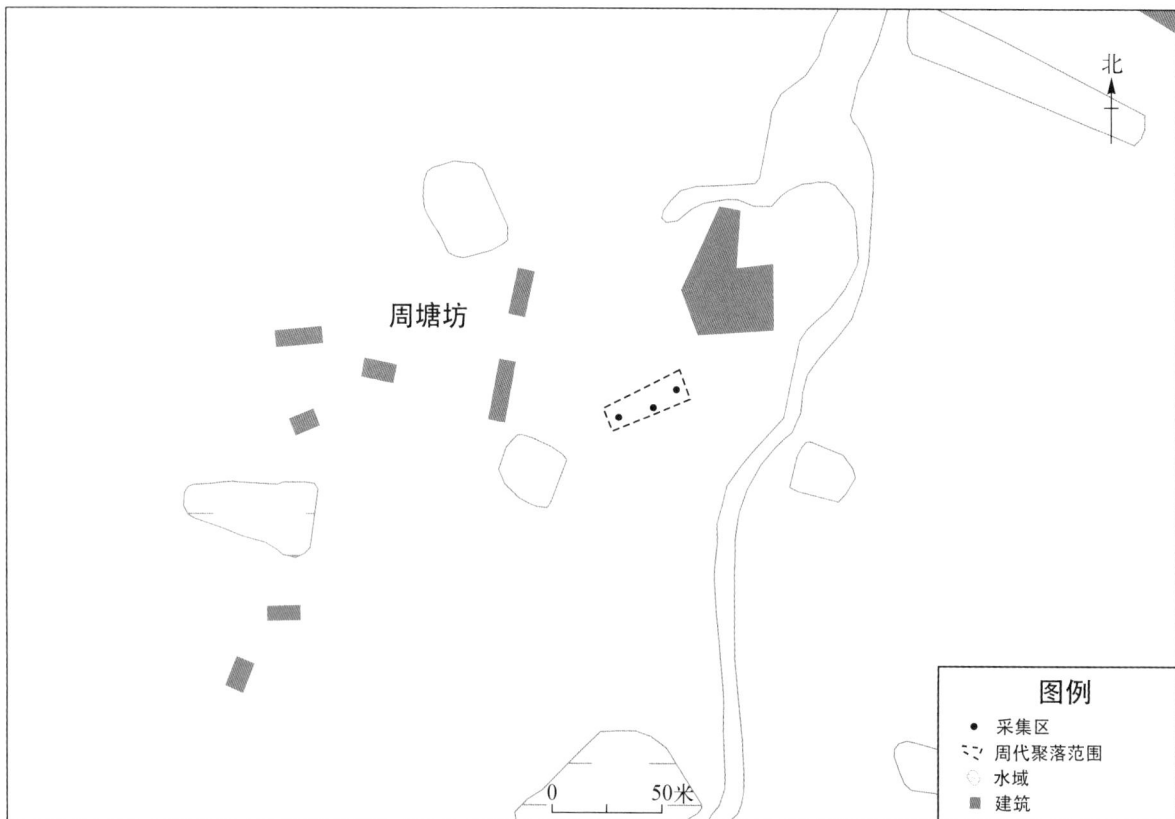

图103 周塘坊遗址聚落分布图

十八、上分桂遗址

1. 遗址概况（201212NGSF）

遗址位于南陵县工山镇桂镇村上分桂村民组南约30米的岗脚处，北距杨村湖水库约700米，东距上分桂村道约70米。遗物主要分布于田垄上，还有少量陶片散落在沟渠和道路旁。土墩由于北部修路破坏严重，高矮、大小不一，原状不详。依据遗物初步判断，这些土墩应是同一个聚落遗址，可能是由原来的一处大土墩被农耕或修路破坏所致。遗址地表现为水田。

2. 聚落

遗址含周代聚落一处，设3个采集区。遗物分布面积约300平方米，根据遗物分布范围及地形推测遗址面积约9 000平方米（图104）。

3. 遗物

遗物有陶片、炼渣两类，大部分为陶片，以红陶为主。由于陶片残损较甚，无可辨器形。

C01

标本01：炉渣，呈黑褐色块状、长条状，表面附着有一层红棕色锈蚀物，断面有较多孔隙，长条形炉渣长20.0、宽7.0、高5.0厘米。

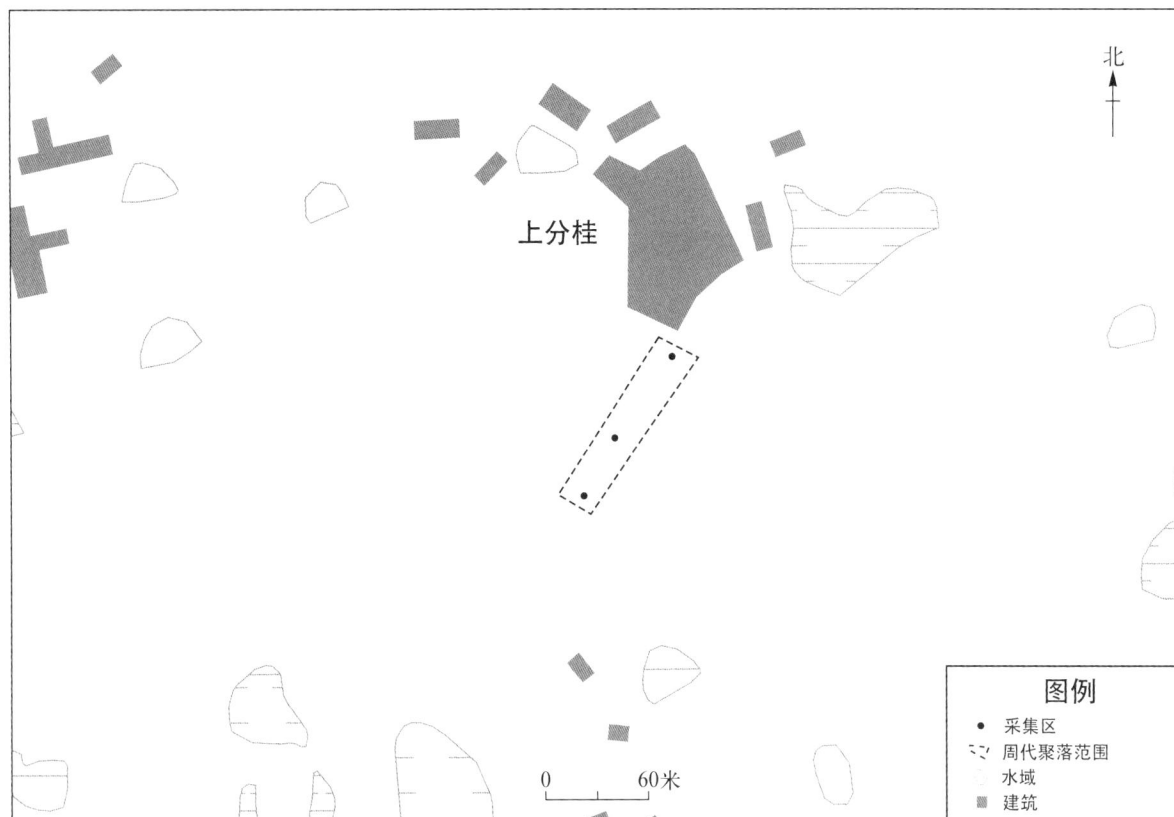

图104　上分桂遗址聚落分布图

C02

标本01：泥质红陶，红胎，叶脉纹，高2.4、宽6.0厘米（图105-1）。

标本02：泥质灰陶，灰胎，复线回纹，高4.5、宽9.0厘米（图105-2）。

标本03：炉渣，从炉渣堆积处采集，呈黑褐色块状，断面平整、质密（图版六一，3）。

C03

标本01：泥质灰陶，紫褐色胎，席纹，高2.3、宽6.0厘米（图105-3）。

标本02：炉渣，黑褐色块状，表面附着有大量黑褐色、灰白色物质，另一侧呈红棕色，断面处有较多孔隙（图版六一，4）。

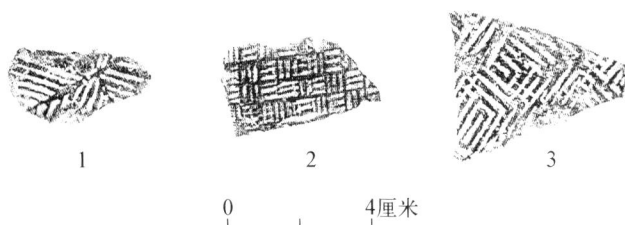

图105　上分桂遗址采集遗物

1. C02-01、2. C02-02、3. C03-01

十九、团山涝遗址

1. 遗址概况（201210NGT）

遗址位于南陵县工山镇大工村团山涝村民组，东距漳河支流后港河约14 200米、距团山涝东采冶遗址约540米。遗址坐落于团山涝与田傍张之间道路东侧的山前岗坡处，现为旱地。

2. 聚落

仅有汉代聚落一处，设5个采集区，遗物分布面积约500平方米。根据遗物分布范围及地形推测遗址面积约2 500平方米（图106）。

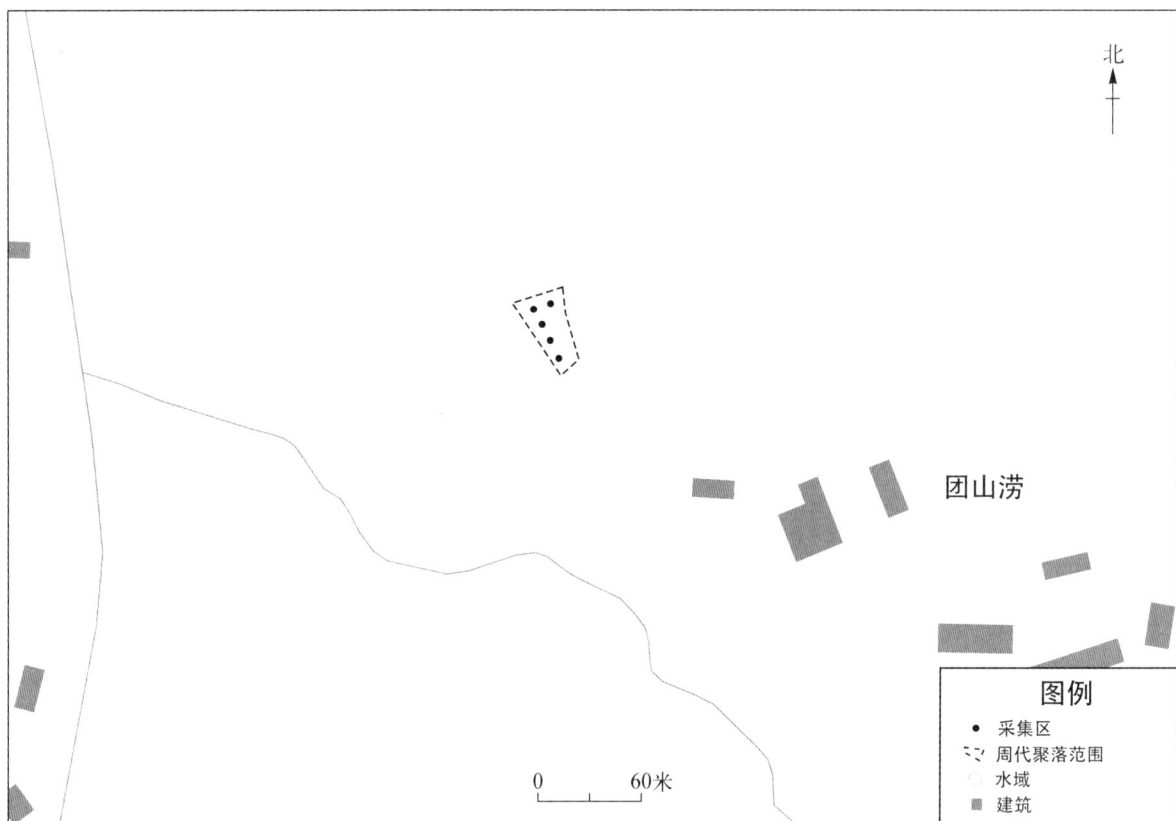

图106　团山涝遗址聚落分布图

3. 遗物

遗物有陶片、炼渣两类，以炼渣为主，陶片残损较甚，无可辨器形。

C01

标本01：炉渣，呈黑褐色块状，表面附着有红棕色锈蚀物，质地较疏松，局部可见明显的金属光泽，长4.0厘米。

C02

标本01：挂渣炉壁，炉渣部分呈黑褐色，表面附着有泥土，颜色较白，较多孔隙，质地疏松，炉壁部分质地较密,呈砖红色。

C03

标本01:炉渣,呈黑色板状,分层,表面光滑,断面处附着有红棕色锈蚀物,质地较密(图版六一,5)。

标本02:炉渣,呈黑褐色板状,表面平整光滑,断面分层并附着有红棕色锈蚀物,质地较密。

C04

标本01:炉渣,呈黑褐色椭圆形,断面及凹陷部分附着有红棕色锈蚀物(图版六一,6)。

标本03:炉渣,呈黑褐色蘑菇状,质地较疏松,呈椭圆形,长3.0、宽1.0厘米。

C05

标本01:泥质灰陶,灰胎,表面饰绳纹,背部饰麻布纹。高6.2、宽5.0厘米(图107)。

标本02:泥质灰陶,表面饰绳纹,背部饰麻布纹。

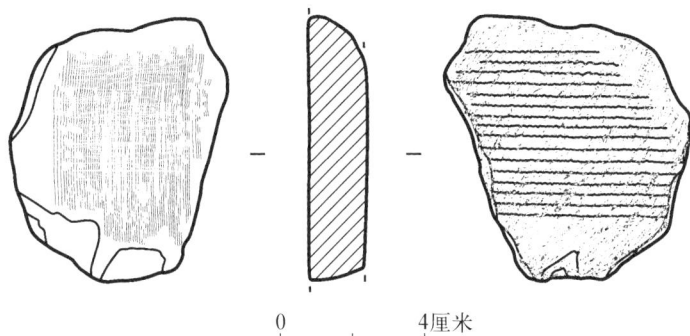

图107 团山涝遗址采集遗物

二十、金子阡遗址

1. 遗址概况(20201211NGJWBJ)

遗址位于工山镇大工村金子阡组南70米方向的岗脚,距村口王采铜遗址约1200米。在大工村金子阡组北侧约100米处一台地水泥路两侧发现较多炉渣,推测此处炉渣可能为二次搬运。遗址现为旱地,大致呈土墩型(图版二一,2)。

2. 聚落

聚落年代不明,设有采集区1处,遗物分布面积约100平方米。根据遗物分布范围及地形推测遗址面积约6000平方米(图108)。

3. 遗物

遗物以炉渣、炉壁等冶炼物为主,未见陶片。

C01

标本01:炉渣,呈黑褐色、黄棕色、红棕色,外表粗糙不平,中间夹有石砾和硬土块,似为多块炉渣聚集而成,长25.0、宽15.0、高8.0厘米。

图108　金子阡遗址聚落分布图

标本02：炉壁挂渣，炉渣面黝黑发亮，炉壁面呈砖红色，质地均较密（图版六〇，7）。

二十一、沙滩脚遗址

1. 遗址概况（201210NGS）

遗址位于南陵县工山镇大工村沙滩脚村民组东侧，遗址东侧为沙滩脚至团山涝村道，东距漳河支流后港河约13 000米。遗址现为平地，因当地居民生产劳作，遗址被分割为若干小区域，有旱地、林地、荒草地，呈多边形。遗址西北部为水田，南部为旱地，由于破坏较为严重，具体情况不详（图版二三，1）。

2. 聚落

遗址为晋—唐时期的聚落一处。设7个采集区，遗物分布面积为700平方米。根据炉渣分布范围及地形推测遗址面积约2 000平方米（图109）。

3. 遗物

遗物有炉渣、炉壁，未见陶片。

C01

标本01：炉渣，呈黑色块状，表皮光滑，断面附着有红棕色锈蚀物，质地较密（图版六〇，8）。

图109 沙滩脚遗址聚落图

标本02：炉渣，呈黑色、黑褐色、青色块状，青色炉渣较大，断口处可见其内部呈黑褐色，质地较密，表面附着有红棕色锈蚀物，黑色炼渣表面光滑，无空隙，长4.0—10.0、宽2.0厘米。

C02

标本01：炉渣，呈黑褐色块状，断面附着有红棕色锈蚀物，背面附着有棕黄色、青色外表皮（图版六一，1）。

标本02：炉渣，呈黑褐色不规则四边形，断面较平整，附着有红棕色锈蚀物，厚1.5厘米。

C03

标本01：炉渣，呈青色块状，断面可见内部呈黑色，正面平整，背面凹凸不平。

C04

标本01：炉渣，呈黑色、黑褐色块状，部分炉渣表面有白色附着物，长2.0—5.0、宽1.0厘米。

C05

标本01：炉渣呈黑褐色，表面有光泽，断面附着有红棕色锈蚀物，质地较密，宽2.0厘米（图版六一，2）。

C06

标本01：炉渣，呈黑褐色块状、条状，部分炉渣背面呈青色，有较多孔隙，一侧呈黑褐色，质地疏松,长4.0、宽1.5厘米。

标本02:炉壁,呈砖红色泛白,质地较疏松,厚3.0,附着炉渣宽1.0厘米。

C08

标本01:炉渣,呈黑色块状,凸起部分较尖锐,有光泽,凹陷部分嵌有白石,另一侧附着有一层青色、黄棕色相间的沉积物。

二十二、长塘冲遗址

1. 遗址概况(201209NGC)

遗址位于南陵县工山镇西湖村长塘冲西南约200米的岗坡上。遗址西南约330米处为塔里冶炼遗址,现为荒草地。

2. 聚落

遗址为聚落。设2个采集区,遗物分布面积为200平方米。根据炉渣分布范围及地形推测遗址面积约1 000平方米(图110)。

3. 遗物

遗物仅有炉渣,未见炉壁、陶片等。

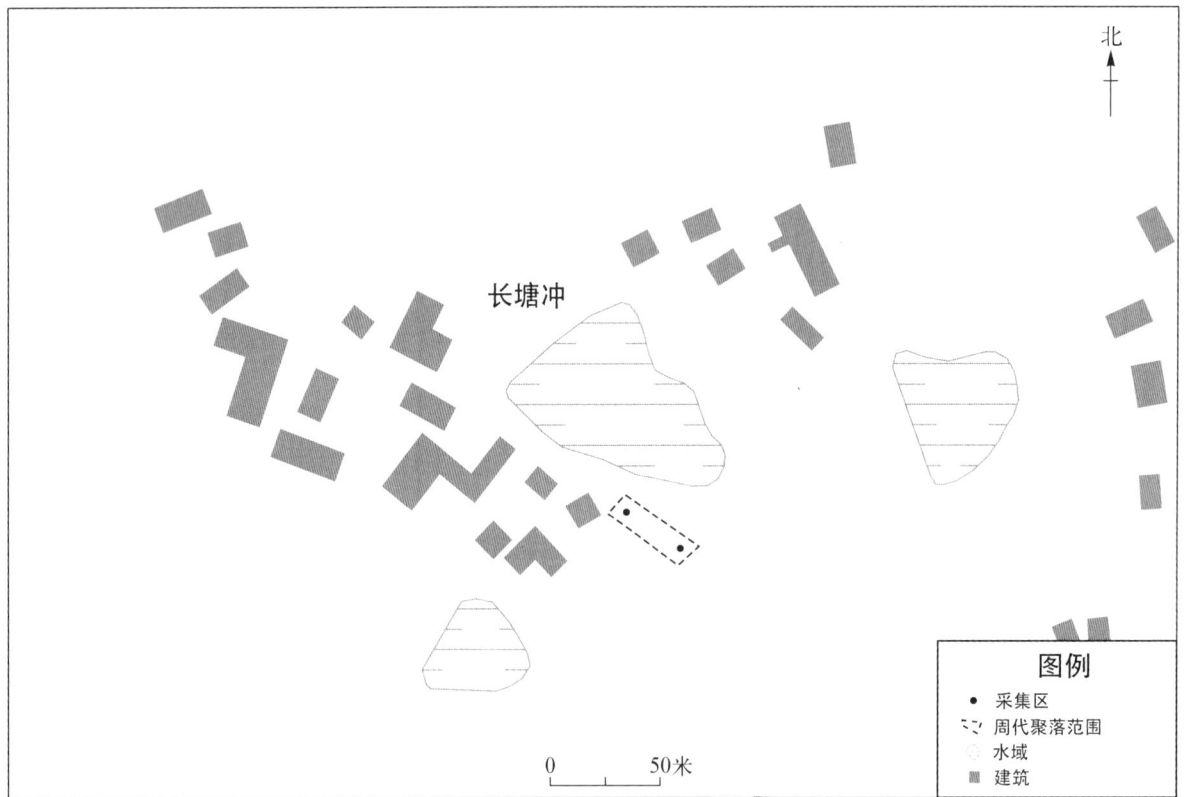

图110　长塘冲遗址聚落分布图

C01

标本01：呈黑褐色块状，表面附着有红棕色锈蚀物，黑褐色光滑处有裂纹（图版六二，1）。

C02

标本01：呈黑色块状，表面附着有红棕色锈蚀物，背面附着有较多砂砾呈黄白色（图版六二，2）。

标本02：呈灰褐色块状，侧面如同张合的手，表面粗糙，有孔洞，并附着有红棕色锈蚀物（图版六二，3）。

二十三、古塘冲遗址

1. 遗址概况（201216NGG）

遗址位于南陵县工山镇古塘冲村村民组的村民房屋建筑西侧数十米洼地处，东距漳河约12 600米，东北约990米为下分卢冶炼遗址，遗址被现代化生产道路分割为两部分，现均为荒草地。

2. 聚落

遗址为唐—宋时期的聚落一处。设1个采集区，遗物分布面积为100平方米。根据炉渣分布范围及地形推测遗址面积约1 000平方米（图111）。

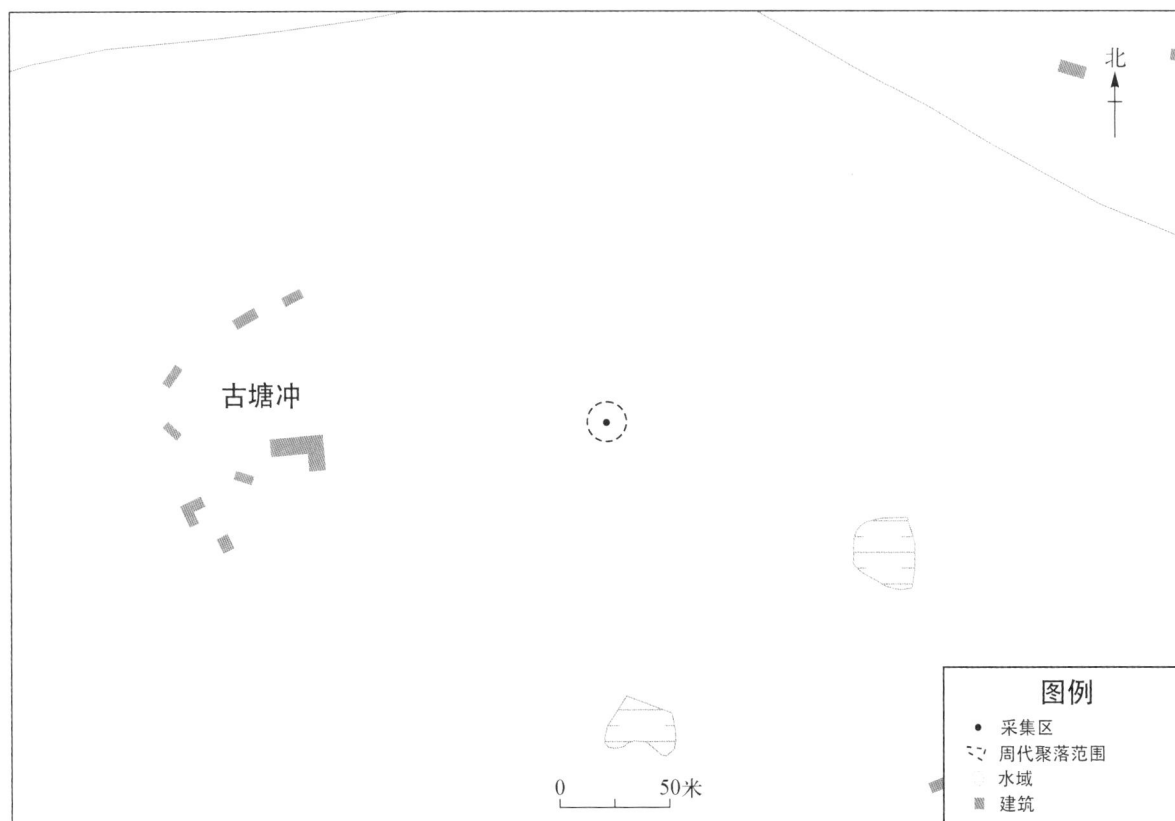

图111 古塘冲遗址分布图

3. 遗物

遗物为少量陶片和炉渣。

C01

标本01：呈黑褐色椭圆形，断面及凹陷部分附着有红棕色锈蚀物。

标本02：泥质红胎，内外皆施黄褐色釉，素面，高7.8厘米（图112）。

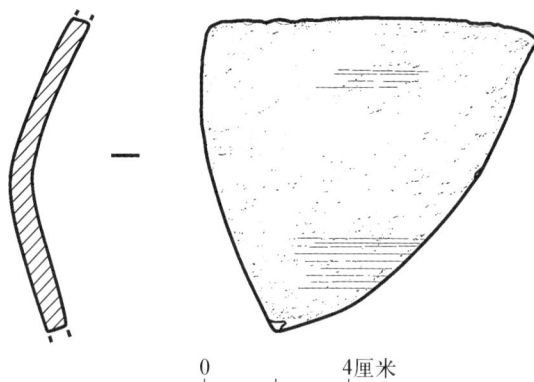

图112　古塘冲遗址采集遗物

二十四、上牧冲遗址

1. 遗址概况（201210NGSMC）

遗址位于南陵县工山镇桂镇村上牧村村民组北约80米的岗坡上，海拔24米。遗址东距漳河流域12 800米，西南约640米为沙滩脚冶炼遗址，东南距大工山约1 900米。该遗址现为荒草地（图版二三，2）。

2. 聚落

遗址为汉晋时期的聚落一处。设1个采集区，遗物分布面积为100平方米。根据炉渣分布范围及地形推测遗址面积约1 000平方米（图113）。

3. 遗物

遗物有陶瓷片、炉渣。据当地村民描述，此处为古铜矿开采冶炼后，用于倾倒炉渣处。陶瓷片均为灰色素面。

C01

标本01：呈紫黑色蘑菇状，近方形，表面有白色硬结物，质地较疏松（图版六一，7）。

标本02：呈黑褐色块状，断面附着有红棕色锈蚀物，质地较致密（图版六一，8）。

二十五、山柏村土墩墓

山柏村土墩墓群位于工山镇山柏村与余村之间的岗地，可分为5个小区，均分布在岗地的顶部，墓葬走向与岗地基本一致。万安村北为一座单独土墩墓，高5米，底径15米，墓顶中部有一盗

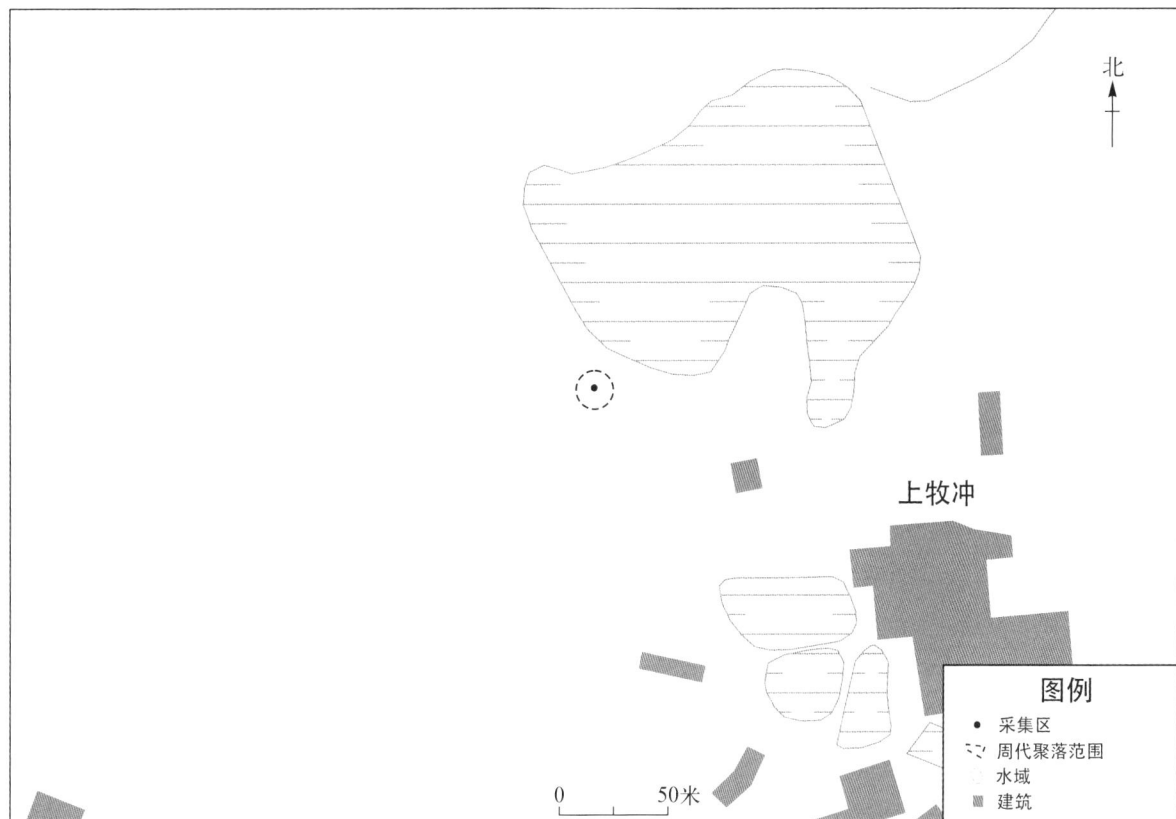

图113　上牧冲遗址聚落分布图

洞,洞底发现印纹硬陶残片一件。山柏村东南亦为一处独立的土墩墓,高约2米,底径18米,墓顶中部有一盗洞,未发现遗物,其旁有一处大型养鸡场,对原始地貌破坏严重,推测有部分土墩墓被破坏。余村北土墩墓群可分为南、北两区,北区有13座土墩墓,呈东北—西南走向,高0.8至2米,底径7至20米,间距1至5米,被盗严重;南区有土墩墓28座,呈东北—西南走向,高1至3米,底径5至20米,间距1至20米不等,被盗严重。余村东北土墩墓群共7座,呈南北分布,高3至4米,底径16至19米,间距1至10米不等,被盗严重(图114)。

遗物

C01

标本01:硬陶,内为紫红色陶胎,外为黑灰色,拍印有斜线菱纹,长17.4、宽14.1厘米(图115)。

二十六、阮冲土墩墓

阮冲土墩墓(201206NGL)位于南陵县工山镇桂镇村阮冲村民组西方向180米的土墩上,四周竹林及树林分布广泛。此处发现圆形土墩墓3座,绝大多数土墩上方有方形盗洞,地表均覆盖毛竹或松树。整个墓群呈东西排列,间距15至25米,面积约1 100平方米。由于树木大面积

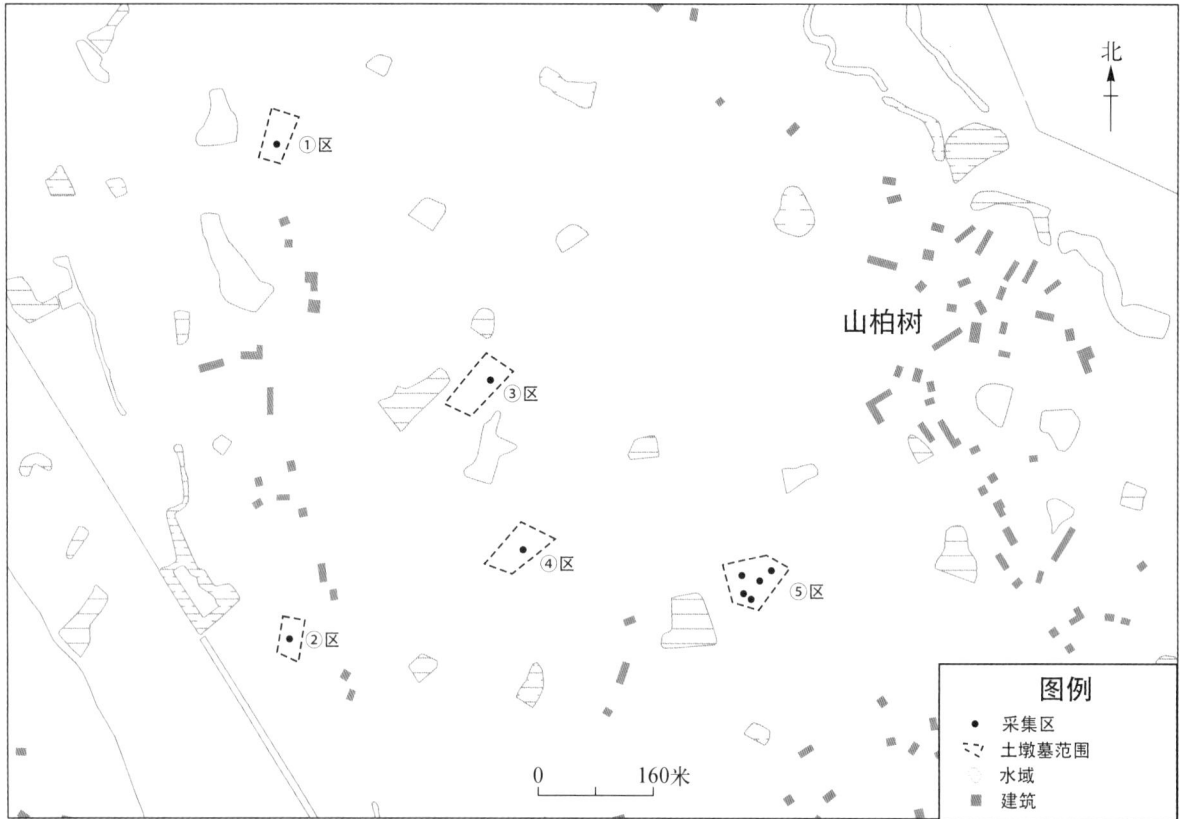

图114　山柏村土墩墓群分布图

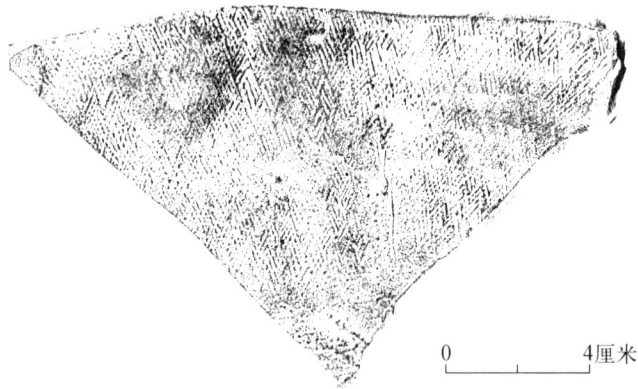

图115　山柏村土墩墓出土遗物

覆盖,两旁树林中还有更多土墩墓,草木茂密不易进出,故未能对墓群详细调查。(图116;图版二四,1),墓群采集印纹硬陶一片(图版四八,5)。

二十七、塘埂土墩墓

塘埂土墩墓(201206NGT)位于南陵县工山镇山峰村塘埂村民组西南角道路两旁的岗顶上,

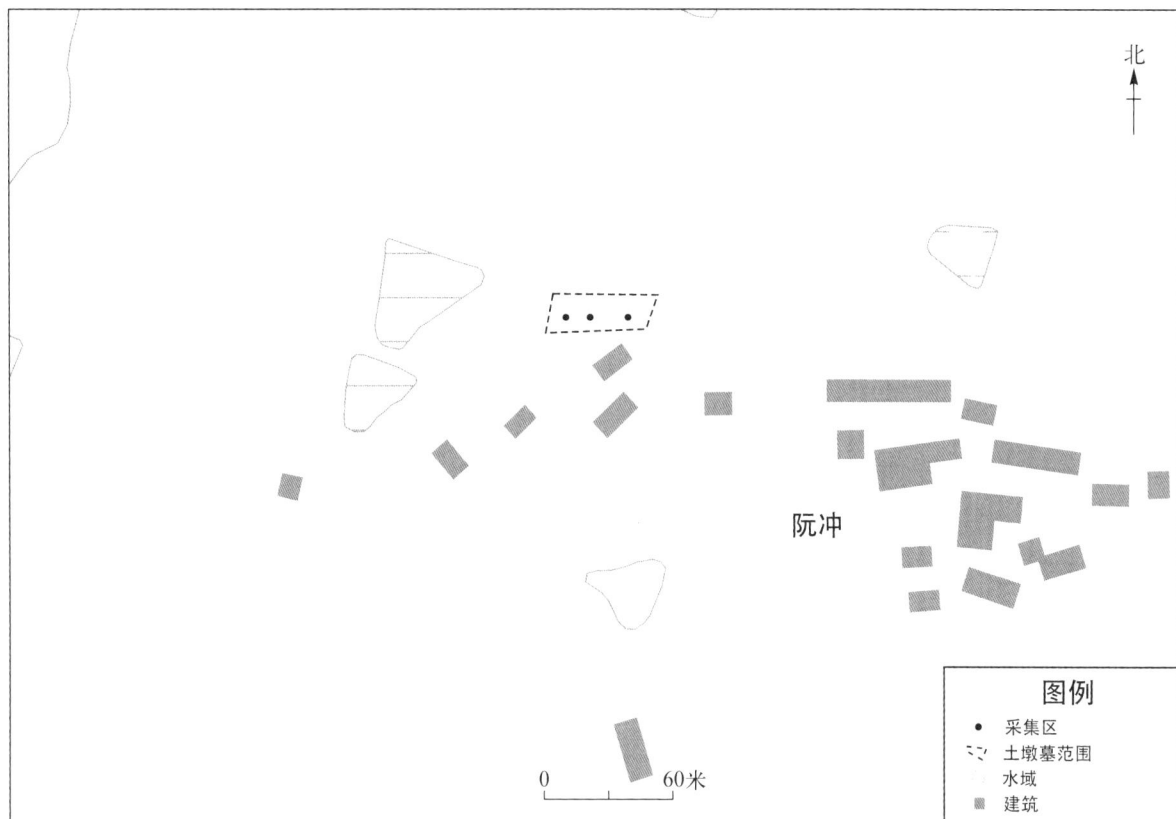

图116　阮冲土墩墓分布图

东距垅下遗址720米。周边树林密布，县道从土墩墓群中穿插而过。整个墓群为东北—西南走向，四座土墩墓依次排开，墓间距40至100米，面积约6万平方米。路两旁的树林中还有更多土墩墓。由于破坏较为严重，两个墓群未发现遗物（图117；图版二四，2）。

二十八、四甲土墩墓

四甲土墩墓（201210NGS）位于南陵县工山镇工二村四甲村民组东北方向100米的土墩上，四周竹林及树林分布广泛，此处发现圆形土墩墓5座，具体数量应更多。绝大多数土墩上方有方形盗洞，部分被房屋或道路破坏，地表均覆盖毛竹或松树。整个墓群呈南北走向，间距10至20米，面积约3 000平方米（图118；图版二五，1）。

四甲土墩墓群和塘埂土墩墓群均地处垅下聚落2 000米范围内，可能是垅下聚落的墓地所在。

二十九、团山马土墩墓

团山马土墩墓（201215NGT）位于南陵县工山镇团山马村民组东北方向的岗顶处，周边树林密布，墓葬下方为民房，西北侧为乡道。3座墓葬呈一字型排列，东北—西南向，间距约2米，占地面积约380平方米（图119）。

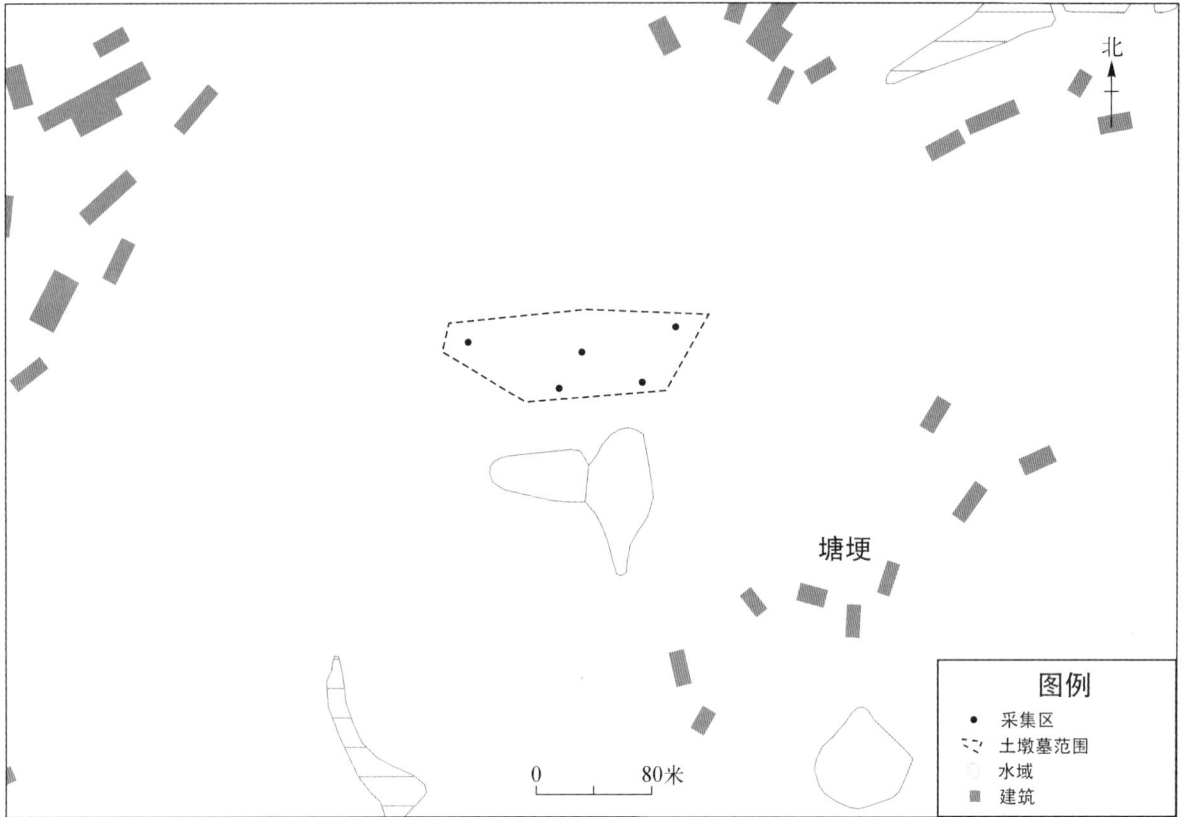

图117　塘埂土墩墓分布图

图118　四甲土墩墓分布图

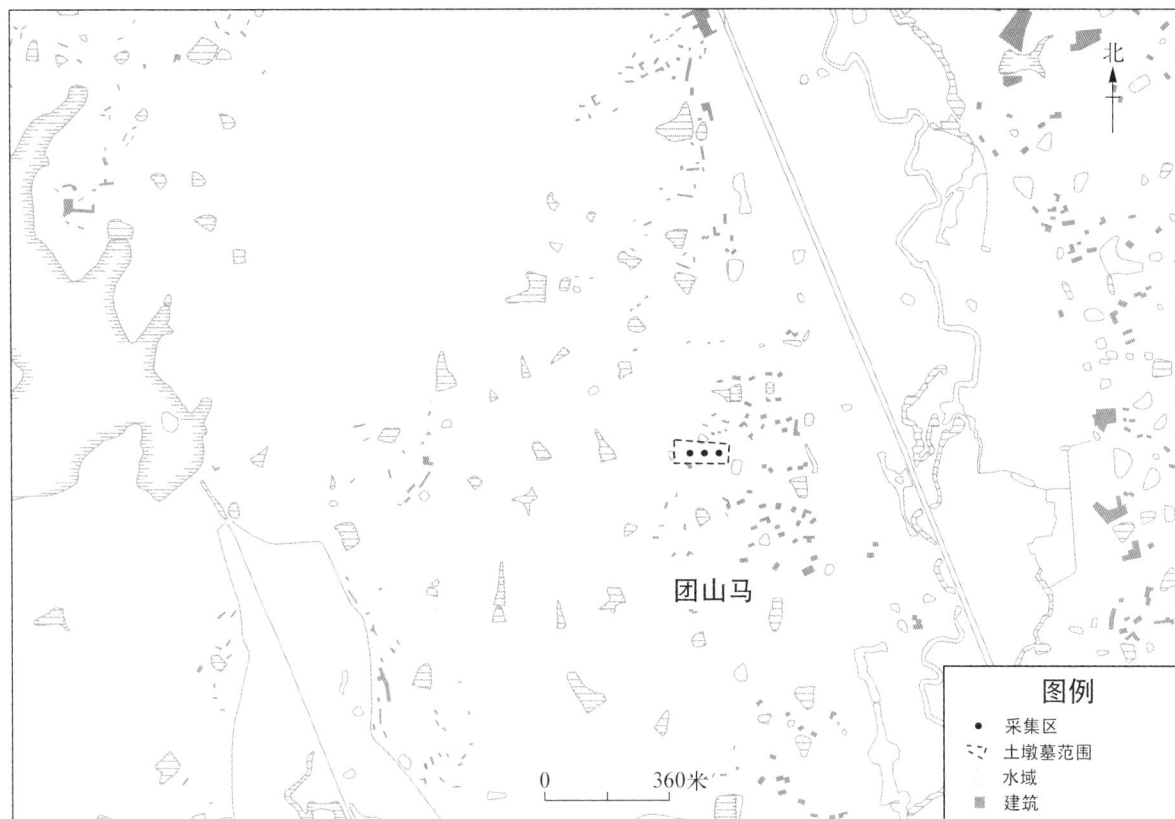

团山马

图例

· 采集区
土墩墓范围
水域
建筑

0　　　360米

图119　团山马土墩墓分布图

三十、新塘土墩墓

新塘土墩墓（201217NGX）位于工山镇白叶村新塘村民组西南方向77米，地处岗地的顶部，地表现为树林，四周为农田，农耕破坏较为严重。共登记圆形墓葬1座，底径20米，根据地形地貌及土墩范围判断墓葬面积约100平方米。草木茂密不易进出，故未能对墓群详细调查。墓群未发现遗物（图120；图版二五,2）。

三十一、庆山土墩墓

庆山土墩墓（201217NGQ）位于工山镇新岭村庆山村民组东南方向约60米的岗地坡脚处。遗址西南侧10米处有一水塘，北侧有几户人家，东北邻近新塘土墩墓。共登记圆形墓葬1座，底径约10米，高约3米，根据地形地貌及土墩范围判断墓葬面积约100平方米。地表现为树林，四周为农田，农耕破坏较为严重，上方有大量不规则石块且取土破坏严重，部分被房屋或道路破坏。墓群未发现提取遗物（图121；图版二六,1）。

三十二、岭头土墩墓

岭头土墩墓（201206NGL）位于南陵县工山镇高岭村岭头村民组西南方向55米的土墩上，

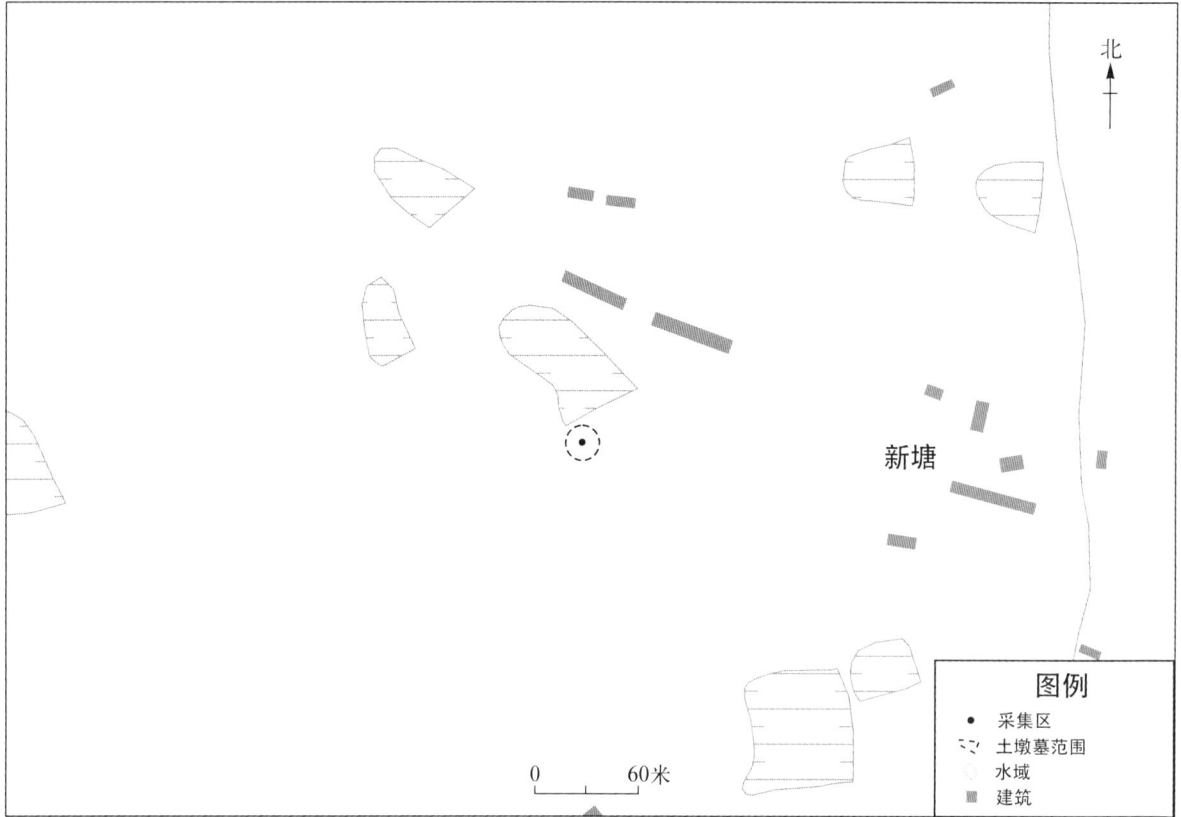

图 120　新塘土墩墓分布图

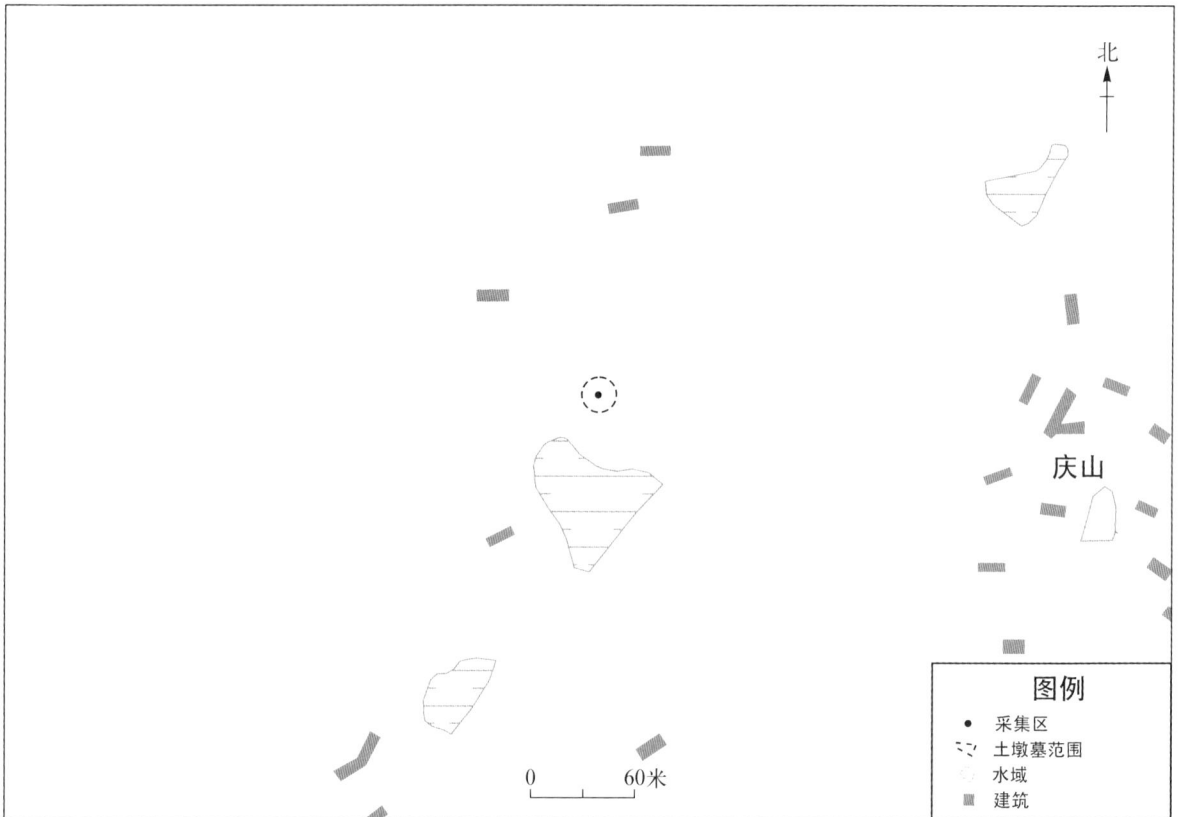

图 121　庆山土墩墓分布图

东、西、南三侧树林密布,牛冲郎水库位于墓葬东南方向大约1 700米,北部为民房。整个墓群为东北—西南走向,3座土墩墓依次排开,间距15米左右,占地面积约800平方米。由于破坏较为严重,两个墓群未发现遗物(图122;图版二六,2)。

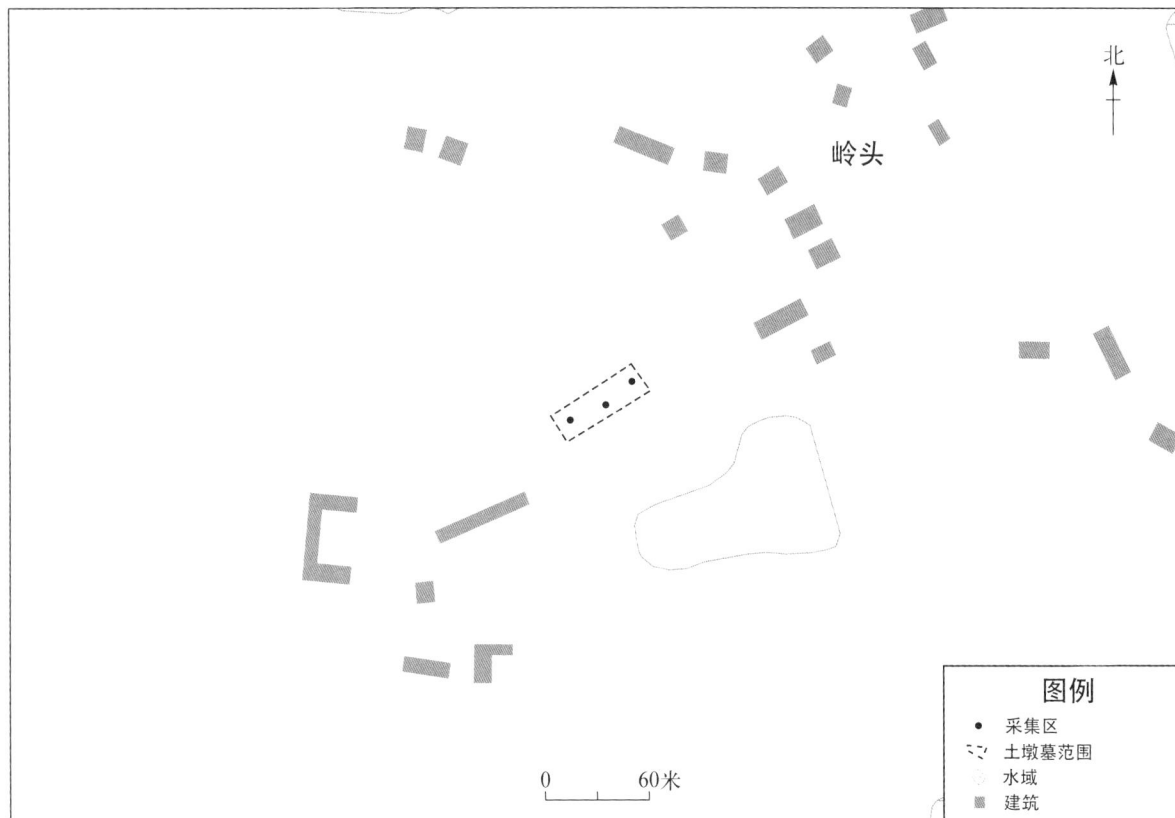

图122 岭头土墩墓分布图

三十三、散点

1. 工山东

工山东散点(191231NGD)位于工山镇东400米,地表平整,未见文化层,设采集区1个,共有陶片3片(图123)。

标本01:硬陶,器表拍印较为规整的复线回纹,长4.5、宽4.1厘米。

标本02:硬陶,器表拍印多道线纹,长2.5、宽1.9厘米。

2. 乌基塘

乌基塘散点(191231NGW)位于工山镇乌基塘北部120米,地表平整,未见文化层,设采集区1个,共有陶片3片(图124)。

标本01:硬陶,器表拍印细密的方格纹,长4.8、宽4.0厘米。

标本02:硬陶,器表拍印复线回纹,长2.3、宽2.0厘米。

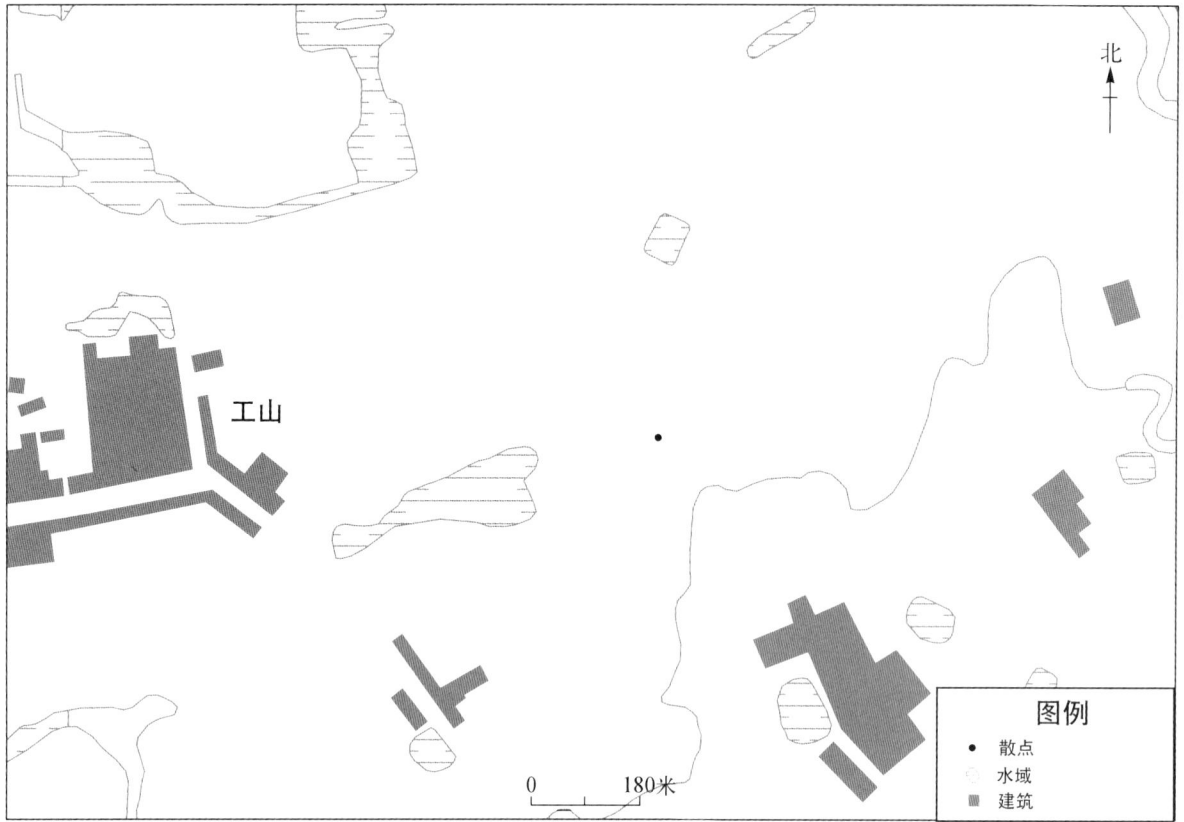

图例

- 散点
- 水域
- 建筑

图123　工山东散点分布图

图例

- 散点
- 水域
- 建筑

图124　乌基塘散点分布图

标本03：硬陶，器表装饰排列规整的复线回纹，长2.1、宽1.9厘米。

3. 店门林中

店门林中散点（191230NGZ）位于工山镇店门林村中部，遗物见于村中菜地及道路垫土中，以陶片为主，另见炉渣1件，设采集区3个（图125）。

图125 店门林中散点分布图

标本01：硬陶，上腹残片，近沿部为素面，器肩及腹部拍印规格较大的复线回纹，长14.3、宽9.0厘米（图129-1）。

标本02：硬陶，表面拍印复线回纹，长6.5、宽6.3厘米（图129-2）。

4. 店门林东北

店门林东北散点（191230NGDDB）位于工山镇店门林村东北200米，遗物分布在水塘的南侧，设采集区2个，断面未见文化层及遗迹（图126）。

标本01：硬陶，拍印复线回纹，长4.7、宽3.5厘米（图129-3）。

标本02：硬陶，拍印小方格纹，长5.0、宽2.3厘米（图129-4）。

标本03：硬陶，纹饰为交错复线回纹，长6.0、宽3.8厘米（图129-5）。

5. 店门林西

店门林西散点（191230NGDX）位于工山镇店门林村西50米，地表平整，未见文化层及遗迹，

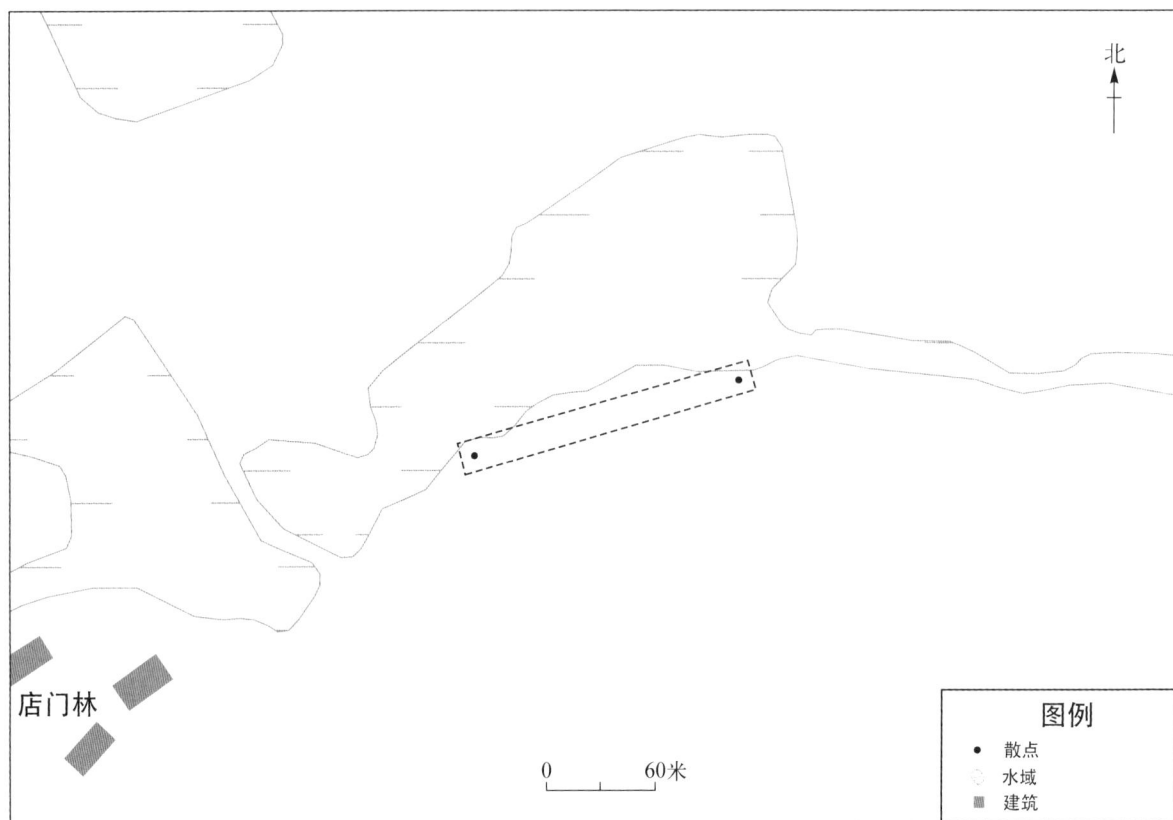

图126　店门林东北散点分布图

设采集区3个,遗物均为陶片(图127)。

标本01:硬陶,器表拍印规整的复线回纹,长5.2、宽4.2厘米(图129-6)。

标本02:硬陶,器表拍印斜席纹,长4.5、宽3.3厘米(图129-7)。

标本03:硬陶,器表拍印复线雷纹,长4.0、宽1.6厘米(图129-8)。

标本04:硬陶,器表拍印多道线纹,长3.7、宽1.8厘米(图129-9)。

标本05:硬陶,器表拍印较为规整的复线雷纹,长8.7、宽6.8厘米(图129-10)。

标本06:硬陶,表面拍印斜席纹,长4.0、宽3.1厘米(图129-11)。

标本07:硬陶,器表拍印规整的复线回纹,长4.0、宽2.1厘米(图129-12)。

标本08:硬陶,器表拍印规格较大的复线雷纹,长5.4、宽4.8厘米(图129-13)。

6. 回龙墩北

回龙墩北散点(191230NGHB)位于回龙墩遗址北部50米,地表平整,设采集区1处,有陶片2件(图128)。

标本01:硬陶,纹饰为拍印的复线折线纹,长2.5、宽1.8厘米(图129-14)。

标本02:硬陶,纹饰为拍印的复线回纹,长4.5、宽1.6厘米(图129-15)。

7. 藕塘冲

藕塘冲散点(201216NGO)位于工山镇桂镇村村民组西南方向约120米处,地势平坦,地表现

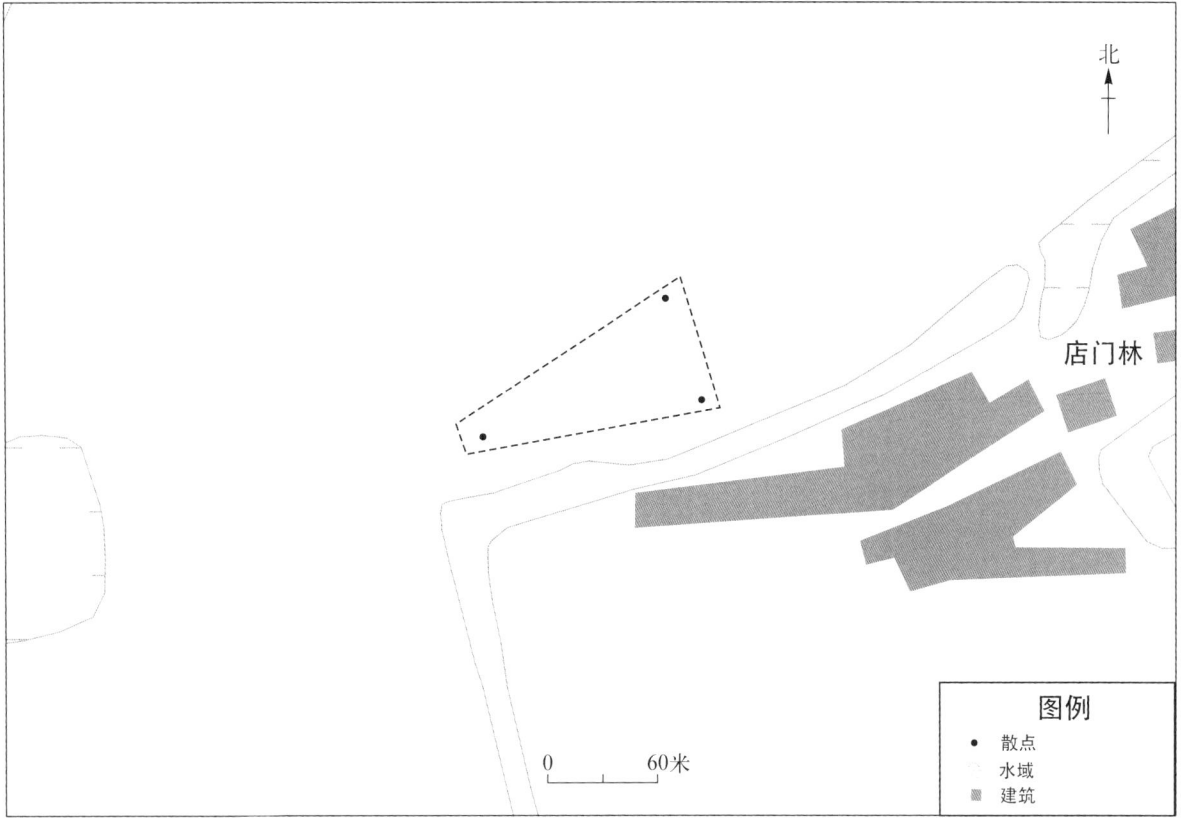

图 127　店门林西散点分布图

图 128　回龙墩北散点分布图

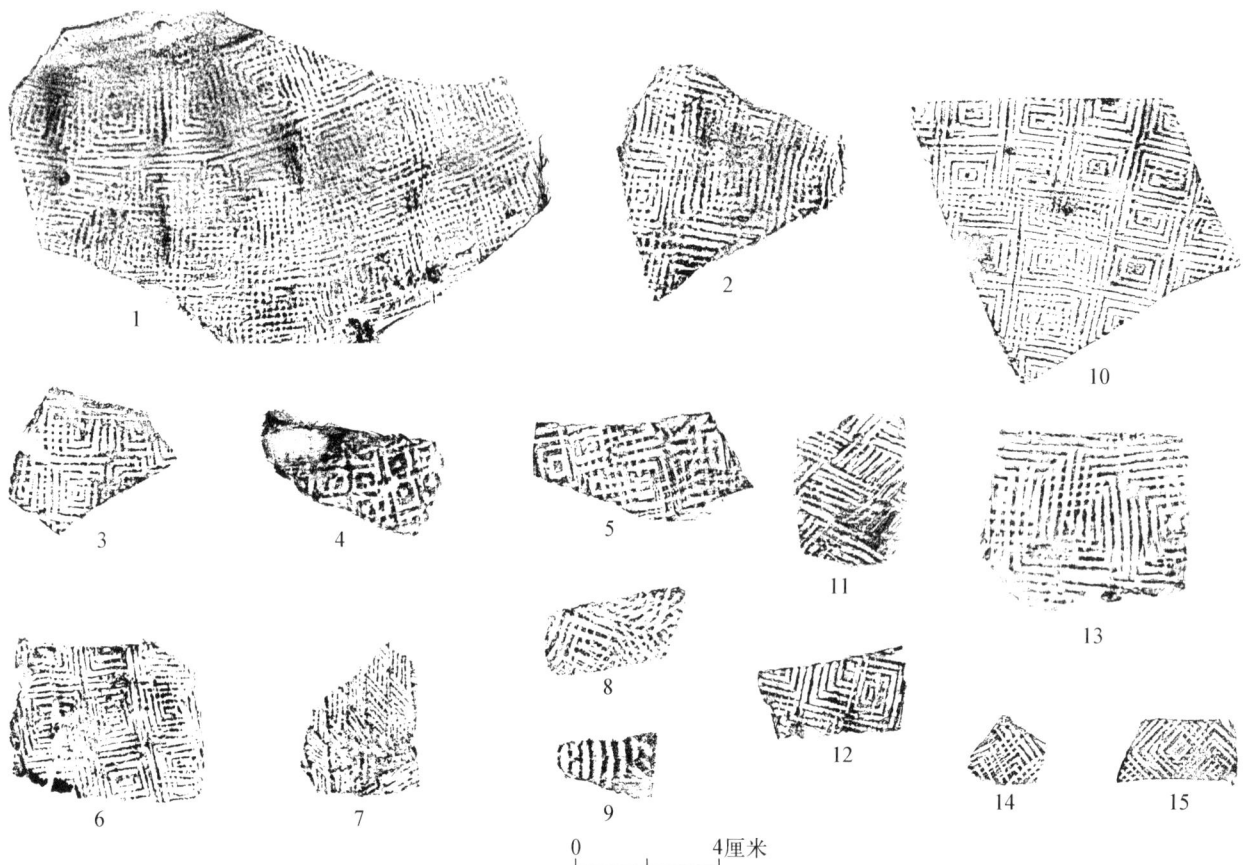

图129　店门林周边、回龙墩北散点采集遗物

1. 标本01、2. 标本02（店门林中散点）；3. 标本01、4. 标本02、5. 标本03（店门林东北）；
6. 标本01、7. 标本02、8. 标本03、9. 标本04、10. 标本05、11. 标本06、12. 标本07、13. 标本08（店门林西）；
14. 标本01、15 标本02（回龙墩北）

为水田，被水田和道路破坏。正南距四垅遗址约420米，南距S32宣铜高速1 132米，西距县道132米。设采集区1个，遗物仅有陶片，未见文化层及遗迹（图130）。

标本01：柄部柱状，夹砂红陶，红胎，素面，尾部略翘，有一对穿孔（图131）。

8. 团山涝

团山涝散点（201210NGT）位于工山镇大工村团山涝村民组，遗物见于村后山的山谷中，以炉渣为主，设采集区1个，未见文化层及遗迹（图132）。

标本01：泥质灰陶，为战国时期板瓦，灰胎，绳纹，高6.2、宽5.0厘米。

9. 上曹

上曹散点（201216NGS）位于工山镇桂镇村上曹村民组向南方向约55米，地表现为水田，北距S32宣铜高速145米，东北距四垅遗址980米，现被水田及道路破坏。设采集区1个，有陶片2件，未见文化层及遗迹（图133）。

标本01：泥质灰陶，灰胎，施豆绿色，敛口，圆唇，高3.7、宽5.0厘米。

标本02：夹砂红陶，红胎，素面，口沿，敛口，圆唇，疑为瓮，高6.2、宽5.0厘米。

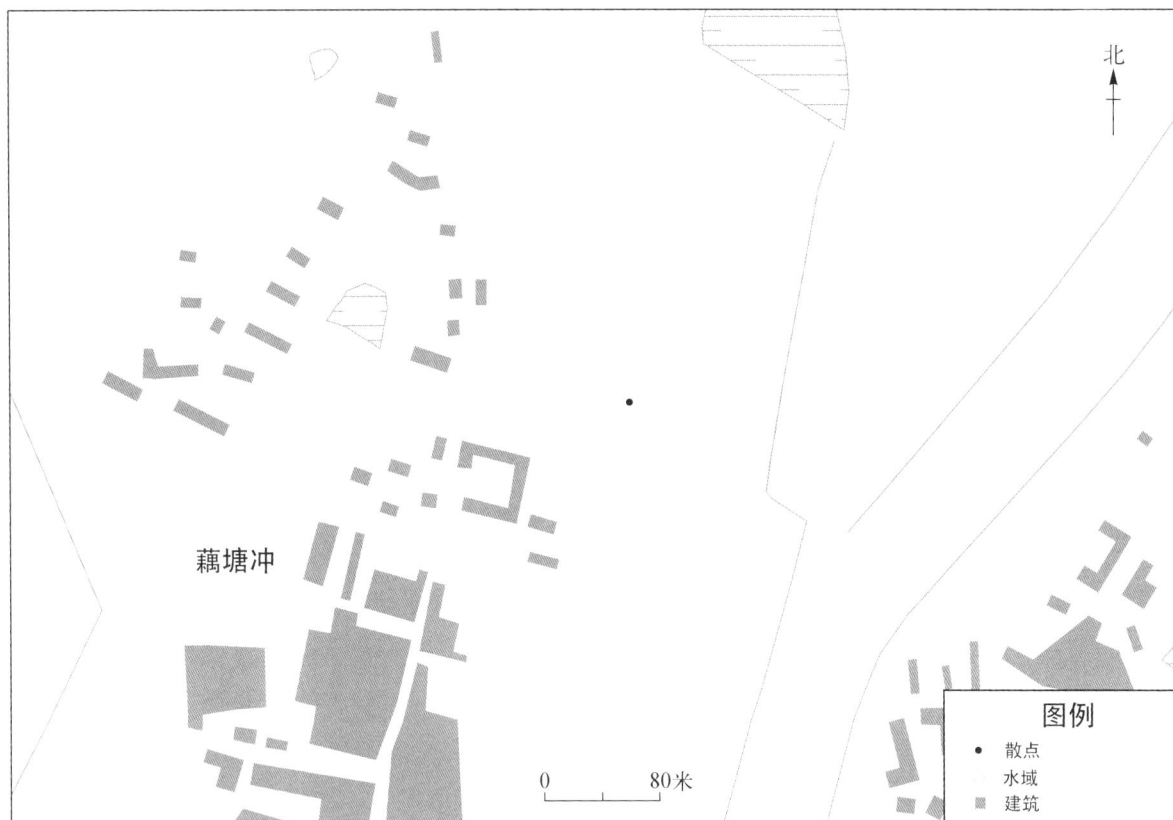

图130 藕塘冲散点分布图

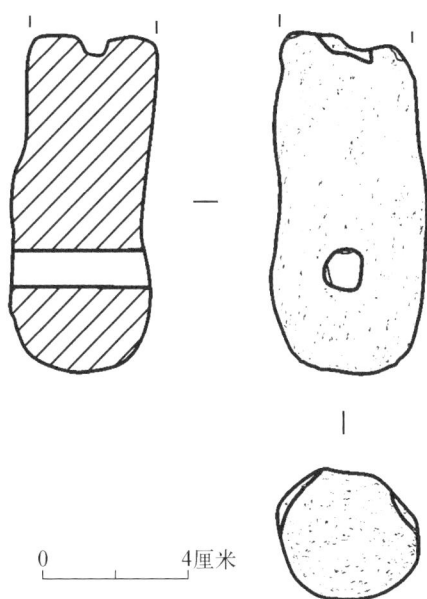

图131 藕塘冲采集遗物

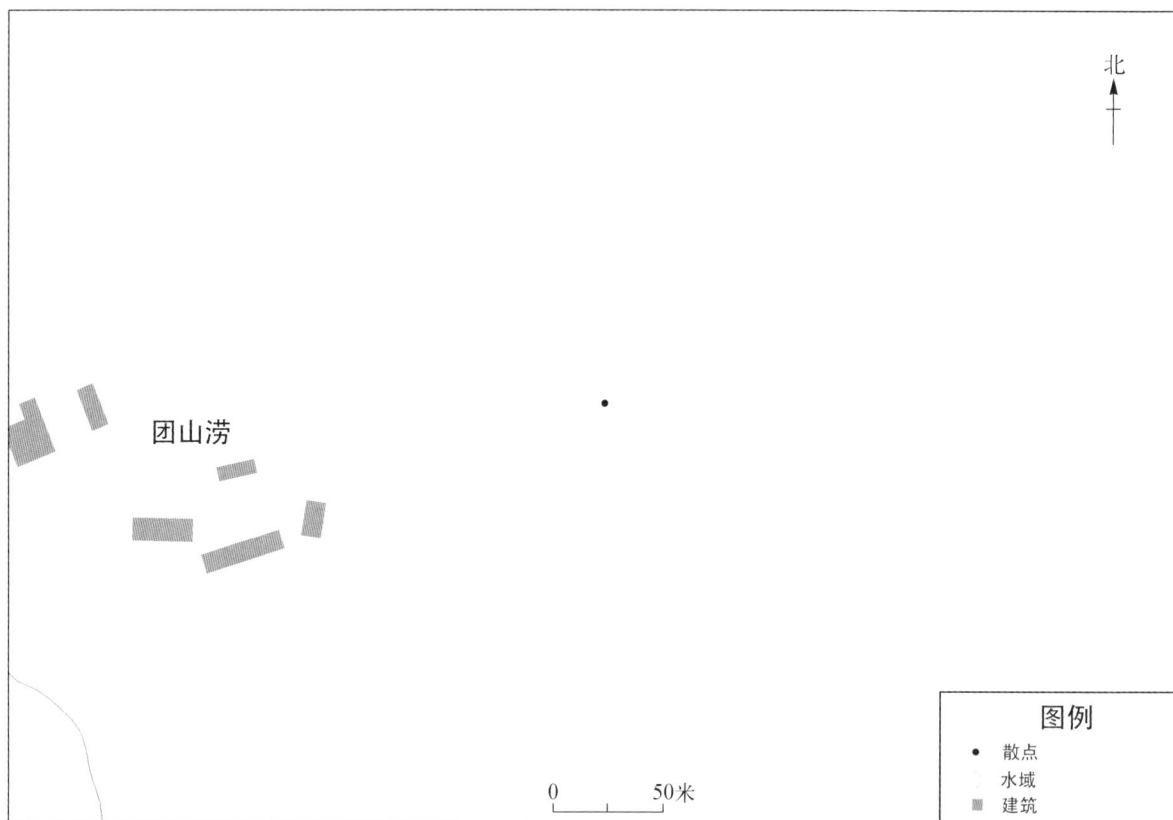

北

图例
· 散点
水域
建筑

0   50米

图132　团山涝散点分布图

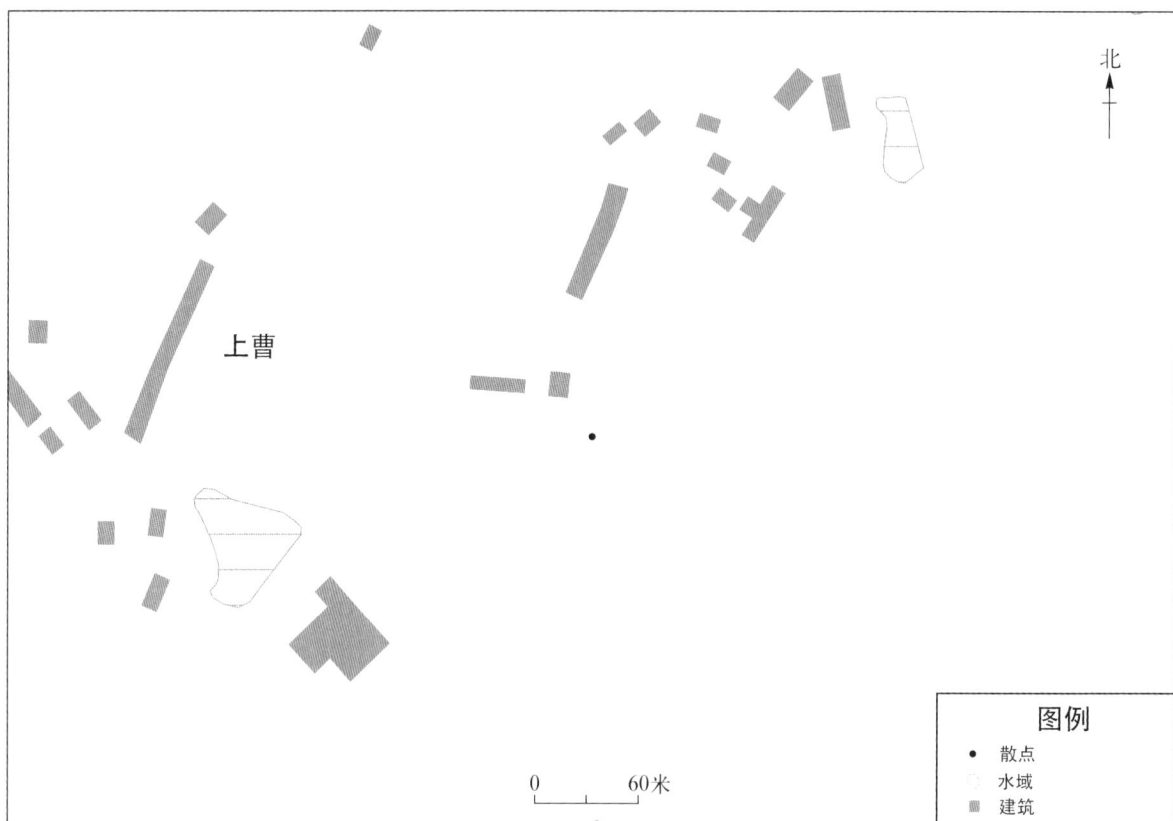

北

图例
· 散点
水域
建筑

0   60米

图133　上曹散点分布图

10. 荷花桥

荷花桥散点（201216NGH）位于工山镇荷花村村民组，地表现为农田，被水田及道路破坏。设采集区1个，仅有陶片1件，未见文化层及遗迹（图134）。

图134　荷花桥散点分布图

标本01：泥质红陶，红胎，篮纹，高3.3厘米。

11. 山头俞

山头俞散点（201216NGH）位于工山镇山头俞村村民组，地表略有突起，但未见文化层，设采集区1个，仅有陶片1件（图135）。

标本01：泥质灰陶，灰胎，回纹，高6.0厘米。

12. 山头俞西北

山头俞西北散点（201215NGS）位于工山镇山头俞村村民组，地表现为树林，设采集区1个，仅有陶片1件，未见文化层及遗迹（图136）。

标本01：泥质灰陶，灰胎，凹弦纹及复线回纹，高5.8厘米。

13. 姚冲

姚冲散点（201208NGY）位于工山镇工山村姚冲组，地表现为树林、竹林，遗址边缘被生产破坏，东南距垅下遗址1 900米，北距S320省道越1 000米。设采集区1个，仅有陶片1件，未见文化层及遗迹（图137）。

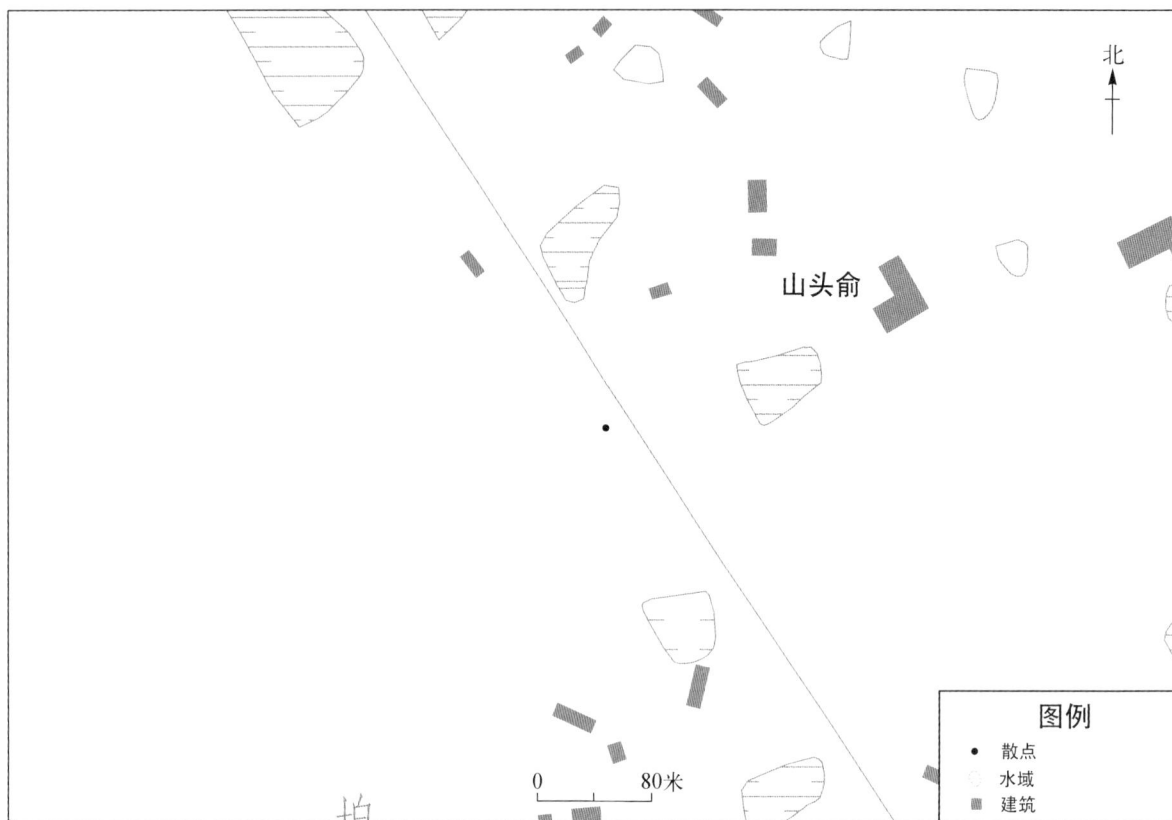

图135 山头俞散点分布图

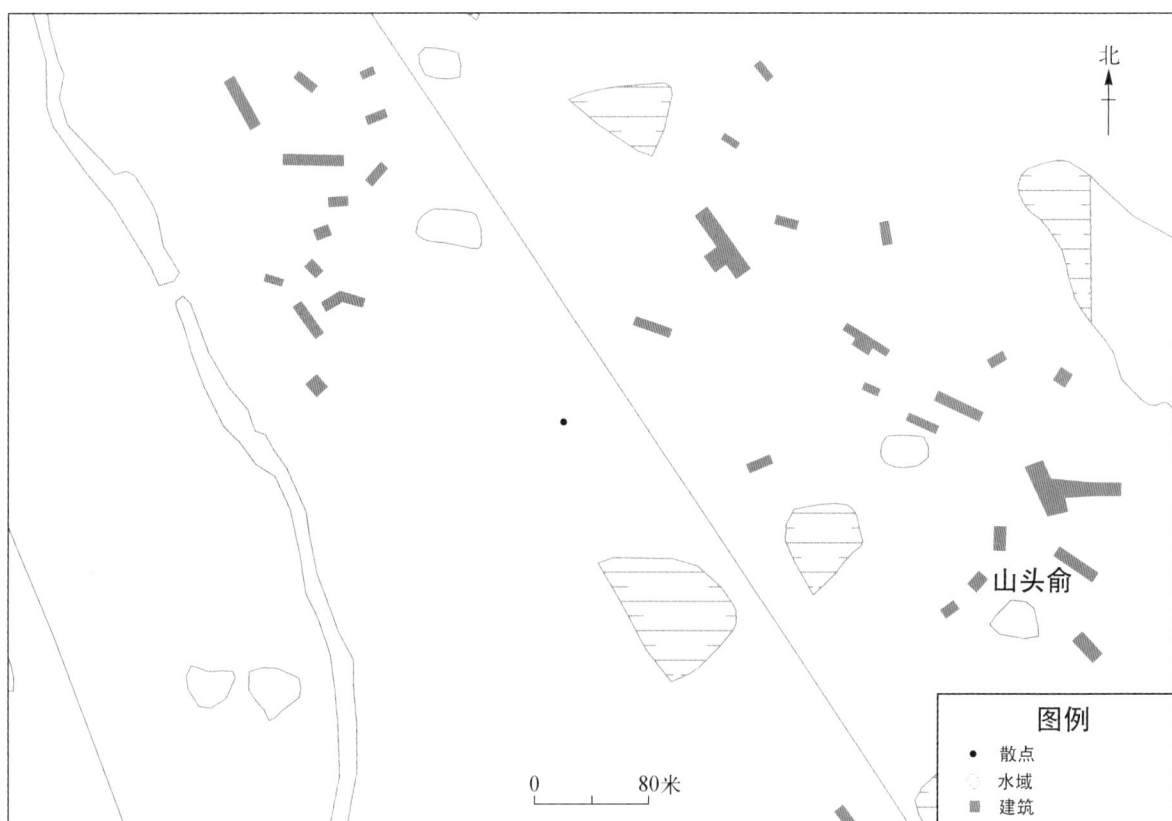

图136 山头俞西北散点分布图

图137 姚冲散点分布图

标本01：泥质灰陶，灰胎，复线回纹，高6.1、宽6.0厘米。

14. 殿冲

殿冲散点（201213NGD）位于工山镇殿冲村村民组，地表略有突起，但未见文化层，设采集区1个，仅有陶片1件（图138）。

标本01：泥质灰陶，灰胎，残损不清晰，菱形填线纹或三角填线纹，高6.2、宽8.0厘米。

15. 黄山岗

黄山岗散点（201215NGH）位于工山镇殿冲村村民组，地表略有突起，但未见文化层，设采集区1个，仅有陶片1件（图139）。

标本01：泥质灰陶，紫褐色胎，方格纹，高3.0、宽8.0厘米。

16. 田头吴

田头吴散点（201206NGT）位于工山镇田头吴村村民组西，地表现为农田，现被水田及道路破坏。设采集区1个，仅有陶片1件，未见文化层及遗迹（图140）。

标本01：泥质灰陶，红胎，方格纹，高3.6、宽6.0厘米。

17. 牧家亭

牧家亭散点（191230NGDX）位于工山镇牧家亭村村民组东南方向约300米的岗顶处，地表平整，地表现为旱地。设采集区1个，遗物仅为炉渣1枚，未见文化层及遗迹（图141）。

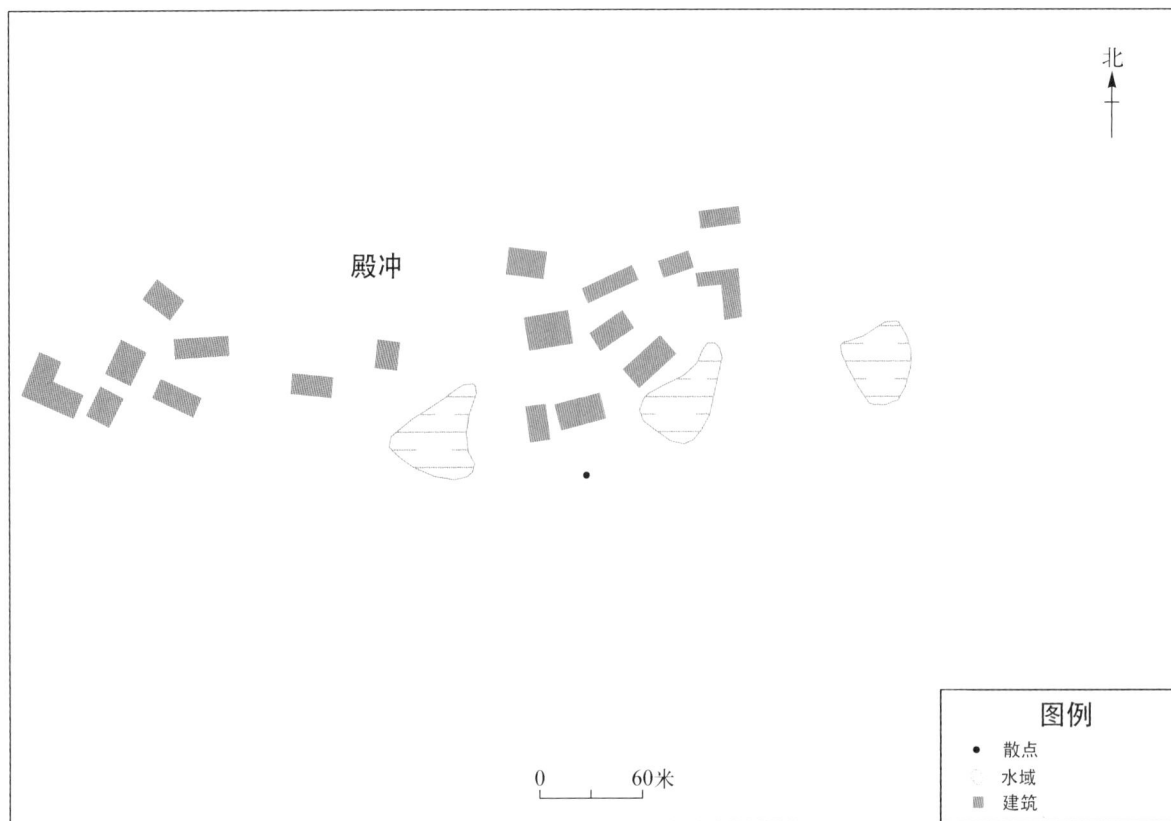

图 138　殿冲散点分布图

图 139　黄山岗散点分布图

图例

北

● 散点
　 水域
▨ 建筑

0　　140米

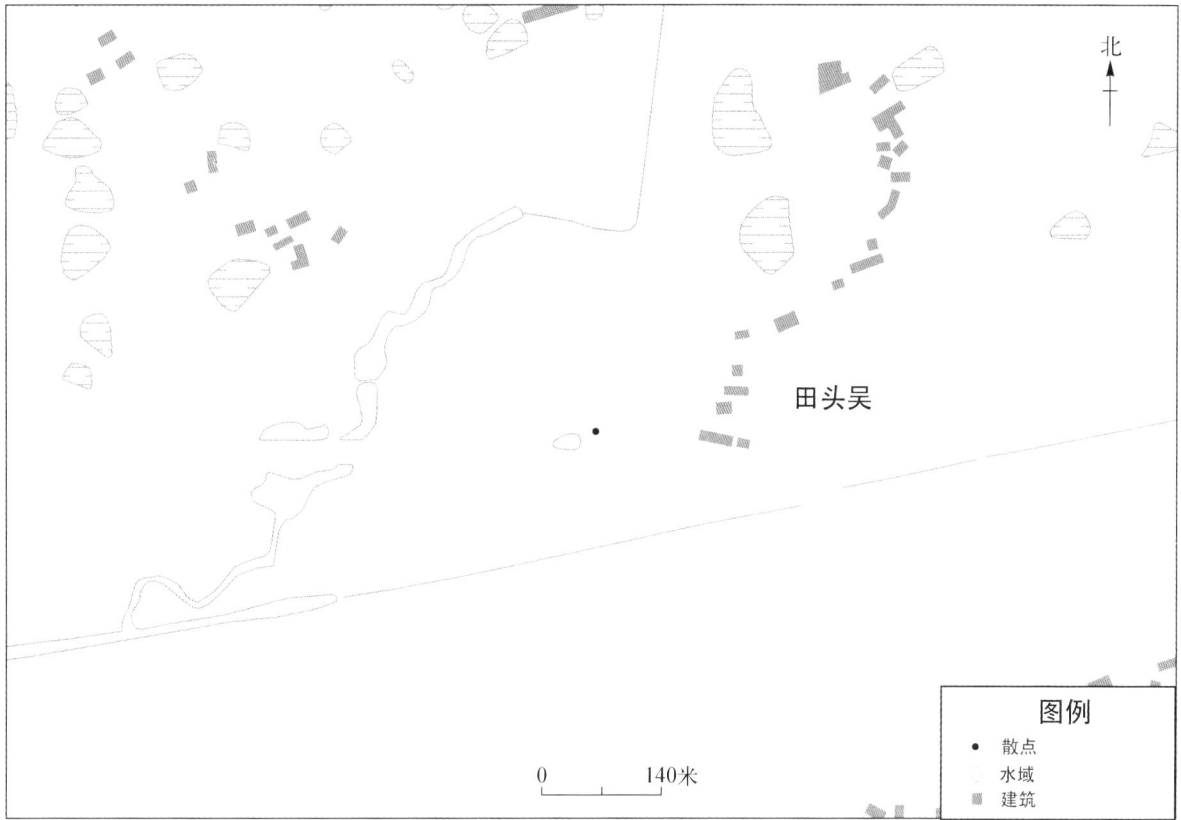

图140　田头吴散点分布图

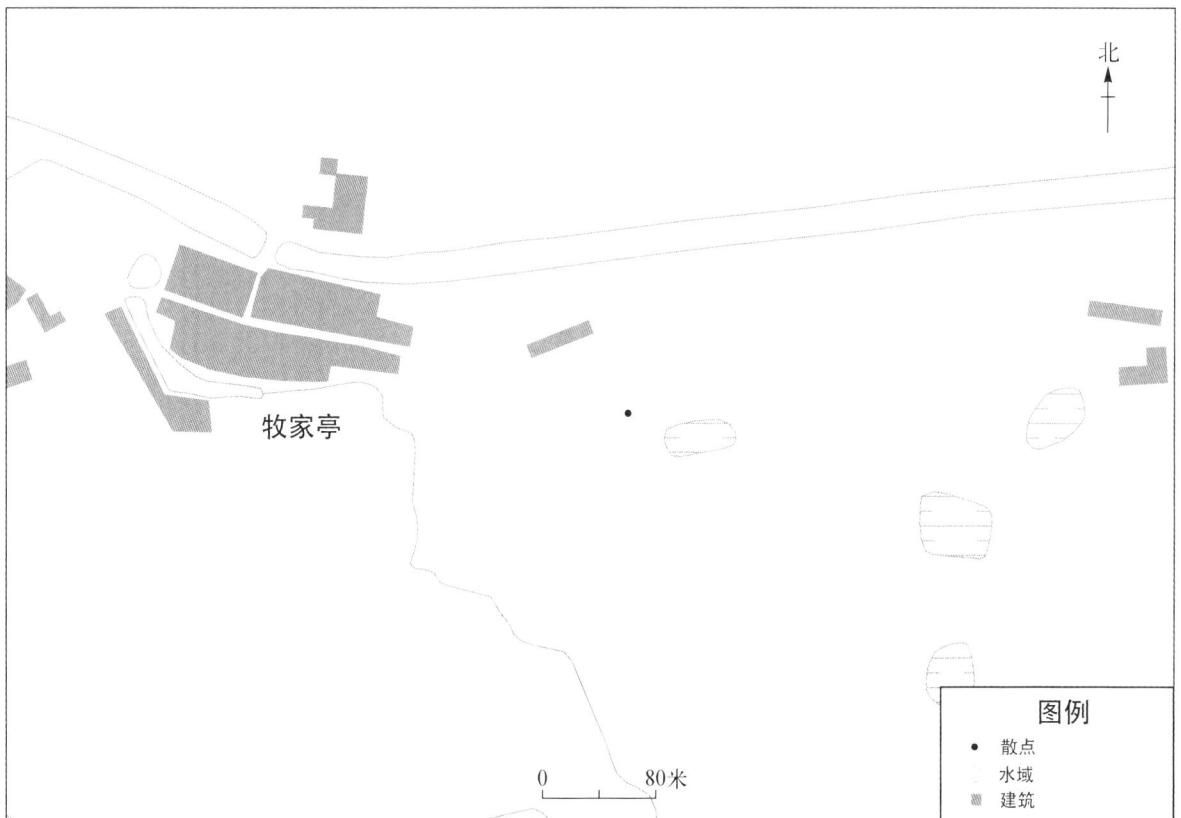

北

图例

● 散点
　 水域
▨ 建筑

0　　80米

图141　牧家亭散点分布图

标本01：炉渣，呈黑褐色，表面有红棕色锈蚀物，质地较密，没有明显的断面，呈不规则圆形，块状完整，半径约8.0、厚2.0厘米。

第三节　七星河流域（何湾镇）

漳河—大工山区域南部即七星河流域，位于大工山南麓，北部多山区，南部为冲积平原，本次调查范围以何湾镇南部河谷及西北部山前岗地为主。该区域内有省级文物保护单位下西遗址。受时间和微观地貌的影响，本区域调查采取了专题调查的方法，共发现聚落遗址13处，散点11处（图142）。

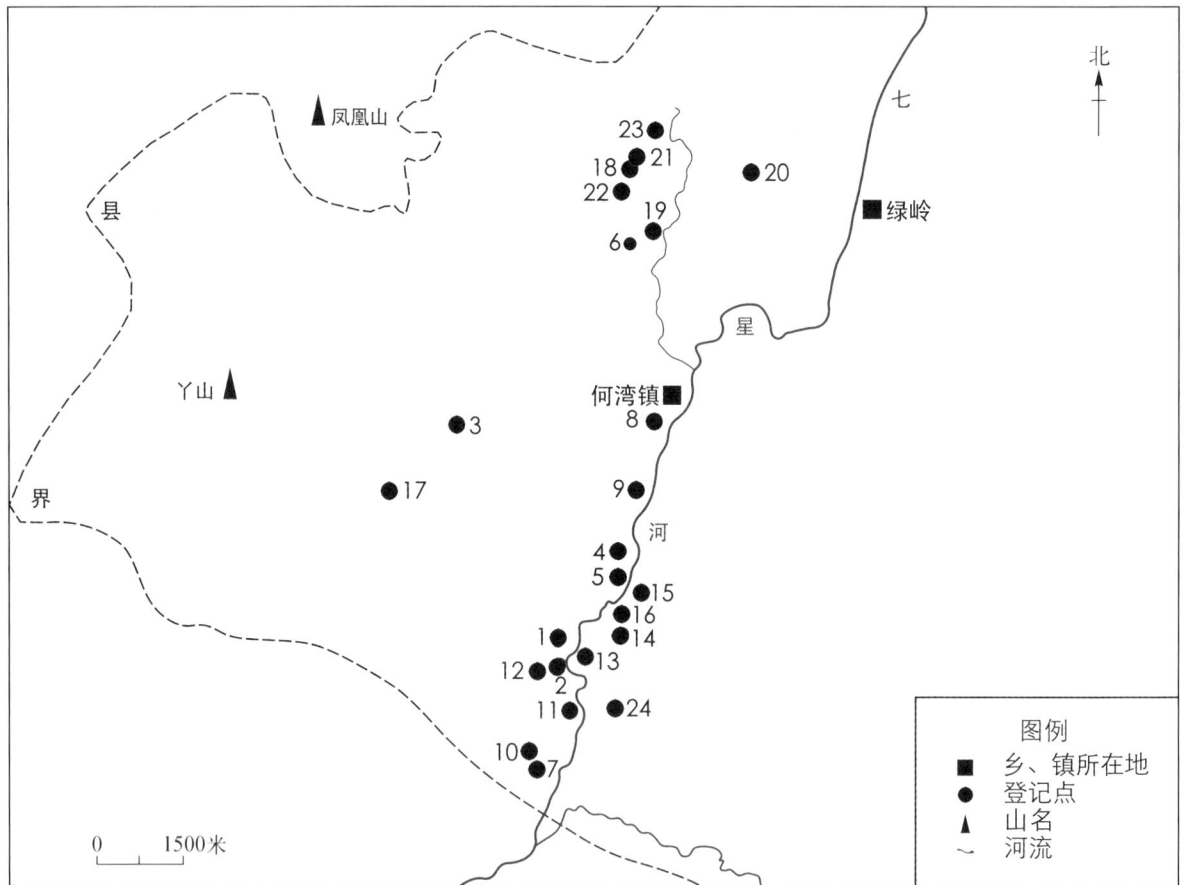

图142　七星河流域调查遗存分布图

1. 下屋遗址、2. 毛草棚遗址、3. 南山脚遗址、4. 下叶遗址、5. 田湖散点、6. 燕屋旺冲遗址、7. 落冲散点、8. 下街村散点、9. 下湖塌散点、10. 蒋家湖散点、11. 蒋家湖东北散点、12. 毛棚东南散点、13. 桥头西南散点、14. 杨家庄散点、15. 姚冲中散点、16. 姚冲下散点、17. 冷水冲遗址、18. 樟木涝遗址、19. 刘家井遗址、20. 小燕冲遗址、21. 神冲遗址、22. 余家冲遗址、23. 水龙湖遗址、24. 铜塘遗址

一、下屋遗址

1. 遗址概况（201219NHX）

遗址位于何湾镇涧西村下屋组，县道X081和X032之间，七星河穿村而过。以七星河为界，西部为下屋遗址，遗址两旁为农田。整个遗址群的分布呈南北走向，西距涧西村约170米。四周皆为平地，土墩遗址高于地面。现代农耕活动和基础建设活动对遗址本体造成了一定的破坏（图版二七，1）。

2. 聚落

遗址共调查了14个土墩，设16个采集区。土墩墩型各异，以近圆形、方形居多。遗物主要分布于台型墩子上，但是由于后期人为的破坏，有少量陶片在沟渠和道路附近被发现。遗物分布面积1500平方米，根据遗物分布范围及地形推测遗址面积约16000平方米。由于北部修路破坏严重，土墩高矮、大小不一，原状不详。这些墩子初步判断是同一个聚落遗址，可能是由原来的一个大土墩被农耕或修路破坏所致（图143）。

3. 遗物

遗物仅有陶片，大部分为泥质陶，也有一部分夹砂陶，以灰色和红色为主，由于多数陶片残损较甚，可辨器形较少，其中C02未采集到遗物，下文不再介绍。

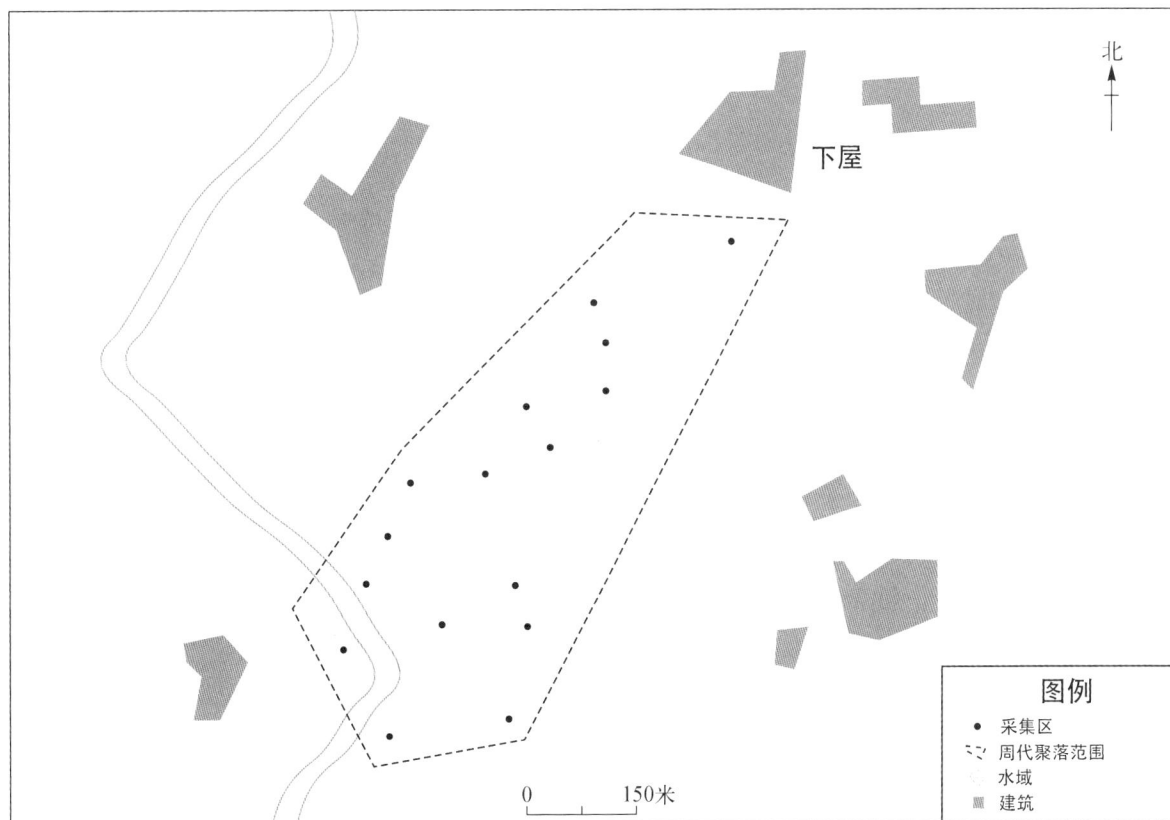

图143 下屋遗址聚落分布图

C01：

标本01：印纹硬陶，泥质灰陶，灰胎，口字纹及菱形填线纹，长3.7、宽2.1厘米（图144-1；图版四九，1）。

标本02：印纹硬陶，泥质灰陶，灰胎，回纹，长3.6、宽2.6厘米（图144-2；图版四九，2）。

标本03：印纹硬陶，泥质灰陶，灰胎，复线回纹，长4.3、宽2.7厘米（图144-3；图版四九，3）。

标本04：印纹硬陶，泥质灰陶，灰褐色胎，回纹，长4.0、宽3.1厘米（图144-4；图版四九，4）。

标本05：夹细砂灰胎，黄褐色釉，口字纹及菱形填线纹，长3.9厘米。

标本06：印纹硬陶，泥质红陶，灰胎，复线回纹，长5.6、宽5.2厘米（图144-5、144-10）。

标本07：印纹硬陶，泥质红陶，红胎，回纹，长4.9、宽2.6厘米（图144-11；图版四九，5）。

标本08：夹砂红陶，灰胎，细绳纹，长4.8、宽3.4厘米（图144-6、144-12；图版四九，6）。

标本09：夹细砂红陶，灰胎，绳纹，长3.4、宽5.2厘米（图144-13）。

标本10：夹砂红陶，红胎，绳纹，长4.4、宽3.6厘米（图144-14；图版四九，7）。

标本11：夹砂红陶，灰胎，绳纹，长3.4、宽2.6厘米（图144-15；图版四九，8）。

标本12：夹砂红陶，灰胎，绳纹，长4.4、宽3.0厘米（图144-16；图版五〇，1）。

C03

标本01：印纹硬陶，红陶，红胎，云雷纹，长3.0、宽2.5厘米（图144-7；图版五〇，2）。

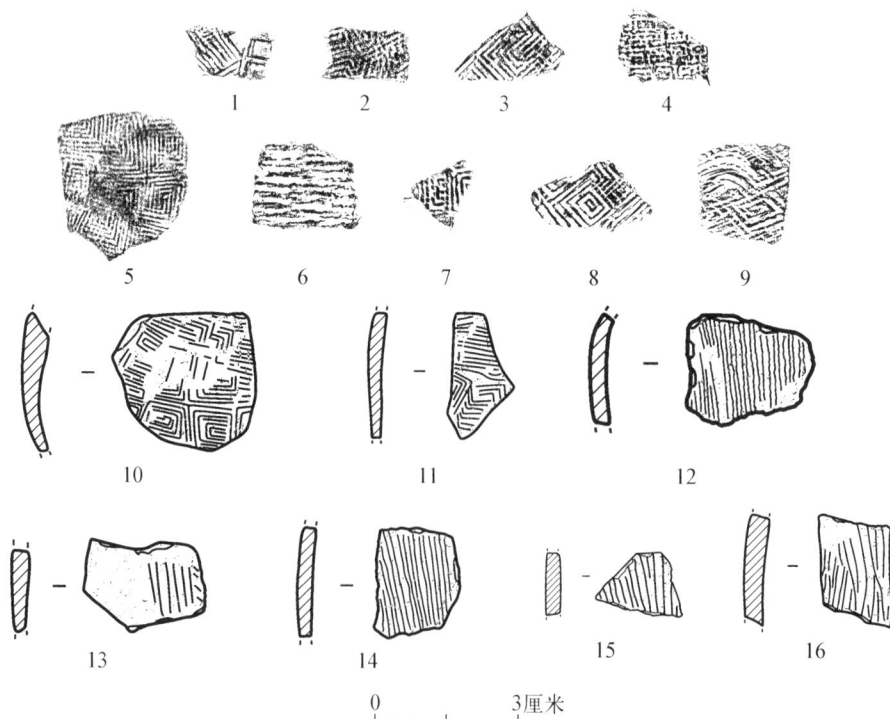

图144 下屋遗址001-002采集遗物

1. C01-01、2. C01-02、3. C01-03、4. C01-04、5. C01-06、6. C01-08、7. C03-01、8. C03-02、9. C03-03、10. C01-06、
11. C01-07、12. C01-08、13. C01-09、14. C01-10、15. C01-11、16. C01-12

标本02：印纹硬陶，泥质灰陶，灰胎，复线回纹，长5.0、宽2.7厘米（图144-8；图版五〇,3）。

标本03：泥质黑陶，红胎，复线菱形纹，长4.1、宽2.6厘米（图144-9；图版五〇,4）。

标本04：泥质黑陶，红褐色胎，回纹，长3.2、宽1.7厘米。

标本05：泥质黑陶，黑褐色胎，回纹，长2.1、宽1.0厘米（图版五〇,5）。

标本06：泥质黑陶，褐胎，回纹，长2.2、宽1.4厘米。

标本07：印纹硬陶，泥质红陶，红胎，绳纹，长1.5、宽1.3厘米。

C04

标本01：印纹硬陶，泥质红陶，灰胎，绳纹，长6.8、宽4.0厘米（图145-13；图版五〇,6）。

标本02：夹细砂红陶，红胎，颈部，绳纹，长5.8、宽3.5厘米（图145-14；图版五〇,7）。

标本03：印纹硬陶，泥质灰陶，灰胎，复线回纹，长4.1、宽3.0厘米（图145-1）。

标本04：泥质黑陶，灰胎，复线回纹，长3.2、宽2.0厘米（图版五〇,8）。

标本05：印纹硬陶，泥质灰陶，灰胎，席纹，长3.3、宽3.0厘米（图145-2）。

标本06：印纹硬陶，泥质红陶，红胎，绳纹，长3.7、宽2.8厘米（图版五一,1）。

标本07：夹细砂红陶，红胎，绳纹，长4.5、宽3.0厘米（图版五一,2）。

标本08：夹砂红陶，红胎，近底部，篮纹，长4.0、宽3.8厘米（图145-15；图版五一,3）。

标本09：印纹硬陶，泥质红陶，红胎，回纹，长2.2、宽1.0厘米（图版五一,4）。

标本10：印纹硬陶，泥质灰陶，灰胎，回纹，长2.5、宽1.2厘米（图版五一,5）。

标本11：泥质黑陶，红褐色胎，下部素面，上部纹饰残损不可辨，长3.9、宽1.5厘米（图版五一,6）。

C05

标本01：泥质灰胎，黄褐色釉，腹部，绳纹，长5.8、宽2.3厘米（图145-16；图版五一,7）。

标本02：夹砂红陶，红胎，鱼鳞叠加纹，长2.8、宽1.0厘米（图145-17；图版五一,8）。

标本03：印纹硬陶，泥质灰陶，青绿色釉，圈足较残，稍外撇，素面，长2.6、宽1.2厘米（图版五二,1）。

标本04：印纹硬陶，泥质灰陶，灰胎，复线回纹，长8.7、宽3.2厘米（图145-3；图版五一,2）。

标本05：泥质灰陶，灰白色釉，口沿，敞口，折沿，尖唇，凹弦纹，长3.6厘米（图145-18）。

标本06：印纹硬陶，泥质灰陶，灰胎，席纹，长9.0、宽6.7厘米（图145-4）。

标本07：印纹硬陶，泥质红陶，红胎，绳纹，长7.4、宽4.0厘米（图145-5）。

标本08：印纹硬陶，泥质灰陶，灰胎，粗席纹，长4.0、宽1.3厘米。

C06

标本01：泥质，灰胎，红褐色釉，网格纹，长5.3、宽4.8厘米（图145-6）。

C07

标本01：泥质白陶，灰白色釉，底部，平底，回纹，长8.4、宽7.0厘米（图145-7；图版五二,3）。

标本02：夹细砂红陶，红胎，残损严重，素面，足身有多道刮抹痕迹，长2.0厘米（图145-19）。

C08

标本01：印纹硬陶，泥质灰陶，灰胎，复线回纹，长12.0、宽7.8厘米（图145-8；图版五二,4）。

标本02：印纹硬陶，泥质灰陶，灰胎，复线回纹，长13.6、宽5.8厘米。

标本03：印纹硬陶，泥质灰陶，灰胎，底部，平底，复线回纹，长19.5、12.0厘米（图145-9、20；图版五二,5）。

标本04：印纹硬陶，泥质灰陶，灰胎，底部，平底，复线回纹，长2.9、宽3.9厘米。

标本05：印纹硬陶，泥质灰陶，灰胎，底部，平底，复线回纹，长3.4、宽2.0厘米（图版五二,6）。

标本06：印纹硬陶，泥质灰陶，灰胎，复线回纹，长9.0、宽8.2厘米（图145-10；图版五二,7）。

标本07：印纹硬陶，泥质灰陶，灰胎，复线回纹，长3.1、宽1.5厘米（图版五二,8）。

C09

标本01：夹粗砂红陶，红胎，胎内含有云母蚌类，锥形足，平面近椭圆形，素面，长4.8、宽2.6厘米（图145-21）。

标本02：泥质黑陶，红褐色胎，罐类颈部，颈部饰数周凹弦纹，腹部饰雷云纹，长8.8厘米（图145-22；图版五三,1）。

标本03：印纹硬陶，泥质灰陶，黄褐色釉，云纹，长8.6、宽5.4厘米（图145-12；图版五三,2）。

标本04：印纹硬陶，泥质灰陶，红胎，复线回纹，长9.4、宽4.7厘米（图145-11；图版五三,3）。

标本05：夹细砂红陶，红胎，绳纹，长4.1、宽2.0厘米（图版五三,4）。

标本06：印纹硬陶，泥质红陶，红胎，柱形足，素面，有刮抹痕迹，长6.6、宽4.0厘米（图145-23）。

C10

标本01：印纹硬陶，泥质灰陶，灰胎，回纹，长2.4、宽1.8厘米（图版五三,5）。

标本02：印纹硬陶，泥质红陶，红胎，绳纹，长4.8、宽2.9厘米（图146-9；图版五三,6）。

C11

标本01：印纹硬陶，泥质灰陶，红褐色胎，颈部，束颈，饰凹弦纹数周，长4.2、宽3.4厘米（图146-10,图版五三,7）。

C12

标本01：泥质灰胎，灰白色釉，回纹，长4.7、宽3.6厘米（图146-11；图版五三,8）。

标本02：印纹硬陶，泥质灰陶，红胎，回纹，长3.8、宽2.0厘米（图版五四,1）。

C13

标本01：泥质黑陶，红胎，复线回纹，长6.5、宽3.0厘米（图版五四,2）。

标本02：泥质灰胎，青绿色釉，底部，平底，复线回纹，长3.5、宽2.5厘米（图146-19；图版五四,3）。

标本03：印纹硬陶，泥质灰陶，红胎，复线回纹，长3.4、宽2.8厘米（图146-1；图版五四,4）。

标本04：泥质黑陶，红胎，复线回纹，长5.6、宽3.7厘米（图146-2；图版五四,5）。

标本05：泥质黑陶，红胎，复线回纹，长5.2、宽2.8厘米（图版五四,6）。

标本06：泥质黑陶，红胎，复线回纹，长4.5、宽2厘米（图版五四,7）。

标本07：印纹硬陶，泥质灰陶，红胎，口沿，敞口，尖唇，束颈，轮制痕迹明显，长4.0、宽3.0厘米（图146-14；图版五四,8）。

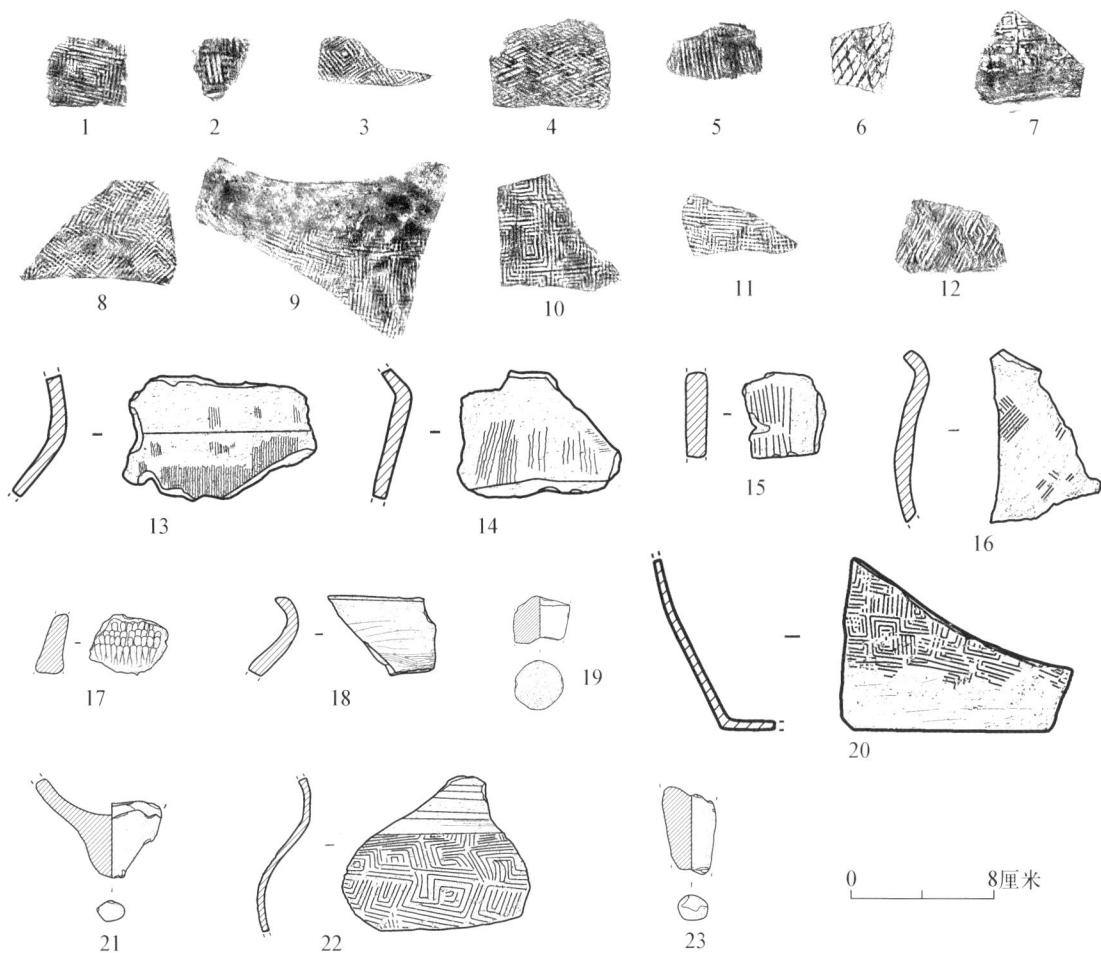

图145 下屋遗址003-007采集遗物

1. C04-03、2. C04-05、3. C05-04、4. C05-06、5. C05-07、6. C06-01、7. C07-01、8. C08-01、9. C08-03、10. C08-06、11. C09-04、12. C09-03、13. C04-01、14. C04-02、15. C04-08、16. C05-01、17. C05-02、18. C05-05、19. C07-02、20. C08-03、21. C09-01、22. C09-02、23. C09-06

标本08：泥质红胎，淡黄色釉，复线回纹，长3.3、宽2.8厘米（图146-21；图版五五,1）。

标本09：泥质灰胎，黄釉，重菱纹，长2.4、宽2.2厘米（图146-12,图版五五,2）。

标本10：泥质灰胎，黄釉，回纹，长3.3、宽3.2厘米（图146-17；图版五五,3）。

标本11：泥质黑陶，红胎，复线窗格纹，长5.2、宽2.8厘米（图146-3；图版五五,4）。

标本12：泥质黑陶，红胎，回纹，长4.3、宽2.0厘米（图版五五,5）。

标本13：印纹硬陶，泥质灰陶，红胎，复线回纹，长4.7、宽4.4厘米（图146-4；图版五五,6）。

标本14：印纹硬陶，泥质灰陶，红胎，复线窗格纹，长4.6、宽4.3厘米（图146-5；图版五五,7）。

标本15：泥质黑陶，红胎，重菱纹，长3.9、宽2.6厘米（图146-6；图版五五,8）。

C14

标本01：夹砂灰陶，灰褐色胎，底部，平底，素面，长1.3、宽1.0厘米。

C15

标本01：泥质黑陶，红褐色胎，复线回纹，长7.8、宽5.2厘米（图146-8）。

标本02：夹细砂灰陶，红胎，口沿，厚圆唇，素面，长3.9、宽2.2厘米（图146-13；图版五六，1）。

图146　下屋遗址008-014采集遗物

1. C13-03、2. C13-04、3. C13-11、4. C13-13、5. C13-14、6. C13-15、7. C16-01、8. C15-01、9. C10-02、10. C11-01、11. C12-01、12. C13-09、13. C15-02、14. C13-07、15. C17-02、16. C17-03、17. C13-10、18. C17-04、19. C13-02、20. C17-01、21. C13-08

C16

标本01：印纹硬陶，泥质灰陶，红褐色胎，席纹，长3.6、宽2.8厘米（图146-7）。

C17

标本01：泥质灰胎，黄釉，把手，较残，素面，长2.8、宽4.5厘米（图146-20；图版五六，2）。

标本02：泥质红胎，黄釉，口沿，敛口，厚方唇，高4.8、残长2.2厘米（图146-15）。

标本03：印纹硬陶，泥质红陶，长2.8、宽2.8厘米（图146-16）。

标本04：泥质红陶，把手，素面，高2.6、残长1.5厘米（图146-18）。

二、毛草棚遗址

1. 遗址概况（201219NHM）

遗址位于何湾镇钱桥村毛草棚组东部约130米处，下屋遗址群的南部，其中毛草棚001距离下屋遗址006约160米，毛草棚003距离毛草棚组约320米。遗址四周皆为平地，土墩遗址高于地面。现代农耕活动和基础建设活动对遗址本体造成了一定的破坏（图版二八，1、2）。

2. 聚落

共调查3个土墩，有3个周代采集区，墩型遗址形状各异。1个采集区为1个土墩，故分别详述之（图147）。

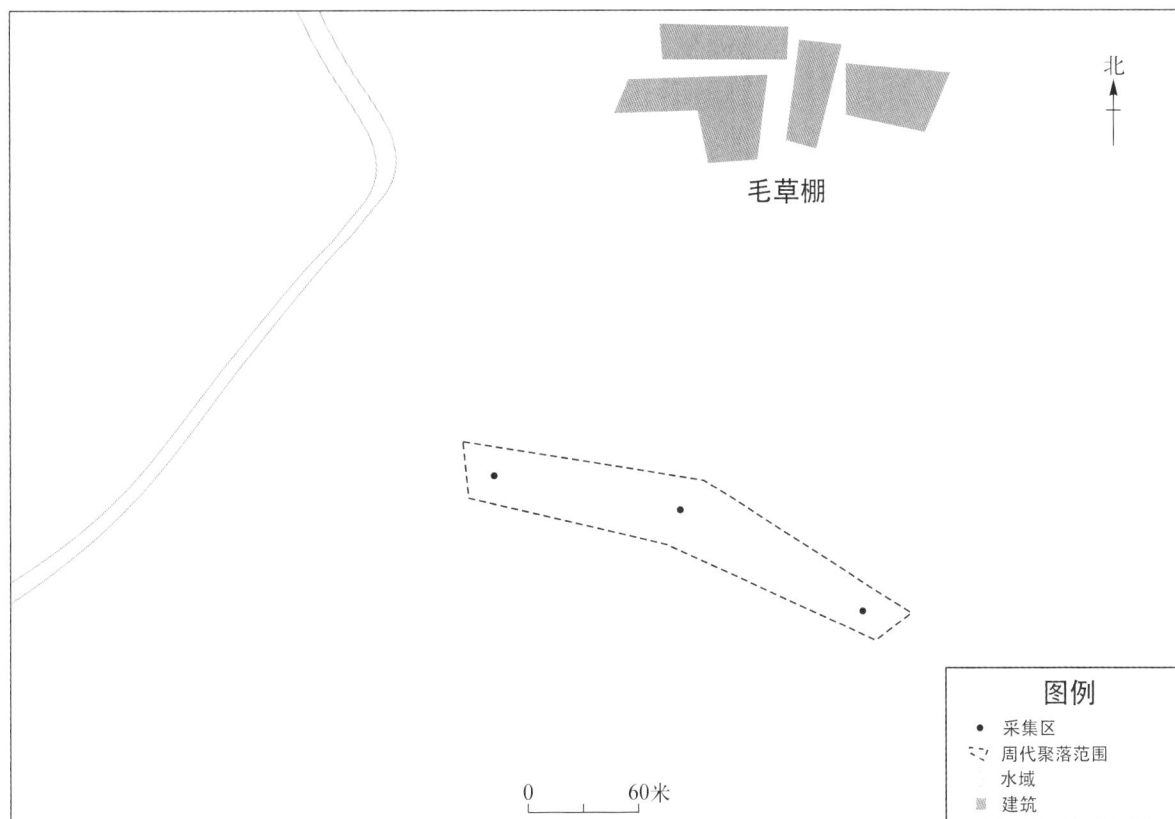

图147　毛草棚聚落遗址分布图

C01近长方形,遗址地表为树林,土墩为圆形,相对高度1.5米,四周为菜地、水田。

C02近圆形,东距081县道770米,西距下屋007墩30米,相对高度1.5米,四周均为水田,地表现为荒地,面积推测2 600平方米,被房屋破坏严重。

C03东距七星河280米、081县道670米,地表现为旱地,相对高度约0.5米,推测面积约100平方米。西北地层剖面有红烧土块。

遗物主要分布于台型墩子上,由于后期人为的破坏,有少量陶片在沟渠和道路附近被发现。遗物分布面积约300平方米,根据遗物分布范围及地形推测遗址面积约5 400平方米。土墩高矮、大小不一,原状不详。这些墩子初步判断是同一个聚落遗址,可能是由原来的一个大土墩而被农耕或修路破坏所致。

3. 遗物

遗物仅有陶片,大部分为泥质陶,以灰色和红色为主,由于多数陶片残损较甚,可识别器形较少。

C01

标本01:印纹硬陶,泥质灰陶,灰胎,复线菱形纹,长4.2厘米。

标本02:印纹硬陶,泥质灰陶,灰胎,水波纹,长2.1厘米。

标本03:印纹硬陶,泥质灰陶,黄褐色胎,云雷纹,长5.6厘米。

标本04:印纹硬陶,泥质红陶,红胎,水波纹及平行线纹,长6.7厘米。

标本05:泥质黑陶,红胎,方格纹及复线回纹,长6.5厘米。

C02

标本01:印纹硬陶,泥质红陶,红胎,沿下饰绳纹,腹部亦饰绳纹,长5.8、宽12.0厘米(图148-10)。

标本02:印纹硬陶,泥质灰陶,灰胎,复线窗格纹,长4.6、宽4.0厘米(图148-1)。

标本03:印纹硬陶,泥质红陶,红胎,绳纹,长4.4、宽4.0厘米(图148-2)。

C03

标本01:泥质黑陶,深青色胎,口沿,敞口,折沿,圆唇,长4.6、宽4.0厘米(图148-8)。

标本02:夹细砂红陶,红胎,交错绳纹,长3.9、宽2.6厘米(图148-4)。

标本03:印纹硬陶,泥质红陶,红胎,绳纹,长4.6、宽3.2厘米(图148-6)。

标本04:印纹硬陶,泥质红陶,红胎,绳纹,长约4.2、宽3.3厘米(图148-3)。

标本05:印纹硬陶,泥质红陶,红胎,绳纹,长2.6、宽2.0厘米(图148-5)。

标本06:夹细砂红陶,红胎,绳纹,长约2.9、宽2.8厘米(图148-7)。

三、下叶遗址

1. 遗址概况(201223NHX)

遗址位于何湾镇前官村下叶组村,为一处墩型遗址,北侧30米处为下叶村村民房屋建筑,东侧为菜地,南侧为树林,遗址周边为水田,西距X081县道130米左右,东距七星河约400米,东南距田湖遗址400米左右。下叶遗址地表为旱地、林地,相对高度1至2米,破坏严重,遗物主要分布

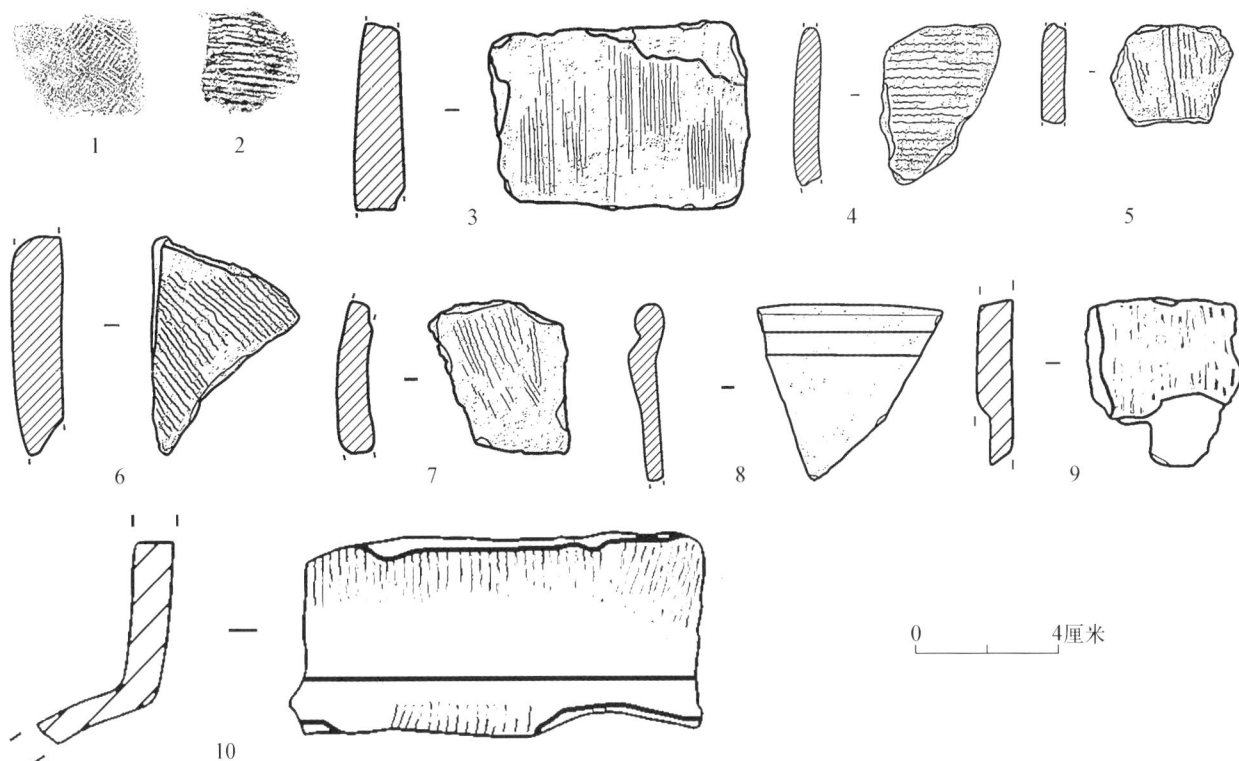

图148 毛草棚遗址采集遗物

1. C02-02、2. C02-03、3. C03-04、4. C03-02、5. C03-05、6. C03-03、7. C03-06、8. C03-01、9. C02-03、10. C02-01

于墩型遗址高出的地表上。遗址距离村落较近,土墩被村民动土而破坏严重,在机械翻动的黄色土堆内捡到少量新石器时代晚期夹粗砂红陶鼎足和较多周代印纹硬陶。另发现有秦汉时期原始瓷壶口沿残片、瓦、陶片等遗物(图版二七,2)。

2. 聚落

发现有新石器时代和商周时期的遗物。仅有1个采集区,遗物分布面积100平方米。该聚落依据土墩范围推测面积4 000平方米。

3. 遗物

遗物有陶、瓷片,陶片大部分为泥质陶,以灰色和红色为主,瓷片有1片青瓷。由于多数陶片残损较甚,可识别器形较少。

C01

标本01:青瓷,豆绿色釉,口沿,敞口,折沿,方唇,长4.0厘米(图149-1)。

标本02:陶片,印纹硬陶,泥质灰陶,黄褐色胎,绳纹,长6.8厘米。

标本03:陶片,夹细砂红陶,红胎,器身较残,平面呈方形,两侧向前弯曲,饰多道凹槽,长3.8厘米(图149-2)。

标本04:印纹硬陶,泥质灰陶,灰胎,方格纹,长3.9厘米。

标本05:夹砂红陶,红胎,横装扁平鼎足,横截面呈"T"字形,足身正反两面中间均有一道竖

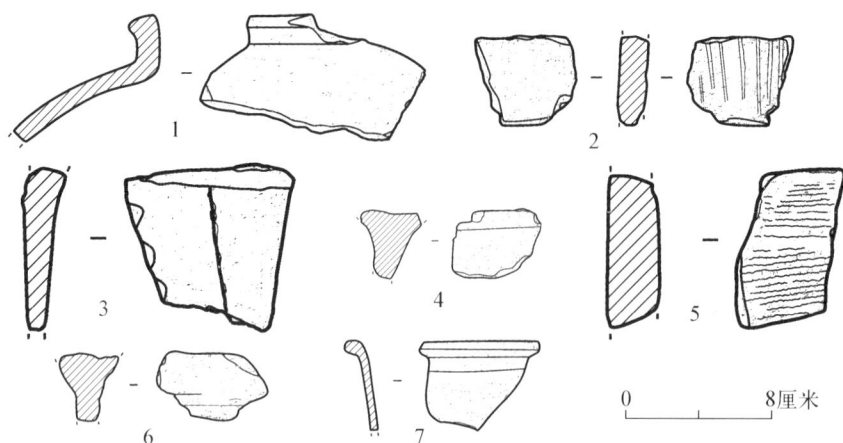

图149　下叶遗址采集遗物

1. C01-01、2. C01-03、3. C01-05、4. C01-06、5. C01-7、6. C01-08、7. C01-09

窄凹槽,且一侧有一列按窝,长7.8厘米(图149-3)。

标本06:鬲足,残,夹粗砂红陶,红胎,平面呈近方形,横剖面呈横长方形,耳外侧捏制附加堆纹,似花边状,素面,长3.4、残宽2.8厘米(图149-4)。

标本07:陶片,印纹硬陶,泥质灰陶,灰胎,正面饰绳纹,反面饰麻布纹,长4.4厘米(图149-5)。

标本08:夹砂红陶,灰胎,侧装扁平鼎足,横截面呈"T"字形,足身一侧有数道较深凹槽,长2.8厘米(图149-6)。

标本09:青瓷,青绿色釉,口沿,敞口,折沿,圆唇,长3.8厘米(图149-7)。

四、南山脚遗址

1. 遗址概况(201223NHN)

遗址位于何湾镇南山脚村南山脚组附近,为一处岗坡遗址,西南距南山脚村约80米,西北有不连续的几处池塘。遗物较少,主要分布于岗上的菜垄里,有陶片的区域大都分布有炼渣,推测该遗址为一处冶炼遗址。

2. 聚落

共有周代采集区2处,遗物分布面积合约200平方米,其中有炼渣的采集区1处,根据遗物分布范围及地形推测遗址面积约为900平方米。

3. 遗物

遗物有陶片和练渣,陶片大部分为泥质陶,以灰色为主,由于多数陶片残损较甚,可识别器形较少。

C01

标本01:印纹硬陶,泥质灰陶,红胎,席纹,长7.5、宽6.0厘米(图150-3)。

标本02:泥质黑陶,红胎,叶脉纹,长5.6、宽3.6厘米(图150-1)。

标本03:印纹硬陶,泥质灰陶,红褐色胎,菱形填线纹,长4.6、宽2.0厘米。

标本04:印纹硬陶,泥质灰陶,红胎,菱形填线纹,长3.9、宽2.6厘米(图150-4)。

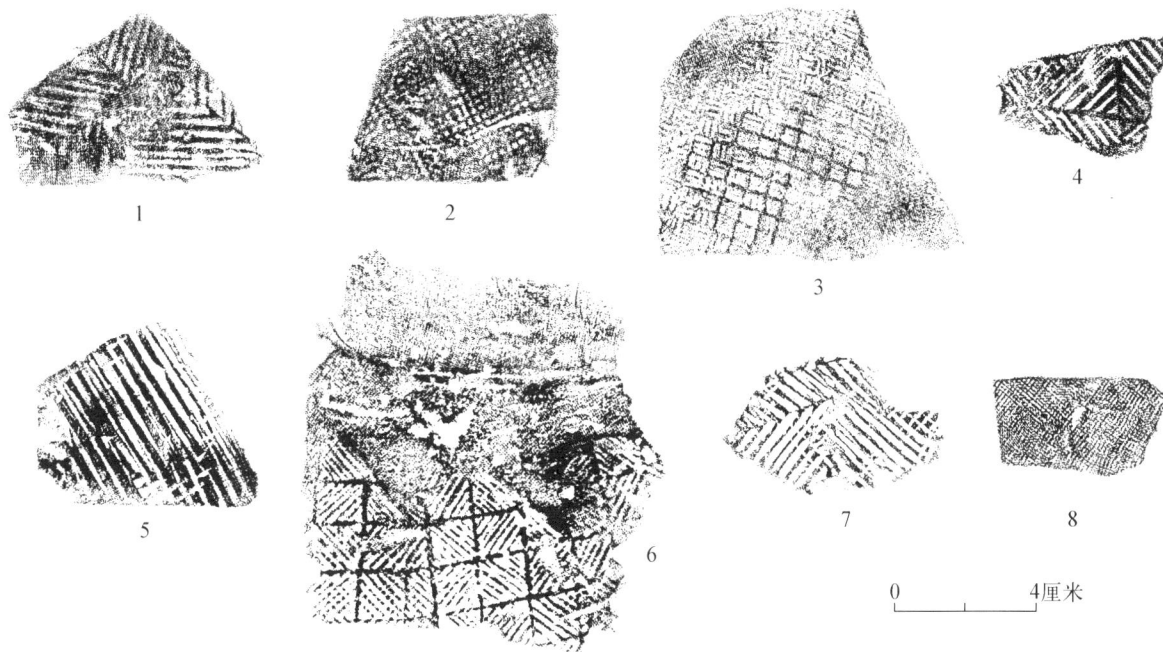

图150　南山脚遗址采集遗物

1. C01-02、2. C01-06、3. C01-01、4. C01-04、5. C02-04、6. C02-01、7. C02-02、8. C02-03

标本05：呈黑褐色块状，有光泽，表面附着有红棕色锈蚀物，三分之二处呈黑褐色，其余部分黑褐色偏红，断面平整但有较大的孔隙(图版六二，4)。

标本06：印纹硬陶，泥质灰陶，红胎，方格纹，长4.6、宽3.9厘米(图150-2)。

标本07：呈黑褐色、青色块状，表面附着有红棕色锈蚀物，断面平整，有较大孔洞，质地较为致密。

C02

标本01：印纹硬陶，泥质灰陶，紫褐色胎，底部、内部素面，外部菱形填线纹，长8.2、宽8.0厘米(图150-6)。

标本02：印纹硬陶，泥质灰陶，红胎，复线菱形纹，长6.0、宽3.6厘米(图150-7)。

标本03：印纹硬陶，泥质灰陶，红胎，小方格纹，长4.0、宽2.2厘米(图150-8)。

标本04：印纹硬陶，泥质灰陶，紫褐色胎，篮纹，长5.0、宽4.5厘米(图150-5)。

标本05：印纹硬陶，泥质灰陶，紫褐色胎，菱形填线纹，长7.0、宽2.5厘米。

标本06：呈黑色块状，表面黝黑发亮，断面平整，质地较为致密(图版六二，5)。

标本07：呈黑褐色蜂窝状，表面有较多孔洞，表面露出本体部分可见金属光泽(图版六二，6)。

五、燕屋旺冲遗址

1. 遗址概况(201222NHY)

遗址位于何湾镇涧滩村燕屋组的一处岗坡上，土墩遗址高于地面。现代农耕活动和基础建设活动对遗址本体造成了一定的破坏。燕屋旺冲遗址地表为旱地,相对高度1至2米。遗物主要分布于田埂上,地表捡到少量陶片、瓷器和大量炼渣、炉壁等遗物。遗址距离村落较近,土墩被村民动土而破坏严重(图版二九,1)。

2. 聚落

仅有1个采集区,发现有东周时期的遗物。遗物散落面积约100平方米,根据遗物分布范围及地形推测,遗址面积2 000平方米。

3. 遗物

遗物有陶片和炼渣,陶片大部分为泥质陶,以灰色为主,由于多数陶片残损较甚,可识别的器形较少。

C01

标本01:印纹硬陶,泥质灰陶,灰胎,素面,长3.7、宽1.8厘米(图151-2)。

标本02:印纹硬陶,泥质灰陶,红胎,小方格纹,长5.1、宽3.0厘米(图151-1;图版四八,6)。

标本03:印纹硬陶,泥质灰陶,灰胎,绳纹,长5.2、宽4.3厘米(图151-3)。

标本04:泥质白陶,灰胎,施灰白色釉,长3.8、宽2.3厘米(图151-6)。

标本05:器身土黄色,平面形状近方形,两侧薄,中间厚,横剖面呈横长方形,器身上有一串小圆点,长6.2、宽5.1厘米(图151-5)。

标本06:泥质红陶,红胎,绳纹,长3.7、宽2.4厘米(图151-4)。

标本07:呈黑褐色块状,表面局部有红棕色锈蚀物,砸开后内部有锈,取未锈蚀部分磨样,质地较为致密(图版六三,1)。

标本08:呈黑褐色块状,表面有较大的孔隙,质地较为致密(图版六三,2)。

标本09:呈黑褐色块状,断面附着有较多红棕色锈蚀物,质地较为致密(图版六三,3)。

标本10:呈黑褐色、青褐色、红棕色相间块状,近似三角形,表面粗糙多孔(图版六三,4)。

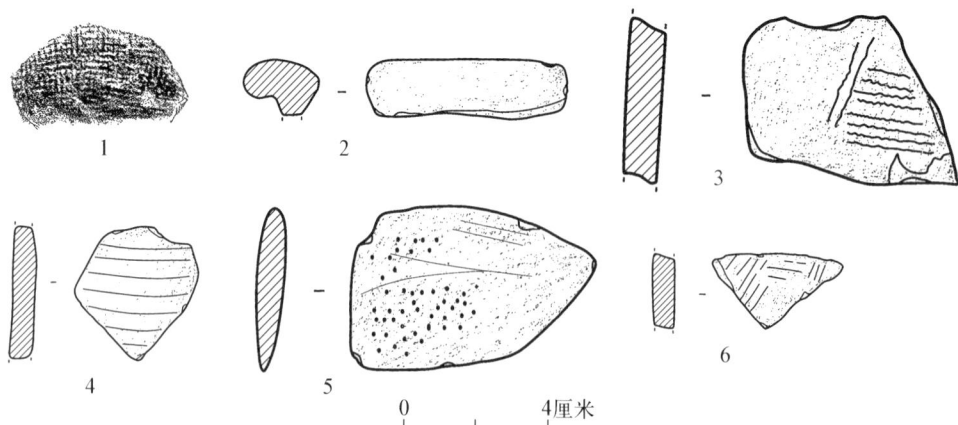

0   4厘米

图151 燕屋旺冲遗址采集遗物

1. C01-02、2. C01-01、3. C01-03、4. C01-06、5. C01-05、6. C01-06

六、刘家井遗址

1. 遗址概况（201222NHL）

遗址位于何湾镇刘家井村附近，为一处岗地遗址，东南距刘家井村约180米的荒草地，西北侧紧邻刘家井村居民建筑，另有几处池塘，东距七星河流域约2 000米，遗址西侧约2 000米处为樟木涝冶炼遗址。遗址呈不规则形，发现有陶片和炼渣，陶片大部分为泥质陶，以灰色为主，由于多数陶片残损较甚，可识别的器形较少。有陶片的区域大都分布有炼渣（图版二九，2）。

2. 聚落

共有周代采集区4处，遗物分布面积合约400平方米，根据遗物分布范围及地形推测遗址面积约20 000平方米。

3. 遗物

遗物有陶片和炼渣，陶片大部分为泥质陶，以灰色为主，由于多数陶片残损较甚，可识别器形较少。

C01

标本01：泥质灰陶，红褐色胎，绳纹，长3.2、宽3.0厘米（图152-1）。

标本02：泥质灰陶，乳白色釉，口沿，敛口，卷沿，圆唇，素面，长3.5、宽3.2厘米（图152-3）。

标本03：泥质灰陶，内釉深青绿色，底部，平底，素面，长4.2、宽4.0厘米（图152-4）。

标本04：呈黑褐色不规则形，表面粗糙且有红棕色锈蚀物，断面有细小孔隙，质地较为致密（图版六二，7）。

C02

标本01：夹细砂灰陶，黄褐色胎，间断绳纹，长5.3、宽3.7厘米（图152-5；图版五六，3）。

标本02：泥质黑陶，深褐色胎，小方格纹，长2.6、宽2.0厘米（图152-2；图版五六，4）。

标本03：泥质灰陶，灰胎，绳纹，长3.1、宽1.7厘米（图版五六，5）。

标本04：呈黑褐色蘑菇状，黑褐色凸起部分有光泽，质地较为致密。

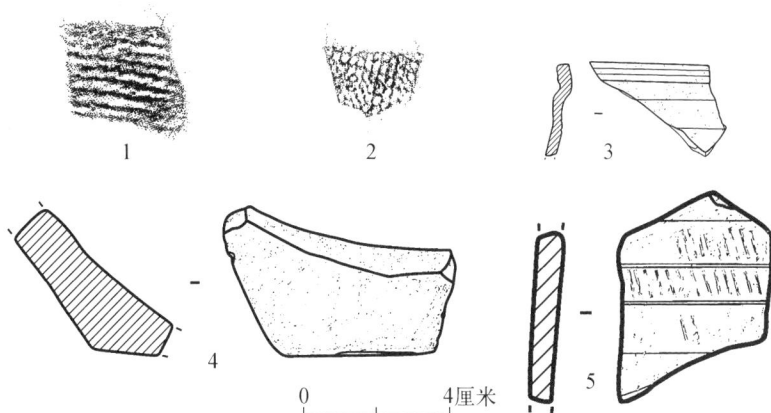

图152 刘家井遗址采集遗物

1. C01-01、2. C02-02、3. C01-02、4. C01-03、5. C02-01

C03

标本01：呈蘑菇状，流动性较好，表面凸起部分呈现黑褐色，凹陷部分呈红棕色。

标本02：砖红色硬陶，器底。斜壁平底，见数道同心圆痕迹，高2.5、宽4.2厘米（图版五六，6）。

标本03：泥质灰陶，施豆绿色釉口沿，敛口，尖唇，素面，长3.6、宽2.8厘米。

C04

标本01：呈黑褐色块状，近似平行四边形，有光泽，表面附着有红棕色锈蚀物，质地较为致密（图版六二，8）。

七、冷水冲遗址

1. 遗址概况（201223NHL）

遗址位于何湾镇冷水冲村附近，处于六管冲与南山村的村道南部的岗坡地带，东北距南山脚冶炼遗址约1 600米，东北侧紧邻冷水冲村居民建筑，东北约1 600米为南山脚冶炼遗址，北距七星河约5 000米。遗址地表现为旱地、树林和农田相结合，呈不规则状，发现有陶片和炼渣，陶片大部分为泥质陶，以灰色为主，由于多数陶片残损较甚，可识别的器形较少（图版三〇，1）。

2. 聚落

共有周代采集区3处，遗物分布面积合约300平方米，根据遗物分布范围及地形推测遗址面积约3 000平方米。

3. 遗物

遗物有陶片和练渣，陶片大部分为泥质陶，以灰色为主，由于多数陶片残损较甚，可识别器形较少。

C01

标本01：泥质灰陶，红胎，叶脉纹，长8.1、宽7.8厘米（图153-1；图版五七，1）。

标本02：泥质灰陶，红胎，菱形填线纹，长7.6、宽6.6厘米（图153-2；图版五七，2）。

标本03：泥质灰陶，灰胎，叶脉纹，长3.1、宽1.2厘米（图版五七，3）。

标本04：泥质灰陶，灰胎，凹弦纹，长3.4、宽2.4厘米（图153-3；图版五七，4）。

标本05：呈黑褐色板状，呈不规则形，表面较粗糙，质地较为致密（图版六四，1）。

C02

标本01：泥质灰陶，黄褐色胎，方格纹，长7.7、宽4.5厘米（图153-4；图版五七，5）。

标本02：呈黑褐色块状，一面凸起部分呈现金属光泽，凹陷部分泛绿，另一面呈黑褐色，表面多被红棕色锈蚀物覆盖，炼渣局部附着有白色物质，质地较为致密。

C03

标本01：夹细砂红陶，红胎，横装扁平足，素面，长8.0、宽7.9厘米（图153-6）。

标本03：泥质灰陶，灰胎，席纹，长6.6、宽5.8厘米（图153-5；图版五七，6）。

标本04：泥质灰陶，灰胎，菱形填线纹，长5.3、宽4厘米（图版五七，7）。

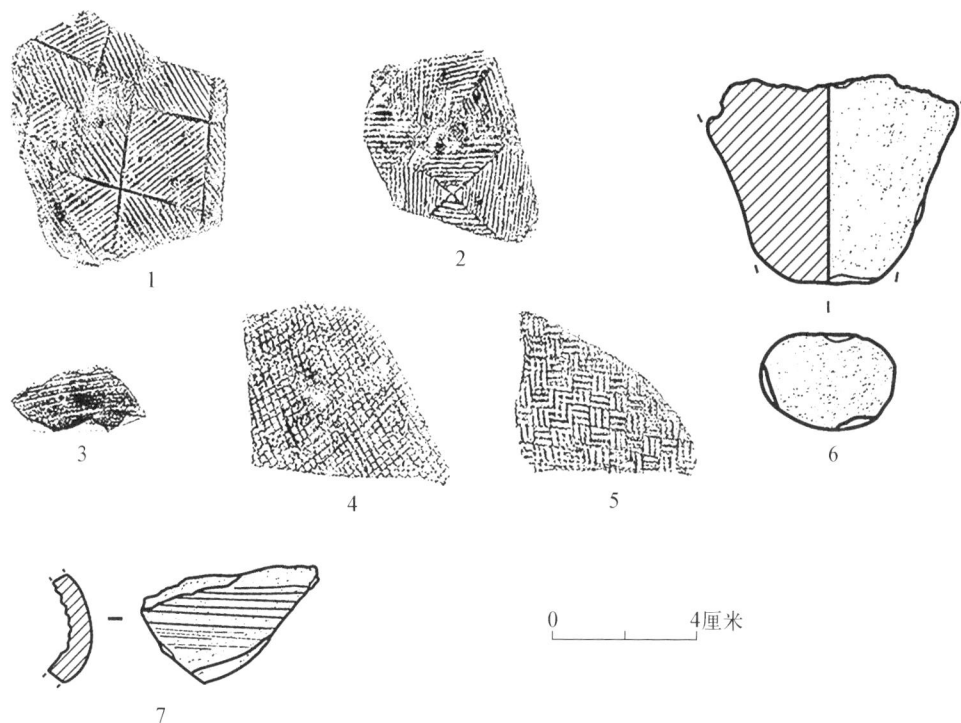

图153 冷水冲遗址采集物

1. C01-01、2. C01-02、3. C01-04、4. C02-01、5. C03-03、6. C03-01、7. C03-06

标本05：泥质红陶，红胎，小方格纹，长3、宽2厘米（图版五七,8）。

标本06：泥质灰陶，灰褐色胎，凹弦纹，长4.2、宽3.2厘米（图153-7）。

标本07：呈黑褐色块状，表面附着有红棕色锈蚀物，质地较为致密（图版六四,2）。

标本08：呈黑褐色块状，部分区域呈红褐色，表面附着有红棕色锈蚀物，质地较为致密（图版六四,3）。

八、水龙湖遗址

1. 遗址概况（201221NHS）

遗址坐落于南陵县何湾镇涧滩村水龙湖村民组东北约270米的岗坡处，海拔28米，遗址西南约600米为神冲遗址，东距七星河约3500米，采集区正西约70米为水龙湖村民组前往水龙瀑布的村道（图版三〇,2）。

2. 聚落

共有周代采集区1处，遗物分布面积合约100平方米，根据遗物分布范围及地形推测遗址面积约3000平方米。

3. 遗物

遗物为炉渣、炉壁及陶片。陶片大部分为泥质陶，以灰色为主，由于多数陶片残损较甚，可识别器形较少。

C01

标本01：泥质灰陶，黄褐色胎，正面饰篮纹，背面饰圆形纹饰，然残损严重，不见整体，高7.1厘米。

标本02：泥质黑陶，黑棕色釉，口沿、敞口、卷沿、圆唇，素面，长5.8厘米。

标本03：挂渣炉壁长约6厘米、内层为砖红色，质地较密；宽约5厘米、外层为黑褐色；厚约1厘米、表面光滑，有孔洞，侧面呈弧形。

标本05：泥质黑陶，绳纹，长4.6、宽3.6厘米（图版四八,7）。

标本06：呈黑褐色近四边形块状，背面有明显的金属光泽，表面有红棕色锈蚀，断面平整，质地较为致密（图版六三,5）。

标本07：呈黑褐色块状渣，背面平整有孔洞，断面平整，质地较为致密（图版六三,6）。

标本08：呈黑褐色近长方体块状，一面呈蘑菇状，相邻四面较平整，部分有孔洞，对应面凹凸不平，质地较为致密（图版六三,7）。

标本09：呈黑褐色块状，正面呈黑褐色，有白色点状物，表面平整，反面青色与黑褐色相间，附着有砂砾，质地较为致密（图版六三,8）。

九、樟木涝遗址

1. 遗址概况（201221NHZ）

遗址坐落于南陵县何湾镇樟木涝村，位于水龙湖村民组道路西侧约610米的岗坡上，海拔112米。遗址东距七星河流域约4 300米，西南距余家冲冶炼遗址约420米，东北距神冲冶炼遗址约500米。遗址之前为墩子，由于挖水塘，遗址南部区域遭到严重破坏，呈不规则形。

2. 聚落

共有采集区2处，遗物分布面积合约200平方米，聚落年代不明。根据遗物分布范围及地形推测遗址面积约9 000平方米。

3. 遗物

该遗址遗物均为炉渣。

C01

标本01：呈灰色蜂窝状，粗糙多孔，无明显断面（图版六四,4）。

C02

标本01：呈黑褐色块状，表面有红棕色锈蚀物，断面明显可见点状金属光泽，质地较为致密（图版六四,5）。

标本02：呈黑褐色蘑菇状，质地疏松，表面附着有红棕色锈蚀物，局部区域光滑呈黑褐色，其余部位粗糙多孔，呈灰褐色、灰色、红褐色相间分布（图版六四,6）。

十、小燕冲遗址

1. 遗址概况（201222NHX）

遗址坐落于南陵县何湾镇小燕冲村的一处岗坡上，地理坐标为东经118°05′19.10″，北纬

30°50′21.91″,海拔71米。遗址西南约500米为旺冲冶炼遗址,东距村道不足15米、距七星河约3 700米、距X070县道约3 000米。遗址呈不规则形,炉渣及陶瓷片散落面积100平方米,根据地形推测遗址面积约1 000平方米。据文物管理部门的讲述,由于当地居民在此处挖路,加之附近曾开采过煤矿,遗址破坏较严重(图版三一,1)。

2. 聚落

共有采集区1处,遗物分布面积合约100平方米,聚落年代不明。根据遗物分布范围及地形推测遗址面积约1 000平方米。

3. 遗物

该遗址遗物为炉渣。炉渣呈零散状分布,整体较小。

C01

标本01:呈黑褐色柱状,局部有金属亮点,附着有少量红棕色锈蚀物,断面平整,质地较为致密(图版六四,7)。

标本02:呈黑褐色菱形块状,附着有大量红棕色锈蚀物,质地较为致密(图版六四,8)。

标本03:呈黑褐色块状,局部有红棕色锈蚀物,断面平整,质地较为致密(图版六六,1)。

标本04:砖红色硬陶,器表有白色陶衣,残损严重,器型不明,长4.3、宽3.0厘米(图版四八,8)。

十一、神冲遗址

1. 遗址概况(201221NHS)

遗址位于南陵县何湾镇神冲村的一处洼地上。遗址东北约900米处为水龙瀑布,约600米处为水龙湖冶炼遗址,西南约500米处为樟木涝冶炼遗址,东距七星河约4 000米。遗址呈不规则形,周围树林茂密,由于沟渠引流,遗址遭到严重破坏。

2. 聚落

共有春秋时期采集区2处,遗物分布面积合约200平方米,根据遗物分布范围及地形推测遗址面积约4 000平方米。

3. 遗物

该遗址遗物均为炉渣。

C01

标本01:呈黑褐色近圆形板状,一面平整,有水波纹,另一面粗糙有孔洞(图版六五,1)。

标本02:呈黑褐色块状,夹杂有红棕色锈蚀物,流动性好(图版六五,2)。

标本03:呈黑紫色板状长弧形,一面平整有孔洞,另一面有大量孔洞(图版六五,3)。

标本04:红褐色硬陶,装饰有小方格网纹,长3.6、宽1.9厘米(图版五八,1)。

C02

标本01:呈黑褐色块状,附着有红棕色锈蚀物,未见孔隙,质地较为致密(图版六五,4)。

十二、余家冲遗址

1. 遗址概况（201222NHY）

遗址位于南陵县何湾镇余家冲村民组西北约170米处，东距七星河约4 400米，遗址东北约420米处为樟木涝冶炼遗址。遗址呈不规则形，周围树林茂密。

2. 聚落

共有春秋时期采集区1处，遗物分布面积合约100平方米，据遗物分布范围及地形推测遗址面积约5 000平方米。

3. 遗物

该遗址遗物为炉渣及硬陶。

C01

标本01：呈黑色蘑菇状，有光泽，表面附着有红棕色锈蚀物（图版六五，5）。

标本02：呈黑色块状，有较大孔隙，断面处呈圆弧形，较光滑，表面附着有一层白色物质（图版六五，6）。

标本03：呈黑色块状，附着有少量红棕色锈蚀物，断面处呈圆弧形，较光滑（图版六五，7）。

标本04：呈黑色块状，部分区域呈现棕褐色，断面处呈圆弧形，较光滑（图版六五，8）。

标本05：印纹硬陶，红胎，小方格纹，长3.2、宽2.5厘米（图版五六，7）。

标本06：灰色硬陶，素面，长2.1、宽1.8厘米（图版五六，8）。

十三、铜塘遗址

1. 遗址概况（201223NHT）

遗址坐落于南陵县何湾镇陇上村村民组房屋建筑旁，因遗址大部分区域被建为水塘，故将遗址命名为铜塘冶炼遗址。遗址西距七星河约470米、X081县道约100米，西北距冷水冲冶炼遗址约5 500米。水塘呈东北走向长条形，四周为林地、旱地、乡间道路及房屋建筑，被现代生产生活破坏较严重（图版三一，2）。

2. 聚落

共有采集区1处，遗物分布面积合约100平方米，聚落年代不明。根据遗物分布范围及地形推测遗址面积约4 000平方米。

3. 遗物

该遗址遗物仅见炉渣，遗址西北部炉渣大量堆积。

C01

标本01：呈黑褐色块状，近长方形，表面及断面附着有红棕色锈蚀物，质地较为致密（图版六六，2）。

标本02：呈黑褐色块状，表面及断面附着有红棕色锈蚀物，质地较为致密，侧面呈瘤状（图版六六，3）。

标本03：呈黑褐色块状，黑褐色部分光滑，其余部分粗糙，附着红棕色锈蚀物（图版六六，4）。

十四、散点

1. 下湖塌

下湖塌散点（201223NHX）位于何湾镇下湖塌村东的岗坡处，西北方向距河湾镇中心小学250米，东南方向距七星河360米。地表略有突起，但未见文化层，仅有采集区1个，共有陶片2件。

标本01：硬陶，夹砂红陶，红胎，绳纹，长2.9、宽3.1厘米（图版五八，2）。

标本02：硬陶，夹砂灰陶，黑胎，错绳纹，长6.1、宽5.2厘米（图版五八，3）。

2. 蒋家湖

蒋家湖散点（201222NHJ）位于南陵县河湾镇钱家桥村蒋家湖东南方向约130米的河床上，东距七星河8米左右。地表现为旱地，周边为道路及水田，东侧为七星河河床，地表略有突起，但未见文化层，仅有采集区1个，共有陶片2件。

标本01：泥质红陶，红胎，底部，平底，腹部饰回纹，往下及底部素面。残长3.7厘米。

标本02：泥质红陶，灰胎，复线菱形纹，残长2.3厘米。

3. 蒋家湖东北

蒋家湖东北散点（201220NHJ）位于何湾镇钱桥村蒋家湖村民组东北方向约120米的平地上，东距X081县道430米左右、距七星河80米左右。地表现为旱地，周边为道路及水田，东南为道路，破坏严重。地表可见度较高，未见文化层，仅有采集区1个，共有陶片3件。

标本01：硬陶，泥质灰陶，灰胎，复线三角纹，长3.1厘米。

标本02：硬陶，夹砂红陶，灰胎，绳纹，长3.2、宽3.1厘米（图版五八，4）。

4. 毛棚东南

毛棚东南散点（201220NHX）位于何湾镇钱桥村毛棚村民组东方向94米，西距七星河470米，东距县道X081约14米。地表现为菜地，东侧10米有一圆形土墩，墩高1米左右。散点被居民生产以及道路破坏。未见文化层，设采集区1个，共有陶片2件。

标本01：硬陶，泥质灰陶，灰胎，回纹，长5.3厘米。

标本02：硬陶，泥质灰陶，灰胎，内外均施绿釉，底部，平底，长5.8厘米。

5. 桥头西南

桥头西南散点（201222NHQ）位于何湾镇钱桥村桥头村民组西南方向200米，东距七星河约250米、距X081县道550米。地表现为旱地，呈三角形，四周为水田和树林。地表略有突起，但未见文化层，仅有采集区1个，仅有陶片1件。

标本01：硬陶，泥质灰陶，红胎，重菱纹，长3.4、宽3.2厘米（图版五八，5）。

6. 杨家庄

杨家庄散点（201222NHY）位于何湾镇钱桥村杨家庄村民组西北方向100米，西距X081县道约80米、距七星河约500米。地表现为旱地、树林，近圆形，相对高度1.5—2.0米，遗址东侧有一小水塘，东侧为山林，其余周边为稻田。未见文化层，仅有采集区1个，仅有陶片1件。

标本01。泥质黑陶,红胎,小方格纹,残长2.9厘米。

7. 姚冲中

姚冲中散点(201222NHY)位于何湾镇钱桥村姚冲村民组东北方向约380米,西北距七星河约260米,西南距姚冲下散点600米。地表现为菜地,呈长方形,北侧为树林,南侧为旱地。相对高度约2米。地表略有突起,但未见文化层,仅有采集区1个,仅有陶片1件。

标本01:泥质灰陶,青绿色釉,口沿,敛口,尖圆唇,素面,残长3.2厘米。

8. 姚冲下

姚冲下散点(201222NHY)位于何湾镇钱桥村姚冲村民组南方向70米,西距七星河约500米、距X081县道约90米,南距杨家庄遗址约140米。地表现为菜地,呈不规则形,北侧为房屋建筑,西侧为水田,东侧为树林、竹林,南侧为水田,相对高度约2米。地表略有突起,但未见文化层,仅有采集区1个,仅有陶片1件。

标本01:硬陶,泥质红陶,红胎,口沿,尖唇,复线菱形纹,高3.2、长2.7厘米(图版五八,6)。

9. 落冲

落冲散点(201222NHL)位于何湾镇钱家桥村落冲村民组东北方向30米,东距七星河50米。地表现为菜地,散点被居民生产以及道路破坏。未见文化层,仅有采集区1个,共有陶片2件。

标本01:硬陶,泥质黑陶,红胎,复线菱形纹,长3.4、宽2.1厘米(图版五八,7)。

标本02:硬陶,红胎,方格纹,长5.1、宽3.9厘米(图版五八,8)。

10. 下街村

下街村散点(201216NHX)位于何湾镇下街村村民组的土墩上,东南距河湾镇中心小学约250米。地表现为旱地,四周为水田和树林。地表略有突起,但未见文化层,仅有采集区1个,仅有陶片1件。

标本01:硬陶,泥质红陶,红胎,绳纹,高1.5厘米。

11. 田湖

田湖散点(201223NHT)位于何湾镇前官村田湖村民组西南方向约660米,西距X081县道约170米,东距七星河约100米,东南距姚冲中遗址约450米。地表现为旱地、树林、竹林,呈不规则形,四周均为水田,相对高度1.5米,土墩上有现代坟。地表略有突起,但未见文化层,仅有采集区1个,仅有陶片1件。

标本01:硬陶,泥质灰陶,灰胎,网纹,高4.8厘米。

第四章 结 语

第一节 年代及文化序列

一直以来,皖南沿江中部地区先秦考古研究颇受重视,但历年来的发掘均以周代遗存为主,少见周代以前的遗物。本次调查统计遗址共55处,土墩墓17处(其中复查29处,新发现43处),散点39处[1]。通过与周边区域的材料进行对比,初步将南陵地区早期遗存划分为新石器和商周两个阶段。

新石器时代遗存中,以前桥遗址的年代最早。该遗址采集的陶片均为泥质红陶,以口沿为主,多见有锯齿状刻划纹,与马家浜文化早期的罐形釜特征相仿,如骆驼墩遗址北T5036⑧:29、北T5231⑥:7和W37:1陶釜腰檐的边缘均装饰有此类锯齿状花边[2]。器腹装饰的圆圈纹在高淳薛城遗址第二期遗存中亦有较多发现,M84:2陶釜、M102:4陶釜及M15:5陶鼎等[3]。C01-06残存的錾手亦与溧阳神墩马家浜早期文化的H26:12钵形釜和T0834⑤:3盆形釜十分相似[4]。由此可见,前桥遗址的主体年代应为马家浜文化早中期,部分遗物可能稍晚。与苏南地区马家浜文化的陶器相比,前桥遗址的纹饰装饰更为成熟,如锯齿边口沿下装饰有多道小连珠纹或锥刺纹,部分锥刺纹由凹弦纹贯穿,显示出浓郁的本地特色。

下叶遗址标本05,夹砂红陶,红胎,横装扁平鼎足,横截面呈"T"字形,与姑溪河流域包子山遗址D03:2相似,足身正反两面中间均有竖窄凹槽,时间为新石器时代良渚早期。另有一鱼鳍型鼎足标本08,横装"T"形足,足身一侧有一道较深凹槽,与姑溪河流域船头村遗址B03:2相同,亦属于良渚时期遗物。

滨河塝遗址采集的鼎足P1-02为侧装三角形,此类鼎足属外来传统,在皖北及江淮北部地区大汶口文化晚期至龙山文化早期常见。在安徽沿江地区,此类遗存亦见于枞阳小柏墩ZXC:19、

---

[1] 注:文中复查的37处遗址是根据南陵县第二次文物普查资料所得。
[2] 南京博物院、宜兴市文物管理委员会:《江苏宜兴骆驼墩遗址发掘报告》,《东南文化》2009年第5期。
[3] 南京市文物局、南京市博物馆等:《江苏高淳县薛城新石器时代遗址发掘简报》,《考古》2000年第5期。
[4] 南京博物院、常州博物馆:《江苏溧阳神墩遗址发掘简报》,《东南文化》2009年第5期。

狮子山ZSC：7[1]、当涂窑墩C04：5、包子山D01：1[2]。此外，潜山薛家岗遗址的H35：35和H36：2亦是此类型鼎足。安徽沿江地区的这类侧装三角形鼎足常被视为张四墩类型遗存，年代相当于良渚文化晚期[3]。该遗址另发现有少量的印纹硬陶，纹饰包括复线回纹、斜雷纹、小方格回纹等，这些纹饰均可在南陵县已发掘的土墩墓中找到相似者，年代应为西周中晚期至春秋早期[4]。由此可以推定滨河墈遗址的年代上限可至新石器时代晚期，经历一段时期的废弃后在西周中晚期至春秋早期再次被使用。

甘罗墩—汪村遗址，采集的标本中C02-01为一件中部带凹槽的鼎足，这类鼎足见于怀宁孙家城T3⑪：42陶鼎、T3⑦：16陶鼎等，年代为崧泽文化早期[5]。除此之外，该遗址采集的均为周代遗物，如C02：04为绳纹陶鬲的腹部残片，其上装饰有西周至春秋时期的常见的附加堆纹；C02：06和C05：01的复线回纹同滨河墈遗址所出器物相似，同为西周中晚期；C01-01方唇折沿，与师姑墩遗址T11⑬：3陶罐口沿相似，年代为春秋早中期；C04-01鬲足高大，长实足根，与荆门沙洋县M12：1鬲足相似，年代为春秋中期左右[6]，可见此时的皖南沿江地区已受到了来自江汉地区的影响。

墩汪遗址，墩汪西"STQ"001-13为横装扁宽鼎足，与薛家岗H18：41鼎足一致，年代为良渚文化晚期[7]；C01-01的折线纹常见于西周晚期至春秋早期；C02-01的席纹较为规整，符合西周晚期至春秋早期席纹的特点；墩汪西C03-15的复线回纹拍印较为凌乱，在千峰山土墩墓中多有发现，年代为西周中晚期[8]。可见，墩汪遗址的出现不晚于新石器时代晚期，进入西周后，该遗址上仍有人类活动。

店门林遗址是本次调查发现遗存最为丰富的聚落遗址。陶片主要包括印纹硬陶、夹砂陶和泥质陶，其中的大多数遗物均可在邻近的师姑墩遗址中找到相似器物。如①C02-12锥形鬲足与师姑墩T9⑩：14相同，年代为西周早期；①C02-14和①C02-15均为素面柱状实足，与师姑墩T9②：11相同，年代为春秋早期；①C02-13足根短粗，与师姑墩T9③：40陶鬲的足部特征相同，年代为春秋早中期。①C02-01陶甗敞口束颈的特征与师姑墩T7⑦：17相同，年代为西周中期；①C02-02陶盆为折沿、斜直腹，与师姑墩T7④：131的特征基本一致，年代为春秋早中期。①C02-04陶盆的口沿与师姑墩T7④：122相同，年代为春秋早中期；①C02-08陶鬲装饰附加堆纹的特点见于师姑墩T7④：35，形制与T9②：1相似，年代为春秋早中期。类似这种带有附加堆

［1］　阚绪杭、方国祥：《枞阳县新石器时代文化遗址调查报告》，《文物研究》第8辑，黄山出版社，1993年。
［2］　中国国家博物馆、安徽省文物考古研究所：《姑溪河—石臼湖流域先秦时期聚落考古调查与研究》，第20、28页，科学出版社，2019年。
［3］　安徽省文物考古研究所：《潜山薛家岗》，第381、413页，文物出版社，2004年。
［4］　安徽省文物考古研究所：《安徽南陵千峰山土墩墓》，《考古》1989年第3期。
［5］　安徽省文物考古研究所、怀宁县文物管理所：《安徽怀宁孙家城新石器时代遗址发掘简报》，《文物》2014年第5期。
［6］　四川大学历史文化学院、沙洋县文管所：《湖北荆门沙洋县余湾楚墓发掘简报》，《江汉考古》2020年第3期。
［7］　安徽省文物考古研究所：《潜山薛家岗》，第381、413页，文物出版社，2004年。
［8］　安徽省文物考古研究所：《安徽南陵千峰山土墩墓》，《考古》1989年第3期。

纹的器物还多见于霍邱堰台遗址,如陶鬲T0810③:1[1]。①C03-01鬲足和④C03-01鬲足,与师姑墩T5⑦:44相似,年代为西周中期或偏晚,其中后者与师姑墩T5⑦:44的足底部皆印有绳纹。③C05-01鬲足的形制与师姑墩遗址周代甲类B型鬲足相似,年代为西周中期至春秋早期。总的来看,店门林遗址的年代为西周早期至春秋早中期,主体年代为西周中晚期至春秋早中期,其中西周早期的遗物较少,亦不排除是时代较晚的器物中遗留的早期特点。

联工遗址,C03-01所饰的复线回纹是本地区西周中晚期常见纹饰;C06-01和C01-02均为小型席纹,见于宁国灰山土墩墓D2M3出土的陶罐(D2M3:5),年代为春秋早期偏晚[2];塘001-01的纹饰为复线回纹与X纹组合,与溧阳子午墩土墩墓出土的陶罐D1M11:38和M43:8纹饰相同,年代为春秋中晚期[3]。由此可见联工遗址的年代为西周中晚期至春秋中晚期。

何家冲遗址采集标本以印纹硬陶为主,陶质以泥质为主,少量有夹砂陶,标本纹饰多样。本遗址发现有器底一件C03-10,底部有篮纹,与姑溪河船头山遗址D05:2[4]的器底相似;ZWL001:1和C03-05的印纹硬陶填线回纹与姑溪河调查中高家屋B04:1相似,是该地区西周中晚期常见纹饰;何家冲遗址C03-03的席纹完整规矩,符合西周晚期至春秋早期席纹的特点;何家冲遗址C03-02、C05-01的复线回纹清晰明了,在千峰山土墩墓中多有发现,年代为西周中晚期[5]。

塔里遗址发现C01-03横装扁平鼎足与师姑墩T7④:24[6]相同,属于体形较大的鼎足,整体呈扁三角形,横截面为无棱角椭圆形。另有鬲足两件,其一是刮面鬲足C01-01,与师姑墩的甲类鬲足T9②:11相同,均为柱状实根浅窝足,足身有多道刮抹痕迹;其二是C01-02,素面尖状锥形鬲足,与五担岗遗址中的J1K:14相似[7]。其时代均为东周。

塔里遗址所得的一件断弦绳纹陶片C02-01与姑溪河渡口遗址[8]断弦绳纹相同,均为复线回纹,年代为西周中晚期。而C02-011与姑溪河黄花坝遗址D03:1纹饰相同,年代为春秋战国之际。可以看到此遗址延续时间较长。

毕村遗址C02-9折线和方格纹的组合纹与浙江地区土墩墓在西周初期新出的折线纹相似[9]。C02-06、C02-05、C01-01与南陵县古铜矿采冶遗址调查中江木冲冶炼遗址、刘家井冶炼遗址采集的陶片纹饰相同,同为周代印纹硬陶填线纹[10]。其中C02-11、C02-10、C01-08、

[1] 安徽省文物考古研究所:《霍邱堰台—淮河流域周代聚落发掘报告》,第369页,科学出版社,2010年。
[2] 安徽大学历史系、安徽省文物考古研究所:《安徽宁国灰山土墩墓D2发掘简报》,《东南文化》2020年第3期。
[3] 南京博物院:《江苏溧阳子午墩土墩墓D1发掘简报》,《东南文化》2020年第5期。
[4] 中国国家博物馆、安徽省文物考古研究所:《姑溪河——石臼湖流域先秦时期聚落考古调查与研究》,科学出版社,2019年。
[5] 安徽省文物考古研究所:《安徽南陵千峰山土墩墓》,《考古》1989年第3期。
[6] 安徽省文物考古研究所、安徽大学:《铜陵师姑墩——夏商周遗址考古发掘与研究》,文物出版社,2020年。
[7] 南京大学历史学系考古专业、安徽省文物考古研究所:《安徽省马鞍山市五担岗遗址发掘简报》,《东南文化》2012年第6期。
[8] 中国国家博物馆、安徽省文物考古研究所:《姑溪河——石臼湖流域先秦时期聚落考古调查与研究》,科学出版社,2019年。
[9] 李业法:《安徽地区商周时期几何印纹硬陶初步研究》,安徽大学硕士学位论文,2020年。
[10] 安徽省文物考古研究所、南陵县文物管理所:《安徽南陵县古铜矿采冶遗址调查与试掘》,《考古》2002年第2期。

C01-07与汤家墩遗址出土的印纹硬陶片纹饰相同,同为方格纹,时间约为西周中晚期[1]。结合以上认识,可知此遗址为西周早期聚落址。

下屋遗址C01-03、C02-01、C03-01均为复线回纹,且与姑溪河船头山遗址C01：2、C04：1的印纹硬陶复线回纹相似；C02-01至C02-07纹饰与姑溪河船头山遗址B02：6、C02：6、D03：1的绳纹相似,以上陶片均为该地区西周中晚期常见。而C04-05、C05-06与姑溪河流域蒲塘遗址B04：7的席纹相同,C04-01、C04-02的盆口沿纹饰为竖绳纹,与姑溪河流域调查的坨塘遗址D03：1、立新遗址B01：4相似,属周代时期；下屋遗址C08-03为器底,腹部饰有云雷纹,接近底部及底部为素面,与当涂船里山遗址所出相同,时间为春秋早中期[2]；C09-01为锥形鬲足,与姑溪河流域T6⑤：58相似,均为尖锥状实足根,平面近椭圆形,素面,年代为西周中晚期。C07-02、C09-06均为实心柱形足,素面,有刮抹痕迹,与师姑墩的甲类鬲足相似,年代为周代；C09-02为罐类颈部,与师姑墩周代印纹硬陶侈口罐A Ⅱ式T8③：78相同,微侈口且颈部饰数周凹弦纹,腹部饰雷云纹,这类罐类纹饰在千峰山土墩墓中也有发现,Ⅵ M6：6与以上两罐颈部相同,年代均为西周中晚期[3]。因此,下屋遗址的年代应为西周至春秋时期。

毛草棚遗址陶片纹饰均属于南陵地区典型的印纹硬陶绳纹和复线回纹,时代为西周中晚期；C02-01为一件甗腰,甗腰较厚,腰封处抹光,腰部上下皆为绳纹,与师姑墩乙类B型Ⅳ式甗腰相似,年代为周代[4]。垅下遗址、四垅遗址、南山脚遗址等所采硬陶的纹饰在本地区周边的调查和发掘中多有发现,年代应为西周中晚期到春秋早期。

通过以上初步整理和对比,可以大致建立该区域考古调查的年代框架。

第一期,相当于马家浜文化时期。这一时期的遗存在本次调查范围内仅见于前桥遗址,遗物数量较为丰富。从陶片所体现的文化特征来看,前桥遗址无疑是受到了来自江浙地区的影响,但其锯齿状口沿、锥刺纹和摁压纹的装饰较以往马家浜文化遗址发现的同类纹饰更加发达。

第二期,相当于崧泽文化早期。本次调查发现有崧泽文化聚落甘罗墩遗址,但仅采集到1件鼎足,文化面貌与安徽长江沿岸同时期器物基本一致。此外,距离甘罗墩遗址西北约1千米的前桥遗址也发现有这一时期的遗物。

第三期,相当于良渚文化晚期。本期遗存同样较为稀少,仅见于滨河墈遗址、墩汪遗址及下叶遗址的鼎足,可归为张四墩文化。

第四期,相当于中原两周时期。本次调查中以两周时期的遗存最为丰富,采集物中以印纹硬陶为主,由此可见调查区内的文化面貌更偏向于宁镇地区。此外,部分饰有绳纹或有刮抹痕迹的遗物亦显示出了来自江淮地区的影响。近期师姑墩遗址发掘报告的出版为本次调查材料中周代遗物的分期提供了重要参考。依据鬲足的形制和印纹硬陶的纹饰,可知本地区周代遗存的年代主要为西周中期至春秋中期,个别遗物的时间稍晚,这一情况与南陵地区以往土墩墓的发掘结果基本相符。

[1] 安徽省文物考古研究所：《安徽枞阳县汤家墩遗址发掘简报》,《中原文物》2004年第4期。
[2] 安徽省文物考古研究所、当涂县文物管理所：《安徽当涂船里山遗址发掘简报》,《东南文化》2018年第3期。
[3] 安徽省文物考古研究所：《安徽南陵千峰山土墩墓》,《考古》1989年第3期。
[4] 安徽省文物考古研究所、安徽大学：《铜陵师姑墩——夏商周遗址考古发掘与研究》,文物出版社,2020年。

总的来看,漳河—大工山区域先秦时期的发展进程可分为新石器时期和周代两个阶段。在新石器时代中期,这一区域受到来自环太湖地区马家浜文化的影响,并孕育出了自身的地方特色,但由于距离文化中心较远,马家浜文化并未对这一地区造成持续深入的影响,其后的崧泽文化和张四墩文化似乎也只是略微波及于此,并未大规模输入,漳河—大工山区域的整体发展始终呈现较低的水平。相当于中原地区的夏商时期,本地区出现了一个文化衰落期,直至周代,人群活动才逐渐频繁。除了少量的西周早期遗物,本次调查所见的遗址年代大都为西周中晚期,聚落数量众多且广泛分布于调查区内,其中不乏有聚落群聚形成的大型聚落群体。由此可见漳河—大工山区域在西周中晚期突然涌入了大量的人口,直接促使本地区文化在西周中晚期兴起。

考古发现表明,进入西周后,位于江淮地区的淮夷文化和位于宁镇地区的吴文化开始兴起。根据调查的采集物及历年来的考古发掘资料可知,以南陵为中心的皖南沿江地区在西周时期大量使用印纹硬陶器,并出现了宁镇地区传统的土墩墓群,而且规模庞大。与此同时,遗址中还见有少量装饰有绳纹或刮面的淮式鬲。由此可见,来自宁镇地区的吴文化因素和来自江淮地区的淮夷文化因素的大规模输入是漳河—大工山区域西周中晚期得以迅速发展的重要推动力。皖南沿江中部地区因其特殊的地理位置,自新石器时代以来便长期受到东、西两个方向文化交流的影响,因缺乏强势的土著文化,导致这一地区的文化面貌呈现出融合的特点。尤其是在西周时期,随着江淮地区淮夷势力和宁镇地区吴文化势力的崛起,皖南沿江中部地区因其丰富的矿藏资源成为两股势力关注的焦点。淮夷文化和吴文化相继进入,形成了西起铜陵、东至芜湖的长江沿岸狭长地带的群舒文化分布区和占据铜繁丘陵、贵池、青阳一带及宣芜平原大部分地区的吴文化势力范围[1]。

通过本次调查,漳河—大工山区域新登记先秦时期遗存100处,复查20处,其中前桥遗址马家浜文化遗存的发现为探讨新石器时代中期皖南沿江中部地区的文化面貌提供了重要材料,周代遗存对于研究漳河—大工山区域这一时期的聚落形态及社会发展具有重要价值。经过对调查材料的梳理,大致建立起了漳河—大工山区域新石器中期至两周时期的年代框架,并对不同时期的文化面貌有了初步认识。但不可否认,限于采集物数量,目前我们对本地区新石器时代文化内涵的认识尚处于十分浅显的阶段,而夏商时期的空白更亟待新材料的填补。解决上述问题还需进一步的田野调查和考古发掘工作的结合。

第二节　区域聚落形态初步认识

通过前文的列举和分析,本书对漳河—大工山区域新石器时代至周代的文化面貌和发展概况有了初步认识。为进一步探讨本区域内先秦时期聚落形态变化及其所反映出的社会形态演变,本章将从聚落考古的角度,根据调查材料对这一区域先秦时期不同时段的聚落形态特点进行

---

[1]　王爱民、张爱冰:《安徽铜陵师姑墩遗址周代遗存性质及相关问题初探》,《东南文化》2020年第5期。

分析,以求从中掌握漳河—大工山区域先秦时期社会发展的基本脉络。

本次调查共登记聚落、冶炼遗址55处、土墩墓群17处,其中新石器时代聚落6处,又可细分为马家浜时期、崧泽时期和良渚时期;周代聚落41处,年代大多集中在西周中晚期至春秋时期。另有少量汉唐时期遗存。从以往的工作经验来看,调查采集到的遗物缺乏明确的地层关系,且大多遗物残损严重,年代的识别也会存在一定偏差。为避免片面追求分期的精细化而导致研究结果的失真,我们拟将调查的聚落遗址划分为新石器时代和周代两大时段,从更长的时间维度来考察漳河—大工山区域先秦时期的社会发展概况。汉唐时期遗存因数量较少,内涵不甚丰富,在此暂不涉及。

一、新石器时代聚落形态

本次调查的区域位于南陵县城北部,覆盖了平原、岗地和低山丘陵三种地貌,调查发现的5处新石器时代的聚落遗址可分为土墩类型和岗地类型。具体来看,岗地类型的遗址有前桥遗址和竹丝遗址,二者均位于自然岗地之上,岗顶较为平缓,海拔较低,且临近河流,便于取水;土墩类型的遗址有墩汪遗址、甘罗墩遗址和滨河塝遗址,其中墩汪遗址位于山岗之间的开阔谷地,甘罗墩和滨河塝遗址位于漳河西侧的沿河平原地区。这类遗址的四周均为平原地带,地势平坦,土壤肥沃,且河网密布,水资源丰富,有利于水稻的种植,适宜定居农业的发展。

从采集的陶片来看,漳河—大工山区域新石器时代遗存属于新石器时代中晚段,距今约7 000—4 500年,时间跨度较大,采集物显示,这一地区新石器时代文化面貌与周边地区基本一致。如陶器表面以红色或红褐色为主,另有部分内灰外红陶,均为手制。因采集物数量较少,目前能够识别出的器形仅有釜、鼎和鋬手等寥寥数种。其中,陶釜为马家浜文化器物,但前桥遗址多花边口和锥刺纹的装饰风格,较太湖流域的马家浜文化核心区更加发达;鼎足包括横装和侧装两类,较早的横装足正面有一纵向深槽,为崧泽时期常见,较晚者为宽扁型,正面有数道纵向刻花纹;侧装足为三角形,其年代与宽扁型横装足相同,均为新石器时代晚期。

本次调查登记的6处新石器时代聚落均受到了后期自然或人为因素的破坏,致使原有的聚落面貌遭到不同程度的改变,不过从聚落所处的地貌环境观察,仍可为该时期单体聚落形态的研究提供些许线索。如前桥和竹丝均为岗地型遗址,边界不甚清晰,只能靠自然断崖来判断其靠近水源一侧的边缘,聚落向岗地内部延伸的范围无明显的地层遗迹参考,具体范围难以准确判断,仅能依靠地势及采集物分布范围进行大致的推测。墩汪、滨河塝和甘罗墩等聚落,因其所处的沿河平原地区时常面临水患滋扰,通常筑土成墩,形成近圆形或椭圆形的聚落布局,边界较为清晰,新石器时代的聚落规模应不超越现存土墩的范围(严重破坏的除外)。由于未经发掘,聚落的内部空间布局和各功能区的划分仍不明晰。

从所掌握的材料来看,新石器时代本区域尚未出现明显的社会复杂化趋势。首先,聚落数量稀少、密度较低,在约200 000平方米的范围内仅发现6处新石器时代聚落遗址,其中马家浜时期聚落1处,崧泽时期聚落1处,良渚及稍晚时期的聚落虽有4处,但难以体现出内在的等级差异。其次,本次调查采集的新石器时代遗物中未发现有能够体现出等级化差异的器物。一般而言,聚落等级的高低需要多种因素综合判断,但在区域系统调查和研究中多是以聚落的面积作为第一考量,这一判断标准在实际的考古发掘中基本得以验证。若以采集区的面积为标准,漳河—大工山区域新石器时代的聚落面积多在数百平方米的范围内,即使这一数字存在误差,因所处的地形限制,其原始的聚落范围也不会过大。从历时性的角度来看,良渚时期的聚落面积并未较马家浜和崧泽时期有显著的扩大,说明整个新石器时代本地区始终处在一个低水平的发展状态,整体社会结构始终未有大的改变,即使崧泽、良渚时期的长江下游地区进入了结构复杂的阶级化社会,该地区的聚落仍处在这一时期社会结构中的最底层。因此,聚落的面积难以反映出聚落之间的等级分化。

总的来说,本次调查发现的新石器时代的聚落数量较少且年代跨度大,因此无法对漳河—大工山区域聚落形态问题展开过于细致的探讨。但本次调查所见的6处新石器时代聚落初步展示了调查区域内新石器时代的面貌,为我们认识漳河—大工山区域史前文明化进程和社会发展提供了一些参考。

二、周代聚落形态

漳河—大工山区域的周代聚落基本延续了新石器晚期的聚落选址位置,即紧邻河流。依据聚落所处的地貌情况,这一时期的聚落同样可以分为墩型遗址和岗地遗址,前者多位于沿河平原地带,由人工堆筑而成;后者则多位于指状岗地的指尖位置,利用较为平缓的自然坡面,个别聚落还叠压在新石器时代的聚落旧址之上。另有少数聚落位于沿河平原一带,但表面较为平坦,没有明显凸起,聚落的边界也较为模糊。这种居住模式难防水患,不符合本地区新石器时代以来择高而居的选址特点,很可能是墩型堆积在后期自然和人为的双重作用下,被大幅削减而成。

本次调查的周代聚落遗址以墩型为主,这类遗址的轮廓清晰,边界明显,便于进行单体聚落形态的研究。调查材料显示,除个别地表近平的聚落遗址外,大多数的墩型遗址保存较好,依据其外部轮廓可分为近圆形、近方形和不规则形三大类,其中近圆形土墩可能最接近于遗址的原始形态,而后两者可能是遭到自然或人为破坏。墩型遗址一般顶部比较平坦,四周较为陡峭,均位于沿河平原的开阔地带,交通便利,适合农业活动。除单一型土墩聚落外,多土墩型聚落在这一地区也同样存在,如店门林遗址便是由4座土墩组成,除3号土墩破坏较为严重外,1、2、4号墩均为长方形,呈品字形排列(从采集区的分布来看,亦不排除个别土墩已被破坏)。这种多土墩型聚落遗址广泛见于安徽沿江两岸地区,各土墩之间一般不存在明显的早晚关系,但是否存在功能性的差异有待于进一步研究。从采集的遗物来看,目前已知的聚落遗址中基本未发现有明显晚于周代的遗存,这表明战国之后该地区的人群居住方式发生了重大变化。鉴于此,我们可以将目前现存的墩型遗址的面积范围等同于周代聚落的面积范围,岗地型聚落的面积仍是以采集区和地形相结合的方式进行判断。从聚落遗址的规模来看,调查登记年代明确的34处聚落中,面积在5 000平方米以下的聚落共17处,占总数的50%,可归为小型聚落[1];

---

[1] 面积不明者,均按小型聚落看待。

5 000至10 000平方米的聚落共8处,占总数的23%,属中型聚落;10 000至20 000平方米的聚落共4处,占总数的12%,属大型聚落;20 000平方米以上的聚落有5处,占总数的15%,为特大型聚落。

尽管这一时期聚落的总体数量较多,但由于受到调查区内地形地貌的影响,聚落在空间上的分布具有不均衡性。依据聚落的群聚情况,可将这20处聚落划分为城西北段区、城西南段区、后港河盆地区、城北岗地区和西北岗地区,具体情况如下(图154):

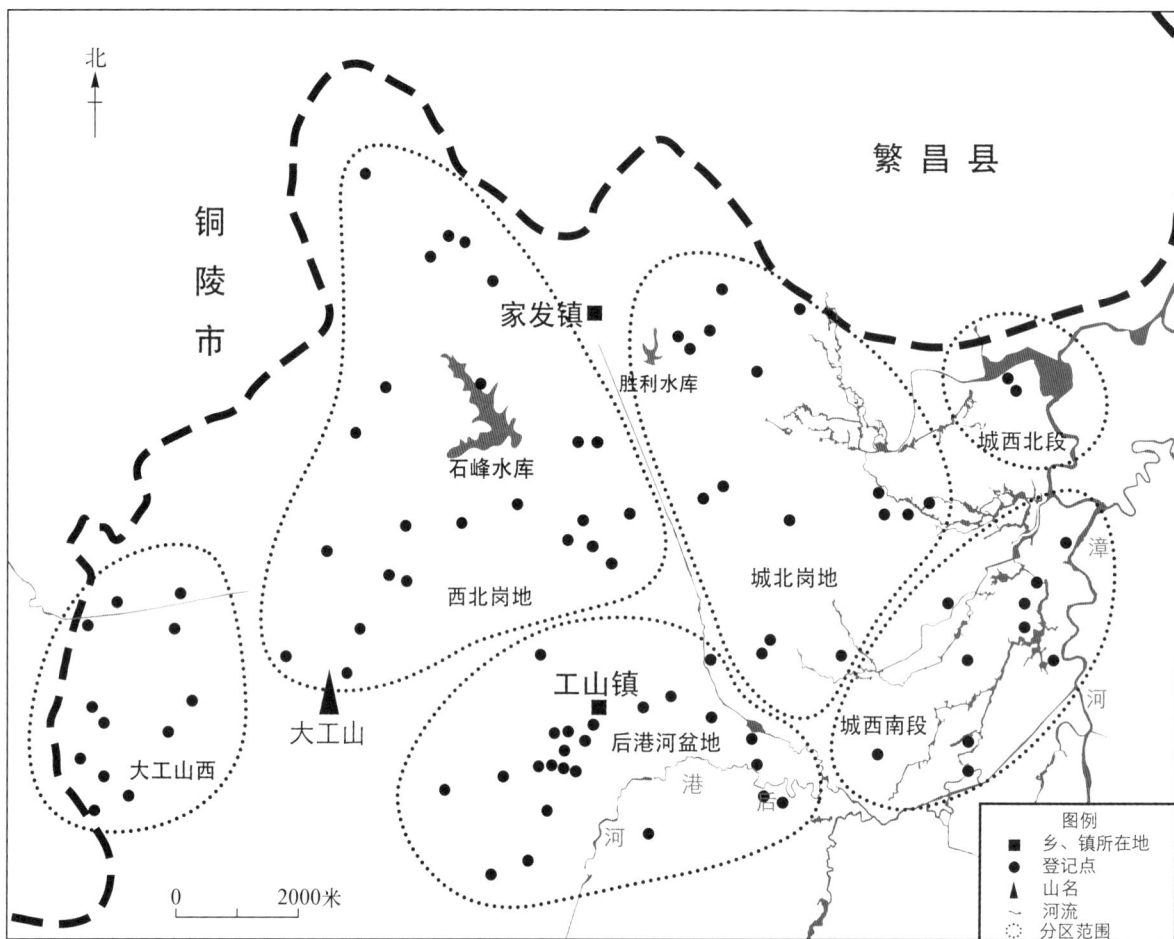

图154　周代遗址分区图

(一)城西北段区

城西北段区为沿河平原地貌,聚落均位于漳河西岸的二级阶地上。这里共有5个采集区,其中4个采集区位于同一个小型地貌区域内,因此我们将其归为一个聚落单位,即邓村遗址;在邓村遗址东南方向的风合刘村另有一个采集区,但因与前者距离较远,且属于另一地貌区域,因此未将其合并到邓村遗址内,单独设为散点。依据地貌估算邓村遗址面积达40 000平方米,属本区域内的特大型遗址,极有可能是这一区域内的中心聚落,另外我们还在该遗址西北约500米的漳河支流河道断崖上发现印纹陶片。值得注意的是,繁昌县东南地区与本区地理相接,繁昌县平铺乡的西部岗地发现规模庞大的万牛山土墩墓群,登记数量1 328座,实际数量应在2 000座以上[1]。万牛山呈东北—西南走向,山体东侧为沿河平原地貌,聚落遗址多位于漳河沿河平原的二级阶地上。这里地势低平,多数遗址可能由于河水泛滥被埋于今地表以下,难以发现,因此造成了聚落数量与土墩墓的规模难成正比的现象。

总之,特大型聚落和数目惊人的土墩墓表明,漳北地区在周代应是一处重要的人群活动区域。这一区域内未发现同时期的冶铸遗存。

（二）城西南段区

这一区域指漳河出县城后至湾里南段,河道以西和岗地以东的平原地区聚集了以甘罗墩—汪村遗址为中心的聚落群体。调查表明该区域在新石器时期便是漳河—大工山区域的重要人群活动地,马家浜时期的前桥遗址便坐落于西北方向的岗地上,甘罗墩和滨河塥聚落亦是在新石器时代原有聚落遗址的基础上被再次使用。

城西南段区内周代遗存较为丰富,聚落遗址有甘罗墩—汪村、高墩和滨河塥三处,其中甘罗墩村四面有环壕围绕,壕内面积约25 000平方米,其北部的汪村与之仅以壕沟相隔,二者应为同一聚落遗址,面积总计约41 000平方米,属特大型聚落;高墩和滨河塥聚落面积均在10 000平方米以下,分别属于中型聚落和小型聚落,三者大致呈品字形布局,间距600至1 500米不等。甘罗墩—汪村聚落以北另有湾里南、泉塘及宛村等散点。这一区域的聚落和散点大多位于漳河西岸偏西的二级阶地上,靠近漳河的枝状水系,总体呈东北—西南走向,仅有滨河塥聚落紧贴漳河水道,处于沿河平原二级阶地的边缘。此外,该区南部靠近县城的位置还有滨玉和张家墩散点,团山上发现有青山土墩墓群,未发现冶铸遗存。

（三）后港河盆地区

这一区域遗存分布较为密集,呈东西向分布,与后港河盆地走势大致相同,以墩型遗址为主。根据区内遗址的聚集情况又可划分为东、西两个小区,西部小区主要由坽下遗址、姚冲、周塘坊、回龙墩、回龙墩南、回龙墩东、芦塘、店门林和店门林南等多处聚落构成,呈散点状分布,其中店门林和回龙墩聚落的面积皆为12 000平方米,属大型遗址,且二者相距仅500余米。其他聚落以及店门林东北、店门林西、店门林中部和回龙墩北等散点分布在回龙墩聚落以北、店门林聚落以南的区域内。东部小区主要由墩汪、下屋沈、南村、姚家村、鲍家屋和鲍家屋东等5处聚落遗址构成,大体呈西北—东南线状分布,间距最大的下屋沈和墩汪聚落相距约1 200米,其余相距400至800米不等。聚落间的规模差距较大,墩汪、下屋沈、南村、姚家村、鲍家屋东聚落的面积均在10 000平方米以下,属于小中型遗址,而鲍家屋遗址的面积可达45 000平方米,属特大型聚

[1] 繁昌县地三次文物普查土墩墓专项调查小组:《繁昌县土墩墓综合调查报告》,《文物研究》第18辑,科学出版社,2011年。

落遗址。

后港河盆地东、西小区之间还有工山镇东和乌基塘两处散点,间隔约500米。盆地西北部的低岗上发现有5处土墩墓群,墓葬数量较多,应为该聚落群的墓葬区所在地;南部的四甲、塘埂等地亦发现有多处土墩墓群。由此可见,后港河盆地西部面积约95 000平方米的范围内是西周至春秋时期人群的重要活动区域。

(四)城北岗地区

这一区域地貌以低矮的岗地为主,岗地之间亦有较多的谷地平原,地势平缓。这里聚落分布稀少,聚落遗址仅有3处,其中竹丝和永林为岗地型聚落,老屋聚落为墩型遗址,位于岗地东缘的沿河平原,三者呈等腰三角形状分布,间距均为3 000余米。永林聚落因被破坏具体面积不详,另外两处聚落以竹丝聚落规模最大,约5 200平方米,而老屋遗址仅有1 600平方米。除聚落遗址,本区域还见有较为丰富的土墩墓遗存,如大陆方、六冲、谈冲、徐村、老鸦冲等地点,此外还见有少量散点。

这一区域共发现2处冶炼遗存,分别位于老鸦冲村西北和铁桥村东南方向。前者位于山岗坡面,地表散布较为丰富的炼渣及疑似炉壁,面积约8 000平方米。后者处在岗顶位置,相关遗存较少,仅在现代道路两侧发现有少许炼渣。除了冶炼遗物外,铁桥遗址未发现其他具有年代标示性的遗物。老鸦冲遗址采集到瓷片1件,年代约在宋元之后,遗址虽与老鸦冲土墩墓的间隔仅300余米,尚无证据能够体现出二者之间的内在联系。总的来看这一区域冶铸遗址的年代判定仍需更多的材料。

(五)西北岗地区

该地区与城北岗地东西相邻,东至家发镇所在的冲谷,南以大工山北麓为界,遗存呈散点式布局,共登记聚落遗址7处,分别为联工、曹村、毕村、上分桂、四垅、崔涝等遗址,以岗地型遗址为主,其中联工遗址面积为16 000平方米,应为区域性中心聚落。另在聚落遗址周边区域发现联工、荷花冲、新塘、庆山、阮冲、岭头等土墩墓群和散点10处。采集物包括较多的陶片以及在个别聚落遗址中发现的较为丰富的炉渣遗存。如联工遗址的西南部发现有疑似炼渣、炉壁等冶炼遗存;上分桂遗址的炉渣分布面积有数千平方米。

(六)工山西部

这一区域呈山间盆地地貌,其内分布有较多低矮的丘陵,属铜矿核心分布区。该区域共有登记点12处,其中两周时期聚落遗址包括排形、团山涝、塔里等,且均分布大量炉渣。其中,以排形遗址面积最大,约20 000平方米,属特大型遗址,采集有大量的陶片和炉渣等遗物。后两者遗址的面积在5 000平方米以下,属小型遗址。此外,在同时期的田头吴、何家冲、牧家亭、团山涝、殷冲等散点中亦发现有较多的炉渣遗存。由此可见,因地处铜矿资源核心区,工山西部应是一处集中进行冶铜活动的工业区。

（七）七星河流域

七星河流域遗存分布较为密集，共有登记点24处，其中周代聚落13处，从采集物的性质来看，冶铜遗址主要集中在该区域北部的河流上游和西部的山岗地带，面积最大者为20 000平方米的刘家井遗址，应为区域冶铜中心；聚落遗址则多分布在河流中下游的沿河平原地带，其中以下屋遗址面积最大，由14座台墩组成，约16 000平方米，属该区域的中心性聚落。另有11处散点。

通过以上考察，我们可以对漳河—大工山区域周代的聚落形态特点进行初步总结：

第一，相较于新石器时代，周代聚落的数量明显增多，且基本覆盖了调查区内的各个地理单元，以平原地区靠近水源的墩型聚落为主，另有一定数量的聚落位于岗地边缘的坡地。

第二，年代较为集中，上限基本上不超过西周早期，绝大多数为西周中晚期，下限多为春秋时期，个别略晚至战国时期。

第三，聚落群聚现象明显，位于平原地区的聚落数量较多，聚落群内各聚落之间的距离多在1 000米之内，最远距离约1 200米，呈高密度聚集。岗地型聚落数量较少，聚落之间的间距在1 000至3 000米不等，聚落密度低于前者。

第四，各小区内均有聚落遗址和土墩墓遗存，平原为主的小区，墓葬遗存一般多位于邻近的岗地之上；岗地为主的小区，墓葬遗存多距离聚落较近，但亦有远距离集中的现象。

第五，冶炼活动均位于调查区西部的岗地或山岗之间的沿河盆地，沿漳河平原地区尚未发现。

第六，等级分化显著，调查区内的各聚落群均是由不同规模的聚落遗址构成，且聚落的面积和数量基本呈反相关。由此可将各聚落群中规模最大的聚落视为该聚落群的中心所在。

第三节　先秦时期聚落形态的演变

一、聚落遗址

从聚落的微观地貌来看，漳河—大工山区域新石器时代和两周时期的聚落形态并无显著差别，可分为岗地型和墩型两大类。其中新石器时代的聚落遗址中墩型聚落4处，岗地型聚落2处；周代聚落中墩型聚落17处，岗地型聚落18处，此外还登记有平地形聚落8处。该类聚落边界不甚清晰，地表较为平坦，与周边区域并无明显落差，多位于河流沿岸较高的二级阶地上，可归为墩型遗址的变类[1]。由此可见，自新石器时代的马家浜文化到两周时期，漳河—大工山区域的聚落微观地貌具有稳定的延续性，这与南方地区的自然环境密切相关。包括安徽沿江在内的长江下游地区属亚热带季风气候，春夏时节降水丰富，地下水位较高，地表河网纵横交错，沿河低洼处在雨季易受水患滋扰；秋冬季气候较为干旱，降水稀少，河流支干便成为主要水源地，因此形成了"择高而居、临近河流"的聚落选址模式。漳河—大工山区域新石器时代中期社会生产力水平较低，

---

[1]　安徽省文物局、安徽省文物考古研究所：《杭埠河中游区域系统调查报告》，第165页，文物出版社，2012年。

邻河岗形地成为人类居住的首选之地,前桥遗址便可视为这一时期聚落遗址的典型代表。随着新石器时代晚期社会生产力水平的逐步提高,人类改造自然的能力进一步增强,开始出现沿河平原筑墩而居的现象,如甘罗墩聚落、墩汪聚落及滨河塥聚落等。两周时期的社会生产力水平已远超新石器时代,人类改造自然的能力得到极大提升,除了继续沿用新石器时代的岗地遗址外,这一时期出现了大量建于人工修筑的土墩之上的墩型聚落,与长江下游总体趋势保持一致。

从时代和分布位置来看,马家浜、崧泽时期的聚落位于漳河西岸沿河平原的一级阶地和二级阶地的岗地之上,这似乎说明该时期的人群活动对漳河干流的依赖性较强。进入良渚时代之后,人群的活动范围开始向西、向北拓展,并深入至岗地腹地,显示出该时期人群对自然的适应性进一步增强。尽管如此,与姑溪河流域、杭埠河流域相比,漳河—大工山区域新石器的聚落数量和分布范围整体仍处在数量稀少、分布零散的低水平发展状态。

进入周代后,漳河—大工山区域的聚落数量出现了显著增长,数量是新石器时代聚落总量的9倍。除滨河塥、竹丝、甘罗墩、墩汪、下叶四处聚落为沿用新石器时代旧有的聚落遗址外,其余数十处均为这一时期新出现的聚落,表明了漳河—大工山区域两周时期的人口数量显著增加。随着人群和聚落数量的增长,人群的活动范围较新石器时代亦有拓展,这一时期聚落的分布范围较广,除漳河干流外,调查区内的各主要支流沿岸以及七星河流域皆发现周代聚落遗址。与新石器时期聚落遗址零散分布的态势相比,漳河—大工山区域两周时期的聚落遗址还出现了明显的分区群聚现象,显示出不同的功能分区。

通过以往的田野发掘可知,目前所见的墩型聚落遗址均是在长期使用过程中不断堆筑而成的。以调查区相邻的师姑墩遗址为例,发掘表明该墩型聚落遗址为平地堆土筑墩,经计算师姑墩遗址夏商时期的土方量约6 000立方米,两周时期的土方量约16 000立方米,前者仅为后者的37%[1]。从采集物的年代来看,本次调查记录的墩型遗址的最晚使用年代基本为两周时期,因此可以将土墩的现存面积视为周代的聚落面积,而早于周代的聚落被叠压至现存土墩之下(严重破坏者除外),此外在土墩的外围亦未发现有早于周代的遗存,因此可以认为漳河—大工山区域新石器时代的聚落面积应普遍小于周代的聚落面积。这一点亦可在采集区的数量上有所体现,如滨河塥遗址中新石器时代遗存的采集区与周代遗存的采集区数量比为1∶7,甘罗墩—汪村遗址的比例为1∶8,墩汪遗址的比例为1∶4。这些数据虽不可避免的存在一定误差,但基本可以说明,漳河—大工山区域周代聚落较之新石器时代不仅数量更多、分布更广,而且面积更大。

不仅如此,这一时期聚落面积已经出现了显著的等级差异,尤其是面积超过40 000平方米的特大型聚落与其周边的聚落形成了鲜明的对比,这种一大带众小的聚落分布格局体现出了浓厚的等级色彩。以漳河南区为例,这一区域内共有聚落遗址3处,其中甘罗墩—汪村聚落面积约41 000平方米,无疑是该小区内的中心性聚落,高墩和滨河塥聚落的面积虽略有悬殊,但应同为前者的附属性聚落,如此便形成了一个简单的二级结构社会,高墩和滨河塥聚落可视为这一区

---

[1] 安徽省文物考古研究所、安徽大学:《铜陵师姑墩——夏商周遗址考古发掘与研究》,第30页,文物出版社,2020年。

域的最基层的社会组织,而甘罗墩—汪村聚落则是高于它们的二级社会组织。在此若将视野拓展至调查区以外的范围,位于南陵县城东南、漳河东岸的牯牛山遗址应是本地区更高一级的聚落中心。

二、采冶遗存

除聚落遗址大量出现之外,这一时期矿产资源的开采及冶炼活动的兴起亦是本地区一大特征。本次调查在大工山北麓和七星河流域发现了大量的炉渣遗存,显示出早在两周时期大工村盆地的铜矿开采与冶炼活动已形成了相当的规模,为皖南沿江地区两周时期的铜矿采冶核心区域之一。从采、冶遗存的区位来看,两周时期的铜料开发者为了最大限度地减少由矿石到铜料的生产成本,一般将开采出的矿石就地冶炼,制成铜锭之后再向外输出。调查的情况显示,铜矿的开采位置和炼渣分布区有明显的规律可循。一般矿坑位于较高的山腰处,地势较陡,无法进行规模化的冶炼活动。而山脚的地势平坦开阔,是进行大规模冶炼活动的理想场所,因此在矿坑山脚下的开阔地带常可见较为丰富的冶炼遗存。

另外从冶炼遗存的整体分布来看,漳河—大工山区域的冶炼活动大致呈现由东向西,从无到有的趋势。如前文叙述,东部沿漳河平原未见任何与冶炼相关的遗存,中部的盆地、岗地除了铁桥和老鸦冲两处年代不清的冶炼遗址外,仅在联工遗址内发现冶炼遗存,但遗存的数量不甚丰富,推测其应为以家庭为中心的小规模冶炼行为,自后港河盆地以西的山岗地区冶炼遗存数量开始显著增加,并以大工西部的盆地和七星河上游最为密集,如此规模的冶炼活动极有可能具有官营性质。

三、土墩墓

土墩墓是南方地区先秦时期常见的一种丧葬模式。参考南陵地区以往的考古发掘材料,漳河—大工山区域土墩墓的年代应不早于西周时期,并流行于西周中晚期至春秋时期。本次调查发现了较为丰富的土墩墓遗存,多分布在调查区中部的岗地区域,东部的沿漳河平原地区和西部的铜矿采冶区内尚未发现土墩墓遗存。这一地区的土墩墓常选址在岗顶位置,沿着岗地的走势呈"一"字型或"人"字形集聚状排列。墓群规模不一,土墩大小有别,均与聚落遗址,即生活区保持一定距离。此外,调查还发现规模较大的土墩墓群可划分为多个小墓群,如山柏树土墩墓群可细分为5处小型墓群。从土墩墓的埋葬形式来看,每个小区内的土墩墓均紧密排列,部分相邻的墓葬封土甚至连成一片,难以区分二者的边界。由此可见每个小型墓群应属同一家族成员,具有浓厚的血缘关系色彩。这种以具有血缘关系的小型墓群为基本单位,不同家族的墓群,相互之间保持一定的间隔,共同组成了一个较大的墓群,可视为地缘性社会关系的反映。山柏树土墩墓群南侧即为聚落遗址分布密集的后港河盆地,两地遗存年代相同,距离相近,功能互补,因此可以认为山柏树所在的这一岗地可能是后港河盆地内聚落群的公共墓地。

总的来说,从聚落的数量多寡、分布范围、面积大小及等级分化等多个角度来看,漳河—大工山区域在新石器时代始终未能得充分发展。进入西周后,漳河—大工山区域的聚落格局发生重大变化,遗存数量大幅增加,分布范围极大拓展。这一时期的聚落面积持续扩大且等级显著分化,铜矿采冶活动开始兴起并走向繁盛,出现了以血缘关系为纽带的墓葬群和独立于生活区之外的地缘性质的墓地。种种迹象表明,这一地区在周代得到了显著的开发,形成了生产(矿冶遗址)、生活(聚落遗址)、丧葬(土墩墓)三位一体的聚落分布格局,区域社会得到了深刻发展。

从现有材料看,安徽沿江地区夏商时期的遗存数量较少,但进入西周后包括巢湖流域和安徽沿江地区在内的广大区域同时进入到了繁盛时期。如巢湖西部的杭埠河流域,在经历了夏商时期的文化空白后,新出现周代聚落52处,是新石器时代晚期聚落数量的2.7倍[1];安徽沿江东段的姑溪河流域新石器时代至夏商时期的聚落总量为60处(包含同一遗址的不同时期),其中湖熟文化聚落20处,两周时期这一区域的聚落数量增至83处,为前一时期的4.1倍[2]。由此可见,两周时期漳河—大工山区域的迅速发展并非孤立现象,而是这一历史浪潮中的重要组成部分,并且从这一时期采冶遗物的丰富程度看,铜矿资源的开发与利用应是推动漳河—大工山区域进入西周之后迅速发展的首要原因。在社会生产水平较低的时期,矿产资源的开发属于劳动力密集型产业,漳河—大工山区域铜矿资源丰富,铜矿的采冶工作需要大量的劳动力参与,大量人群的涌入不仅推动了铜矿采冶业的发展,还进一步促进了漳河—大工山区域的开发。随着本地区人口数量的增加,聚落数量同步增长;随着生产活动需求的增长,更多的劳动力又投入到物质财富的创造活动中,如此便形成了一个社会发展的良性循环,使得漳河—大工山区域的社会发展在两周时期呈现出欣欣向荣的景象。

第四节　皖南沿江中部地区早期铜矿开发与社会发展

本章所探讨的空间范围由漳河—大工山区域扩展为皖南沿江中部地区,即由铜陵、南陵、繁昌三地组成,时间范围相当于中原夏商周三代。皖南沿江中部地区三代遗存数量丰富,兼具普通聚落、大型城址、土墩墓及青铜手工业遗存,并出土数量较多的青铜器,该地区在夏商周时期应是长江下游一个重要的政治和经济中心[3]。本章拟以矿冶遗存为主线,通过对本地区三代时期遗存的梳理和分析,揭示皖南沿江中部地区整体社会发展进程及其与铜矿资源开发之间的关联。

一、夏商时期

皖南沿江中部地区二里头时期的聚落数量十分稀少,文化层目前仅见于铜陵师姑墩遗址,年代相当于二里头文化晚期,遗物以陶器为主,并发现了少量与青铜冶铸有关的炉壁和炉渣[4],此外

---

[1]　安徽省文物局、安徽省文物考古研究所:《杭埠河中游区域系统调查报告》,第37页,文物出版社,2012年。

[2]　国家博物馆、安徽省文物考古研究所:《姑溪河—石臼湖流域先秦时期聚落考古调查与研究》,第177页,科学出版社,2019年。

[3]　陆勤毅、宫希成:《皖南商周青铜器研究》,第5页,文物出版社,2016年。

[4]　安徽省文物考古研究所:《安徽铜陵县师姑墩遗址发掘简报》,《考古》2013年第6期。

在相邻的夏家墩遗址中同样发现有二里头时期的遗物[1]。由此可见,该地区二里头时期的人群活动范围有限,集中于黄浒河流域,此时遗存数量稀少,人口稀疏,社会整体发展水平远远逊于同时期的中原地区。但值得注意的是,师姑墩遗址早段地层出土的炉壁和炉渣将该地区铜矿采冶活动提早至二里头时期,尤其是砷铜的发现,对探讨中国本土冶金术的起源和传播等问题意义重大。

进入商时期,该地区遗存依旧不甚丰富。师姑墩遗址内商时期的遗物总体数量较少,以陶器为主,未见青铜制品,亦不见有与青铜冶铸相关的遗物,年代约相当于中原洹北商城时期。此外,在夏家墩遗址中亦发现有二里岗时期的陶鬲口沿。20世纪80年代,在铜陵西湖乡童墩遗址出土有洹北商城时期的爵、斝各1件,为典型中原商文化器物[2]。这表明洹北商城时期该地区人群活动有所扩大,青铜器的发现反映出此时的人群构成发生了改变,出现了具有一定社会地位的贵族阶级,这一时期的社会发展水平应优于二里头时期,与江淮地区的商文化情况基本一致。从现有的考古资料看,皖南沿江中部地区虽未发现明确为商代的采冶遗存,但在南陵江木冲遗址中曾采集到商代早中期的尖锥状鬲足[3]。豆海锋认为,包括师姑墩遗址在内的安徽沿江地区西部商代遗址受商文化盘龙城类型影响较大,应与中原王朝南下获取铜矿密切相关[4]。

进入晚商时期,皖南沿江中部地区似乎进入了文化荒芜期,包括师姑墩遗址在内,这一区域的各遗址中均未发现晚商时期的遗存。相似的情况亦见于安徽沿江北岸,但后者出土了数量较为丰富的晚商青铜器,而整个皖南沿江地区商晚期的青铜器却十分罕见。学界一般的观点认为盘庚迁殷后,随着商王朝政治重心转移至豫北地区,商文化在许多地方急剧退缩,皖南沿江中部地区晚商时期的文化断层可能与此有关[5]。

总体来看,皖南沿江中部地区夏商时期的遗存不丰富,社会整体发展水平较低,但师姑墩遗址二里头文化晚期的存在,表明本地区或在此时已初步形成了以铜矿采冶为主要生业的社会发展模式。近年来,在距离安徽沿江铜矿区不远的肥西三官庙遗址中发现了丰富的二里头晚期遗存,并出土了较多的青铜器,其中铜铃、铜钺等高等级礼乐器显示了该处聚落在整个江淮地区具有较高的政治地位。从年代来看,三官庙遗址与师姑墩遗址早段遗存均属于二里头文化晚期斗鸡台类型,由此可见二者之间应具有某种密切的关联。进入商代后,本地区虽尚未发现明确与青铜手工业有关的遗存,但已在多处青铜手工业遗址中发现这一时期的遗物,文化面貌与中原商文化基本一致。对此师姑墩遗址发掘者认为,相较于最初的铜矿开采与冶炼行为,本地区的铜器铸造活动受中原地区的影响,至少在早商晚期便已出现[6]。尤其是以童墩组铜器为代表的洹北商城

[1] 安徽省文物考古研究所、北京大学考古文博学院:《安徽铜陵夏家墩、神墩遗址发掘简报》,《江汉考古》2015年第6期。
[2] 安徽大学、安徽省文物考古研究所:《皖南商周青铜器》,图1、2,文物出版社,2006年。
[3] 刘平生:《安徽南陵大工山古代铜矿遗址发现和研究》,《东南文化》1988年第6期。
[4] 豆海锋:《试论安徽沿江平原商代遗存及与周边地区的文化联系》,《江汉考古》2012年第3期;安徽省文物考古研究所、铜陵市文物管理所:《安徽铜陵市古代铜矿遗址调查》,《考古》1993年第6期。
[5] 李伯谦:《皖南商周青铜器·序》,见于《皖南商周青铜器》,第8页,文物出版社,2006年。
[6] 安徽省文物考古研究所、安徽大学:《铜陵师姑墩——夏商周遗址考古发掘与研究》,第676页,文物出版社,2020年。

时期贵族阶级的出现，使得此时的铜矿开发活动带有些许政治色彩。可以说，皖南沿江地区的铜矿资源在夏商时期已被中原王朝关注，并开展了一定程度的采冶活动，并为两周时期的大规模开发奠定了基础。

二、两周时期

相较于夏商时期，皖南沿江中部地区进入西周后迅速发展，历年来的考古工作证明，该地区两周遗存分布广泛，尤其是矿冶遗存丰富，是长江下游地区周代考古的核心地区之一。

在经历了晚商时期的文化衰落期以后，皖南沿江中部地区在西周早期再次迎来了新一轮的发展。本期的遗存虽较商时期略有增加，但总体数量依旧不甚丰富。从聚落的分布情况来看，西周早期的人群活动仍主要集中在铜陵以东的沿江冲积平原，如师姑墩聚落和夏家墩聚落均是在原有聚落基础上的再利用，两处遗址出土的遗物中除了常见的陶、石器之外，还发现了冶炼遗存。其中师姑墩遗址出土了铜器5件、铜块2件、炉渣2件、炉壁1件[1]；夏家墩遗址的遗存更为丰富，除炉渣、炉壁、矿石外，还清理除了一座较为完整的西周早期炼炉及与其相关的房址、红烧土操作面、烧结的小坑及硬质的薄墙体等配套设施。另外，本次调查在店门林遗址中也发现个别属于西周早期的遗物。由此可见，西周早期，皖南沿江中部地区尚在缓慢复苏，社会整体发展水平偏低。但尽管如此，师姑墩和夏家墩遗址出土的炉壁、炼渣及炼炉表明该区域的铜矿采冶活动于西周早期再次出现。

进入西周中期后，该地区得到了迅速的发展，这一时期聚落数量明显增加。以本次调查为例，在20处周代聚落遗址中，除店门林遗址年代稍早，其余遗址的年代上限均为西周中晚期，这一情况可视为皖南沿江地区中部周代聚落的缩影。历年的考古发掘，如繁昌瓜墩遗址[2]、板子矶遗址[3]等均为西周中晚期新出现的聚落遗址。除一般聚落之外，大型城址也在这一时期开始出现。南陵牯牛山城址位于南陵县东部籍山镇塘西村，平面略呈长方形，南北长约900米，东西宽约750米，总面积达70万平方米，出土有陶器、石器、原始瓷及青铜器等遗物[4]。

在聚落数量增加的同时，这一时期的遗存数量和种类都有显著提升，除常见的陶器、原始瓷、石器之外，铜器及与青铜手工业相关的遗物较西周早期更为丰富。师姑墩遗址这一时期的冶铸遗物共出土了70件，其中仅西周中期地层就出土铜块14件、炉渣4件、炉壁16件、器范2件和铅锭1件、铜容器范1件、铜器15件，器形有锛、削及容器残片等。西周晚期至春秋时期的地层中炼渣、炉壁等遗物数量虽有所下降，但仍占有一定比例[5]；夏家墩遗址西周中晚期遗存中与青铜手工业相关的炉渣、炉壁和矿石等遗物更为丰富，并且出现了第一期所不见的青铜工具及兵器。

---

[1]　王开、陈建立等：《安徽铜陵县师姑墩遗址出土青铜冶铸遗物的相关问题》，《考古》2013年第7期。
[2]　中国考古学会：《中国考古学年鉴2005》，第204页，文物出版社，2006年。
[3]　安徽省文物考古研究所、繁昌县文物管理局：《安徽繁昌板子矶周代遗址发掘简报》，《文物》2013年第10期。
[4]　中国考古学会：《中国考古学年鉴2000》，第182—183页，文物出版社，2001年。
[5]　王开、陈建立等：《安徽铜陵县师姑墩遗址出土青铜冶铸遗物的相关问题》，《考古》2013年第7期。

　　除黄浒河流域之外,在铜官山、狮子山、凤凰山、铜山、大工山等矿区中,均发现这一时期的采冶遗址。以大工山铜矿区为例,依据采冶遗存的分布疏密度可将大工山铜矿区细分为以西湖村为中心的北部区;以江木冲为中心的东南区;以大元岭为中心的西部区,三区共发现采冶遗址29处(2002年数据)。其中南陵江木冲遗址规模最为庞大,面积约1 500平方米,可分为甲、乙、丙三区,各区均发现印纹硬陶、原始瓷、夹砂陶等生活用器及炉壁、炼渣、冰铜锭、加工工具及炼炉等各类冶炼遗存,还有大片红烧土和木炭灰等遗存。相同的冶炼遗址还包括冷水冲、刘家井、江村、西边冲等12处,年代上限大致为西周中晚期[1]。此外,在牯牛山遗址北部1、3号台墩的发掘中亦发现丰富的冶炼遗存[2]。

　　作为劳动密集型产业,铜矿资源的开发无疑需要充足的劳动力。自西周中期开始,皖南沿江中部地区的聚落和墓葬增幅显著是这一时期铜矿资源大规模开发的反映。铜矿采冶业的兴起吸引了大量劳动力进入本地,不仅刺激了皖南沿江中部地区的人口增长,还带动了社会结构的进一步改变。

　　以墓葬为例,皖南沿江中部地区的墓葬均为特色鲜明的南方土墩墓,已发掘的有南陵千峰山土墩墓[3]、龙头山土墩墓[4]、牌楼土墩墓[5]及繁昌平铺土墩墓[6]等,其中绝大多数为一般平民墓,随葬品有原始瓷、印纹陶及鬲、曲柄盉等夹砂陶器。除平民墓葬外,还发现了以繁昌汤家山贵族墓、孙村贵族墓及新牌墓为代表的,随葬有精美青铜礼器的贵族墓。汤家山贵族墓出土各类鼎、兽面纹甗、扁体簋、鱼龙纹盘和鸠杖首等铜器13件[7];孙村贵族墓出土铜鼎3件及燕鋬三足匜1件[8];新牌土墩墓出土青铜鼎、匜、铃各1件[9]。此外,在相邻的青阳汪村贵族墓葬中亦出土有小口鼎、窃曲纹鼎、牺首尊、鱼龙纹盘、龙耳尊和句鑃等青铜器12件[10]。从器物的形制来看,上述贵族墓葬的年代为西周中晚期至春秋早期[11]。除此之外,皖南沿江中部地区还有较多零散出土的青铜器,多数应出自被破坏的墓葬,器形有鼎、盘、匜、盉、龙耳尊。除青铜容器外,铜繁南地区还出土有较为丰富的青铜乐器、兵器及车马杂器等。

　　由此可见,西周中期至春秋早中期,随着定居人群的不断增加、聚落数量的持续增长,皖南沿

[1]　安徽省文物考古研究所、南陵县文物管理所:《安徽南陵县古铜矿采冶遗址调查与试掘》,《考古》2002年第2期。
[2]　中国考古学会:《中国考古学年鉴2000》,第182—183页,文物出版社,2001年。
[3]　安徽省文物考古研究所:《安徽南陵千峰山土墩墓》,《考古》1989年第3期。
[4]　安徽省文物考古研究所、南陵县文物管理所:《安徽南陵龙头山西周土墩墓群发掘简报》,《文物》2013年第10期;焦显睿:《南陵龙头山土墩墓若干问题的研究》,安徽大学硕士论文,2011年。
[5]　安徽省文物考古研究所:《新萃—大发展新发现—"十一五"以来安徽建设工程考古成果展》,第17页,文物出版社,2015年。
[6]　安徽省文物考古研究所:《安徽省繁昌县平铺土墩墓》,《考古》1990年第2期。
[7]　安徽省文物工作队、繁昌县文化馆:《安徽繁昌出土一批春秋青铜器》,《文物》1982年第12期。
[8]　张国茂:《安徽铜陵谢垅春秋铜器窖藏清理简报》,《东南文化》1990年第4期。
[9]　谢军:《安徽繁昌新出土的三件铜器》,《江汉考古》2015年第6期。
[10]　石谷风:《青阳出土的西周晚期铜器》,《安徽文博》1983年第3期。
[11]　谢军:《安徽繁昌新出土的三件铜器》,《江汉考古》2015年第6期。

江中部地区的铜矿资源也在这一时期得到了持续的开发。随着青铜采冶业的快速发展,特别是师姑墩遗址西周中期地层中出土的卷草纹铜容器陶范,显示了至迟在西周中期,皖南沿江中部地区已经形成了由矿石开采、冶炼到铸造成器的完整操作链流程,青铜手工业已从初级的铜料采冶阶段进入到更为复杂的铜器铸造阶段。

三、外部势力的介入与铜矿采冶业的发展

自然资源是人类赖以生存和发展的基础条件,史前时期人类的生产力水平较低,对自然资源的利用能力较差,需求单一。进入等级社会后,随着生产力水平的提升,人类对自然资源的需求显著增强并呈现出多样化的特点,其中铜矿资源的特殊价值在社会秩序中日益凸显,并成为夏商周三代政治、军事和权利的象征,为统治者所关注。皖南沿江中部地区地处安徽沿江铜矿带的核心区域,自二里头晚期到两周时期这里的铜矿采冶活动虽有间断但总体保持稳定,通过前文的分析可以认为该地区的区域社会发展具有明显的资源导向性特点,在铜矿资源的开发过程中外部势力的介入起到了极大的促进作用,其中以洹北商城时期和西周中晚期最为显著,下文将分作试析。

(一)洹北商城时期

洹北商城时期是商王朝经略江淮地区的重要时段,该时期北至淮河两岸,南到沿江一带的整个江淮地区共同形成了一幅大范围、跨地区的联动式发展格局。前文提到,皖南沿江中部地区出土的洹北商城时期的铜爵、斝表明这一地区开始为商人所关注,近年来台家寺遗址的发掘为我们进一步了解商王朝对江淮地区强力经略的宏观背景提供了新的材料。

阜南台家寺遗址是近年来淮河流域商代考古最为重要的发现之一。该遗址的年代为洹北商城时期,属中原商文化面貌。遗址内发现的大型建筑、铸铜作坊、铜礼器陶范及铜器墓均显示这一聚落的特殊地位,发掘者认为台家寺遗址是淮河流域等级最高的商代聚落。作为政治地位和统治权力的象征,青铜容器铸造是早期中原王朝严格把控的手工业生产活动,相关遗存常见于都城级聚落或区域核心聚落。作为都城外明确具有铸造青铜容器活动的商文化聚落,台家寺显然具有异于其他地区性中心聚落的特性,在商王朝南向经略中应扮演着重要的角色。

我国铜资源储量丰富但整体分布不均,早期中原王朝的铜料来源除了晋南的中条山矿区之外,长江中下游沿江铜矿带也占有相当数量的比例。刘莉、陈星灿曾提出长江中下游的铜料进入早期中原王朝都城的路线共有三条,其中安徽沿江地区的铜料北上输入中原地区的路线是沿长江顺流而下后折入泗水,经过淮河,转入济水逆流而上,最后进入王朝腹地[1]。安徽沿江铜矿带位于安徽省南部,与皖西北之间的地貌以平原和低山丘陵为主,其间河网纵横,交通便利。根据新的考古资料并结合江淮地区中商时期商文化聚落的分布情况及其与铜矿资源的区位关系,我们

---

[1] 刘莉、陈星灿:《中国早期国家的形成——从二里头和二里岗时期的中心和边缘之间的关系谈起》,《古代文明(第1卷)》,文物出版社,2002年。

可以复原一条纵穿江淮地区水陆结合的铜料运输路线。这条通道南起安徽沿江铜矿带,经由馆驿[1],抵达台家寺后沿颖河逆流而上进入王朝腹地。台家寺遗址处在颖、淮两河的交汇地带,扼守江淮地区北上进入王朝腹地的颖河水道,战略地位举足轻重,无疑是安徽沿江铜料向北运输过程中的关键节点,其性质应与盘龙城遗址相同,为商王朝设置在东南方向的重要军事据点,扮演着对安徽沿江地区铜矿资源的控制管理和运输中转的角色。因此可将这条位于江淮腹地的铜料运输通道称为"江淮金道"。

随着台家寺聚落的兴起,皖西北的润河流域似乎出现了一个具有明确职责分工的青铜冶铸群体,如台家寺遗址仅发现有铜容器陶范,迎水乡寺遗址仅有铜工具范。同时期的淮河中游下段受此影响也出现了一个具有铸造青铜工具能力的古堆桥遗址[2]。在台家寺及其周边聚落兴起的同时,肥西派河流域的商文化势力也得到了快速发展,馆驿塘坊组铜器的发现无疑说明这一地区应居住有高等级贵族人群,城墩遗址发现商中期的铜爵亦可表明其地位在普通聚落之上[3]。对此有学者指出,相较于江汉地区的衰退,中商时期江淮地区商文化的影响力仍保持了一种积极向上的发展趋势,区域内文化的发展在这一时期达到顶峰[4]。

综上可见,随着商王朝南向经略方向的转移,安徽沿江地区的铜矿资源在洹北商城时期得到了中原王朝的密切关注,在此背景下"江淮金道"开始形成。作为青铜原料采冶基地,皖南沿江中部地区得到迅速发展。

(二)西周中晚期

西周中晚期是继洹北商城时期后,皖南沿江中部地区又一个重要的发展时期,无论是聚落数量、人口规模、青铜采冶手工业发展等各个方面均达到了本地区先秦时期区域社会发展的巅峰。

从文化面貌看,西周时期的皖南沿江中部地区虽见有较为丰富的江北地区文化因素,但其主体遗存仍可归为吴文化。吴文化一般被认为是吴国创造的具有自身文化特征的考古学文化,大致形成于西周早期,其核心位于宁镇地区的镇江东侧大港、谏壁一带。从距离来看,西周早期的吴文化核心区与皖南沿江中部地区相距两百余千米,立国不久的吴人恐难以对如此之远的地区进行有效控制和大规模开发。因此这一区域西周早期遗存尚呈现出数量稀少、内容简单、分布集中和等级差异不甚显著的特点。在进入西周中期以后,这一地区的社会整体面貌发生了巨大的变化。针对这一时期的突变,多数学者认为应与西周王朝的经略有关,其最为重要的政治背景是"昭王南征而不复"。李峰曾指出周昭王命殒汉江对西周王朝的打击极其沉重,自此周人再也不

---

[1] 1965年馆驿塘坊出土了一批中商文化中晚期的青铜礼器,共有爵、斝、觚共5件,该组器物体型硕大,制作精美,器型及纹饰均与润河所出的器物近乎相同,可见馆驿塘坊附近极有可能存在一处等级较高的商人聚落。参见:《中国出土青铜器全集(安徽)》,第4、7、10页,科学出版社、龙门书局,2019年。

[2] 武汉大学历史学院考古系、安徽省文物考古研究所:《安徽凤阳县古堆桥遗址发掘简报》,《考古》2018年第4期。

[3] 安徽省文物考古研究所内部资料:《2019年安徽省文物考古所年报》,第26页,2019年。

[4] 孙卓:《论商时期中原文化势力从南方的消退》,武汉大学博士论文,2017年。

敢轻易涉足长江中游[1]。结合文献和青铜器铭文记载可知，约在西周中期，周王朝对南方的经略方向似乎由江汉地区转移至了江淮地区。

据文献记载，西周时期江淮地区的土著居民为淮夷，是一支势力强大的土著人群，从西周建国初期便对周王朝叛服不定，存世的西周中晚期周人青铜器中多见有与淮夷征战的铭文，如《仲儮父鼎》《伯⿰冬戈父簋》《翏生盨》和《师寏簋》等多篇铭文中记载了周王朝征伐淮夷的历史事件，其中屡见有"孚金""俘吉金"的记载，可见在对淮夷的战争中周人获得了数量可观的铜为战利品。结合金文和安徽沿江地区丰富的矿冶遗存，杨立新提出江淮之地为皖南铜料北运中原的必经之道，西周王朝对江淮地区淮夷的征伐，其目的在于打通掠夺江南青铜原料的"金道"[2]；华觉明同样认为周王朝发动对淮夷的战争，主要目的是为了争夺青铜原料控制权、打开输运通道[3]；徐峰重建了这条由安徽沿江地区，经桐、六、胡、繁汤至中原的江淮间"金道锡行"路线[4]；易德生则在此基础上指出随着皖南矿冶中心的形成，可能从西周中期逐渐形成了途经江淮之间的"金道锡行"[5]。总的来说，无论是周王朝的经略，还是淮夷势力的反抗（或入侵），双方的行为都会直接或间接导致铜矿开采规模的扩大。因此可以说西周中晚期安徽沿江铜矿资源的大规模开发，在一定程度上得益于周人经略及其与淮夷的长期博弈。

除来自江北地区的干预外，来自宁镇地区的影响亦不容忽视，尤其是对于长江南岸的皖南沿江中部地区。西周中晚期本地区铜矿采冶工业的迅速发展在更大程度上应得益于吴国的西向经略。前文提到，自西周中期开始皖南沿江中部地区聚落数量显著增长，这意味着人口数量的大幅增加，本地区规模庞大的土墩墓群亦可辅证，大型城址和各级贵族亦在这一时期出现，最为重要的是铜矿采冶活动的全面兴起[6]。此时也正好是宁镇地区吴文化开始走向强盛的阶段，整个长江下游地区在西周中晚期至春秋中期时均受到了吴文化的强烈影响。对于皖南沿江中部地区来说，丰富的铜矿资源无疑是吴国向西经略的目的所在。从本次调查采集的大量印纹陶和登记的土墩墓遗存来看，漳河—大工山区域两周时期的文化面貌与宁镇地区基本一致，大工山及周边地区规模庞大的采冶遗址群应与吴人的开发密切相关，而位于矿区以东20千米的牯牛山大型城址则可能是西周时期吴国经营铜矿开采和冶炼的管理中心[7]。由此可见，自西周中期开始，皖南沿江中部地区铜矿资源的开发已进入到官方大规模开采的阶段。对此，张敏曾指出西周至春秋是

［1］　李峰：《西周的灭亡》，第110页，上海古籍出版社，2016年。

［2］　杨立新：《皖南古代铜矿初步考察与研究》，《文物研究》第3辑，黄山书社，1988年；杨立新：《安徽沿江地区古代铜矿》，《文物研究》第8辑，黄山书社，1993年；安徽省文物考古研究所：《安徽考古的世纪回顾与思索》，《考古》2020年第2期。

［3］　华觉明等：《长江中下游铜矿带的早期开发和中国青铜文明》，《自然科学史研究》1996年第1期。

［4］　徐峰：《西周时期的淮夷——以安徽江淮地区为中心》，南京师范大学硕士论文，2007年；徐峰：《过渡带——两淮地区早期社会进程》，第187页，上海古籍出版社，2020年。

［5］　易德生：《周代南方的"金道锡行"试析——兼论青铜原料集散中心"繁汤"的形成》，《社会科学》2018年第1期。

［6］　安徽省文物考古研究所等：《安徽南陵县古铜矿采冶遗址调查与试掘》，《考古》2002年第2期。

［7］　张敏：《吴国都城初探》，《南方文物》2009年第2期。

皖南铜矿第一次大规模采冶时期,与吴国的建立和灭亡相始终[1]。结合师姑墩遗址出土的西周中期铜容器陶范,可以认为至迟在西周中期,吴文化已掌握铸造青铜礼器的能力。鉴于宁镇地区铜矿储藏较为匮乏且开发时间偏晚,西周时期吴人铸造铜器所使用的铜料则应有相当一大部分来自安徽沿江铜矿区。

总的来看,与洹北商城时期不同,皖南沿江中部地区的铜矿资源在西周时期为多方所关注,西周中晚期周王朝的经略、淮夷的开发及吴文化的进入均推动了本地区铜矿资源的开发进程,尤其是牯牛山城址和高等级吴国贵族墓的出现表明,吴文化在皖南沿江中部地区占据统治地位,并对本地区铜矿资源的开发起到了主导作用。由此可以认为,西周中晚期皖南沿江中部地区铜矿采冶业的迅速兴起、区域社会的繁荣发展是中原王朝与地方势力共同作用的结果,其中吴文化扮演着至关重要的角色。

---

[1] 张敏:《陶冶吴越——简论两周时期吴越的生业形态》,《东南文化》2019年第3期。

附　表

表1　家发镇、籍山镇聚落遗址登记表

遗址名	位置	微观地貌	地形面积（平方米）	新石器时代采集区面积（平方米）	周代采集区面积（平方米）	年代	备注
滨河墩遗址	家发镇	墩型	2 200	100	700	良渚文化晚期西周-春秋	新发现
竹丝遗址	家发镇	岗坡	5 200	300	700	新石器时代末两周之交	新发现
前桥遗址	家发镇	岗地	500	200		马家浜文化早中期	新发现
墩汪遗址	家发镇	墩型	600	100	400	西周-春秋新石器时代晚期	新发现
联工遗址	家发镇	岗坡	16 000		900	西周-春秋	新发现
曹村遗址	家发镇	岗坡	6 200		900	西周-战国	新发现
鲍家屋遗址	工山镇	墩型	45 000		900	西周-春秋	新发现
鲍家屋东遗址	工山镇	墩型	3 000		500	西周-春秋	新发现
高墩遗址	家发镇	墩型	9 000		400	西周-春秋	新发现
永林遗址	家发镇	水塘岸坡	已被破坏		400	西周-春秋	新发现
甘罗墩—汪村遗址	家发镇	墩型	41 000	100	800	崧泽早期西周-春秋	复查
邓村遗址	家发镇	墩型	40 000		400	西周-春秋	新发现
风合刘北遗址	家发镇	平地	不清		100	西周-春秋	新发现
老屋遗址	家发镇	墩型	1 600		300	西周-春秋	新发现
铁桥遗址	家发镇	岗顶	400		200	周代	新发现
老鸦冲遗址	家发镇	岗坡	8 000		400	周代	复查
下分卢遗址	家发镇	岗坡	6 000		100	周代	新发现

表2　家发镇、籍山镇土墩墓登记表

名　　称	位　　置	微 观 位 置	面　　积	备　注
老鸦冲土墩墓	家发镇	岗坡	1 050	新发现
荷花冲土墩墓	家发镇	岗顶	400	新发现
永林土墩墓	家发镇	岗顶	300	新发现
谈冲土墩墓	家发镇	岗坡	900	新发现
孙村土墩墓	家发镇	岗顶	450	新发现
青山土墩墓	家发镇	岗坡	653	新发现
联工土墩墓	家发镇	岗顶	120	新发现
徐村土墩墓	家发镇	岗坡	220	新发现
六冲土墩墓	工山镇	岗顶	5 850	新发现

表3　家发镇、籍山镇散点登记表

名　　称	位　　置	采集点数量	采集区面积
盛桥散点	家发镇	1	100
宛村散点	家发镇	1	100
湾里南散点	家发镇	1	100
泉塘散点	家发镇	1	100
刘家湾南散点	家发镇	1	100
张家墩散点	家发镇	1	100
石峰水库散点	家发镇	5	500
孙村散点	家发镇	1	100
滨玉散点	家发镇	1	100
黄祠散点	家发镇	1	100
闵村散点	家发镇	1	100
天马散点	家发镇	1	100
联三散点	家发镇	1	100

表4　工山镇聚落遗址登记表

编号	遗　址　名	位置	微观地貌	地形面积（m²）	采集区面积（m²）	年　代	备注
1	店门林遗址	工山镇	墩型	12 000	4 700	西周–春秋	新发现
2	店门林南遗址	工山镇	平地	4 700	700	西周–春秋	新发现
3	芦塘遗址	工山镇	水塘岸坡	已被破坏	1 000	西周–春秋	新发现
4	回龙墩遗址	工山镇	墩型	12 000	800	西周–春秋	新发现
5	回龙墩东遗址	工山镇	墩型	2 000	300	西周–春秋	新发现
6	南村遗址	工山镇	平地	8 000	400	西周–春秋	新发现
7	姚家村遗址	工山镇	平地	2 800	500	西周–春秋	新发现
8	下屋沈遗址	工山镇	平地	3 500	300	西周	新发现
9	何家冲遗址	工山镇	岗地	9 000	500	西周中期	新发现
10	塔里遗址	工山镇	平地	4 000	500	西周晚期–战国	新发现
11	毕村遗址	工山镇	岗地	1 000	300	西周晚期	新发现
12	垅下遗址	工山镇	岗坡	850	300	周–汉	新发现
13	崔涝遗址	工山镇	平地	400	100	战国	新发现
14	回龙墩南遗址	工山镇	岗坡	1 200	300	西周晚期	新发现
15	四垅遗址	工山镇	墩型	300	100	春秋	新发现
16	排形遗址	工山镇	岗地	20 000	1 100	西周	新发现
17	周塘坊遗址	工山镇	平地	600	300	西周–战国	新发现
18	上分桂遗址	工山镇	岗坡	9 000	300	春秋早中期	新发现
19	团山涝遗址	工山镇	岗地	2 500	500	汉	新发现
20	金子阡遗址	工山镇	岗地	6 000	100	年代不清	复查
21	沙滩脚遗址	工山镇	岗地	2 000	700	晋–唐	复查
22	长塘冲遗址	工山镇	岗坡	1 000	200	晋–唐	复查
23	古塘冲遗址	工山镇	洼地	1 000	100	唐–宋	复查
24	上牧冲遗址	工山镇	岗坡	1 000	100	晋–唐	复查

表5　工山镇土墩墓登记表

编　号	名　　称	位　置	微观位置	面积（m²）
1	山柏村土墩墓	工山镇	岗顶	11 000
2	阮冲土墩墓群	工山镇	岗顶	1 100
3	塘埂土墩墓群	工山镇	岗顶	60 000
4	四甲土墩墓群	工山镇	墩型	3 000
5	团山马土墩墓	工山镇	岗顶	380
6	新塘土墩墓	工山镇	岗坡	100
7	庆山土墩墓	工山镇	岗顶	100
8	岭头土墩墓群	工山镇	岗顶	800

表6　工山镇散点登记表

编号	名　　称	位　置	微观地貌	采集区数量	采集区面积（m²）
1	工山东散点	工山镇	平地	1	100
2	乌基塘散点	工山镇	平地	1	100
3	店门林中散点	工山镇	平地	3	300
4	店门林东北散点	工山镇	水塘	2	200
5	店门林西散点	工山镇	平地	3	300
6	回龙墩北散点	工山镇	平地	1	100
7	藕塘冲散点	工山镇	岗地	1	100
8	团山涝散点	工山镇	山地	1	100
9	上曹散点	工山镇	岗脚	1	100
10	荷花桥散点	工山镇	平地	1	100
11	山头俞散点	工山镇	岗地	1	100
12	山头俞西北散点	工山镇	平地	1	100
13	姚冲散点	工山镇	岗地	1	100
14	殿冲散点	工山镇	洼地	1	100
15	黄山岗散点	工山镇	岗地	1	100
16	田头吴散点	工山镇	平地	1	100
17	牧家亭散点	工山镇	岗地	1	100

表 7　何湾镇聚落遗址登记表

编号	遗 址 名	位 置	微观地貌	地形面积（m²）	采集区面积（m²）	年 代
1	下屋遗址	何湾镇	墩型	16 000	1 600	西周－春秋
2	毛草棚遗址	何湾镇	墩型	5 400	300	周
3	下叶遗址	何湾镇	墩型	4 000	100	良渚晚期
4	南山脚遗址	何湾镇	墩型	900	200	西周－春秋
5	燕屋旺冲遗址	何湾镇	岗坡	2 000	100	春秋
6	刘家井遗址	何湾镇	岗地	20 000	400	西周－春秋
7	冷水冲遗址	何湾镇	岗坡	3 000	300	周－汉
8	水龙湖遗址	何湾镇	岗坡	3 000	100	周－汉
9	樟木涝遗址	何湾镇	岗坡	9 000	200	年代不清
10	小燕冲遗址	何湾镇	岗坡	1 000	100	年代不清
11	神冲遗址	何湾镇	洼地	4 000	200	春秋
12	余家冲遗址	何湾镇	墩型	5 000	100	春秋
13	铜塘遗址	何湾镇	墩型	6 000	100	年代不清

表 8　何湾镇散点登记表

编号	名 称	位 置	微观地貌	采集区数量	采集区面积（m²）
1	下湖塌散点	何湾镇	岗地	1	100
2	蒋家湖散点	何湾镇	平地	1	100
3	蒋家湖东北散点	何湾镇	平地	1	100
4	毛棚东南散点	何湾镇	平地	1	100
5	桥头西南散点	何湾镇	平地	1	100
6	杨家庄散点	何湾镇	平地	1	100
7	姚冲中散点	何湾镇	平地	1	100
8	姚冲下散点	何湾镇	岗脚	1	100
9	落冲散点	何湾镇	平地	1	100
10	下街村散点	何湾镇	岗顶	1	100
11	田湖散点	何湾镇	平地	1	100

南陵矿冶与青铜文化研究

第五章　南陵漳河—大工山区域考古调查所见印纹硬陶遗存研究

第一节　概　　述

一、研究背景

陶器是人类历史上最重要的发明之一。距今约一万年的新石器时代早期,中国就已经有了陶器。历经数千年的发展,在铜石并用时代,印纹硬陶被中国先民创造出来。相较于普通陶器,印纹硬陶质地更坚硬,扣之有清脆的金属声。其采用的原料也不同于一般陶器所采用的普通黏土,而是经过挑选与加工的专用黏土。印纹硬陶的烧成温度普遍在1 000℃左右,远高于普通通陶器而接近于瓷器。因此,印纹硬陶这一特殊器类在研究瓷器起源、陶器与瓷器关系上具有重要的意义。有学者认为,印纹硬陶是中国古代陶瓷科技史上的一个里程碑。

一般认为,我国印纹硬陶最先出现于长江流域的今浙江、江西、安徽、江苏等地,年代为距今约4 000年的新石器时代晚期。从全国范围来看,印纹硬陶多出土于南方地区,北方仅在中原省份的高等级墓葬中有发现,一般遗址中发现较少。安徽大学历史学院国家社科基金重大项目团队于2019年12月、2020年12月对南陵漳河—大工山区域进行了多次区域系统调查,采集到大量印纹硬陶标本,为相关研究提供了丰富的实物资料[1]。该区域位于皖南沿江地区,地理位置特殊,文化面貌复杂。因此,针对这类遗存展开研究,可以进一步明确皖南商周时期的文化面貌、生产生活状况,亦可加深学界对于印纹硬陶的认识,了解其在陶瓷过渡中的地位及作用。

二、研究对象

本章研究对象为南陵县漳河—大工山区域系统调查所获取的印纹硬陶标本。其中店门林遗址、回龙墩遗址、鲍家屋遗址、永林散点以及石峰水库散点所见印纹硬陶众多,纹饰全面,因此选取该五个遗址(或散点)采集的印纹硬陶作为研究对象。遗址及散点分布情况见下图(图155)。空间范围以该区域为主,但在研究过程中会涉及周边的江淮、宁镇和赣鄱地区。时间范围主要聚

---

[1]　肖航:《漳河—大工山先秦时期区域系统调查与研究》,安徽大学硕士论文,2021年。

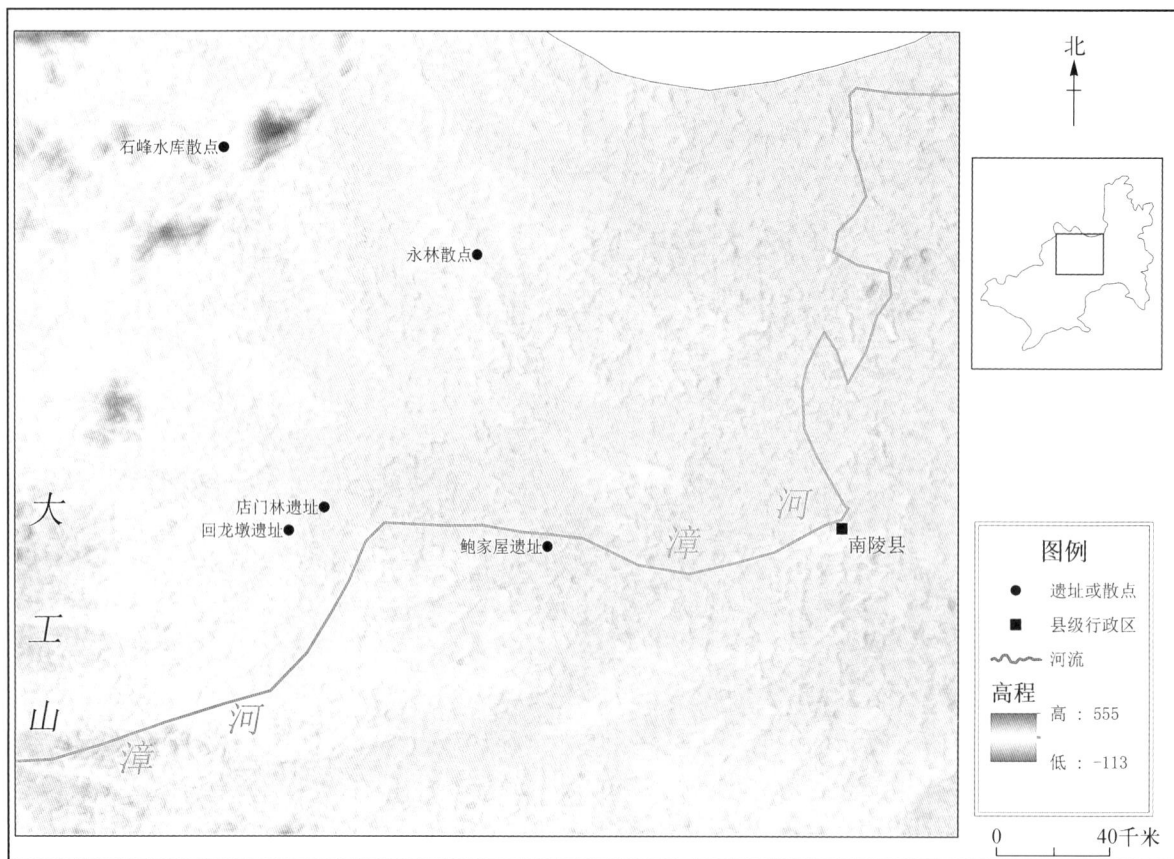

图155 遗址与散点分布情况

焦于商周时期,亦会涉及战国秦汉时期。

三、研究现状

经过数十年的考古工作,安徽地区印纹硬陶的材料非常丰富。1930年代,王湘先生在寿县调查时就已经发现了一批印纹硬陶标本[1]。新中国成立后,安徽地区的考古工作蓬勃发展,陆续发现了众多有明确出土信息的印纹硬陶资料。李业法综合整理了安徽地区印纹硬陶历年出土情况,并对其进行分区、分期研究,探讨了其与周边地区的关系[2]。从出土的地理位置来看,皖南,特别是沿江地区多于江淮、皖北地区;从出土背景来看,完整器多出土于土墩墓中;从器型来看,印纹硬陶多为大件的贮存器,如尊、罐、瓮等。

印纹硬陶的研究一直为学界所关注,主要成果体现在以下方面:

首先是印纹硬陶的定义、命名。关于印纹硬陶定义,部分学者认识到其与一般陶器存在的差异,认为印纹硬陶的胎质比一般泥质或夹砂陶器更细腻、坚硬,烧成温度高,而且在器表又拍印以

---

[1] 王湘:《安徽寿县史前遗址调查报告》,《考古学报(即田野考古报告)》1947年第2期。

[2] 李业法:《安徽地区商周时期几何印纹硬陶初步研究》,安徽大学硕士论文,2020年。

几何形图案为主的纹饰[1]。另一种定义方法则是通过描述印纹硬陶的理化性质，李家治认为印纹硬陶"表面拍印有纹饰、所用原料中 Fe_2O_3 含量较低，一般为含杂质较多的瓷石类黏土、烧成温度在 1 200℃左右以及扣之有清悦的金属音等"[2]。关于印纹硬陶的定名，刘渤认为应当按照"年代＋文化（新石器时代应需加确切文化）＋纹饰特征（印××纹）＋材质（硬陶）＋器型特征＋通名"的格式，如"西周印叶脉纹硬陶双耳罐"[3]。

其次是印纹硬陶的分期断代、文化面貌、文化间的交流等。1978年在庐山召开的"江南地区印纹陶学术问题讨论会"围绕分区以及分期问题展开了充分讨论。李伯谦对印纹硬陶进行分期分区，讨论了各区域之间的关系，认为印纹硬陶分别产生于不同地区，有不同的文化渊源。随着时代的发展，其共性不断增加，战国时期文化面貌趋于一致[4]。彭适凡则系统地回顾了印纹硬陶的研究历史，将我国印纹陶研究历程分为新中国成立之前、新中国成立初期、20世纪50年代末至60年代前期、70年代以来等阶段，并概括不同阶段的特色。此外，彭适凡对印纹陶分期做了简要讨论，并将印纹陶分为闽台区、两广地区、江浙地区、江西地区等[5]。近年来，郑建明则以窑址为线索，将印纹硬陶大致分为环太湖、长江中游、岭南三大区域，不同时代各区域变化代表了东南区域文化面貌统一的历程[6]。

由于印纹硬陶出现的时空具有特殊性，一些学者也以其作为线索探讨商周时期中原王朝与地方的关系、商品的流通以及交换等。黎海超将印纹硬陶与原始瓷分开观察，分析对比了南北各地材料的类型、考古学背景，强调"南方多来源"说，指出印纹硬陶以及原始瓷为南方多区域生产，认为两者是南北资源流通中的一部分，附属于铜料等金属资源流通，其流通模式随着中原王朝权力兴替亦有不同[7]。

关于印纹硬陶的制作工艺、起源与产地等问题，也有较多成果。刘毅讨论了古代高温釉器物的起源、基本特征、产地以及陶瓷器族群不同种类的界定与命名问题，认为陶器与瓷器从商周时期开始形成两个不同的文化发展序列，二者各自发展，互有影响，时代越晚关系越疏远，二者的连接点为印纹硬陶[8]。施家农指出印纹硬陶以及原始瓷从产生到消亡的数千年里始终相生相伴，一并成为瓷器的鼻祖，对于中国瓷器的产生与发展具有极其重要的意义[9]。李家治则将印纹硬陶与

［1］　中国硅酸盐学会：《中国陶瓷史》，第74页，文物出版社，1982年。

［2］　李家治主编：《中国科学技术史——陶瓷卷》，第70—107页，科学出版社，1998年。

［3］　刘渤：《刍议"印纹硬陶"器之科学定名》，《印纹硬陶与原始瓷研究》，故宫出版社，2016年。

［4］　李伯谦：《我国南方几何形印纹陶遗存的分区、分期及其有关问题》，《北京大学学报（哲学社会科学版）》1981年第1期。

［5］　彭适凡：《我国南方古代印纹陶研究历史的回顾与展望》，《江西历史文物》1982年第4期。

［6］　郑建明：《21世纪以来先秦时期印纹硬陶窑址考古新进展（上）》，《文物天地》2021年第6期。胡冰青、郑建明：《21世纪以来先秦时期印纹硬陶窑址考古新进展（中）》，《文物天地》2021第12期。郑建明：《21世纪以来先秦时期印纹硬陶窑址考古新进展（下）》，《文物天地》2022第1期。

［7］　黎海超、耿庆刚：《黄河流域商时期印纹硬陶和原始瓷器产地研究——以郑州商城和殷墟为中心》，《江汉考古》2017年第4期。

［8］　刘毅：《商周印纹硬陶与原始瓷器研究》，《华夏考古》2003年第3期。

［9］　施家农：《陶瓷之间——略论印纹陶的发展及印纹硬陶与原始瓷的关系》，《印纹硬陶与原始瓷研究》，故宫出版社，2016年。

原始瓷的烧制成功作为陶瓷科技发展史上的一个里程碑[1]。对于印纹硬陶以及原始瓷的产地问题，特别是北方原始瓷产地问题，学界一直存在多种不同观点。"北方本地生产说"以安金槐为代表，他综合分析北方出土印纹硬陶的纹饰、器型等，认为商代北方印纹硬陶以及原始瓷为本地生产[2]。周仁通过对原始瓷成分的对比分析，认为原始瓷产地为南方[3]。朱剑综合运用科技考古的手段，对北方原始瓷中微量以及痕量元素进行测定，推测样品存在多个产地[4]。

四、以往研究中的不足之处

正如前文所述，国内关于印纹硬陶的相关研究起步较早，研究领域也很全面。对于印纹硬陶的定义、年代、族属、制造工艺、产地等均有很充分的认识，在田野考古过程中，也非常关注印纹硬陶以及原始瓷的材料。但是，也存在以下不足：

首先，地域上，相较于浙江、江苏、江西等地，安徽地区出土的印纹硬陶缺乏较为系统地梳理和研究，安徽地区印纹硬陶与周围地区的关系及其在长江流域印纹硬陶文化圈中的地位等问题也不够明确。

其次，对于印纹硬陶与原始瓷、成熟瓷器之间的关系认识尚不明确，对于印纹硬陶工艺的专题研究也显不足。

最后，对于印纹硬陶的出土背景关注度不够，出土于墓葬、居址、生产活动相关遗址中的印纹硬陶是否存在不同，仍然有待于进一步的研究。

本文在前人研究基础上，进行以下创新：

首先，对南陵漳河—大工山区域考古调查所见的印纹硬陶材料进行系统整理。

其次，立足于整个长江流域对该区域印纹硬陶遗存进行综合研究。

最后，针对印纹硬陶进行科技分析，进一步了解印纹硬陶的制作工艺以及与原始瓷的关系。

第二节　印纹硬陶遗存的分期与年代

此次调查所采集的印纹硬陶数量多，纹饰丰富，但以残片为主，可辨别器型仅有少量的瓷、罐、瓿等，这给年代辨别带来了较大的困难。鉴于此情况，在年代研究中主要针对部分具有代表性的纹饰进行分型分式研究，以此对印纹硬陶进行分期，并参考相关研究成果，推断各期的年代。

一、分期

本次调查所获印纹硬陶纹饰主要有回纹、席纹以及小方格网纹，并有少量雷纹、折线纹、折线

---

[1]　李家治：《简论中国古代陶瓷科技发展史》，《建筑材料学报》2000年第1期。
[2]　安金槐：《谈谈郑州商代的几何印纹硬陶》，《考古》1960年第8期。
[3]　周仁、李家治、郑永圃：《张家坡西周陶瓷烧造地区的探讨》，《考古》1961年第8期。
[4]　朱剑、王昌燧等：《商周原始瓷产地的再分析》，《南方文物》2004年第1期。

纹与回纹组成的复合纹饰、三角与平行线复合纹饰等。其中,回纹、席纹以及小方格网纹特征明确,演化较为清楚,适宜进行类型学分析。

回纹。一般认为,回纹可能来源于雷纹,是雷纹的简化形态。按照线条的构成,可分为A、B两型。

A型　一般回纹,由内外两重线条构成,类似汉字"回"。按照其内外框的形态,可分为三式。

Ⅰ式　内框小但凸出,线条粗犷,外框低平,线条较细。

Ⅱ式　内框较大,回纹内外框基本平齐,内外框线条粗细基本一致。多与折线纹等组成复合纹饰共同出现。

Ⅲ式　内框大,内外框基本平齐,且线条较细。

演变趋势为:回纹内框由小变大,由凸出到低平,线条由粗变细。

B型　复线回纹。由内外多重线条组成,按照其单体纹饰内框是否填交叉线,可分为两个亚型。

Ba型　内部无填线。根据单体纹饰大小、复线层数、线条粗细、间距等可分为三式。

Ⅰ式　各单体纹饰大,复线层数多,线条极细,线条之间间距小,可形成视错觉。

Ⅱ式　各单体纹饰较大,复线层数较多,线条较细且间距较小。

Ⅲ式　各单体纹饰小,复线层数少,线条粗,线条之间间距大。

演变趋势为:单体纹饰变小,复线层数变少,线条变粗,线条之间间距变大。

Bb型　内部填有交叉线纹。按照单体纹饰大小、复线层数、线条的粗细、间距、排列以及内部所填纹饰可分为两式。

Ⅰ式　单体纹饰小,复线层数少,线条粗,间距较大,排列整齐。纹饰之间少有叠压,内部填十字交叉纹或X交叉纹。

Ⅱ式　单体纹饰较大,复线层数多,线条细密,间距小,排列不规整。纹饰之间多有叠压,内部填十字交叉纹。

演变趋势为:单体纹饰逐渐变大,复线层数变多,线条变细,间距变小,排列逐渐杂乱。内部所填纹饰简化。

席纹,又称编织纹。一般认为,席纹是先民模仿生活中使用的草席等编织物创造的纹饰。此次调查所见印纹硬陶中,席纹数目仅次于回纹。根据席纹的形状,可分为A、B两型。

A型　菱形席纹,排列不规整。

B型　方形席纹。根据单体纹饰大小以及排列可分为两式。

Ⅰ式　以正方形为主,单体纹饰较小,排列规整。

Ⅱ式　以长方形为主,单体纹饰较大,排列不规整。

演变趋势为:纹饰由方形变为长方形,单体纹饰变大,排列逐渐杂乱。

小方格网纹,又称麻布纹。该类纹饰或许为先民模仿麻布的编织形态创造,也有可能是回纹的进一步简化。此次调查中亦获得较多拍印有小方格网纹的标本。按照小方格网纹的排列形态可分为两型。

A型　纹饰排列整齐细密。根据小方格形态可分为两式。

Ⅰ式　小方格形态为方形。

Ⅱ式　小方格形态为菱形。

演变趋势为：小方格网纹由方形变为菱形。

B型　纹饰被大型方框区分为独立的不同单元,各单元内部为菱形小方格网纹。

根据以上分析,可以将调查所获印纹硬陶分如下五期(表9):

表9　南陵漳河—大工山区域印纹硬陶纹饰分期表

纹饰	回　纹			席　纹		小方格网纹	
型	A型	Ba型	Bb型	A型	B型	A型	B型
一期	1. Ⅰ式						
二期	2. Ⅱ式	4. Ⅰ式		9	10. Ⅰ式		
三期	3. Ⅲ式	5. Ⅱ式	7. Ⅰ式		11. Ⅱ式		
四期		6. Ⅲ式	8. Ⅱ式			12. Ⅰ式	
五期						13. Ⅱ式	14

1. 店门林遗址三号墩C01-01、2. 店门林遗址一号墩C08-01、3. 店门林遗址二号墩C02-01、4. 店门林遗址二号墩C15-01、5. 店门林南遗址C05-01、6. 店门林遗址一号墩C01-04、7. 回龙墩遗址C04-02、8. 店门林南遗址C01-01、9. 店门林遗址三号墩C02-02、10. 鲍家屋遗址C05-03、11. 回龙墩遗址C08-01、12. 鲍家屋遗址C07-01、13. 石峰水库标本04、14. 石峰水库标本05

各遗址(散点)所见纹饰情况统计如下(表10)：

表10　各遗址(散点)所见纹饰统计表

纹饰	回　纹								席　纹			小方格网纹			其他	合计
型	A型			Ba型			Bb型		A型	B型		A型		B型		
式	Ⅰ式	Ⅱ式	Ⅲ式	Ⅰ式	Ⅱ式	Ⅲ式	Ⅰ式	Ⅱ式	．	Ⅰ式	Ⅱ式	Ⅰ式	Ⅱ式			
店门林遗址	4	4	3	6	61	17	2	2	4	1	7	0	0	0	10	121
回龙墩遗址	0	0	0	0	10	3	3	0	1	3	2	0	0	0	2	24
鲍家屋遗址	2	0	0	1	7	1	1	1	0	1	0	2	0	0	3	19
永林散点	0	0	0	0	0	0	0	0	0	0	0	2	0	0	1	3
石峰水库散点	0	0	0	0	0	0	0	0	0	0	0	1	3	2	1	7

各遗址各期纹饰数统计如下(表11)：

表11　各遗址(散点)各期所见纹饰统计表

	一期	二期	三期	四期	五期
店门林遗址	4(3%)	15(12%)	73(60%)	19(16%)	0
回龙墩遗址	0	4(17%)	15(63%)	3(13%)	0
鲍家屋遗址	2(11%)	2(11%)	8(42%)	4(21%)	0
永林散点	0	0	0	2(67%)	0
石峰水库散点	0	0	0	1(14%)	5(71%)

注：百分比为该期印纹硬陶占该遗址(散点)所见全部印纹硬陶比例。

二、年代

根据上述类型学分析,结合其他相关发掘资料及研究成果,将各期年代讨论如下：

A型Ⅰ式回纹与屯溪土墩墓M3所出硬陶瓿(M3：58)[1]纹饰类似,屯溪M3年代约相当于中

[1]　李国梁主编：《屯溪土墩墓发掘报告》,第30页,安徽人民出版社,2006年。

原的西周早期[1]。因此,该批印纹硬陶标本第一期年代可暂时定为西周早期。

A型Ⅱ式回纹与屯溪土墩墓M5所出硬陶罐(M5:45)[2]纹饰类似,屯溪M5年代约为西周中期[3]。

Ba型Ⅰ式回纹与马鞍山五担岗中印纹硬陶片(H1:34)类似,A型席纹与五担岗印纹硬陶片(H41:1)纹饰类似,B型Ⅰ式席纹与五担岗印纹硬陶片(H1:56)纹饰类似[4]。以上各遗迹单位,发掘者将其归入五担岗遗址的三期中段,年代相当于西周中期[5]。因此,该批印纹硬陶第二期年代可暂时定为西周中期。

A型Ⅲ式回纹与南陵千峰山M14所出印纹硬陶罐(M14:1)纹饰基本一致,发掘者认为其属于该批土墩墓中第二期,年代为西周晚期[6]。Ba型Ⅱ式回纹与五担岗印纹硬陶片(T10②:13)纹饰类似,Bb型Ⅰ式回纹与五担岗印纹硬陶片(G27③:103)纹饰类似,B型Ⅱ式席纹与五担岗(T10②:11)纹饰类似[7]。以上三件标本,发掘者认为其分属遗址三期晚段、四期早段以及三期晚段,年代则对应西周晚期至春秋早期以及春秋早中期[8]。因此,综合考虑,将该批印纹硬陶标本第三期暂定为西周晚期到春秋早期。

Ba型Ⅲ式回纹与五担岗印纹硬陶片(J1④:30)纹饰类似,Bb型Ⅱ式回纹与五担岗印纹硬陶片(H2:91)纹饰类似,A型Ⅰ式方格网纹与五担岗所出坛(H2:32)纹饰类似[9]。发掘者将以上遗迹单位分别定于四期晚段、四期中段,年代则对应为春秋晚期以及春秋中、晚期[10]。因此,可将该批印纹硬陶标本第四期年代暂定为春秋中、晚期。此处需要说明,小方格网纹流行时间较长,直至战国均可见该类纹饰。

A型Ⅱ式小方格网纹与浙江安吉上马山西汉墓印纹硬陶坛(M6:8)类似,原文中无纹饰拓片,仅有描述"拍印方格纹",但该批西汉墓中所出土的叶脉纹铺首等也见于A型Ⅱ式小方格网纹所属的石峰水库遗址,因此推测该类型所代表的年代为西汉[11]。B型小方格网纹与浙江嘉兴九里汇东汉墓中釉陶罍纹饰类似,发掘者认为该墓葬年代为东汉中期偏晚[12]。因此,该批印纹硬陶标本第五期暂定为汉代。

综合上述分析,可以把该批印纹硬陶标本分期与年代对应如下表(表12):

[1] 李业法:《安徽地区商周时期几何印纹硬陶初步研究》,安徽大学硕士论文,2020年。
[2] 李国梁主编:《屯溪土墩墓发掘报告》,第51页,安徽人民出版社,2006年。
[3] 李业法:《安徽地区商周时期几何印纹硬陶初步研究》,安徽大学硕士论文,2020年。
[4] 安徽省文物考古研究所、南京大学历史学院考古文物系等:《马鞍山五担岗》,第154页,文物出版社,2016年。
[5] 安徽省文物考古研究所、南京大学历史学院考古文物系等:《马鞍山五担岗》,第384—386页,文物出版社,2016年。
[6] 杨鸿霞、杨德标:《安徽南陵千峰山土墩墓》,《考古》1989年第3期。
[7] 安徽省文物考古研究所、南京大学历史学院考古文物系等:《马鞍山五担岗》,第154页,文物出版社,2016年。
[8] 安徽省文物考古研究所、南京大学历史学院考古文物系等:《马鞍山五担岗》,第386—392页,文物出版社,2016年。
[9] 安徽省文物考古研究所、南京大学历史学院考古文物系等:《马鞍山五担岗》,第157页,文物出版社,2016年。
[10] 安徽省文物考古研究所、南京大学历史学院考古文物系等:《马鞍山五担岗》,第390—393页,文物出版社,2016年。
[11] 程亦胜:《浙江安吉县上马山西汉墓的发掘》,《考古》1996年第7期。
[12] 陆耀华:《浙江嘉兴九里汇东汉墓》,《考古》1987年第7期。

表12　南陵漳河—大工山区域印纹硬陶年代简表

分　　期	年　　代
第一期	西周早期
第二期	西周中期
第三期	西周晚期到春秋早期
第四期	春秋中、晚期,可晚至战国
第五期	汉代

　　具体到各遗址,西周早期在店门林遗址以及鲍家屋遗址即有印纹硬陶出现,但是数量较少。至西周中期,店门林遗址、回龙墩遗址以及鲍家屋遗址开始发展起来,到西周晚期至春秋早期,三个遗址走向极盛时期。春秋中晚期至战国时期上述三个遗址均延续使用,直至汉代才被废弃。永林散点以及石峰水库散点在春秋中晚期才出现印纹硬陶的踪迹,特别是石峰水库散点,其主体年代已经到达汉代。

第三节　印纹硬陶遗存的文化属性

　　南陵漳河—大工山区域处于皖南沿江平原与皖南山区的过渡地区。该区域所处的特殊地理位置,决定了其文化面貌十分复杂,在先秦时期文化交流中占据重要位置。本章将此次区域系统调查所见印纹硬陶标本与江淮地区、宁镇地区、太湖地区、赣鄱地区所见印纹硬陶进行对比,以研究这一区域印纹硬陶所包含的文化因素,并对族属问题进行初步探讨。

一、文化因素分析

(一)与江淮地区比较

　　本章中所指的江淮地区主要包括安徽的江淮之间以及淮河以北地区。根据已经发表的考古报告、简报以及相关研究成果,该区域内所发现的印纹硬陶材料不多,完整器物较少,且多出于聚落遗址中,墓葬少见。其中,以霍邱堰台遗址出土印纹硬陶数量较多,地层与年代较为明确。

　　堰台遗址位于霍邱县韩店村,是一处带有双重环壕的聚落遗址,主体时代为西周时期,亦有部分春秋时期遗存[1]。其出土的印纹硬陶纹饰有席纹、方格纹、方格填线纹等。霍邱堰台遗址具有浓厚的地方文化色彩,应当为周代淮夷聚落[2]。从该遗址中出土的印纹硬陶材料来看,席纹硬陶片(T0812②:1、T0714②:2)与此次调查所获标本中A型Ⅰ式席纹一致,发掘者认为其年代

---

[1]　安徽省文物考古研究所:《霍邱堰台——淮河流域周代聚落发掘报告》,第4页,科学出版社,2010年。
[2]　安徽省文物考古研究所:《霍邱堰台——淮河流域周代聚落发掘报告》,第402—415页,科学出版社,2010年。

为春秋早中期。该遗址出土的方格填线纹陶片（T0912④：11、T0913③：9）与此次调查所获标本中Bb型Ⅰ式回纹一致，发掘者认为其年代分别属于西周中期偏晚至西周晚期与两周之际。

相较于漳河—大工山区域而言，该遗址所出印纹硬陶纹饰比较单一，也缺乏完整的发展脉络，因此可以推断，该遗址所出土的印纹硬陶应当不是本地起源。本次调查所获印纹硬陶标本第二、三期时代大致为西周中晚期，与该遗址所出印纹硬陶时间相近且纹饰具有相似性，可以推测本区吴越文化北上，对以霍邱堰台遗址为代表的江淮地区产生了一定的影响。同时，两周时期漳河—大工山区域也可见到江淮地区文化的影响，以南陵千峰山土墩墓为代表的一些土墩墓中，亦出土了具有淮夷特色的夹砂陶器——曲柄甗形陶盉，一些学者认为千峰山土墩墓群应当属于一支与淮夷密切相关的越人墓葬[1]。

另外，在舒城凤凰嘴春秋墓中出土的印纹硬陶罐上的回纹，与此次调查标本中Ba型Ⅲ式回纹类似，发掘者认为其年代大概在公元前657至615年之间或稍晚，即春秋早中期[2]。舒城县河口镇春秋墓[3]、蚌埠双墩一号春秋大墓[4]也有印纹硬陶出土。可见这一时期，江淮地区印纹硬陶呈现多点、集群出现的特点。

总体而言，江淮地区与漳河—大工山区域之间在西周中晚期，特别是两周之际交往十分密切，两区域所见的印纹硬陶以及曲柄甗形陶盉即为这种交流的见证。这种交流似乎可以一直延续到春秋中期。

（二）与宁镇地区比较

宁镇地区主要指的是长江下游两岸的丘陵地带，西至皖南，北至江淮，南部以及东南部以太湖流域水网为界，向东可以抵达茅山山脉[5]。显然，此次开展区域系统调查的漳河—大工山区域也包括在此范围之内。但是宁镇地区内的文化面貌并非完全一致，在不同的时期、不同的地域，文化面貌亦存在不同。

西周早期的宁镇地区内部似乎可分为以屯溪土墩墓M3为代表的屯溪小区、以此次调查主要区域为代表的漳河小区和以江苏丹徒马迹山为代表的区域。这三个区域之间文化面貌略有差异，但又相互联系。屯溪小区中屯溪土墩墓M3规模大，除印纹硬陶外，出土有原始瓷、青铜器等高等级随葬器物，一般认为其年代为西周早期，其中印纹硬陶瓿拍印的回纹与此次调查所获A型Ⅰ式回纹完全一致。江苏丹徒马迹山遗址，发掘者认为其继承了北阴阳营文化的一些特点，下接土墩墓的一些特点，故其年代为商末周初[6]。从该遗址出土的印纹硬陶标本来看，其纹饰较宁镇

［1］　付琳：《江南地区周代墓葬的分期分区及相关问题》，《考古学报》2019年第3期。

［2］　殷涤非：《安徽舒城出土的铜器》，《考古》1964年第10期。

［3］　杨鸠霞：《安徽舒城县河口春秋墓》，《文物》1990年第6期。

［4］　阚绪杭、周群等：《安徽蚌埠双墩一号春秋墓发掘简报》，《文物》2010年第3期。

［5］　彭适凡：《中国南方古代印纹陶》，第139页，文物出版社，1987年。

［6］　王书敏、许鹏飞等：《江苏镇江马迹山遗址第二次发掘简报》，《东南文化》2015年第1期；肖梦龙：《镇江市马迹山遗址的发掘》，《文物》1983年第11期。

地区其余两小区更为丰富多样。因此,马迹山区域可能代表了商周之际宁镇地区最早的印纹硬陶面貌。相较于另外两区域而言,此次调查区域所见西周早期印纹硬陶标本少,纹饰单一,其出现应当是受其他两个区域影响的结果。总体来看,此次调查所获印纹硬陶标本A型Ⅰ式回纹见于屯溪土墩墓代表的区域而不见于马迹山遗址所代表的区域,因此推测该区域与屯溪小区关系更为密切。

西周中期,宁镇地区的内部交流逐渐密切。此次调查所获印纹硬陶标本中A型Ⅱ式回纹在整个宁镇地区流行起来,屯溪土墩墓M5[1]、句容浮山果园土墩墓出土印纹硬陶坛M2:7等均可见到类似的纹饰[2]。A型Ⅰ式、B型Ⅰ式席纹也较为常见。需要指出的是,此次调查所获印纹硬陶标本也体现出一些地方特色,如Ba型Ⅰ式回纹在西周中期出现,这种回纹较为规整,其来源可能是以句容浮山果园土墩墓为代表的小区域,是模仿印纹硬陶罐如M10:14上拍印的大方格填线纹的成果[3]。同时期该区域内以千峰山一期土墩墓为代表的墓葬中出土的印纹硬陶也有类似纹饰。可见,在西周中期,宁镇地区内各小区文化面貌已经逐渐趋同,漳河—大工山区域也开始融入其中。

西周晚期至春秋早期,是宁镇地区印纹硬陶的鼎盛时期,各类大型器物出现,烧制工艺成熟,纹饰更加丰富多样。但从调查获得的标本来看,此时的漳河—大工山区域没有受到太多影响,在纹饰上有些"守旧",大多是西周中期纹饰的继承与发展,但总体上文化面貌与宁镇地区其他小区域趋于一致。

春秋时期,宁镇地区的印纹硬陶开始衰落,纹饰逐渐简单,拍印手法也显得粗浅[4]。本次调查所获印纹硬陶标本也反映了这一情况,其中Ba型Ⅲ式与Bb型Ⅱ式回纹纹饰简化。此时该区域新出的小方格网纹也常见于整个宁镇地区。至迟在春秋中期,漳河—大工山区域已经完全融入了宁镇地区。

另外,在宁镇地区发现了时代较早的印纹硬陶与原始瓷同烧的窑址,如南京北阴阳营就发现了相当于湖熟文化第二期的窑址[5]。在漳河流域,就已发表的材料来看,目前未见明确的烧造印纹硬陶以及原始瓷的窑址,加之在本区域印纹硬陶没有明确的文化渊源,因此,漳河—大工山区域所见印纹硬陶可能是由外地输入的。

（三）与太湖区域比较

本章所指的太湖区域为环太湖流域以及浙江地区。这一区域一般被认为是印纹硬陶的起源地之一,在新石器时代晚期的钱山漾遗址即发现印纹硬陶遗存[6]。其后相当于中原夏商时期的马

［1］　李国梁主编:《屯溪土墩墓发掘报告》,第51页,安徽人民出版社,2006年。
［2］　镇江博物馆:《江苏句容浮山果园土墩墓》,《考古》1979年第2期。
［3］　镇江博物馆:《江苏句容浮山果园土墩墓》,《考古》1979年第2期。
［4］　彭适凡:《中国南方古代印纹陶》,第246页,文物出版社,1987年。
［5］　南京博物院:《北阴阳营——新石器时代及商周时期遗址发掘报告》,第154页,文物出版社,1993年。
［6］　浙江省文物考古研究所:《钱山漾——第三、四次发掘报告》,第47页,文物出版社,2014年。

桥文化,更是出土了大量的印纹硬陶以及原始瓷[1]。在两周时期,这一区域内发现大量出土印纹硬陶的土墩墓。另外,该地区应当是印纹硬陶烧造最繁荣的地区,发现的印纹硬陶与原始瓷窑址极为丰富,分布集中,可分为东、西苕溪流域以及以萧山为中心的浦阳江流域[2]。相较于土墩墓等出土的标本而言,窑址中出土的印纹硬陶标本具有更加鲜明准确的时代特征,因此本节主要选择窑址材料与此次调查所获印纹硬陶标本进行对比。

西周时期,以位于西苕溪流域的牌坊沟窑址为例,该窑址是目前发现的唯一一处西周时期烧造印纹硬陶礼器的窑址。根据已发表的资料,其大致可分为四个文化层,第四文化层相当于商末周初,第二、三文化层相当于西周早期,第一文化层相当于西周中期[3]。A型I式回纹与该窑址中第三文化层所发现的印纹硬陶标本回纹一致,均为内框凸出,外框低平。以此来看,漳河—大工山区域在西周早期似乎与该区域有一定的联系。但此次调查所获标本相较于该遗址发现的印纹硬陶在时代上有一定的滞后性。A型III式回纹与该窑址中第一文化层所发现的回纹标本一致,但其年代为两周之际,应当也是这种滞后性的体现。

春秋战国时期,太湖区域印纹硬陶烧制规模进一步扩大,纹饰新出现小方格网纹,漳河—大工山区域的文化面貌与该区域已经基本一致。如浙江萧山前山窑址所烧制的印纹硬陶中出现的小方格网纹等,也常见于包括此次调查区域在内的宁镇地区。直至秦汉时期,上述区域的印纹硬陶文化面貌均保持一致。

（四）与赣鄱地区比较

赣鄱地区指的是以赣江中下游与鄱阳湖为中心的地区,其南至赣江上游,东部与东南部至武夷山,西部、西北部至湘赣边境,北部以及东北部至长江北岸以及皖赣边界。该区域也是印纹硬陶的起源地之一,从新石器时代晚期的筑卫城文化到相当于商代的吴城文化,印纹硬陶的发展脉络清晰,非常具有地方特色[4]。

西周早期,该区域的印纹硬陶发展非常繁盛,纹饰种类多且拍印规整。而漳河—大工山区域此时所见印纹硬陶标本则较少,远不及该区域,仅有少量A型I式、B型I式席纹偶见于吴城三期。此后至西周晚期,两区域未见明显的纹饰相近之处。两周之际,两区域之间相似的纹饰逐渐增加,如A型III式回纹、B型II式席纹均可见于磨盘墩下层,显示出两区域之间的交流互动更加频繁[5]。春秋晚期至战国时期,两区域似乎走向了不同的发展轨迹,赣鄱区与包括福建闽江下游、台湾省在内的闽台区关系更为密切,而漳河—大工山区域则与太湖区发展一致。但是两区域之间亦存在一些共性,如均见A型I式小方格网纹,Bb型I式回纹也在赣鄱区有所发现。

[1] 上海市文物管理委员会:《马桥——1993—1997年发掘报告》,上海书画出版社,2002年。
[2] 郑建明:《21世纪以来先秦时期印纹硬陶窑址考古新进展(上)》,《文物天地》2021年第6期。
[3] 郑建明、梁奕建等:《浙江长兴发现龙山西周早期印纹陶礼器窑址》,《中国文物报》2010年12月17日第004版。
[4] 彭适凡:《中国南方古代印纹陶》,第68—69页,文物出版社,1987年。
[5] 江西省博物馆、九江县文化站:《九江县沙河街遗址发掘简报》,《江西历史文物》1978年第2期。

总体而言,该区域与漳河—大工山区域的联系不甚密切,两区域之间的区别大于共性,可能意味着两区域分属于不同的文化系统。

二、族属推测

《汉书·地理志》载:"自交趾至会稽七八千里,百越杂处,各有种姓。"古越族的分布地域,与印纹硬陶的分布区域基本一致。印纹硬陶代表古越族的文化面貌,这一点已经成为学术界的共识[1]。但古越族作为一个整体,其内部亦有不同,因此《汉书》中才有"百越"的说法。观察漳河—大工山区域所见印纹硬陶遗存,在前一节与其他区域对比研究的基础上,可以大致勾勒该区域不同时段族属的演变。

西周早期,该区域所见的标本较少。前文提及,在宁镇地区内部,该区域存在一定的独立性,且与屯溪M3代表的屯溪区关系较为紧密。关于屯溪土墩墓的族属问题,学界讨论较多。其分歧主要在于吴与越之争,越族更具体而言则有干越、于越等区分。付琳等人考虑到西周中晚期该区域与宁镇地区东部的关系,并结合历史文献所记载的干越与吴国之间的冲突,认为其族属为干越[2]。王俊根据随葬品类型、等级推测屯溪土墩墓可能为越国早期贵族的墓葬,进一步推出屯溪可能为越国早期都城,在此基础上推断屯溪土墩墓族属为于越[3]。但是,越族内部文化面貌相近,仅凭随葬品相似即断定其与晚期越国贵族墓相近似乎存在问题,故屯溪土墩墓是否为早期越国贵族墓尚未可知。另外,屯溪区域未发现与土墩墓等级匹配的城址,因此屯溪地区为越国早期都城可能性不大,则屯溪土墩墓也未必为于越。综合上述分析,屯溪土墩墓属于干越可能性较大。漳河—大工山区域显示出与屯溪区域较为密切的关系,其族属应当为干越族或其控制下的一支人群。

西周中期,前文提及,该区域与宁镇地区东部的江苏句容等区域联系逐渐密切,但仍然存在一定区别。同时,在邻近的千峰山等地出现了大量带有淮夷文化特色随葬品的土墩墓。该区域所见印纹硬陶与千峰山土墩墓出土的印纹硬陶基本一致,因此两者可能具有相似的族属。付琳将西周中期千峰山土墩墓单独分为一区,并指出其族属可能为带有淮夷文化特色的越人[4],该区域印纹硬陶所代表的族属应当也是如此。

西周晚期至春秋早中期,该区域印纹硬陶面貌逐渐与宁镇地区其他区域趋同。这一时期的宁镇地区已经归属吴国的势力范围,但从印纹硬陶所展现的"守旧"文化面貌来看,吴国对该区域的控制是一个逐渐深入的过程。当然,文化面貌的改变与族属、国别的改变并不是一定完全同步的,因此也不排除之前吴国势力已经进入该区域,只是文化面貌有一定滞后性。注意到这一时期,江淮地区所出印纹硬陶数量有所增加,呈现多点、集群的特点。史料记载,此时正处于吴国势力强盛,北上江淮、与楚国相争之时,此时江淮地区出现的印纹硬陶分布态势,应当是这类史料记

[1]　彭适凡:《中国南方古代印纹陶》,第320页,文物出版社,1987年。
[2]　付琳:《江南地区周代墓葬的分期分区及相关问题》,《考古学报》2019年第3期。
[3]　王俊:《略论屯溪土墩墓群的年代与族属》,《东南文化》2008年第4期。
[4]　付琳:《江南地区周代墓葬的分期分区及相关问题》,《考古学报》2019年第3期。

载的反映。此外,吴、越两国"接土邻境,壤交道属,习俗同,言语通"[1]。此时该区域与太湖地区文化面貌亦存在一定的共性,可见越国对此区域的影响。综合上述分析,该区域在西周晚期至春秋早中期应当为吴国统治。

春秋晚期至战国时期,该区域与宁镇地区文化面貌更加一致,宁镇地区与太湖区域也逐渐融为一体。这应当体现了吴、越两国之间的冲突与交流。在这一时期,两国之间战乱不断,势力此消彼长,文化交流非常密切。直至公元前473年,越国国君勾践灭吴国,包括该区域的吴国疆域被纳入越国的版图。自此,该区域完全归属于越国文化区域。随着时间发展,楚国势力进入这一区域,强势的楚文化又逐渐取代了该区域的越文化。

两汉时期,该区域与太湖区域一道,出现了短暂的印纹硬陶复兴,但此后很快被原始青瓷以及成熟瓷器所取代,该区域也完全被纳入中华大一统版图。自此之后,印纹硬陶便逐渐消失在了历史的长河之中。

通过上述分析可以发现,漳河—大工山区域的文化面貌经历了频繁的变动,不同时期各种势力在此区域内此消彼长,这与该区域内丰富的铜料资源密不可分。两周时期也正是这一区域铜矿开采、冶炼活动最繁荣的时期[2]。在此次调查中,也发现了不少与矿冶活动相关的遗迹与遗物[3],反映了该区域矿冶活动的活跃。两周时期,铜料是最重要的战略资源之一,但该区域一直未形成一个有力的政治集团,因此区域内丰富的铜料资源不可避免地受到了周围势力的觊觎。另外,该区域便利的水运交通以及其所处于文化区域交界地带的特殊地理位置,也是该区域文化面貌复杂多变的原因之一。漳河—大工山区域与周围区域进行了密切的文化交流,在这一过程中,逐渐被纳入了中华文明的统一发展进程。

第四节　印纹硬陶的制作工艺

印纹硬陶作为处于陶器向瓷器转变的关键一环,研究其制作工艺对于理解中国陶瓷史的发展具有极其重要的作用与意义。此次调查所获印纹硬陶标本丰富,时代跨度广,种类多样,具有代表性,为研究印纹硬陶制作工艺提供了丰富资料。因此,本章节在前文整理与研究的基础上,选取店门林遗址及周边部分遗址的印纹硬陶标本进行原料选择、成型以及烧制等制作工艺的研究。

一、材料与方法

(一)样品介绍

本次分析样品取自店门林及其周边遗址。将其编号为DML-1至DML-15。在进行各项实

---

[1]　陆玖译注:《吕氏春秋》,中华书局,2020年。

[2]　安徽省文物考古研究所、南陵县文物管理所:《安徽南陵县古铜矿采冶遗址调查与试掘》,《考古》2002年第2期。

[3]　肖航:《漳河—大工山先秦时期区域系统调查与研究》,安徽大学硕士论文,2021年。

验分析前,用软毛刷以及蒸馏水将样品洗净,置于阴凉处干燥。对其形态、陶质、陶色、纹饰以及是否有羼和料等进行了细致观察。注意到DML-5、DML-11呈橙红色,其他样品均青灰色(图156,左)。DML-13存在鼓胀情况,外侧部分纹饰已经部分脱落(图156,右)。推测为在陶器制作过程中未将陶土内气泡或其他杂质淘洗干净,在烧制时由于受热膨胀速率差异导致空鼓形成,后期使用或埋藏过程中导致纹饰脱落。其他详细状况见下表(表13)。

0 ____ 3厘米

图156 DML-5(左)、DML-13(右)样品情况

表13 店门林遗址印纹硬陶样品性状描述表

样品编号	原 编 号	陶 质	陶 色	纹 饰
DML-1	芦塘遗址C06-02	硬陶	灰	复线回纹
DML-2	191230NGDX标本05	硬陶	灰	复线回纹
DML-3	芦塘遗址C07-02	硬陶	灰	复线回纹
DML-4	芦塘遗址C07-03	硬陶	灰	复线回纹
DML-5	191230NGDX标本08	硬陶	橙红	复线回纹
DML-6	191230NGZ标本01	硬陶	灰	复线回纹
DML-7	店门林遗址东六号墩"XH"003-02	硬陶	橙红	复线回纹
DML-8	店门林遗址二号墩C08-01	硬陶	灰	席纹
DML-9	店门林遗址二号墩C15-01	硬陶	灰	复线回纹
DML-10	店门林遗址三号墩C02-01	硬陶	灰	复线回纹
DML-11	店门林遗址三号墩C06-01	硬陶	橙红	复线回纹
DML-12	店门林遗址三号墩C04-02	硬陶	灰	三角折线纹
DML-13	店门林遗址三号墩C06-02	硬陶	灰	复线回纹
DML-14	店门林遗址三号墩C02-02	硬陶	灰	席纹
DML-15	店门林遗址四号墩C04-02	硬陶	灰	复线回纹

（二）实验仪器

对样品进行成分、物相、岩相等方面分析，所用仪器信息如下表（表14）。

表14　实验仪器信息统计表

检 测 项 目	仪 器 名 称	检 测 地 点
X射线荧光光谱分析	日本理学株式会社 型号：ZSXPrimus	安徽大学现代实验中心
X射线衍射分析	日本理学株式会社 型号：Smartlab 9kW	安徽大学现代实验中心
岩相分析	KEYENCE/基恩士超景深三维显微镜 型号：VHX-6000	安徽省文物考古研究所
热膨胀分析	德国耐驰公司 型号：Netzsch402E	秦始皇帝陵博物院

（三）制样方法

X射线荧光光谱分析与X射线衍射分析样品：将印纹硬陶样品洗净干燥后，取适量样品（XRF：5 g; XRF：2 g）置于研钵中研磨至300目，粒度约40 μm，封装备用。

岩相分析样品：在合肥工业大学纬地楼切片室制作岩相薄片。将样品置于50℃恒温干燥箱烘干至恒重，注入硅胶进行加固，固化后切割为薄片，待完全干燥后用树脂胶粘于载玻片上，打磨至30 μm后进行抛光封片。

热膨胀分析样品：将印纹硬陶洗净干燥后，将陶片样品切割打磨至固定大小（5 mm×5 mm×25 mm）的试样，封装备用。

二、结果与讨论

（一）胎料的化学组成特点

利用X射线荧光光谱分析测试样品中主量、微量元素组成，此次调查所获样品元素组成见下表（表15）。

表15　店门林遗址印纹硬陶样品元素含量（wt%）

样品编号	Na_2O	MgO	Al_2O_3	SiO_2	K_2O	CaO	Fe_2O_3	$RxOy$
DML-1	0.995	0.915	16.923	63.089	1.944	0.536	7.706	12.096
DML-2	0.959	1.034	17.914	62.607	1.989	0.456	7.533	11.971
DML-3	0.951	0.969	17.054	62.631	2.02	0.51	8.015	12.465
DML-4	0.821	0.907	18.171	62.227	1.915	0.452	7.823	11.918
DML-5	0.627	1.205	20.262	58.905	2.031	0.546	9.269	13.678

续表

样品编号	Na₂O	MgO	Al₂O₃	SiO₂	K₂O	CaO	Fe₂O₃	RxOy
DML-6	0.848	1.03	17.5	62.563	1.981	0.442	7.977	12.278
DML-7	0.446	1.203	20.922	57.889	1.48	0.326	10.187	13.642
DML-8	0.839	0.933	16.892	61.55	2.029	0.511	8.034	12.346
DML-9	0.887	1.091	18.046	61.294	2.08	0.351	8.716	13.125
DML-10	0.951	0.966	15.371	65.249	1.986	0.46	7.142	11.505
DML-11	0.722	1.217	18.643	59.608	1.919	0.465	9.589	13.912
DML-12	0.802	0.947	17.243	62.064	1.987	0.404	8.473	12.613
DML-13	0.987	1.051	17.709	62.365	2.044	0.607	7.492	12.181
DML-14	0.964	0.995	17.432	62.331	2.011	0.428	7.478	11.876
DML-15	1.033	1.015	16.928	63.684	2.028	0.44	6.922	11.438

由上表可以看出，店门林遗址印纹硬陶样品，SiO_2 平均质量分数为 61.87%，Al_2O_3 平均质量分数为 17.801%，熔剂（RxOy）的平均质量分数为 12.496%，属于"低硅高熔剂"的类型，其熔剂的增高主要体现在了 Fe_2O_3 含量的增加，这与浙江、江西等地出土的印纹硬陶具有一致性。从已发表的资料来看，河南、浙江、江西等地印纹硬陶的化学组成中，SiO_2 的含量从 58.12% 增加到 80.77%，Al_2O_3 的含量从 11.92% 增加到 29.02%[1]。由此可见，店门林遗址印纹硬陶原料主要元素含量基本在我国大部分地区变化范围之内。

为进一步探讨店门林遗址所出印纹硬陶在由陶向瓷转变中的作用，本章选取了师姑墩遗址出土原始瓷胎料的主量元素组成进行对比分析[2]。师姑墩遗址出土原始瓷胎料的 SiO_2 平均质量分数为 72.30%，Al_2O_3 平均质量分数为 19.86%，熔剂（RxOy）的平均质量分数为 7.66%。相较而言，店门林遗址印纹硬陶的 SiO_2 含量较低，而 Al_2O_3 含量则较高（图 157），表明二者使用的原料可能有所不同。

印纹硬陶原料以及原始瓷胎料中的碱金属氧化物 Na_2O、K_2O 以及碱土金属氧化物 MgO、CaO 等成分为主要的助熔剂，其在烧制过程中起到促

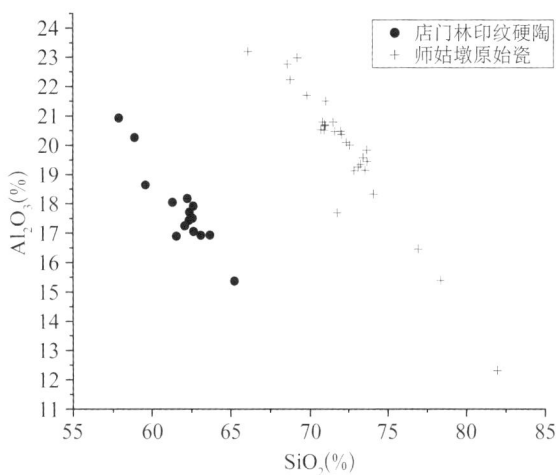

图157　店门林遗址印纹硬陶与师姑墩遗址原始瓷胎的 Si-Al 散点图

［1］　李家治：《中国科学技术史——陶瓷卷》，第 71—77 页，科学出版社，1998 年。
［2］　郁永彬、王开等：《安徽铜陵师姑墩遗址出土原始瓷的初步分析研究》，《文物保护与考古科学》2017 年第 1 期。

进器物烧成,降低烧结温度的作用。XRF分析结果显示,店门林遗址所出土的印纹硬陶中助熔成分含量较高,尤其是其MgO含量,明显高于师姑墩遗址的原始瓷(图158)。

Fe_2O_3是印纹硬陶与原始瓷胎的主要呈色剂。印纹硬陶以及原始瓷胎料的颜色主要由Fe_2O_3等成分的含量决定。值得注意的是,在DML-5、DML-7、DML-11三个样品中,Fe_2O_3质量分数为分析样品中最高的三个,分别为9.269%、10.187%以及9.589%。这也符合对印纹硬陶样品性状的观察(表13)。另外,Fe_2O_3也是重要的助熔剂。从图159可以看出,店门林遗址印纹硬陶原料中的Fe_2O_3质量分数远高于师姑墩遗址原始瓷胎料。因此,印纹硬陶的颜色以灰色为主,而原始瓷胎料颜色则以灰白色为主,颜色更浅。同时,Fe_2O_3作为助熔剂的主要成分,其也起到了降低陶坯烧结温度的作用。

在陶向瓷转变的过程中,我国大部分地区在化学成分上主要表现为由高SiO_2、低Al_2O_3和高熔剂RxOy(主要成分为Fe_2O_3)向低SiO_2、高Al_2O_3和低熔剂RxOy(主要成分为Fe_2O_3)的转变,以使得胚体可以承受更高的烧成温度[1]。通过上述分析可得,店门林遗址中印纹硬陶成分中SiO_2的质量分数较低,在57.889%到65.249%之间,Al_2O_3的质量分数也相对较低,在15.371%至20.922%之间,熔剂(RxOy)的质量分数则相对较高,在11.438%到13.912%之间,其中,Fe_2O_3为熔剂的主要组成部分,也是印纹硬陶与原始瓷的主要着色剂。

综合分析上述数据可以推测:制陶工匠在陶器加工过程中有意识地对原料陶土进行了选择,降低陶土中助熔剂的含量,提高陶土的纯净程度,使得陶器的烧成温度进一步提高,也优化了陶器的质量。但就原始瓷而言,工匠则可能在印纹硬陶原料的基础上进行了更严格的选择,同时也通过淘洗等手段进一步加工胎料原料,从而达到去除原料中杂质的目的。这就使得原始瓷胎体中Fe_2O_3等助熔剂与着色剂的含量进一步降低,从而烧成的原始瓷胎体颜色偏浅,坯体烧结的温度更高,在此基础上逐步完成了由陶向瓷的转变。

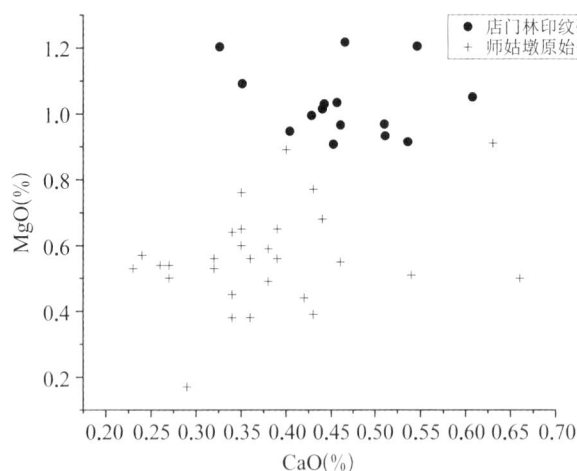

图158 店门林遗址印纹硬陶与师姑墩遗址原始瓷胎的Ca-Mg散点图

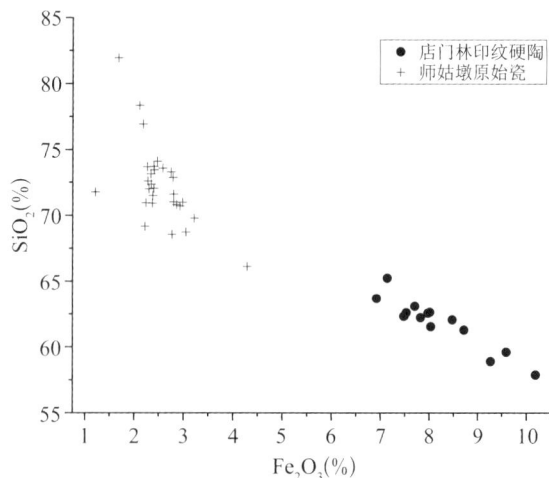

图159 店门林遗址印纹硬陶与师姑墩遗址原始瓷胎的Fe-Si散点图

[1] 李家治:《中国科学技术史——陶瓷卷》,第71—77页,科学出版社,1998年。

（二）成型及装饰工艺分析

本研究采用肉眼观察的方法，分析样品中见到的各类制作痕迹，分析印纹硬陶样品的成型以及装饰工艺。

根据已有资料，印纹硬陶的成型工艺主要可分为泥条盘筑法、手捏法以及轮制法。大部分印纹硬陶采用的方法为泥条盘筑法，这种工艺可以从断面上观察出一定的痕迹，也可以在印纹硬陶内壁上观察到一定的拼接痕迹[1]。如DML-6标本，在内壁上可见明显的拼接痕迹（图160，1，左下框标注）。在靠近口沿部分，大多使用泥片在内壁进行粘接，在DML-6样品中，也能明显观察到口沿与器身交接痕迹（图160，1，右上框标注）。

在部分样品中，可观察到内壁有大小不等的凹陷痕迹（图160，1，圆形标注），这应当是在印纹硬陶器表拍印纹饰时垫在内壁的支撑物留下的痕迹。推测在印纹硬陶完成修整之后大多会通过拍印的方法进行装饰，纹饰之间可观察到的叠压关系也从侧面证明纹饰多为拍印。拍印纹饰一方面可以进行装饰美化，另一方面也可以排出陶胎内空气，使陶胎更加致密，提高印纹硬陶质量[2]。

该批印纹硬陶标本中，绝大多数可观察到内壁有细密的平行线痕迹，多条平行线构成一组，每组之间或交叉或平行，且内壁往往有印纹硬陶胎不具备的细小颗粒（图160，2）。在前文所述的支撑痕迹中也能见到这种修整痕迹，这应当表明印纹硬陶成型、装饰完毕之后，大多数还需要在内壁涂抹一层泥浆进行修整，其目的之一是使泥条之间粘结更加紧密，并消除泥条盘筑的痕迹[3]。

（三）烧制工艺分析

本研究对部分样品分别采用X射线衍射分析、岩相观察、热膨胀分析等手段进行烧制工艺的分析。

通过分析样品DML-4、DML-6、DML-7、DML-9、DML-10和DML-14的衍射图谱，可以确

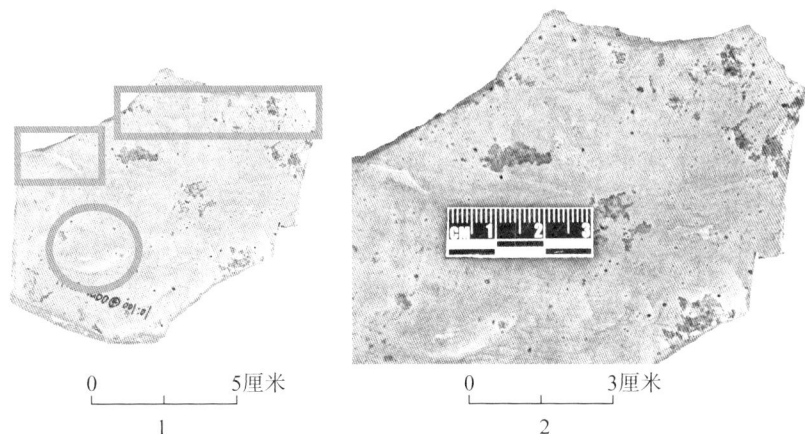

0　　　　5厘米
1

0　　　3厘米
2

图160　陶片加工及修整痕迹

［1］　彭适凡：《我国南方古代印纹陶制作工艺的探讨》，《景德镇陶瓷》1984年第S1期。
［2］　彭适凡：《我国南方古代印纹陶制作工艺的探讨》，《景德镇陶瓷》1984年第S1期。
［3］　彭适凡：《我国南方古代印纹陶制作工艺的探讨》，《景德镇陶瓷》1984年第S1期。

定样品的主要矿物成分。检测结果见下表（表16）。

表16 店门林遗址印纹硬陶样品物相分析结果

样品编号	物　相	XRD图谱
DML-4	Quartz（石英） Mullite（莫来石） Cristobalite （方石英）	
DML-6	Quartz（石英） Mullite（莫来石）	
DML-7	Quartz（石英） Hematite（赤铁矿）	

样品编号	物　相	XRD图谱
DML-9	Quartz（石英） Mullite（莫来石）	
DML-10	Quartz（石英） Mullite（莫来石）	
DML-14	Quartz（石英） Mullite（莫来石）	

XRD物相分析结果表明,除样品DML-7之外,其余样品中均存在石英(Quartz)和莫来石(Mullite),在样品DML-7和DML-4还分别发现了赤铁矿(Hematite)和方石英(Cristobalite)。在印纹硬陶的烧制过程中,原料矿物组成发生了极大的变化,原料中大部分矿物除少量为熔融的石英外,其余基本都熔融成了玻璃相或形成了莫来石晶体。莫来石晶体主要由含SiO_2、Al_2O_3的硅酸盐熔融后形成,而玻璃相主要是长石熔融后形成的。根据已发表的资料,瓷器胎体在烧结过程中,胎体内部会有莫来石以及方石英的产生。这两种晶体均是在瓷器烧结过程中出现的新的晶体。根据这两种晶体的形成情况,可以大致判断是否具备成瓷条件。莫来石晶体是原料向瓷转变过程中出现的关键性晶体。莫来石的出现标志着原料瓷化过程的开始[1]。

通过观察DML-6、DML-7、DML-9岩相切片,进一步了解其矿物组成情况,并结合XRD结果进行进一步分析,如下图(图161-166)。

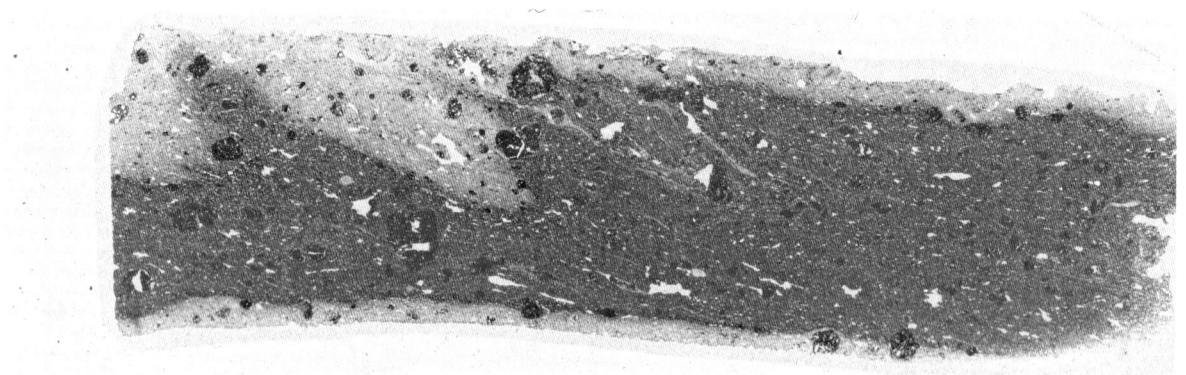

图161　DML-6岩相切片照片(单偏光50×)

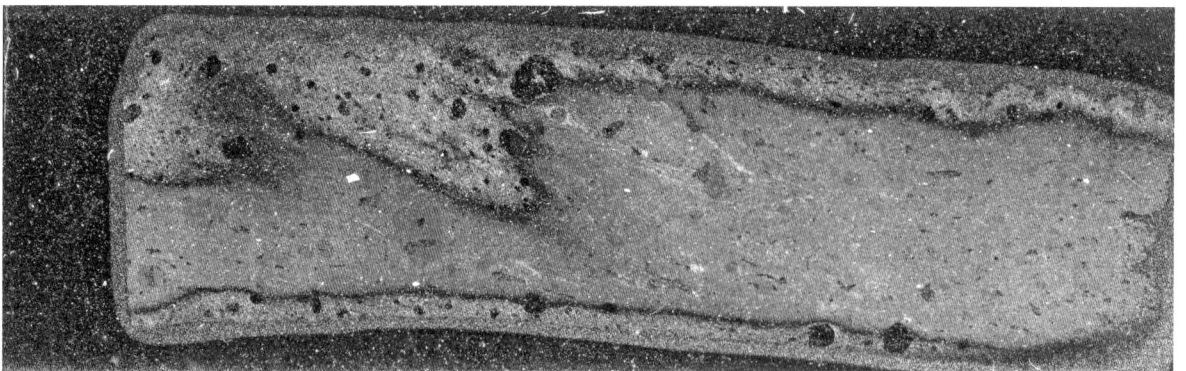

图162　DML-6岩相切片照片(正交偏光50×)

---

[1]　裴楚楚:《从原始瓷的工艺研究探索中国瓷器起源问题》,浙江大学硕士学位论文,2014年。

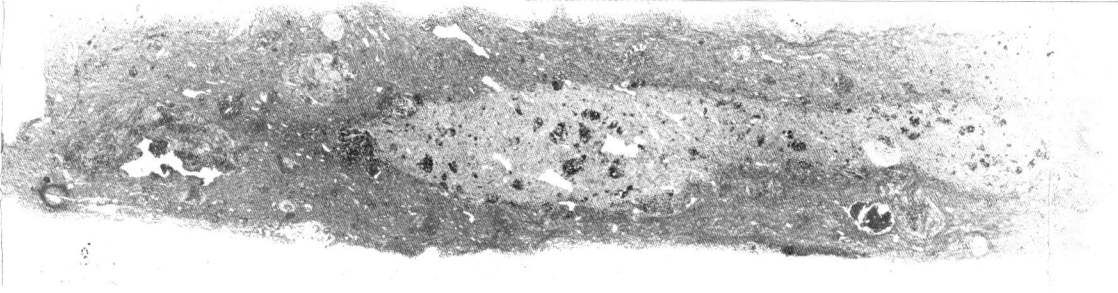

图163 DML-7岩相切片照片（单偏光50×）

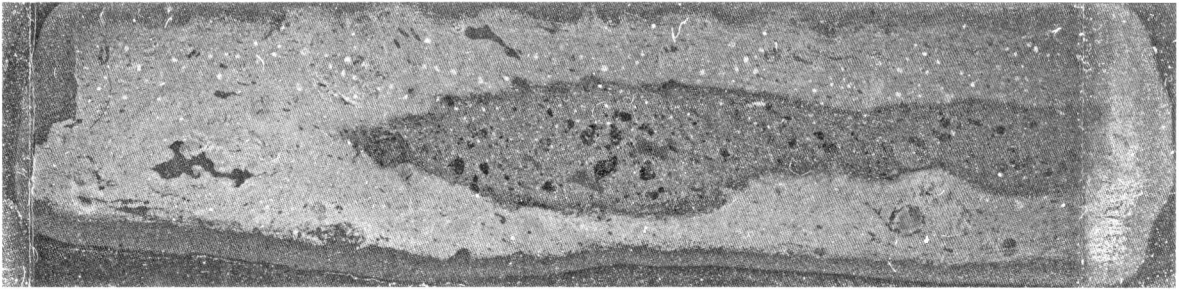

图164 DML-7岩相切片照片（正交偏光50×）

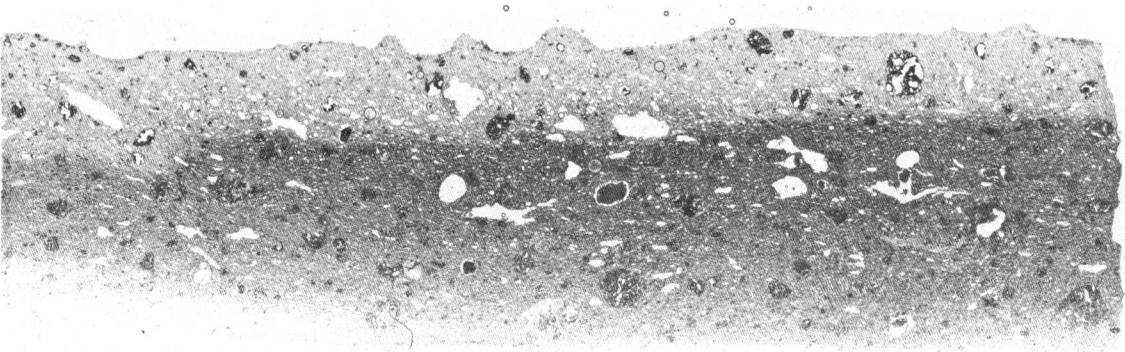

图165 DML-9岩相切片照片（单偏光50×）

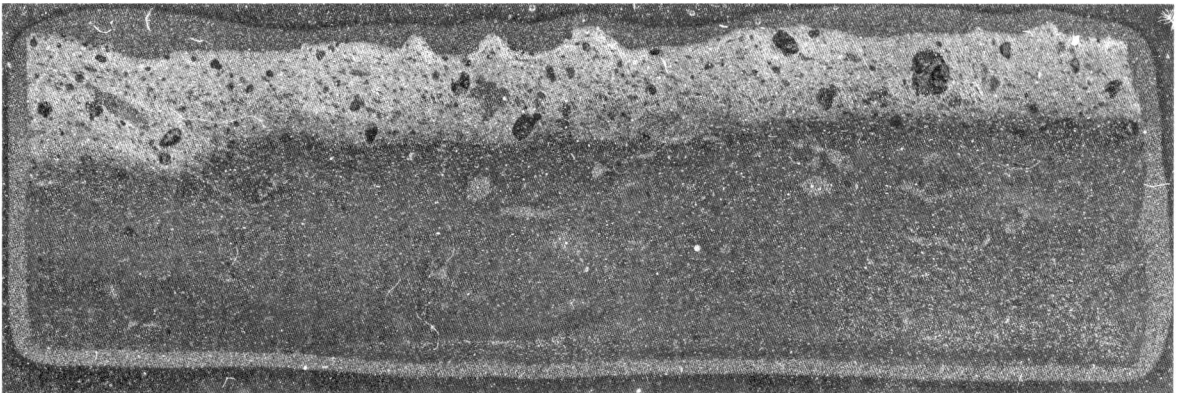

图166 DML-9岩相切片照片（正交偏光50×）

整体观察岩相切片，可以得出以下结论：

首先，样品存在着明显的分层情况。各样品的内外表面与其内部存在着明显的颜色区别。这一区别形成的原因可能是由于烧制时受热不充分，亦或是在印纹硬陶加工过程中，工匠对其表面进行了特殊处理，其成因有待于进一步研究。

其次，样品中存在一些明显的孔隙，这应当是在陶土加工过程中淘洗不精导致的。在样品中还观察到了一些类似植物痕迹，数量较少，应为加工陶土时混入。

第三，样品主要由少量含铁的黏土团块、粉砂、细砂等物质组成，在各个样品中其所占比例有所不同。除DML-7样品之外，其余两个样品中均观察到了较多的已经具有熔蚀边界的石英颗粒，同时也观察到了部分莫来石、其他矿物残骸等。未见到普通陶器中常见的长石等矿物，这与XRD分析的结果是一致的。这也表明在烧制过程中，较高的温度使得各类矿物分解。

另外，在三个样品中，均存在一些瓷化现象，可以观察到样品部分位置存在玻璃物质。这说明，在印纹硬陶的烧制过程中，较高的温度使得原料出现了瓷化现象。这也从另一侧面展示了印纹硬陶烧成温度极高，与瓷器接近，反映了印纹硬陶是陶器向瓷器过渡过程中的重要产物。

利用热膨胀法对DML-7、DML-14两个样品进行烧成温度测试，并与同时期原始瓷烧成温度进行对比。分析结果如下图（图167）：

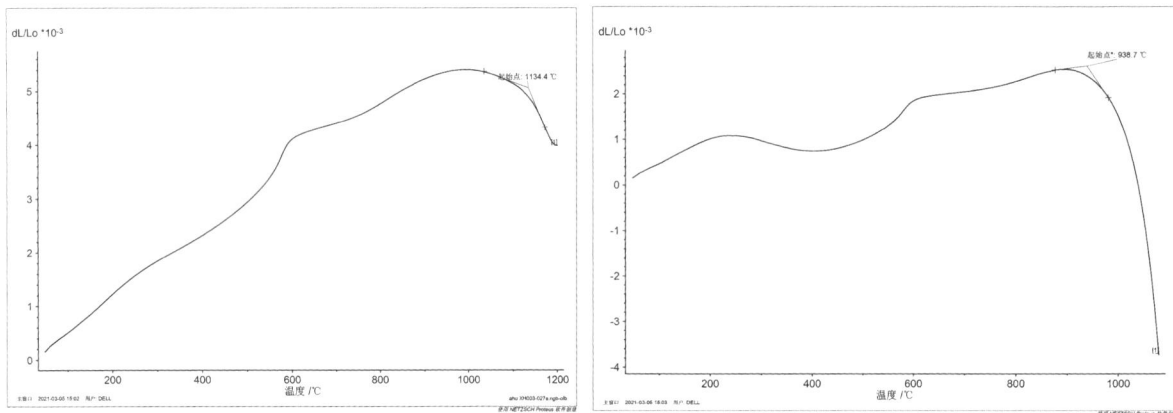

图167　DML-7（左）、DML-14（右）热膨胀曲线图

DML-7的热膨胀曲线的拐点为1 134.4℃，因此该陶片样品烧成温度为1 134.4℃。DML-14的热膨胀曲线拐点为938.7℃，因此该陶片样品烧成温度为938.7℃。

两个样品的烧成温度均高于一般陶器的烧成温度，其中DML-7样品其烧成温度基本接近原始瓷烧成温度1 200℃。考古学证据也表明，在商周时期，南方出现了很多以烧印纹硬陶为主，兼烧原始瓷的窑址，如浙江萧山进化窑址[1]、江西鹰潭角山窑址[2]等。相似的烧制环境，其烧成温度应当也是大体一致的。

---

[1]　王士伦：《浙江萧山进化区古代窑址的发现》，《考古通讯》1957年第2期。

[2]　李家和、杨巨源等：《江西鹰潭角山窑址试掘简报》，《华夏考古》1990年第1期。

三、小结

通过X射线荧光光谱分析，我们了解了店门林遗址印纹硬陶的原料构成，并通过与师姑墩遗址原始瓷胎料进行对比，发现其在原料选择方面存在一定差异。主量元素中，店门林遗址印纹硬陶的SiO_2成分明显低于原始瓷，助熔剂成分则明显高于原始瓷，特别表现在Fe_2O_3成分上。通过对店门林遗址印纹硬陶样品的观察及成型工艺分析，可以看出其成型工艺可能为泥条盘筑成型，未发现明显的轮制痕迹。其纹饰装饰工艺主要采用拍印法，在装饰纹饰之后还会在内壁涂抹泥浆进行修整。在烧制方面，通过X射线衍射分析，可得其物相主要有石英、莫来石等，部分样品中出现方石英，表明其已经具备了一些成瓷条件。通过岩相分析，进一步印证了X射线衍射分析结果，直观地了解其组成。通过热膨胀分析，发现其烧成温度在900—1 100℃，已接近原始瓷烧成温度。

第五节　结　　语

南陵漳河—大工山区域调查所获得的印纹硬陶，展现的是漳河流域乃至整个皖南区域印纹硬陶发展演变的脉络。综合来看，我们可以得到以下结论：

该区域印纹硬陶在西周早期已零星出现，在西周中期有了初步发展，西周晚期至春秋早期发展到兴盛时期，战国秦汉时期也并未销声匿迹，依然存在部分残余。

从文化交流方面来看，相较于江淮地区、太湖地区以及赣鄱地区，该区域与宁镇地区联系更为密切。但在西周早中期，观察到该区域带有浓厚的淮夷风格，到两周之际，该区域才完全融入宁镇地区。梳理该区域与其他区域的交流可以发现，该区域印纹硬陶缺少本地区的渊源，在本地也尚未发现明确的烧制印纹硬陶的陶窑，因此推测该区域印纹硬陶主要为外来输入品。在此基础上，推测了不同时代中该区域文化的族属与国别，分别为：西周早期为干越，西周中期为越族但带有淮夷文化因素，西周晚期到春秋中期为吴国，春秋晚期到战国为越国，两汉时期处于中央王朝控制之下。

这种变化的首要原因在于漳河—大工山区域丰富的铜料资源，周围势力为获取该区域铜矿，在此展开斗争，该区域文化面貌也因此不断变化。次要原因是该区域位于交通要冲，各文化在此汇聚、交流。在各种势力不断进入、退出，此消彼长中，漳河—大工山区域逐渐融入了中华文明。

最后，制作工艺的研究表明，店门林遗址的印纹硬陶原料大多经过仔细筛选，制作工艺较普通的陶器也更精细。在烧制方面，烧成温度已经接近瓷器。物相分析也表明该区域印纹硬陶与原始瓷接近。但该区域印纹硬陶与原始瓷仍然存在一些差别，如原料中助熔剂成分高等。总体而言，店门林遗址的印纹硬陶反映的制作工艺一定程度上体现出印纹硬陶在陶瓷工艺史上的重要地位。

本章立足于南陵漳河—大工山区域印纹硬陶展开的年代研究、工艺研究、文化族属研究，获得了初步成果,但仍然存在着不足。首先,受限于篇幅以及笔者的个人能力,未在本章中公布所有的印纹硬陶资料,仅挑选了部分有代表性的遗址进行介绍,后续研究也主要以这些材料为依据。其次,由于材料限制,类型学的研究只能通过纹饰来进行,仅能得到初步的分期断代结论。再次,交叉断代中,测年数据仍需扩充。

综上,我们在日后将继续深入各方面的工作,或许可以配合当地文物管理部门试掘部分遗址,通过完整的考古学资料来印证或纠正本章中分期断代、文化面貌演变的观点。另外,可以加大对该区域的调查,若发现烧制印纹硬陶的窑址,对于探讨该区域印纹硬陶的来源会有重要意义。相信随着考古资料的进一步丰富,我们对于漳河—大工山区域印纹硬陶这类特殊遗存及其所反映的区域文化在中华文明发展演进中的地位,一定会有更加清晰的认识。

第六章　GIS视角下漳河—大工山区域聚落空间分布特征初探

　　皖南沿江区域是商周时期连接中原区域与长江中下游区域的关键通道,也是南北方交流的重要桥梁。由于位置特殊,该区域一直有着较为复杂的文化面貌。商周时期,这种特殊的文化面貌主要反映在以土墩墓为主的墓葬形式、以矿冶遗址为核心的生产性聚落、形态纹饰多样的印纹硬陶以及较为精致的原始瓷等方面。总体来看,该区域商周时期考古学研究主要以土墩墓为主,对于承载古人生产生活的一般性遗址,特别是其分布特征与规律等研究较为短缺。GIS(地理信息系统)技术引入考古学研究以来,在聚落形态、分布特征研究等方面取得了较为丰富的成果,逐渐为学术界所重视[1]。因此,本章试图采用GIS的方法,探寻南陵漳河—大工山区域商周时期遗址的空间分布特征。在进一步研究该区域商周文明的同时,探索GIS技术在考古中的应用。

第一节　研究区域概况

　　本章研究的漳河—大工山区域位于安徽省芜湖市南陵县(图168)。东、南至漳河流域,北部以南陵县为界,西邻大工山东麓。南陵县位于长江北岸,属于皖南沿江平原与皖南山区过渡地带,地势自西南向东北倾斜,县境内地貌类型多样。漳河大工山区域位于南陵县西北部,地形主要以低地丘陵为主,海拔多在200米以下,山前大多分布冲积扇以及洪积扇。漳河属长江南岸支流,被视为南陵县母亲河,发源于大工山,纵贯全境,流经繁昌县后注入长江[2]。为进一步明确该区域的文化面貌,2019年12月以及2020年12月,安徽大学历史学院国家社科基金重大项目团队在此区域进行了长期的区域系统调查,获取大批古遗址的资料,采集了大量印纹硬陶等遗物标本,经过初步分析研究,这一区域的遗址主要集中在商周时期[3]。

---

[1]　张海:《景观考古——理论、方法与实践》,《南方文物》2010年第4期。
[2]　南陵地方志编纂委员会:《南陵县志》,第62—85页,黄山书社,1994年。
[3]　肖航:《漳河—大工山先秦时期区域系统调查与研究》,安徽大学硕士学位论文,2021年。

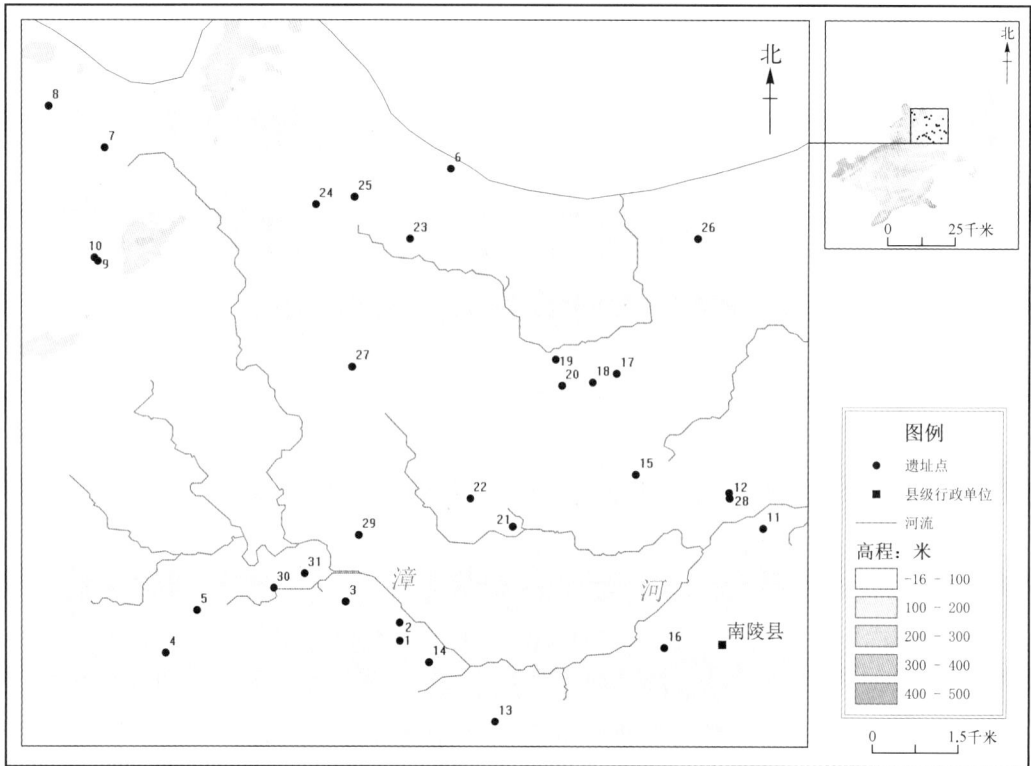

图168 漳河—大工山区域及区域内遗址分布图

1. 姚家村遗址、2. 南村遗址、3. 下屋沈遗址、4. 回龙墩遗址、5. 店门林遗址、6. 竹丝遗址、7. 曹村遗址、8. 联工遗址、9. 石峰水库遗址、10. 高墩遗址、11. 滨河嘟遗址、12. 汪村遗址、13. 田屋沈遗址、14. 鲍家屋遗址、15. 前桥遗址、16. 张家墩遗址、17. 刘家湾南遗址、18. 孙村东遗址、19. 老屋遗址、20. 孙村遗址、21. 铁桥遗址、22. 高村遗址、23. 黄祠遗址、24. 老鸦冲遗址、25. 闵村遗址、26. 邓村遗址、27. 永林遗址、28. 甘罗墩遗址、29. 墩汪南遗址、30. 工山东遗址、31. 乌基塘遗址

第二节　数据的获取及预处理

　　本章数据主要分为两类，一类是区域中遗址点的坐标信息，一类是研究区域的DEM（数字高程）数据。其中前者获取较为方便，调查时发现遗址信息即标注在电子地图上，导出后即可获取所有遗址点的空间坐标信息。河流等水文信息以及行政区划信息来自高德地图。后者为NASA12.5米精度的DEM图[1]，相较于常用的ASTERGDEM图而言具有更高的精度，更适合小区域的研究。在获取数据后，对于数据进行预处理。首先，此次调查中选用的电子地图坐标系为GCJ-02坐标系，而下载的DEM高程图为WGS-1984坐标系，这就需要将获得的遗址点坐标转换为后者。其次，下载后的DEM高程图远大于研究区域，因此需要采用ArcGIS中的栅格裁剪工具

---

[1] 河流、行政区划等数据来自软件"水经注"高德地图图层，更新时间为2022年8月。DEM高程数据来自软件"水经注"。

进行预处理。制作好底图后,再向图中添加河流、行政区划等数据。本章所采用的软件为美国环境系统研究所(ESRI)开发的地理信息系统软件ArcGIS 10.8。该软件因丰富的功能以及较好的兼容性,可以满足不同层次研究的需求,被广泛使用[1]。

第三节　遗址空间分布特征分析

一、遗址在高程上的分布特征

一般认为,高程对于古人类居址的选择具有重要影响。首先,高程会影响一个区域的水源,处于较高位置的居址不易获取水资源,处于较低位置的居址又容易受到水患影响。另外,高程对于温度也有一定的影响。高程还会通过影响水热条件而影响土地的植被类型,进一步影响土地的利用,从而影响到古人类获取资源的方式。就本区域分布的矿冶遗址而言,高程会极大地影响矿冶的成本,特别是运输成本[2]。因此,我们首先关注漳河—大工山区域商周时期遗址在高程上的空间分布规律。

利用ArcGIS中统计工具,表现该区域的数字高程图。可以大致观察出,该区域商周时期遗址大多分布在海拔较低的河谷地带以及东部的平原区域,仅有少数遗址分布在海拔较高的山脊之上。进一步以数字高程图数据为基础获取每一个遗址的高程信息,导出至EXCLE表格中进行进一步分析,可以获得该区域商周时期遗址与高程的关系图(图169)。

由统计图可以清晰地看出,随着海拔的不断升高,遗址数量呈波状变化,波峰出现在10至20米处,表明这是比较适宜居址营建的海拔高度。但是我们也注意到,在海拔40至50米居址数量

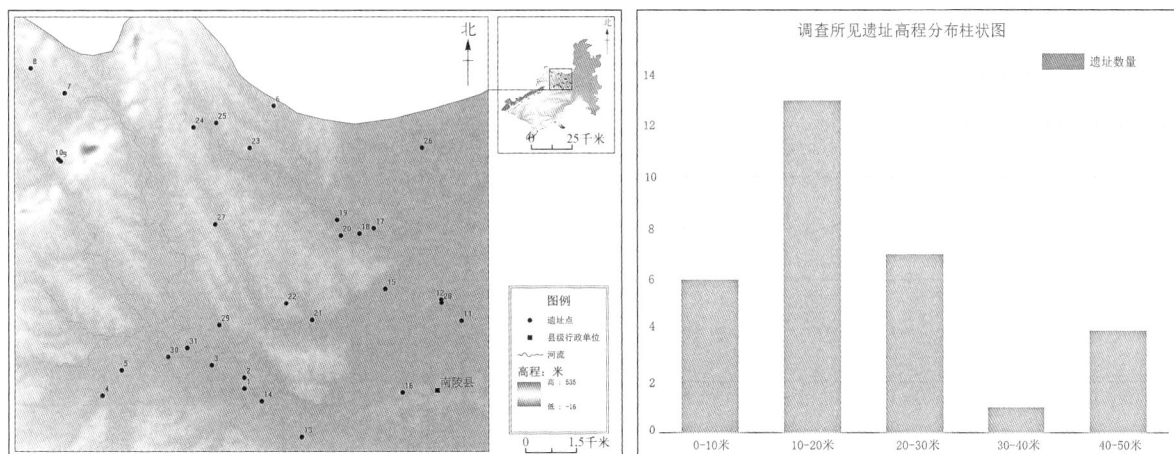

图169　漳河—大工山区域商周时期遗址高程分布图

[1]　张海:《GIS与考古学空间分析实践教程》,第3页,北京大学出版社,2018年。
[2]　李潘:《GIS在北京延庆大庄科辽代冶铁遗址群景观考古研究中的初步应用》,《文物保护与考古科学》2016年第3期。

又出现了小幅度的上升,查看这些遗址的信息可知,他们是曹村遗址、联工遗址、石峰水库遗址、高墩遗址,这些遗址集中分布在西侧大工山区域,考虑到大工山较为丰富的铜矿资源,其位置可能与铜料的获取有一定关系。

二、遗址在坡度上的分布特征

坡度指的是海拔高度的最大变量率[1]。它反映出一个区域的地形变化。一般而言,不同坡度会有不同的土地利用形式,从而影响遗址的类型及分布情况。坡度较大则该区域地形起伏较大,会影响古人对于居址的选择,并导致其生产生活方式的不同。对于农业用地,坡度应当控制在15°以下,15至20°可以开垦梯田,25°以上为林业用地[2]。随着坡度的增加,土壤流失速率随之增加,人类开垦及后期的维护成本也会增加。商周时期人类活动复杂多样,在营建居址时势必会考虑坡度问题。较大的坡度与高程一样,也是影响矿冶遗址分布的重要环境因子之一,陡峭的地形也会造成运输成本以及营造成本的增加[3]。因此,在考虑居址高程的基础上,我们进一步对于调查区域的坡度进行考察。

利用ArcGIS软件空间分析中坡度分析的功能,生成该区域的坡度分布图,并利用提取分析工具以坡度图为基础提取每一遗址点的坡度信息。导入EXCLE表格中进行进一步分析,可以得到该区域商周时期遗址与坡度的关系图(图170)。

可以看到,随着坡度的逐渐变陡,该区域遗址的数量呈明显下降趋势,集中分布在0至2.5°之间,且全部分布在坡度小于15°的区域。仅有高墩遗址一处坡度较大,为9.02°。这大致符合前文提到的人类居址在坡度上的分布规律。进一步说明该区域商周时期先民在营建居址时已经注意

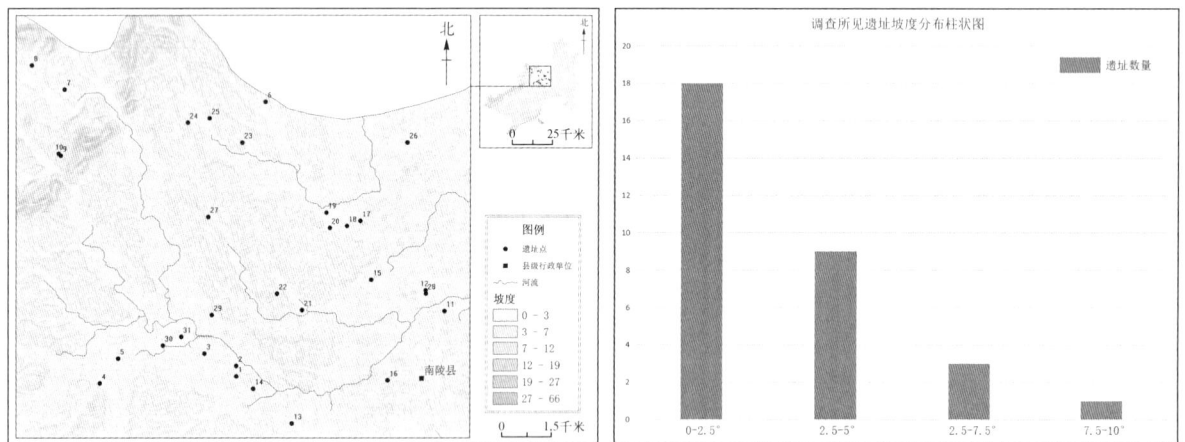

图170 漳河—大工山区域商周时期遗址坡度分布图

[1] 张海:《GIS与考古学空间分析》,第152页,北京大学出版社,2014年。
[2] 陶思明:《发展生态农业的思考》,第68页,上海环境科学出版社,2001年。
[3] 李潘:《GIS在北京延庆大庄科辽代冶铁遗址群景观考古研究中的初步应用》,《文物保护与考古科学》2016年第3期。

到了坡度与生产活动之间的关系,有意识地选择坡度较为平缓的区域进行生产生活。

三、遗址在坡向上的分布特征

坡向指的是最大坡度面的朝向[1]。它影响太阳辐射的接收量、季风,进一步影响热量及降水,从而影响植被分布,也会影响土地的利用模式。水热条件对农业生产的影响非常巨大,对人类日常生活也起着非常重要的作用。就该区域商周时期矿冶遗址而言,坡向会影响植被覆盖率,从而影响单位遗址燃料的获取,进而影响生产成本[2]。因此,在考虑高程、坡度的同时,坡向也纳入研究范围。

ArcGIS将坡向分为正北、东北、东、东南、正南、西南、正西、西北以及平面等几种。利用空间分析工具中坡向分析,获取研究区域的坡向分布图,利用提取分析工具提取每一遗址点的坡向信息,导入EXCLE表格进一步分析,可以获取该区域商周时期遗址与坡向关系图(图171)。

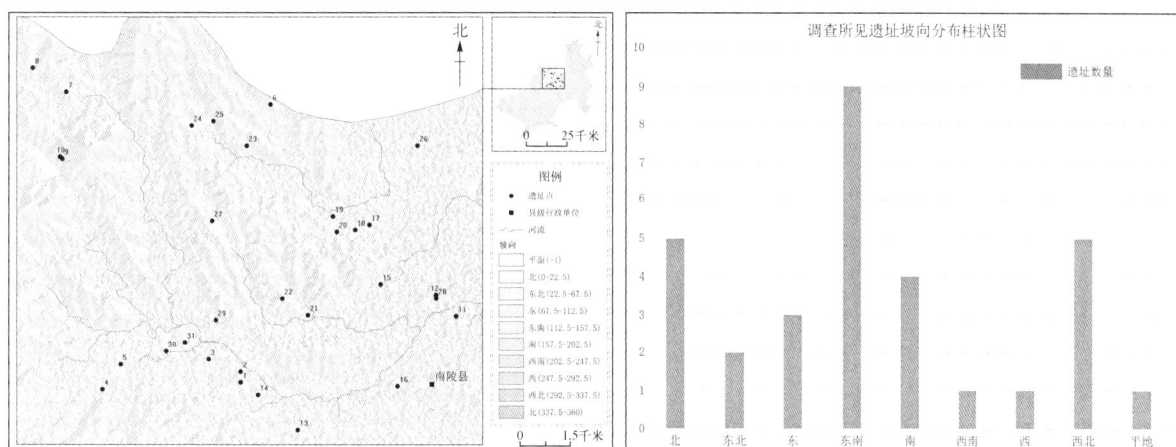

图171　漳河—大工山区域商周时期遗址坡向分布图

从图中可以明显看到,该区域商周时期遗址较为集中地分布在东南坡向上,东南坡向为朝阳坡向,光照条件优良。该区域总体而言属于东亚季风区,东南坡属于迎风坡,夏季强劲的东南季风会给当地带来丰沛的降水[3]。丰富的水热资源为东南坡向营建居址、从事农业生产提供了有利条件。另外,优越的条件也使得东南坡植被覆盖率较高,为开展矿冶活动提供丰富的燃料。但是,我们也注意到此区域遗址中位于北坡以及西北坡的也不在少数。观察这些遗址的具体位置,如田屋沈遗址、鲍家屋遗址、滨河墩遗址等虽分布在北坡或西北坡,但位于漳河南岸,应为了更加方便取水以及水路运输。高墩遗址、回龙墩遗址则距离河流较远,其为何选址于北坡或西北坡仍有待进一步研究。总体而言,该区域遗址分布于东南坡以及南坡的趋势非常显著。

[1] 张海:《GIS与考古学空间分析》,第152页,北京大学出版社,2014年。
[2] 李潘:《GIS在北京延庆大庄科辽代冶铁遗址群景观考古研究中的初步应用》,《文物保护与考古科学》2016年第3期。
[3] 南陵地方志编纂委员会:《南陵县志》,第68页,黄山书社,1994年。

四、遗址在水文上的分布特征

河流对一个居址的重要性不言而喻。一方面,河流可以为居址提供水源和丰富的食物资源;另一方面,河流也可以作为与其他区域沟通的交通路线。同时,河流还可以作为天然的防御屏障。但是河流也会造成水患,距离河流较近的土地也并不非常适宜人类生存。矿冶活动对于水源以及水运的要求更加苛刻。因此,在研究该区域遗址空间分布特征时,河流也应当是非常重要的一部分。

这里需要指出,目前网络上已经公开的河流数据等并不全面,只有五级以上河流的信息。为增加研究的可信度,利用ArcGIS水文分析工具计算该区域流量大于3 000立方米每秒的河流,并生成流域图,以此作为参考。密度分析是考古学空间分析常用的方法,某一时期的聚落分布密度图、地表遗物分布密度图等常用来了解一个时期或某一时段内人类活动的特征[1]。为进一步了解该区域内遗址分布的情况,采用核密度计算工具生成密度数据,并采用ArcScene工具对遗址密度情况进行可视化(图172)。可以明显看出,该区域商周时期遗址大多分布在河流两侧。

为进一步明确遗址与河流的相对位置关系,利用ArcGIS中的缓冲区工具表示各个遗址点到河流的距离。我们分别以300米、600米、900米、1 200米以及1 500米为距离生成河流缓冲区,并与遗址点图层相叠加,观察遗址点在河流距离上的分布特征。更进一步,采用ArcGIS中近邻分析工具,计算遗址点到最近河流之间的距离。将数据导入EXCLE中进一步分析,可以更直观的获得遗址分布与到河流距离之间的关系(图173)。

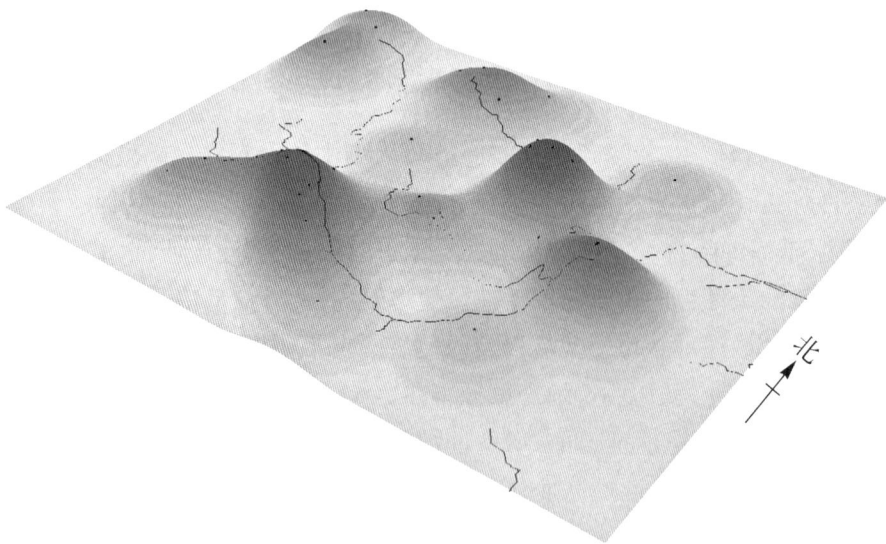

图172　漳河—大工山区域商周时期遗址核密度分布图

---

[1]　张海:《GIS与考古学空间分析实践教程》,第82页,北京大学出版社,2018年。

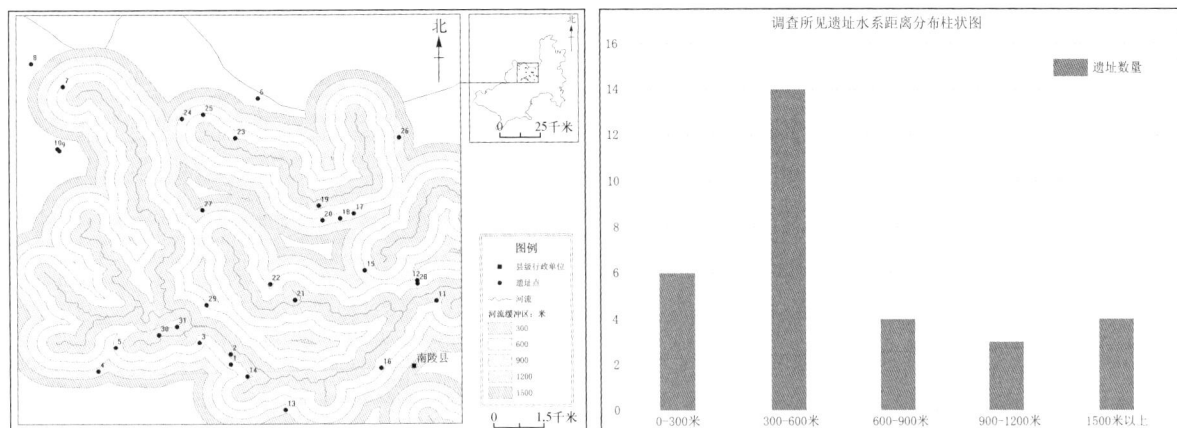

图173　漳河—大工山区域商周时期遗址至河流距离分布图

可以观察出，该区域商周时期遗址多分布于距离河流600米以内的区域，集中分布于300至600米的区域。该区域位于长江下游，水网密布，但遗址却在河流附近非常有规律地集中分布，这说明古人在选址时充分考虑到了河网的分布，在保证取水方便、水运便利的情况下，又可以有效地防止因汛期水位上涨造成的水患。另外，这里需要说明的是，此次生成的河流仅为流量在3 000以上的河流，部分流量较小或季节性的河流并未纳入研究范围。石峰水库遗址、高墩遗址等距离河流有1 500米以上，也不排除附近会有小的季节性河流的可能。

第四节　结　　语

以上分析通过ArcGIS软件，在获取DEM高程数据的基础上，分析南陵漳河—大工山区域商周时期遗址在高程、坡度、坡向以及水文上的分布特征，得出以下几点结论：（1）在高程上，该区域商周时期遗址大多分布于10至20米处，少数分布在40至50米处，可能与铜矿资源有关；（2）从坡度来看，该区域商周时期遗址均分布在坡度小于15°的区域，以0至2.5°最多，略有坡度的区域在保证开发建设方便的同时又可以兼顾排水的效率，防止洪水危害；（3）就坡向而言，该区域商周时期遗址多分布在迎风向阳的东南坡以及南坡，部分分布在北坡以及西北坡，或许与获取水资源有关；（4）在水文方面，该区域商周时期遗址显示出比较明显的沿河分布特征，距离河流距离大多在300至600米，在方便利用水资源的同时又可以避免水患。

综合上述结论来看，该区域商周时期遗址空间分布具有明显的规律性，且与整个安徽沿江地区商周遗址空间分布特征基本一致[1]。这显示出商周时期先民对于居址选址的深思熟虑。特别是在该区域所处的长江下游地区，复杂多变的地形、密集的河网以及洪水泛滥都会对人类生活产

---

[1]　高君：《GIS支持下的安徽沿江地区商周遗址空间形态研究》，安徽大学硕士论文，2021年。

生较大的影响,在这种条件下更需要对居址进行悉心的选择。在这一时期的文献中,有关于居址选址的论述,比较有代表性的为《管子·乘马》篇:"凡立国都,非于大山之下,必于广川之上;高毋近阜,而水用足;下毋近水,而沟防省;因天材,就地利,故城郭不必中规矩,道路不必中准绳。"这一城池的营建方法,不同于《周礼》中关于都城营建的单一模式,显示出更多因地制宜以及以人为本的理念。从前文分析来看,这一区域中一般性的商周遗址基本符合《管子》中提到的要求。这说明这种选址要求并不单单适合"凡立国都"。

另外,需要指出的是,自商周时期以来,该区域的地形地貌未发生较大改变,因此上述案例关于高程、坡度、坡向、水文的研究是基于现代数据展开的,实际上是一种"将今论古"的做法。同时,本研究还存在一些不足之处。首先是遗址数据的不足。因为此次遗址数据全部为调查所得,其时代只能粗略地定为商周时期,所以并未对遗址的分布进行历时性研究。调查获得的遗址点数量也有限,因此所获得的结论可能会存在一定的偶然性。其次,各个研究生成的柱状图分类划分除坡向外,均是在了解以往研究的基础上进行的人为划分,也具有一定的主观性。再次,对一些特殊遗址,如高墩遗址不同于其他遗址的分布特征成因探讨不足。最后,由于时间关系以及个人能力限制,未对这种分布模式的成因进行更加深入的探讨。总体来看,利用GIS的方法研究遗址分布特征是一种行之有效的方法,它使得研究者可以在更大视野下观察遗址分布,同时也能够深入较小的尺度,以一种更加精细的方式去研究每一处遗址的分布特征。

第七章　无人机航拍在大工山南麓
土墩墓调查中的实践

　　土墩墓是我国东南地区颇具特色的墓葬类型,主要流行于商周时期,以"封土成墩"为特征,与同一时期中原文化圈的墓葬形制形成鲜明对比。这一类墓葬最初发现于长江下游的苏南、皖南、浙北等地,故习惯上又通称为"江南土墩墓"。20世纪80年代末,刘树人、谈三平、张立等学者最先将遥感技术应用到土墩墓的调查当中,通过对历史航片进行目视解译,在苏南、太湖地区发现了大量土墩墓和台型遗址[1],具有开先河之功。90年代以后,研究人员在皖南[2]、浙北[3]等地也利用这一方法开展了卓有成效的工作,极大地拓展了对于土墩墓分布地域和规律的认识。近年来,随着微型无人机的逐渐普及和三维影像重建技术的日臻成熟,低空遥感在考古工作中的潜力得到不断挖掘。无人机航拍以其对空间信息的全方位采集,并能快速生成三维模型的优势,不仅作为一种精细化的测量和记录手段被广泛应用到考古发掘和调查中,而且为研究者理解遗迹现象和解决具体的考古学问题提供了更多样的视角。可见,将这一方法应用于土墩墓考古研究的条件已愈发成熟。

　　皖南地区是江南土墩墓的重要分布区,自20世纪50年代末率先在屯溪弈棋村发掘两座西周时期土墩墓以来[4],考古工作者在皖南的多个市县已发现土墩墓不下万余座,其中以芜湖市南陵县所在的漳河流域分布最为密集,保存状况最好,且文化特色鲜明,可作为皖南土墩墓的代表[5]。本章旨在探索将低空航拍和三维影像重建技术应用于土墩墓考古研究的方法与价值,下面以南陵县戴汇地区的小乔村和危家大塘两处土墩墓群为例(图174),介绍航拍的实施过程和影像数据的处理成果,并结合实地调查,重点对这两处土墩墓群的空间形态进行初步分析和解读,以期为研究土墩墓的墓地布局问题提供新的方法和视角。

[1]　a. 谈三平、刘树人:《太湖地区石室土墩分布规律遥感初步研究》,《东南文化》1990年第4期;b. 刘树人、张立:《苏南江宁县及茅山南麓吴文化台形遗址与土墩墓分布规律遥感调查研究》,《华东师范大学学报·遥感专辑(二)遥感考古研究》,1992年;c. 陆九皋、肖梦龙、刘树人、谈三平:《镇江商周台形遗址与土墩墓分布规律遥感研究》,《东南文化》1993年第1期。

[2]　宫希成:《南陵县千峰山土墩墓遥感考古研究》,《文物研究》第12辑,黄山书社,1999年。

[3]　祝炜平:《浙北土墩墓遥感考古研究》,《人文地理》1999年第1期。

[4]　安徽省文化局文物工作队:《安徽屯溪西周墓葬发掘报告》,《考古学报》1959年第4期。

[5]　宫希成:《皖南地区土墩墓初步研究》,《长江流域青铜文化研究》,科学出版社,2002年。

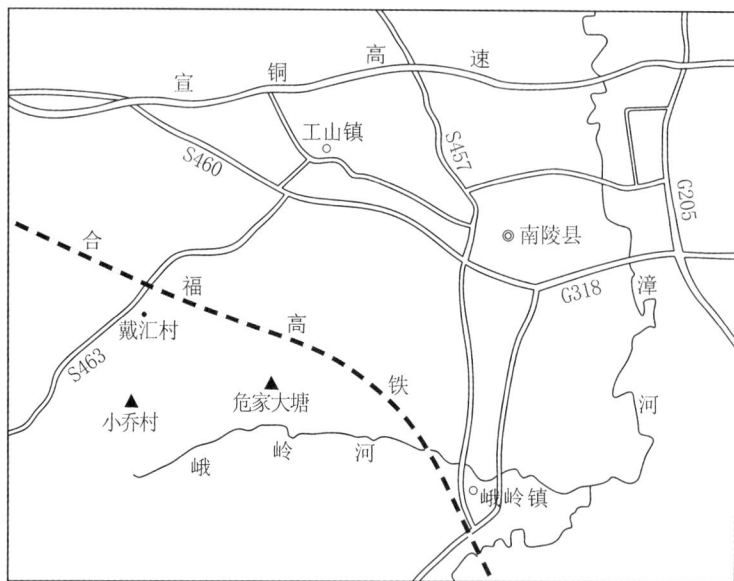

图174　小乔村、危家大塘土墩墓群位置示意图

第一节　研究区域概况

南陵县位于芜湖市的西南部,地处长江南岸,北临沿江平原,南靠皖南低山,境内地貌环境复杂多样。西部边缘的大工山系九华山支脉,走向以东北—西南为主,高低起伏,山前地带还分布着大面积的丘陵;中部广大地区除沿河两岸有狭长的河谷平原外,大部分被丘陵和台地占据;东部则是漳河与青弋江联合冲积而成的平原,地势低平,河网如织,湖沼密布[1]。

本次调查的区域位于南陵县城西约10千米的戴汇地区,原为戴家汇镇,后撤乡并镇改为戴汇村。其地处大工山的前缘,地势自西北向东南倾斜,地貌呈现丘陵岗地与河流谷地相间的特征。丘陵脉络清晰,主脉大体呈西北—东南或东—西走向。因剧烈的流水侵蚀作用,在丘间发育有长短不一的冲沟,宽窄各异,方向不同,将丘陵分割为一段段并列延展的长条形山岗,从空中俯瞰,既形似伸出的龙爪,又好似舒展的叶脉。发源自西部大工山的小河奔流至此,在两岸丘陵的夹持下蜿蜒东向,并且不断与山岗间的溪涧汇聚,润泽出狭长的条带状河谷。

根据第三次全国文物普查结果统计,这一带共发现土墩墓群11处,单体土墩墓数量超过千座,年代范围在西周早期至春秋时期,是漳河流域土墩墓的典型代表[2]。墓群坐落于河谷两侧的丘陵岗地之上,间距300至2000米。墓群的规模差异十分显著,大的墓群有上百座,密集排列于山岗上,绵延数百米,有些墓群内部还以自然冲沟为界,可再划分出墓区。相比之下,规模小的墓

---

[1]　南陵县地方志编撰委员会:《南陵县志》,第65—68页,黄山书社,1994年。

[2]　宫希成:《安徽漳河流域周代土墩墓群初步分析》,《庆贺徐光冀先生八十华诞论文集》,科学出版社,2015年。

图175　戴汇地区周代遗址分布图（底图为Google Earth影像，摄于2016年12月）

群只有几座土墩墓，在山岗之上稀疏而列，或三两成组，或呈散点状分立，其间留有大片的空白地带。值得注意的是，查看历年的考古调查资料，在这些墓群周围还分布着大量同一时期的居住址和冶炼遗址[1]，从而构成了一个较为完整的聚落体系（图175）。居住址皆为台型遗址，面积差异不大，从数千平米到一万平方米上下，集中分布在河流两岸的低阶地上，形成一处小规模的聚落群。冶炼遗址位于宽阔的梁岗顶部或临河台地的边缘，从规模和性质上看，一类是小型的冶炼作坊或炼渣废弃点，另一类是江木冲遗址这样的大型冶炼场[2]。可以说，土墩墓群、台型聚落和冶炼遗址的密集分布是周代皖南沿江地区新出现的文化现象，而这一聚集现象在南陵，特别是戴汇地区表现得尤为突出，对于了解周代皖南沿江地区的居葬关系和社会组织结构具有重要意义。

第二节　工作过程

（一）前期准备

准备工作分为借助卫星影像对土墩墓群进行观察与实地验证两部分。在卫星影像上，不仅要注意墓群的整体保存情况，还应重点考察土墩遗存的轮廓形态是否清晰，排列布局是否典型，

---

[1]　国家文物局：《中华人民共和国不可移动文物名录（安徽卷）》，2011年。
[2]　刘平生：《南陵大工山古矿冶遗址群江木冲冶炼场调查》，《文物研究》第三辑，黄山书社，1988年。

以便选取最有代表性的墓群开展工作。由于摄影测量穿透植被的能力较为有限，所以墓群所在地的植被覆盖情况对航拍效果有很大影响，最终还需到现场确认。综合比较几处土墩墓群，发现小乔村和危家大塘两墓群的规模较为适中，土墩遗存密集且明显，空间分布具有代表性，最适宜作为本次无人机航拍的目标区域，故根据两处墓群的具体情况制定了航测方案。

1. 小乔村土墩墓群

该墓群发现于20世纪80年代[1]，坐落在戴汇村南约2.5千米的南北向长条形岗地上，西侧不远即是巍峨连绵的大工山，仿如一扇巨屏耸立其后，东侧视野甚为开阔，从近处崎岖起伏的丘陵岗地到远方开阔坦荡的沿江平原都尽收眼底。2016年12月的卫星影像显示（图176），墓群所在的岗地顶部植被相对稀疏，特别是不见大面积的乔木，因而土墩遗迹暴露明显，与周边地面高差所造成的阴影标志也十分清晰。尽管已近深冬，但很容易看出土墩上覆盖的植被颜色比周围更加青翠。通过影像能辨别出土墩约有20余座，形状为圆形或椭圆形，绝大多数坐落于浑圆的岗地顶部，大致分为两组，呈串珠状排列（箭头所指）。此外，还有少量土墩零散地分布在附近。实地验证时发现墓群的地表情况与卫星影像所示基本一致，岗地虽已被辟作茶园，但成排的茶树随地势隆起，反而使土墩的外形更加突出。在土墩之间采集到少量碎陶片，以几何印纹陶为主，可辨器形有罐，是本地区周代文化遗存中常见的器物。

图176 小乔村土墩墓群Google Earth影像（摄于2016年12月）

[1] 陆勤毅、刘平生:《南陵土墩墓的几个问题》,《文物研究》第2辑,1986年。

2. 危家大塘土墩墓群

　　该墓群位于戴汇村东南约5.6千米的岗地中部,南与象山酒店土墩墓群相邻。从2014年10月的卫星遥感影像上看(图177),山岗上茂密的林地间有两片植被相当稀疏的区域(箭头所指),中间被一条东西向的山冲隔开。靠北的区域判读出一串土墩,呈东北—西南走向,沿山岗脊部排列成一条弧线,数量约有10座。靠南的区域面积较大,色调呈浅褐色的土墩在影像上异常明显,外形为圆形或椭圆形,不仅在岗垄主脉上呈南北向串珠状排列,于岗垄两侧伸展的支脉上也有分布。部分土墩的轮廓在影像上非常清晰,但受影像分辨率的限制,仍有相当数量的土墩难以确认,初步估计这一墓群的土墩数量应超过70座。实地调查时发现,与2014年相比,地表情况已发生较大的变化,北区被辟作种植园,土墩保存状况不佳,隆起的特征已不明显。南区也种植有成列的板栗树,所幸并不十分密集,紧密排列的土墩在地面上仍有迹可循,但茂密的树冠对土墩已构成遮挡,对航拍效果造成一定影响。尽管如此,仍尝试在南区进行航拍,以检验这一方法的适用范围。

(二)航拍作业

　　航拍作业使用已广泛普及的大疆精灵4系列专业型无人机,时间选择在正午时段,以尽量避免阴影对影像质量造成的影响。预先在飞控软件上设定好航线和相机参数。因两墓群所在的岗地大体为正南北走向,故将航线设定为东西向,航向重叠率75%。尽管通常情况下航线间重叠率

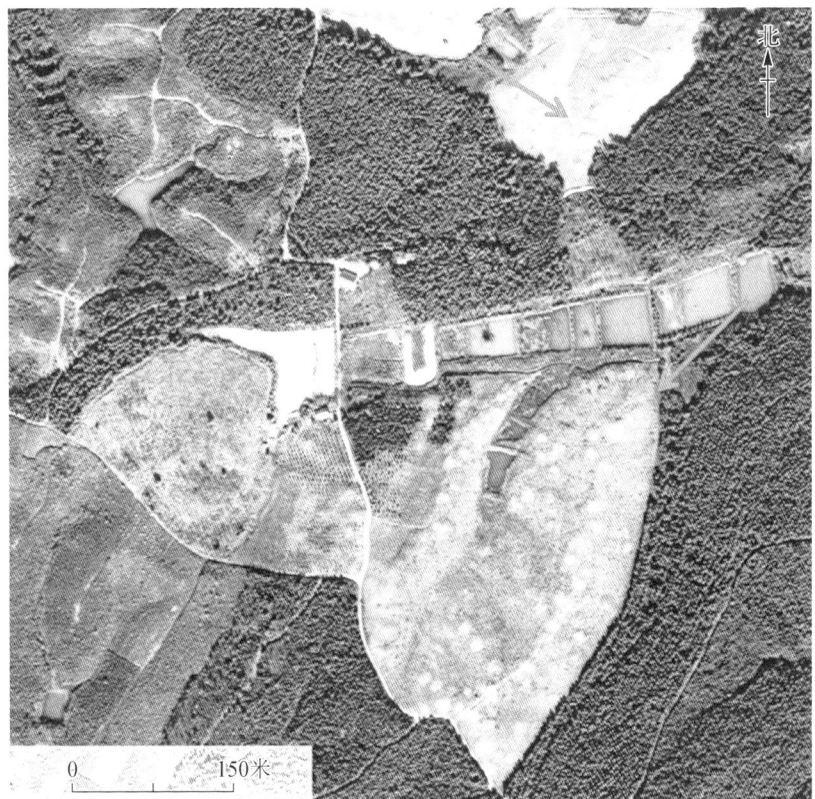

图177　危家大塘土墩墓群 Google Earth 影像(摄于2014年10月)

不宜设置过高,但为避免生成的正射影像出现变形、拉花等问题,也为获得更好的三维重建效果,故将航线间重叠度设定在60%至70%之间。由于两墓群的面积都不大,无人机分别飞行一个架次即可实现全部覆盖,故对墓群的重点区域进行航线加密,并将飞行高度设置的相对低一些,小乔村土墩墓群的航高设定为70米,危家大塘土墩墓群为80米,这样能够获取接近2厘米空间分辨率的影像。拍摄小乔村土墩墓群之前,测量了11个地面控制点,考虑到测区范围内地形起伏较大,所以控制点位置的选择尽量做到了分散,并兼顾到不同高度。而危家大塘土墩墓群由于地表上的植被覆盖较为密集,并未布设控制点,所以在绝对精度上会有一定误差,但是不同位置的相对精度还是有保证的,依然能够准确反映地形特征,并不影响后续的判读和分析研究。无人机按照航线飞行,拍摄范围除了墓群本体之外,还包括了墓群周遭的地理环境。由于小乔村土墩墓群保存情况非常好,视觉效果突出,在航测结束后,还拍摄了大量倾斜影像和高清视频,为今后的保护规划和展示利用留下了充足的资料。

(三)影像数据处理和判读

检查航拍获取的照片,由于成像效果良好,所以不需要预处理,经过简单的整理和筛选即可导入到Agisoft Photoscan软件中进行三维影像重建,经过几个小时的运算处理便完成了两墓群的数字重建,导出DOM正射影像图及DSM数字表面模型等成果数据。初步检查后,便可直接加载到ArcGIS或QGIS等地理信息系统软件中做进一步的处理,这样一方面可以利用图像增强和空间分析工具改善数字表面模型的可视性,以提升地物和遗迹的辨识度;另一方面也可以与历年来的卫星影像和地形图等资料配准,采用叠制分析的方法提升判读的准确性。

1. 小乔村土墩墓群

观察正射影像(图178),尽管航拍覆盖的范围较为有限,但在影像分辨率上要明显优于卫星影像,不仅墓群周围的环境和地物一

图178 小乔村土墩墓群正射影像

清二楚，连地表细节也一览无余，可惜对土墩的表现力较为有限，阴影、形状和色差等判读标志也不够明显。比较而言，数字表面模型能够更全面形象地反映出地表高程的细微差异（图179），远超正射影像和航拍照片所能提供的信息量。对比实地踏查的结果，除了北部有3座土墩被树冠遮挡以外，其余21座土墩在数字高程模型上都有显著的体现。从图179中可以感受到土墩的轮廓和隆起特征在数字表面模型上非常直观，而且整个墓地的布局和所在区域的微地貌形态也十分清楚。

　　通过ArcGIS软件，利用空间分析工具包（Spatial Analyst）中的坡度（Slope）工具，生成墓群的坡度图，并用灰度色带进行拉伸渲染，能够提升数字表面模型的立体效果（图180），土墩的边缘轮廓得到进一步的强化，视觉效果也更佳。再借助测量工具，可以直接对

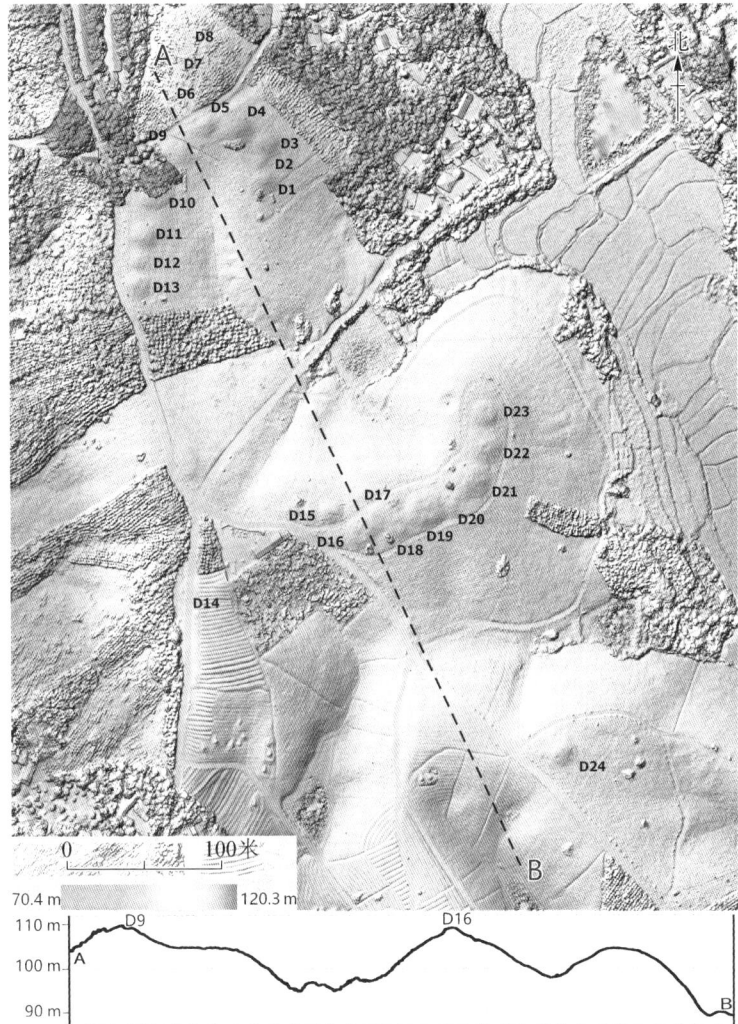

图179　小乔村土墩墓群数字表面模型

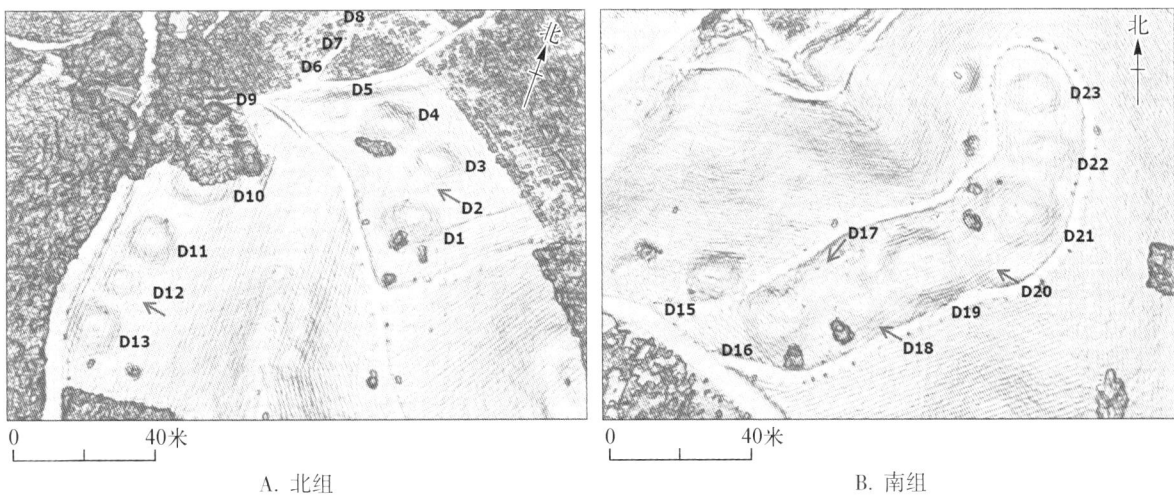

A. 北组

B. 南组

图180　小乔村土墩墓群坡度图

	D1	D2	D3	D4	D5	D9	D10	D11	D12	D13
底径	14.45	7.48	17.19	21.49	15.44	21.77	23.78	18.46	12.32	16.30
高程	111.9	111.7	113	113.9	112	109.9	109.7	109	107.6	107.7

底径 ◇ 高程 单位：米

A. 北组

	D15	D16	D17	D18	D19	D20	D21	D22	D23
底径	17.19	19.58	12.54	13.78	24.41	11.24	24.19	21.33	18.18
高程	108.7	109.2	108.4	108.6	109.1	109	110.8	109.8	109.4

底径 ◇ 高程 单位：米

B. 南组

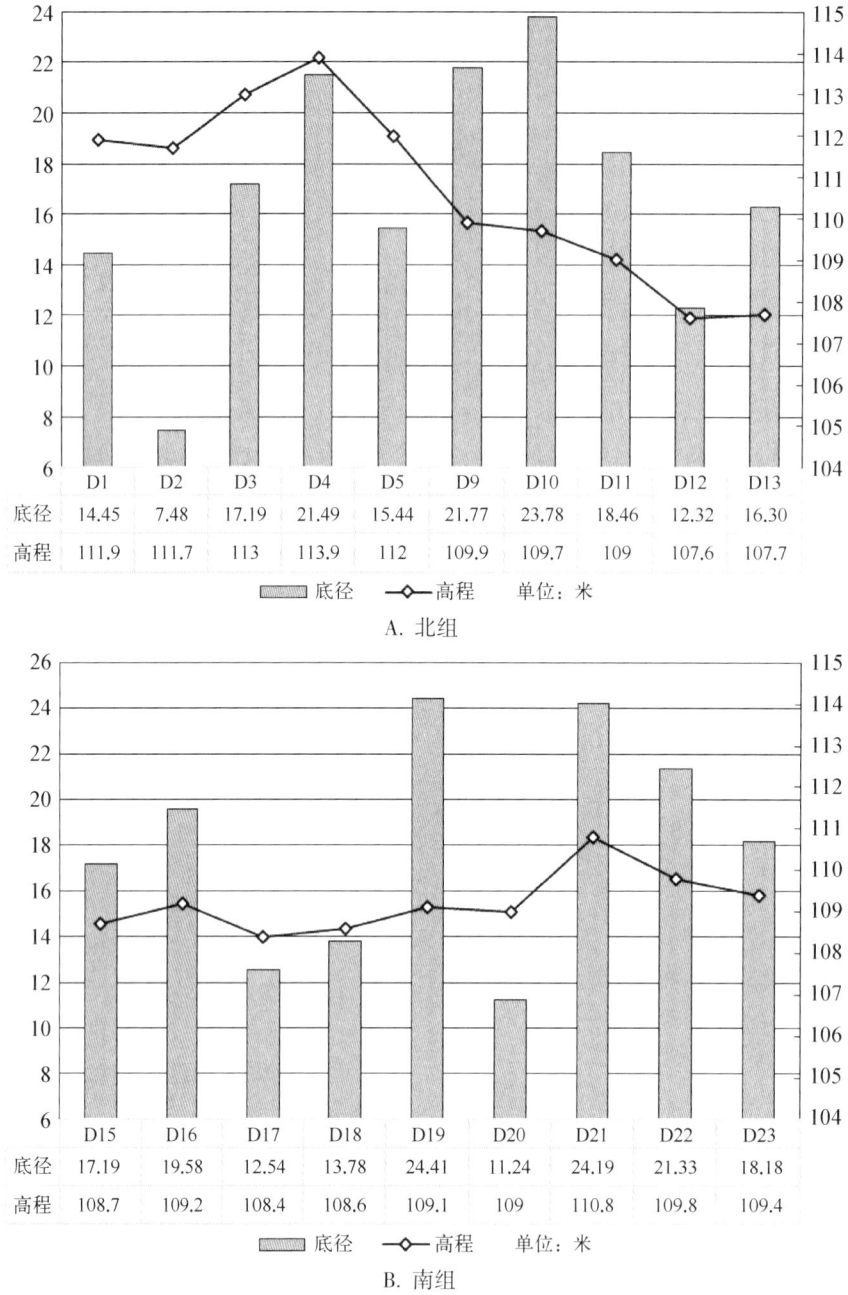

图181 小乔村土墩墓群部分土墩底径与高程关系

土墩的底径、周长、面积和高程等空间属性进行量算，并在此基础上作简单统计（图181）。

2. 危家大塘土墩墓群

由于墓群所在的岗地上栽种了许多乔木，茂密且杂乱的树冠对地面造成了较严重的遮挡，土墩的迹象从正射影像上很难看出。而数字表面模型对土墩的表现也较为有限（图182，A），虽能看出土墩成串排列于岗脊之上，但单体的区分度不足，仅少数能够识别，给我们的判读工作带来了一定的困难。

借助ArcGIS的影像分析工具,可以调整数字表面模型的对比度、亮度,或适度降低Gamma值以起到增强影像反差、凸显地形变化的作用。同时,利用直方图均衡化和标准差增强都能够显著提升影像中细节部分的辨识度,增强土墩的影像特征(图182,B)。经过这些处理之后,判读标志的可视性得到了显著改善,山岗的脉络被白色高亮显示出来,可以清楚地看到受流水侵蚀,岗地被切割为沟垄相间的地理样貌,而圆形的土墩恰好坐落在垄岗的顶部,色调与周围区域相比更白更亮,并沿着垄脊的走向蜿蜒排列。再运用空间分析工具包中的山体阴影工具(Hillshade),通过模拟阴影效果,使地形的细微变化更为清晰,并能够相对弱化地表植被所造成的干扰,对于识别地物非常有效,极大地增强了土墩的区分度(图182,C)。

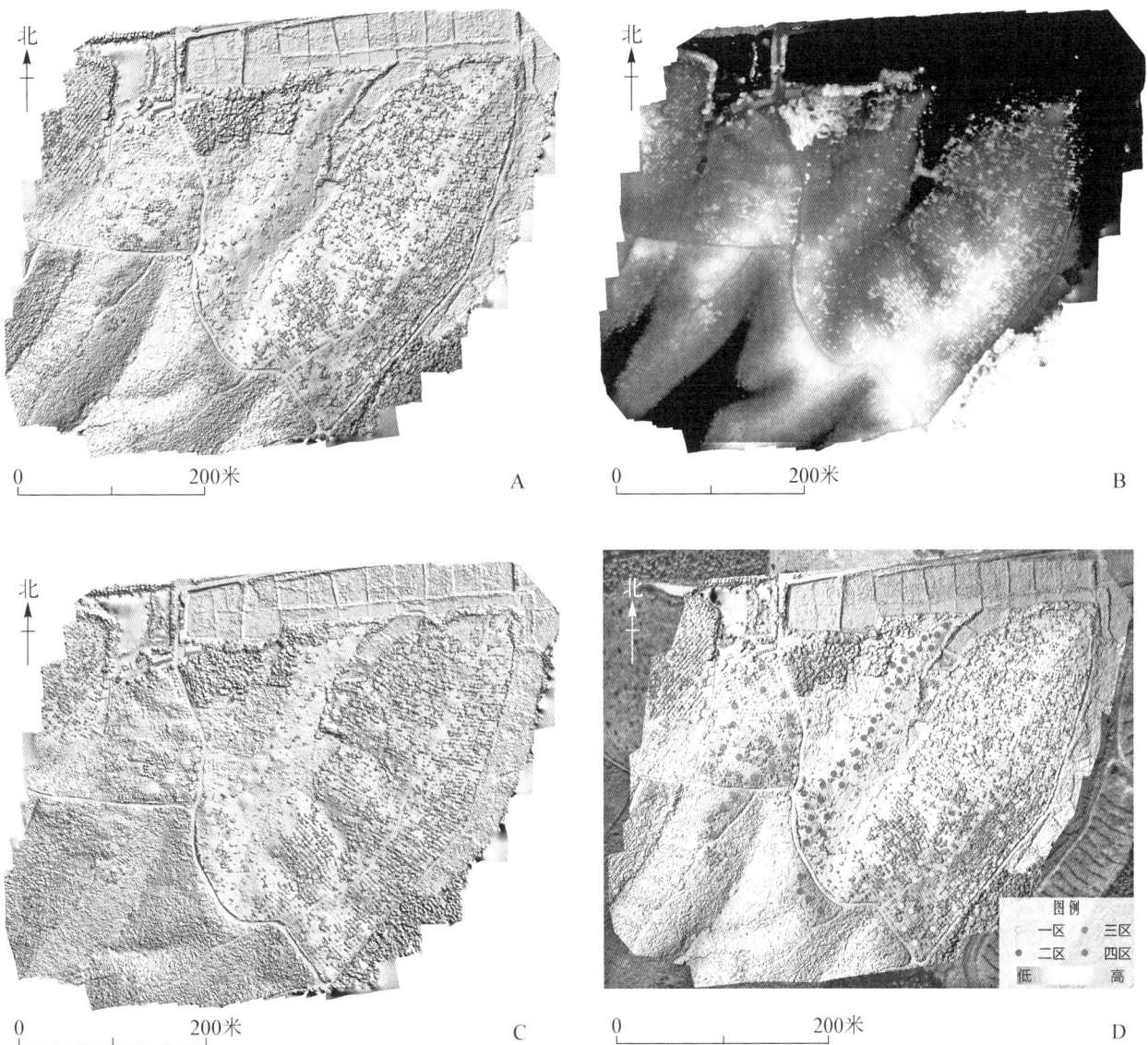

图182　危家大塘土墩墓群航拍数据成果

A. 数字表面模型、B. 经影像增强处理的数字表面模型、C. 山体阴影图、D. 土墩墓分布图

在此基础上,使用ArcGIS的地理配准工具,将经过影像增强处理的数字表面模型、山体阴影图与近几年的卫星遥感影像叠加在一起进行比较,综合土墩的形状、尺寸和排列分布特点,能够实现对土墩的有效识别,总计判读出土墩102座(图182,D)。对比来看,显现于卫星影像上的土墩,绝大多数在山体阴影图或数字表面模型上都有所表现,能观察到土墩隆起所引起的地表高差变化,只有少数土墩反映较弱而无法确认。另一方面,有相当数量的土墩是直接通过数字表面模型识别出的,这大大超出了预期。

第三节　墓地布局和规划的分析

利用航拍数据对土墩墓进行判读和识别只是研究的第一步,数字表面模型中显现出大量墓群空间布局方面的特征,为认识土墩墓的墓地规划提供了重要材料。在此将两处墓群的大致情况叙述如下,并就观察到的现象略作分析。

一、小乔村土墩墓群

该墓群共确认有土墩墓24座,除1座位置偏南较为独立之外,余下的23座在空间上分为南北两组,布列于山岗顶部,遥相呼应。根据数字表面模型生成的地形剖线略呈"两高夹一低"的形态,两组土墩分别占据了岗地的高点,且高程基本一致,其间为一圆形的低洼地。岗地顶部颇为平坦,似经人工整治以方便堆土掩埋。土墩在其上整齐排列,此起彼伏,北组土墩平面近似人字形,南组土墩略呈弧形,既与岗垄的走向基本吻合,又重新塑造了岗地的外形,应是人为规划布局的。

两组土墩的数量相差不大,北组13座,南组10座,相距约150米,其间未再发现有土墩。结合土墩的空间分布和统计数据可以发现:1.土墩的现存底径在7至25米之间,其中小于14米的有5座,在14至20米之间的有8座,20米以上的有6座,另有4座因植被覆盖或遭到破坏并未测量,但目测也在这一范围之间。从漳河流域土墩墓以往的调查和发掘情况看,这一墓群中大型土墩的体量已处于中上等。2.尽管土墩之间在体量上有着显著的差异,但两组土墩在构成上并无区别,都呈现大小土墩混杂下葬的特点。具体来看有两类情况,一类是小土墩居于两个大土墩之间,并保持一定的距离,如北组D12、南组D20;另一类则是小土墩紧临,甚至倚靠在大土墩旁,如北组的D2,底径只有7.5米,是整个墓群中最小的土墩,与其北侧的D3几乎连为一体,只是在高度上有一定的差距,推测这两个土墩应该有较为密切的关系,小土墩有可能是大土墩的祔葬墓或祭祀性设施,类似的情况还见于南组的D17和D16、D18和D19之间。3.在排列上有将大型土墩置于墓组中部的现象,如北组的D9、D10,南组的D19,底径都超过20米,但是从高程上看,大土墩虽在墓组中居于中心位置,但它们并未处于所在墓组的制高点上,这表明对空间位置的强调优先在墓组级别上表现出来。

一般来说,皖南地区土墩墓的埋葬方式以一墩一墓为主流,虽偶有一墩两墓或三墓,乃至空墓的情况,但并不占多数[1]。照此估算,小乔村墓群中一组土墩埋入的人数约有十几人,大致接近于小型家族或扩大式家庭的规模,其所代表的应是当时社会组织中最小一级的继嗣群,而整个墓群则相当于一或两个家族的墓地。

二、危家大塘土墩墓群

该墓群位于山岗顶部,规模较大,土墩分布十分稠密,但秩序井然,应是经过长时间使用,并有严格下葬规划的大型墓地。本次航拍覆盖了南北300米,东西近400米的跨度,除少量土墩被植被遮盖外,共计发现土墩102座。查看拍摄于20世纪60年代的美国锁眼卫星影像,发现这一墓群继续向南延伸,与象山酒店土墩墓群连为一体。所以航拍的范围仅覆盖了这一大墓群的北半部,整个墓群的土墩数量还应当更多。

从复原的土墩墓分布图上看,岗垄间的沟壑起到了茔域分界线的作用,将墓群由东而西分为四片墓葬区。在四区仅辨识出1座土墩,但参考卫星影像发现还有土墩向西延续。另外三片墓区则相对完整,各占据了一条岗垄。岗垄大体呈东北—西南向,顶部坡度和缓,由北向南逐渐升高。仔细观察,墓区之间虽有间隔,但也未完全分离,在岗垄相接处甚至有少数土墩毗邻而筑,只是前后土墩的排列方向不同,所以界线较为清晰。

土墩在一、二、三区的分布并不均衡,数量依次为47、34和20座,这主要源于各墓区在小地形上的差异。一区所在岗垄不仅南北纵深长,顶部平坦宽阔,且平缓的西坡被细沟分割成几条粗壮浑圆的支脉,可以容纳更多的土墩。从分布图上能看到支脉上西北—东南走向的土墩与主脊上南北走向的土墩串联在一起,聚组成排的现象格外明显;而二区和三区所在岗垄的空间较为狭窄和局促,土墩于主脊上紧凑排列,聚拢集中的程度要明显高过一区,有些土墩甚至连在一起,几无间隙,难以再划分出独立的排组。由此看来,墓区之间在空间分布上是有差别的。进一步比较各墓区的土墩构成情况,虽未发现有大型土墩单独成组或集中分布的现象,但居于岗垄主脊的土墩在规模上明显更大一些,从这方面来看,仍然是一区占据优势。

同样按照一墩一墓来估算,这一墓群仅在航拍范围内埋入的人数就已达百人以上,并且在墓群下面可以分出几个墓区,各墓区的土墩聚在一起,在一区内甚至还能再划分出墓组,这样一种规模和结构更接近以聚族而葬为特征的氏族墓地。

综合这两处墓群来看,二者皆位于聚落遗址不远处的梁岗之上,形成独立于居住区以外的墓葬区。具体的埋葬地点是精心挑选的,不仅考虑到地形、地势等环境因素,以全面规划墓群的茔域范围和用地发展方向,还格外注重人工堆筑的土墩与周围自然环境相融合,以营造出墓葬区所需的外缘景观。另一方面,墓群之间、墓区之间乃至墓组之间在茔域选址上的优劣差异,土墩在体量上表现出的规模分化,以及大型土墩和小型土墩在墓组中混杂共存,大型土墩居中分布或居于显要位置的现象,都说明在墓地的营造过程中存在有意的布局规划,即通过分配茔域空间、限制土墩体量、安排墓

[1]　宫希成:《安徽漳河流域周代土墩墓群初步分析》,《庆贺徐光冀先生八十华诞论文集》,第203—217页,科学出版社,2015年。

位顺序等手段以确认和表达群体与群体之间、群体与个体之间、个体与个体之间的关系和地位。

墓地是社会群体存在的证明,在多数情况下这一群体是继嗣群体[1]。具体到本次航拍的两处墓群,二者在墓地规模和结构上的差别是显而易见的。危家大塘土墩墓群由上百座土墩组成,可能是大型氏族墓地,在下葬过程中存在空间上的区划,而且在大墓区之下还能再分出墓组。这种墓地结构,很接近于本地区以墩台聚落群为代表的聚居结构。换言之,一处大型土墩墓群应有与之相应的墩台聚落群,墓群之下的各个墓区对应着墩台聚落群下的每一处墩台聚落,而墓区之内的墓组也有与之相对应的社会组织,很有可能是聚落内的大家族或扩大式家庭。相比之下,小乔村墓群仅由两个相对独立的墓组构成,全部土墩的数量也只相当于危家大塘墓群中的一个小墓区。不仅如此,在实地调查中还见到过仅有几座土墩构成的墓组或零星几座土墩就单独形成墓地的情况。联系时代背景,推测不同规模和结构的墓地应当反映其所代表的继嗣群在规模上的差别,仅以墓区或墓组规模营建的墓地,很有可能是从大型氏族墓地中分化出来的家族墓地,反映出社会组织中家族的独立地位日益增强。再联系南陵所处的皖南沿江地区是长江下游最重要的铜矿产地之一,且已发现有十余处周代铜矿采冶遗址[2],不排除在当地已经产生了相当程度的社会分化,即一些控制铜矿原料、掌握冶炼技术或流通渠道的群体或个人,能够拥有更高的社会权力和更多的社会资源,在茔地选择上享有优先权,进而通过营建独立的家族墓地以强调自身在社会中的优势地位。

第四节 结 语

目前,学术界对土墩墓的研究已进入到新一阶段,关注的重点从土墩墓的形制结构上升到埋葬制度。墓地布局作为埋葬制度的一个重要方面,也是土墩墓考古研究中的重要问题。从前文对两处土墩墓群的判读和分析来看,无人机低空航拍不仅是采集和记录土墩墓群空间信息的一种有效方法,也能够为我们考察土墩墓群的布局规划带来有益的帮助。特别是利用多视角影像重建软件对墓群微地形数据的获取,再结合ArcGIS软件的影像增强和空间分析工具,使我们能够有效复原土墩墓群的分布形态及墓群周遭的"景观"背景,为探讨土墩墓群的布局问题,深入考察墓葬与墓葬、墓葬与墓群,乃至墓群与局地环境间的关系提供直观的资料。本章也是在这些方面进行的尝试,对两墓群的布局特征和墓群所代表的社会组织进行了初步探讨,取得了一些认识,但还有待结合田野考古工作进一步探索。

与此同时,也应看到无人机低空航拍在土墩墓考古研究应用上还存在着一定的局限性。首先,微型无人机有限的作业时间限制了航拍覆盖的范围,这对于测量和记录已知的土墩墓群尚

---

[1] 张弛:《葬仪中的社会与社会权力》,《社会权力的起源:中国史前葬仪中的社会与观念》,文物出版社,2015年。

[2] 安徽省文物考古研究所、南陵县文物管理所:《安徽南陵县古铜矿采冶遗址调查与试掘》,《考古》2002年第2期。

可，但制约了我们对未知或可疑区域的空中勘测；其次，土墩墓群多位于丘陵岗地之上，植被树冠可能会对土墩造成严重的遮挡，而摄影测量穿透植被的能力又较为有限，这也是当前限制这一技术的最主要因素。若运用激光Lidar等具有较强遮盖物穿透能力的设备，对遗迹的辨识会更加有效，地形数据也会更加精确。因此，作为今后的研究方向，激光Lidar应被应用到土墩墓考古的研究中。

总之，就目前的情况来看，充分发挥无人机航拍的技术优势，同时把握其局限性，对土墩墓群实施有针对性的低空遥感考古勘测，仍然是了解土墩墓群墓地布局的一种有效且直观的途径，结合具体研究问题开展航拍工作，依然能获得许多新的发现和认识，具有广泛的应用前景。

第八章　南陵出土青铜器研究

第一节　概　　述

皖南是长江流域出土商周青铜器较多的地区之一,是我国南方青铜器研究的重要板块。皖南沿江地区,从商代到两周时期存在着颇具特色的青铜文化,在考古学上与宁镇地区同属长江下游湖熟文化—吴文化圈。同时,这一区域也是长江中下游铜金属成矿带的重要组成部分,铜矿资源十分丰富,发现了大量的古矿冶遗址,其中以南陵大工山、丫山和铜陵凤凰山、狮子山规模最大、时代最早、分布最集中。

南陵及周边地区发现的台型遗址、古城址、古铜矿和土墩墓群,它们之间的年代、功能、文化面貌内在联系紧密,在西周至春秋时期,南陵及其周边应是重要的政治和经济中心(图183)[1]。青铜器作为商周时期生产力发展水平的重要标志物,是研究当时南陵文明发展状况、社会组织与结构、科学技术、艺术审美等内容的重要材料。

南陵县出土商周青铜器的研究,发端于1978年吴王光剑的发现。之后,当地青铜器的发现陆续增多,学者们从青铜器的形制、纹饰,到青铜器的年代、分期、功能、族属以及铜器所反映出的历史、文化、宗教等方面都有所讨论,也取得了丰硕的成果。

杜廼松认为古必冲土墩墓群出土的龙耳尊年代为西周晚期至春秋前期[2]。

朱华东将皖南周代青铜剑分为四型,其中南陵B型宽格圆实茎8件和C型一字型薄格剑2件,年代从西周中晚期一直延续到战国早中期[3]。后又进一步完善了此观点,将烟墩镇万兴村(南陵县B-018)、三里镇茶林村(B-015、B-016)、籍山镇葛林村千峰山土墩墓群(B-013)、工山镇戴公山林场(B-014)等地出土的BcⅡb式剑年代定在春秋中晚期;三里镇吕山村金埂土墩墓(B-071)、家发镇盛桥村(B-063)出土的DⅡ式剑年代定在春秋晚期至战国早中期。并认为南陵、铜陵、繁昌出土BcⅡb式剑之密集,说明皖南产铜带很可能是该式剑铸造或流行的中心;另

[1]　张爱冰、陆勤毅:《皖南商周青铜文化研究的意义》,《光明日报》2006年2月14日。

[2]　杜廼松:《在皖鉴定所见铜器考》,《青铜文化研究》第1辑,黄山书社,1999年。

[3]　朱华东:《皖南周代青铜剑初论》,《东方博物》第25辑,浙江大学出版社,2007年。

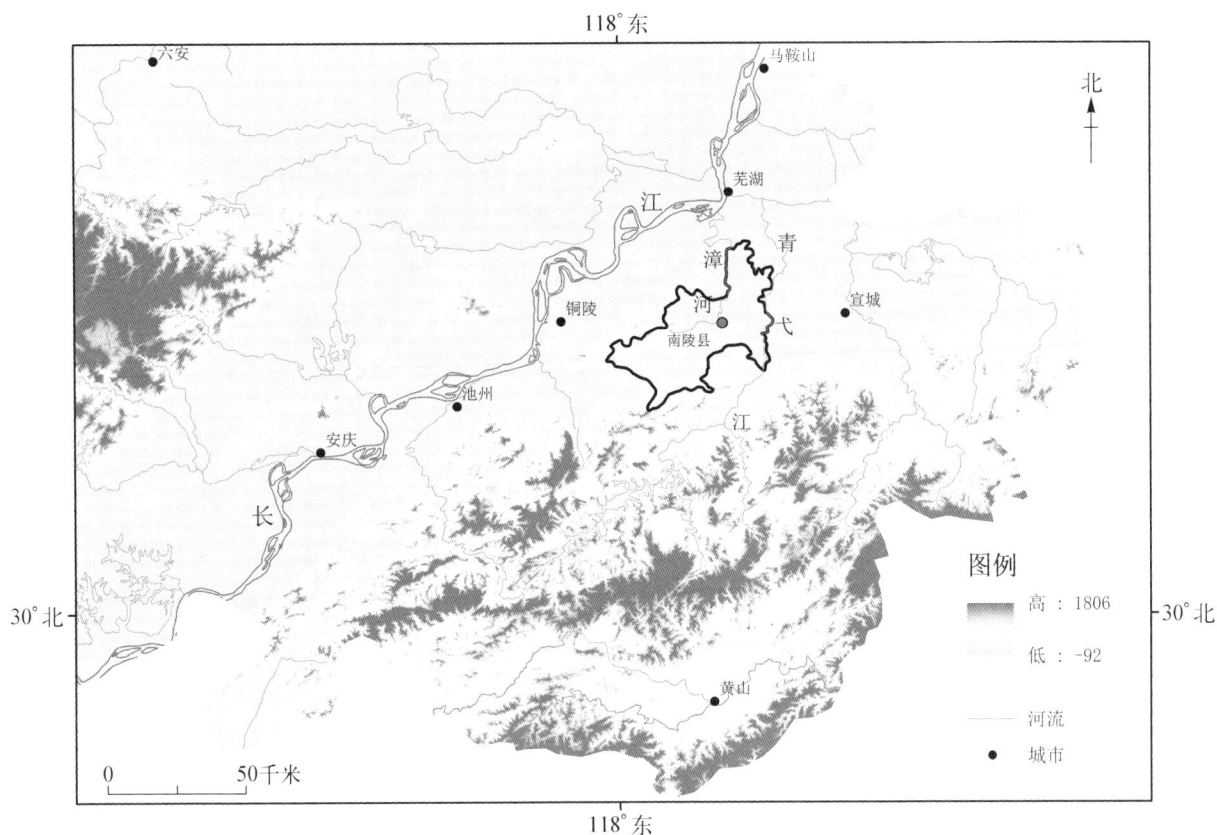

图183　南陵县位置及地形示意图

（地形图层采自地理空间数据云DEM数字高程模型30米分辨率,河流和省界、县界采自国家基础地理信息系统）

外,南陵出土的2柄D型剑很可能是楚文化的产物[1]。

张爱冰探讨了皖南沿江地区周代铜器的年代序列,将长山村出土的垂腹柱足鼎(B-003)年代定在西周中期或稍早,千峰山土墩墓群出土的垂腹蹄足鼎(B-004)为西周中期偏晚至西周晚期,团结村出土的龙耳尊为西周晚期,长山村出土的曲柄盉为西周时期[2]。

金埝村土墩墓出土吴王光剑,刘平生释为"攻敔王光自乍(作)用剑以战戏人"[3]。之后刘雨重新释读为"攻敔王光自作用剑,以当勇人"[4],由此说明此剑乃是吴王光自作用剑,以杀敌防身。洪家义认同刘雨的释义,认为勇人一词,可能是对刺客的鄙称,所以吴王特制此剑,以防刺客[5]。周晓陆、张敏将此剑铭释为"攻敔王光,自作用剑,以赏勇人"[6]。剑铭"勇人"是吴王光赏赐此剑的对象,即该剑的主人,也是该土墩墓的主人,其生前是随吴王光驰骋疆场建立功勋而受赏赐的

[1]　陆勤毅等主编:《皖南商周青铜器研究》,第89—122页,文物出版社,2016年。
[2]　张爱冰:《皖南沿长江地区周代铜器研究》,《考古学报》2013年第4期。
[3]　刘平生:《安徽南陵县发现吴王光剑》,《文物》1982年第5期。
[4]　刘雨:《关于安徽南陵吴王光剑铭释文》,《文物》1982年第8期。
[5]　洪家义:《古文字杂记》,《文物研究》第1辑,1985年。
[6]　周晓陆、张敏:《〈攻敔王光剑〉跋》,《东南文化》1987年第3期。

一位武勇之士。

除以上对南陵商周青铜器和青铜文化的有关研究外,学界对南方青铜器的研究方法亦对本章有重要参考价值。

首先是青铜器的断代方法。皖南铜器多零散出土且无器铭,缺乏明确的地层关系,伴出陶瓷器材料也有限。经由李学勤[1]、肖梦龙[2]等的相关探讨,要利用地层关系及伴出陶瓷器的发展线索,并参考中原青铜器发展标尺和碳十四测年,将伴出的一组或一批青铜器作为一个整体来研究,才能建立起南方青铜器比较可靠的年代序列。张爱冰[3]对江淮和皖南出土曲柄盉的研究可以称作一个范例。

其次是文化因素分析法。即在确定分期的基础上,从区分文化因素类型(如建筑、葬俗、遗物、文字等)入手,全面分析文化因素,区分自身因素和外来因素,最后解释现象。关于文化因素分析法在南方青铜器分类的应用,马承源[4]、肖梦龙[5]、郑小炉[6]等有相关论述,将长江下游青铜器分为中原型、融合型、土著型三类。张敏关注徐舒因素的同时也区别出干国的文化因素,认为长江下游西周青铜器由宗周青铜器、吴国青铜器、干国或有干文化因素的青铜器、徐和群舒等江淮国家或具有徐舒文化因素的青铜器四部分构成[7]。关于融合型铜器,宋玲平有其独到的见解,认为不能把融合型铜器的形制和纹饰特征割裂开来,融合型铜器的出土频率是判断某种考古学文化归属的重要依据[8]。

第二节　南陵出土青铜器的分布

南陵出土商周青铜器可以追溯到20世纪70年代,大多数为零星发现,未发现有成组器,集中分布在六个区域(图184):牯牛山—千峰山区(Ⅰ)、峨岭河与漳河交汇区(Ⅱ)、后港河流域(Ⅲ)、峨岭河上中游(Ⅳ)、澄清河与漳河交汇区(Ⅴ)、七星河流域(Ⅵ),青铜器大都出土于同时期的聚落址、土墩墓群、矿冶遗址的分布范围内,构成了较为完整的聚落体系。零星出土的青铜器不是孤立的,而是聚落体系中的重要一环,或发挥实用工具的作用,或是权力物化的象征。

一、牯牛山—千峰山区

本区域出土的商周青铜器有:

[1]　李学勤:《非中原地区青铜器研究的几个问题》,《东南文化》1988年第5期。
[2]　肖梦龙:《吴国青铜器分期、类型与特点探析》,《考古与文物》1990年第3期。
[3]　张爱冰:《也谈曲柄盉的年代及其相关问题》,《文物》2014年第3期。
[4]　马承源:《长江下游土墩墓出土青铜器的研究》,《上海博物馆集刊》第4辑,上海古籍出版社,1987年。
[5]　肖梦龙:《吴国青铜器分期、类型与特点探析》,《考古与文物》1990年第3期。
[6]　郑小炉:《南方青铜器断代的理论与实践》,《考古》2007年第9期。
[7]　张敏:《长江下游西周青铜器构成研究》,《宝鸡文理学院学报(社会科学版)》2016年第6期。
[8]　宋玲平:《关于文化因素分析方法在青铜文化研究实践中的思考》,《中原文物》2006年第6期。

图例： ● 青铜器出土地点 ◯ 青铜器集中分布区域

1. 长山村鼎1、盂1
2. 盛桥村剑1
3. 舂箕涝凿1
4. 戴公山林场剑1
5. 天官村鼎2
6. 江木冲冶炼遗址凿1
7. 方家村鼎1
8. 牯牛山城址镬1
9. 千峰山土墩墓群鼎3、剑1、环1
10. 茶林村剑2
11. 龙头山土墩墓群环4、削2
12. 西峰村鼎2
13. 白云村鼎1
14. 团结村尊1
15. 万兴村剑1
16. 吴王光剑1
17. 钱桥村戈1、矛1
18. 丫山村南通剑1

Ⅰ. 牯牛山-千峰山区
Ⅱ. 峨岭河与漳河交汇区
Ⅲ. 后港河流域
Ⅳ. 峨岭河上中游
Ⅴ. 澄清河与漳河交汇区
Ⅵ. 七星河流域

图184 南陵商周青铜器出土地点及集中分布区域示意图

（河流、县界采自国家基础地理信息系统）

1984年葛林村千峰山土墩墓（84NGWM5）出土鼎1（B-008）[1]。

1985年葛林村千峰山土墩墓M1（85NQFM1）出土环1[2]。

此外，千峰山土墩墓群还出土鼎2（B-004、B-062）、剑1（B-013）。

1997年石铺乡先进村牯牛山城址出土镬1[3]。

根据以往的考古资料，这一带分布着同一时期的居住址和土墩墓群，聚落体系较为完整（图185）。

牯牛山城址，位于先进村塘东和塘西，漳河以东，城址总面积超过70万平方米[4]。钻探结果显示，城址北半部文化堆积较厚，平均约3米。1、2、3号台地堆积情况较为复杂，灰坑、灰层及红烧土较多，可能是生产活动功能区。4、5号台地发现大范围红烧土和夯土台基遗迹，可能是居住生活区。城址南半部地势平坦，文化堆积较浅，平均厚度约0.5米，包含物甚少，可能是仓储用地。1997至1998年，安徽省文物考古研究所对1、3号台地进行发掘清理，初步判断牯牛山城址年代上限可到商代末年，下限到春秋早期。总体文化面貌接近宁镇同时期的考古学文化，但双耳平底瓿、折肩盂、带角状把手鬲等显示较强的个性。此前，南陵县文管所对该城址进行过多次调查，在城址北部的台地范围内发现有陶窑址，还在西侧的台地发现了铜炼渣、红烧土和木炭堆积层，红烧土块夹杂

[1] 陆勤毅、刘平生：《南陵土墩墓的几个问题》，《文物研究》第2辑，1986年。
[2] 安徽省文物考古研究所：《安徽南陵千峰山土墩墓》，《考古》1989年第3期。
[3] 安徽省地方志编纂委员会：《安徽省志·文物志》（上册第一编），方志出版社，1998年。
[4] 宫希成：《皖南遥感考古取得重大进展》，《中国文物报》1998年10月18日。

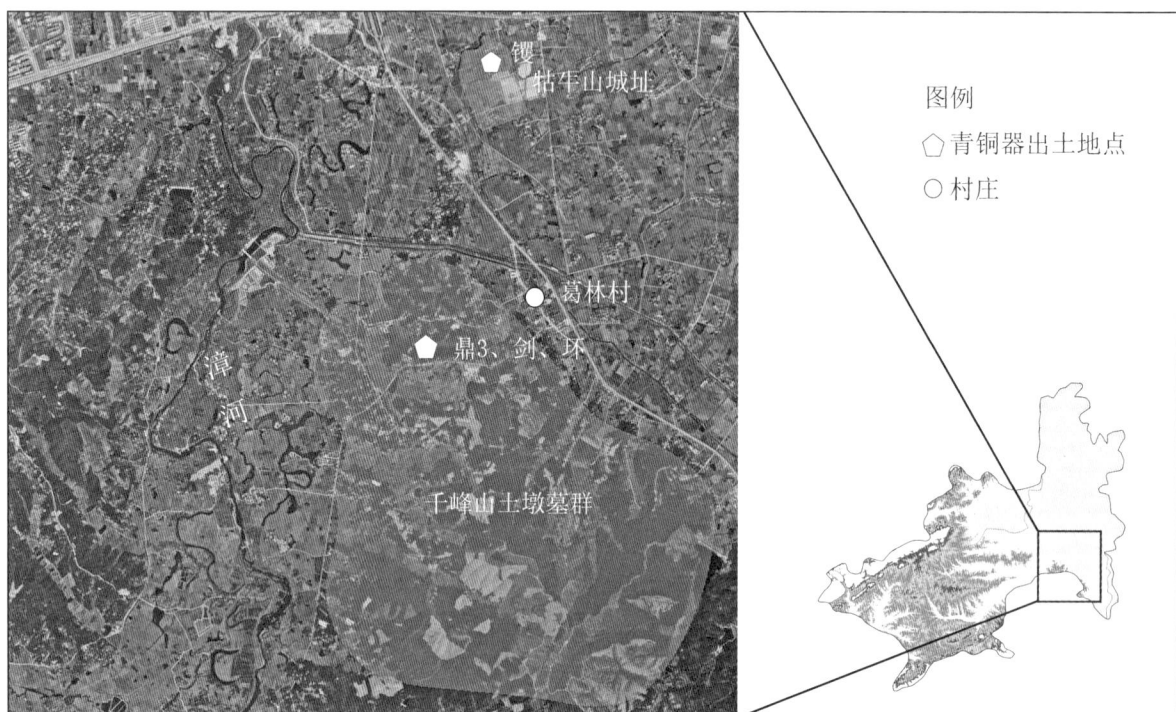

图185 牯牛山–千峰山区商周青铜器及周边遗址分布图

（底图采自Arcgis卫星地图）

炭化稻谷和稻草。采集的遗物有椭圆柱形石杵、扁平穿孔石斧、小铜锭和青铜镬，以及夹砂陶片、印纹陶片、原始瓷片等[1]。铜炼渣和铸造原料小块铜锭的发现表明，当时的牯牛山城址内可能存在青铜的冶炼和铸造活动。采集到的青铜镬应是当时牯牛山居民在生产劳动时所用的工具。

千峰山土墩墓群，西北起安村，东至G205国道，东南至鸟边冲，西临漳河。第三次全国文物普查结果显示，千峰山土墩墓群共存1 100余座土墩，分布面积约1.3万平方米。1985年发掘了18座土墩共19座墓葬[2]。铜器仅发现1件铜环。1984年清理的1座土墩墓出土有铜鼎[3]，此外，此区域还零散出土有铜鼎和铜剑。

千峰山土墩墓出土的印纹硬陶双耳罐、三足平底陶甗、曲柄陶盉和原始瓷折腹豆等器物特征与牯牛山城址基本一致，延续年代和文化面貌相近，且与牯牛山城址相距仅2千米左右，千峰山区域极有可能是当时牯牛山居民的墓葬区。此外，千峰山土墩墓群发现有铜鼎墓，还零散出土了铜鼎和铜剑，故千峰山区域极有可能存在贵族墓葬。

二、峨岭河与漳河交汇区

本区域出土的商周青铜器有：

［1］ 安徽省地方志编纂委员会：《安徽省志·文物志（上册第一编）》，方志出版社，1998年。

［2］ 安徽省文物考古研究所：《安徽南陵千峰山土墩墓》，《考古》1989年第3期。

［3］ 陆勤毅、刘平生：《南陵土墩墓的几个问题》，《文物研究》第2辑，1986年。

茶林村出土剑2（B-015、B-016）。

2010至2011年龙头山土墩墓群出土铜环4、铜削2、铜器残件2[1]。

根据以往的考古调查资料，这一带分布着大量同一时期的土墩墓群（图186）。

茶林村周围山岗分布着热爱茶林、热爱何村和半边山等土墩墓群。半边山土墩墓群，分布范围约1万平方米，曾出土过西周、春秋两个时期的刻划水波纹硬陶罐、回纹硬陶罐、瓮等[2]。此地先前出土的2柄剑极有可能也出自土墩墓。

龙头山土墩墓群，位于三里镇牌楼行政村与漳西行政村。调查结果显示，龙头山土墩墓群分布在2千平方米范围内，加上已发掘的部分，现存土墩墓400多座[3]。2010至2011年共发掘土墩67座，出土印纹硬陶器、夹砂陶器、原始瓷器、石器、玉器和小件青铜器等共计205件器物，其中以印纹硬陶器、夹砂陶器为主。印纹硬陶器器型以罐、坛、盂、瓿等为主，纹饰主要有回纹、席纹、三角填线纹、雷纹等。泥质陶与夹砂陶都以红褐陶为主，器型主要有曲柄盉、甗、豆、盂等。原始瓷以矮足折腹豆为多。单体墓葬中随葬品数量存在差异，少至1件，多至10件。器物基本组合是印纹硬陶双耳罐、夹砂陶曲柄盉（或甗）、原始瓷（或泥质）豆。印纹硬陶双耳罐、三足平底陶甗、曲

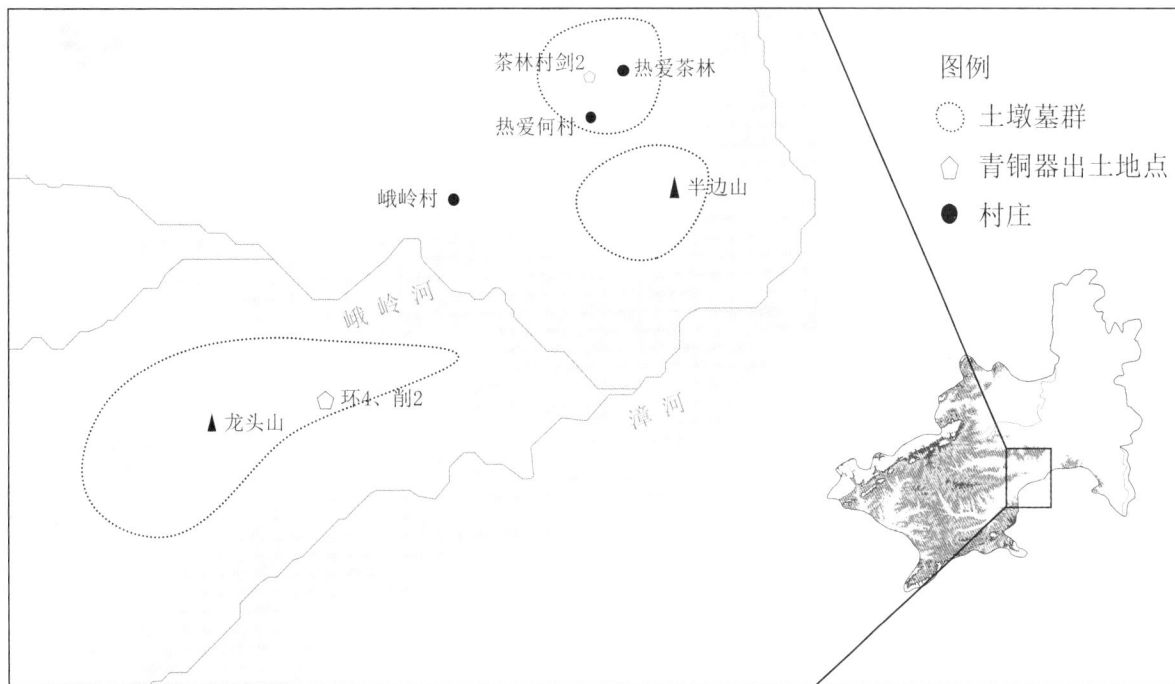

图186　峨岭河与漳河交汇区商周青铜器及周边遗址分布图

（地形图层采自地理空间数据云DEM数字高程模型30米分辨率，河流和县界采自国家基础地理信息系统）

[1] a. 安徽省文物考古研究所、南陵县文物管理所：《安徽南陵龙头山西周土墩墓群发掘简报》，《文物》2013年第10期；b. 焦显睿：《南陵龙头山土墩墓若干问题的研究》，安徽大学硕士论文，2011年。

[2] 国家文物局：《中国文物地图集·安徽分册（下）》，第270页，中国地图出版社，2014年。

[3] a. 安徽省文物考古研究所、南陵县文物管理所：《安徽南陵龙头山西周土墩墓群发掘简报》，《文物》2013年第10期；b. 焦显睿：《南陵龙头山土墩墓若干问题的研究》，安徽大学硕士论文，2011年。

柄陶盉、原始瓷折腹豆等器物特征与1985年发掘的千峰山土墩墓、1997年发掘的牯牛山城址同类器物相近。

龙头山已发掘的土墩墓未出土象征身份地位的礼器,铜器也仅见铜削、铜环等工具和杂器,可能是平民墓葬,随葬的铜削、铜环等器物大概率是墓主生前所使用的实用工具。

三、后港河流域

这一区域出土的商周青铜器有:

长山村出土鼎1(南陵县B-003)、盉1(B-009)。

盛桥村出土剑1(B-063)。

这些青铜器与周边同时期的聚落遗址和土墩墓群一起构成较为完整的聚落体系(图187)。

长山鼎、长山盉和盛桥村剑出土于长山土墩墓群分布范围内,并且年代与长山土墩墓群延续年代基本一致,极有可能出自土墩墓中。

长山土墩墓群,分布于后港河东部的一条长岗上,范围约1.4万平方米,有数百座土墩[1]。

长山土墩墓群西南部的后港河两岸低阶地发现有数处聚落遗址。墩汪遗址,位于家发镇墩汪村西南,沿后港河分布。曾采集有印纹硬陶片,纹饰主要有叶脉纹、折线纹、席纹、复线回纹等。

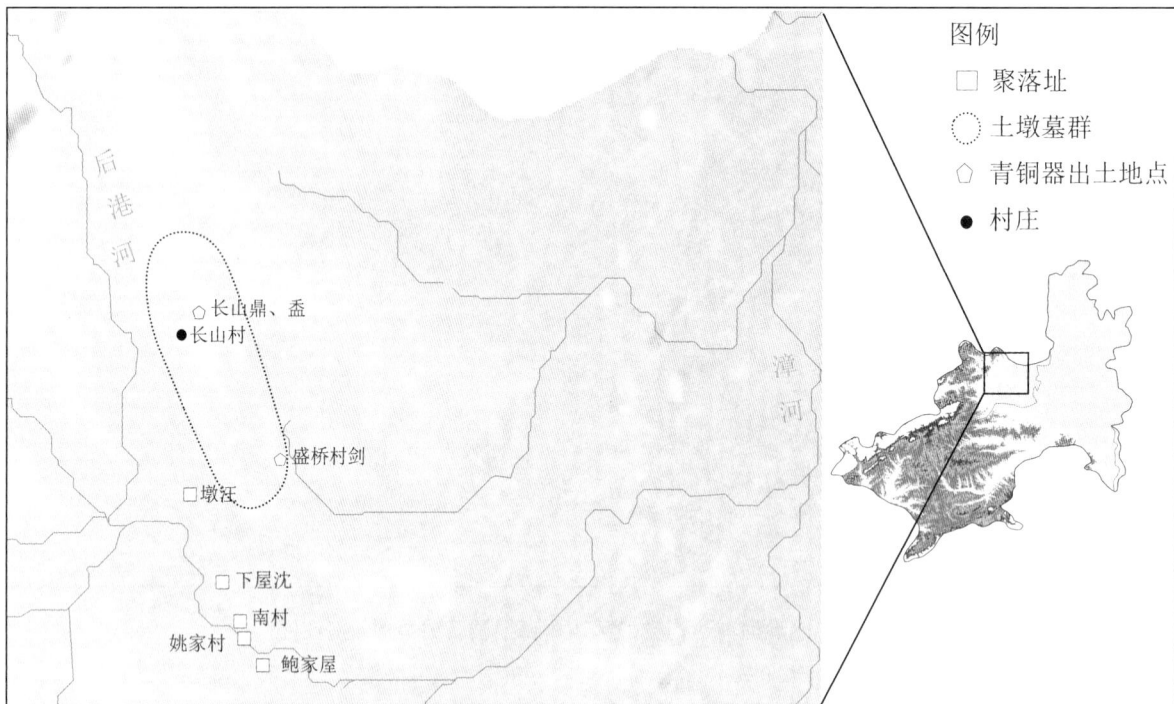

图187 后港河流域商周青铜器及周边遗址分布图

(地形图层采自地理空间数据云DEM数字高程模型30米分辨率,河流和县界采自国家基础地理信息系统)

---

[1] 国家文物局:《中国文物地图集·安徽分册(下)》,第270页,中国地图出版社,2014年。

叶脉纹流行于西周后期至春秋中期[1]，席纹在商周时期一直流行，墩汪遗址采集的折线纹、席纹和复线回纹硬陶片多见于千峰山土墩墓群，年代为西周中晚期。此外，墩汪遗址以南后港河南岸还分布着下屋沈、南村、姚家村、鲍家屋等4处周代聚落址，遗址间距不远[2]。

聚落遗址分布在地势平坦的河流低阶地上，可满足当时居民生产生活用水的需求。长山土墩墓群存续时间与这几处聚落遗址大体一致，极大可能是当时这些聚落遗址居民的墓葬区。铜礼器的出土，表明长山土墩墓群存在较高等级的墓葬。

四、峨岭河上中游

这一区域出土的商周青铜器有：

1986年江木冲冶炼遗址出土凿1[3]。

1989年9至11月，江木冲冶炼遗址出土剑和凿[4]。

天官村土墩墓群出土鼎1（B-078）。

池庙村出土鼎1（B-005）。

方家村出土鼎1（B-054）。

戴公山林场出土剑1（B-014）。

这些青铜器与周边同时期的居住址、冶炼遗址和土墩墓群一起构成比较完整的聚落体系（图188）。

池庙村鼎位于天官土墩墓群分布范围内，存在出土于土墩墓的可能性。天官土墩墓群，分布在东西长约5 000米、南北宽约3 000米范围内，沿山脊及支脉有规律地分布[5]。

江木冲冶炼遗址出土的铜凿为当时冶铜所需的工具。江木冲冶炼遗址，位于工山镇戴汇村，遗址总分布面积达1 500平方米。遗址上遍布铜炼渣、红烧土块。遗址范围内发现多处炼炉遗迹，采集到铜器、石器、夹砂陶器、印纹硬陶器、原始瓷器等遗物，器物形态与牯牛山城址和千峰山、龙头山、新义等几处土墩墓群基本相同，年代上限大致在西周中晚期[6]。从规模上看，江木冲冶炼遗址可以称得上大型冶炼场。

江木冲冶炼遗址东北部丘陵山岗上分布着铁丝岭冶炼遗址、小乔村冶炼遗址等，面积较小、发现的铜炼渣亦较少，可能是小型冶炼作坊或者炼渣的废弃点。周围还分布着小乔村、童村陈冲、童村启花等土墩墓群。小乔村土墩墓群，分布在南北约2 500米、东西宽约1 000米的丘陵岗

[1] 杨楠：《商周时期江南地区土墩墓遗存的分区研究》，《考古学报》1999年第1期。
[2] 肖航：《漳河—大工山先秦时期区域系统调查与研究》，安徽大学硕士论文，2021年。
[3] a.安徽省文物考古研究所、南陵县文物管理所：《安徽南陵县古铜矿采冶遗址调查与试掘》，《考古》2002年第2期；b.刘平生：《南陵大工山古矿冶遗址群江木冲冶炼场调查》，《文物研究》第3辑，黄山书社，1988年。
[4] 刘平生：《南陵古铜矿考古再获新成果》，《东南文化》1990年第3期。
[5] 国家文物局：《中国文物地图集·安徽分册（下）》，第270页，中国地图出版社，2014年。
[6] 安徽省文物考古研究所、南陵县文物管理所：《安徽南陵县古铜矿采冶遗址调查与试掘》，《考古》2002年第2期。

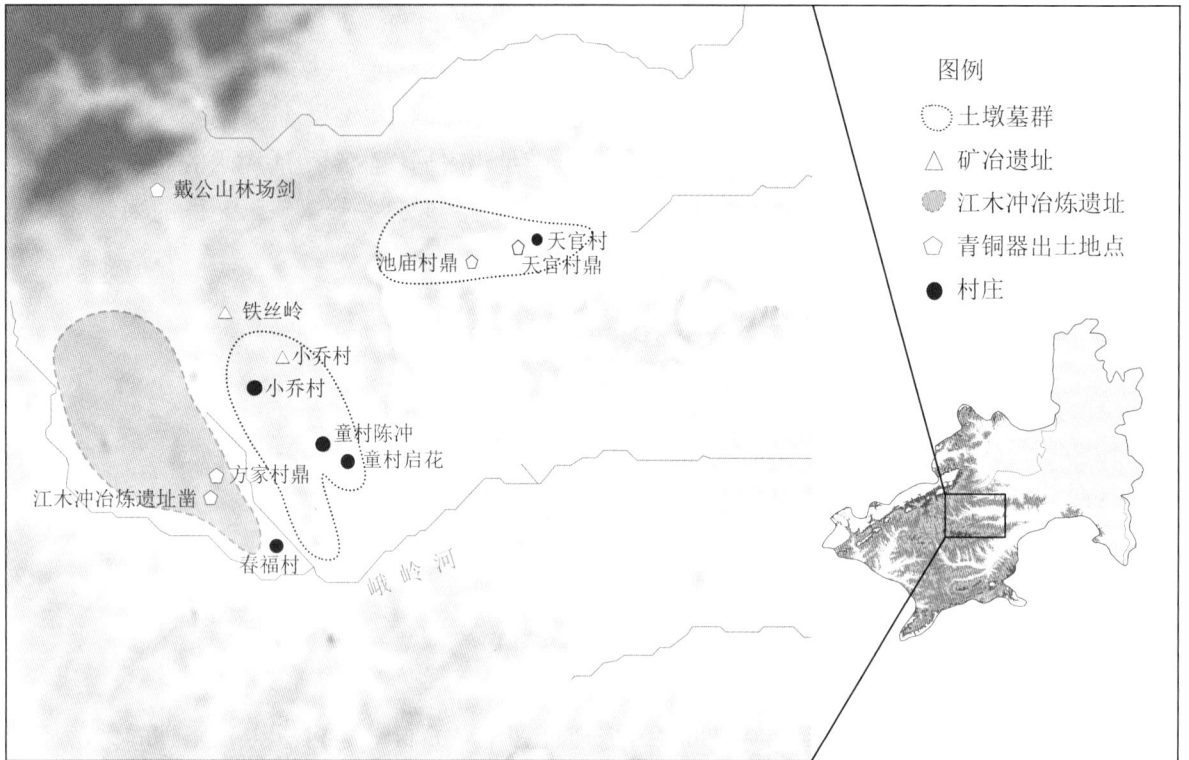

图188　峨岭河上中游商周青铜器及周边遗址分布图
（地形图层采自地理空间数据云DEM数字高程模型30米分辨率，河流和县界采自国家基础地理信息系统）

峦上，大都顺着山脊呈一字形分布，也有1座大土墩周围分布几座小墩的[1]。无人机航拍结果显示，该墓群可确认土墩墓24座。该墓群具有大小土墩混杂下葬的特点，大型土墩体量处于中上等，大型土墩虽未分区下葬，但在排列上存在将大型土墩放置在墓组中部的现象[2]。1989年11月在乔村江田湖发掘了一座土墩墓[3]，出土器物与千峰山土墩墓群中春秋时期的墓葬特征相同，年代和文化面貌与之相近。

　　本区域内先秦冶炼遗址数量较多，而采矿遗址因没有发现相关遗物尚难以确认，冶炼遗址附近没有发现采矿点，表明当时的铜矿业可能是异地采矿，然后再集中冶炼的生产模式。该区发现较多的冶炼遗址，并且分布较为集中，可能是当时漳河流域冶炼铜矿的中心区域之一。

　　本区出土的方家村鼎、池庙村鼎、天官村鼎、戴公山林场剑等可能是当时控制铜矿原料、掌握冶炼技术或流通渠道的贵族或武士的随葬品，小乔村土墩墓群存在的大型土墩也表明该区存在较高等级的墓葬，故礼器鼎和兵器剑等青铜器在这一带出土也是可以理解的。

---

[1]　国家文物局：《中国文物地图集·安徽分册（下）》，第270页，中国地图出版社，2014年。
[2]　钱静轩：《无人机航拍在皖南土墩墓考古研究中的实践》，《东南文化》2021年第5期。
[3]　李德文：《南陵县乔村土墩墓》，《中国考古学年鉴1990》，文物出版社，1991年。

五、澄清河与漳河交汇区

这一区域出土的商周青铜器有：

1988年团结村出土尊1（B-010）。

白云村出土鼎1（B-007）。

万兴村出土剑1（B-018）。

西峰村出土鼎2（B-001、B-002）。

这些青铜器与周边的居住址和土墩墓群构成了较为完整的聚落体系（图189）。

龙耳尊出土于团结村古必冲的一座土墩墓。古必冲土墩墓群分布在漳河北岸，范围约1 500平方米，墩高2至5米，底径8至15米[1]。

古必冲土墩墓群东北部的白云村出土过1件鼎。白云村周围的岗地分布着竹园高土墩墓群，此鼎不排除出自土墩墓的可能。

漳河对岸的万兴土墩墓群，位于烟墩镇万兴村朱村自然村，分布范围约2 000平方米。曾清理过1座土墩墓，出土铜剑、泥质黑衣陶豆、绳纹鬲等器物。

西峰村出土的2件鼎也不排除出土于周边分布的西峰土墩墓群或西峰小里塘土墩墓群的可能。

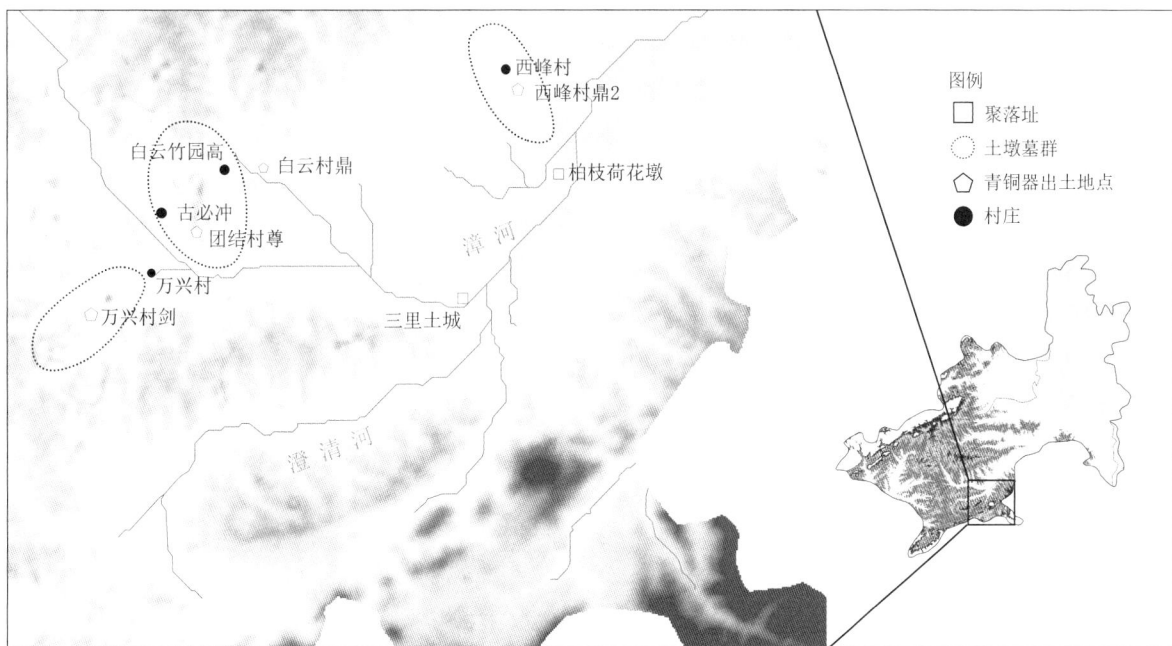

图189　澄清河与漳河交汇区商周青铜器及周边遗址分布图

（地形图层采自地理空间数据云DEM数字高程模型30米分辨率，河流和县界采自国家基础地理信息系统）

---

[1]　国家文物局：《中国文物地图集·安徽分册（下）》，第270页，中国地图出版社，2014年。

除了这些土墩墓群之外,本区的河流沿岸分布有土城遗址、柏枝荷花墩遗址等聚落遗址。土城遗址,位于三里镇西岭村南,面积约1万平方米。曾采集到夹砂红陶片、印纹硬陶片,器形有鼎和鬲足,纹饰有方格纹、回纹、雷纹[1]。柏枝荷花墩遗址分布于漳河北岸,面积较小,为商周时期小型聚落址。这些土墩墓群可能为聚落遗址居民的墓葬区,墓葬区位于丘陵岗垄上,独立于居住区之外。

六、七星河流域

该区域出土的商周青铜器有:

钱桥村出土戈1(B-069)、矛1(B-071)。

丫山村南通出土剑1(B-012)。

这些青铜器与周边同一时期的聚落遗址、冶炼遗址和土墩墓群构成较为完整的聚落体系(图190)。

出土兵器戈和矛的钱桥村分布着钱桥土墩墓群,此2件兵器极有可能出自土墩墓。

本区河流两岸地势平坦处还分布着下西遗址、茅棚遗址和下塔遗址等聚落址,均是台型遗址,面积差异不大,在数千平方米至一万平方米左右。下西遗址,位于何湾镇涧西村下西自然村,沿七星河

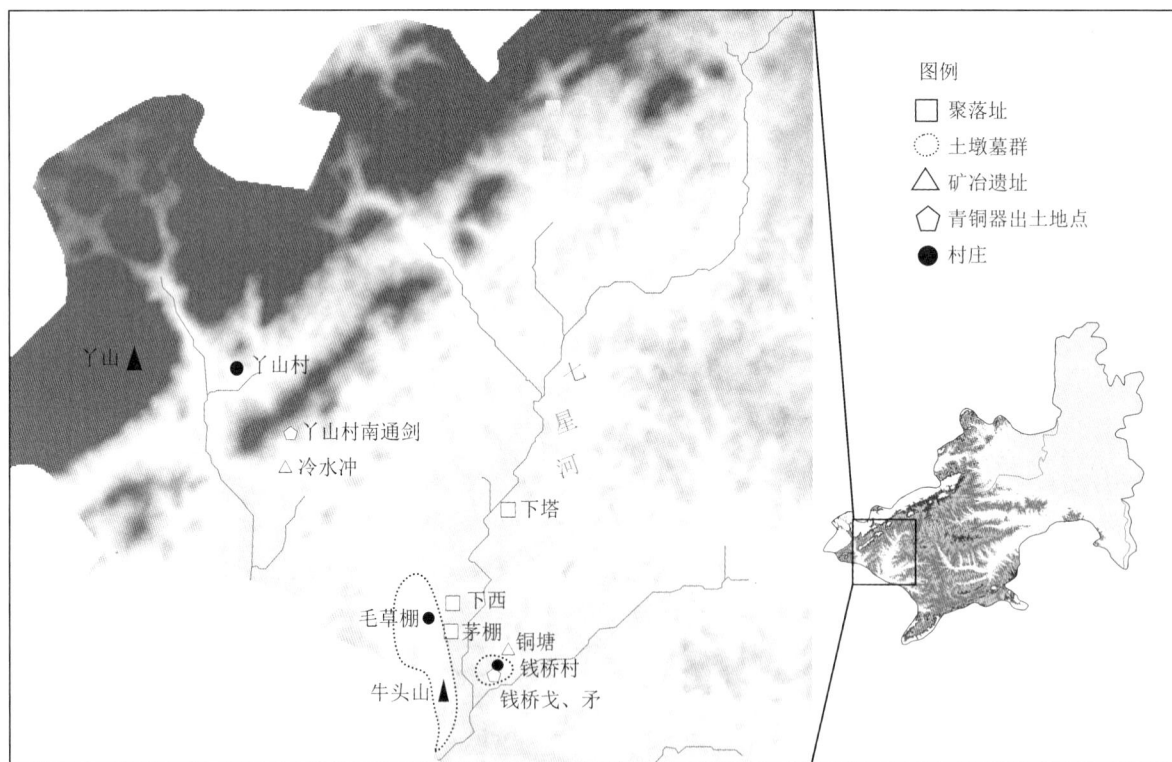

图190 七星河流域商周青铜器及周边遗址分布图
(地形图层采自地理空间数据云DEM数字高程模型30米分辨率,河流和县界采自国家基础地理信息系统)

[1] 国家文物局:《中国文物地图集·安徽分册(下)》,第267页,中国地图出版社,2014年。

分布,由13个台地组成,台地之间相距70至100米,文化层较厚。采集遗物有鼎足、夹砂陶片、泥质陶片、印纹陶片、原始瓷片和石器等。下塔遗址和茅棚遗址均为调查发现的商周时期遗存,面积较小。

聚落遗址不远处山岗上分布有茅棚、牛头山等土墩墓群,可能是这些聚落遗址居民的墓葬区,独立于聚落址之外。

此外,在聚落址和土墩墓群周围还发现有铜塘冶炼遗址和冷水冲冶炼遗址。冷水冲冶炼遗址,位于何湾镇丫山村南山村西南约400米,分布面积约8 000平方米。发现了大量的铜炼渣和烧土块,曾采集到印纹硬陶片和原始瓷片等遗物[1]。形制、纹饰特征与下西遗址相近,年代与文化面貌也应相近。

由此可以推测,本区下西、茅棚和下塔等聚落遗址的居民可能是在铜塘、冷水冲冶炼遗址从事铜矿冶炼活动的工人或负责铸铜原料运输和冶炼活动安全的武士。本区出土的剑、戈、矛等铜器则是这些武士用以守卫冶炼生产活动的兵器。

除以上集中分布的青铜器之外,南陵零散分布的商周青铜器有:

1972年畚箕涝采矿遗址出土铜凿1[2]。

1978年吕山村金埂土墩墓出土剑1(B-017)。

工山镇出土凿2(B-066、B-068)。

南陵县出土鼎2(B-006、B-072)。

七、小结

从上述六个区域商周遗址的分布规律看来,商周时期南陵青铜器与周边的遗址存在密切联系,在当时的聚落体系中发挥重要作用。牯牛山古城的兴起很可能与铜矿的开发有关,扼漳河和青弋江水上交通要冲,控制着附近铜矿的开采与运输[3]。此外,漳河流域分布着数十处土墩墓群[4],是周边聚落遗址居民的墓葬区,墓群规模差异明显。牯牛山城址的兴起、大工山—凤凰山铜矿资源的开发、冶炼活动的兴盛、土墩墓群的规模差异等种种现象表明该地区存在组织能力较强的管理中心。这一地区的青铜器大都在聚落遗址、矿冶遗址或土墩墓群周边出土,是因为控制铜矿原料、掌握冶炼技术和流通渠道的管理者,以青铜容器象征自己的身份地位和彰显社会权力,又以青铜兵器占有、守卫铜矿资源和其他社会资源。

第三节　南陵出土青铜器的年代

因南陵青铜器均是零星发现,没有准确的共存关系可供断代,我们本章运用类型学方法分析

---

[1]　国家文物局:《中国文物地图集·安徽分册(下)》,第268页,中国地图出版社,2014年。

[2]　刘平生:《安徽南陵大工山古代铜矿遗址发现和研究》,《东南文化》1988年第6期。

[3]　徐良高:《考古学文化、文献文本与吴越早期历史的构建》,《考古》2020年第9期。

[4]　宫希成:《安徽漳河流域周代土墩墓群初步分析》,《庆贺徐光冀先生八十华诞论文集》,科学出版社,2015年。

铜器的形制和纹饰,与中原和周边地区的材料进行对比,初步考订其年代。

一、青铜容器

(一)鼎

南陵出土铜鼎共12件,均立耳圆鼎,包括垂腹鼎和球腹鼎。

垂腹鼎2件。长山村和葛林村千峰山各出土1件。依其足部形式变化区分为两型。

A型　垂腹柱足鼎。

长山弦纹鼎(南陵县B-003,图191-1)侈口折沿,方唇,立耳已残。垂腹,最大径接近腹底,平底,下接三柱足,足内侧平直。腹饰两周凸弦纹。口径13.8、通高13.6、腹围45厘米。家发镇长山村出土。

垂腹柱足鼎,即王世民等所分Ⅳ型3式,圆腹,腹稍浅而垂驰,双立耳,三柱足,花纹多为口下一周纹饰带[1]。

垂腹柱足鼎中年代可推者,害鼎、师旂鼎(图191-2)、甗鼎,西周早期器,十五年趞曹鼎、师奎父鼎、五年卫鼎、九年卫鼎(图191-4),西周中期器。在考古发掘中,出土垂腹柱足鼎的单位,宗周地区如沣西M162(图191-3)、沣西M178[2],成康时期。张家坡M183(图191-5)[3]、张家坡M203(图191-6)[4],昭穆时期。张家坡M51(图191-7)[5]、张家坡M271(图191-8)[6],恭懿孝时期。1967年张家坡M105(图191-9)[7],厉王前后。

依彭裕商[8],垂腹柱足鼎主要流行于昭穆至夷厉时期,器型变化的大致趋势是腹渐浅,腹部倾垂程度愈深,足由高变矮。长山村垂腹柱足鼎下腹微外鼓,垂腹程度不深,且腹饰弦纹的特征与张家坡M183∶4、张家坡M203∶7相近,年代可能偏早。因此,长山村出土的垂腹柱足鼎年代可定在西周中期。

B型　垂腹蹄足鼎。

千峰山雷纹鼎(南陵县B-004,图192-1)敛口,折沿,立耳。垂腹,最大径接近腹底,近底部圆转内收成平底,下承三蹄足,足内侧平直。腹饰一周雷纹,以凸弦纹为界栏。口径11.2、通高15.3、腹围53厘米。葛林村千峰山出土。

[1] 王世民、陈公柔、张长寿:《西周青铜器分期断代研究》,第23-31页,文物出版社,1999年。
[2] 中国科学院考古研究所:《沣西发掘报告》,第119—121页,文物出版社,1963年。
[3] 中国社会科学院考古研究所:《张家坡西周墓地》,第135页,图100·8,中国大百科全书出版社,1999年。
[4] 中国社会科学院考古研究所:《张家坡西周墓地》,第136—137页,图102·1,中国大百科全书出版社,1999年。
[5] 中国社会科学院考古研究所:《张家坡西周墓地》,第137页,图102·4,中国大百科全书出版社,1999年。
[6] 中国社会科学院考古研究所:《张家坡西周墓地》,第136—137页,图102·2,中国大百科全书出版社,1999年。
[7] 中国社会科学院考古研究所沣西发掘队:《1967年长安张家坡西周墓葬的发掘》,《考古学报》1980年第4期。
[8] 彭裕商:《西周青铜器年代综合研究》,第109—122页,巴蜀书社,2003年。

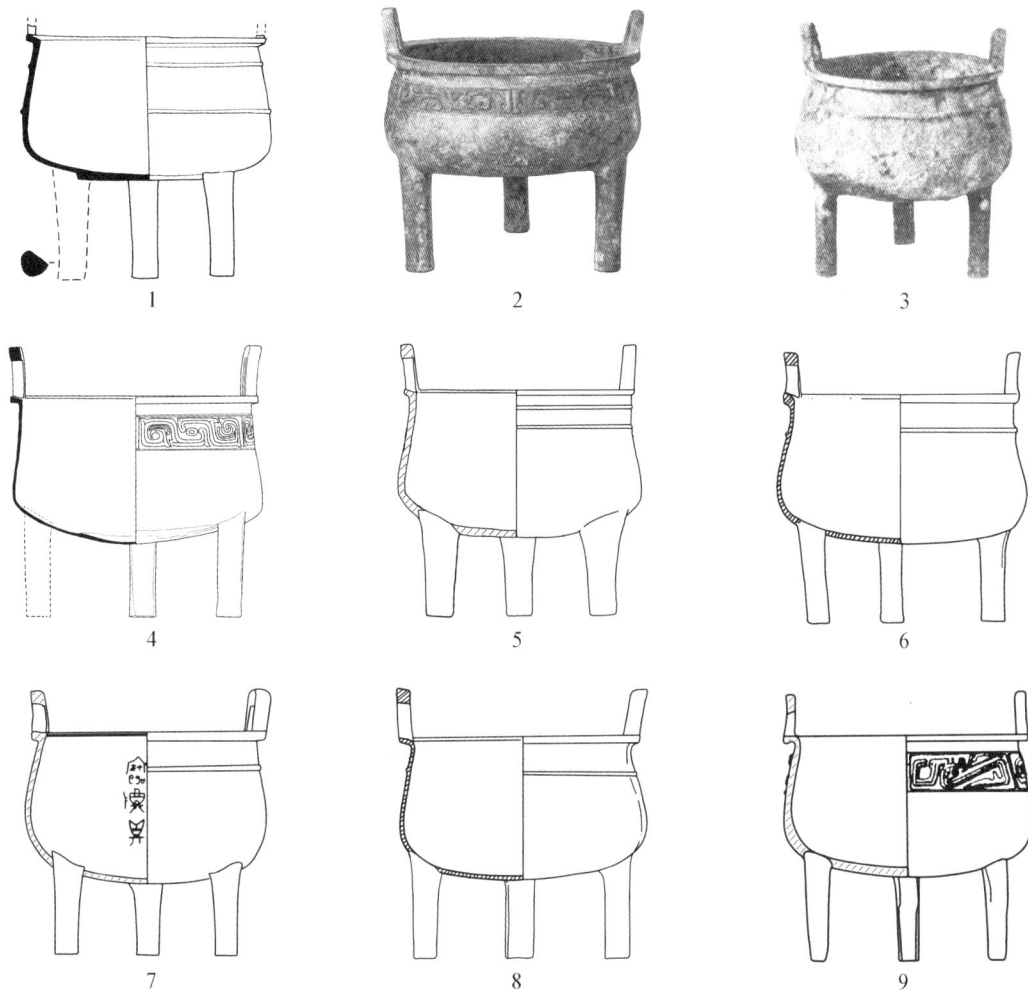

图191　垂腹柱足鼎

1. 南陵县 B-003 、2. 师旂鼎、3. 沣西 M162：10 、4. 九年卫鼎、5. 张家坡 M183：4 、6. 张家坡 M203：7 、
7. 张家坡 M51：1 、8. 张家坡 M271：1 、9. 1967 张家坡 M105：1

　　垂腹蹄足鼎，即王世民等所分Ⅳ型4式[1]，浅垂腹，双立耳，三足呈蹄状，大都通体纹饰。

　　垂腹蹄足鼎中年代可推者，师汤父鼎（图192-2），恭王时器。小克鼎（图192-3）、史颂鼎、函皇父鼎、晋侯邦父鼎等，西周晚期器。考古发掘中，出土垂腹蹄足鼎的单位，周原和宗周地区时代也多在西周中期至晚期。如1974年扶风县强家村窖藏出土师𫓧鼎（图192-4）[2]、1964长安沣西张家坡西周墓6号鼎[3]、1992年陕西扶风县黄堆乡 M37鼎（图192-5）[4]。

　　千峰山垂腹蹄足鼎，下腹垂鼓，三蹄足较细高，年代可能偏晚，为西周晚期。

[1] 王世民、陈公柔、张长寿：《西周青铜器分期断代研究》，第31—40页，文物出版社，1999年。
[2] 吴镇烽、雒忠如：《陕西省扶风县强家村出土的西周铜器》，《文物》1975年第8期。
[3] 中国科学院考古研究所沣西考古队：《陕西长安张家坡西周墓清理简报》，《考古》1965年第9期。
[4] 罗红霞：《扶风黄堆老堡西周残墓清理简报》，《文博》1994年第5期。

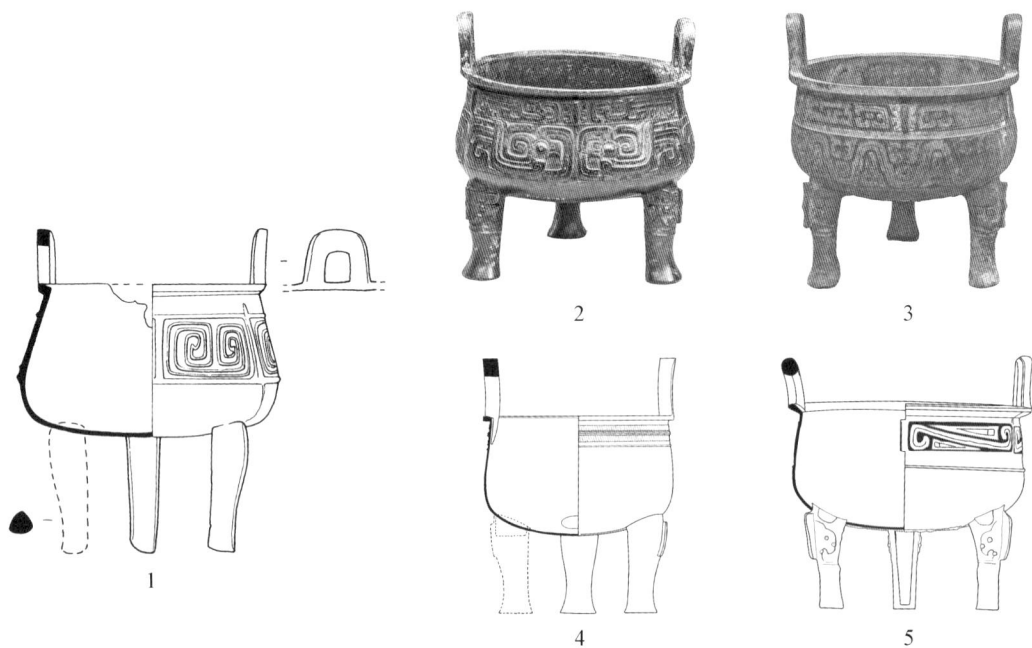

图192 垂腹蹄足鼎

1. 南陵县B-004、2. 师汤父鼎、3. 小克鼎、4. 师虎鼎、5. 黄堆乡M37鼎

球腹鼎 10件。立耳,腹部向下内收,蹄足,多在腹部饰一圈纹饰带。依其腹、足变化区分为3型。

A型 5件。深腹,圜底呈半圆球状,最大径在口部。

白云村变形兽纹鼎(南陵县B-007,图193-1)腹饰一周变形有目兽纹,目为凸起的乳丁形式,间以蝶形纹。口沿至腹底铸痕明显。口径25.4、通高25.2、腹围72厘米。白云村出土。

千峰山土墩墓群弦纹鼎(南陵县B-008,图193-2)双立耳及口沿残损严重。腹饰两周凸弦纹。口径15.5、通高10厘米。千峰山土墩墓群出土。

西峰村窃曲纹鼎(南陵县B-002,图193-3)腹饰S形窃曲纹,以蝶形纹间隔,下再饰一道凸弦纹。口径13.5、通高14厘米。西峰村出土。

天官村土墩墓鼎(南陵县B-078,图193-4)立耳折沿,腹部纹饰带由上中下三组纹饰组成,上层为一周圆点纹,中层为一周T形雷纹,下层为一周折线纹,其间以凸弦纹间隔。天官村土墩墓群出土。

西峰村窃曲纹鼎(南陵县B-001,图193-5)仅存一耳,外侈,细高蹄足。腹饰一周S形宽带窃曲纹。口径16.4、通高17.1、腹围46厘米。西峰村出土。

B型 3件。腹较浅,深不及半球,圜底内收成平底,蹄足。

池庙村弦纹鼎(南陵县B-005,图193-6)一耳及下部口沿残,腹饰三周凸弦纹。口径19.5、通高19、腹围53厘米。池庙村出土。

南陵县窃曲纹鼎(南陵县B-072,图193-7)立耳外侈,细高蹄足。腹饰一周S形窃曲纹,凸

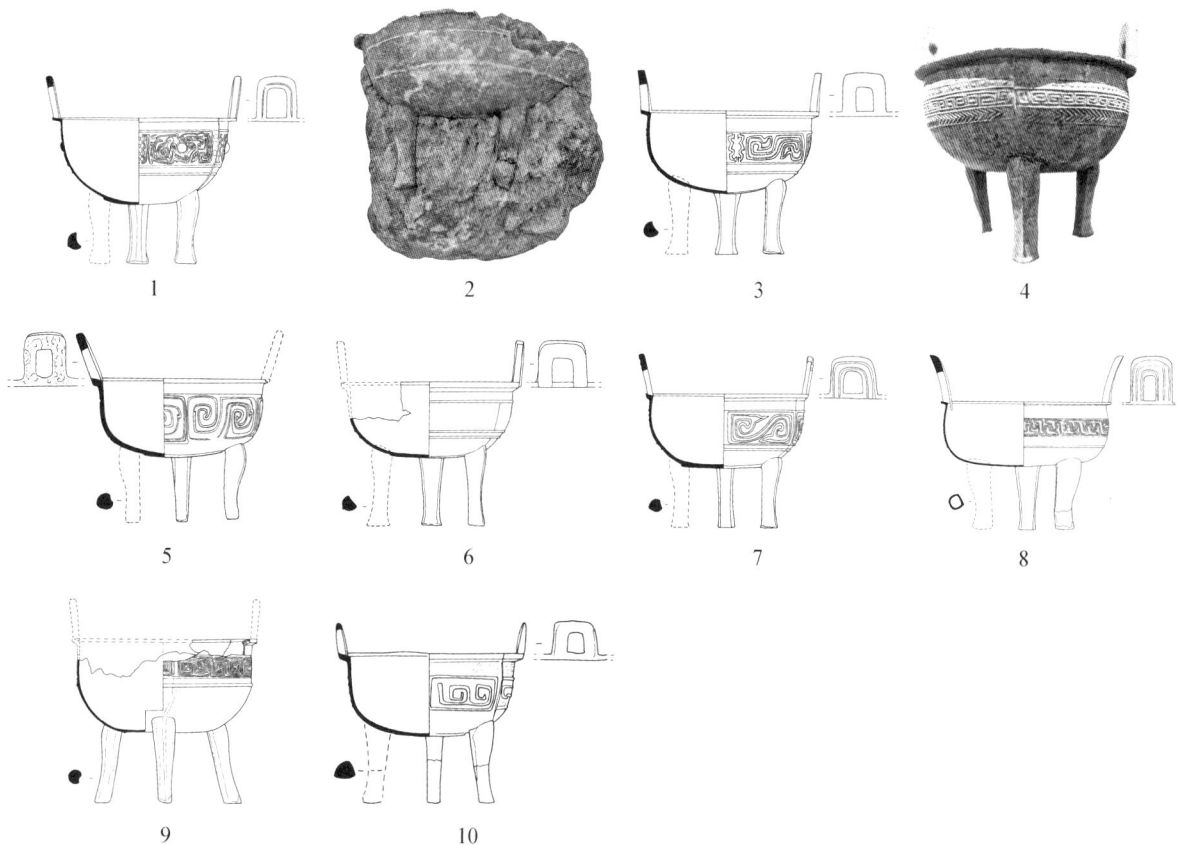

图193　南陵商周球腹鼎

1—5. A型(南陵县B-007、B-008、B-002、B-078、B-001)、6—8. B型(南陵县B-005、B-072、B-054)、9—10. C型(南陵县B-006、B-062)

弦纹为界栏,下再饰一道凸弦纹。通高19、口径18.4厘米。南陵县出土。

方家村窃曲纹鼎(南陵县B-054,图193-8)立耳外侈,腹饰一周竖置的S形窃曲纹,下有一道凸弦纹。通高27.6、口径28.1厘米。方家村出土。

C型　2件。浅腹,平底,蹄足外撇。

南陵县雷纹鼎(南陵县B-006,图193-9)双耳及口沿残损严重,腹饰一周S形雷纹,下有一道凸弦纹。口径21.2、腹深10厘米。南陵县出土。

千峰山变形雷纹鼎(南陵县B-062,图193-10)腹饰一周简化的变形雷纹。通高11.4、口径11.8厘米。千峰山出土。

A型鼎,即王世民等所分球腹蹄足鼎[1],深腹,圜底呈半圆球形,蹄足,为西周晚期最常见器型。与A型鼎形制相同年代可推者,多在西周晚期,如多友鼎[2],西周晚期器;此鼎甲、此鼎乙、此鼎丙[3],宣王时器;毛公鼎,宣王时器。考古发掘中,出土球腹鼎的单位,中原宗周地区如扶风黄

[1]　王世民、陈公柔、张长寿:《西周青铜器分期断代研究》,第41—48页,文物出版社,1999年。
[2]　田醒农、雒忠如:《多友鼎的发现及其铭文试释》,《人文杂志》1981年第4期。
[3]　岐山县文化馆、陕西省文管会:《陕西省岐山县董家村西周铜器窖穴发掘简报》,《文物》1976年第5期。

堆乡下务子村窖藏[1]、张家坡M115[2]、三门峡上村岭M1705、上村岭M1721、上村岭M1720[3]、上村岭M1651等,流行于西周晚期至春秋早期。因此,A型鼎年代可定在西周晚期为宜。B型鼎较A型鼎腹变浅,腹深已不及半球,且圜底近平,呈现出偏晚的特征。方家村鼎所饰窃曲纹,S形纹斜置,两顶端伸出短而平的线条,见于春秋早中期。南陵县窃曲纹鼎,S形纹弯卷处较为方正,近于直角,两端作两叉状,一端圆头,一端尖头,流行于西周晚期至春秋早期。因此,B型球腹鼎年代可定在春秋早期。C型鼎年代可定为春秋中期。

(二)尊

团结村尊(南陵县B-010,图194-1)侈口,束颈,折肩,斜腹,圈足带直阶。肩部和圈足各饰一周窃曲纹,腹饰瓦纹。肩两部接龙形大耳,龙张口向外,头顶双耳,尾上卷,身饰鳞纹、S形纹和V形折线纹。口径27.5、通高33.6、腹深20.8、肩径28.4、底径21.4厘米。团结村出土。

尊体形制承袭中原商代大口折肩尊的传统,但其硕大的S形龙耳又极具特色。式样相似的龙耳尊,池州庙前镇汪村M1出土2件[4],上海博物馆藏2件[5]。汪村2件尊(图194-2)器型、纹饰相同,侈口,束颈,圆折肩,腹向下弧形内收,圈足带直阶。肩部饰斜角云纹,圈足饰窃曲纹,龙身饰鳞纹、斜角云纹。上博藏2件尊(图194-3)尊体形制同南陵尊,纹饰近汪村尊,只圈足饰一周雷纹,龙身饰勾连云纹和斜角云纹,龙爪饰鳞纹。5件龙耳尊的龙耳与尊体连接处均发现铸接痕迹。

南陵团结村尊肩部所饰窃曲纹(图194-4),由三条曲线连续套接而成,㝬簋[6](图194-5)沿下和圈足也饰有这种式样,㝬簋,厉王时器。圈足所饰窃曲纹,由C的两端向内弯曲形成与云雷纹类似的式样,这种样式的窃曲纹见于梁其簋圈足[7](图194-6),梁其簋为西周晚期偏早器。尊腹饰瓦纹,瓦纹与窃曲纹共存的式样,几乎是西周中晚期簋的定制[8]。南陵龙耳尊年代可能在西周晚期偏早。

(三)盉

长山村曲柄盉(南陵县B-009,图195-1)上为侈口盘形,下为三足鬲形,鬲腹部置一曲柄盉一流口,已残。盘口饰两道变形夔纹。口径14、通高17.2厘米。长山村出土。

铜曲柄盉,据张爱冰统计,皖南沿江地区出土7件,集中在铜陵、繁昌、南陵和芜湖这一相互连接的区域;江淮之间出土11件,集中在潜山、怀宁、庐江、肥西、舒城、六安一带。器身有弇口钵

[1]　陕西省周原扶风县文管所:《周原发现师同鼎》,《文物》1982年第12期。
[2]　中国社会科学院考古研究所沣西发掘队:《1967年长安张家坡西周墓葬的发掘》,《考古学报》1980年第4期。
[3]　郭宝均:《商周铜器群综合研究》,图二九·10,文物出版社,1981年。
[4]　安徽大学、安徽省文物考古研究所:《皖南商周青铜器》,第110—111页,文物出版社,2006年。
[5]　陈佩芬:《夏商周青铜器研究(东周篇上)》,第168—169页,上海古籍出版社,2004年。
[6]　曹玮:《周原出土青铜器》第10卷,第2140—2145页,巴蜀书社,2005年。
[7]　张天恩:《陕西金文集成》宝鸡卷·扶风,第107页,三秦出版社,2016年。
[8]　王世民、陈公柔、张长寿:《西周青铜器分期断代研究》,第191页,文物出版社,1999年。

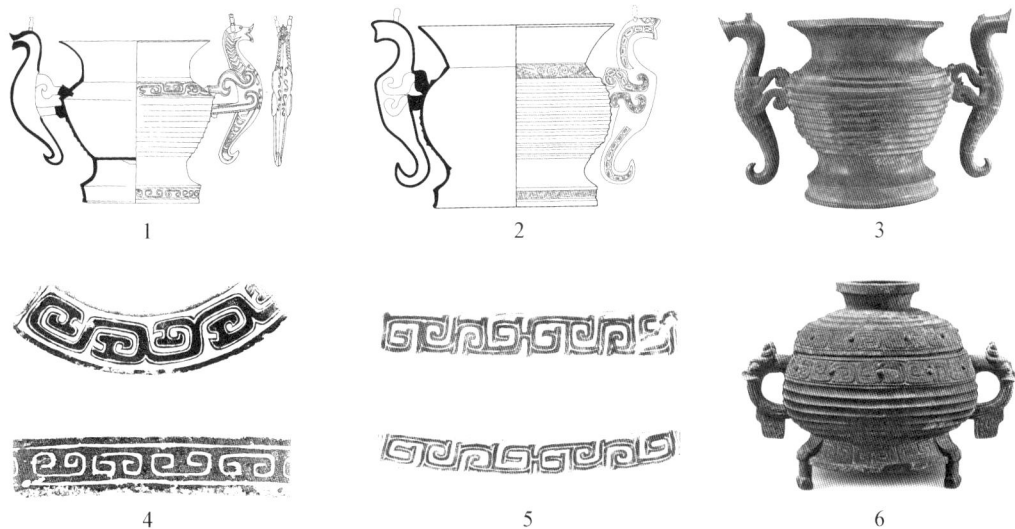

图194　龙耳尊与窃曲纹

1. 南陵县B-010、2. 青阳汪村龙耳尊、3. 上海博物馆藏龙耳尊、4. 南陵县B-010窃曲纹、5. 麸簋窃曲纹、6. 上海博物馆藏梁其簋

形，侈口盘形和平口盂形三类，柄可分为单体龙（凤）柄、两段式卷曲柄和管状短柄三类。长山盉器身为侈口盘形，与其形制相同的还有繁昌赤沙新塘盉、铜陵钟鸣镇盉、铜陵西湖轮窑厂盉、铜陵谢垅盉、芜湖柳春园盉、六安燕山盉、舒城河口盉、舒城凤凰嘴盉、舒城春秋塘盉、庐江盆头盉、庐江岳庙盉、潜山黄岭盉、怀宁金拱盉。繁昌赤沙新塘盉（图195-2）形制与长山盉最为接近，口沿下饰S形云纹和卷云纹，S形卷云纹西周中期以前较为流行。

　　皖南及江淮的曲柄铜盉多零散出土且无器铭，该地区周代台墩遗址出土的曲柄陶盉与之形态基本一致，为曲柄铜盉的研究提供了线索。张爱冰也对该地区曲柄陶盉作了梳理，认为曲柄陶盉在西周早期已出现，西周中期后段至春秋早期前段兴盛，春秋早期后段至春秋中期逐渐衰落，曲柄铜盉应与之大体一致[1]。

　　南陵千峰山土墩墓即出土有带柄陶盉M6：4[2]（图195-3），上部为弇口钵形，下部为鬲形，柄残，余柄根部痕迹，器表饰绳纹，年代为西周中期或偏早。龙头山土墩墓亦出土了带柄陶盉14件，柄与流口夹角90°，柄有的作环形，有的作向上卷曲形[3]。龙头山D13M1：3[4]（图195-4），敛口，束腰，腰部内嵌一圆箅，下部鬲形，三柱足，曲柄，柄上端两侧各粘贴一个小泥圆饼饰，下部鬲饰回纹。伴出印纹硬陶罐3、原始瓷豆1、陶豆2、硬陶盉1。2件可修复的印纹硬陶双耳罐，敞口，高领，圆肩，一件圆腹，另一件扁圆腹，颈部饰弦纹，器身饰回纹；原始瓷豆，敞口折腹，矮圈足呈喇叭形，器形、纹饰与千峰山一期土墩墓相近，具有西周中期的特点。

────────────────

［1］　张爱冰：《也谈曲柄盉的年代及其相关问题》，《文物》2014年第3期。
［2］　安徽省文物考古研究所：《安徽南陵千峰山土墩墓》，《考古》1989年第3期。
［3］　焦显睿：《南陵龙头山土墩墓若干问题的研究》，安徽大学硕士论文，2011年。
［4］　安徽省文物考古研究所、南陵县文物管理所：《安徽南陵龙头山西周土墩墓群发掘简报》，《文物》2013年第10期。

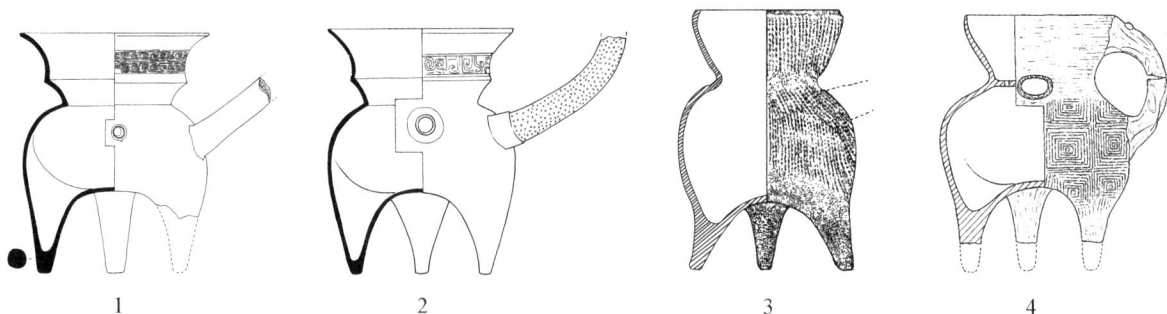

图195　曲柄盉

1—2. 铜盉（南陵县B－009、赤沙乡新塘盉）、3—4. 陶盉（千峰山M6：4、龙头山D13M1：3）

综上，长山曲柄盉的年代可能与周边土墩墓出土的曲柄陶盉大体一致或稍晚，可定在西周晚期。

二、青铜兵器

南陵出土的青铜兵器以剑为主，其次是戈和矛。

（一）剑

南陵出土的铜剑共8件，均为圆茎剑，依其格部特征可区分为厚格剑和薄格剑两类。

甲类　厚格剑。格均呈倒凹字形，依其茎上有无箍棱分为两型。

A型　5件。茎上有箍棱，圆首。依其剑身、剑首、茎部特征区分为2亚型。

Aa型　1件。茎及双箍上布满凸点装饰，双箍间距大于箍首间距。

茶林村剑（南陵县B－016，图196－1）剑身前半截残缺，中间起脊，两侧有凹血槽。厚格，格饰兽面纹。圆形剑首一侧残，饰弦纹、几何纹饰。长32、茎长7.2厘米。茶林村出土。

Ab型　4件。剑身中后部近等宽，前部较窄，部分微束腰。圆形剑首内凹，上饰数周弦纹，中心为一圆孔。茎及箍上无纹饰，双箍间距与箍首大致相等，或略小于箍首间距。

南通剑（南陵县B－012，图196－2）剑首及圆茎残。剑身细长，中间起脊，通体黑色。残茎上可见一道凸起的圆箍。长44、茎径1.43厘米。丫山村南通村出土。

戴公山林场剑（南陵县B－014，图196－3）剑身同千峰山剑，中间起脊，两侧有凹血槽。厚格，格两面饰不同式样的兽面纹。圆形剑首内凹，并饰有四道弦纹及几何纹饰，圆心为一小圆孔。长51.9、茎长7.5、首径3.5厘米。戴公山林场出土。

茶林村剑（南陵县B－015，图196－4）剑身细长，中间起脊，两侧有凹血槽。厚格，格饰兽面纹。圆形剑首外缘缺失，以弦纹分隔几何纹饰，中有一小圆孔。剑身两面铸凹槽。长49.8、茎径7.5厘米。茶林村出土。

万兴村剑（南陵县B－018，图196－5）剑锋残缺，中间起脊，两侧有凹血槽。厚格，格饰简化兽面纹。圆剑首内凹，饰几何纹饰，以五道弦纹分隔，中有圆孔。长17.9、茎长7、首径3.9厘米。万兴村出土。

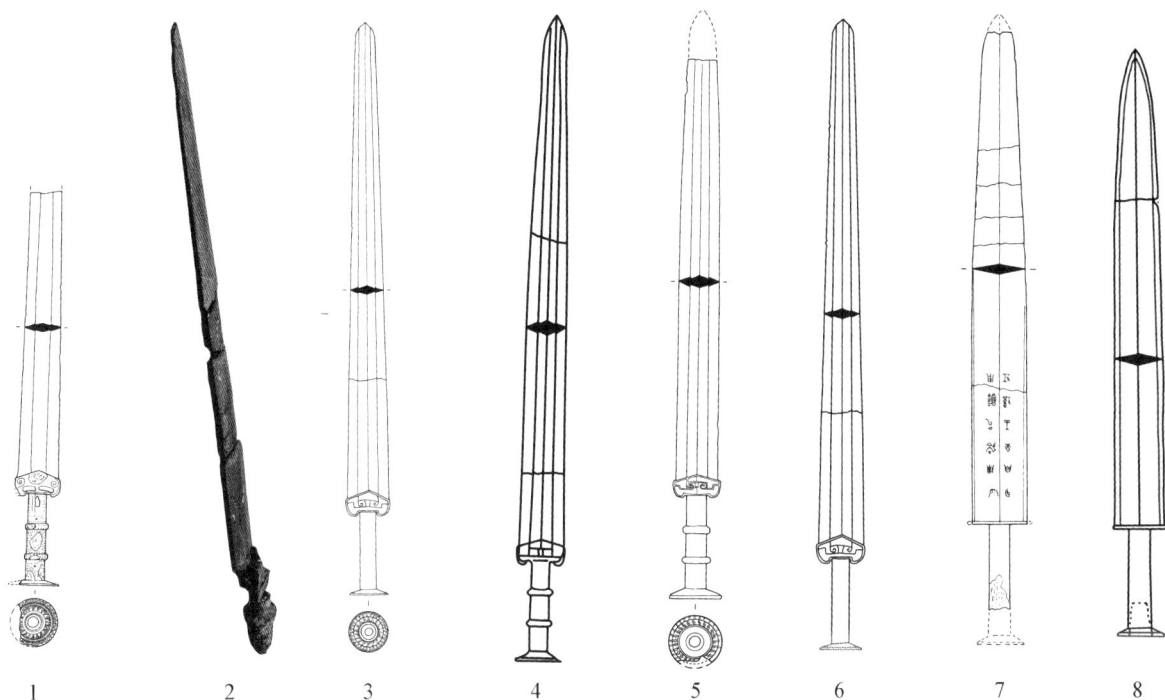

图196　南陵商周青铜剑

1. 南陵县B-016、2. 南陵县B-012、3. 南陵县B-014、4. 南陵县B-015、5. 南陵县B-018、6. 南陵县B-013、
7. 南陵县B-017、8. 南陵县B-063

　　B型　1件。茎上无箍,圆首。

　　千峰山土墩墓群剑(南陵县B-013,图196-6)剑身细长,中间起脊,两侧有凹血槽。厚格,格饰兽面纹,两面兽面纹的样式不同。剑首面内凹,并有7圈弦纹装饰。通体呈铜绿色。长42、柄长7、首径3.3厘米。葛林村千峰山土墩墓群出土。

　　乙类　2件。薄格剑。

　　吴王光剑(南陵县B-017,图196-7)剑首及剑锋残。中间起脊,无血槽。近剑身下端腊部有两列铭文共12字。长43.4厘米。1978年茶林村金埂土墩墓出土。

　　盛桥村剑(南陵县B-063,图196-8)剑身中部起脊,菱形剑格,圆首内凹,茎上端近首处中空,茎上无箍棱。盛桥村出土。

　　8件铜剑中仅1件有铭文,可作为具有绝对年代的标型器。金埂土墩墓剑,腊部有12字铭文,前八字经学界研究隶定为"攻敔王光,自作用剑"。尽管后四字存在些许分歧,但此剑为吴王光剑已是学界的普遍共识。吴王光,即吴王阖闾,自公元前514年至公元前496年,共在位19年,在此期间,多次伐楚,取六、居巢,占领楚郢都,吴国势盛。因此,南陵金埂土墩墓出土的吴王光剑年代在春秋晚期。

　　盛桥村剑,剑身自格部向前至剑中部近似平行,与南陵吴王光剑形制接近,年代也应与之相近,为春秋晚期。

A型剑中,凹字形宽格,圆茎,茎上有环形箍棱,圆首,格饰兽面纹,格两侧向后凸起,是东周青铜剑中最常见的样式。依毛波[1],吴越系棱脊圆茎凸箍剑剑身经历了从近三角形,到最宽处约在剑身的中部,再到剑身中后部近等宽的演变过程;两凸箍间距经历了从明显大于箍首的间距演变为逐渐缩短至小于箍首的间距;首经历了从无至有,首径渐大,纹饰渐趋复杂的演变过程。Aa型剑双箍间距大于箍首间距,且茎上有纹饰也呈现出偏早的特征,接近毛波所分B型Ⅵ式,年代为春秋早期。Ab型剑剑身中后部近等宽,前部较中后部略窄,多微有束腰,茎上双箍间距大致相等,或略小于箍首间距,相当于毛波所分B型Ⅷ式,年代为春秋中期偏晚,但戴公山林场剑、茶林村剑(B-015)、万兴村剑剑首中有一圆孔,与毛波所言B型Ⅶ式特征接近。故Ab型剑相当于毛波的B型Ⅶ、Ⅷ式,年代为春秋中期。

B型剑,凹字形宽格,圆茎,茎上无箍棱,圆首。除此剑外,铜陵A127(图197-1)、吴县太湖乡白浮山水域剑[2](图197-2)、江陵九店M150:3[3](图197-3)、资兴旧市战国墓M249:1[4]

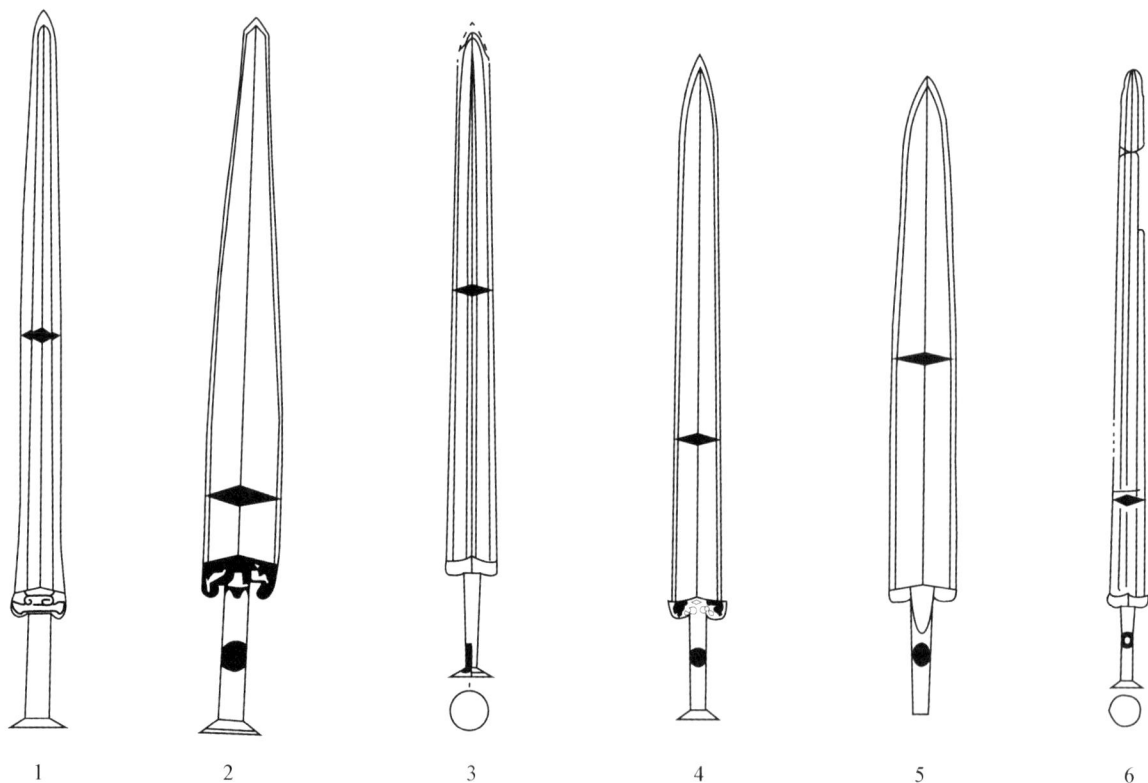

图197 凹字形宽格圆茎剑

1. 铜陵A127、2. 吴县太湖乡白浮山水域剑、3. 江陵九店M150:3、4. 资兴旧市战国墓M249:1、5. 新泰周家庄M2:37、
6. 佛岗县旗岭山战国墓剑

[1] 毛波:《吴越系铜剑研究》,《考古学报》2016年第4期。
[2] 叶玉奇:《江苏吴县出土一批周代青铜剑》,《考古》1986年第4期。
[3] 湖北省文物考古研究所:《江陵九店东周墓》,第215-222页,科学出版社,1995年。
[4] 湖南省博物馆:《湖南资兴旧市战国墓》,《考古学报》1983年第1期。

（图197-4）、新泰周家庄M2：37[1]（图197-5）、佛岗县旗岭山战国墓剑[2]（图197-6）也是凹字形宽格圆茎无箍棱剑。其中，经科学发掘出土的新泰周家庄M2，年代在春秋晚期晚段；旧市M249，战国中期前段；九店M150，战国晚期早段；佛岗旗岭山战国墓剑，战国时期。此型剑除茎上无箍棱外，其余与万兴村剑大致相同，年代应与之相近，为春秋中期。

综上，南陵县出土的甲类Aa型剑定在春秋早期为宜，甲类Ab型剑和B型剑年代则在春秋中期，乙类薄格剑年代在春秋晚期。

（二）戈

钱桥村戈（南陵县B-069，图198-1）前锋和内部残断。长援，中部起脊，上援微弧，直内，内上一穿，阑侧三穿，靠上援穿为短长方形，约为胡部两穿的四分之一。通体素面，乌黑光亮，无锈蚀。前后援长20.7、内长7.5厘米。钱桥村出土。

六安九里沟M41吴王诸樊戈[3]（图198-2）、故宫博物院藏攻吴王光戈、上海博物馆藏吴王光戈、《殷周金文集成释文》中收录的2件吴王光戈（11256、11257）、丹徒谏壁青龙山春秋墓出土的3件戈[4]（图198-3），多为吴国铭文戈，流行于春秋中晚期，钱桥村戈形态与之近同，年代应与之相近。

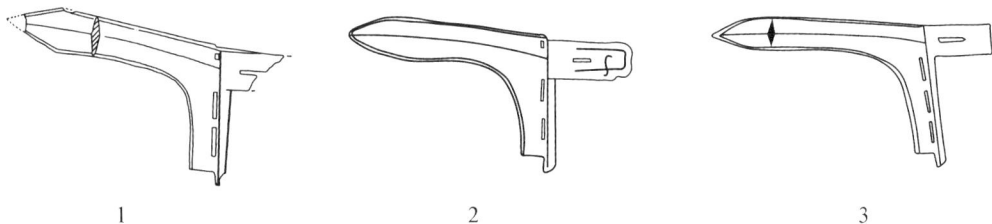

图198　铜戈
1. 南陵县B-069、2. 九里沟M41吴王诸樊戈、3. 丹徒谏壁青龙山春秋墓戈

（三）矛

钱桥村矛（南陵县B-071，图199-1）狭长叶，短骹，叶上窄下宽呈三角形，中部起脊直通骹部，菱形銎口基本齐平，内空。锋前端残断，銎口一侧有缺口。长13厘米。钱桥村出土。

此种式样的矛还见于安徽青阳龙岗M1[5]和丹徒谏壁新竹青龙山春秋墓[6]。龙岗M1：24（图199-2），矛身呈柳叶形，中部起脊，脊直通骹部，扁椭形銎，一侧有销孔。龙岗M1年代为春秋晚

［1］ 山东省文物考古研究所、新泰市博物馆：《新泰周家庄东周墓地》，第82—84页，文物出版社，2014年。
［2］ 何纪生：《广东发现的几座东周墓葬》，《考古》1985年第4期。
［3］ 冯志余、许玲：《六安市出土吴王诸樊戈》，《文物研究》第13辑，黄山书社，2001年。
［4］ 杨正宏、肖梦龙：《镇江出土吴国青铜器》，第105—113页，文物出版社，2008年。
［5］ 青阳县文物管理所：《安徽青阳县龙岗春秋墓的发掘》，《考古》1998年第2期。
［6］ 杨正宏、肖梦龙：《镇江出土吴国青铜器》，第106页，文物出版社，2008年。

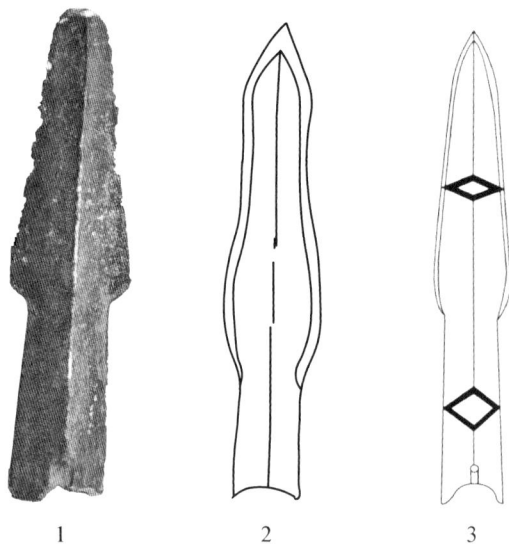

图199　铜矛

1. 南陵县B-071、2. 青阳龙岗M1∶24、3. 青龙山春秋墓铜矛

期。青龙山春秋墓矛(图199-3),狭长叶,短骹,三角形锋,中起脊,两侧有血槽,凹弧形骹口,上有销孔。青龙山墓年代在春秋中期偏晚[1]。钱桥村矛年代与龙岗M1和青龙山春秋墓相近,为春秋中晚期。

三、青铜工具

江木冲冶炼遗址凿(图200-1)　长方形柄口,两侧有铸痕。长7.6、宽4、厚1.7厘米。

畚箕涝古矿井凿(南陵县B-067,图200-2)　矩形柄口,内空,单面弧刃。使用痕迹明显。长8.53、宽4.36、厚1.96厘米。

工山镇凿(南陵县B-066,图200-3)　长方形柄口,銎口有一凸棱,细长锋,直刃长8.78、宽3.17、最厚处1.18厘米。

工山镇凿(南陵县B-068,图200-4)　椭圆銎口,口附近有一圈凸弦纹,双锋面有直脊。长6.6、宽3.6、厚2.1厘米。

江木冲冶炼遗址采集到夹砂陶器、印纹硬陶器和原始瓷器,器型和纹饰与千峰山土墩墓群、屯溪土墩墓和浮山果园西周墓等相似,年代在西周至春秋时期。江木冲遗址中马鞍冲T45④层炉1内木炭的^{14}C测年数据也证实了江木冲冶炼遗址可早到西周,炉1内木炭^{14}C年代为2 725 ± 115年(半衰期5 730年),树轮校正年代为2 815 ± 115年,为西周晚期[2]。故此凿年代可能在西周至春秋时期。

---

[1]　肖梦龙:《吴国王陵区初探》,《东南文化》1990年第4期。

[2]　a. 中国社会科学院考古研究所实验室:《放射性碳素测定年代报告(一七)》,《考古》1990年第7期;b. 杨立新:《皖南古代铜矿的发现及其历史价值》,《东南文化》1991年第2期。

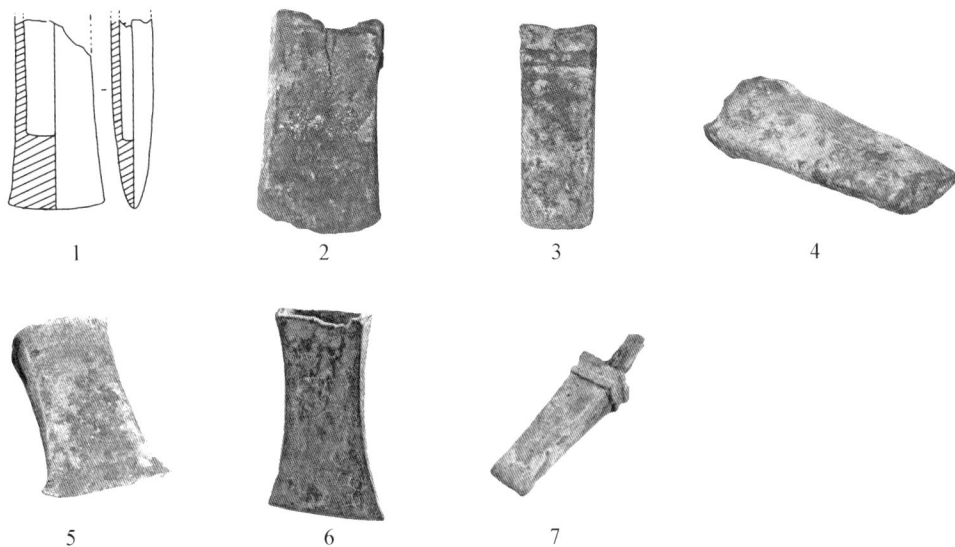

图200　铜工具

1. 江木冲冶炼遗址凿、2. 南陵县B-067、3. 南陵县B-066、4. 南陵县B-068、5. 谏壁王家山春秋墓Ⅲ式锛、
6. 谏壁王家山春秋墓Ⅰ式锛、7. 谏壁王家山春秋墓Ⅱ式锛

　　畚箕涝古矿井凿单面刃、刃部外侈的特征接近丹徒谏壁王家山春秋墓的铜锛[1]（图200-5、6）。工山镇出土的2件凿（B-066和B-068），器身较狭长，两侧竖直，形成等宽的条形，与谏壁王家山春秋墓铜锛[2]（图200-7）形制相近。谏壁王家山的年代，简报作者认为在春秋末期，畚箕涝古矿井凿、南陵县B-066和B-068年代应与之相近。

四、小结

　　综上，我们初步厘定了南陵出土商周各铜器的年代，本章将南陵青铜器分为三期（表17、表18）：

　　第一期，西周中期。只见鼎一类，1件。形制作立耳垂腹柱足，纹饰为简单的弦纹。

　　第二期，西周晚期至春秋早期。鼎多见，新出尊、盉、剑。鼎，9件，多为球腹蹄足，垂腹鼎业已演变为蹄足，这种演变趋势跟中原基本保持一致。尊，1件，作大口、折肩、龙形大耳。盉，1件，为上盘下鬲形的曲柄盉。剑，1件，为凹字形宽格圆茎剑，棱脊旁有血槽，茎上两箍。容器纹饰见窃曲纹、雷纹、弦纹、变形兽纹、折线纹、圆点纹、瓦纹、鳞纹等，其中变形兽纹、折线纹、圆点纹、瓦纹、鳞纹偶见，以窃曲纹、弦纹和雷纹为主要。剑上的纹饰主要是格上的兽面纹和茎、箍上的凸点装饰。

　　第三期，春秋中期至春秋晚期。兵器大量出现，容器逐渐消失。这一时期所出器类有鼎、剑、戈、矛等，其中戈、矛偶见，以剑为多。鼎，2件，蹄足外撇，初具"越式鼎"的特征。剑作凹字形宽格剑和菱形薄格剑两类，凹字形宽格剑除1件外，余皆有血槽。戈为援上扬的弧线形锋戈。矛为

――――――――――――
[1]　镇江博物馆：《江苏镇江谏壁王家山东周墓》，《文物》1987年第12期。
[2]　镇江博物馆：《江苏镇江谏壁王家山东周墓》，《文物》1987年第12期。

窄叶棱脊矛,菱形骹口。纹饰可见鼎腹的雷纹和剑格的兽面纹等。

表17 南陵商周青铜容器分期表

器物 时代	垂腹鼎		球腹鼎			铜尊	铜盂
	A型	B型	A型	B型	C型		
西周中期	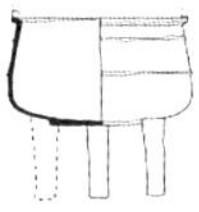 1						
西周晚期至 春秋早期		 2	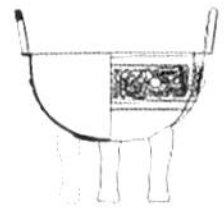 3	 4		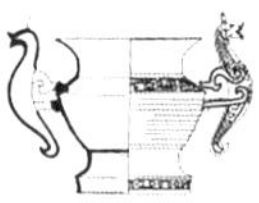 6	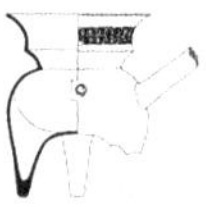 7
春秋中期至 春秋晚期					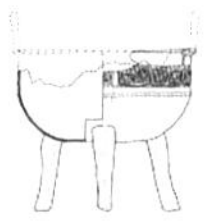 5		

1. 南陵县B-003、2. 南陵县B-004、3. 南陵县B-007、4. 南陵县B-054、5. 南陵县B-006、6. 南陵县B-010、7. 南陵县B-009

表18 南陵商周青铜兵器分期表

器物 时代	厚格剑			薄格剑	铜戈	铜矛
	Aa型	Ab型	B型			
西周晚期至 春秋早期	 1					
春秋中期至 春秋晚期		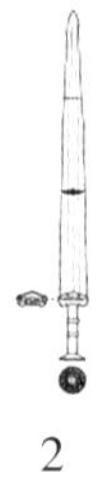 2	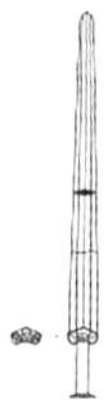 3	 4	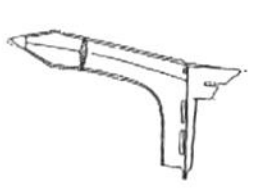 5	 6

1. 南陵县B-016、2. 南陵县B-014、3. 南陵县B-013、4. 南陵县B-017、5. 南陵县B-069、6. 南陵县B-071

第四节　南陵出土青铜器文化因素分析

在年代分析的基础上,结合周边地区出土的青铜器,对南陵出土商周青铜器的文化因素进行辨析,以此探讨先秦时期南陵的青铜文化与周边地区的交流互动情况。

南陵出土商周青铜器,受到中原、徐舒等文化因素的影响,文化成分比较复杂。根据铜器所包含的文化因素,我们将南陵商周青铜器分为四类。越式铜器,具有古代越族独特风格,是主要在越族聚居区由越人铸造和使用的铜器。中原型铜器,形制、纹饰均为中原样式,不见有地方特点。融合型铜器,地方铸造的仿中原铜器。徐舒系铜器,总体与江淮间的徐舒文化同类器一致。

一、越式铜器

越式铜器较多,容器主要有撇足鼎,兵器剑、戈、矛皆为吴越文化器物,年代集中在春秋时期。越式铜器是南陵商周青铜器的主流。

南陵县变形夔纹鼎和千峰山变形雷纹鼎,蹄足外撇,已经初步具备"越式鼎"的特征。"越式鼎"一词最早由俞伟超在20世纪80年代提出[1],后向桃初总结了"越式鼎"的定义与内涵,"越式鼎",具有古越族风格,主要在越族聚居区由越人铸造并使用,分布于湘江流域、江浙地区和岭南地区[2]。

南陵出土的6件凹字形宽格圆茎剑[3],即林寿晋所分东周式铜剑的Ⅱ、Ⅲ式铜剑[4],李伯谦所分中原地区的东周C、D型铜剑[5],以及毛波所称吴越系铜剑的B型剑[6]。一般认为,这种类型的铜剑来源于吴越地区。

金埂土墩墓剑和盛桥村剑均为菱形薄格剑,亦是吴越地区常见的铜剑样式。此外,金埂土墩墓剑,学界已据铭文基本认定其为吴王光剑。

钱桥村戈,形制同春秋中晚期吴国铜戈,戈体宽厚,直援略微上扬,锋呈弧线形,援本上端有一个半圆形穿,胡部二穿,直内,内上有一横穿。据井中伟,吴国铜戈从吴王诸樊到吴王夫差期间,不到百年,形制存在缓慢演变趋势,表现为:器身由宽肥发展成窄瘦,援锋趋向狭长的流线型,内部也从下斜逐渐上抬[7]。

钱桥村矛,狭长叶,叶末平折,棱脊直通骹,菱形骹口平直的形制多见于吴越地区,诸特征符

[1]　俞伟超:《关于楚文化发展的新探索》,《江汉考古》1980年第1期。
[2]　向桃初:《"越式鼎"研究初步》,《古代文明(第4卷)》,文物出版社,2005年。
[3]　西江高清:《论中国南方春秋战国时代的青铜剑》,《南方文物》1995年第1期。
[4]　林寿晋:《东周式铜剑初论》,《考古学报》1962年第2期。
[5]　李学勤:《中原地区东周铜剑渊源试探》,《文物》1982年第1期。
[6]　毛波:《吴越系铜剑研究》,《考古学报》2016年第4期。
[7]　井中伟:《先秦时期青铜戈、戟研究》,吉林大学博士学位论文,2006年。

合沈融所言吴越系统青铜矛的第四阶段[1]。

二、中原型铜器

中原型铜器主要是鼎一类,或由中原地区直接传入,或由当地工匠仿铸,但未加入任何创造性因素。

(一)西周时期

长山鼎,立耳垂腹柱足鼎西周时期在宗周地区屡见,并具有一定的发展规律,腹饰弦纹也多见于宗周地区,皖南及周边的宁镇也有发现但数量较少,明显是受到了西周文化的影响。

千峰山垂腹蹄足鼎,形制作中原样式。腹部所饰雷纹,两端向内卷成方螺旋形,即朱凤瀚所言C形雷纹[2],组成带状用作主纹饰的特征在中原地区年代较早,殷代晚期已出现,如西安老牛坡M10∶1[3]。

千峰山弦纹球腹鼎,为立耳球腹蹄足鼎,腹饰简单的弦纹,也是中原地区流行的鼎的样式。

(二)春秋时期

池庙村鼎,形制为中原典型的立耳球腹鼎,只是已发展至平底。腹饰三道凸弦纹也是中原常见样式。

南陵县窃曲纹鼎,也是中原地区常见并有一定发展序列的形制,腹部所饰的窃曲纹,形似简省抽象的顾首龙纹,曲线曲折回转形成S形,两端作两叉状,也为中原地区屡见样式,如王臣簋、宰兽簋等。窃曲纹大致出现于西周中期,西周晚期至春秋早期流行。南陵青铜器上的窃曲纹与中原地区基本一致,见于西周晚期至春秋中期。孙村窑上2件球腹鼎也发现了这种形式的窃曲纹,可能是当地工匠对中原窃曲纹的仿造或直接由中原地区输入。

三、融合型铜器

融合型铜器器型有鼎和尊。

(一)西周时期

仿铸中原的有球腹鼎,如天官村鼎、白云村鼎、西峰村窃曲纹鼎,都作西周晚期流行的立耳、球腹、蹄足形制,但腹部纹饰几乎为地方特色,以粗细不一的线条组成简化变体的兽纹和窃曲纹,及折线纹、蝶形等图案。

天官村土墩墓鼎形制是中原西周晚期最常见的球腹鼎,而腹部所饰除T形雷纹外的折线纹、

---

[1] 沈融:《吴越系统青铜矛研究》,《华夏考古》2007年第1期。
[2] 朱凤瀚:《中国青铜器综论》,第594—596页,上海古籍出版社,2009年。
[3] 西北大学历史系考古专业:《西安老牛坡商代墓地的发掘》,《文物》1988年第6期。

圆点纹则是越式青铜器中常见的纹饰[1]。折线纹还见于繁昌平铺镇新牌村铜鼎[2]，横向二方连续，与天官村鼎的折线纹如出一辙。烟墩山宜侯墓角状器[3]上的折线纹与天官村鼎的也接近，只不过是由多组折线三角组成，线条较细。这种折线三角纹可以看作是本地商周遗址、墓葬出土印纹陶上的叶脉纹的简省，缺少叶脉纹上的茎，保留了向外分叉的叶。圆点纹还见于丹徒大港母子墩墓提梁卣、丹阳访仙乡骆驼四方山方卣、丹阳司徒砖瓦厂窖藏圆瓿和无耳簋[4]。在丹徒蒋家木鱼山商周遗址采集的印纹陶器也能找到圆点纹装饰[5]。折线纹和圆点纹的组合也见于新牌村鼎，立耳、垂腹、蹄足，圆点纹与折线纹之间饰一周直条纹，伴出顾首龙纹蹄足燕鋬匜和复线回纹铜铃，年代与千峰山垂腹蹄足鼎相近，为西周晚期。

　　白云村鼎，形制是中原西周晚期最常见的球腹鼎，而腹部所饰的变形兽纹，仅突出的兽目比较容易辨认，两目之间相对的牙状饰是作为整个兽面对称轴的鼻梁。其余的口、耳、角均变形严重，整个纹饰显得杂乱无序。与中原口、鼻、目、眉、角俱全的肃穆形象相殊异。湖南宁乡月山铺铜铙、浙江黄岩小人尖铜尊、大港母子墩墓铜簋[6]等都有此类纹饰，形体均发生较大变化，勉强能辨认首部部分器官，角、目、口、鼻分离，是当地工匠对中原兽面纹的一种改造。

　　此外，西峰村鼎腹的蝶形纹也少见于中原地区，而在皖南和宁镇多见，如铜陵凤凰山球腹鼎、繁昌汤家山小口鼎、汤家山球腹鼎、繁昌黄浒乡大冲村球腹鼎、铜陵钟鸣乡2件球腹鼎、丹徒大港母子墩垂腹鼎、乌山M1垂腹鼎、高淳贺村球腹鼎等，与凤鸟纹、顾首龙纹、窃曲纹组合，作为这些主纹饰的间隔，成为吴越地区独具特色的一种纹饰。

　　西峰村窃曲纹球腹鼎，S形窃曲纹虽为中原所流行，但此鼎的窃曲纹作宽带状，异于中原样式。

　　团结村出土的龙耳尊，尊体为大口折肩尊，是中原商文化中尊的常见样式，肩部和圈足的窃曲纹以及腹部的瓦纹则是中原西周时期盛行的纹样。但在尊肩部铸接一对龙形大耳的做法则是皖南的地方特色。

（二）春秋时期

　　方家村鼎，竖置的S形窃曲纹是中原地区常见的纹饰，如新郑唐户M9：2（铜匜），新郑唐户车马坑出土铜軎等均装饰有竖置的S形窃曲纹。但其立耳外侈、近半圆锅形浅腹、三足聚敛的特征则多见于宁镇地区铜鼎，如司徒砖瓦厂Ⅱ式鼎、高淳青山公社鼎和溧水白马公社鼎。

四、徐舒系铜器

　　长山盉，西周晚期器。器身作盘口甗形，腹设一流一柄，流位于两足之间，柄为卷曲形，置于

［1］　a. 刘兴：《谈镇江地区出土青铜器的特色》，《文物资料丛刊（五）》，文物出版社，1977年；b. 郑小炉：《吴越　　　　和百越地区周代青铜器研究》，第131—138页，科学出版社，2007年。
［2］　谢军：《安徽繁昌新出土的三件铜器》，《江汉考古》2015年第6期。
［3］　杨正宏、肖梦龙：《镇江出土吴国青铜器》，第36页，文物出版社，2008年。
［4］　杨正宏、肖梦龙：《镇江出土吴国青铜器》，第46、62—63、79、86页，文物出版社，2008年。
［5］　刘兴：《谈镇江地区出土青铜器的特色》，《文物资料丛刊（五）》，文物出版社，1977年。
［6］　杨正宏、肖梦龙：《镇江出土吴国青铜器》，第42页，文物出版社，2008年。

一足之上,流柄之间的夹角约为90°,形制特征与江淮地区出土的曲柄盉完全一致。经张爱冰诸位先生的研究,曲柄盉已基本被认定为群舒文化之遗存。长江南岸出土曲柄盉,显然是受到了群舒文化影响。

五、小结

通过对上述青铜器的文化因素分析,我们可以得到一些初步认识:南陵商周时期的青铜文化,以吴越文化为主体,但同时受到了中原文化和群舒文化的影响,文化构成复杂。

南陵商周青铜器中,受中原文化影响的器物所占比例较小,主要表现在鼎这一类器物上。早期鼎垂腹,柱足或蹄足,饰弦纹、雷纹、窃曲纹等,风格与中原基本一致。到西周晚期,球腹鼎占据主流,这种由垂腹到球腹的演变趋势,二者步调是一致的。但晚期Ⅰ、Ⅱ式球腹鼎中,虽然器型同中原典型器一致,但纹饰大多数经过了变形改造,保留了自身特征。

南陵出土的青铜器中,长山盉与江淮地区出土的曲柄盉如出一辙,或由江北传入,或是模仿徐舒器而制,但都表明南陵在西周时期受到了江北群舒文化的影响。

撇足鼎、凹字形宽格圆茎箍棱剑、直援上扬且锋呈弧线形的戈及狭长叶菱形骹口的矛等容器和礼器有着明显的吴越文化风格。吴越文化器物在南陵多次发现,并贯穿了整个春秋时期,从数量和延续时间上都在南陵商周青铜器中占据绝对的优势。

南陵出土的商周青铜器与宁镇地区的多为接近,同时,南陵牯牛山城址、千峰山土墩墓、龙头山土墩墓、新义土墩墓、江木冲冶炼遗址等文化面貌也与宁镇地区相近,这样看来,商周时期南陵可划入吴越文化范畴。

第五节　结　　语

商周时期南陵及周边地区古铜矿资源丰富,是当时重要的古铜矿产地,战略地位十分重要。本章对南陵商周青铜器作尝试性分析,得到一些初步结论,当然也存在一定的不足。

本章运用类型学、文化因素分析法、比较分析法等,对南陵商周青铜器的分布、年代、性质等相关问题进行了分析:

1. 商周时期,数量较多的青铜容器、兵器、工具在南陵出现,主要集中分布在6个区域:牯牛山—千峰山区、峨岭河与漳河交汇区、后港河流域、峨岭河上中游、澄清河与漳河交汇区和七星河流域。青铜器出土地点多位于土墩墓群分布范围内,这些铜器极有可能出自土墩墓,再与聚落遗址、冶炼遗址构成较为完整的聚落体系。青铜容器象征着权力和地位,一般为贵族所有。并且,本区域内大量的商周时期冶炼遗址表明当时存在规模较大的冶炼活动。这些都表明当时本地区存在具有较强组织能力的管理中心,很可能就是当时作为聚落中心的牯牛山城址。牯牛山城址居民通过漳河等水运交通,控制着铜矿资源的开发、冶炼和铜器的铸造等一系列活动,因此南陵商周青铜器也多沿河流分布。青铜容器作为别身份、列等级的象征,为当时生活在牯牛山城址的管理者所有；青铜兵器则在守卫铜矿资源方面具有重要作用。

2. 通过器类、形制和纹饰的演变，将南陵商周青铜器分为三期：

第一期，西周中期。只见鼎一类。形制作立耳垂腹柱足，纹饰为简单的弦纹。

第二期，西周晚期至春秋早期。鼎多见，新出尊、盉、剑。鼎多作球腹蹄足，垂腹鼎业已演变为蹄足。尊，作大口、折肩、龙形大耳。盉为上盘下鬲形的曲柄盉。剑为凹字形宽格圆茎剑，棱脊旁有血槽，茎上两箍。容器纹饰中以窃曲纹、弦纹和雷纹为主，变形兽纹、折线纹、圆点纹、瓦纹、鳞纹偶见。剑上的纹饰主要是格上的兽面纹和茎、箍上的凸点装饰。

第三期，春秋中期至春秋晚期。兵器大量出现，容器逐渐消失。这一时期所出器类有鼎、剑、戈、矛等，其中戈、矛偶见，以剑为多。鼎蹄足外撇，初具"越式鼎"的特征。剑有凹字形宽格剑和菱形薄格剑两类。戈为援上扬的弧线形锋戈。矛为窄叶棱脊矛，菱形骹口。纹饰可见鼎腹的雷纹和剑格的兽面纹等。

3. 南陵商周青铜器文化构成复杂。西周中期以中原文化因素为主，极大可能为外地生产和直接输入的。到了西周晚期，融合型铜器大量出现，当地居民在模仿中原型铜器的同时融合了土著因素，这似乎与太伯、仲雍奔荆蛮，一方面"端委，以治周礼"，一方面又"断发文身"、入乡随俗存在联系。外来因素有中原文化因素和徐舒文化因素。春秋时期，尤其是春秋中晚期，南陵青铜器以吴越文化因素为主体，外来因素少见。这与当时吴越青铜冶铸业的兴盛及青铜文化的强盛不无关系。

受个人能力和资料搜集的限制，本章的观点难免存在疏漏之处。南陵商周青铜器多零散出土，且几乎没有铭文，因此分析其年代时只能主要依据周边及中原地区同类的器形及纹饰，以至文中的相关结论仍有可商榷之处。相信随着新资料的不断发现，学术界对商周时期南陵及周边地区资源、聚落、墓葬、青铜器四位一体的青铜文化体系和皖南与周边地区、中原地区的文化互动将会有更细致、更深入的认识。

第九章 南陵地区青铜文化分期研究

南陵位于安徽省东南部,地处皖南丘陵向沿江平原的过渡地带,东邻芜湖市湾沚区、宣城市宣州区,南接宣城市泾县,西南与池州市青阳县毗邻,西与铜陵市、芜湖市繁昌区接壤,北连芜湖市郊。南陵及邻近的铜陵、繁昌交界的丘陵地带,是长江中下游铜、铁、硫、金等多金属成矿带的重要组成部分,尤以铜矿资源储量丰富,开采时间早,是先秦时期中国青铜原料主要产区之一。铜矿资源的开发和利用,对南陵一带青铜文化的萌芽、发展产生了重大影响,是青铜时代南陵地区经济、社会和文化发展的决定性因素。

第一节 聚落遗址陶器分析

南陵地区青铜文化遗存主要包括聚落遗址、矿冶遗址、土墩墓,以及遗址和墓葬出土陶器、青铜器等。陶器是进行文化分期研究最理想的材料。皖南地区的陶器大多出于聚落遗址,而南陵地区经过正式考古发掘的聚落遗址较少,且资料没有公布。不过,与之近在咫尺的铜陵、繁昌,已有师姑墩、夏家墩、神墩、板子矶等青铜文化聚落的考古资料刊发。本节拟对上述遗址出土陶器进行型式探讨,分析器物特征及演变规律,归纳各期段文化特征,以求窥见南陵地区青铜文化面貌之一斑。

一、铜陵师姑墩遗址

师姑墩遗址位于铜陵市义安区钟鸣镇长龙村,北距长江约1万米,东距长江支流黄浒河约2千米,闸河自遗址南部流过。遗址位于长江南岸冲积平原间的小盆地内,为一典型的墩型遗址,地势北高南低,顶部斜平,高1至3米,面积约7.5平方千米。2010年,安徽省文物考古研究所对该遗址进行发掘,发掘面积约1.3平方千米,出土遗迹、遗物丰富。遗迹主要有房址、灰坑、小坑、沟、水井及柱洞等。出土遗物250余件,大多为陶器、印纹陶、原始瓷等[1]。

---

[1] 安徽省文物考古研究所、安徽大学、铜陵博物馆等:《铜陵师姑墩——夏商周遗址考古发掘与研究》,文物出版社,2020年。

（一）遗址分期

根据地层关系及出土遗物特征，可把师姑墩地层堆积分为早、中、晚三期。早期包括T6⑫、T7⑬、T7⑫、T8⑩、T9⑪层及G7、H8、H9等；中期包括T37⑨、T28⑨及T5⑭、T5⑬层等；晚期又可以分为四段：一段包含T5⑩、F2、F1等；二段主要地层、遗迹单位有T5⑦、T5④、T6⑧、T9⑧、T36⑦、T37⑦、T40⑤、T41⑤等；三段主要包括T5②、T6⑥、T8④、T36⑤、T37⑤等；四段主要有T6④、T7④、T9②、T36③、T37③、T40③、T41③等。

（二）陶器类型学分析

师姑墩遗址各期陶、瓷器存在较大差异。早期以陶器为主，有少量印纹硬陶，未见原始瓷器。中期遗物发现较少，以夹砂陶为主，其次为泥质陶，印纹硬陶比例很少，主要器形有鬲、豆等。晚期出土遗物十分丰富，仍以陶器为主，但印纹陶、原始瓷器比例大增。陶器数量极多，可辨器类有鼎、鬲、盆、豆、罐、盉、甗等。上述器物中，陶鬲、鼎、豆、印纹陶罐、原始瓷豆出土数量较多，演变规律较为明显。

1. 陶鬲

鬲是师姑墩遗址出土数量最多的器物，器型复杂。按器表装饰特点分刮面鬲、绳纹鬲、素面鬲三类。

（1）刮面鬲

数量较少。夹砂红褐或灰褐陶。多方唇，折沿，联裆，柱足。多鼓腹。器表素面或绳纹被抹去，并常见刮痕，以口沿及足根最为常见。根据器形特征可分三型。

A型　折沿鬲。根据腹部特征分二亚型。

Aa型　鼓腹。

联裆，柱足，足部绳纹被抹。按沿下角大小可分三式（图201-1、2、3）。

演变趋势：沿下角变大，沿面变窄。

Ab型　直腹。

联裆，足部残，通体被刮（图201-4）。

B型　卷沿鬲。

斜直口，尖圆唇，微鼓腹，联裆，锥足，腹部绳纹部分被抹（图201-5）。

C型　带柄鬲。

器残，仅余柄和足。羊角形柄，截锥状短足（图201-6）。

（2）绳纹鬲

出土数量大。多夹砂红褐陶，次夹砂灰褐陶。根据口沿及领部特征分为五型。

A型　卷沿，高领。

根据领高及腹部形状可分二式（图201-7、8）。演变趋势：领部变高，器腹由鼓变直。

B型　卷沿，束颈。根据器体高、径比分为二亚型。

Ba型　体较瘦长。

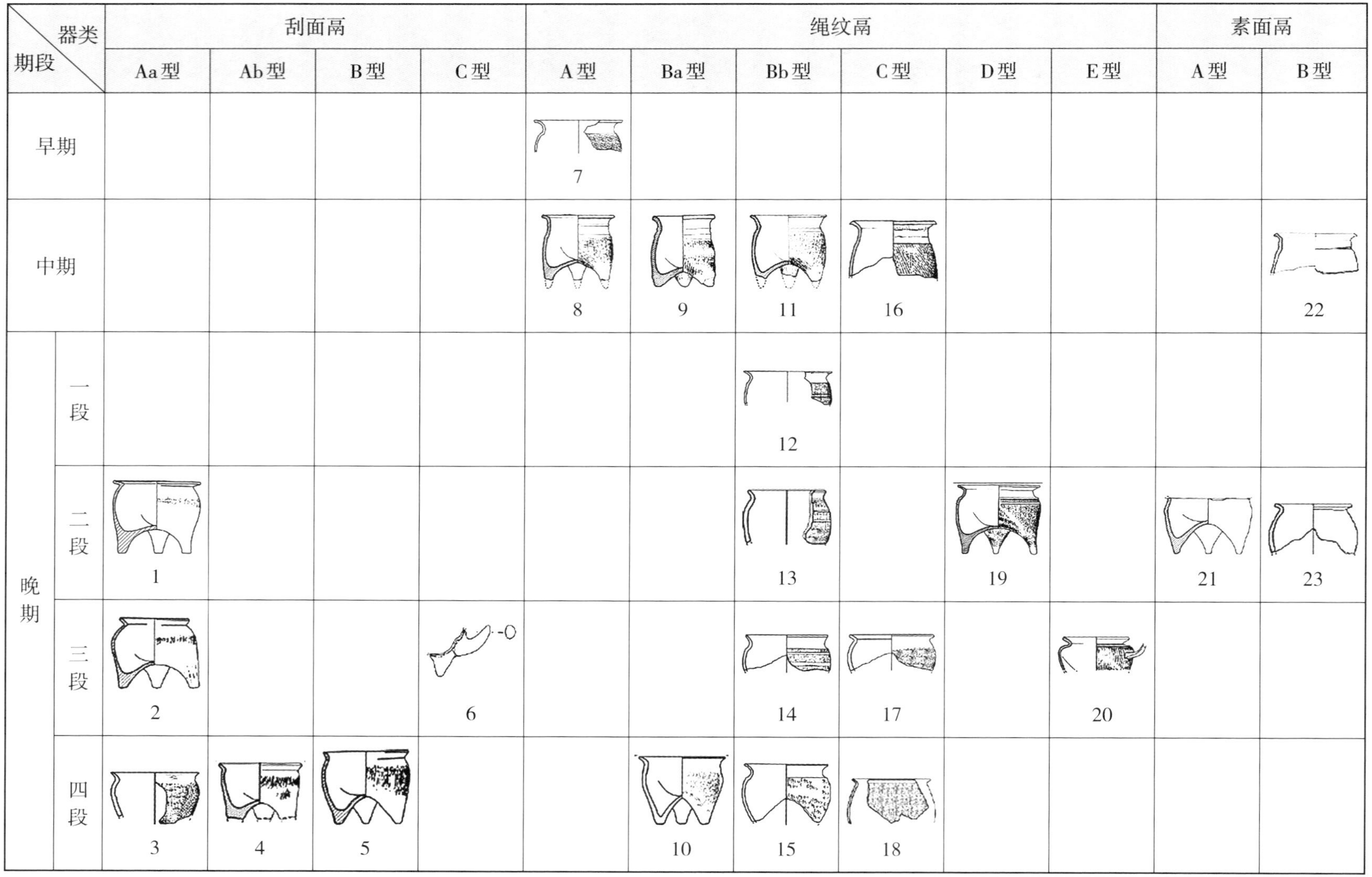

图201　师姑墩遗址陶鬲型式演变

1. T41⑤：6.2. T6⑦：1.3. T7④：133.4. T9②：1.5. T6④：3.6. T6⑤：54.7. G7：10.8. T37⑨：10.9. T5④：1,10. T9③：40,11. T37⑨：5,12. T5②：2,13. T9⑥：55、14. T9⑤：16,15. T7④：123,16. T5⑬：14,17. T8⑥：3,18. T7④：124,19. T4⑧：21,20. T6⑤：91,21. T22. T37⑦：1,22. T37⑨：13,23. T36⑦：1

根据足部特征可分二式(图201-9、10)。演变趋势:足跟变平,足部由外撇变为内收。

Bb型　体较粗短。

根据整体外形可分五式(图201-11—15)。演变趋势:器形逐渐变粗矮,器腹由弧变圆。

C型　折沿,束颈。

根据器腹形状可分三式(图201-16—18)。演变趋势:器腹由斜直变圆,然后变深弧腹。

D型　折肩。

侈口,折沿,圆唇,颈部微内凹,瘪裆较高,截锥状足(图201-19)。

E型　带柄。

侈口,斜折沿,圆唇,折肩微鼓,微瘪裆。肩部有一扁平状錾,残(图201-20)。

(3)素面鬲

数量较少。根据整体器形不同可分二型。

A型　折肩。

泥质黑衣褐陶。口沿残,锥状足,素面(图201-21)。

B型　鼓腹。

根据腹部形状可分二式(图201-22、23)。演变趋势:由垂鼓腹变鼓腹。

2. 陶鼎

出土数量较多,但多为碎片,完整器较少。夹砂红陶或红褐陶,以素面为主,个别刮面或饰绳纹。可辨器型有釜形鼎、盆形鼎两类。

(1)釜形鼎

侈口,尖唇,斜折沿,微鼓腹,圜底近平,扁平三角形足,素面(图202-1)。

(2)盆形鼎

根据足部形态分为二型。

A型　锥足。

侈口,尖唇,斜折沿,微鼓腹,圜底,素面(图202-2)。

B型　侧装扁足,足侧有按窝。

侈口近平,方唇,沿面内凹,内折沿,腹部呈圆鼓扁球状,圜底。腹下部至底施不规整弦断绳纹,鼎足素面(图202-3)。

(3)鼎足

根据截面形状分为二型。

A型　截面为扁圆形。按形制不同分为三亚型。

Aa型　锥状扁足。

足外侧缘顶端有按窝,素面(图202-4)。

Ab型　侧装三角形扁足。

圆足尖横向外撇,足部顶端有一道斜向的划痕,素面(图202-5)。

Ac型　横装三角形扁足。

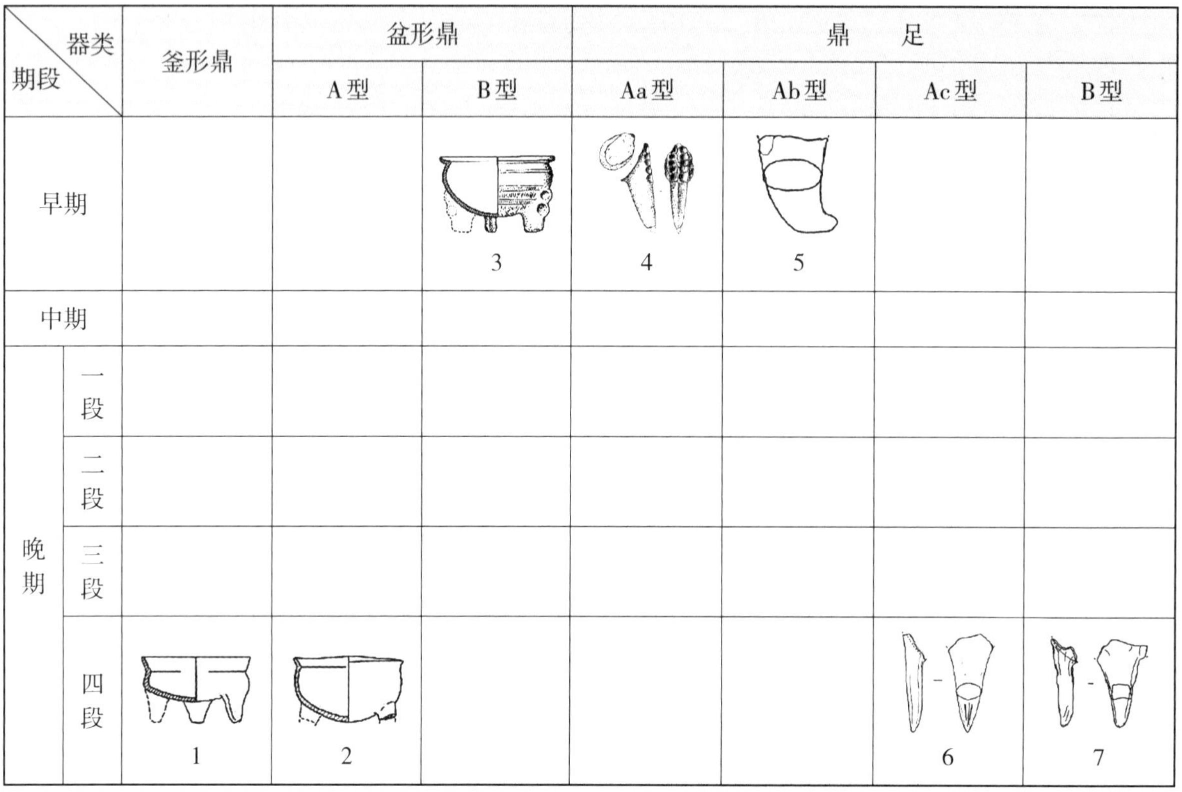

器类 / 期段	釜形鼎	盆形鼎		鼎　足			
		A型	B型	Aa型	Ab型	Ac型	B型
早期			3	4	5		
中期							
晚期 一段							
晚期 二段							
晚期 三段							
晚期 四段	1	2				6	7

图202　师姑墩遗址陶鼎型式演变

1. T36②：1、2. T11⑪：2、3. T8⑩：2、4. T6⑪：46、5. T7⑫：20、6. T7③：10、7. T6②：10

足跟处稍外撇,外侧下部有指抹痕迹,素面(图202-6)。

B型　截面为带棱角的方形。

横装鼎足,截面为梯形,足跟处稍外撇。素面(图202-7)。

3. 陶豆

出土数量大,皆泥质。一、二期器表一般有黑色或灰黑色陶衣,三期则泥质灰陶、黑陶居多。根据整体形制分为四型。

A型　侈口。根据豆盘特征差异分为四亚型。

Aa型　折腹,深盘。

均素面。根据口部形状可分二式(图203-1、2)。演变趋势:口部由近直变侈口。

Ab型　折腹,浅盘。

侈口。根据整体器形可分四式(图203-3—6)。演变趋势:柄部变短,腹壁由斜直变为内折。

Ac型　假腹。

尖圆唇,浅腹。豆柄上半部斜直内收,下半部较直,末端撇出。腹外壁有三周旋纹,柄素面磨光(图203-7)。

Ad型　浅盘,弧腹。

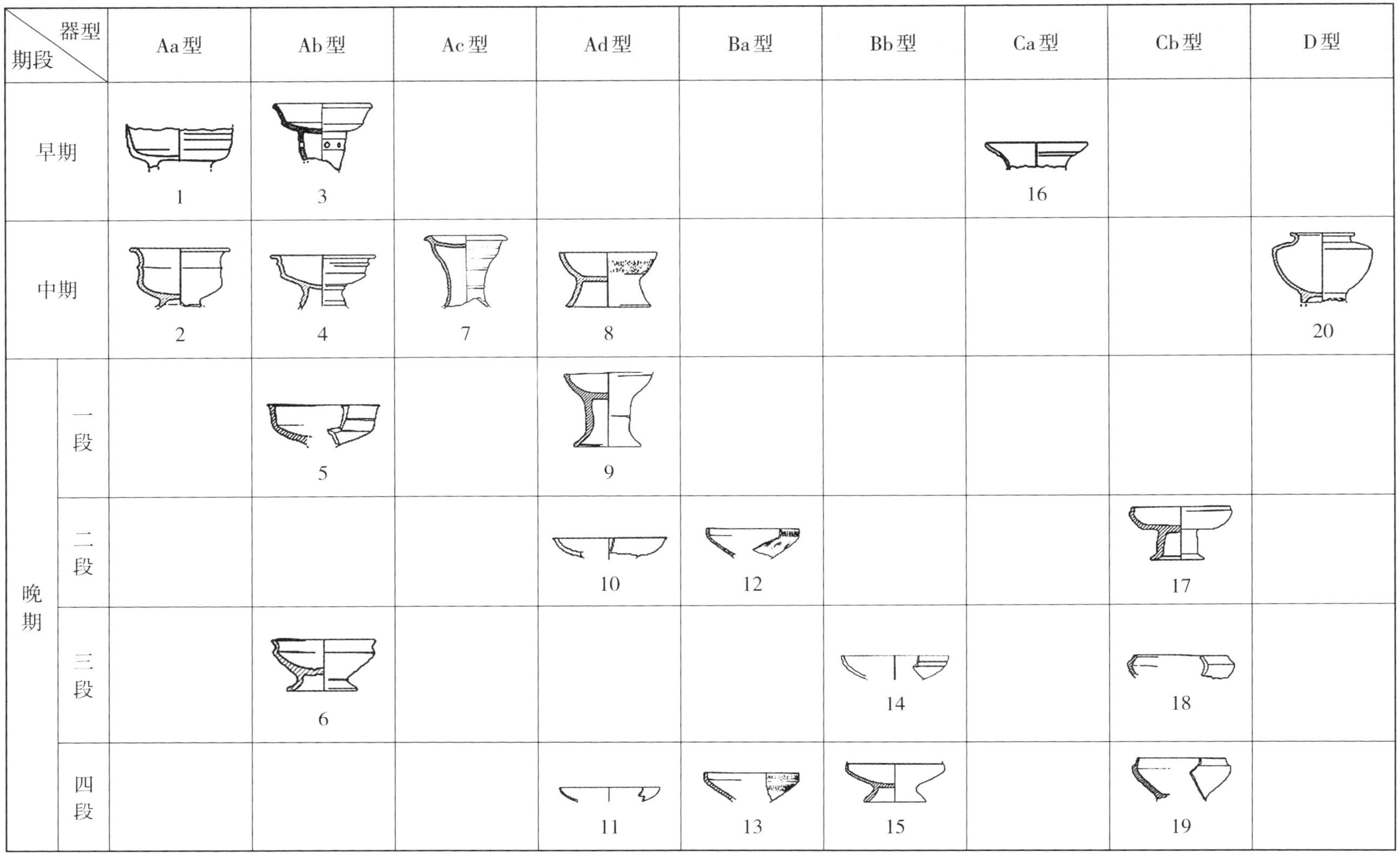

图 203　师姑墩遗址陶豆型式演变

1. T6⑫：38. 2. T28⑧：1. 3. T7⑫：1. 4. T37⑫：8. 5. T5⑦：17. 6. T9⑤：1. 7. T37⑨：6. 8. T37⑨：3. 9. T5F2：4. 10. T6⑧：23. 11. T6③：9. 12. T9⑧：15. 13. T6④：17、14. T6⑤：41. 15. T7④：2. 16. T6⑫：33. 17. T9⑥：2. 18. T8⑤：24. 19. T7④：68. 20. T37⑨：7

根据整体形状可分四式（图203-8—11）。演变趋势：器腹由深到浅，器体有逐步增高的趋势。

B型　直口。根据腹部形状分为两亚型。

Ba型　折腹。

直口，方唇，下部残（图203-12、13）。器形变化不明显。

Bb型　弧腹。

根据腹部特征可分二式（图203-14、15）。演变趋势：由弧壁变为略折。

C型　敛口。根据腹部形状、深浅可分三亚型。

Ca型　曲腹。

柄部残。尖圆唇微敛，上腹壁微鼓，内收明显，其下渐直腹（图203-16）。

Cb型　折腹。

根据豆盘深浅可分三式（图203-17—19）。演变趋势：豆盘逐渐变深。

D型　罐形。

柄残。豆盘部分呈罐形，短直领，折肩，腹部弧壁内收，素面磨光（图203-20）。

4. 印纹陶罐

师姑墩遗址出土印纹陶数量较丰富，软、硬陶皆有，以硬陶为主，主要集中在三期出土。器类有瓮、坛、罐、双耳罐、双耳壶等。纹饰主要为回字纹、重回纹、曲折纹、变形云雷纹、复线"吕"字纹、叶脉纹等，另有各种组合纹饰。其中罐类最多，可进行型式分析。

（1）敛口罐

腹部饰划纹、弦纹及重回纹（图204-1）。

（2）敛口双耳罐

有一扁状桥形耳，腹部饰弦纹及席纹（图204-2）。

（3）侈口罐

根据领部高矮分为二型。

A型　颈部较矮。

短颈，圆肩，鼓腹。根据口径大小可分三式（图204-3—5）。演变趋势：口径由大变小。

B型　颈部较高。

根据沿面宽窄及口径大小可分二式（图204-6、7）。演变趋势：沿面变小，口径变大。

（4）侈口双耳罐

尖唇，唇面内侧有一道凹槽。侈口双耳，颈部饰重回纹被抹，腹部饰重回纹（图204-8）。

5. 原始瓷豆

师姑墩出土原始瓷数量较多，釉层普遍脱落严重。器类有豆、罐、盘、碗、盂等。原始瓷豆最多，多为泥质灰胎、灰白胎。根据口部形态分为四型。

A型　口微侈近直，根据器腹深浅分为二亚型。

Aa型　腹较浅。尖唇，折腹微弧，口沿外侧饰多道旋纹（图205-1）。

Ab型　腹较深。尖唇，腹部有一道凸棱，折腹内收，圈足外撇，较厚（图205-2）。

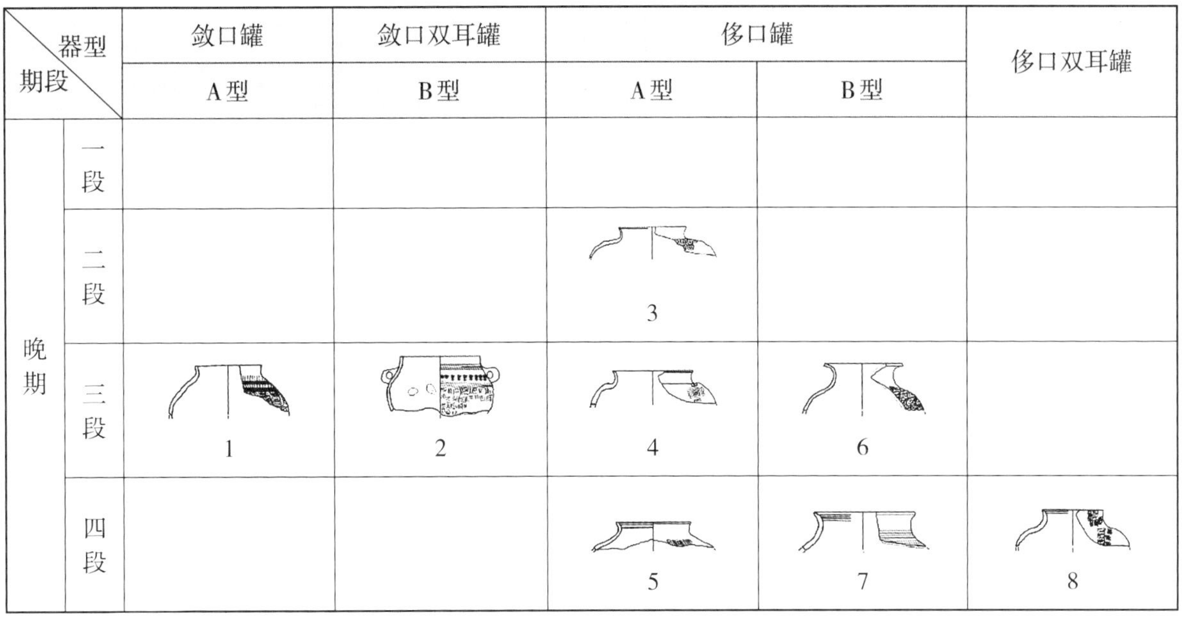

期段 \ 器型		敛口罐	敛口双耳罐	侈口罐		侈口双耳罐
		A型	B型	A型	B型	
晚期	一段					
	二段			3		
	三段	1	2	4	6	
	四段			5	7	8

图204　师姑墩遗址印纹陶罐型式演变

1. T9⑤：58、2. T9⑤：55、3. T7⑧：16、4. T6⑥：17、5. T8③：78、6. T36④：㉓、7. T7④：78、8. T7④：76

　　B型　侈口。根据腹部特征不同分为五亚型。

　　Ba型　斜直腹。

　　侈口，矮圈足。器表饰弦纹，有明显轮制痕迹。根据豆盘深浅可分三式（图205-3—5）。演变趋势：豆盘由浅变深，足径由大变小。

　　Bb型　折腹内收。

　　侈口，尖唇或尖圆唇，圈足外撇。器表多饰弦纹。根据豆盘深浅可分三式（图205-6—8）。演变趋势：豆盘由深变浅，折腹程度加深。

　　Bc型　弧腹内收。

　　侈口，浅腹，矮圈足外撇。器表多饰弦纹。根据腹部内收角度可分三式（图205-9—11）。演变趋势：腹部内收角度逐渐变小。

　　Bd型　束腹内收，腹径大于口径。

　　尖唇，颈内折，折腹内收，圈足微外撇，口沿内饰三道弦纹，腹外壁及腹内饰多道弦纹（图205-12）。

　　Be型　腹部有凸棱。

　　尖唇，折腹。口沿外侧及器腹内侧均饰附加堆纹数道（图205-13）。

　　C型　子母口。

　　弧腹，矮圈足外撇（图205-14）。

　　D型　敛口。

　　尖圆唇，折腹内收，圈足微外撇，口沿外侧饰多道旋纹（图205-15）。

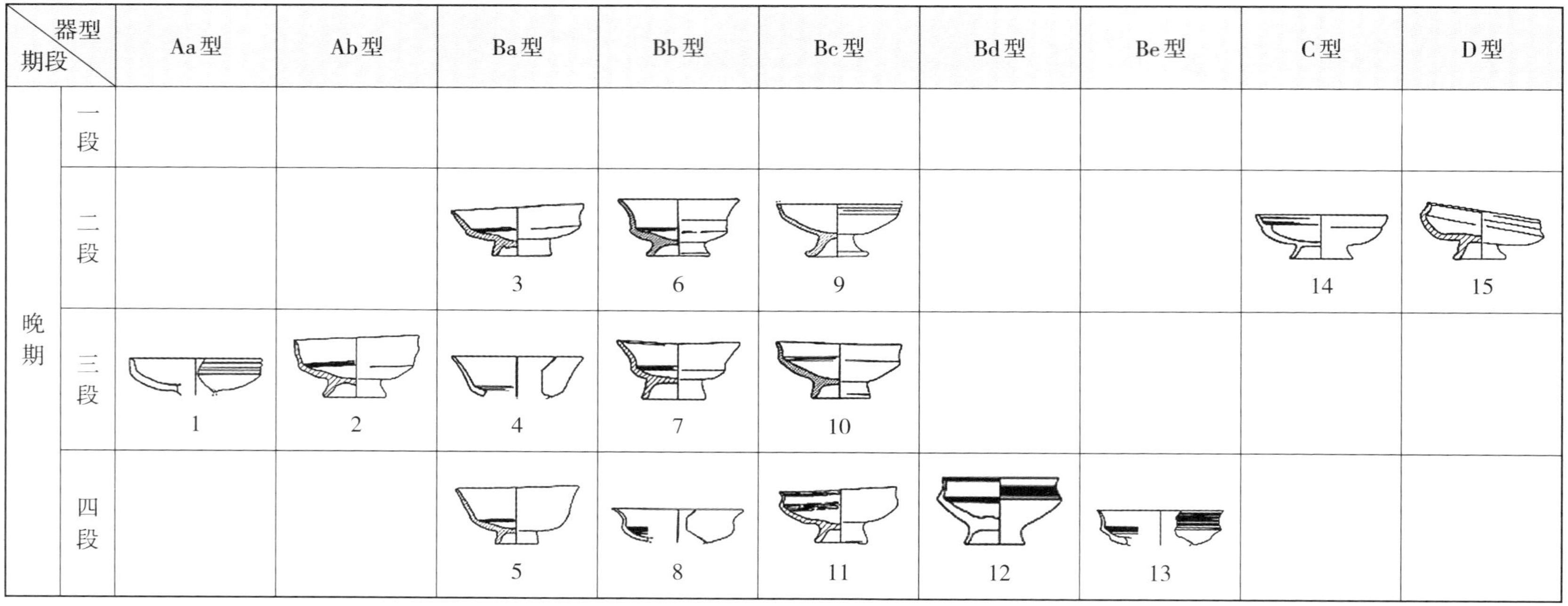

期段\器型	Aa型	Ab型	Ba型	Bb型	Bc型	Bd型	Be型	C型	D型
晚期 一段									
晚期 二段	1	2	3	6	9			14	15
晚期 三段			4	7	10				
晚期 四段			5	8	11	12	13		

图205　师姑墩遗址原始瓷豆型式演变

1. T9⑤：76.2. T6⑤：3.3. T9⑥：13.4. T8⑥：20.5. T8③：6.6. T7⑥：1.7. T6⑤：2.8. T6②：7.9. T6⑧：8.10. T7⑤：1.11. T6③：4.12. T7④：7、
13. T7④：32.14. T4⑧：1.15. T9⑥：24

（三）分期特征

1. 早期

出土遗物以夹砂、泥质陶器为主，有少量印纹硬陶，未见原始瓷。以T7⑫层为例，夹砂陶约占62.77%，大多为夹细砂陶，泥质陶占34.99%，印纹硬陶占2.22%。器表装饰以素面为主，占51.67%，各类绳纹占35.28%，主要为粗绳纹。器类组合有侧扁足盆形鼎、高领罐、高柄盘形豆、厚唇缸、泥质黑衣陶瓿等。

2. 中期

遗迹及遗物很少。以T5⑬层为例，陶器以夹砂陶为主，次为泥质陶，印纹硬陶很少，三者比例分别为54.76%、43.02%、2.24%。器表装饰以绳纹为主，占60.9%，其中粗绳纹41.34%，以麦粒状粗绳纹为主。素面器约占29.05%。器类较少，主要有高实足跟绳纹鬲、假腹豆、粗柄豆、尖唇高领罐等。

3. 晚期

晚期一段遗物发现较少，以陶器为主，另有少量印纹硬陶，原始瓷少见。陶质夹砂、泥质陶各约占一半。陶色以红、红褐为主。器表多为素面或各类绳纹，另见少量弦纹等。主要器类有卷沿弧腹鬲、腰部附加堆纹有指甲纹或绳纹的陶甗、曲柄盉、粗柄豆、圈足盘等。

晚期二段遗物以陶器为主，印纹陶较一段增多，原始瓷仍发现较少。陶质以夹砂陶为主，泥质陶数量较少。陶色以红或红褐为主。器表装饰以素面及各类绳纹为主，另有少量弦纹、方格纹等。代表器类有折沿方唇刮面鬲、折肩柱足绳纹鬲、曲柄盉、弧腹簋、折盘豆、圈足盘、折肩盆、折肩罐、弧腹罐等。印纹陶、原始瓷大量出现，主要有印纹陶弧腹瓮、高领坛，原始瓷折腹豆等。

晚期三段出土遗物大幅增多，印纹硬陶、原始瓷比例增加。陶质以夹砂陶为主，泥质陶、印纹硬陶次之。陶色多为红褐陶，次为黑陶。器表装饰以素面、各类绳纹为主，另见少量重回纹、席纹、折线纹等。主要器类有折沿弧腹刮面鬲、折肩绳纹鬲、柱状鬲足、大口甗、曲柄盉、折腹簋、折盘豆、折肩盆、弧腹罐；印纹陶双耳罐、侈口罐等；原始瓷折腹豆数量很多。

晚期四段出土遗物数量继续增多，印纹硬陶、原始瓷数量及比例进一步增加。陶质以夹砂陶为主，泥质陶数量较少。陶色多为红褐陶，次为黑陶。夹粗砂平底鼎、碗等为本段新出现器物。印纹硬陶纹饰也愈加复杂，大量出现蕉叶纹、叶脉纹、米筛纹以及各类复合纹饰等。原始瓷种类增多，出现碗、盘、盂等。主要器类有粗壮足的刮面卷沿鬲、带柄鬲、高柱状鬲足、夹砂红陶鼎，带稀疏按窝的甗腰、浅盘豆、细高柄豆、大口弧腹盆、折肩盆；印纹陶瓮、侈口罐；原始瓷豆、碗等。

二、铜陵夏家墩、神墩遗址

夏家墩遗址位于铜陵县钟鸣镇长龙行政村桂唐自然村。遗址位于长江南岸冲积平原，包含两个紧邻的墩型遗址。遗址因早年取土遭到破坏，现存高度1至1.5米，面积约1万平方米。神墩遗址位于夏家墩遗址东北约500米处，保存完好，现存高度约3米，面积约3千平方米。2013年，安徽省文物考古研究所、北京大学联合对两处遗址进行了发掘,发掘面积分别为76、30平方米。发现有房址、灰坑、炼炉及相关遗迹,出土陶、石、铜、玉、角各类质地遗物[1]。

（一）遗址分期

夏家墩、神墩出土器物大体相似,可以合并分期。由于夏家墩遗址出土遗物较为丰富,所以遗址分期主要依据夏家墩遗址进行。根据地层关系及出土遗物特点,可将夏家墩遗址分为两期,一期以TXH11、TXT1⑧a等单位为代表;二期则主要包括TXT2③、TXT4④、TXH2等单位。神墩遗址发掘面积小,简报公布的资料极少。经与周边遗址进行比对,本章暂将TST1⑱层归于一期,TST1F1归为二期。

（二）陶器类型学分析

两处遗址发掘面积较小,出土器物少且残缺严重。陶器以夹砂、泥质陶为主,印纹陶次之,原始瓷发现极少。主要器类有鬲、罐、豆等,以鬲、豆为多。

1. 陶鬲

出土数量较多。多夹砂陶,少量泥质陶。根据器物外形特点分为四型。

A型　折沿。

弧腹。腹部饰绳纹或弦断绳纹。根据沿下角大小分为三式（图206-1—3）。演变趋势:沿下角由大变小。

B型　矮领。

腹饰绳纹或弦断绳纹。根据腹部形态分为两式（图206-4、5）。演变趋势:由鼓腹变为弧腹。

C型　带柄。

圆唇,卷沿,斜腹,柄尾部高于口沿。通体饰绳纹（图206-6）。

D型　卷沿,侈口。

圆唇,鼓腹,柱足。口沿外侧有轮制螺旋纹,其余部分饰交错绳纹（图206-7）。

2. 陶豆

数量较多,多为泥质陶,陶色红或红褐。根据豆盘形状分为二型。

A型　圜底。

尖唇,直口,折腹,器腹较深,高直柄较细,圈足外撇。豆柄上部饰一道凸棱（图206-8）。

B型　平底。

圆唇,直腹,浅盘（图206-9）。

---

[1] 安徽省文物考古研究所、北京大学考古文博学院:《安徽铜陵夏家墩、神墩遗址发掘简报》,《江汉考古》2015年第6期。

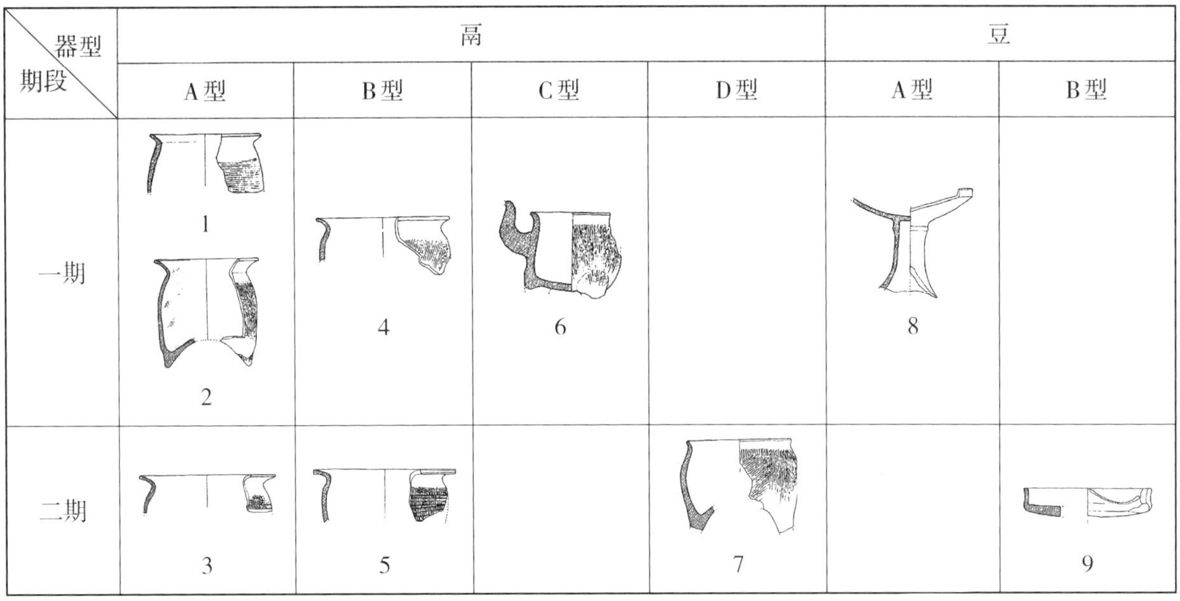

器型 期段	鬲				豆	
	A型	B型	C型	D型	A型	B型
一期	1 2	4	6		8	
二期	3	5		7		9

图206　夏家墩、神墩遗址陶鬲、豆型式演变

1. TXH11：10、2. TXT1⑧a：1、3. TXT1②：1、4. TST1⑱：2、5. TXT1⑥：3、6. TXT2⑤：7、7. TXT2③：10、
8. TXT2⑤：8、9. TST1F1：1

（三）分期特征

1. 一期

该期遗物以陶器为主，另外发现少量的印纹陶。陶质泥质、夹砂各占约一半，硬陶极少。陶色以红褐陶居多数，次为黑褐陶。装饰以绳纹、素面为主，印纹较少。主要器类包括绳纹弧腹鬲、带柄鬲、高柄豆、鼓腹绳纹、素面或带指甲纹的甗腰等。

2. 二期

出土遗物以陶器为主，并有少量印纹陶和原始瓷。陶质以泥质、夹砂为主，陶色多为红褐陶，其次为黑褐陶。器表装饰以绳纹、素面为主，拍印纹饰的种类增多。器类主要有卷沿弧腹绳纹鬲、直腹平底豆等。

三、繁昌板子矶遗址

板子矶遗址位于繁昌县荻港镇新河村西北约700米的长江南（东）岸，东南距繁昌县城约2万米。遗址近椭圆形，面积约4平方千米，文化堆积厚3至6米。2009年1至5月，安徽省文物考古研究所、繁昌县文物管理局对板子矶遗址进行了发掘，发掘面积100平方米，出土遗物主要有陶器、印纹硬陶器、原始瓷器、石器、铜器等[1]。

---

[1]　安徽省文物考古研究所、繁昌县文物管理局：《安徽繁昌板子矶周代遗址发掘简报》，《文物》2013年第10期。

（一）遗址分期

板子矶遗址发掘后统一了各探方地层，共划分为15层。由于原报告对板子矶遗址的遗址分期比较模糊，所以本章对各地层及遗迹单位出土器物进行分析对比后，拟将除①层也即耕作层以外的地层单位大体分为两期。第一期包括⑩至⑮层，第二期包括②至⑨层及H1、H2两个遗迹单位。

（二）陶器类型学分析

板子矶遗址出土的陶器残缺较甚，多数器类难以把握整体形状和细部特征，故此处只对部分形体较完整的器类及特征典型的器物进行类型学研究。

1. 夹砂、泥质陶器

夹砂、泥质陶器占所有出土陶的96.5%，其中泥质陶约占55%，夹砂陶约占45%。陶色主要为灰陶、灰褐陶、红褐陶、红陶，灰陶、灰褐陶约占48%，红褐陶、红陶约占52%。另有零星黄褐陶。素面陶约占28%，绳纹陶占近60%，其他纹饰有附加堆纹、凹弦纹、菱形纹、方格纹、席纹等。少量陶器经磨光，较精致。器类主要有鼎、鬲、甗、罐、豆、钵、盆等。其中鬲、罐较多，可以作为分期依据。

（1）陶鬲

数量较多。多数为夹砂陶，泥质陶较少。陶色红褐、红或灰。多饰绳纹或间断绳纹，少量为素面或饰方格纹。侈口，多为卷沿，少数为平折沿或斜折沿，联裆。

① 绳纹鬲

夹砂或泥质陶，陶色红褐、灰。根据肩部特征不同分为二型。

A型　折肩。

侈口，卷沿，束颈。腹饰绳纹和弦纹。根据肩部特征可分为二式（图207-1、2）。演变趋势：折肩逐渐变为圆折肩。

B型　圆肩。

侈口，斜折沿。腹饰绳纹。根据腹部鼓凸程度分为二式（图207-3、4）。演变趋势：由微鼓腹变为鼓腹。

② 素面鬲

平折沿，鼓肩，斜弧腹，弧裆微瘪，矮柱足。器身素面，足饰细绳纹（图207-5）。

③ 方格纹鬲

侈口，斜折沿，圆唇，束颈，柱形足。器腹及足饰方格纹（图207-6）。

（2）罐

数量较多，完整器仅1件。夹砂陶、泥质陶各占一定比例，陶色有灰、灰褐、红褐、红等，素面或饰绳纹。因器物多不完整，暂按装饰特点分为二型。

A型　绳纹罐。

侈口，卷沿，圆唇。饰间断绳纹。按肩部形状分为二式（图208-1、2）。演变趋势：由溜肩变为广肩。

器型＼期段	绳纹鬲		素面鬲	方格纹鬲
	A型	B型		
一期	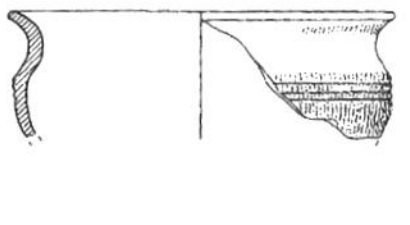 1	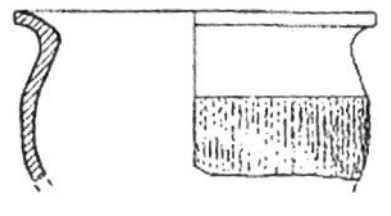 3		
二期	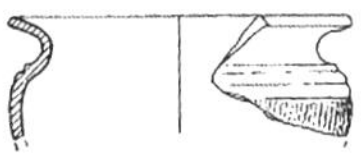 2	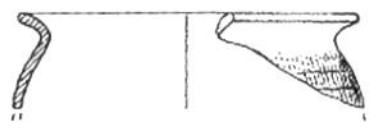 4	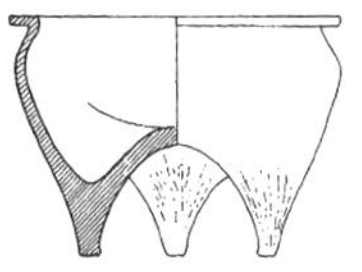 5	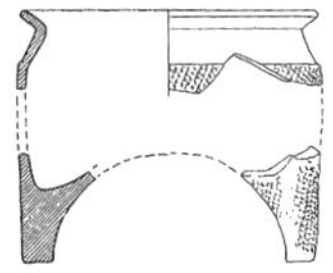 6

图207　板子矶遗址陶鬲型式演变

1. T703⑭：1、2. T603⑨：1、3. T704⑪：1、4. T603⑦：1、5. H2：3、6. H1⑥：1

B型　素面罐。按器形特征分为三亚型。

Ba型　沿面较宽。

侈口,斜折沿,束颈。按沿面宽窄分为二式(图208－3、4)。演变趋势:沿面由宽变窄。

Bb型　沿面较窄。

侈口,斜折沿,方唇,矮领,广肩。肩部有W形刻划纹(图208－5)。

Bc型　双耳罐。

侈口,沿斜直,圆唇,溜肩,对称半环形耳,鼓腹,底微凹。腹饰竖向划纹(图208－6)。

器型＼期段	A型	Ba型	Bb型	Bc型
一期	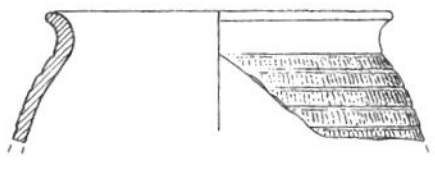 1	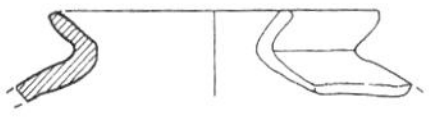 3		
二期	 2	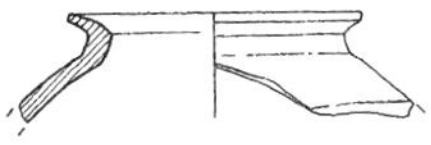 4	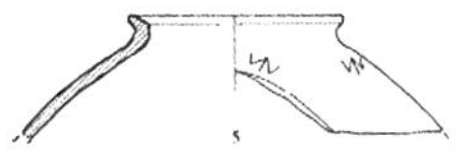 5	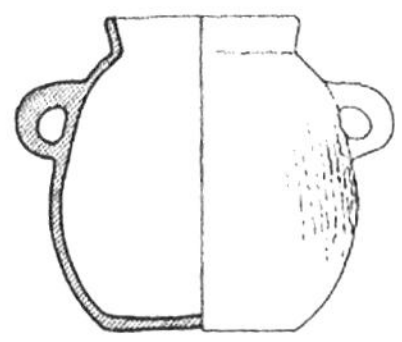 6

图208　板子矶遗址陶罐型式演变

1. T703⑪：2、2. T603⑧：3、3. T703⑮：3、4. T603⑨：2、5. T604⑧：2、6. H1④：8

2. 印纹陶器

烧制火候高,质地坚硬。多深灰褐色,少量红色。纹饰复杂多样,有回纹、重回纹、叶脉纹、网状方格纹、席纹、水波纹、弦纹等。器类主要有罐、豆和瓮。

（1）罐

数量较多。多为深灰褐色,纹饰有回纹、重回纹、弦纹、菱形纹、水波纹等,少量带贯耳。可分二型。

A型　鼓腹罐。

口部残,卷沿,束颈,矮领,圆肩。肩、腹饰回纹（图209-1）。

B型　双耳罐。

敛口,圆唇,圆肩,肩部有四根泥条盘筑成的对称錾耳。沿内有一道凹弦纹,肩、腹饰弦纹及水波纹（图209-2）。

（2）豆

高圈足,或带镂孔。按整体特征不同可分二型。

A型　柄较粗短。

圜底,喇叭状圈足较高。底部外撇。可分二式（图209-3、4）。器形变化不明显。

B型　柄较细长。

喇叭状高圈足。柄饰弦纹,中部有上下排列的3组6个圆孔（图209-5）。

3. 原始瓷器

质地坚硬,火候高。厚胎薄釉,均为灰白色胎,青灰色、青色或酱色釉,施釉不均匀,底部多露胎。器类主要有鼎、豆和碗。

（1）豆

数量较多。多素面,少数饰弦纹。按盘深浅可分二型。

A型　深盘豆。

侈口,折腹。施青灰色釉（图209-6）。

B型　浅盘豆。

敞口,折沿,圆唇,折腹。酱色釉（图209-7、8）。器形变化不明显。

（2）碗

外部多素面,少数刻划水波纹,唇沿和器内底、内壁多有弦纹。可分二型。

A型　斜弧腹。

敞口,折沿,圆唇。平底微内凹。施青灰色釉。根据腹部形态可分二式（图209-9、10）。演变趋势:腹壁弧度逐渐变为平直。

B型　折腹。

直口,弧壁,凹底。内底和内壁有轮制弦纹。施青色釉（图209-11）。

（3）鼎

侈口,折沿,束颈,鼓腹,圜底,矮柱形足。腹部刻划S形纹,足饰叶脉纹（图209-12）。

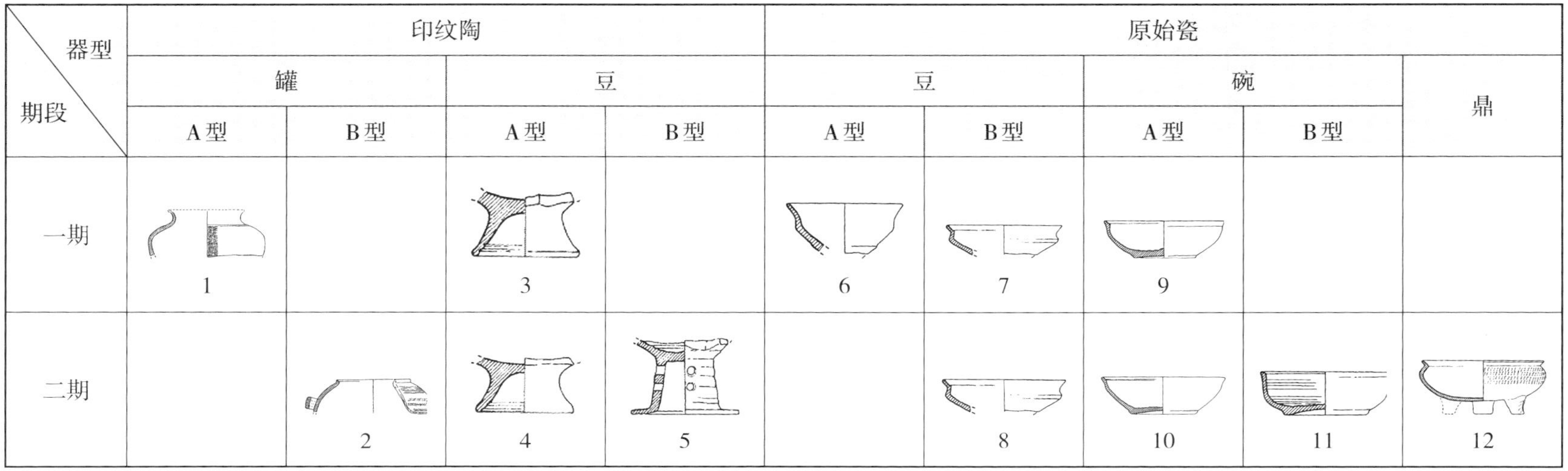

期段\器型	印纹陶					原始瓷						鼎
	罐		豆			豆		碗				
	A型	B型	A型	B型		A型	B型	A型		B型		
一期	1		3			6	7	9				
二期		2	4	5			8	10		11		12

图209　板子矶遗址印纹陶、原始瓷器型式演变

1. T603⑭：12. 2. H1⑥：3. 3. T603⑭：6. 4. T603⑧：6. 5. H1③：5. 6. T603①：9. 7. T603⑫：4. 8. T603⑨：5. 9. T703⑭：5. 10. H2：2. 11. H2：5. 12. T703⑨：3

（三）分期特征

1. 一期

板子矶一期出土器物以泥质、夹砂陶为主,泥质陶比例高于夹砂陶,其中泥质灰陶最多,其次为夹砂红褐陶,其他较少。印纹陶和原始瓷器较少。陶器纹饰以绳纹为主,其次为间断绳纹、弦纹等,其他纹饰少见。另有部分器表为素面。印纹陶多饰回纹、重回纹。代表器类有折肩陶鬲、曲柄陶盉、折肩盆、印纹陶小口罐、原始瓷豆等。

2. 二期

该期遗物以泥质、夹砂陶器为主,泥质陶较夹砂陶为多,泥质灰陶占比较大,其次为夹砂红褐陶。印纹陶、原始瓷较一期稍有增加。器表装饰以素面较多,其次为间断绳纹、绳纹、方格纹等,另有部分组合纹饰。印纹陶器表常见弦纹、水波纹。代表器物有方格纹宽弧裆陶鬲、大口陶盆、折肩陶盆、矮足盆形鼎、印纹陶双錾耳罐、原始瓷碗等。

第二节　聚落遗址年代探讨

上节对南陵周边地区聚落遗址出土陶器进行了型式分析,并对各遗址进行了分期讨论。本节将运用比较研究方法,对各遗址出土典型陶器进行横向比较,把握时代特征,并结合测年数据,建立皖南沿江地区青铜文化聚落遗址的年代框架。

一、铜陵师姑墩遗址

（一）早期遗存

师姑墩早期遗存中带捏窝扁足的陶盆形鼎、鸡冠状錾陶圜底盆、泥质黑皮陶瓿、夹砂深腹陶罐、花边缸底、单扉棱陶铃等皆与二里头文化中的常见器物类似。类似器型在寿县斗鸡台遗址也有发现。师姑墩 A I 式陶鬲 G7：10 侈口,卷沿,高领,形态与二里头四期Ⅲ式侈口鬲 VH83：13[1]基本相同。Aa 型陶盆 H9：3 圜底,卷沿,深腹,带鸡冠状錾,与二里头三期Ⅱ式大口罐Ⅲ·VH240：105[2]残存部分形态相同,二者应属同类器物。Aa 型高领罐 H8：1 与二里头三期Ⅴ式罐ⅣT13③：61[3]、四期Ⅳ式侈口深腹罐VIM9上：1[4]器形均类似。师姑

[1] 中国社会科学院考古研究所:《偃师二里头——1959年～1978年考古发掘报告》,第313页,中国大百科全书出版社,1999年。
[2] 中国社会科学院考古研究所:《偃师二里头——1959年～1978年考古发掘报告》,第217页,中国大百科全书出版社,1999年。
[3] 中国社会科学院考古研究所:《偃师二里头——1959年～1978年考古发掘报告》,第219页,中国大百科全书出版社,1999年。
[4] 中国社会科学院考古研究所:《偃师二里头——1959年～1978年考古发掘报告》,第306页,中国大百科全书出版社,1999年。

墩 B 型盆形鼎 T8⑩:2,足跟有按窝,器腹较浅,类似器物在二里头三、四期[1]也有发现。师姑墩鼎足 T6⑫:27,足跟有多个按窝的特征与寿县斗鸡台 B Ⅱ 式鼎足 T1⑤:50[2]类似。Ab型豆柄 T6⑪:61 带有凸棱,形态与斗鸡台二期豆柄 T1⑤:79 相仿。斗鸡台二期时代相当于二里头晚期。Ab型 Ⅰ 式豆 T7⑫:1 豆盘及柄上部带有镂空的特征与马桥 Bc 型陶豆[3]类似。后者分属马桥文化二、三段,时代相当于二里头后期至商代前期,师姑墩所出时代应大致相同。因此,师姑墩早期大约相当于中原二里头三、四期,即二里头晚期,部分器物可能晚至夏、商之交。

(二)中期遗存

师姑墩中期出土的陶鬲很多为折沿,尖唇或尖圆唇,唇部下垂。该类型陶鬲在郑州商城出土较多,最早见于二里岗下层二期,但主要流行于二里岗上层一期。此外,师姑墩中期遗物与江西樟树吴城文化二期有较多相似性。吴城文化可分为三期,时代分别相当于二里岗上层,殷墟一、二期,殷墟三期至四期早段[4]。师姑墩 A Ⅱ 式陶鬲 T37⑨:10,器形瘦高,高领,实足跟,与吴城二期的 Aa 型 Ⅰ 、Ⅱ 式联裆鬲[5]器形相近。后者属吴城二期早段,时代相当于殷墟一期。师姑墩 Ba 型 Ⅰ 式绳纹鬲 T5⑭:1 器形与山东寿光出土商代 Ⅲ 式绳纹鬲 29:3[6]几乎相同,也与殷墟苗圃一期出土陶鬲 VET13④A:631[7]器形相类。苗圃一期即相当于殷墟一期。因此,师姑墩中期遗存的时代大约相当于二里岗上层至殷墟一期。

(三)晚期遗存

师姑墩晚期一段 A Ⅰ 式甗腰 T5⑩:8 与霍邱绣鞋墩二期甗腰 T1⑤:63[8]类似,后者时代为西周早期。师姑墩 Ad Ⅱ 式陶豆 T5F2:4 与堰台 Bb 型 Ⅰ 式豆 T0508⑫:1[9]类似,陶钵 T9⑩:41 与堰台 Da 型 Ⅰ 式钵 T0705⑧:1[10]类似,堰台所出均为西周早期。师姑墩 A 型陶盉 T5F2:1 与汤

[1]　中国社会科学院考古研究所:《偃师二里头——1959 年～1978 年考古发掘报告》,第 208、309 页,中国大百科全书出版社,1999 年。

[2]　北京大学考古学系商周组、安徽省文物工作队:《安徽省霍邱、六安、寿县考古调查试掘报告》,《考古学研究》(三),科学出版社,1997 年。

[3]　上海市文物管理委员会:《马桥——1993—1997 年发掘报告》,第 184 页,上海书画出版社,2002 年。

[4]　江西省文物考古研究所、樟树市博物馆:《吴城——1973～2002 年考古发掘报告》,第 407—410 页,科学出版社,2005 年。

[5]　江西省文物考古研究所、樟树市博物馆:《吴城——1973～2002 年考古发掘报告》,第 392 页,科学出版社,2005 年。

[6]　寿光县博物馆:《寿光县古遗址调查报告》,《海岱考古》第一辑,山东大学出版社,1989 年。

[7]　中国社会科学院考古研究所:《殷墟发掘报告(1958—1961)》,第 134 页,文物出版社,1987 年。

[8]　北京大学考古学系商周组、安徽省文物工作队:《安徽省霍邱、六安、寿县考古调查试掘报告》,《考古学研究》(三),科学出版社,1997 年。

[9]　安徽省文物考古研究所:《霍邱堰台——淮河流域周代聚落发掘报告》,第 299 页,科学出版社,2010 年。

[10]　安徽省文物考古研究所:《霍邱堰台——淮河流域周代聚落发掘报告》,第 314 页,科学出版社,2010 年。

家墩采：6[1]类似，时代属西周早期。师姑墩残豆盘T5⑦：17与胥浦甘草山西周早期的Ⅳ式豆202④：12[2]相似。因此可以判断，师姑墩晚期一段时代约为西周早期。

　　师姑墩晚期二段D型折肩绳纹陶鬲T4⑧：21与绣鞋墩三期陶鬲T1④a：6[3]器形基本相同，后者属西周中期。师姑墩CbⅠ式折腹陶豆T9⑥：2与堰墩A型豆T609⑬：3[4]器形类似。Cc型直口罐T6⑧：1与堰台出土陶罐T0911④：3[5]、汤家墩出土A型陶罐T4④：11[6]类似。Bc型素面折肩陶罐T9⑥：44与堰台B型陶罐M48：2[7]器形基本相同。师姑墩A型素面鬲T37⑦：1残余部分与汤家墩CⅡ式陶鬲T3⑥：2[8]几乎完全一致。上述堰台出土器物均属二期，约相当于西周中、晚期之交。堰墩、汤家墩所出均在西周中期左右。师姑墩陶钵T8⑦：8与吴大墩五期Ⅱ式陶钵T3⑤：37[9]形制相同，后者属西周中期。综上，师姑墩晚期二段时代约当西周中期。

　　师姑墩晚期三段乙类A型陶甗T4⑦：9甑部特征与青莲寺、众德寺出土的陶甗T2④：38、T1⑤：65[10]相似，后者分属西周中、晚期。师姑墩甲类陶甗T9③：21残缺，但口沿部分特征与堰台二期陶甗T0911③：5[11]类似。Aa型刮面鬲T6⑦：1与堰台三期乙类BbⅡ式陶鬲T0611④：1[12]的器形尤其是实足跟特点类似。师姑墩CbⅢ式豆T7④：68与堰台三期DaⅢ式豆T0712⑤：5[13]豆盘部分特征几乎相同。堰台二期约当西周中、晚期之交，三期大约相当于西周晚期至两周之交。另外，师姑墩出土的原始瓷豆，在金坛茅东村牯牛墩M1[14]、句容鹅毛岗Q4[15]出土的原始瓷豆中均能发现器形相同者，为西周晚期常见器类。因此可以推断，师姑墩晚期三段时代约相当于西周晚期至两周之交，部分器物可能早至西周中期。

　　师姑墩晚期四段折腹陶豆T7④：2与堰台陶豆T0910③：7[16]器形几乎相同，后者属堰台三

［1］　安徽省文物考古研究所：《安徽枞阳县汤家墩遗址发掘简报》，《中原文物》2004年第4期。

［2］　江苏省驻仪征化纤公司文物工作队：《仪征胥浦甘草山遗址的发掘》，《东南文化》1986年第1期。

［3］　北京大学考古学系商周组、安徽省文物工作队：《安徽省霍邱、六安、寿县考古调查试掘报告》，《考古学研究》(三)，科学出版社，1997年。

［4］　安徽省文物考古研究所、六安市文物管理所：《安徽六安市堰墩西周遗址发掘简报》，《考古》2002年第2期。

［5］　安徽省文物考古研究所：《霍邱堰台——淮河流域周代聚落发掘报告》，第269页，科学出版社，2010年。

［6］　安徽省文物考古研究所：《安徽枞阳县汤家墩遗址发掘简报》，《中原文物》2004年第4期。

［7］　安徽省文物考古研究所：《霍邱堰台——淮河流域周代聚落发掘报告》，第272页，科学出版社，2010年。

［8］　安徽省文物考古研究所：《安徽枞阳县汤家墩遗址发掘简报》，《中原文物》2004年第4期。

［9］　张敬国、贾庆元：《肥东县古城吴大墩遗址试掘简报》，《文物研究》第1辑，1985年。

［10］北京大学考古学系商周组、安徽省文物工作队：《安徽省霍邱、六安、寿县考古调查试掘报告》，《考古学研究》(三)，科学出版社，1997年。

［11］安徽省文物考古研究所：《霍邱堰台——淮河流域周代聚落发掘报告》，第289页，科学出版社，2010年。

［12］安徽省文物考古研究所：《霍邱堰台——淮河流域周代聚落发掘报告》，第260页，科学出版社，2010年。

［13］安徽省文物考古研究所：《霍邱堰台——淮河流域周代聚落发掘报告》，第302页，科学出版社，2010年。

［14］南京博物院、常州博物馆、金坛区博物馆：《江苏金坛茅东村牯牛墩土墩墓发掘报告》，《东南文化》2019年第1期。

［15］镇江博物馆、句容市博物馆：《江苏句容鹅毛岗1号土墩墓发掘简报》，《江汉考古》2013年第2期。

［16］安徽省文物考古研究所：《霍邱堰台——淮河流域周代聚落发掘报告》，第308页，科学出版社，2010年。

期,时代约当两周之际。釜形鼎T36②：1浅腹、宽扁足的特征与句容古城D1M5：14[1]形制相似,后者时代为春秋时期。师姑墩陶钵T33④：1、T11⑬：9分别与团山5a式钵H5（3）：64、5b式钵H5（2）：42[2]形制相近,后者均属春秋早期。T11⑦：1与堰台BaⅣ式绳纹钵T1205③：1[3]器形、纹饰均相同,后者属堰台四期,时代为春秋早中期。师姑墩原始瓷豆T6④：2与金坛B型原始瓷豆M1：3[4]形制相同。B型原始瓷碗T7④：10、T6③：1分别与火烧山IT0403⑨：20、IT0403⑤：5[5]器形几乎无差异,火烧山所出分别为春秋早期前段、春秋中期前段。综上,师姑墩晚期四段时代约在春秋早中期。

二、夏家墩、神墩遗址

（一）一期遗存

腹饰横绳纹的陶鬲是中原地区西周早期流行器形,如长安沣西张家坡A型Ⅰ式陶鬲M315：01[6]即是如此,夏家墩出土AⅠ式横绳纹鬲TXH11：10的时代应与之相近。夏家墩AⅡ式鬲TXT1⑧a：1也与张家坡西周早期墓出土陶鬲M322：1[7]特征类似。夏家墩折肩罐TXT1⑧a：4与堰台CaⅡ式罐M28：4[8]器形几乎相同,后者属堰台二期,时代约西周中晚期之交。因此,夏家墩、神墩一期时代约在西周早中期。

（二）二期遗存

夏家墩原始瓷罐TXT1④：2与丹徒横山馒儿墩出土2式罐DHM：36[9]类似,时代为两周之交。夏家墩鼎TXH2：2与庐江大神墩出土的三足盘T322③：4、T332③：1[10]在形制上基本相同,二者或许为同类器物,后者时代为西周晚期。夏家墩簋TXT2③：25与堰台三期BaⅢ式簋T0411③：1器形相同,后者属西周晚期到春秋初期。神墩B型豆盘TST1F1：1形制与五担岗春秋早期陶豆H67：3[11]相同。因此,夏家墩、神墩二期约相当于西周晚期至春秋早期。

［1］　南京博物院考古研究所、镇江市博物馆、常州市博物馆：《江苏句容及金坛市周代土墩墓》,《考古》2006年第7期。
［2］　团山考古队：《江苏丹徒赵家窑团山遗址》,《东南文化》1989年第1期。
［3］　安徽省文物考古研究所：《霍邱堰台——淮河流域周代聚落发掘报告》,第311页,科学出版社,2010年。
［4］　南京博物院、镇江博物馆、金坛博物馆：《江苏金坛高庄土墩墓D1发掘简报》,《东南文化》2018年第5期。
［5］　浙江省文物考古研究所、故宫博物院、德清县博物馆：《德清火烧山——原始瓷窑址发掘报告》,第26页,文物出版社,2008年。
［6］　中国社会科学院考古研究所：《张家坡西周墓地》,第100页,中国大百科全书出版社,1999年。
［7］　中国社会科学院考古研究所：《张家坡西周墓地》,第100页,中国大百科全书出版社,1999年。
［8］　安徽省文物考古研究所：《霍邱堰台——淮河流域周代聚落发掘报告》,第273页,科学出版社,2010年。
［9］　南京博物院、镇江博物馆、丹徒县文教局：《江苏丹徒横山、华山土墩墓发掘报告》,《文物》2000年第9期。
［10］　安徽省文物考古研究所、庐江县文物管理所：《庐江大神墩遗址发掘简报》,《江汉考古》2006年第2期。
［11］　安徽省文物考古研究所、南京大学历史学院考古文物系、马鞍山市文物局等：《马鞍山五担岗》,第220页,文物出版社,2016年。

三、繁昌板子矶遗址

（一）一期遗存

折肩鬲是周代江淮地区常见器类。与板子矶AⅠ式鬲T703⑭：1大口、弧折肩类似的器物也见于霍邱堰台遗址，如乙类EbⅠ式陶鬲T0811⑤：3[1]，后者时代属于堰台三期，约在西周晚期至春秋初期。板子矶出土的鬲足T703⑬：7与吴大墩六期鬲足T2③：14[2]类似，后者属于西周晚期到春秋初期。板子矶Ⅰ式曲柄盉足T704⑪：7实足跟呈锥状，足尖平，与堰台T0909⑦：1、T1010③：1陶盉[3]足部特征类似，堰台出土陶盉为二期，时代约当西周中晚期之际。板子矶BⅠ式原始瓷碗T603⑫：4与溧水宽广墩出土的一件原始瓷碗[4]类似，后者属西周晚期至东周早期。综合上述分析，板子矶一期时代约在西周晚到春秋初期，部分器物可能早至西周中、晚期之交。

（二）二期遗存

板子矶B型陶鬲T603⑦：1与五担岗陶鬲H37：20[5]器形及纹饰特征相同，后者属春秋早中期。板子矶B型陶豆T604⑧：3，豆盘圜底，细高柄，喇叭形圈足，与五担岗出土陶豆G27③：24[6]类似，后者属于五担岗四期早段，时代为春秋早中期。板子矶二期出土的AⅡ式原始瓷碗H2：2，与团山第五、六期出土的原始瓷碗[7]器形类似，多为斜弧腹、饼状足或假圈足，均为春秋早中期的常见特征。原始瓷鼎T703⑨：3形态、纹饰等都与火烧山Ⅰ区出土的Ⅱ式原始瓷鼎[8]类似，后者属于火烧山二期，时代约当春秋早期前段。B型原始瓷碗H2：5腹壁近直也属于春秋早期特征。因此，板子矶二期的时代大体相当于春秋早中期。

四、聚落遗址综合分期探讨

综上，通过各聚落遗址年代探讨及出土器物特征分析，可以将皖南青铜文化聚落遗存划分为连续发展的6段，各段与聚落地层、遗迹单位的对应关系如表19所示。

［1］　安徽省文物考古研究所：《霍邱堰台——淮河流域周代聚落发掘报告》，第264页，科学出版社，2010年。
［2］　张敬国、贾庆元：《肥东县古城吴大墩遗址试掘简报》，《文物研究》第1辑，1985年。
［3］　安徽省文物考古研究所：《霍邱堰台——淮河流域周代聚落发掘报告》，第286页，科学出版社，2010年。
［4］　刘建国、吴大林：《江苏溧水宽广墩墓出土器物》，《文物》1985年第12期。
［5］　安徽省文物考古研究所、南京大学历史学院考古文物系、马鞍山市文物局等：《马鞍山五担岗》，第182页，文物出版社，2016年。
［6］　安徽省文物考古研究所、南京大学历史学院考古文物系、马鞍山市文物局等：《马鞍山五担岗》，第221页，文物出版社，2016年。
［7］　团山考古队：《江苏丹徒赵家窑团山遗址》，《东南文化》1989年第1期。
［8］　浙江省文物考古研究所、故宫博物院、德清县博物馆：《德清火烧山——原始瓷窑址发掘报告》，第46页，文物出版社，2008年。

表19　聚落遗址分期与地层、遗迹对应表

时段 遗址	1	2	3	4	5	6
师姑墩	T6⑫、T7⑬、T7⑫、T8⑩、T9⑪、G7、H8、H9	T37⑨、T28⑨、T5⑭、T5⑬	T5⑩、F2、F1	T5⑦、T5④、T6⑧、T9⑧、T36⑦、T37⑦、T40⑤、T41⑤	T5②、T6⑥、T8④、T36⑤、T37⑤	T6④、T7④、T9②、T36③、T37③、T40③、T41③
夏家墩、神墩			TXH11、TXT1⑧a、TST1⑱		TXT2③、TXT4④、TXH2、TST1F1	
板子矶					⑩—⑮	②—⑨、H1、H2

　　1段为师姑墩早期，约相当于中原二里头晚期。2段主要包含师姑墩中期，约相当于中原二里岗上层时期至花园庄时期。这一时期，师姑墩遗址在经历了短时间废弃后被重新利用。3段相当于西周早期，包括师姑墩晚期一段。师姑墩再次被利用，夏家墩、神墩出现聚落。4段相当于西周中期，包括师姑墩晚期二段。夏家墩一期多数遗存也应属于此段。5段相当于西周晚期，包括师姑墩晚期三段，夏家墩、神墩二期，板子矶一期。6段相当于春秋早中期，包括师姑墩晚期四段、板子矶二期。

第三节　青铜器编年研究

　　20世纪50年代以来，皖南地区出土青铜器已有500多件[1]，除屯溪土墩墓及周边出土的100余件外，其他均发现于皖南沿江平原地区，尤以铜繁丘陵一带最为集中，但南陵地区出土较少。因此本节仍以与南岭邻近的铜陵、繁昌等地出土的青铜器群组为主，对其时代进行分析探讨，一窥南陵地区青铜器发展之概貌。

一、商代青铜器

铜陵童墩铜斝、爵

　　1983年出土于铜陵县西湖镇童墩村[2]。斝侈口，体分段，腹微鼓，平底，素鋬。沿上有两柱，伞状帽柱顶饰涡纹。四棱空锥形三足外撇。颈腹各饰兽面纹一周（图210-1）。此类斝在郑州一带多有出土，上海博物馆收藏的一件，收入《中国青铜器全集》（《全集》1-96，下简称《全集》）[3]，器形、纹饰均与童墩斝基本相同，时代为二里岗上层时期。爵圆腹，平底，流较窄，尾

［1］　陆勤毅、宫希成主编：《皖南商周青铜器研究》，第3页，文物出版社，2016年。
［2］　安徽大学、安徽省文物考古研究所：《皖南商周青铜器》，图1、2，文物出版社，2006年。
［3］　中国青铜器全集编辑委员会：《中国青铜器全集》（1—16册），文物出版社1997年。

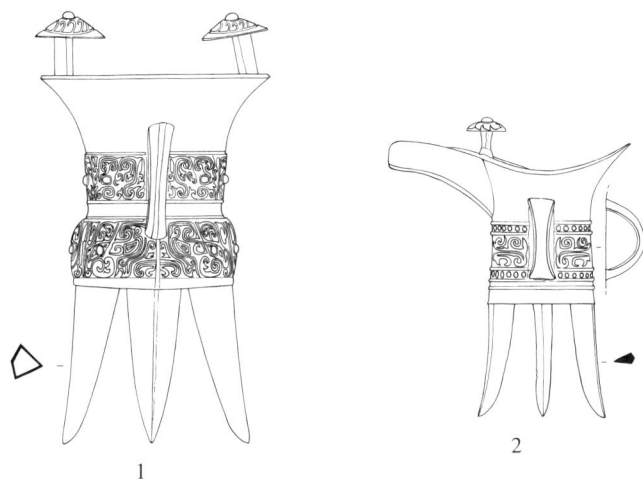

图210　童墩青铜器

1. 斝（铜陵）、2. 爵（铜陵）

部上翘，半圆形鋬素面。流根部捏合，流折处有一单柱，伞状帽柱顶饰涡纹。三锥状足稍外撇。腹饰兽面纹一周，无地纹，上下各饰一周小圆圈纹（图210-2）。该爵与郑州白家庄爵（《全集》1-65）器形、纹饰类似，后者为商代早期。因此，童墩组铜器时代约为二里岗上层时期。

二、西周青铜器

（一）繁昌孙村墓

1972年出土于繁昌县孙村镇窑上，共8件，包括窃曲纹鼎2件，凸弦纹鼎1件，窃曲纹匜1件，剑、戈各1件，凿2件[1]。

窃曲纹鼎2件。安博21907-1，立耳，球腹、蹄足。腹饰长条状回形窃曲纹一周，上下各有弦纹一周（图211-1）。此鼎装饰的无目窃曲纹主要流行于西周中晚期[2]。

弦纹鼎，立耳，垂腹，蹄足。腹部饰凸弦纹两周（图211-2）。垂腹蹄足鼎在江淮地区出土较多，流行于西周中晚期[3]。

窃曲纹匜，槽形流，瓢状腹，三蹄足，鋬呈燕尾状，流下有一齿突。口下饰一周回形窃曲纹，鋬饰云雷纹（图211-3）。匜主要流行于西周中晚期到春秋时期。瓢形燕尾鋬三足匜在皖南地区共发现5件，其他4件分别出土于芜湖韩墩、市区，当涂丹阳、铜陵谢垅[4]。5件匜形制基本相同，时代在西周中晚期至春秋早期[5]。

[1]　安徽大学、安徽省文物考古研究所：《皖南商周青铜器》，图21、22、37，文物出版社，2006年。孙村窑上出土青铜器数量各处记载不一，此据《皖南商周青铜器研究》之说，见该书第6页。

[2]　王世民、陈公柔、张长寿：《西周青铜器分期断代研究》，第186—193页，文物出版社，1999年。

[3]　张爱冰等：《群舒文化研究》，第31页，上海古籍出版社，2019年。

[4]　安徽大学、安徽省文物考古研究所：《皖南商周青铜器》，图38—40、63，文物出版社，2006年。

[5]　张爱冰等：《群舒文化研究》，第32页，上海古籍出版社，2019年。

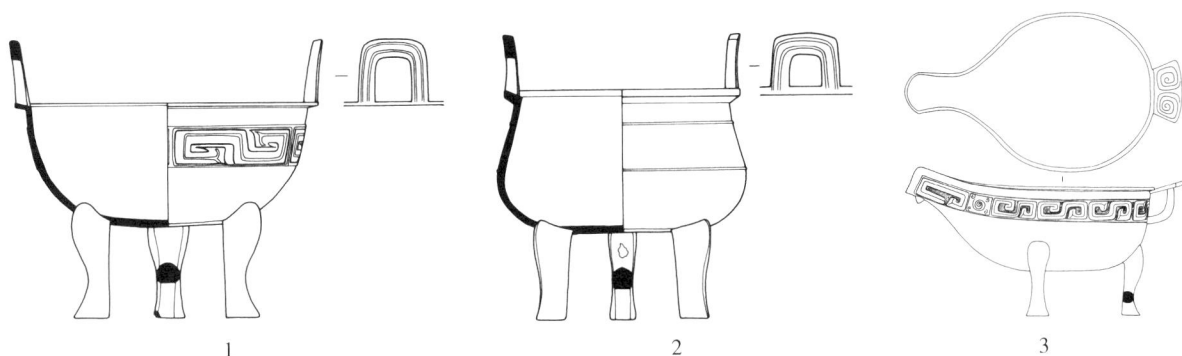

图211　孙村青铜器

1. 窃曲纹鼎、2. 弦纹鼎、3. 窃曲纹匜

综合上述分析,可将孙村组铜器时代定为西周晚期。

（二）繁昌汤家山墓

1979年7月出土于繁昌县环城公社汤家山,共13件,包括方鼎2件,圆鼎4件,龙纽盖盉、连体甗、鱼龙纹盘、蟠虺纹扁体簠、甬钟各1件,鸟形饰2件[1]。

方鼎2件,大小、形制相同。长方形,有盖,盖上有一长方纽,两立耳,四蹄足。鼎盖饰五周长方形凸弦纹。鼎腹中部饰乳丁纹一周,上下各一道凸弦纹（图212-2）。方鼎流行于商代早期至西周中期。汤家山鼎与长安花园村出土的方鼎（《全集》5-8）腹部多乳钉纹特征相同,后者属西周中期。屯溪M3出土凤纹方鼎,张长寿先生考证时代为西周中期[2]。

窃曲纹球腹蹄足鼎2件,形制相同,立耳,浅圆腹,蹄足。口下饰有目窃曲纹一周,间以蝶形纹,上有弦纹一周,下有弦纹两周。立耳外侧有凹弦纹两道。蹄足上端有兽头装饰（图212-7）。球腹蹄足鼎于西周、春秋时期流行于各地,西周中晚期最多。窃曲纹也流行于西周中晚期至春秋初期。汤家山鼎时代应为西周中晚期。

重环纹球腹蹄足鼎,立耳,圆腹,蹄足。口下饰一周长、圆相间的重环纹,上下各有一周弦纹作界栏（图212-8）。重环纹在西周晚期至春秋早中期流行[3]。

小口罐形鼎,直口,扁鼓腹,肩上有略外撇之双立耳,蹄足。拱形盖,上有四矩形钮。肩饰有目窃曲纹一周,间以蝶形纹,上下各有凸弦纹一周作为界栏,其下又有凸弦纹一周（图212-6）。该鼎所饰窃曲纹在西周中后期至春秋初期流行。小口罐形鼎在春秋中期至战国晚期于楚墓中多有出土,有学者认为是楚式鼎[4]。从时间判断,楚式小口罐形鼎应是受皖南、江淮群舒文化影响所致。

［1］　安徽省文物工作队、繁昌县文化馆:《安徽繁昌出土一批春秋青铜器》,《文物》1982年第12期;安徽大学、安徽省文物考古研究所:《皖南商周青铜器》,图32、34、56、59、61、86、87、88,文物出版社,2006年。
［2］　张长寿:《论屯溪出土的青铜器》,马承源主编:《吴越地区青铜器研究论文集》,(香港)两木出版社,1997年。
［3］　宋治民:《四川先秦时期考古研究的问题》,《四川考古论文集》,文物出版社,1996年。
［4］　万全文:《长江文化之旅——长江流域的青铜冶铸》,第108页,长江出版社,2015年。

　　龙钮圈足盖盉，扁鼓腹，管状流，矮圈足。盉盖上立一龙首高昂的圆雕蟠龙作为盖钮。盉侧有一半环形鋬，与盖用链条相连。龙身饰鳞纹，尾饰波曲纹、云纹、菱纹。鋬饰云纹。管流饰云纹及复线三角雷纹。肩部及腹下部各饰有目窃曲纹一周（图212-3）。该盉制作精细，纹饰复杂而精美。盉身所饰窃曲纹、三角雷纹、蟠龙造型及龙身所饰鳞纹都在西周中期以后流行。长安张家坡出土的伯百父鎣（《全集》5-117），与汤家山盉除足部不同外，造型、纹饰均相似。前者时代为西周晚期。

　　兽面纹鬲，连体，立耳，甑腹部较深，鬲部袋腹，分裆，足截面呈半圆形。甑饰斜角云纹一周，下有弦纹一周。足跟上部饰带角兽面纹（图212-1）。连体鬲在中原主要流行于西周时期。牛头纹主要流行于西周早期。汤家山鬲整体器形与上博藏母癸鬲（《全集》5-47）相似，后者为西周早期。

　　鱼龙纹盘，侈口，圆腹，平底，圈足，两环耳附于腹侧。口沿上饰鳞纹一周。腹饰夔纹一周。圈足饰斜角云纹一周。盘内底部饰浅浮雕蟠龙纹和夔纹。腹内壁饰鱼纹及圆圈纹一周（图212-5）。张爱冰先生认为，双耳圈足盘耳部圆折是西周时期的常见风格，鱼龙纹装饰风格主要见于殷墟时期[1]。仪征破山口墓出土一件鱼龙纹盘，装饰风格与汤家山盘近同，时代被定为西周早期[2]，可以作为汤家山盘断代的参考。

　　蟠虺纹扁体簋（《皖南》作盘），侈口，束颈，浅腹，圈足。体侧有对称云形镂空扉耳。腹及圈足均饰细密方格蟠虺纹，腹部蟠螭纹上下各有双线波折纹一周（图212-4）。扁体簋主要发现于宁镇、皖南地区，出土数量不多。丹阳司徒窖藏出土的类似铜簋，时代被定为西周中期或偏晚[3]，可以作为汤家山簋断代的参考。

　　对于汤家山组铜器的时代，学界争论颇多。原报告认为是春秋早期。李国梁认为不排除墓葬的时代要晚到春秋中期[4]。张小帆认为在西周晚期[5]。张爱冰、陆勤毅认为在西周中期到晚期[6]，后张爱冰又修正为西周晚期[7]。综合上述分析，该组铜器中的器物存在早晚之别，跨度可能从西周早期至晚期，墓葬年代宜定于西周晚期。

（三）铜陵董店甬钟

　　1993年，铜陵董店乡双龙村龙山石料厂发现甬钟5件，其中1件残损，其余4件完好[8]。董店A19（《皖南商周青铜器》70，下简称《皖南》），钲及鼓部饰兽面纹，篆间饰夔龙纹，甬部及旋光素（图213-1）。董店A20（《皖南》71），钲饰兽面纹，篆间饰夔龙纹，鼓部饰卷云纹，甬部光素，旋饰

[1]　张爱冰等：《群舒文化研究》，第29页，上海古籍出版社，2019年。
[2]　王志敏、韩益之：《介绍江苏仪征过去发现的几件西周青铜器》，《文物参考资料》1956年第12期。
[3]　镇江市博物馆、丹阳县文物管理委员会：《江苏丹阳出土的西周青铜器》，《文物》1980年第8期。
[4]　李国梁：《皖南出土的青铜器》，《文物研究》第4辑，黄山书社，1988年。
[5]　张小帆：《繁昌汤家山西周墓的再认识》，《南方文物》2014年第1期。
[6]　张爱冰、陆勤毅：《繁昌汤家山出土青铜器的年代及其相关问题》，《文物》2010年第12期。
[7]　张爱冰等：《群舒文化研究》，第29页，上海古籍出版社，2018年。
[8]　陆勤毅、宫希成主编：《皖南商周青铜器研究》，第7页，文物出版社2016年；安徽大学、安徽省文物考古研究所：《皖南商周青铜器》，图70—73，文物出版社2006年。

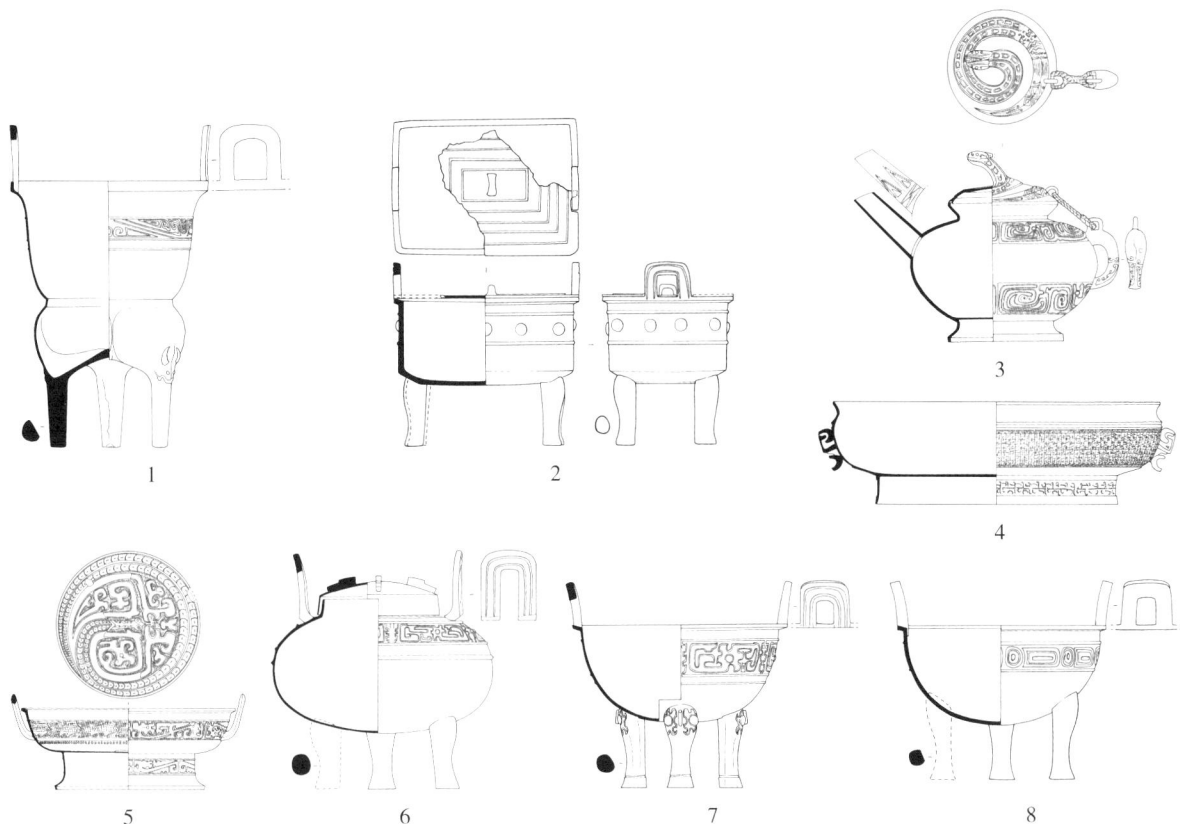

图212　汤家山青铜器

1. 兽面纹瓿、2. 方鼎、3. 龙钮盉、4. 蟠虺纹扁体簋、5. 鱼龙纹盘、6. 小口罐形鼎、7. 窃曲纹鼎、8. 重环纹鼎

4枚乳钉（图213-2）。董店A23（《皖南》73），钲及篆间饰夔龙纹，鼓部饰卷云纹，甬部光素，旋饰4枚乳钉（图213-3）。此3件形制基本相同，大小递减，纹饰略有差别。董店A22（《皖南》72），甬饰三角夔纹，舞饰云雷纹，钲及鼓部饰夔龙纹，篆间饰云纹，旋饰4枚乳钉。钲、篆间以小乳钉作为界栏。铣侧有夔龙状扉棱（图213-4）。与其他3件形制不同。甬钟最早出现于西周早期，有学者认为南方的甬钟是由乳钉铙转化而来[1]。董店钟高枚，长钲，短鼓，均是比较早期的特征，《皖南商周青铜器研究》将该组甬钟时代定为西周晚期[2]，可从。

三、春秋青铜器

铜陵谢垅墓，1989年7月发现于铜陵市北郊谢垅变电所基建工地，出土铜器5件，重环纹鼎、夔纹盖鼎、弦纹分体瓿、曲柄盉、蟠螭纹三足匜各1件[3]。原报告认为是一处青铜器窖藏，从器物组合看应该是墓葬所出。

---

[1]　施劲松：《我国南方出土铜铙及甬钟研究》，《考古》1997年第10期。
[2]　陆勤毅、宫希成主编：《皖南商周青铜器研究》，第155页，文物出版社，2016年。
[3]　张国茂：《安徽铜陵谢垅春秋铜器窖藏清理简报》，《东南文化》1990年第4期；安徽大学、安徽省文物考古研究所：《皖南商周青铜器》，图55、63、66、93、102，文物出版社，2006年。

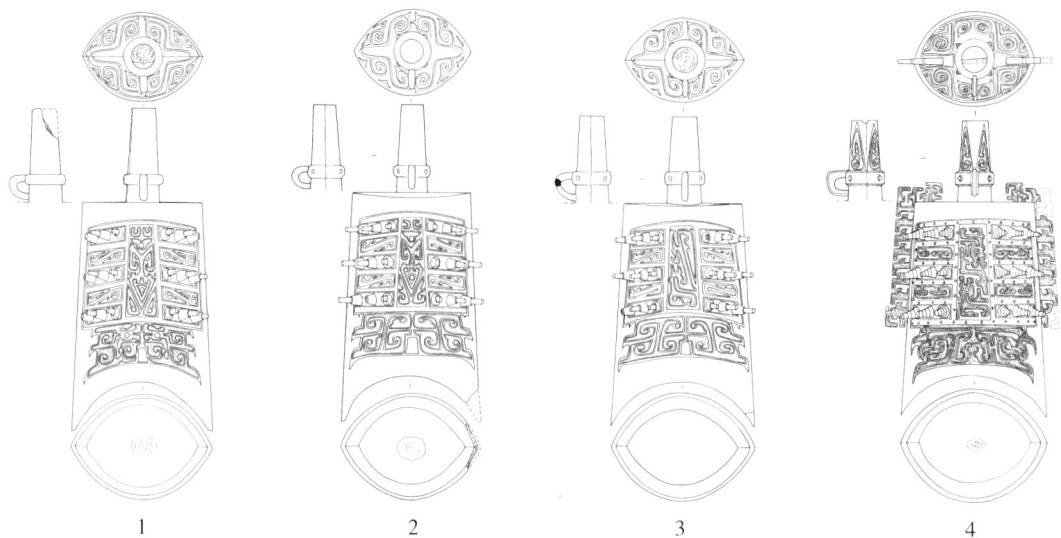

图213　董店青铜甬钟

1. A19、2. A20、3. A23、4. A22

　　重环纹鼎,立耳,浅圆腹,蹄足。体饰重环纹一周(图214-4)。该鼎形制与繁昌汤家山、宣城正兴等出土的重环纹鼎基本相同,时间为西周晚期至春秋初期。

　　夔纹平盖鼎,附耳,子母口,平盖带有直裙,盖中置环形钮,周边环置三个曲尺形捉手。深腹,三蹄足。盖面饰夔纹一周,折边直裙处饰勾连云纹一周。口下饰夔纹一周,其下有凸弦纹一周,再下又有乳钉纹一周。捉手及附耳外侧均饰小圆点间以弦纹,纹饰复杂而精美(图214-5)。这种形制的鼎有学者称为"平顶盖鼎"。此类鼎在西周末年至春秋早期集中出现于沂泗和淮河流域[1]。皖南除谢垅鼎外,在郎溪十字铺也发现一件,时代大致在春秋早期。

　　分体甗,甑绳鋬立耳外撇,器身饰三周弦纹。鬲肩附绳耳外撇,弧裆柱足(图214-3)。绳耳甗主要出土于铜陵地区,应是皖南特有器类。分体甗最早出现于商代后期,但主要流行于春秋时期,春秋早期发现较多。

　　曲柄盉,盘口甗形,管状套接两段式曲柄,尾段曲柄卷曲,有销孔,通体素面(图214-1)。此类盉集中出土于皖南、江淮地区。皖南共出土7件,除谢垅外,其他6件分别出土于芜湖柳春园,繁昌赤沙新塘,南陵家发长山,铜陵金口岭、钟鸣、西湖轮窑厂[2]。除金口岭盉为钵形敛口,其他均为盘口。江淮、皖南地区出土的曲柄陶盉,可以为判断曲柄铜盉的时代提供依据。曲柄陶盉出现于西周早期,兴盛于西周中期至春秋早期[3]。曲柄铜盉时代应与之相当。

　　蟠螭纹三足匜(图214-2),时代为西周中晚期至春秋早期。

[1]　李宏:《论春秋时期平盖铜鼎的起源与传承》,《青铜器与山东古国学术研讨会论文集》,上海古籍出版社,2017年。

[2]　安徽大学、安徽省文物考古研究所:《皖南商周青铜器》,图49—55,文物出版社,2006年。

[3]　张爱冰等:《群舒文化研究》,第60页,上海古籍出版社,2018年。

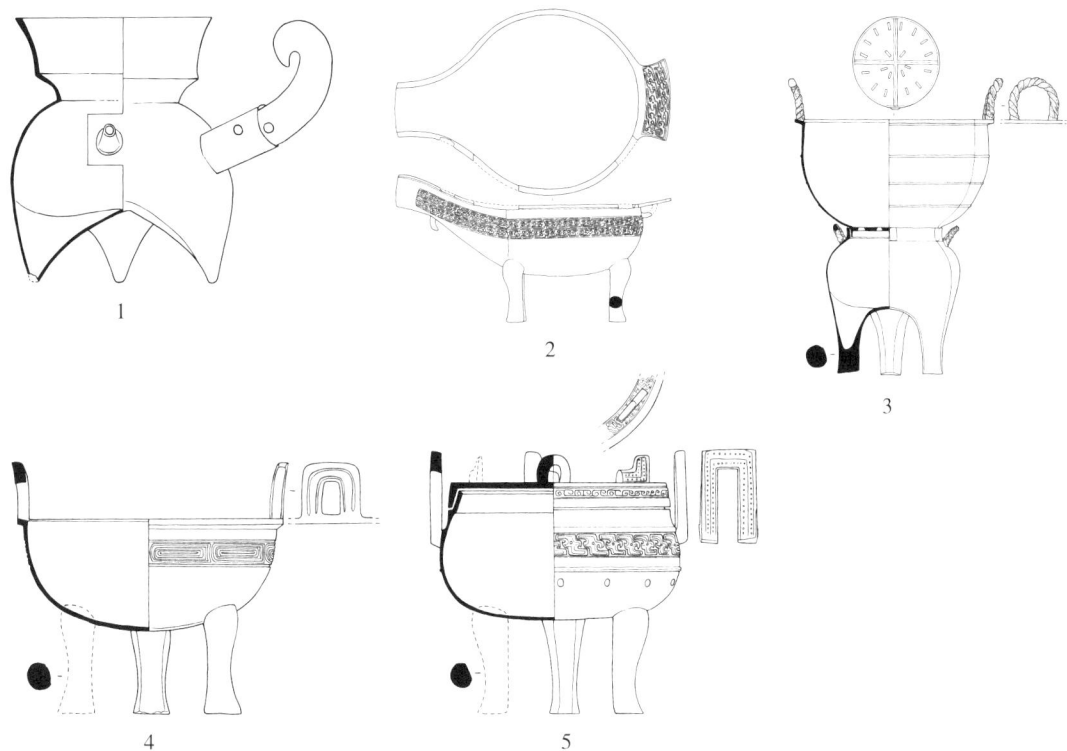

图214 谢垅青铜器

1. 曲柄盉、2. 蟠螭纹匜、3. 分体甗、4. 重环纹鼎、5. 夔纹平盖鼎

综合上述分析,谢垅组铜器时代大致为西周晚期至春秋早期,墓葬为春秋早期。

第四节 土墩墓编年研究

南陵一带是皖南土墩墓分布最集中的地区。作为南陵地区青铜文化的重要内涵,土墩墓对于探索商周时代南陵地区的经济发展和社会结构具有重要意义。南陵及附近地区经过科学发掘或清理的土墩墓主要有千峰山、龙头山、繁昌平铺等。土墩墓中出土器物以印纹陶器、原始瓷器为主,变化规律较为明显。

一、千峰山土墩墓

共发掘土墩18座,除16号墩为一墩两墓,有叠压关系外,其他均一墩一墓,共19座墓葬。有6座为空墓,无随葬品。其他墓葬随葬品最多3件,最少1件。随葬品有夹砂陶鬲、甗、盉,泥质陶瓿,印纹陶罐、坛、瓿,原始瓷豆等[1]。

---

[1] 陆勤毅、刘平生:《南陵土墩墓的几个问题》,《文物研究》第2辑,1986年;安徽省文物考古研究所:《安徽南陵千峰山土墩墓》,《考古》1989年第3期。两文对空墓统计数目不一,今暂从后说。

（一）印纹陶器

以罐为主,其次为坛、瓿。

1. 罐

Ⅰ式　侈口,卷沿,圆唇,领较高,圆鼓腹,平底。颈饰多道弦纹,器体上部饰回纹,下部饰变体雷纹(图215-1)。

Ⅱ式　侈口,卷沿,圆唇,领较高,双耳,器腹扁圆,小平底。器身饰变体雷纹(图215-2)。

Ⅲ式　侈口,卷沿,领较高,器腹圆鼓,双耳,平底。颈饰多道弦纹,器体上部饰回纹,下部饰雷纹(图215-3)。

Ⅳ式　侈口,束颈,深鼓腹,平底,双耳。器身饰三角纹及雷纹(图215-4)。

Ⅴ式　侈口,束颈,双耳,器腹扁圆,平底,腹部饰席纹(图215-5)。

Ⅵ式　侈口,高领,圆肩,鼓腹,双耳。耳侧粘贴一变形兽头形附加堆饰(图215-6)。

Ⅶ式　侈口,卷沿,短颈,圆鼓腹,平底。器体上部饰雷纹,下部饰波浪纹(图215-7)。

2. 坛

Ⅰ式　卷沿,领较高,鼓腹,体较高,下腹斜收,小平底。颈饰多道弦纹,器体饰回纹,近底部饰席纹(图215-8)。

Ⅱ式　卷沿,领较高,耸肩,体较高,下腹斜收,小平底。颈饰多道弦纹,肩饰折线三角纹,腹下部饰变体雷纹(图215-9)。

3. 瓿

共2件。形制相同,卷沿,束颈,折腹,平底。肩部上下各饰多道弦纹,之间有篦纹一周(图215-10)。

（二）原始瓷器

仅出土瓷豆。

Ⅰ式　侈口,圆唇,浅盘,腹微内折,矮圈足略外撇。豆盘内部及底有多道轮制细弦纹。灰白胎,器表施极薄米黄色釉(图215-11)。

Ⅱ式　侈口,尖唇,浅盘,折腹,矮圈足,盘内外均有多道轮制细弦纹(图215-12)。

Ⅲ式　敞口,宽沿,浅盆式豆盘,折腹,弧底,矮圈足,圈足内部刻X形符号。口沿部及盘内均有轮制细弦纹(图215-13)。

二、龙头山土墩墓

共发掘土墩67座,出土印纹硬陶器、夹砂陶器、泥质陶器、原始瓷器、石器、玉器等约200件,以印纹硬陶和夹砂陶器数量最多,另有少量铜器残件[1]。

---

[1]　安徽省文物考古研究所、南陵县文物管理所:《安徽南陵龙头山西周土墩墓群发掘简报》,《文物》2013年第10期。

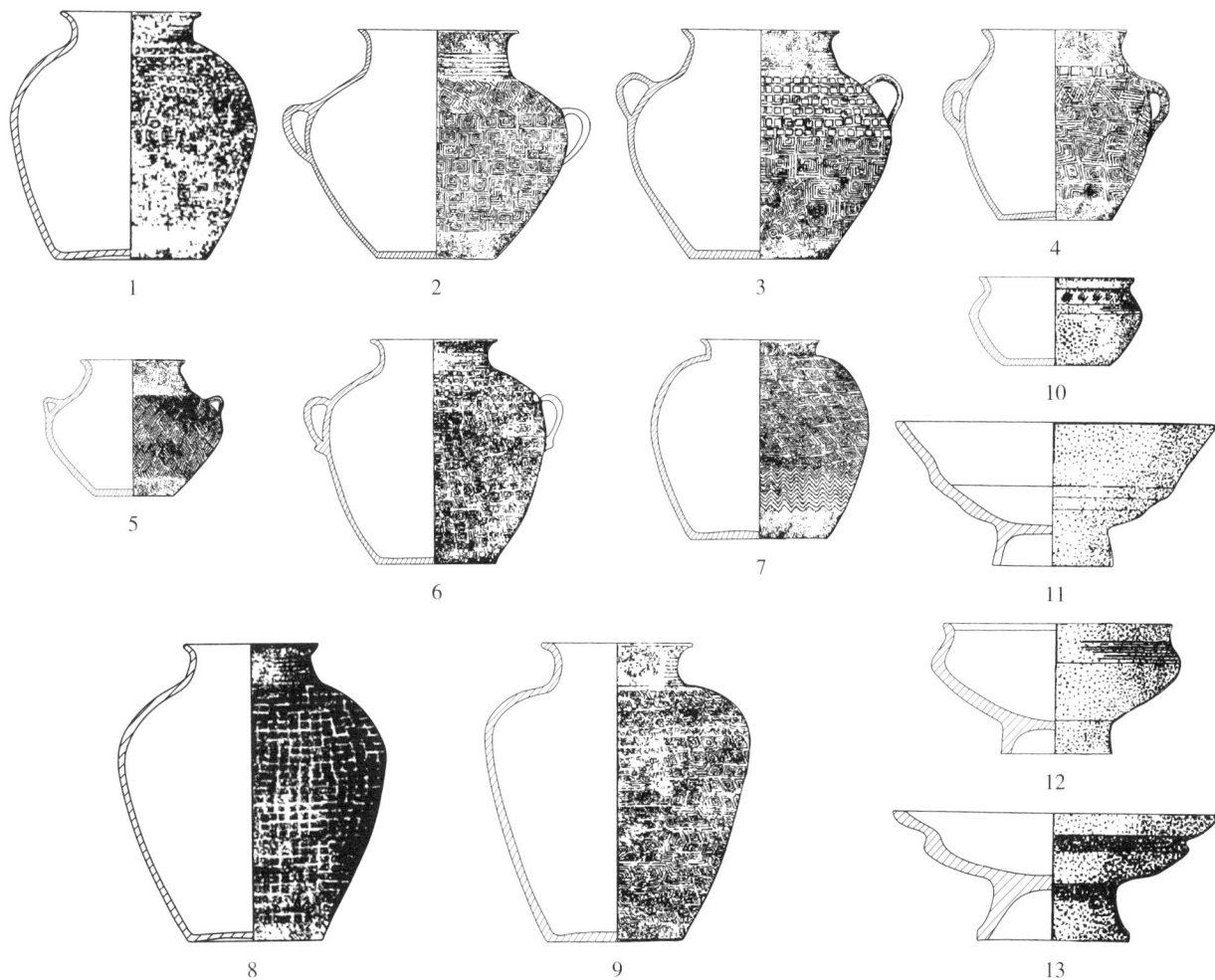

图215　千峰山土墩墓出土器物

1—10：印纹陶器　　11—13：原始瓷器

1. M11：1、2. M15：2、3. M14：1、4. M4：5、5. 16号墩M1：2、6. M6：6、7. 16号墩M2：6、8. 16号墩M1：1、9. M15：1、
10. M15：8、11. M15：6、12. M4：1、13. 16号墩M2：4

（一）印纹陶器

主要为双耳罐，其他有盂、坛等。

1. 罐

Ⅰ式　敞口，高领，圆肩，圆腹，平底内凹。颈饰数道弦纹，器体饰折线三角纹、重回纹等（图216-1）。

Ⅱ式　器体较小。侈口，束颈，斜肩，下腹斜直，双耳两侧各粘贴一个小泥圆饼，平底略内凹。颈及肩部均饰多道水波纹，间以篦齿状短斜线纹相隔（图216-2）。

2. 盂

侈口，束颈，斜肩，折腹。颈及肩部拍印数道弦纹，间以篦齿状短斜线纹相隔（图216-3）。

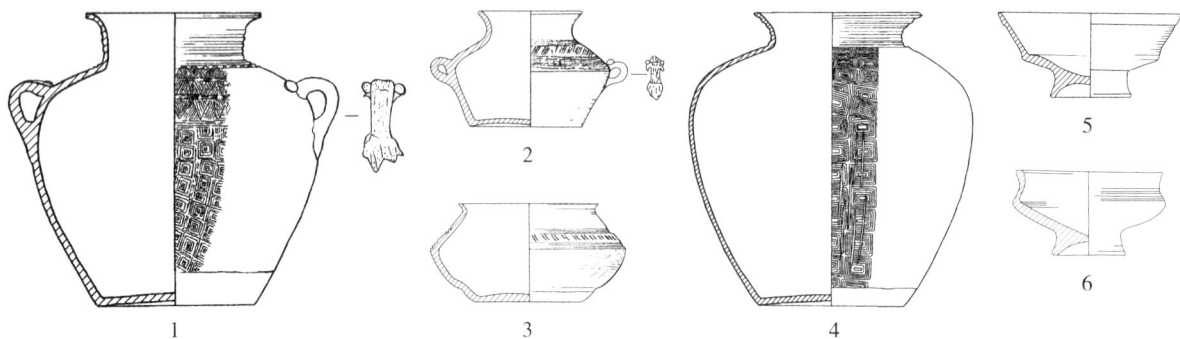

图216　龙头山土墩墓出土器物

1—4: 印纹陶器　5、6: 原始瓷器
1. D13M1∶1、2. D14M1∶3、3. D13M1∶2、4. D14M1∶1、5. D13M1∶7、6. D14M1∶6

3. 坛

侈口,弧肩,深圆鼓腹,底部内凹。颈饰弦纹,器体饰回纹(图216-4)。

(二)原始瓷器

主要为豆。

Ⅰ式　敞口,折腹,喇叭形矮圈足。盘内壁底部饰粗弦纹多道,器表有慢轮修整形成的细弦纹。黄绿色釉层剥落严重(图216-5)。

Ⅱ式　侈口,束颈,折腹,矮圈足微外撇。盘内壁与颈部饰粗弦纹。黄绿色釉层剥落严重(图216-6)。

三、繁昌平铺土墩墓

共发掘1座。随葬印纹陶坛、陶瓮,泥质陶罐、陶纺轮各1件。未发现原始瓷器。印纹陶烧制火候高,质地坚硬。器表花纹拍印规整清晰[1]。

1. 坛

小口,卷沿,短颈,圆腹,平底。颈部饰多道细弦纹,器身拍印回纹和折线纹(图217-1)。

2. 瓮

卷沿,短颈,深腹,圆肩,平底。颈部饰多道弦纹,器身上、下部分别拍印席纹、变体云雷纹(图217-2)。

四、年代讨论

皖南地区土墩墓一般随葬品很少,器物组合规律不明显;加之多数土墩建于生土层之上,土墩之间一般相互独立,极少有叠压、打破现象,与其他遗迹缺乏明确的层位关系。南陵地区土墩

[1]　杨鸠霞:《安徽省繁昌县平铺土墩墓》,《考古》1990年第2期。

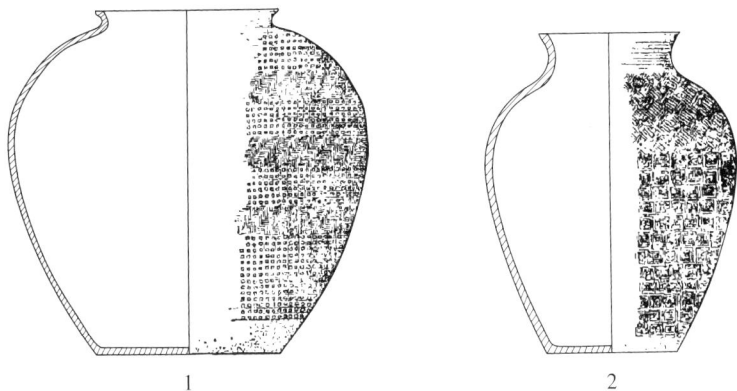

图217　平铺土墩墓出土器物

（原始资料缺编号描述）

墓也不例外。如果只着眼于南陵土墩墓器物本身，无疑会对墓葬的早晚关系及年代的判断带来困难。因此，本节拟采用比较研究的方法，对与南陵土墩墓文化面貌接近的宁镇、浙北地区土墩墓及聚落遗址出土器物进行比较，判断其所处时代。

（一）南陵千峰山土墩墓

南陵千峰山土墩墓印纹陶器多饰回纹、雷纹、弦纹、折线纹等，夹砂陶饰细绳纹，均为西周中、晚期流行的纹饰。出土的Ⅰ、Ⅱ式印纹陶坛形体较瘦长，肩部耸出，形制与《论土墩墓分期》[1]（以下简称《分期》）三期部分器形类似。Ⅰ、Ⅲ式原始瓷豆敞口、折腹、高圈足的特征与《分期》二、三期部分瓷豆器形相似，而Ⅱ式瓷豆侈口、束腰、圈足较矮的特点多见于《分期》三期。16号墩陶鬲M2∶1的形制也同于《分期》三期陶鬲。16号墩附耳甗M2∶7，甗耳略高于口沿，形制介于师姑墩Ⅱ式与Ⅲ式之间，应是一个过渡类型，后者分属于西周中、晚期。因此，千峰山土墩墓所出器物的时代应在西周中、晚期。

（二）南陵龙头山土墩墓

南陵龙头山墓葬可分为浅坑型、石床型、无坑型（平地型）3类。在清理的55座墓葬中，浅坑型38座、石床型9座、无坑型8座。在各种形制的土墩墓中，无坑型产生最早，贯穿了土墩墓使用的整个时间范围。浅坑型约在西周中期出现，一直使用到战国时期。石床型产生时间基本与无坑型同时，主要流行于西周晚期。因此，龙头山土墩墓群总体时代应较千峰山为晚。从出土器物来看，龙头山Ⅰ式豆高圈足、折腹的特征与《分期》中三期瓷豆相同。陶豆D13M1∶6、D13M1∶5则分别与《分期》中的三、四期陶豆类似。印纹硬陶坛、双耳罐也与《分期》中三期器形相似。《分期》三、四期分别相当于西周晚期、春秋早期。印纹陶盉形制及肩部纹饰均与师姑墩陶盉

---

[1]　刘建国:《论土墩墓分期》,《东南文化》1989年第Z1期。

T4⑧：2[1]相似，只是陶质不同，后者属师姑墩晚期三段，也即西周晚期。龙头山印纹陶罐上多饰重回纹，也是西周晚期的特征。D14M1出土器物基本与D13M1相同，应属于同一时代。因此，龙头山土墩墓时代约为西周晚期到春秋初期。

（三）繁昌平铺土墩墓

繁昌平铺土墩墓出土的器物与千峰山非常类似，报告认为属西周晚期[2]，可从。

根据上述分析，南陵一带土墩墓年代序列为：

千峰山D16M2、M6、M8、M15[3]，时代为西周中期。

千峰山D16M1、M1、M3、M10、M12，龙头山D13M1、D14M1，繁昌平铺土墩墓，时代约在西周晚到春秋初期。

根据现有资料，皖南土墩墓最早出现在皖南南部的屯溪及临近太湖的皖东南广德、宁国一带，时间约在西周早期。到西周中期或偏早阶段，又由宁镇逐渐向西扩散到漳河流域，形成密集的土墩墓群。西周后期又继续向西扩展到贵池、青阳一带[4]，几乎遍及皖南沿江各地。春秋中期以后，皖南地区受西来的楚文化影响，土坑竖穴墓开始流行，土墩墓则自西向东逐渐消亡。而以南陵为代表的皖南中部沿江地带，则是土墩墓集中分布地区。不过由于发掘资料限制，目前对南陵一带土墩墓时代和性质的认识还很粗略，后续进展尚有待于更多的田野工作。

第五节　青铜文化分期探讨

以上分别对南陵一带青铜文化聚落出土陶器、墓葬及窖藏出土青铜器、土墩墓出土陶器进行了类型学分析，并进行了时代探讨。本节将在此基础上，对该地区青铜文化遗存进行综合分期。

前文分析，大约二里头时代晚期，师姑墩出现了最早的聚落，并出现了青铜冶炼现象，皖南中部青铜文化开始萌芽，但在二里岗下层时期聚落可能被废弃。西周以后，师姑墩青铜文化快速发展，西周中后期走向繁荣。春秋早中期，青铜文化遗存大幅减少。春秋后期，皖南中部地区聚落大部分被废弃，青铜器、土墩墓也在此时期以后基本不见。铜陵师姑墩遗址与南陵毗邻，南陵青铜文化发展轨迹应大致与师姑墩相同。

自二里头晚期至春秋晚期，皖南青铜文化跨越了一千余年的漫长历程，在内外因素的交互影响下，皖南中部地区青铜文化的阶段性特征非常明显。综合前文对各聚落遗址及土墩墓的陶、瓷

[1]　安徽省文物考古研究所、安徽大学、铜陵博物馆等：《铜陵师姑墩——夏商周遗址考古发掘与研究》，第118页，文物出版社，2020年。
[2]　杨鸠霞：《安徽省繁昌县平铺土墩墓》，《考古》1990年第2期。
[3]　此处千峰山分期依据杨德标先生研究成果，参见《试论皖南土墩墓》，《文物研究》第4辑，黄山书社，1988年。
[4]　宫希成：《皖南地区土墩墓初步研究》，《长江流域青铜文化研究》，科学出版社，2002年。

器阶段特征和组合规律,结合青铜器时代分析的结果,本章将南陵及邻近地区青铜文化分为四期七段,各类遗存及时代对应关系如表20所示。

表20 南陵一带青铜文化遗存综合分期表

期段 \ 名称		聚落遗址			青铜器群组			土墩墓			时代
		师姑墩	夏家墩、神墩	板子矶							
一期		早期									二里头晚期
二期		中期			童墩组						二里岗上层至花园庄时期
三期	一段	晚期一段	一期								西周早期
	二段	晚期二段						千峰山D16M2、M6、M8、M15			西周中期
	三段	晚期三段	二期	一期	孙村组	汤家山组	董店组	千峰山D16M1、M1、M3、M10、M12	龙头山D13M1、D14M1	平铺	西周晚期
四期	一段	晚期四段			谢坨组						春秋早中期
	二段			二期							春秋晚期、战国初期

通过上表,可见南陵一带青铜文化总体连续发展,但又呈现出很强的阶段性,尤其是早期还有缺环。这种阶段性往往与中原地区王朝的更替相关,说明南陵一带青铜文化受中原地区影响很大。但考古遗存的发现具有很大偶然性,南陵一带青铜文化遗址经过正式考古发掘的不多,很大程度上影响了对其发展脉络的认识。2019年以来,安徽大学在南陵漳河—大工山地区进行了大规模的区域系统调查,发现了大量青铜时代的文化遗存。相信随着青铜文化遗存的不断发现,学界对南陵一带青铜文化面貌会有更清晰的认识。

第十章 安徽沿江地区青铜冶铸技术研究

第一节 概 述

长江流域是我国重要的铜矿带,出土了较多的青铜器和冶铸遗物。其中,青铜冶铸技术备受关注,对探索中国古代青铜文明的起源意义重大。有学者认为青铜冶铸技术是在西周时期从黄河流域传到长江流域,到东周时期,南方已普遍建立了青铜冶铸手工作坊体系[1]。因此,冶铸技术是从黄河流域的中原地区逐步扩散到整个南方地区,在两周时期达到稳固阶段,以此构建了南方青铜文明演进的理论框架。

过去几十年里,安徽、湖南等南方多个地区不断出土商式风格的青铜器,尤其是容器。W. Watson认为这些青铜器是殷墟制作,通过各种途径流通到南方,不应作为南方当地青铜工业存在的证据[2]。Hayashi Minao近来认为南方部分地区出土的铜器与中原商器不同[3]。为了进一步分析和阐释Hayashi Minao的观点,Virginia Kane通过纹饰和器形,对南方青铜器进行观察、分析和研究[4],认为南方地区青铜文化不仅受到北方影响,还受到南方其他地区的影响。他总结出南方在商周时期出现了三种独立的青铜冶铸工业类型:一是殷墟中期到西周中期,在湖南北部出现了独立的青铜发展类型;二是西周早期,在四川中部出现了小规模、持续时间短的青铜工业系统,并判定其直接受渭河谷地周代政治中心的影响;三是西周中期,在安徽和江苏中南部出现了青铜冶铸工业,深受西周青铜文化艺术形式的影响,并且和前两处技术体系没有联系。

然而就苏皖中南部来说,随着青铜材料的不断出现,学者们提出了一些新的认识。其中具有代表性的观点认为,吴地青铜器未受中原商文化的影响。就现存吴地青铜器整体形态而言,虽然起源

[1] Kwang-chih Chang, *The Archaeology of Ancient China, revised and enlarged edition*, New Haven, (1968), pp.384-394.

[2] W. Watson, *Cultural Frontiers of Ancient East Asia, Edinburgh*, (1971), pp.144-145.

[3] Hayashi M., *Chosa shutsudo So hakusho no juni kami no yurai*, Tohogakubo, Kyoto, vol. 42 (March, 1971), pp.40-52.

[4] Virginia Kane, *The independent bronze industries in the south of china contemporary with the shang and western chou dynasties*, Archives of Asian Art, (1974), XX-Ⅶ, pp.77-107.

还不完全明朗,但其初期阶段尚无早到商代的实证[1]。但在吴地偏西的皖江地带——铜陵和郎溪两地,已经发现典型的中原早商式铜爵和斝等[2],这似乎说明,早商文化向长江流域的扩散首先是从长江中游开始的,然后到达皖江地带[3]。皖江地带拥有长江中下游最丰富的铜矿带和古矿井,出土了大量的商周冶铸遗物和青铜器,对它们的科学认知有助于深刻理解该区域冶铸技术的起源、演进、特征、性质及与其他区域青铜文明的关系,对重新认识和构建整个商周青铜冶铸技术体系具有重要意义。

第二节　安徽沿江地区冶、铸遗址和青铜器的发现

皖江地带即指长江流经安徽的区域,包括合肥、芜湖、马鞍山、铜陵、安庆、池州、巢湖、滁州、宣城九市,矿冶遗址主要分布在安庆到马鞍山的沿江山地和丘陵地区。该区域经调查发现有大量采矿、冶炼和冶铸遗址,以下分别对区域内商周古铜矿、冶炼、冶铸遗址和青铜器的发现进行梳理。

一、冶、铸遗址的发现

皖江地带是重要的成矿区,可分为三大古矿区:庐枞、滁马和皖南。该地带铜矿资源丰富,具有矿体小、发育好、含铜品位高、距地表近等优势[4]。成规模的有江北岸井边古矿井[5],目前已在繁昌、南陵、铜陵、贵池、青阳、泾县等多个县市发现近百处古代采矿和冶炼、冶铸一体的遗址。20世纪80年代,安徽省文物考古研究所对皖江地带进行过大量调查[6],包括狮子山[7]、凤凰山[8]、大工山[9]、铜官山[10]和铜山[11]等重要古矿区。近年来,北京科技大学李延祥团队、北京大学陈建立团队,安徽大学张爱冰、魏国锋团队对该地区进行了大量冶金考古调查与研究工作,发表《安徽安庆地区早期采矿与冶金遗址考察研究》[12]《长江中下游早期矿冶遗址考察研究》[13]《皖江地带地区早期冶铜技术研究的新收获》[14]《安徽铜陵古铜矿冶遗址2016年调查及若干

[1]　李朝远:《吴地青铜器未受商文化影响论》,《上海博物馆集刊》第8期,上海书画出版社,2000年。
[2]　宫希成:《皖南商周青铜器的发现与研究》,《皖南商周青铜器》,文物出版社,2006年。
[3]　水涛:《试论商末周初宁镇地区长江两岸文化发展的异同》,《长江流域青铜文化研究》,科学出版社,2002年。
[4]　杨立新:《皖江地带古代铜矿初步考察与研究》,《文物研究》第3辑,黄山书社,1988年。
[5]　宫希成:《枞阳县井边东周采铜矿井调查》,《东南文化》1992年第5期。
[6]　杨立新:《安徽沿江地区的古代铜矿》,《文物研究》第8辑,黄山书社,1993年。
[7]　汪景辉、杨立新:《安徽铜陵市古代铜矿遗址调查》,《考古》1993年第6期。
[8]　杨立新:《安徽沿江地区的古代铜矿》,《文物研究》第8辑,黄山书社,1993年。
[9]　杨立新:《皖南古代铜矿初步考察与研究》,《文物研究》第3辑,黄山书社,1988年。
[10]　刘平生:《南陵大工山古矿冶遗址群江木冲冶炼场调查》,《文物研究》第3辑,黄山书社,1988年。
[11]　安徽省文物考古研究所、南陵县文物管理所:《安徽南陵县古铜矿采冶遗址调查与试掘》,《考古》2002年第2期。
[12]　崔春鹏、李延祥、李晨元、谭宇辰、宫希成:《安徽安庆地区早期采矿与冶金遗址考察研究》,《有色金属》(冶炼部分)2021年第1期。
[13]　崔春鹏:《长江中下游早期矿冶遗址考察研究》,北京科技大学博士学位论文,2016年。
[14]　郁永彬、王开、陈建立、梅建军、宫希成、朔知、徐天进:《皖江地带地区早期冶铜技术研究的新收获》,《考古》2015年第5期。

收获》[1]等重要成果。总体看来,皖江地带采矿、冶炼和冶铸时间跨度较大,根据已公布的[14]C测年数据(表21),可初步判定所调查的矿冶遗址年代早到西周,下限为春秋时期。

"国之大事,在祀与戎","青铜武器攻击力强于木石器,是对当时社会群体产生最大影响的器类"[2]。青铜工具和礼器则在日常生产与生活中起着重要作用,因此铜矿冶炼和青铜器铸造成为当时最重要的社会活动之一。安徽省文物考古研究所、北京大学、北京科技大学、安徽大学等相关机构对这一地区冶金考古开展较多工作,发现大量与冶、铸有关的遗迹和遗物,其中经正式田野考古发掘的遗址和遗迹有多处(表22)。2010年和2013年,铜陵师姑墩、夏家墩和神墩遗址的发掘材料说明,皖江地带冶、铸活动在二里头时期已经开始,但商代冶铸遗物少见,二里头时期冶铸遗物也十分匮乏。因此,仍需要在该地区进行系统的田野考古发掘工作,以提供更多早期冶铸手工业生产的考古学证据。

表21 社科院考古所测定的部分古矿井出土冶炼遗物[14]C年代数据[3]

编 号	原编号	种类	出土遗址	出土时间和部位	年 代
ZK-2400	1南、江、马Ⅱ45炉1	木炭	南陵江木冲马鞍冲遗址	1988年5月采自Ⅱ区探方T45第四层炼铜炉残体内	2 725±115 2 650±115
ZK-2401	2铜、朱、木T1(7)	木炭	铜陵木鱼山遗址	1988年6月采自探方T1第七层炼铜遗址	2 885±55 2 805±55
ZK-2402	3南、沙炭1	木炭	南陵沙滩脚	1988年7月采自沙滩脚铜矿1#矿井中层,2#采场	2 775±115 2 675±115
ZK-2403	5南、沙木1	木头	南陵沙滩脚	1988年7月采自沙滩脚铜矿1#矿井斜井底部	2 560±75 2 490±75

表22 皖江地带经正式田野考古发掘的典型商周冶炼和铸造一体的遗址

序号	时 间	遗 址	地点	遗址概况及主要遗物	年代	备注
1	1984年秋、1986年春秋两季	江木冲、半边冲、刘家井、冲口、乔村等遗址	南陵县	1988年试掘发现炼铜竖炉4座,矿石焙烧窑1座,炉壁表面凹凸不平,内壁多附着较厚的烧结层。炼出的铜产品为铜锭,多呈菱形,表面粗糙,气孔较多。铜锭标本最大者重达3.7公斤,最小者重1.1公斤。	西周春秋	炼铜遗址[4]

[1] 魏国锋、于东华、郑晓平、张爱冰、方青:《安徽铜岭古矿冶遗址2016年调查及若干收获》,《南方文物》2019年第2期。
[2] 俞伟超:《长江流域青铜文化发展背景的新思考》,《长江流域青铜文化研究》,科学出版社,2002年。
[3] 中国社会科学院考古研究所实验室:《放射性碳素测定年代报告(一七)》,《考古》1990年第7期。
[4] 安徽省文物考古研究所、南陵县文物管理所:《安徽南陵县古铜矿采冶遗址调查与试掘》,《考古》2002年第2期。

续表

序号	时　间	遗　址	地点	遗址概况及主要遗物	年代	备注
2	1989年9月	汤家墩遗址	枞阳县	汤家墩遗址南距长江约17 000米，现存面积6 700平方米，对该遗址发掘了198平方米，出土遗物有铜器、石器、陶器、原始瓷和印纹硬陶五大类。铜器共6件，种类有凿、锥、镰、镞等，还有多块绿色铜矿石和7件陶范残片。	商代晚期	冶铸一体[1]
3	1997年秋到1998年春	牯牛山周代城址	南陵县	发掘了北部1、3号台地，揭示面积200多平方米，出土有陶器、原始瓷、铜器和石器等百余件；另外经遥感测定，在西部南端发现有一铸铜遗址，有炼铜渣、红烧土、木炭堆积层等，采集到的遗物有石斧、小铜锭、青铜镰等。	西周	城址铸铜遗址[2]
4	2010年3月	师姑墩遗址	铜陵县	师姑墩遗址呈椭圆形，墩高1至3米，面积约7 500平米，实际发掘面积近1 300平方米。发掘出土冶铸相关遗物共80余件，包括矿石、炉渣、炉壁、支座、小件铜器、铜块、铅锭、陶范和石范等多种类型，是皖江地带首次发现的冶炼与铸造活动共存的遗址。	二里头三、四期到春秋时期	冶铸一体[3]
5	2013年10月	夏家墩遗址	铜陵县	夏家墩遗址包含两个紧邻的墩型遗址，两部分均因早年取土而遭严重破坏，现存高度1至1.5米，现存面积约3 000平方米，实际发掘面积76平方米。发现有炼炉、房址、灰坑等遗迹，出土陶器、印纹硬陶器、原始瓷、玉器、石器、铜器200余件，获取一些铜渣、矿石和炉壁标本。	西周至春秋时期	冶炼[4]
6	2013年10月	神墩遗址	铜陵县	神墩遗址保存完好，现存高度约3米，遗址面积约10 000平方米。本次发掘探方位于遗址西北边缘，实际发掘面积30平方米。最为重要的发现是一处红烧土遗迹，出土陶片标本40余件，铜渣标本若干。	西周至春秋时期	

［1］　安徽省文物考古研究所:《安徽枞阳县汤家墩遗址发掘简报》,《中原文物》2004年第4期。

［2］　刘庆柱:《南陵县牯牛山周代城址》,《中国考古学年鉴》,文物出版社,1999年。

［3］　张小雷、朔知:《青铜考古的新成果——安徽铜陵师姑墩遗址发掘的收获与意义》,《中国文物报》2011年4月15日第004版。

［4］　安徽省文物考古研究所、北京大学考古文博学院:《安徽铜陵夏家墩、神墩遗址发掘简报》,《江汉考古》2015年第6期。

二、青铜器的发现

皖江地带出土商周青铜器的地点、数量众多。根据出土地点和发掘情况,可将青铜器的来源大致分为四种:第一种,经正式发掘的墓葬出土的青铜器,如屯溪弈棋土墩墓、青阳县庙前镇龙岗春秋墓等;第二种,未经正式发掘,但现场经过清理的墓葬或窖藏出土的青铜器,如繁昌县汤家山、贵池县徽家冲等;第三种,零星出土并可查明其地点和出土经过的青铜器;第四种,零星征集或收购,但可确定是出土于本地的青铜器[1]。时代可分为三期:第一期商至西周早中期,以铜陵西湖和屯溪西周墓出土器物为代表;第二期西周晚期至春秋早期,以繁昌汤家山和青阳庙前出土器物为代表;第三期春秋中晚期至战国,以铜陵谢垅和青阳龙岗出土器物为代表[2]。

皖江地带青铜器大体可分为南北两个区域:南区以屯溪西周墓为代表,典型器物有鼎、簋、盉、尊、卣等。北区以沿江地区的铜陵、繁昌和南陵为代表,典型器物有鼎、甗、尊、盉和匜等,其中铜陵县西湖镇童墩村出土的爵和斝,年代可早至商代二里岗晚期,形制、花纹都是典型的商式[3]。除以上提及的器类外,还见有鬲、瓿、罍、盘、瓠、五柱器、甬钟、铎、句鑃、勺、缶、剑、戈、矛、刀、斧、镞、匕、凿、锛、镰、锸、耨、饰品等;纹饰有兽面纹、窃曲纹、夔龙纹、蟠螭纹、龙纹、重环纹、乳丁纹、圈点纹、编织纹和云雷纹等。它们的形制、花纹,有些与中原风格相同,大部分则具有吴地特色。

第三节　安徽沿江地区冶炼遗物的科技研究

1977年徽家冲青铜窖藏出土了7件东周时期的菱形铜锭[4];1985年繁昌县孙村镇犁山冶铜遗址附近的土墩墓中发现3件春秋时期的金属锭,经确认为铜锭[5];炉渣、炉壁等在各个遗址中大量发现,部分遗址还出土少量陶范[6]。研究这些出土物是揭示皖江地带古代冶铸工艺技术及生产组织形式的重要手段。

20世纪80年代初,张敬国等对安徽贵池出土的7件铜锭进行分析,年代约为春秋晚期至战国初期,化学定量分析平均值为:Cu 62.88%、Fe 34.35%、S 2.08%、Pb 0.066%、P 0.02%,电子探针结果显示铜锭基体为铜铁固溶体,含有铜铁硫夹杂物,初步判定为冰铜锭[7]。这一发现,将皖江地带古矿区使用硫化矿冶铜技术的出现时间,提早至约公元前4至5世纪。

---

[1] 宫希成:《皖南商周青铜器发现与研究》,《皖南商周青铜器》,文物出版社,2006年。

[2] 陆勤毅、杨立新:《前言》,《皖南商周青铜器》,文物出版社,2006年。

[3] 李伯谦:《序》,《皖南商周青铜器》,文物出版社,2006年。

[4] 卢茂村:《安徽贵池发现东周青铜器》,《文物》1980年第8期。

[5] 沈舟:《繁昌县出土春秋晚期的铜锭》,《安徽文物工作》1987年第3期。

[6] 杨立新:《皖南古代铜矿初步考察与研究》,《文物研究》第3辑,黄山书社,1988年。

[7] 张敬国、李仲达、华觉明:《贵池东周铜锭的分析研究——中国始用硫化矿炼铜的一个线索》,《自然科学史研究》1985年第2期。

　　1988年,中国科学技术大学结构中心实验室分析了铜陵木鱼山出土的菱形铜锭,定性半定量结果显示铜锭成分以铜、铁为主,含少量硫、硅、铝、铅等,性质为"冰铜锭"[1]。同年,铜陵有色金属设计研究院对南陵江木冲遗址采集的7件样本进行了化学成分分析[2],数据见表23。根据已发表材料分析:三件炼渣无法判断属于哪一环节;两件金属锭样品为"冰铜锭";性质判定为"锡锭"的样品中锡含量不足1%,铅则达到32.96%,刘平生在文章中称其为"银铅锭"[3],该样品性质应该为铅锭。

　　为了印证冰铜冶炼技术的发现,1991年,穆荣平对南陵江木冲遗址各文化层采集的11件古炼渣进行了元素组成和物相分析,结果发现其中3件样品渣中含铜较低,一般在0.258%—0.824%之间,铜硫比在0.989—0.415之间,均大于0.252的极限。这表明大工山区在西周时期已进行大规模的炼铜活动,并且炼铜技术已相当高明,不仅掌握了熔炼硫化矿成铜的工艺,还掌握了冰铜富集熔炼技术,是我国最早使用硫化矿—冰铜—铜工艺的地区之一[4],将这一技术的出现时间上推到公元前8至9世纪,为探索中国早期使用硫化铜问题提供了重要线索。

表23　江木冲遗址采集标本的检测结果[5]

编号	名称	样品描述	化学成分(%)								
			Cu	Fe	Sn	Pb	Zn	FeO	Fe$_2$O$_3$	SiO$_2$	Ag(g/t)
8611262	冰铜锭	长11、宽7、厚1.5厘米	38.58	35.77	0.02	0.015	0.02	—	—	—	—
8611263	冰铜锭	长26、宽12、厚3厘米	28.00	18.66	0.17	0.03	0.10	—	—	—	—
8611264	炼渣	不规则块状,黑色	0.34	—	—	—	—	28.92	37.39		—
8611265	炼渣	不规则块状,黑褐色	1.30	—	—	—	—	42.16	22.36		—
8611266	银铅锭	长8、宽6、厚5厘米	—	—	0.28	32.96	0.01	—	—		1 619.78
8611267	孔雀石	绿色	23.97	—	—	—	—		28.37	24.15	—
8611268	炼渣	不规则块状,黑色	—	—	0.21	6.96	0.07	—	—		5.63

　　1994年,陈荣、赵匡华对铜陵凤凰山、木鱼山、万迎山、繁昌犁山所出铜锭和炼渣作了检测(表24)。结果表明,多数铜锭和炼渣含铁量较高,第2、4、5、7号铜锭用电镜扫描成像,暗相为白硫即(Cu$_2$S)$_2$FeS,系硫化矿焙烧和还原熔炼不充分而形成。据此,认为炼铜时采用了黄铜矿。有的铜锭含铁量较低,表面较平整,可能是经再次精炼得到的中间产品。铜锭和炼渣中锡含量较高,

[1]　转自杨立新:《皖南古代铜矿初步考察与研究》,《文物研究》第3辑,黄山书社,1988年。
[2]　安徽省文物考古研究所、南陵县文物管理所:《安徽南陵县古铜矿采冶遗址调查与试掘》,《考古》2002年第2期。
[3]　刘平生:《南陵大工山古矿冶遗址群江木冲冶炼场调查》,《文物研究》第3辑,黄山书社,1988年。
[4]　穆荣平:《皖江地带古铜矿遗址及其冶炼技术的初步研究》,中国科学技术大学硕士论文,1987年。
[5]　安徽省文物考古研究所、南陵县文物管理所:《安徽南陵县古铜矿采冶遗址调查与试掘》,《考古》2002年第2期。

有可能是冶炼中有意引入,以降低熔点,或者使用了铜锡共生矿物。这一研究再次证实皖江地带使用硫化矿冶铜的年代不迟于西周晚期[1]。

表24 铜陵和繁昌出土铜锭和炼渣的化学成分[2]

种类	编号	出土地点	宏 观 特 征	化学成分(%)					
				年代	Cu	Pb	Sn	Fe	S
铜锭	1	铜陵凤凰山	表面多铜,铁锈少,组织均匀	春秋	93.23	—	1.84	4.17	0.64
	2	铜陵凤凰山	表面多铁锈,较平整,组织均匀	春秋	93.59	—	1.84	3.61	0.66
	3	铜陵木鱼山	表面多铁锈,组织不匀	西周	95.82	0.06	1.20	1.81	0.65
	4	铜陵木鱼山	表面多铁锈,组织不匀,多气孔	西周	82.76	—	4.85	9.48	0.73
	5	铜陵木鱼山	表面多铁锈,断面有大量气孔和渣	西周	95.76	0.16	1.03	1.92	0.74
	6	繁昌犁山	组织不匀,多铁锈色渣	春秋	92.98	—	0.81	0.56	0.80
	7	繁昌犁山	表面多铁锈,组织较均匀	春秋	89.62	—	3.84	6.51	0.65
	8	繁昌犁山	表面多铁锈,组织不匀	春秋	92.09	0.08	1.05	2.57	0.05
炼渣	10	繁昌犁山	淡绿色较透明,多气孔	春秋	0.75	0.05	3.53	8.25	0.18
	11	铜陵万迎山	黑色不透明,多气孔	春秋	0.43	—	21.89	34.39	0.80
	12	铜陵木鱼山	黑色较透明,少气孔	西周	0.32	—	10.26	18.49	0.11

秦颖等于2002年[3]、2004年[4]、2006年[5]先后分别对南陵和铜陵多个遗址的古炼渣、铜锭和铜块进行了化学成分测定,提出了铜锭特征微量元素判别方法和其他综合判别标准。测试发现样品钙含量普遍偏高,基本没有检测出铜、铁以外的金属,可能为冶炼渣。需要进一步结合显微和岩相分析,揭示其炼铜工艺。

2011年,王开、陈建立等对铜陵师姑墩遗址出土的冶铸遗物,包括25件铜器、14件铜块、6件炉渣、20件炉壁和2件铅锭进行了系统分析[6]。结果表明师姑墩遗址为冶铸共存遗址,出土炉渣包括冶炼渣和熔炼渣,炉壁经多次修补使用,冶铸活动从早期一直持续到晚期Ⅳ段。早期冶铸活动规模小、产品少,合金种类具有代表性;中期(商时期)未发现冶铸相关遗物;晚期Ⅰ、Ⅱ段冶铸活

[1] 陈荣、赵匡华:《先秦时期铜陵地区的硫铜矿冶炼研究》,《自然科学史研究》1994年第2期。

[2] 陈荣、赵匡华:《先秦时期铜陵地区的硫铜矿冶炼研究》,《自然科学史研究》1994年第2期。

[3] 秦颖、王昌燧、冯敏、刘平生:《安徽省南陵县江木冲古铜矿冶炼遗物自然科学研究及意义》,《东南文化》2002年第1期。

[4] 秦颖、王昌燧、杨立新、汪景辉、张国茂:《皖南沿江地区部分出土青铜器的铜矿料来源初步研究》,《文物保护与考古科学》2004年第1期。

[5] 秦颖、魏国锋、罗武干、杨立新、张国茂、龚长根、曲艺、王昌燧:《长江中下游古铜矿及冶炼产物输出方向判别标志初步研究》,《江汉考古》2006年第1期。

[6] 王开:《铜陵师姑墩遗址出土青铜冶铸遗物的科技研究》,北京大学硕士学位论文,2012年。

动规模最盛，铜器、铜块的合金类型多达六种，以铅锡合金和含砷多元合金为主；晚期Ⅲ、Ⅳ段冶铸活动有所衰落，砷铜逐渐被锡青铜取代，冰铜冶炼技术成熟。该遗址使用的矿料基本来自铜陵本地。

2015年，陈建立、郁永彬等对枞阳汤家墩遗址出土炉渣、炉壁、铜矿石和陶范等进行了检测分析，结果表明炼铜技术有红铜冶炼和冰铜冶炼，以及各类青铜合金的熔炼工艺；陶范夹杂有炭化的植物茎杆和稻壳，其能够提高范料的高温透气性，以利于铜液的充型。铜器均为铸造组织，合金类型有铜锡铅合金、纯铜和铜锡铅砷合金[1]。他们还指出这一地区铜矿、冶铸聚落遗址和青铜器三位一体，随着研究的不断深入，将加深对该地区青铜工业技术特征的认知。

2017年，魏国锋等对汤家墩遗址出土的炉壁、炉渣及炉渣中的金属颗粒进行分析，指出汤家墩遗址炉渣中的金属颗粒大部分为纯铜颗粒，个别含铁和硫，均没有发现低品位冰铜。同时结合弗里德曼的研究，计算出汤家墩遗址炉渣中铜颗粒产自硫化铜矿的概率均在87.87%以上，远大于产自氧化铜矿的概率，据此认为汤家墩是采用"硫化铜—铜"冶铜工艺进行冶炼的早期青铜文化遗址[2]。

2019年，魏国锋等对安徽铜陵、南陵地区古铜矿冶遗址的炉渣样品进行检测分析。结果表明，所检测炉渣样品的物相以铁橄榄石、辉石、钙铁辉石为主，伴有石英、方石英、磁铁矿等矿物，符合炼铜渣的物相特征。并根据炉渣中SiO_2、CaO和Fe_2O_3的含量推测，该地区的早期工匠可能尚未认识到含钙和含铁助熔剂的作用，尚未掌握不同类型铜矿石的配矿技术。另外，炉渣中的金属颗粒夹杂以冰铜、红铜和砷铜为主，认为该地区同时存在红铜和砷铜的冶炼活动。不同品位的冰铜颗粒大多来自不同遗址，尚没有在同一遗址发现较多品位依次升高的冰铜颗粒，因而难以确认冰铜熔炼环节的存在，不能证明是否已采用了"硫化铜矿—冰铜—铜"的冶炼技术[3]。

2020年，崔春鹏、李延祥等对铜陵夏家墩遗址出土冶炼遗物进行了科学分析。结果表明，所分析的36件炉渣及挂渣炉壁（或坩埚片）中，8件与砷青铜生产有关，1件与锡青铜生产有关，27件与红铜生产有关。夏家墩遗址存在分别以砷和锡为主要合金元素的两种生产体系，砷青铜冶金在该遗址中占有重要地位。并推测所用铜料、砷料来自当地，锡料可能来自赣北[4]，砷青铜冶金则普遍存在于皖江地带早期冶金遗址中。

2020年，李强、魏国锋等对省安庆市怀宁县境内铜牛井矿冶遗址出土炉渣、矿石及炉渣中夹杂的金属颗粒进行检测分析，进而探讨遗址的冶炼工艺。结果表明，铜牛井遗址出土的炉渣均为炼铜渣；出土的磁铁矿很有可能作为助熔剂使用；炉渣中夹杂的冰铜颗粒尚无法断定铜牛井遗

[1]　郁永彬、王开、陈建立、梅建军、宫希成、朔知、徐天进：《皖江地带地区早期冶铜技术研究的新收获》，《考古》2015年第5期。
[2]　魏国锋、高顺利、秦颍、王乐群：《汤家墩遗址冶炼遗物的科技研究》，《光谱学与光谱分析》2017年第3期。
[3]　魏国锋、郑晓平、秦颍、张爱冰、方青、王东明、崔彪：《铜陵、南陵地区古铜矿冶遗址炉渣的科技研究》，《光谱学与光谱分析》2019年第11期。
[4]　崔春鹏、李延祥、陈建立、徐天进、宫希成：《安徽铜陵夏家墩遗址出土青铜冶金遗物科学研究》，《考古》2020年第11期。

址使用的是"硫化矿—冰铜—铜"冶炼工艺,也可能是使用含硫氧化铜矿或混合矿直接还原,其具体冶炼工艺的确定有待更多考古资料的发现[1]。

2021年,李延祥、崔春鹏等对枞阳陈家山商周时期青铜冶金遗物进行检测分析,对14枚炉渣的科技检测分析表明,炉渣中不仅存在红铜、锡青铜冶炼渣,还发现有砷青铜、砷锡青铜冶炼渣。青铜冶炼流程为两步法,所用锡料可能来自赣北[2]。该文对于全面认识长江中下游早期冶金技术以及产业格局具有重要的学术价值,并指出商周时期这种锡、砷青铜冶金并行的现象是值得重视的。

2021年,崔春鹏、李延祥等对安庆地区早期采矿和冶金遗址进行考察研究,新发现矿冶遗址20余处。分析结果显示,安庆地区早期合金体系有两种,分别为锡青铜和砷青铜,生产工序推测为先冶炼红铜,再添加锡料、砷料。并推测铜、砷料来自当地,锡可能产自江西。安庆地区青铜冶金面貌具有地域性技术特征,其相关研究工作是构筑皖西南早期冶金技术以及青铜文明的重要环节。

对皖江地带冶铸遗物所开展的工作主要表现在:1. 对菱形铜锭性质的判定,确定其为"冰铜锭",指出西周晚期以前这一区域已经使用硫化铜冶炼技术,并且水平相当高明。2. 对个别遗址出土炉渣进行分析测试,试图通过微量元素示踪其冶炼产物的输出路线。3. 对部分遗址采集的矿石、炉渣、炉壁和陶范等材料进行检测分析,确定冶炼工艺、矿石类型与合金化过程。总体看来,研究涉及的区域还不够广,缺乏一定数量的对典型遗址的系统考古发掘和科技研究,对于沿江地区各遗址冶炼工艺特征、持续时间及变化、相互间的互动关系揭示不够。冶铸作坊中发现的残铜器、铜块可能为冶铸过程中的废料或原材料;炉壁本身、附着于炉壁的炉渣以及弥散其中的金属颗粒都能反映当时金属冶炼、合金配比和熔炼的技术特征;有鉴于此,未来需要在更大范围内对皖江地带商周冶炼、冶铸遗址进行田野考古发掘,对出土青铜冶、铸遗物进行系统性的整理和综合研究。

第四节　安徽沿江地区青铜器的科技研究

青铜器的科技研究是揭示其合金配比、金相特征、矿料来源和铸造加工工艺的重要手段。皖江地带出土青铜器的技术研究相对较少,只检测了少量青铜器的元素组成,个别做了金相研究,缺少能够系统揭示其科技内涵和技术路线的大范围的测试分析。

1959年,中国科学院安徽分院化学研究所对屯溪出土的8件青铜器进行光谱分析,结果显示合金类型主要为铜锡合金[3],与考工记所载"六分其金而锡居一"相接近;其含少量的铅、铋、银

[1] 李强、魏国锋、何张俊、金晓春、张爱冰:《安徽省怀宁县铜牛井矿冶遗址冶炼工艺研究》,《有色金属》(冶炼部分)2020年第7期。
[2] 李延祥、崔春鹏、李辰元、谭宇辰、唐杰平、王乐群:《安徽枞阳陈家山遗址青铜渣初步研究》,《考古与文物》2021年第2期。
[3] 安徽省文物局文物工作队:《安徽屯溪西周墓葬发掘报告》,《考古学报》1959年第4期。

等物质,发掘者认为是杂质元素,并不是人工有意引入的;二元合金比较接近中原殷周青铜器铜锡合金的成分,合金中锡含量较高,表明锡料充足,这可能跟南方地区的锡矿有关,"铜锡自古就是江南地区的名产"[1]。

1991年,张国茂等利用扫描电镜能谱分析了铜陵地区出土的8件青铜器,其中7件铅锡青铜,1件锡青铜,均含有不到1%的As[2]。分析结果表明,所测青铜器含铅普遍较高,且含量与器物年代早晚有一定关系,春秋早期含铅量较高,春秋中晚期含锡量明显提高,与苏南青铜器的合金含量变化规律基本相似[3];所测样品铁含量均较高,与当地矿产资源比例相吻合(当地古矿石平均含铜3.5%、含铁50.6%;古炼渣平均含铜0.7%左右,含铁22%)[4]。较高的铁含量导致皖江地带出土铜器大多呈铁锈色。

2004年,秦颖等用全谱直读电感耦合等离子发射光谱仪(ICP)分析了南陵、铜陵、繁昌等地出土的12件青铜器,包括兵器、工具、容器和乐器,其中7件锡青铜、5件铅锡青铜(含量达到2%以上的认为是合金元素),砷含量均低于0.01%[5]。并分别对淮北和皖江地带沿江地区出土青铜器的铜矿料来源做了微量元素示踪分析,认为淮北青铜器的铜矿料部分来自铜陵地区,部分可能来自铜绿山或其他地区[6],而皖江地带沿江地区的铜矿料来源比较复杂,不同器类使用的青铜矿料来源有所差别,有混料的可能[7]。

2011年,贾莹通过电镜能谱和金相观察,分析了南陵地区出土年代范围在西周至春秋战国时期的11件青铜器[8],包括3件容器、6件兵器、1件工具和1件车马饰,分析结果显示兵器普遍为铜锡合金,且含锡量较高,容器分别为铜锡、铜锡铅和铜铅合金。采用含锡量高于20%的合金制作容器,并使用热锻淬火工艺,可以克服高锡青铜器物的脆性,说明当时工匠对合金配比与机械性能的关系有了明确认识。作者虽然只是对南陵地区出土的一部分器物进行检测,但其重要意义已不言而喻。

2014年,郁永彬等对枞阳地区出土先秦青铜器进行了检测分析。22件样品中有11件锡青铜、7件铅锡青铜和4件铅青铜,这些青铜器均为铸造而成。青铜剑的制作工艺较为复杂,部分铜剑使用了错金、镶嵌及复合剑的制作工艺[9]。作者指出,尽管此次分析的样品数量有限,尚不足以

[1]　裴士京:《江南铜研究——中国古代青铜铜源的探索》,第42—43页,黄山书社,2004年。
[2]　张国茂:《安徽铜陵地区先秦青铜文化简论》,《东南文化》1991年第2期。
[3]　曾琳等:《苏南地区古代青铜器合金成分的测定》,《文物》1990年第9期。
[4]　张国茂:《安徽铜陵地区先秦青铜文化简论》,《东南文化》1991年第2期。
[5]　秦颖、王昌燧、杨立新、汪景辉、张国茂:《皖南沿江地区部分出土青铜器的铜矿料来源初步研究》,《文物保护与考古科学》2004年第1期。
[6]　秦颖、王昌燧、冯敏、杨立新、汪景辉:《安徽淮北部分地区出土青铜器的铜矿来源分析》,《文物保护》2004年第1期。
[7]　秦颖、王昌燧、杨立新、汪景辉、张国茂:《皖南沿江地区部分出土青铜器的铜矿料来源初步研究》,《文物保护与考古科学》2004年第1期。
[8]　贾莹、刘平生、黄允兰:《安徽南陵出土部分青铜器研究》,《文物保护与考古科学》2012年第1期。
[9]　郁永彬、梅建军、张爱冰、王乐群:《安徽枞阳地区出土先秦青铜器的初步科学分析》,《中原文物》2014年第3期。

全面揭示枞阳地区出土先秦青铜器的材质和制作工艺特征,但为继续研究该地区青铜技术、区域青铜文化特征以及探讨该地区与其他地区青铜文化的关系提供了科学依据。

2017年,魏国锋等对枞阳出土西周至战国时期青铜器的矿料来源进行研究。结果表明,从西周至战国时期,枞阳青铜器所用铜矿来源比较稳定,主要来自汤家墩遗址周边的枞阳县境内,有少量器物的铜矿可能来自长江以南的铜陵地区,对探讨三代青铜器的矿料来源具有重要价值[1]。

以上概述表明,皖江地带青铜器的科技研究主要是针对合金类型开展的,比如对屯溪、铜陵和南陵地区出土部分青铜器的分析。秦颖、魏国锋则主要关注青铜器的矿料来源,贾莹运用金相学知识考察青铜器的铸造加工工艺。研究表明,西周至春秋时期皖江地带青铜器的合金类型主要为铜锡合金,其次为铜锡铅合金,并且与器类有明显的对应关系,出现较多高锡青铜器,包括容器和兵器。各遗址出土青铜器的矿料来源复杂,部分青铜器矿料可以确定来自当地,铜料资源可能存在运输和交流等活动。由于检测器物的时段、数量和种类有限,不能全面反映青铜器合金配比、矿料来源和铸造加工工艺特征等方面的信息,还需要结合现代实验测试分析仪器做大量工作。

第五节　安徽沿江地区青铜冶铸技术相关问题探讨

目前,学者们就皖江地带青铜冶铸技术进行了多年研究,主要关注矿冶遗址的调查与分布、硫化铜冶炼技术的兴起与发展、铜器的合金类型和加工工艺、铜矿冶炼产物的输出方向和铜器的矿料来源等,这些研究取得了重要成果。但就材料本身的科学内涵挖掘得还不够,譬如皖江地带冶铸工业生产组织形式,砷、锡和锑青铜的出现与使用,青铜器的范铸工艺及与其他地区青铜冶铸技术关系的研究少见或没有涉及,以下作以简要分析。

一、冶铸工业生产组织

皖江地带矿冶遗址众多,根据地形地貌总体可以分为两种类型:一是在海拔较高的山区,采矿场多在山腰以上,冶炼场在山坡或山脚下;二是在海拔较低的丘陵地带,或山坳及古河道冲积的平畈,采矿遗址在洼地或平畈上,冶炼遗址则在地势略高的地方[2]。这主要跟铜矿、燃料、水源分布及运输条件相关。富矿多分布在山腰、洼地或平畈上,山坡或山脚易找到平坦的地方搭建作坊和集体劳作。皖江地带地处亚热带季风气候,空气潮湿,降雨较多且季节明显,现存商周聚落遗址基本都在台地上,冶炼遗址也会选择地势略高的地方,因此形成了采矿、冶炼、铸造遗址的这种布局。在充分考虑当地自然和人文条件的前提下,探讨皖江流域青铜冶铸生产、组织、管理和运营模式,进而再现当时冶铸场景,估测产品产量,构建青铜冶铸产业链运作体系很有必要。

[1]　魏国锋、秦颖、王乐群:《安徽枞阳出土西周至战国时期青铜器的矿料来源研究》,《光谱学与光谱分析》2017年第11期。

[2]　杨立新:《皖江地带古代铜矿初步考察与研究》,《文物研究》第3辑,黄山书社,1988年。

师姑墩遗址发现一大批与青铜冶铸有关的遗物，首次明确证明了皖江地带铜矿早至二里头时期已被开采利用。附近的其他遗址也有青铜冶铸的线索，这意味着整个聚落群可能与青铜冶铸有关。或许当时在铜陵这个铜矿资源重镇，青铜冶铸已是普遍现象，这里离王邑很远，为从基层社会的角度探讨青铜产业的发展提供了丰富的材料[1]。王开通过对冶炼产物的分析认为，师姑墩遗址可能是三代时期铜陵地区民间冶铸作坊群中的一处小型作坊遗址，在该遗址活动的群体可能与官方存在特殊的关系[2]。崔春鹏认为铜陵地区的产业格局在日常生活等诸多方面扮演着重要角色，并根据当时社会的复杂程度指出，该地区的矿冶技术无须上层严格保密与管制，小型生产组织可能"淘金热"式地开采矿石，在政治或经济上依附于大城或"核心作坊"进行家户式生产[3]。魏国锋认为铜陵地区冶铸活动具有明显的官方背景，但考虑到遗址规模较小，冶铸活动可能为本地族属或地方政府所控制，主要为本地族属或当地政府提供青铜器。其铸造的青铜兵器，很可能就是为了守卫铜矿资源[4]。

这种简约的产业格局不同于冶铸分离、王权严控下生产礼容器的中原地区，在当地未能发挥出犹如中原体系那般的社会效力，两者的文化背景也有所出入。当然仅通过冶铸遗物的研究来判断皖江地带冶金考古遗址性质似乎有些单薄，对冶铸活动有关的生产和生活设施的系统研究，能够起到相互补充印证的作用，使之更具说服力。如结合地层学对冶铸设施布局、废弃物的处理、堆放等问题进行分析，对冶铸遗址出土陶器、浮选植物标本作系统检测分析，可深入了解古人在冶铸生产中的生产和生活方式。

二、砷、锡和锑青铜冶炼及使用

含砷的氧化矿直接冶炼可以得到砷铜制品，向熔融金属中加入砷单质和砷的氧化物进行合金化，也可以得到砷铜[5]。新疆[6]、甘肃[7]、内蒙古[8]和中原地区[9]相继有砷铜制品出现，

[1] 张小雷、朔知：《青铜考古的新成果——安徽铜陵师姑墩遗址发掘的收获与意义》，《中国文物报》2011年4月15日第004版。

[2] 王开：《铜陵师姑墩遗址出土青铜冶铸遗物的科技研究》，北京大学硕士学位论文，2012年。

[3] 崔春鹏、李延祥、陈建立、徐天进、宫希成：《安徽铜陵夏家墩遗址出土青铜冶金遗物科学研究》，《考古》2020年第11期。

[4] 魏国锋、于东华、郑晓平、张爱冰、方青：《安徽铜岭古矿冶遗址2016年调查及若干收获》，《南方文物》2019年第2期。

[5] 孙淑云、潜伟：《古代铜、砷铜和青铜的使用与机械性能综述》，《第二届中日机械技术史国际学术会议论文集》，2003年9月。

[6] 潜伟：《新疆哈密及其邻近地区史前时期铜器的检验与分析》，《广西名族学院学报（自然科学版）》2004年第2期。

[7] 北京科技大学冶金与材料史研究所等：《火烧沟四坝文化铜器成分分析及制作技术的研究》，《文物》2003年第8期。孙淑云、韩汝玢：《甘肃早期铜器的发现与冶炼、制造技术的研究》，《文物》1997年第7期。孙淑云：《东灰山遗址四坝文化铜器的鉴定及研究》，《民乐东灰山考古——四坝文化墓地的揭示与研究》，科学出版社，1998年。

[8] 李秀辉、韩汝玢：《朱开沟遗址早商铜器的成分及金相分析》，《文物》1996年第8期。李延祥、韩汝玢：《林西县大井古铜矿冶遗址冶炼技术的研究》，《自然科学史研究》1990年第2期。

[9] 张利洁、孙淑云：《琉璃河西周燕都遗址墓地出土部分铜器的鉴定报告》（待发表）。

这些砷铜制品与北方草原、欧亚大陆及其他地区砷铜相互间的关系，包括砷铜冶炼、使用和技术流传一直都是学界关注的课题。

越来越多的考古资料显示，砷铜在我国西北地区已经不是孤例。师姑墩遗址分析的68件样品砷含量超过2%的有28件，王开通过测试对比分析认为当地工匠在合金熔炼过程中应该有意添加砷硫化物生产砷铜制品[1]。崔春鹏所分析的夏家墩出土的36件炉渣及挂渣炉壁，8件与砷青铜生产有关，1件与锡青铜生产有关，27件与红铜生产有关[2]。他还根据炉渣所夹杂金属颗粒的成分判断，皖南地区冶金产品包括红铜、锡青铜、砷青铜、锑青铜四类。并基于所分析炉渣的物相成分与长江流域其他地区相似[3]，以及红铜渣数量明显多于与合金化有关的炉渣，判断青铜冶金工序应为两步法：首先生产红铜并排出红铜渣，进而向含有Cu液的炉内添加Sn、As或Sb料冶炼青铜并排出青铜渣[4]。

皖南地区早期存在着配制锡青铜、砷青铜、锑青铜的3种合金技术。青铜冶炼流程为两步法，所用铜料、砷料、锑料应来自当地，锡料推测来自长江中游的赣北且主要以锡砂形式添加[5]。研究还发现，以皖江地带为代表的长江下游是中国早期又一处重要的砷青铜冶金区，其生产流行的资源背景应与该地区缺乏锡矿有关。现有研究可以证实，皖江地带锡矿来自赣北，而且越靠近赣北，冶金遗物的锡信号越强，但赣北的锡矿如何进入皖江，目前尚不清楚；皖江地带生产砷青铜和锑青铜，且产量不小，但出土青铜器很少见到砷青铜、锑青铜的合金，这两种青铜冶炼产物的去向亦不清楚。

三、范铸工艺技术研究

块范铸造是商周青铜器最主要的成型方法，经历起源、演进和成熟的过程，不同地区不同时间段的青铜器都会留下范铸工艺的特征。通过对青铜器铸造工艺的考察，我们能够掌握其成型技术特点，以及和其他地区青铜器成型技术的关系。当然陶范本身的工艺特征，包括原料的选取、加工、"羼和料"的使用等也会影响青铜器的成型，因此对青铜器的成型技术和陶范工艺特征的研究都是青铜块范铸造工艺研究的重要内容。

屯溪土墩墓的发掘者曾经通过观察的手段，对出土的部分青铜器进行了研究[6]，总结如下特征：1. 青铜器的足、底、腹和口沿有相对称的范痕。2. 器内平滑，器外表铸花浮于器面。3. 器形相同的铜器，器面花纹不同。4. 质地薄，呈现出青湛湛的颜色且光泽滋润。根据以上这些特征推

[1] 王开：《铜陵师姑墩遗址出土青铜冶铸遗物的科技研究》，北京大学硕士学位论文，2012年。
[2] 崔春鹏、李延祥、陈建立、徐天进、宫希成：《安徽铜陵夏家墩遗址出土青铜冶金遗物科学研究》，《考古》2020年第11期。
[3] 崔春鹏：《长江中下游早期矿冶遗址考察研究》，北京科技大学博士学位论文，2016年。
[4] 崔春鹏、李延祥、李晨元、谭宇辰、宫希成：《皖南地区的早期矿冶遗址以及三种合金技术》，《有色金属》（冶炼部分）2021年第2期。
[5] 崔春鹏、李延祥、李晨元、谭宇辰、宫希成：《皖南地区的早期矿冶遗址以及三种合金技术》，《有色金属》（冶炼部分）2021年第2期。
[6] 安徽省文化局文物工作队：《安徽屯溪西周墓葬发掘报告》，《考古学报》1959年第4期。

断这些青铜器为通体浑铸。郭宝钧认为商周有两种冶铸技术，一是通体合铸，二是分铸焊接，前者通行于春秋以前，后者新起于春秋以后[1]，由此可见，屯溪青铜器是春秋以前铸造的。

商周时期的陶范材料在北方有大量发现，南方地区相对发现较少，纹饰范则更加少见。1988、1989和2010年，在皖江地带的贵池朱村[2]、枞阳汤家墩[3]和铜陵师姑墩[4]等地分别有商周陶范出土，部分陶范带有纹饰，说明这时期皖江一带已有本地青铜铸造业，青铜器铸造工艺的研究更显重要。由于中国南北方的黏土矿物类型不同，两地制范所用材料当存有差异，制范工艺可能也有区别。郁永彬等检测的皖南地区出土陶范中粉砂含量较高，并配有适量的黏土，以提高泥料的可塑性，减少干燥过程中的收缩。他们还使用偏光显微观察出汤家墩陶范夹杂有炭化的植物茎杆和稻壳，以提高范料的高温透气性，这些有机物可能是未烧透的草木灰所留。再通过对汤家墩陶范的化学组成分析表明，其磷和钙的含量与侯马及殷墟出土陶范均有所不同，与师姑墩出土陶范则较为接近，这些区别也许是地域性或时代性造成的。

四、与其他地区青铜文化的联系

青铜时代可能存在"多中心但不平衡的发展"[5]。俞伟超认为到了殷墟时期，随着商文化势力的全面退缩，许多区域性的青铜中心崛起，当地的文化因素取代商文化因素占据主体地位[6]。Virginia Kane在南方并未发现系统铸造遗址的情况下，根据南方出土的青铜礼乐器，从风格的角度提出南方独立铸造的假说[7]。高至喜系地整理了南方出土的商周铜铙及其他青铜器，从器形、用法、花纹和附饰等方面归纳了"南方特征"[8]。李学勤认为某些存在"两种传统"的青铜文化与中原地区可能存在双向的交流[9]。Jessica Rawson提出了更为大胆的设想，在二里岗之后，开始出现两个平行的发展系统，一支在河南，另一支是中国南方，这两个系统之间存在双向交流[10]。

南方地区出土商周青铜器比较确凿的历史可追溯到20世纪初，继1922年在湖南桃源县漆家河出土1件"皿天全"方罍[11]之后，在南方其他地区不断有商周青铜器出土。如1930年在江苏仪征破山口一座墓出土40多件铜器[12]，多数与中原风格相似。1959年，南京博物院对破山口进行

［1］　郭宝钧：《关于戟之演变》，《殷周青铜器铭文研究》附录2，人民出版社，1954年。
［2］　赵建明：《安徽贵池市发现一件古代陶范》，《考古》1996年第12期。
［3］　安徽省文物考古研究所：《安徽枞阳县汤家墩遗址发掘简报》，《中原文物》2004年第4期。
［4］　张小雷、朔知：《青铜考古的新成果——安徽铜陵师姑墩遗址发掘的收获与意义》，《中国文物报》2011年4月15日第004版。
［5］　陈芳妹：《商代青铜艺术"区域风格"之探索——研究课题与方法之省思》，《故宫学术季刊》第4期，1998年。
［6］　俞伟超：《长江流域青铜文化发展背景的新思考》，《长江流域青铜文化研究》，科学出版社，2002年。
［7］　Virginia Kane, "The independent bronze industries in the south of china contemporary with the shang and western chou dynasties", *Archives of Asian Art, (1974)*, XX－Ⅶ, pp.77－107.
［8］　高至喜：《中国南方出土商周铜铙概论》，《湖南考古辑刊》第2辑，1984年。
［9］　李学勤：《非中原地区青铜器研究的几个问题》，《东南文化》1988年第5期。
［10］　罗森：《商代中国南方地区和河南的联系》，《中国古代的艺术与文化》，北京大学出版社，2002年。
［11］　湖南省博物馆：《湖南省文物图录》，图版六，湖南人民出版社，1964年。
［12］　王志敏、韩益之：《介绍江苏仪征过去发现的几件西周青铜器》，《文物参考资料》1956年第12期。

清理发掘,确证当年出土青铜器的墓葬为一座西周时期的竖穴土坑墓[1]。同年屯溪弈棋土墩墓也出土有成组西周青铜器,充分说明至少在西周时期中原王朝的势力已达到长江下游的广大区域。1963年,长江中游的盘龙城遗址发现了典型的二里岗期文化遗存[2]。1973年,江西清江(现樟树市)吴城发现了年代相当于商代的吴城文化遗迹[3],可见在二里岗文化时期,中原的商文化已经扩散到长江中游的南北两岸。

李学勤认为中原文化到达皖江地带的时间为商代前期,周公东征将周朝的势力进一步深入安徽南部地区[4]。张爱冰结合肥西大墩孜、含山大城墩、孙家岗等遗址中发现的铜渣和木炭屑、含山大城墩发现的完整商代熔铜坩锅和潜山彰法山发现的陶范,指出夏商时期江淮地区的青铜冶铸是普遍存在的[5]。杨立新认为皖江地带青铜冶铸业是在商代中期受中原文化的影响而产生的[6]。尽管皖江地带出土了大量的青铜器,并具有丰富的铜矿资源和复杂的冶炼活动遗迹,但青铜冶铸技术何时出现、发展脉络及与其他地区青铜冶铸技术的关系如何还不清楚。

第六节　结　　语

过去几十年,皖江一带商周冶炼遗物和青铜器的科技研究取得了重要的进展,比如指出西周时期这一区域已经有硫化铜冶炼技术,且水平相当高明;通过微量元素示踪铜矿冶炼产物的输出路线和判定青铜器的矿料来源;以及对青铜器的合金配比、金相组织和铸造加工工艺等都有不同程度的研究。当然,为了全面弄清这些问题还必须大量开展科学研究工作,还应考虑皖江地带青铜冶铸工业生产组织、砷、锡和锑青铜的冶炼和使用,范铸工艺技术研究及与其他地区青铜文化的关系和技术交流等方面的问题。相信随着考古发掘工作的推进和冶金考古方法的应用,皖江地带商周青铜冶铸技术研究一定能够取得更好的成绩。

[1]　尹焕章:《仪征破山口探掘出土铜器记略》,《文物》1960年第4期。
[2]　湖北省博物馆:《一九六三年湖北黄陂盘龙城商代遗址的发掘》,《文物》1976年第1期。
[3]　江西省文物考古研究所樟树市博物馆:《吴城——1973—2002年考古发掘报告》,科学出版社,2005年。
[4]　李学勤:《安徽南部存在着颇具特色的青铜文化》,《学术界》1991年第1期。
[5]　张爱冰、陆勤毅:《皖江地带出土商代青铜容器的年代与性质》,《考古》2010年第6期。
[6]　杨立新:《皖南先秦青铜文化初析》,《宣州文物》第6辑,1988年。

第十一章　南陵地区矿冶遗产保护利用研究

第一节　概　　述

古矿冶遗产作为文化遗产及工业遗产的重要组成部分,是古代人类在社会文明发展过程中所遗留下来的重要遗迹。

新中国建立初期,社会各界对古矿冶遗产并没有足够的了解,但随着20世纪七八十年代全国各地陆续发现一大批商周时期的古铜矿冶遗存,古矿冶遗产才逐渐为世人知晓。由于古矿冶遗产对于研究古代社会和人类文明具有重要作用和独特价值,近些年来日益受到学术界相关学者和政府部门的重视。但在古矿冶遗产研究渐入佳境的同时,古矿冶遗产本体却在遭受破坏。随着我国城市化进程的不断深入,部分地区经济快速发展,大力开展基础设施建设,与之而来的就是很多古代遗留下来的遗物和遗迹遭到破坏;也有部分地区存在重开发轻保护的问题,在对古代遗存的开发中,导致遗址本体遭受颠覆性破坏,甚至消失,而这些问题在南陵地区古矿冶遗产的保护中也或多或少存在。如部分古矿冶遗址因分布在农耕区被破坏,地面所剩炼渣日益减少,或因采矿活动遗址本体遭受破坏,或因修路或工业生产建设活动而消失,或因长埋于深山密林人迹罕至而慢慢被人遗忘。而这些现象在让我们痛心的同时,也让我们反思该去如何更好地拯救它们。

因此,我们要全面了解南陵地区古矿冶遗址目前的保护现状,深刻分析其存在的问题,系统总结过去南陵地区保护和利用古矿冶遗产的经验教训,进而提出适合南陵地区古矿冶遗产保护和利用的对策和建议,最终解决南陵地区经济社会发展和古矿冶遗产保护之间存在的矛盾,实现经济效益和社会效益的统一。在保护南陵地区古矿冶遗产、弘扬矿冶文化的同时,造福于南陵地区和南陵人民。

第二节　南陵地区矿冶遗产概况

南陵地区蕴含着丰富的铜矿资源,故而留下了数量众多且规模较大的古矿冶遗产。县境内的大工山古铜矿江木冲冶炼遗址的存续时间为西周至汉时期,这说明早在西周时间南陵地区就已经开始了青铜冶炼,因此,总体上,南陵地区古矿冶遗产类型多、规模大、延续时间长。

一、南陵地区自然条件和地理位置

南陵县位于安徽省东南部,长江下游南岸,东临芜湖市湾沚区、宣城市宣州区,西与铜陵市、芜湖市繁昌区接壤,南毗邻宣城市泾县、池州市青阳县,北临芜湖市市区。介于东经117°38′—118°30′,北纬30°38′—31°10′之间,属亚热带季风气候,四季变化明显,气候温暖湿润,降水丰沛。东北部为平原,西南部为低山丘陵,地势西南高东北低。县境内水网纵横,河湖交织,相互贯通,有青弋江、漳河及其30多条支流,水运十分便利。其地处皖南丘陵地带向沿江平原过渡地带,是通往"两山一湖"(黄山、九华山、太平湖)的重要门户,总面积为1 263.7平方千米。

南陵县地处"下扬子凹陷地带",中生代时期地质运动活跃,发生过一系列火山喷发和岩浆侵入活动,成矿条件较为优越,故南陵地区的矿产资源十分丰富,其中以铜矿资源储量最多,且含铜品位较高,平均含铜品位0.88%,这为古代南陵地区大范围从事青铜开采和冶炼奠定了坚实的物质条件。

二、南陵地区矿冶遗址的分布、分类及特点

(一)南陵地区矿冶遗址的分布

根据南陵县第三次全国文物普查和南陵县文物管理所2018年春季矿冶遗址调查,并结合安徽大学历史学院2019、2020年在南陵地区开展的古矿冶遗址调查,南陵地区现存古矿冶遗址点共计46处(表25)。其中,小工山采矿遗址、小燕冲冶炼遗址、南山脚冶炼遗址为南陵县文管所2018年春季调查时发现的新点;团山涝采冶遗址、花塘岭冶炼遗址、排形冶炼遗址、何家冲冶炼遗址、坑下冶炼遗址、铁桥冶炼遗址和孙村冶炼遗址为安徽大学历史学院在南陵地区进行矿冶遗产区域系统调查时发现,其余均为第三次全国文物普查的已知点。

表25 南陵矿冶遗址一览表

遗址名称	遗址位置	中心坐标	遗址性质	年代	级别
大工山古铜矿塌里牧遗址	工山镇大工行政村塌里自然村	北纬30°55′43.9″ 东经118°09′22.3″	采冶遗址	唐-宋	国家级
上、下分炉冶炼遗址	家发镇麻桥石峰行政村上分自然村至下分自然村山坡上	北纬30°59′12.6″ 东经118°12′24.0″	冶炼遗址	唐-宋	未定级
老窑冲唐代冶炼遗址	家发镇麻桥石峰行政村上塘自然村西老窑冲一带	北纬30°59′02.4″ 东经118°12′30.2″	冶炼遗址	六朝	未定级
大工山铜矿江木冲炼铜遗址	工山镇春福行政村江木冲自然村	北纬30°51′42.1″ 东经118°10′28.1″	冶炼遗址	周	国家级
寨山脚下古冶炼遗址	何湾镇铁山行政村寨山自然村寨山脚下	北纬30°50′36.1″ 东经118°02′50.9″	冶炼遗址	六朝	未定级

遗址名称	遗 址 位 置	中心坐标	遗址性质	年　代	级别
铁山桥唐代冶炼遗址	何湾镇铁山行政村铁山自然村铁山桥附近	北纬30°52′13.3″东经118°02′57.1″	冶炼遗址	隋唐－五代	未定级
大元岭采冶遗址	何湾镇铁山行政村大元岭自然村	北纬30°52′08.4″东经118°03′26.3″	采冶遗址	汉－唐	未定级
铁山仙人冲冶炼遗址	何湾镇铁山行政村文家白自然村仙人冲	北纬30°52′22.7″东经118°03′08.0″	冶炼遗址	汉－唐	未定级
冷水冲冶炼遗址	丫山镇南山行政村冷水冲自然村	北纬30°48′05.7″东经118°01′52.1″	冶炼遗址	东周－汉	未定级
郎陵丹井采矿遗址	工山镇山峰行政村杨村自然村	北纬30°54′40.9″东经118°12′08.9″	采矿遗址	汉	未定级
宛义冲古冶炼遗址	工山镇高岭行政村高岭自然村宛义冲	北纬30°55′53.2″东经118°10′50.3″	冶炼遗址	229年至589年	未定级
畚箕涝春秋采矿遗址	工山镇大工行政村四冲岭自然村	北纬30°55′19.0″东经118°10′26.0″	采矿遗址	春秋	未定级
戴腰山汉唐采矿遗址	工山镇大工行政村戴腰山山上	北纬30°55′15.8″东经118°10′38.7″	采矿遗址	汉－唐	未定级
大聂张铸造遗址	籍山镇长塘行政村大聂张自然村	北纬30°53′27.3″东经118°24′15.0″	冶炼遗址	唐－宋	未定级
小钱村铸造遗址	籍山镇黄金行政村小钱村自然村	北纬30°58′14.4″东经118°22′12.7″	冶炼遗址	汉代	未定级
西边冲冶炼遗址	何湾镇涧滩行政村西边冲自然村	北纬30°51′26.2″东经118°04′55.1″	冶炼遗址	东周	未定级
水龙湖冶炼遗址	何湾镇涧滩行政村水龙湖自然村	北纬30°51′30.0″东经118°05′08.5″	冶炼遗址	唐－宋	未定级
刘家井冶炼遗址	何湾镇涧滩行政村刘家井自然村	北纬30°51′03.3″东经118°06′13.5″	冶炼遗址	春秋－汉	未定级
铜塘冶炼遗址	何湾镇钱桥行政村垄上西河自然村	北纬30°45′59.7″东经118°04′29.9″	冶炼遗址	汉－唐	未定级
余家冲冶炼遗址	何湾镇涧滩行政村余冲自然村	北纬30°50′55.9″东经118°04′04.0″	冶炼遗址	西周－春秋	未定级
樟木涝冶炼遗址	何湾镇涧滩行政村新屋自然村	北纬30°51′08.4″东经118°04′53.1″	冶炼遗址	汉－唐	未定级
沙滩角汉唐炼铜遗址	工山镇大工行政村沙滩角自然村	北纬30°55′10.4″东经118°09′17.8″	冶炼遗址	汉－唐	未定级

遗址名称	遗 址 位 置	中心坐标	遗址性质	年　代	级别
样山汉代采矿遗址	工山镇大工行政村沙滩角自然村东 100 米	北纬 30°55′12.3″ 东经 118°09′22.7″	采矿遗址	汉代	未定级
夏家柏周代炼铜遗址	工山镇大工行政村夏家柏自然村	北纬 30°51′52.9″ 东经 118°10′04.4″	冶炼遗址	东周	未定级
上牧冲唐代冶炼遗址	工山镇大工行政村上牧冲自然村	北纬 30°55′14.5″ 东经 118°09′40.2″	冶炼遗址	东周	未定级
沙滩角窑山冶炼遗址	工山镇大工行政村沙滩角自然村东 100 米	北纬 30°55′03.8″ 东经 118°09′24.9″	冶炼遗址	汉–唐	未定级
狮子山冶炼遗址	何湾镇绿岭行政村黄冲自然村狮子山山上	北纬 30°51′53.0″ 东经 118°06′50.3″	冶炼遗址	东周	未定级
象山荷花荡冶炼遗址	戴汇冲口行政村荷花荡自然村	北纬 30°51′42.6″ 东经 118°13′45.0″	冶炼遗址	东周	未定级
小乔村冶炼遗址	工山镇童村行政村小乔自然村	北纬 30°52′13.3″ 东经 118°11′10.2″	冶炼遗址	汉–唐	未定级
金子阡唐代采矿遗址	工山镇大工行政村金子阡自然村	北纬 30°55′42.0″ 东经 118°10′00.7″	采矿遗址	唐	未定级
铜山涝采矿遗址	工山镇工山行政村塌里牧自然村西南破头山南面	北纬 30°55′32.0″ 东经 118°09′19.5″	冶炼遗址	汉–唐	未定级
金塘岭冶炼遗址	工山镇大工行政村金岭自然村	北纬 30°55′51.5″ 东经 118°09′13.0″	冶炼遗址	汉–唐	未定级
燕窝里冶炼遗址	工山镇大工行政村长塘自然村	北纬 30°56′08.2″ 东经 118°09′08.4″	冶炼遗址	汉–唐	未定级
龙池庵采矿遗址	工山镇山峰行政村龙池庵自然村	北纬 30°55′12.7″ 东经 118°11′31.8″	采矿遗址	汉–唐	未定级
小工山采矿遗址	工山镇大工行政村小工山顶	北纬 30°55′42.8″ 东经 118°09′20.1″	采矿遗址	未知	未家级
小燕冲冶炼遗址	何湾镇涧滩行政村燕屋自然村	北纬 30°51′20.3″ 东经 118°07′21.5″	冶炼遗址	未知	未定级
南山脚冶炼遗址	何湾镇南山行政村南山脚自然村	北纬 30°80′20.3″ 东经 118°05′08.4″	冶炼遗址	未知	未定级
团山涝采冶遗址	工山镇大工行政村团山涝自然村	北纬 30°92′25.6″ 东经 118°15′44.8″	采冶遗址	未知	未定级
花塘岭冶炼遗址	工山镇大工行政村花塘岭自然村	北纬 30°92′10.7″ 东经 118°34′57.5″	冶炼遗址	未知	未定级

遗址名称	遗 址 位 置	中心坐标	遗址性质	年　代	级别
排形冶炼遗址	工山镇大工行政村排形自然村	北纬30°94′54.5″ 东经118°16′93.7″	冶炼遗址	未知	未定级
何家冲冶炼遗址	工山镇大工行政村何家冲自然村	北纬30°95′12.2″ 东经118°16′07.4″	冶炼遗址	未知	未定级
垅下冶炼遗址	工山镇山峰行政村垅下自然村	北纬30°91′35.2″ 东经118°22′72.6″	冶炼遗址	未知	未定级
铁桥冶炼遗址	家发镇盛桥行政村铁桥自然村	北纬30°94′86.1″ 东经118°29′61.0″	冶炼遗址	未知	未定级
孙村冶炼遗址	家发镇茶林行政村孙村村民组	北纬30°96′34.7″ 东经118°30′81.9″	冶炼遗址	未知	未定级
旺冲冶炼遗址	何湾镇涧滩行政村燕屋自然村	北纬30°51′20.3″ 东经118°07′21.5″	冶炼遗址	未知	未定级
神冲冶炼遗址	何湾镇南山行政村神冲自然村	北纬30°73′02.5″ 东经118°23′93.6″	冶炼遗址	未知	未定级

　　根据上表可制作南陵地区古矿冶遗产分布图（图218）。如图所示，南陵地区古矿冶遗产主要分布在县域西南的低山丘陵地区，尤其以大工山为中心，分布着几十处古铜矿遗址，故而称之为大工山古铜矿遗址群。

　　（二）南陵地区矿冶遗产的分类
　　南陵地区矿冶遗产可根据以下标准进行初步分类：
　　1. 按遗址性质划分：南陵地区古矿冶遗产可分为采矿遗址、冶炼遗址以及兼具采矿和冶炼的采冶遗址三类。其中以冶炼遗址为最多，有二三十处，如上、下分炉冶炼遗址、老窑冲唐代冶炼遗址、江木冲炼铜遗址、寨山脚下古冶炼遗址、铁山桥唐代冶炼遗址、孙村冶炼遗址等；采矿遗址有7处，分别为小工山采矿遗址、郎陵丹井采矿遗址、畚箕涝春秋采矿遗址、戴腰山汉唐采矿遗址、样山汉代采矿遗址、金子阡唐代采矿遗址、龙池庵采矿遗址；采冶遗址有3处，大工山古铜矿塌里牧遗址、大元岭采冶遗址和团山涝采冶遗址。
　　2. 按遗址时间早晚划分：南陵地区古矿冶遗产大致可分为两大时期，早期为先秦至汉代，该时期遗址集中分布在江木冲炼铜遗址保护范围内，代表遗址有江木冲炼铜遗址、西边冲冶炼遗址、荷花荡冶炼遗址、刘家井冶炼遗址、小乔村冶炼遗址等；晚期为唐宋时期，此时期遗址主要分布在塌里牧遗址保护范围内，典型遗址有塌里牧遗址、上牧冲冶炼遗址、沙滩脚冶炼遗址、金塘岭冶炼遗址、水龙湖冶炼遗址等。
　　3. 按遗址保护等级划分：南陵地区古矿冶遗产可分为两类，即有等级保护和无等级保护。

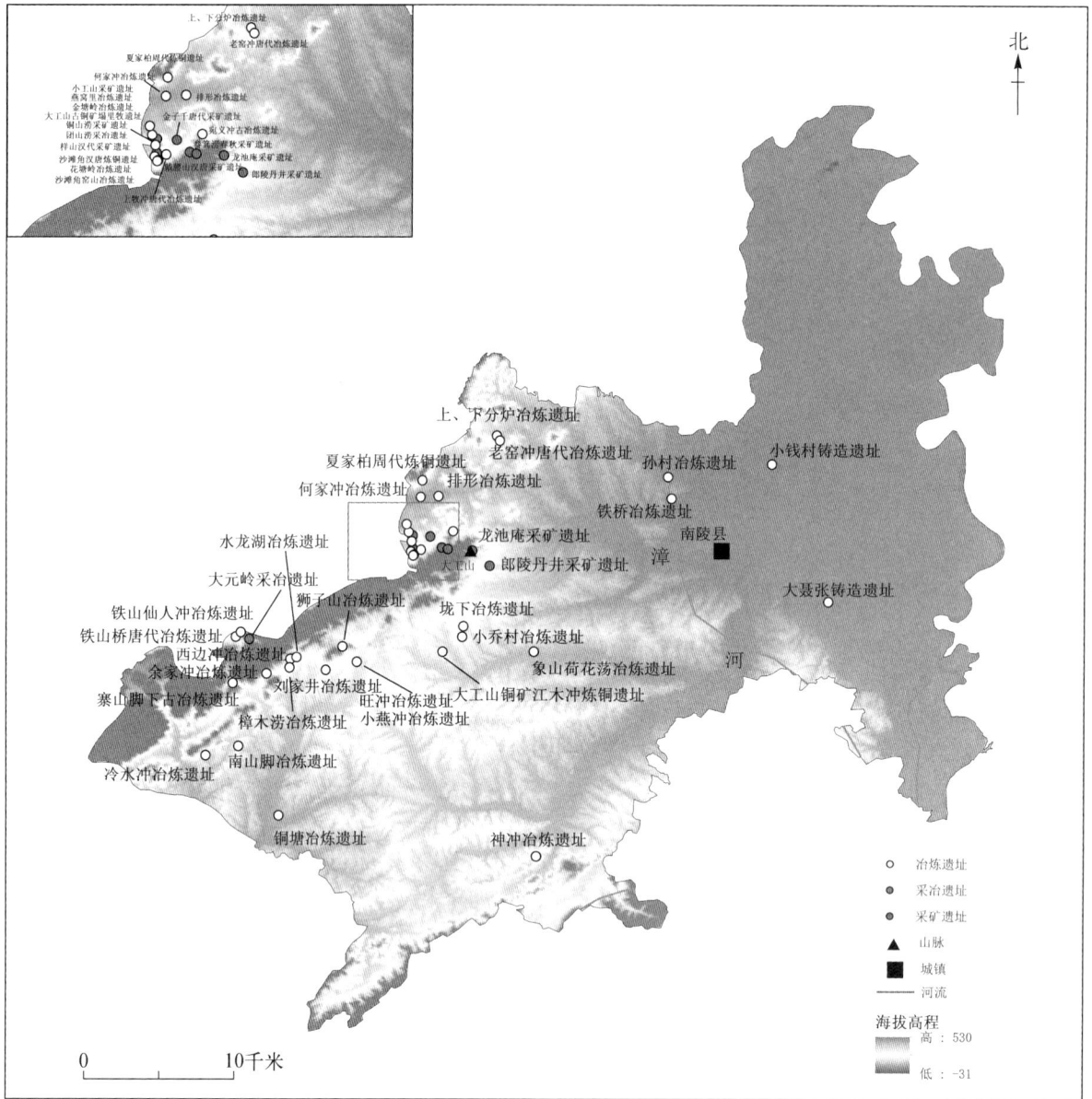

图218　南陵县古矿冶遗产分布图

其中有等级保护的遗址有两处,分别为大工山古铜矿塌里牧遗址和大工山古铜矿江木冲炼铜遗址,这两处遗址在1996年11月,被国务院公布为第四批全国重点文物保护单位,并划定保护范围和建设控制地带。其中,大工山江木冲遗址保护范围:西北自江木冲村口水库大坝起,东南至方家村大古塘大坝止(内含大、小尼姑墩、马鞍冲、小古塘、中间山、方家村柴山),全长1 250米;东北自乔村二亩冲起,西南至葛屋村六口塘(内含二亩冲、马鞍冲、柳村柴山、六口塘和葛屋村柴山),全长550米,保护面积687 500平方米,建设控制地带同保护范围;大工山塌里牧遗址保护范围:东自破头山东侧的大工百赵冲采矿点起,西至塌里牧村窑山西麓山脚止(内含破头山北麓、塌里牧村、窑山),全长430米;南自破头山脊起,北至塌里牧村北老南(陵)铜(陵)公路,全长480米,面积206 400平方米,建设控制地带同保护范围。

(三)南陵地区矿冶遗产的特点

根据初步研究,南陵地区的古矿冶遗产有以下特点:

1. 古矿冶遗产数量众多、规模巨大,分布范围广泛。

南陵地区的大工山古铜矿遗址群现存遗址有46处,分布面积约400平方千米。如江木冲遗址位于大工山东部的工山镇境内,其占地面积约1.5平方千米,炼渣堆厚约0.5至1.5米,是西周至汉代的铜矿冶炼遗存,古炼渣储量约50万吨,遗址中的炼渣含铁很高,部分炼渣的重量可达几百公斤,居全国之首。

2. 古矿冶遗产保存程度相对较好,未被大规模破坏。

南陵地区铜矿等矿产资源较为丰富,但因地质成矿条件的限制,并不适合大规模机械化开采,其境内的古铜矿遗址因此免遭大规模破坏的厄运。南陵大工山区和铜陵铜官山区因地质条件较好,铜矿资源具有底层浅、含铜品位高,且适合手工开采等优点,故唐宋时期采铜冶炼十分兴盛,因而在此地留下了数量众多的采矿和冶炼遗址。而在20世纪初至解放前,邻近的铜陵地区因铜矿资源丰富相继遭到英国人和日本人的掠夺性采掘,众多古矿冶遗址惨遭破坏,但南陵地区因上述地质成矿条件的限制,故而古矿冶遗址未遭此劫,境内的古矿冶遗址得以较为完整地保存下来,所以南陵地区的古矿冶遗址群也是目前全国发现的面积最大、时代较早、保存最好的一处古铜矿遗址群[1]。

3. 相关古代文献资料丰富,现有考古资料确凿,彼此之间印证吻合。

在古代文献方面,《盐铁论》有曰“荆扬左陵阳之金”,至今南陵仍别称“陵阳”;《三国志·吴志》云“宣城山越”“丹阳山险,民多果劲”“山出铜铁,自铸甲兵,山越恃险,不宾历世”;庾信《枯树赋》有“南陵以梅根作冶”句。唐代李吉甫《元和郡县志》谓“南陵有梅根、宛陵二监钱官,每年铸钱五万贯”;《南陵县志》载:“自六朝及唐,南陵号为坑冶之地。”[2]20世纪80年代至今关于南陵地区古矿冶遗址的考古研究资料也不在少数,如安徽省文物考古研究所、南陵县文物管理所《安徽南陵县古铜矿采冶遗址调查与试掘》、刘平生《安徽南陵大工山古代铜矿遗址发现和研究》、玉浩清《安徽南陵古铜矿采冶遗址》、魏国锋《铜陵、南陵地区古铜矿冶遗址炉渣的科技研究》等。以上文献资料相互印证,共同证明了南陵地区从事铜矿采冶的历史悠久。

4. 古矿冶遗产与境内的其他古遗址相互联系,关系密切。

南陵县境内有三大国保单位,分别为大工山—凤凰山古铜矿遗址、皖南土墩墓群千峰山遗址和牯牛山城址,且三者年代大致处于同一时期,它们分别是从事工业活动的工矿区、死后安眠的墓葬区以及日常生活和管理中心区,且南陵县域内水网密布、相互贯通。便捷的水陆运输,使这

[1]　刘平生:《安徽南陵大工山古代铜矿遗址发现和研究》,《东南文化》1988年第6期。
[2]　南陵县地方志编纂委员会:《南陵县志(1991—2000)》,黄山书社,2007年。

三者得以紧密联系在一起,共同构成了当时皖南土著民族生产、生活的整个社会环境。因此,南陵地区的古矿冶遗产为探讨其与千峰山土墩墓群和牯牛山城址的关系提供了重要线索和物证。

第三节　南陵地区矿冶遗产的价值

《世界文化遗产公约》对文化遗产的定义,强调其"突出的普遍价值"必须"从艺术、历史或科学价值的角度看"。《中华人民共和国文物保护法》和《中华人民共和国非物质文化遗产保护法》都明确规定,国家保护的文化遗产主要是"具有历史、科学、艺术价值"的文物和非物质文化遗产[1]。所以,文化遗产的价值,主要体现在历史价值、科学价值和艺术价值这三方面。但如今,我们在论述文化遗产的价值时,一般都不限于这三大价值,还有一些其他方面的价值,如经济价值和思想价值等。故而文化遗产一般具有历史价值、科学价值、艺术价值、经济价值、思想价值、社会价值等,古矿冶遗产作为文化遗产的重要组成部分,自然也具有上述价值特征。南陵地区古矿冶遗产的历史价值、科学价值和社会价值最为突出。

一、历史价值

南陵地区的古矿冶遗产作为文化遗产的重要组成部分,是古代先民在社会历史实践中创造出来的物质财富。这些古矿冶遗产的历史信息几乎涵盖了中国矿冶史的全部,不仅见证了铜矿开采、冶铸技术的发展与进步,也是我们拨开历史迷雾,了解古代社会发展的重要资料,因而历史价值是其最基本的价值,也是首要价值,而南陵地区古矿冶遗产的历史价值表现如下:

南陵地区的大工山古铜矿遗址群是人类的文化遗产,也是中国青铜文化的一个重要发源地之一。它在中国文明史上曾产生过重大影响,在世界冶金史上也占有十分重要的地位,从某种意义上说,南陵大工山古矿铜遗址群就是见证中国矿冶史发展过程的一位"老者"。它的存在证明了可能早在先秦时期,中国就已经开始使用硫化铜了。1984—1988年,有关部门在南陵江木冲冶铜遗址先后采集了一批铜锭,经过检测,其含铜量为28%—60%,含铁量为18%—30%,并夹杂多种微量元素,属于铜铁合金—冰铜锭。冰铜锭的出现表明,至迟在西周时期该区域就已经掌握硫化铜矿炼铜技术。

"自六朝以来,南陵号为坑冶之地"[2]。南陵地区的古矿冶遗产作为安徽沿江地区矿冶遗产的重要组成部分,它的存在为寻找我国历史上著名的"丹阳铜"提供了重要线索和物证。学术界对于"丹阳铜"是西汉丹阳县、丹阳郡所产之铜的说法大多并无异议,但在涉及古代丹阳郡生产铜矿的具体地点时便莫衷一是,分歧较大。郭怀中认为丹阳郡产铜地点在今皖南地区的南陵、繁昌、当涂等地[3]。魏嵩山认为其产铜地点在今苏浙皖交界的茅山、天目山及九华山区[4]。王仲殊认

[1]　蔡靖泉:《文化遗产学》,华中师范大学出版社,2014年。
[2]　南陵县地方志编纂委员会:《南陵县志(1991—2000)》,黄山书社,2007年。
[3]　杨立新:《皖南古代铜矿的发现及其历史价值》,《东南文化》1991年第2期。
[4]　魏嵩山:《西汉丹阳铜产地新考》,《安徽大学学报》1979年第3期。

为丹阳郡的具体产铜地点是在今安徽省宣城市境内[1]。随着我们对南陵地区古矿冶遗产及安徽沿江古矿冶遗产研究和认识的逐渐深入，相信这一"困扰"史学界的问题终将会得以解决。

二、科学价值

南陵地区古矿冶遗产作为曾经从事铜矿开采、冶炼所遗留下来的重要遗址，尽管经过岁月的冲刷早已面目全非，但仍然能够为我们提供大量的重要信息。我们可以从这些古矿冶遗产中了解当时的生产力水平和科技发达程度，即铜矿开采使用了什么采矿技术，以及冶炼铜矿时所使用的冶炼技术。

从生产力发展角度看，人类社会利用铜矿资源经历了三个历程，先使用距地表最近的氧化矿层的自然铜，其次是利用氧化矿层里的氧化铜矿，最后才是使用次生富集矿层和原生矿层里的硫化铜矿。每个阶段所使用的采矿技术和工艺是不同的，且随着采矿阶段的深入，所涉及的采矿技术也更为复杂。南陵地区的古矿冶遗产分为采矿遗址和冶炼遗址，其中采矿遗址又可分为两类，即浅地层群井开采和深地层井巷开采。浅地层井开采主要是采掘露头矿，也就是采掘距地表最近的自然铜，对开采技术要求相对较低。这类遗址开采地点一般选在两山之间、铜草丛生的低洼地带，典型遗址主要有大工山古铜矿塌里牧遗址、铜山涝采矿遗址、金子阡唐代采矿遗址等。如铜山涝采矿遗址的采矿井就以竖井进入矿层，以"独头巷"的结构沿着矿体挖掘，巷道短且窄，一般长2—3米，截面积50×50厘米[2]。在先秦时期，统治阶层对铜矿资源的需求是巨大的，浅层的自然铜储量极其有限，无法满足需求，且终将会被开采殆尽，那么唯一办法就是向更深处挖掘，因此深地层井巷开采应运而生。深地层井巷开采一般选在山腰或山顶上，因为开采深度加深，采矿技术要求更高，需要统筹解决井下安全防护、深井通风和逐层排水等问题，典型遗址有戴腰山汉唐采矿遗址以及样山汉代采矿遗址。以戴腰山汉唐采矿遗址为例，考古专家对其清理后发现，其有竖井、斜井、平巷、斜巷多处。竖井截面积为80×90厘米、深10—15米，且平巷内有木质支护，长10余米[3]。南陵地区古矿冶遗产中采矿遗址的不同类型，反映了我国古代采铜技术的发展与进步。

古矿冶遗产里也蕴含了大量的科学技术信息，如在古矿冶遗产冶炼遗址内部采集到的炼渣、矿渣、炉壁等，能够帮助我们认识古代冶炼技术的发展，如中国何时开始使用硫化铜冶炼技术，就一直是考古学界所关注的焦点。20世纪80年代，有关专家在南陵江木冲冶铜遗址采集到一批铜锭，经检测属于铜铁合金——冰铜锭，而冰铜是使用硫化铜矿的重要标志。穆永平对南陵江木冲冶铜遗址的炼渣进行分析，部分炼渣的含铜、含硫之比超过0.258，这些含铜、含硫之比超过0.258的炼渣属于冶炼硫化铜所致[4]。近些年，魏国锋、郑晓平、秦颖等学者对从江木冲炼铜遗址中所采集的冰铜颗粒进行了科学分析检测，并未发现该遗址中有较多冰铜颗粒依次升高的现象，推测遗址中冰铜颗粒的存在可能是由于使用硫化铜矿石焙烧工艺或混合矿原料所致的结果，并不能直

［1］　王仲殊：《汉代物质文化略说》，《考古通讯》1956年第1期。
［2］　刘平生：《安徽南陵大工山古代铜矿遗址发现和研究》，《东南文化》1988年第6期。
［3］　刘平生：《安徽南陵大工山古代铜矿遗址发现和研究》，《东南文化》1988年第6期。
［4］　杨立新：《皖南古代铜矿的发现及其历史价值》，《东南文化》1991年第2期。

接证明江木冲炼铜遗址就已经采用了硫化铜冶炼铜矿技术[1]。未来相关研究虽然仍会继续进行下去，但目前的这些结果表明，在西周时期南陵地区的江木冲炼铜遗址可能就已经掌握了硫化铜冶炼铜矿技术或者在冶炼中至少使用了硫化铜铜矿焙烧工艺和混合矿原料了。

三、社会价值

古矿冶遗产与人类的生活是息息相关的，它们不仅是一个地区文化底蕴的重要体现，更是一个地区经济社会发展的文化根脉和精神支撑。南陵县正是在全社会高度重视文物保护工作的氛围中，深刻认识到需要大力保护并合理利用区域内的古矿冶遗产，于是南陵县人民政府与安徽大学签订关于文化遗产保护的合作框架协议，以省属重点高校承担的国家重大社科项目为契机，依托南陵地区的大工山古矿冶遗址群，围绕矿冶考古、矿冶遗址保护、青铜文化研究等相关课题，旨在促进南陵地区古矿冶遗产的保护、展示和利用。相信随着相关研究的逐渐深入，会促使社会各界更加清楚认识到南陵地区古矿冶遗产所具有的重要价值，采取更有针对性的古矿冶遗产保护和利用方案，推动南陵地区古矿冶遗产得到更好的传承和保护。同时，在保护南陵地区古矿冶遗产的过程中，也能最大限度地发挥地区古矿冶遗产所蕴含的社会价值。南陵地区古矿冶遗产完整呈现了古代南陵及其周边地区工业发展的整体脉络，是古代社会发展的重要标志。尽管几千年已经过去，但古矿冶遗产中所蕴含的灿烂悠久的矿冶文化和古代先民们不畏艰难、艰苦奋斗的精神仍旧存在，并且可以借助博物馆这一展示文化的窗口，将古矿冶遗产所蕴含的矿冶文化和精神传播到社会大众之中，使其了解我国古代青铜开采和冶炼技术的演变过程，增进对中华文化的认同，切实增强文化自觉和文化自信。同时，古代先民精神的传承也能激励全体社会公众不畏艰难、迎难而上，攻克实现民族复兴征程上的一个又一个困难。此外，利用好南陵地区的古矿冶遗产，积极发展第三产业，还能推动地方社会的经济发展。如利用古矿冶遗产打造青铜矿冶文化的特色文化品牌，建设青铜文化小镇等，不仅可以吸引更多游客来此参观，还能进一步促进区域经济社会发展，推动南陵地方特色观光旅游等产业的发展，促进南陵地区的产业优化，甚至对提高南陵在安徽省乃至全国的知名度都具有重要的推动作用。

第四节　南陵地区矿冶遗产保存现状及存在问题

一、保存现状

根据2009年南陵县文管所第三次文物普查对境内古矿冶遗产的统计、2018年南陵县文管所春季调查以及安徽大学历史学院在南陵地区开展的区域系统调查新发现的矿冶遗产，南陵地区

---

[1]　魏国锋、郑晓平、秦颖、张爱冰、方青、王东明、崔彪：《铜陵、南陵地区古铜矿冶遗址炉渣的科技研究》，《光谱学与光谱分析》2019年第11期。

现存的古矿冶遗产共有46处,有三处因人为原因消失。因此,本课题组以2020年12月第二次区域系统调查和2021年8月底对南陵地区第三次文物普查古矿冶遗产为切入点,展开对南陵地区古矿冶遗产保存现状的研究,相关情况记录如下:

塌里牧遗址位于工山镇大工行政村破头山下的塌里自然村,据南陵县第三次文物普查资料显示,该遗址占地面积22万平方米,炼渣堆积厚达8米,储量约40万吨以上,此遗址兼具采矿和冶炼功能,并保留一座因冶炼铜矿堆积炼渣而形成的台地——窑山冶炼堆积台地。该遗址的生产方法是山上采矿、山下冶炼,具有采冶生产"一条龙"的特点。在20世纪80年代至20世纪末,受经济利益驱使,少数矿主违法越界开采造成古代采矿井损毁严重,且当地农民文物保护意识不强,在农业生产过程中时有破坏古铜矿的现象发生。1996年大工山古铜矿塌里牧遗址被列为全国重点文物保护单位,划定了相应的保护范围。之后南陵县人民政府逐渐加强对遗址本体的保护,在塌里牧遗址汉代采矿井以及窑山冶炼堆积台地等处设立石柱和围栏。但笔者沿着山路往破头山顶查看山体整体的保护情况时,在位于半山腰处的路旁发现有现代机器开采山体的痕迹,应是挖掘机挖掘所致,而此地距离塌里牧遗址汉代采矿井处实际距离不足百米,正处于大工山古铜矿塌里牧遗址保护范围的核心地带,让人触目惊心。经过一番周折后,来到破头山顶,发现山顶处有数处塌陷区域,应是过去的矿山开采导致部分山体形成采空区,加之在雨水的冲刷作用下形成。总体来说,作为全国重点文物保护单位的大工山塌里牧遗址保存状况还算完好,但受自然和人为因素影响较大。

大工山古铜矿江木冲炼铜遗址位于工山镇春福行政村江木冲自然村东南,西起江木冲村的东大堤,东到方家村的大古塘埂,北至乔村农场,南临六口塘边。该遗址东西长1.5、南北宽1千米,占地面积1.5平方千米。1996年江木冲炼铜遗址被列为全国重点文物保护单位。据第三次文物普查资料记载,20世纪80年代该遗址被发现时,遗址上分布有大量炼渣、炉壁、红烧土、各种纹饰的几何印纹陶片、原始青瓷片及夹砂陶器的残片。器形有硬陶双耳罐、原始青瓷豆、夹砂红陶鼎、鬲、罐等。文化层厚达2米,炼渣堆厚约0.5—1.5米,总量约50万吨。江木冲冶铜遗址是西周至汉代的铜矿冶炼遗址,其冶铜遗物主要有菱形冰铜锭、铜液渣块、铜铁矿石、石球、石钻、铜斧、铜锛等[1]。此次实地调查发现,该地因属于丘陵地形,常年有植被覆盖,很难观察遗址的全貌,也正是在这一因素的影响下,江木冲冶铜遗址整体保存状况较好,部分尚为原生态。因为此次实地调查正值夏季,植被杂草茂盛,来到遗址时并未发现有炼渣的迹象,在咨询当地村民后,得知这些炼渣(当地人称为"铁屎")都被杂草所覆盖,这种东西在村庄几乎随处可见,后又在该村其他地方发现较多炼渣,保存较好,体积较大。在与村民的交谈中得知,很多年前遗址还未被发现时炼渣数量更多,遗址被发现和发掘后,不少人从全国各地慕名而来参观了解江木冲冶铜遗址。这些游客走时,大都会顺手从地上拾起一些大且精美的炼渣带走以作为纪念,久而久之,地表可见炼渣已经大不如从前了。在实地调查中,发现江木冲炼铜遗址也存在着一些人为破坏的情况,如村民的耕作、种植和砍伐植被对遗址都有一定影响。

---

[1]　刘平生:《安徽南陵大工山古代铜矿遗址发现和研究》,《东南文化》1988年第6期。

上牧冲唐代冶炼遗址位于工山镇大工村上牧冲自然村,处于大工山古铜矿塌里牧遗址保护范围内。据南陵县第三次文物普查资料显示,上牧冲唐代冶炼遗址占地面积约2万平方米,文化层厚0.5—1米,保存较好。南陵县文管所曾在此地采集到的遗物有炼炉残壁、炼渣、煤渣、红烧土、青瓷片等。炼渣多为长条状,断面呈半圆形。笔者此次来到上牧冲村后,在当地村民的指引下,来到了该村中炼渣分布较为密集的一片菜地,这片区域地势较四周低,近似长方形,东西长约13米,南北宽约15米,菜地上分布着数量众多的炼渣,尤其是在菜地四周的田埂的斜坡面,因无草木覆盖,拍摄出的炼渣尤为清楚。目前,该地区仍有不少村民居住,这些村民在遗址上从事农业生产等活动,笔者调查时,菜地上仍种植着芝麻、山芋等。上牧冲唐代冶炼遗址因位于山区,夏季的自然灾害以及开采矿石等活动都在一定程度上对遗址造成破坏,但相较而言,农民的生产生活活动对遗址本体的损害程度更大。

铜山涝采矿遗址,原名为破头山采矿遗址。该遗址位于工山镇大工村塌里牧自然村破头山南面,处于大工山古铜矿塌里牧遗址保护范围内,未核定保护等级,总面积约1万平方米,20世纪文物调查时在此发现多处竖井、平井。1986年安徽省文物考古研究所和南陵县文物管理所对铜山涝采矿遗址的多处矿井进行了发掘清理,清理出石球、坠石、陶罐、青瓷钵形碗、铁钻、木棒、陶钵等遗物[1]。据南陵县第三次文物普查资料显示,这些古矿井沿山脊不规则分布,基本都被堵塞,不易发现,部分采矿井已经损毁,数量不明。笔者此次在塌里牧村村民的带领下来到该遗址,几经辗转找到一处古矿井,但已经被现代采矿井所覆盖。前些年在南陵县文物部门的努力下,相继关停了附近的采矿厂,该采矿井目前已经废弃。

燕窝里冶炼遗址位于工山镇大工村长塘自然村西面。据南陵县第三次文物普查资料显示,该遗址地面人为破坏较少,被土层及植被所覆盖,地形为山冲小盆地,呈近似椭圆状,占地面积约2千平方米,文化层厚度0.5—1米,遗址上分布有大量炼渣及红烧土块,工作人员曾在此地采集标本,有条状半圆形炼渣、青瓷碗残片等。在实地调查过程中,笔者还在长塘自然村村内的菜地及附近水田内都发现有炼渣踪迹,这说明长塘冲村炼渣分布的范围较广,应不局限于之前第三次文物普查的范围,但整个遗址主要分布在人群集中的村内及周围,村民的农业生产活动是遗址损坏的主要因素。

沙滩角汉唐炼铜遗址位于工山镇沙滩角村。据南陵县第三次文物普查资料记载,该遗址占地面积2万平方米,文化层厚1—1.5米。遗址上有大量炼渣和煤渣,村南100米"窑山"为废弃的炼炉堆积,采集有青瓷片,釉陶碗等。因沙滩脚村就建在遗址上,当地农民的盲目开采以及农业生产活动,致使遗址面积减小,一部分被挖掘,一部分被覆盖。沙滩脚村位于大工山深处,偏僻难寻,笔者此次来到该村时,此地已空无一人。从房屋的状态看,此地无人居住应有几年了,而一旁的开采机器也已废弃,锈迹斑斑。一番寻找之下,在一处斜坡发现有炼渣痕迹,与砾石夹杂在一起。而在该村的其他地方,笔者都未曾发现有炼渣的踪迹,这一情况也证明了南陵县第三次文物

---

[1]　安徽省文物考古研究所、南陵县文物管理所:《安徽南陵县古铜矿采冶遗址调查与试掘》,《考古》2002年第2期。

普查资料对该遗址遭受破坏的记录是可靠真实的。现在距离第三次文物普查调查已有十多年，该遗址的实际破坏情况可能要比当时严重得多，应予以重视。

夏家柏周代炼铜遗址位于工山镇大工村夏家柏自然村。据南陵县第二次文物普查资料显示，该遗址占地面积约1万平方米，文化层厚0.5—1米。有泉水涝和毛垄二处地点，遗址上分布有炼渣、汉瓦、几何印纹硬陶片、石箭头等遗物。20世纪90年代初，夏家柏炼铜遗址的绝大部分被改造成耕地，导致遗址被覆盖现象严重。在南陵县开展第三次文物普查时，调查人员仍然在此遗址上发现有少量炼渣。在此次的实地调查过程中，笔者在夏家柏村民的指引下，来到了该遗址遗物分布密集的泉水涝和毛垄两地，尽管经过一番仔细搜寻，在地面仍没有发现有炼渣等遗物。在泉水涝处，当地村民因此地有山泉水流出，灌溉便利，便种植水稻，目前泉水涝处只见干净的山泉水，而无任何遗迹现象。夏家柏周代炼铜遗址在该村村民的农业生产活动影响下，已基本消失。

金子阡唐代采矿遗址位于南陵县工山镇大工村金子阡自然村南250米的山脊上，面积约3万平方米，据当地村民介绍该遗址所在山坡、山脊上分布着大量采矿的废石。当地村民曾在此采矿挖出古矿井一处，采集有青瓷平底碗残片。据南陵县第三次文物普查资料显示，此处采矿井沿山脊不规则分布，大多已堵塞，仅留下一个个凹窝，不易发现。金子阡唐代采矿遗址处于灌木丛林地带，调查时正值夏季，完全被植被覆盖，难以观察全貌。笔者几次试图进入灌木丛林带以寻找古矿井的踪迹，最终无功而返。笔者返回金子阡村途中，意外发现一矿井，后从村民处了解到该矿井是在原有矿井基础上扩建形成，但原有矿井年代他们也不得而知。由于金子阡村以南为大工山山峰，拥有丰富的矿藏资源，当地百姓从古至今一直有开山取矿的习惯，笔者此次调查中就发现村内就有不少废弃的现代采矿井，而这对于古矿井的影响和破坏也可想而知。

畚箕涝春秋采矿遗址位于工山镇大工村四冲岭自然村，1974年桂山乡农民找矿时发现了古矿井，并在古矿井中取得铜凿一支。当时古矿井已被现代采矿严重破坏，仅留存部分古代竖井、斜井、平巷。20世纪80年代安徽省文物考古研究所和南陵县文管所对该遗址进行了发掘清理，清理出铜凿、釉陶钵等遗物[1]。在南陵县第三次文物普查时，调查人员在畚箕涝春秋采矿遗址古矿井前一处40平方米平地上发现有少量炼渣遗存。笔者在此次的实地调查中，也是在当地村民的带领下找到古采矿井所在处，但是该古采矿井已被草木所覆盖，无法进入和观察全貌，保存条件较差，加之前遭受现代采矿的破坏，该遗址的保存现状不容乐观。

排形冶炼遗址位于工山镇大工村排形自然村，与夏家柏周代炼铜遗址所在地夏家柏村仅有几十米远。该遗址是2020年冬季安徽大学历史学院在工山镇进行区域系统调查所发现的新点，遗址位于一村民家的菜地上，以东都是水田，以西为村民房屋，呈不规则方形，占地面积约500平方米。遗址上散落数量众多且体积巨大的炼渣及一些陶瓷片。我们对一处有炼渣分布的坡面处进行了断面观察，发现大量炼渣堆积，未见底。此遗址炼渣遗存大多覆盖在地表以下，不易被人

---

[1]　安徽省文物考古研究所、南陵县文物管理所：《安徽南陵县古铜矿采冶遗址调查与试掘》，《考古》2002年第2期。

发现,但因位于农业生产活动密集区域,受人为因素破坏较大。

刘家井冶炼遗址位于何湾镇涧滩村刘家井自然村,第二次文物普查时,该遗址南北长约300米、东西宽100米,面积3万平方米,文化层厚0.5—1米,地表有大量炼渣、红烧土、夹砂红陶片、鬲足、印纹硬陶片等。第三次文物普查时,遗址分布面积大幅缩小,仅剩约8千平方米,破坏较为严重。在刘家井村东南200米处一大塘和村西南一小水塘,分布大量冶炼铜渣。此外,在村内还发现有冶炼铜渣遗存。本次调查时,刘家井冶炼遗址的破坏程度要比第三次文物普查时更为严重。因遗址主要位于刘家井村附近,当地村民常年在此生息,尤其是农业活动和自建房对遗址现状破坏非常严重。从村民处了解到,因村内部分地方下雨导致道路泥泞,部分村民就将炼渣挖出铺垫路面以方便雨天行走。实际调查该村遗址现状,在第三次文物普查时发现炼渣的两处池塘和村内其他地方,炼渣遗存大幅减少,尤其是在村东南的大塘处,炼渣基本消失或被泥土所覆盖,仅在村西南的小水塘旁的长满竹子的土堆中发现有较多炼渣遗存。据当地村民介绍,该土堆中的炼渣和泥土就是从小水塘中挖出覆盖堆积形成。总体来说,刘家井冶炼遗址在当地村民的不合理利用下已遭到巨大破坏,面积萎缩严重,炼渣等遗存数量急剧减少。

铜塘冶炼遗址位于何湾镇钱桥村垄上西河自然村,据南陵县第三次文物普查资料显示,此遗址为调查时所发现的新冶炼遗址点,因当地人称炼渣分布密集的水塘为"铜塘",故名铜塘冶炼遗址。炼渣等遗存主要沿水塘西北分布,面积1万平方米,文化层厚0.5—2米,遗址上有大量炼渣,有烧结层,厚5—10厘米。在实地调查遗址保存现状时我们却发现铜塘冶炼遗址已基本被破坏。经询问铜塘附近的村民得知,前两年当地政府开展水利工程建设,将铜塘集中改造,向下挖深并扩大,清除出塘底淤泥堆积在池塘四周,破坏了整个遗址。沿着池塘四周及其周围仔细寻找,都未发现炼渣等遗存,应是在挖掘铜塘过程中被深埋地下或完全破坏。

水龙湖冶炼遗址位于何湾镇涧滩村水龙湖自然村,遗址占地面积约1万平方米,文化层厚0.5米。第三次文物普查时,在此遗址上发现有大量的炼渣,西面山上有铜矿和铁矿资源。该遗址距水龙湖村约500米,当地村民在此开荒种菜,对遗址存在一定破坏。在实际调查时,仍在遗址上发现有较多炼渣,并发现有宋、明时期的瓷片。

何家冲冶炼遗址位于工山镇大工村何家冲自然村以东30米处。遗址以北紧邻460省道和乌霞风景区,以西距024乡道约100米,岗地地形,处在何家冲村民耕种的菜地上,呈长方形,占地面积约600平方米。何家冲冶炼遗址为2020年冬季安徽大学历史学院进行区域系统调查时发现,调查人员在遗址上发现有较多炼渣并采集到印纹陶片,后询问当地村民得知,炼渣乃是在清理菜地旁的小池塘淤泥时从塘底挖出,后散落于菜地之上。该遗址保存状况一般,且人为破坏较严重。

团山涝采冶遗址位于工山镇大工村团山涝自然村,地处大工山深处,以西与铜陵接壤,此遗址也是2020年冬季区域系统调查时发现,兼具采矿和冶炼功能。遗址的古矿井位于山坡之上,四处都是竹林,矿洞宽约1.5米,高约1.6米,深度未知,矿洞周围有大量枯木和竹叶覆盖,不易被发现。在古矿井下方不远处,发现有大量炼渣堆积,整个遗址占地面积约1000平方米。因遗址地处密林之中人迹罕至,故保存较好。此外,在团山涝村的其他区域也发现有炼渣、陶片等遗存。

二、存在问题

通过上述实地调查可知,南陵地区古矿冶遗产保护中主要存在以下一些问题:

1. 工农业生产生活对古矿冶遗产的破坏。农业生产活动对古矿冶遗址破坏程度较大,因南陵地区古矿冶遗产的冶炼遗址大多分布在人口较为集中的村庄及其周围,当地的村民为了能利用更多土地资源,便在此进行复垦活动,或种植水稻,或在遗址上开荒种菜,致使遗址遭到破坏,面积大幅缩小或基本消失,这也是南陵地区冶炼遗址遭到破坏最主要的原因,如夏家柏周代炼铜遗址、水龙湖冶炼遗址、上牧冲冶炼遗址等。工业生产活动对古矿冶遗产的保存也产生较大影响,已导致数个古矿冶遗产消失。如表26所示,工业生产建设活动致使永林老鸦冲冶炼遗址、冲口王村古冶炼遗址、崔家涝东周炼铜遗址相继消失。笔者此次调查时路经崔家涝东周炼铜遗址附近时,特意来到金龙铸造公司建厂所在地查看遗址有关情况,确认该遗址被工厂所覆盖,已完全消失;此外,在矿石资源丰富的地区,当下仍有工业生产活动破坏古冶炼遗址的情况发生。如笔者在铜山涝采矿遗址调查发现,位于遗址旁不足20米的采矿场中采矿机器仍在运行,轰轰作响。该遗址正处于大工山古铜矿塌里牧遗址保护的核心区域内,这种开采活动对于破头山山体稳定性以及古矿井造成了十分重大的威胁,应当予以高度重视。同时,在国家重点文物保护单位划定的保护范围和建设控制地带进行大规模的生产建设活动,也说明当地政府对古矿冶遗产保护的执法和监督力度有待提高。

表26　因工业生产建设活动导致消失的遗址一览表

遗址名称	遗址位置	消失时间	消失原因	遗址性质	年代	级别
永林老鸦冲冶炼遗址	南陵县家发镇麻桥永林村	1990.10	新建水泥厂取土	冶炼遗址	春秋-唐	未定级
崔家涝东周炼铜遗址	南陵县工山镇高岭村	2005.10	金龙铸造公司征地建厂	冶炼遗址	东周	未定级
冲口王村古冶炼遗址	南陵县工山镇大工村冲口王村	1999.08	现代采矿井开采消失	冶炼遗址	春秋	未定级

2. 古矿冶遗产所在地村民保护古矿冶遗产意识淡薄。因南陵地区的古矿冶遗产都分布在乡镇等偏远的农村地区,这些地方年纪大的村民多不识字,或没有受过系统教育,文化程度较低,不能准确认识到古矿冶遗产的相关价值,在当地村民眼中,这些“铁屎”(当地村民对炼渣的称呼)一文不值,因而处理也十分随意。如刘家井村下雨导致道路泥泞,当地村民就将炼渣挖出铺垫路面,致使遗址面积萎缩严重,给刘家井冶炼遗址造成了较大破坏;此外,在大工山古铜矿塌里牧遗址也存在类似的情况,塌里牧村存在着数量众多的古炼渣遗存,分布在该村的很多区域,且塌里牧遗址的古炼渣体积较大,当地村民习惯于用这些古炼渣堆砌自家围墙,就地取材,对遗产破坏严重。

3. 古矿冶遗产多地处深山密林中，人迹罕至，找寻难度大。南陵地区的古矿冶遗产中很大一部分都处在深山之中，如沙滩角汉唐炼铜遗址、样山汉代采矿遗址、上牧冲冶炼遗址等。尽管南陵县在前几次文物普查过程中对已发现的遗址所处位置都有相关文字记录，但是这对寻找大山深处地处偏僻的遗址来说仍是于事无补，实际寻找依然十分困难，这些遗址的所处位置根本无法用导航软件找到，如畲箕涝春秋采矿遗址古矿井就已被草木完全覆盖，如果不是在当地年纪较大村民的带领下根本无法找到此处遗址。另外部分遗址处在密林荆棘之中，尽管有村民带领，但在实际调查中仍有许多困难，如在调查金子阡唐代采矿遗址的古采矿井时，就因植被覆盖茂密，无法进入，最终无功而返。凡此种种，都给我们的调查和研究工作造成了困难，因而也很难对遗址进行有效保护，这使得很多遗址在自然和人为因素的影响下逐渐消失。

4. 古矿冶遗产保护缺乏科学系统的保护规划。笔者从南陵县文物管理所有关专家处获悉，2012—2013年，南陵县文物管理所与铜陵市文物管理局联合向安徽省文物局书面报告，启动《大工山铜矿遗址总体保护规划》立项报批程序，并得到批准。2014年11月，争取到国家文物局《大工山铜矿遗址总体保护规划》编制专项经费180万元。2017年，正式开始编制《安徽省大工山——凤凰山铜矿遗址保护规划》，目前该保护规划仍处于国家文物局审批中，当下南陵地区并没有能付诸实施的保护古矿冶遗产的保护规划。也正因如此，缺乏可供实施的保护规划和保护条例，南陵地区古矿冶遗产的保护和管理工作才会存在诸多问题，如在国家重点文物保护单位划定的保护范围和建设控制地带内从事采矿活动、用炼渣铺路和堆砌围墙、遗址被工农业生产活动破坏消失等。

第五节　南陵地区矿冶遗产保护与利用的对策研究

南陵地区的古矿冶遗产记录了古代南陵地区采矿冶炼的全部发展过程，也是一部中国古代冶金史的缩影，具有很高的历史、科学和社会价值，针对南陵地区古矿冶遗产目前的现状及存在问题，保护和利用好这些古矿冶遗产是当务之急。

目前，南陵地区现有的古矿冶遗产中，因大工山古铜矿塌里牧遗址和江木冲冶炼遗址的规模和价值重大，这两处古铜矿遗址于1996年被列为全国重点文物保护单位，且分别以这两处遗址为核心划定保护范围。其余规模较小的几十处古矿冶遗址大多分属两处遗址划定的保护范围内，如上牧冲冶炼遗址、燕窝里冶炼遗址、铜山涝采矿遗址、刘家井冶炼遗址、长塘冲冶炼遗址等，因而对这两类规模和价值不同的遗址保护和利用不能混为一谈，而应根据其规模和价值分开讨论，才能对这些遗址实施精准保护和合理利用。

一、对于规模较大的矿冶遗产的保护与利用

1. 成立政府专门领导小组，统筹指挥古矿冶遗产保护工作。南陵地区古矿冶遗产分布范围广泛，且遭受破坏和损毁原因复杂多样，单靠文物部门对古矿冶遗址实施较好的保护较为困难，

因此需要有政府及相关职能部门密切配合,如公安局、国土资源局等。而在实际过程中,相关职能部门认为古矿冶遗址保护属于文物部门职能范围,而文物部门也不能命令、指挥其他有关部门,导致古矿冶遗产保护部门分治、单打独斗情况较为严重,极大地减弱了古矿冶遗产保护的力度。因此,可以由南陵县委、县政府牵头,成立专门的南陵县古矿冶遗产保护领导小组,领导组织南陵县文物管理所、公安局、国土资源局等有关政府职能部门开展古矿冶遗址联合执法,加强对南陵县大工山古矿冶塌里牧遗址和江木冲炼铜遗址的遗址本体保护、遗址安全动态检测以及遗址周边环境治理,并形成制度化的长效机制。

2. 建立健全古矿冶遗产保护的相关法律法规。南陵地区目前还没有专门关于古矿冶遗产保护的相关法规的条例,应尽快填补这方面的法律漏洞,为古矿冶遗产的保护提供法律保障。在制定矿冶遗产保护的法规条例上,目前全国做的比较突出的是湖北省黄石市,《黄石矿冶工业遗产片区保护条例》就是该市出台的矿冶遗产保护的专门法规条例,以强化矿冶遗产片区的立法保护。此外黄石市还颁布了《铜绿山古铜矿遗址保护管理办法(试行)》的专项法规和规范性文件,为古矿冶遗产的保护管理工作提供了根本依循。对此,南陵县应组织有关专家尽快起草制定古矿冶遗产保护的法规条例,让开展文物执法工作有法可依,明晰各方责任,提高办事效率,加强对遗址本体的保护。

3. 建设国家考古遗址公园。建设国家考古遗址公园不仅能对遗址本体及环境给予很好的保护,还能带来良好的社会经济效应,如三星堆国家考古遗址公园在对城址实施较好保护的同时,考古工作仍在有条不紊的进行,此外,休闲区内游客众多,取得了较好的社会经济效益[1]。塌里牧遗址和江木冲冶炼遗址作为全国重点文物保护单位,其所蕴含的历史、科学、社会价值符合建设国家考古遗址公园的标准。这两处遗址建设成国家考古遗址公园,不仅可以对大工山古铜矿遗址本体实施整体保护,还能进行长期有计划的考古研究工作,在此基础上招徕各地游客参观游憩,带动地方经济的发展。因此,南陵地方政府应联合省文物局抓紧着手大工山古铜矿国家考古遗址公园的申报,争取早日建成国家考古遗址公园。

4. 建立古铜矿遗址博物馆。目前南陵仅有一座南陵县博物馆在陈列展览中展示了有关古铜矿采冶的有关文物和图文资料,但这不能全面展示南陵地区古代铜矿开发所取得的成就,因而有必要建立大工山古铜矿遗址博物馆。这一点可以借鉴铜绿山古铜矿遗址博物馆的做法,将博物馆建在遗址上。古矿冶遗址博物馆突出古铜矿主题,基本陈列可按历史进程展示古迹、生产技术、生产工具以及生产制品等内容[2],反映南陵地区古铜矿开采与冶炼的悠久历史和灿烂文化。在展陈布局安排上,可设置古代矿冶遗址的相关展示区,并结合现代技术、照明等设备,再现古人开采、冶炼铜矿的全过程,让观众在参观过程中有身临其境之感。

5. 加强宣传教育,增强当地居民古矿冶遗产保护意识。南陵县文物管理部门应深入古矿冶

---

[1] 徐光冀:《大遗址保护与国家考古遗址公园建设》,《遗产与保护研究》2016年第3期。

[2] 毛彬:《湖北大冶铜绿山古铜矿遗址保护与可持续再生》,《规划创新:2010中国城市规划年会论文集》,重庆出版社,2010年。

遗址所在村落及其周边地区,利用南陵地区古铜矿遗址的相关研究成果,向当地村民广泛宣传古矿冶遗产的重要价值,让他们感受到古代南陵地区青铜文明的灿烂与辉煌,增进对古矿冶遗产保护的认同,进而使当地村民在宣传和教育中增强古矿冶遗产的保护意识;此外,南陵县文物管理部门可联合新闻、宣传等部门在全县范围内开展文物保护法的普及,通过各种传统媒体、新媒体以及组织有关活动,在全县范围内形成保护文物、保护文化遗产的良好氛围,使保护文物的观念深入人心。

6. 完善古矿冶遗产所在地及其周边地区基础设施建设。笔者在调查中得知,目前南陵地区的这两处古矿冶遗址,仅塌里牧遗址采取了一定的保护基础设施建设,如在汉代采矿井处设立石柱围栏和在窑山冶炼堆积台地设立栅栏,而在江木冲遗址则完全采取纯天然式保护,因此要在江木冲炼铜遗址遗存分布核心区域内设立保护式栅栏,根据后期研究的进展和需要还可搭建保护棚等;完善塌里牧遗址和江木冲炼铜遗址内的参观、休闲、排水、交通等公共基础设施条件,在古铜矿遗址所在区域及周边种植喜铜的"牙刷草",打造独特的青铜生态景观,并对遗址内的参观旅游等路线进行合理规划,设计出科学合理的古矿冶遗产参观旅游路线,更好地满足公众的参观、欣赏、旅游等需求。

7. 组建大工山古铜矿遗址保护管理处,建设高素质人才队伍,专门负责古铜矿遗址的保护和管理工作。据了解,目前南陵县文物管理所总体来说业务人员相对匮乏,且还要负责县域范围内的其他文物保护等工作,因此想要对这两座全国重点文物保护单位的古矿冶遗址实施全方位的管理和保护,显然有点力不从心。在此背景下,成立大工山古铜矿遗址保护管理处,专门负责这两处国保单位的保护和管理工作,配备专职工作人员常年对这两处古铜矿遗址进行现场看护[1]。此外,古铜矿遗址保护管理处还要大力引进与古铜矿遗址管理和保护相关的专业人才,加强古矿冶遗址保护队伍建设,为大工山古铜矿遗址的保护管理工作奠定基础。

二、对于规模较小的矿冶遗产的保护与利用

1. 建立古矿冶遗址的专门档案,以便更好了解遗址保护情况。目前南陵县文物部门通过前几次全国文物普查已经基本摸清了县域范围内古矿冶遗址的分布、数量等情况,并对这些古矿冶遗址的保护现状、具体位置、分布范围、所属年代等作了较为详细的记录工作,为建立古矿冶遗址的专门档案资料奠定了坚实基础。因此,南陵县文物部门要在古矿冶遗址普查的基础上,进一步调查完善遗址的基本情况,建立遗址的专门档案。此外,南陵县文物部门每年都需要组织有关人员对境内规模较小的古矿冶遗址进行动态检查和必要维护,并将有关情况记入各遗址的专门档案之中。

2. 在古矿冶遗址遗物分布密集的核心区域设立围栏进行保护。南陵地区规模较小的古矿冶遗址大多受到工农业生产活动的影响而遭到不同程度的破坏,因此,南陵县文物部门应加强对

---

[1] 谭元敏、李社教、陈树祥:《关于铜绿山古铜矿遗址保护管理的思考》,《湖北理工学院学报(人文社会科学版)》2017年第3期。

这些古矿冶遗址的保护，在古矿冶遗址遗物分布密集的区域设置围栏进行现场保护，同时禁止附近村民及工矿企业继续在此进行工农业生产活动。此外，在古矿冶遗址遗物分布密集核心区域处设立说明牌，介绍古矿冶遗址的具体情况和保护这些遗址的重大意义和价值，在潜移默化中提升村民对古矿冶遗产的保护意识；在遗址设立的围栏上张贴警示栏，宣传文物保护法的有关常识，详细介绍肆意破坏古矿冶遗址及遗物所应承担的法律后果，以村民对法律的敬畏之心，达到对这些古矿冶遗址核心区域进行有效保护的目的。

3. 完善古矿冶遗址的路标、指示牌等指示标识。在实地调查南陵地区古矿冶遗址的过程中，尽管有较为详细的遗址位置信息，但团队还是为寻找这些遗址花费了较大功夫，原因在于即使根据遗址位置信息来到古矿冶遗址所在村落或遗址附近区域，也很难找到具体位置，尤其是处在深山中的古矿冶遗址，如果没有当地村民的带领，想要在密林中找到它们，堪比大海捞针。因此，文物部门应给这些古矿冶遗址设立路标，指示牌等标识，安放在通往遗址的道路两侧，每隔一段距离设置一处，这样既为日后工作人员进行文物动态检查和维护提供了便利，也为宣传这些古矿冶遗址提供了条件，方便社会大众踏访遗址，切身感受古代南陵地区青铜文明所取得的辉煌成就。

第六节 结 语

南陵地区古矿冶遗产是安徽沿江地区古矿冶遗产的重要组成部分，所以，做好南陵地区古矿冶遗产的保护与利用工作十分必要，不仅有利于外界增进对南陵地区古矿冶遗产的了解，且对于弘扬和推广安徽沿江地区灿烂悠久的矿冶文化意义重大。

南陵地区古矿冶遗产的保护和利用是一个系统而长期的过程，在这个过程中南陵地方政府应给予足够重视。首先加大资金投入，尽快制定古矿冶遗产保护的相关法规条例，推动相关保护方案尽快付诸实行；其次是通过各种宣传手段，宣传古矿冶遗产的重要价值，唤起当地民众对古矿冶遗产的保护意识，促使保护古矿冶遗产由被动接受变为自发行为，与政府一起将古矿冶遗产保护好、利用好、传承好。相信随着南陵地区古矿冶遗产保护和利用工作的推进和深入，古矿冶遗产会得到更好的保护，同时也会更好地带动南陵地区经济社会的持续健康发展。

附录　参考文献

Hayashi M., "Chosa shutsudo So hakusho no juni kami no yurai", Tohogakubo, Kyoto, vol. 42 (March, 1971), pp.40−52.

Kwang−chih Chang, *The Archaeology of Ancient China, revised and enlarged edition, New Haven, (1968)*, pp.384−394.

Virginia Kane, "The independent bronze industries in the south of china contemporary with the shang and western chou dynasties", Archives of Asian Art, (1974), XX−VII, pp.77−107.

Virginia Kane, "The independent bronze industries in the south of china contemporary with the shang and western chou dynasties", Archives of Asian Art, (1974), XX−VII, pp.77−107.

W. Watson, *Cultural Frontiers of Ancient East Asia, Edinburgh, (1971)*, pp.144−145.

安徽大学、安徽省文物考古研究所:《皖南商周青铜器》,文物出版社,2006年。

安徽大学历史系、安徽省文物考古研究所:《安徽宁国灰山土墩墓D2发掘简报》,《东南文化》2020年第3期。

安徽省地方志编纂委员会:《安徽省志·文物志》,方志出版社,1998年。

安徽省地方志编纂委员会:《安徽省志·自然环境志》,方志出版社,1999年。

安徽省文化局文物工作队:《安徽屯溪西周墓葬发掘报告》,《考古学报》1959年第4期。

安徽省文物工作队、繁昌县文化馆:《安徽繁昌出土一批春秋青铜器》,《文物》1982年第12期。

安徽省文物局、安徽省文物考古研究所:《杭埠河中游区域系统调查报告》,文物出版社,2012年。

安徽省文物考古研究所、南陵县文物管理所:《安徽南陵县古铜矿采冶遗址调查与试掘》,《考古》2002年第2期。

安徽省文物考古研究所、安徽大学、铜陵博物馆等:《铜陵师姑墩——夏商周遗址考古发掘与研究》,文物出版社,2020年。

安徽省文物考古研究所、北京大学考古文博学院:《安徽铜陵夏家墩、神墩遗址发掘简报》,《江汉考古》2015年第6期。

安徽省文物考古研究所、繁昌县文物管理局:《安徽繁昌板子矶周代遗址发掘简报》,《文物》2013年第10期。

安徽省文物考古研究所、六安市文物管理所:《安徽六安市堰墩西周遗址发掘简报》,《考古》

2002年第2期。

安徽省文物考古研究所、庐江县文物管理所：《庐江大神墩遗址发掘简报》，《江汉考古》2006年第2期。

安徽省文物考古研究所、南京大学历史学院考古文物系、马鞍山市文物局等：《马鞍山五担岗》，文物出版社，2016年。

安徽省文物考古研究所、南陵县文物管理所：《安徽南陵龙头山西周土墩墓群发掘简报》，《文物》2013年第10期。

安徽省文物考古研究所、南陵县文物管理所：《安徽南陵县古铜矿采冶遗址调查与试掘》，《考古》2002年第2期。

安徽省文物考古研究所、铜陵市文物管理所：《安徽铜陵金牛洞铜矿古采矿遗址清理简报》，《考古》1989年第10期。

安徽省文物考古研究所、铜陵市文物管理所：《安徽铜陵市古代铜矿遗址调查》，《考古》1993年第6期。

安徽省文物考古研究所：《2019年安徽省文物考古所年报》，2019年。

安徽省文物考古研究所：《安徽枞阳县汤家墩遗址发掘简报》，《中原文物》2004年第4期。

安徽省文物考古研究所、当涂县文物管理所：《安徽当涂船里山遗址发掘简报》，《东南文化》2018年第3期。

安徽省文物考古研究所、怀宁县文物管理所：《安徽怀宁孙家城新石器时代遗址发掘简报》，《文物》2014年第5期。

安徽省文物考古研究所：《安徽考古的世纪回顾与思索》，《考古》2020年第2期。

安徽省文物考古研究所、南陵县文物管理所：《安徽南陵龙头山西周土墩墓群发掘简报》，《文物》2013年第10期。

安徽省文物考古研究所、南陵县文物管理所：《安徽南陵千峰山土墩墓》，《考古》1989年第3期。

安徽省文物考古研究所、南陵县文物管理所：《安徽南陵县古铜矿采冶遗址调查与试掘》，《考古》2002年第2期。

安徽省文物考古研究所：《安徽省繁昌县平铺土墩墓》，《考古》1990年第2期。

安徽省文物考古研究所：《安徽铜陵县师姑墩遗址发掘简报》，《考古》2013年第6期。

安徽省文物考古研究所：《霍邱堰台——淮河流域周代聚落发掘报告》，科学出版社，2010年。

安徽省文物考古研究所：《潜山薛家岗》，文物出版社，2004年。

安徽省文物考古研究所：《新萃—大发展新发现—"十一五"以来安徽建设工程考古成果展》，文物出版社，2015年。

安金槐：《谈谈郑州商代的几何印纹硬陶》，《考古》1960年第8期。

北京大学考古学系商周组、安徽省文物工作队：《安徽省霍邱、六安、寿县考古调查试掘报告》，《考古学研究》(三)，科学出版社，1997年。

北京科技大学冶金与材料史研究所等：《火烧沟四坝文化铜器成分分析及制作技术的研

究》,《文物》2003年第8期。

蔡靖泉:《文化遗产学》,华中师范大学出版社,2014年。

曹玮:《周原出土青铜器》,巴蜀书社,2005年。

曾琳等:《苏南地区古代青铜器合金成分的测定》,《文物》1990年第9期。

陈芳妹:《商代青铜艺术"区域风格"之探索——研究课题与方法之省思》,《故宫学术季刊》第4期,1998年。

陈建立、李延祥:《再议矿冶遗址的研究、保护与展示》,《湖北理工学院学报(人文社会科学版)》2014年第2期。

陈佩芬:《夏商周青铜器研究(东周篇上)》,上海古籍出版社,2004年。

陈荣、赵匡华:《先秦时期铜陵地区的硫铜矿冶炼研究》,《自然科学史研究》1994年第2期。

陈星灿、刘莉:《中国文明腹地的社会复杂化进程——伊洛河地区的聚落形态研究》,《考古学报》2003年第2期。

程亦胜:《浙江安吉县上马山西汉墓的发掘》,《考古》1996年第7期。

崔春鹏、李延祥、陈建立、徐天进、宫希成:《安徽铜陵夏家墩遗址出土青铜冶金遗物科学研究》,《考古》2020年第11期。

崔春鹏:《长江中下游早期矿冶遗址考察研究》,北京科技大学博士学位论文,2016年。

戴向明:《陶器生产、聚落形态与社会变迁:新石器至早期青铜时代的垣曲盆地》,文物出版社,2010年。

豆海锋:《试论安徽沿江平原商代遗存及与周边地区的文化联系》,《江汉考古》2012年第3期。

杜廼松:《在皖鉴定所见铜器考》,《青铜文化研究》第1辑,黄山书社,1999年。

繁昌县地三次文物普查土墩墓专项调查小组:《繁昌县土墩墓综合调查报告》,《文物研究》第18辑,科学出版社,2011年。

冯志余、许玲:《六安市出土吴王诸樊戈》,《文物研究》第13辑,黄山书社,2001年。

付琳:《江南地区周代墓葬的分期分区及相关问题》,《考古学报》2019年第3期。

高君:《GIS支持下的安徽沿江地区商周遗址空间形态研究》,安徽大学硕士论文,2021年。

高至喜:《中国南方出土商周铜铙概论》,《湖南考古辑刊》第2辑,1984年。

宫希成:《安徽漳河流域周代土墩墓群初步分析》,《庆贺徐光冀先生八十华诞论文集》,科学出版社,2015年。

宫希成:《枞阳县井边东周采铜矿井调查》,《东南文化》1992年第5期。

宫希成:《南陵县千峰山土墩墓遥感考古研究》,《文物研究》第12辑,黄山书社,1999年。

宫希成:《皖南地区土墩墓初步研究》,《长江流域青铜文化研究》,科学出版社,2002年。

宫希成:《皖南商周青铜器的发现与研究》,《皖南商周青铜器》,文物出版社,2006年。

宫希成:《皖南遥感考古取得重大进展》,《中国文物报》1998年10月18日。

郭宝均:《商周铜器群综合研究》,文物出版社,1981年。

郭宝钧:《关于戟之演变》,《殷周青铜器铭文研究》附录2,人民出版社,1954年。

国际工业遗产保护联合会：《关于工业遗产的下塔吉尔宪章》，《国际文化遗产保护文件选编》，文物出版社，2009年。

国家博物馆、安徽省文物考古研究所：《姑溪河—石臼湖流域先秦时期聚落考古调查与研究》，科学出版社，2019年。

国家文物局：《中国文物地图集·安徽分册》，中国地图出版社，2014年。

国家文物局：《中华人民共和国不可移动文物名录（安徽卷）》，2011年。

何纪生：《广东发现的几座东周墓葬》，《考古》1985第4期。

洪家义：《古文字杂记》，《文物研究》第1辑，1985年。

胡冰青、郑建明：《21世纪以来先秦时期印纹硬陶窑址考古新进展（中）》，《文物天地》2021第12期。

湖北省博物馆：《一九六三年湖北黄陂盘龙城商代遗址的发掘》，《文物》1976年第1期。

湖北省文物考古研究所：《江陵九店东周墓》，科学出版社，1995年。

湖南省博物馆：《湖南省文物图录》，湖南人民出版社，1964年。

湖南省博物馆：《湖南资兴旧市战国墓》，《考古学报》1983年第1期。

华觉明等：《长江中下游铜矿带的早期开发和中国青铜文明》，《自然科学史研究》1996年第1期。

贾莹、刘平生、黄允兰：《安徽南陵出土部分青铜器研究》，《文物保护与考古科学》2012年第1期。

江苏省驻仪征化纤公司文物工作队：《仪征胥浦甘草山遗址的发掘》，《东南文化》1986年第1期。

江西省博物馆、九江县文化站：《九江县沙河街遗址发掘简报》，《江西历史文物》1978年第2期。

江西省文物考古研究所、樟树市博物馆：《吴城——1973～2002年考古发掘报告》，科学出版社，2005年。

蒋其胜、赵自宏、黄建满：《安徽南陵姚家岭铜铅锌矿床的发现及意义》，《中国地质》2008年第2期。

焦显睿：《南陵龙头山土墩墓若干问题的研究》，安徽大学硕士论文，2011年。

井中伟：《先秦时期青铜戈、戟研究》，吉林大学博士学位论文，2006年。

阚绪杭、方国祥：《枞阳县新石器时代文化遗址调查报告》，《文物研究》第8辑，黄山书社，1993年。

阚绪杭、周群等：《安徽蚌埠双墩一号春秋墓发掘简报》，《文物》2010年第3期。

黎海超、耿庆刚：《黄河流域商时期印纹硬陶和原始瓷器产地研究——以郑州商城和殷墟为中心》，《江汉考古》2017年第4期。

李伯谦：《我国南方几何形印纹陶遗存的分区、分期及其有关问题》，《北京大学学报（哲学社会科学版）》1981年第1期。

李伯谦：《序》，《皖南商周青铜器》，文物出版社，2006年。

李朝远：《吴地青铜器未受商文化影响论》，《上海博物馆集刊》第8期，上海书画出版社，2000年。

李德文：《南陵县乔村土墩墓》，《中国考古学年鉴1990》，文物出版社，1991年。

李峰：《西周的灭亡》，上海古籍出版社，2016年。

李国梁：《皖南出土的青铜器》，《文物研究》第4辑，黄山书社，1988年。

李国梁主编：《屯溪土墩墓发掘报告》，安徽人民出版社，2006年。

李宏：《论春秋时期平盖铜鼎的起源与传承》，《青铜器与山东古国学术研讨会论文集》，上海古籍出版社，2017年。

李家和、杨巨源等：《江西鹰潭角山窑址试掘简报》，《华夏考古》1990年第1期。

李家治：《简论中国古代陶瓷科技发展史》，《建筑材料学报》2000年第1期。

李家治：《中国科学技术史——陶瓷卷》，科学出版社，1998年。

李潘：《GIS在北京延庆大庄科辽代冶铁遗址群景观考古研究中的初步应用》，《文物保护与考古科学》2016年第3期。

李强、魏国锋、何张俊、金晓春、张爱冰：《安徽省怀宁县铜牛井矿冶遗址冶炼工艺研究》，《有色金属（冶炼部分）》2020年第7期。

李秀辉、韩汝玢：《朱开沟遗址早商铜器的成分及金相分析》，《文物》1996年第8期。

李学勤：《安徽南部存在着颇具特色的青铜文化》，《学术界》1991年第1期。

李学勤：《非中原地区青铜器研究的几个问题》，《东南文化》1988年第5期。

李学勤：《中原地区东周铜剑渊源试探》，《文物》1982年第1期。

李延祥、崔春鹏、李辰元、谭宇辰、唐杰平、王乐群：《安徽枞阳陈家山遗址青铜渣初步研究》，《考古与文物》2021年第2期。

李延祥、韩汝玢：《林西县大井古铜矿冶遗址冶炼技术的研究》，《自然科学史研究》1990年第2期。

李尧：《安徽庐枞地区古矿冶遗产保护研究》，安徽大学硕士学位论文，2019年。

李业法：《安徽地区商周时期几何印纹硬陶初步研究》，安徽大学硕士论文，2020年。

林留根主编：《中国青铜器出土全集（江苏卷）》，科学出版社、龙门书局，2018年。

林寿晋：《东周式铜剑初论》，《考古学报》1962年第2期。

刘渤：《刍议"印纹硬陶"器之科学定名》，《印纹硬陶与原始瓷研究》，故宫出版社，2016年。

刘建国、吴大林：《江苏溧水宽广墩墓出土器物》，《文物》1985年第12期。

刘建国：《论江南周代青铜文化》，《东南文化》1994年第3期。

刘建国：《论土墩墓分期》，《东南文化》1989年第Z1期。

刘莉、陈星灿：《中国早期国家的形成——从二里头和二里岗时期的中心和边缘之间的关系谈起》，《古代文明（第1卷）》，文物出版社，2002年。

刘平生：《安徽南陵大工山古代铜矿遗址发现和研究》，《东南文化》1988年第6期。

刘平生：《安徽南陵县发现吴王光剑》，《文物》1982年第5期。

刘平生：《南陵大工山古矿冶遗址群江木冲冶炼场调查》，《文物研究》第3辑，黄山书社，1988年。

刘平生：《南陵古铜矿考古再获新成果》，《东南文化》1990年第3期。

刘庆柱：《南陵县牯牛山周代城址》，《中国考古学年鉴》，文物出版社，1999年。

刘树人、张立：《苏南江宁县及茅山南麓吴文化台形遗址与土墩墓分布规律遥感调查研究》，《华东师范大学学报》遥感专辑（二）遥感考古研究，1992年。

刘新钧：《南陵县七星河治理工程水文分析》，《江淮水利科技》2019年第1期。

刘兴：《谈镇江地区出土青铜器的特色》，《文物资料丛刊（五）》，文物出版社，1977年。

刘毅：《商周印纹硬陶与原始瓷器研究》，《华夏考古》2003年第3期。

刘雨：《关于安徽南陵吴王光剑铭释文》，《文物》1982年第8期。

卢茂村：《安徽贵池发现东周青铜器》，《文物》1980年第8期。

陆九皋、肖梦龙、刘树人、谈三平：《镇江商周台形遗址与土墩墓分布规律遥感研究》，《东南文化》1993年第1期。

陆勤毅、宫希成主编：《皖南商周青铜器研究》，文物出版社，2016年。

陆勤毅、刘平生：《南陵土墩墓的几个问题》，《文物研究》第2辑，1986年。

陆勤毅、杨立新：《前言》，《皖南商周青铜器》，文物出版社，2006年。

陆耀华：《浙江嘉兴九里汇东汉墓》，《考古》1987年第7期。

栾丰实：《日照地区大汶口、龙山文化聚落形态之研究》，《中国考古学跨世纪的回顾与前瞻》，科学出版社，1999年。

罗红霞：《扶风黄堆老堡西周残墓清理简报》，《文博》1994年第5期。

罗森：《商代中国南方地区和河南的联系》，《中国古代的艺术与文化》，北京大学出版社，2002年。

马承源：《长江下游土墩墓出土青铜器的研究》，《上海博物馆集刊》第4辑，上海古籍出版社，1987年。

毛彬：《湖北大冶铜绿山古铜矿遗址保护与可持续再生》，《规划创新：2010中国城市规划年会论文集》，重庆出版社，2010年。

毛波：《吴越系铜剑研究》，《考古学报》2016年第4期。

穆荣平：《皖江地带古铜矿遗址及其冶炼技术的初步研究》，中国科学技术大学硕士论文，1987年。

南京博物院、常州博物馆、金坛区博物馆：《江苏金坛茅东村牯牛墩土墩墓发掘报告》，《东南文化》2019年第1期。

南京博物院、常州博物馆：《江苏溧阳神墩遗址发掘简报》，《东南文化》2009年第5期。

南京博物院、宜兴市文物管理委员会：《江苏宜兴骆驼墩遗址发掘报告》，《东南文化》2009年第5期。

南京博物院、张家港市文物管理委员会等：《张家港东山村新石器时代遗址发掘报告》，《考古学报》2015年第1期。

　　南京博物院、镇江博物馆、丹徒县文教局：《江苏丹徒横山、华山土墩墓发掘报告》，《文物》2000年第9期。

　　南京博物院、镇江博物馆、金坛博物馆：《江苏金坛高庄土墩墓D1发掘简报》，《东南文化》2018年第5期。

　　南京博物院：《北阴阳营——新石器时代及商周时期遗址发掘报告》，文物出版社，1993年。

　　南京博物院：《江苏溧阳子午墩土墩墓D1发掘简报》，《东南文化》2020年第5期。

　　南京博物院考古研究所、镇江市博物馆、常州市博物馆：《江苏句容及金坛市周代土墩墓》，《考古》2006年第7期。

　　南京大学历史学系考古专业、安徽省文物考古研究所：《安徽省马鞍山市五担岗遗址发掘简报》，《东南文化》2012年第6期。

　　南京市文物局、南京市博物馆等：《江苏高淳县薛城新石器时代遗址发掘简报》，《考古》2000年第5期。

　　南陵县地方志编撰委员会：《南陵县志》，黄山书社，1994年。

　　南陵县地方志编纂委员会：《南陵县志（1991—2000）》，黄山书社，2007年。

　　裴楚楚：《从原始瓷的工艺研究探索中国瓷器起源问题》，浙江大学学位论文，2014年。

　　彭适凡：《我国南方古代印纹陶研究历史的回顾与展望》，《江西历史文物》1982年第4期。

　　彭适凡：《我国南方古代印纹陶制作工艺的探讨》，《景德镇陶瓷》1984年第S1期。

　　彭适凡：《中国南方古代印纹陶》，文物出版社，1987年。

　　彭裕商：《西周青铜器年代综合研究》，巴蜀书社，2003年。

　　岐山县文化馆、陕西省文管会：《陕西省岐山县董家村西周铜器窖穴发掘简报》，《文物》1976年第5期。

　　钱静轩：《无人机航拍在皖南土墩墓考古研究中的实践》，《东南文化》2021年第5期。

　　潜伟：《新疆哈密及其邻近地区史前时期铜器的检验与分析》，《广西名族学院学报（自然科学版）》2004年第2期。

　　秦颖、王昌燧、冯敏、刘平生：《安徽省南陵县江木冲古铜矿冶炼遗物自然科学研究及意义》，《东南文化》2002年第1期。

　　秦颖、王昌燧、冯敏、杨立新、汪景辉：《安徽淮北部分地区出土青铜器的铜矿来源分析》，《文物保护》2004年第1期。

　　秦颖、王昌燧、杨立新、汪景辉、张国茂：《皖南沿江地区部分出土青铜器的铜矿料来源初步研究》，《文物保护与考古科学》2004年第1期。

　　秦颖、魏国锋、罗武干、杨立新、张国茂、龚长根、曲艺、王昌燧：《长江中下游古铜矿及冶炼产物输出方向判别标志初步研究》，《江汉考古》2006年第1期。

　　青阳县文物管理所：《安徽青阳县龙岗春秋墓的发掘》，《考古》1998年第2期。

　　裘士京：《江南铜研究——中国古代青铜铜源的探索》，黄山书社，2004年。

山东省文物考古研究所、新泰市博物馆:《新泰周家庄东周墓地》,文物出版社,2014年。

陕西省周原扶风县文管所:《周原发现师同鼎》,《文物》1982年第12期。

上海市文物管理委员会:《马桥——1993—1997年发掘报告》,上海书画出版社,2002年。

沈融:《吴越系统青铜矛研究》,《华夏考古》2007年第1期。

沈舟:《繁昌县出土春秋晚期的铜锭》,《安徽文物工作》1987年第3期。

施家农:《陶瓷之间——略论印纹陶的发展及印纹硬陶与原始瓷的关系》,《印纹硬陶与原始瓷研究》,故宫出版社,2016年。

施劲松:《我国南方出土铜铙及甬钟研究》,《考古》1997年第10期。

石谷风:《青阳出土的西周晚期铜器》,《安徽文博》1983年第3期。

寿光县博物馆:《寿光县古遗址调查报告》,《海岱考古》第一辑,山东大学出版社,1989年。

水涛:《试论商末周初宁镇地区长江两岸文化发展的异同》,《长江流域青铜文化研究》,科学出版社,2002年。

朔知:《崧泽时代皖江两岸的聚落与文化》,《东南文化》2015年第1期。

四川大学历史文化学院、沙洋县文管所:《湖北荆门沙洋县余湾楚墓发掘简报》,《江汉考古》2020年第3期。

宋玲平:《关于文化因素分析方法在青铜文化研究实践中的思考》,《中原文物》2006年第6期。

宋治民:《四川先秦时期考古研究的问题》,《四川考古论文集》,文物出版社,1996年。

孙淑云、韩汝玢:《甘肃早期铜器的发现与冶炼、制造技术的研究》,《文物》1997年第7期。

孙淑云、潜伟:《古代铜、砷铜和青铜的使用与机械性能综述》,《第二届中日机械技术史国际学术会议论文集》,2000年9月。

孙淑云:《东灰山遗址四坝文化铜器的鉴定及研究》,《民乐东灰山考古——四坝文化墓地的揭示与研究》,科学出版社,1998年。

孙卓:《论商时期中原文化势力从南方的消退》,武汉大学博士论文,2017年。

谈三平、刘树人:《太湖地区石室土墩分布规律遥感初步研究》,《东南文化》1990年第4期。

谭元敏、李社教、陈树祥:《关于铜绿山古铜矿遗址保护管理的思考》,《湖北理工学院学报(人文社会科学版)》2017年第3期。

陶思明:《发展生态农业的思考》,上海环境科学出版社,2001年。

田醒农、雒忠如:《多友鼎的发现及其铭文试释》,《人文杂志》1981年第4期。

团山考古队:《江苏丹徒赵家窑团山遗址》,《东南文化》1989年第1期。

万全文:《长江文明之旅——长江流域的青铜冶铸》,长江出版社,2015年。

万蕊:《我国矿冶类遗址阐释与展示设计研究——以望城岗冶铁遗址为例》,北京建筑大学硕士学位论文,2020年。

汪景辉、杨立新:《安徽铜陵市古代铜矿遗址调查》,《考古》1993年第6期。

汪景辉:《安徽古代铜矿考古调查综述》,《文物研究》第8辑,黄山书社,1993年。

王爱民、张爱冰:《安徽铜陵师姑墩遗址周代遗存性质及相关问题初探》,《东南文化》2020

年第5期。

王爱武：《安徽宣城出土的青铜器》，《文物》2007年第2期。

王俊：《略论屯溪土墩墓群的年代与族属》，《东南文化》2008年第4期。

王开、陈建立等：《安徽铜陵县师姑墩遗址出土青铜冶铸遗物的相关问题》，《考古》2013年第7期。

王开：《铜陵师姑墩遗址出土青铜冶铸遗物的科技研究》，北京大学硕士学位论文，2012年。

王士伦：《浙江萧山进化区古代窑址的发现》，《考古通讯》1957年第2期。

王世民、陈公柔、张长寿：《西周青铜器分期断代研究》，文物出版社，1999年。

王书敏、许鹏飞等：《江苏镇江马迹山遗址第二次发掘简报》，《东南文化》2015年第1期。

肖梦龙：《镇江市马迹山遗址的发掘》，《文物》1983年第11期。

王巍：《中国考古学大辞典》，上海辞书出版社，2014年。

王湘：《安徽寿县史前遗址调查报告》，《考古学报（即田野考古报告）》1947年第2期。

王志敏、韩益之：《介绍江苏仪征过去发现的几件西周青铜器》，《文物参考资料》1956年第12期。

王仲殊：《汉代物质文化略说》，《考古通讯》1956年第1期。

魏国锋、高顺利、秦颖、王乐群：《汤家墩遗址冶炼遗物的科技研究》，《光谱学与光谱分析》2017年第3期。

魏国锋、秦颖、王乐群：《安徽枞阳出土西周至战国时期青铜器的矿料来源研究》，《光谱学与光谱分析》2017年第11期。

魏国锋、郑晓平、秦颖、张爱冰、方青、王东明、崔彪：《铜陵、南陵地区古铜矿冶遗址炉渣的科技研究》，《光谱学与光谱分析》2019年第11期。

魏国锋等：《安徽铜陵古铜矿冶遗址2016年调查及若干收获》，《南方文物》2019年第2期。

魏嵩山：《西汉丹阳铜产地新考》，《安徽大学学报》1979年第3期。

吴镇烽、雒忠如：《陕西省扶风县强家村出土的西周铜器》，《文物》1975年第8期。

武汉大学历史学院考古系、安徽省文物考古研究所：《安徽凤阳县古堆桥遗址发掘简报》，《考古》2018年第4期。

西北大学历史系考古专业：《西安老牛坡商代墓地的发掘》，《文物》1988年第6期。

西江高清：《论中国南方春秋战国时代的青铜剑》，《南方文物》1995年第1期。

向桃初：《"越式鼎"研究初步》，《古代文明（第4卷）》，文物出版社，2005年。

肖航：《漳河—大工山先秦时期区域系统调查与研究》，安徽大学硕士学位论文，2021年。

肖梦龙、林留根：《皖南吴国青铜器分期研究》，《青铜文化研究》第1辑，黄山书社，1999年。

肖梦龙：《吴国青铜器分期、类型与特点探析》，《考古与文物》1990年第3期。

肖梦龙：《吴国王陵区初探》，《东南文化》1990年第4期。

谢军：《安徽繁昌新出土的三件铜器》，《江汉考古》2015年第6期。

徐峰：《过渡带——两淮地区早期社会进程》，上海古籍出版社，2020年。

徐峰:《西周时期的淮夷——以安徽江淮地区为中心》,南京师范大学硕士论文,2007年。

徐光冀:《大遗址保护与国家考古遗址公园建设》,《遗产与保护研究》2016年第3期。

徐良高:《考古学文化、文献文本与吴越早期历史的构建》,《考古》2020年第9期。

徐之田:《安徽宣州市孙埠出土周代青铜器》,《文物》1991年第8期。

杨鸠霞、杨德标:《安徽南陵千峰山土墩墓》,《考古》1989年第3期。

杨鸠霞:《安徽省繁昌县平铺土墩墓》,《考古》1990年第2期。

杨立新:《安徽沿江地区的古代铜矿》,《文物研究》第8辑,黄山书社,1993年。

杨立新:《皖南古代铜矿初步考察与研究》,《文物研究》第3辑,黄山书社,1988年。

杨立新:《皖南古代铜矿的发现及其历史价值》,《东南文化》1991第2期。

杨立新:《皖南先秦青铜文化初析》,《宣州文物》第6辑,1988年。

杨楠:《商周时期江南地区土墩墓遗存的分区研究》,《考古学报》1999年第1期。

杨鸠霞:《安徽舒城县河口春秋墓》,《文物》1990年第6期。

杨则东、宫希成:《安徽省南陵县古遗迹遥感调查》,《中国地质》1998年第10期。

杨正宏、肖梦龙:《镇江出土吴国青铜器》,文物出版社,2008年。

叶玉奇:《江苏吴县出土一批周代青铜剑》,《考古》1986年第4期。

易德生:《周代南方的"金道锡行"试析——兼论青铜原料集散中心"繁汤"的形成》,《社会科学》2018年第1期。

殷涤非:《安徽舒城出土的铜器》,《考古》1964年第10期。

尹焕章:《仪征破山口探掘出土铜器记略》,《文物》1960年第4期。

俞伟超:《关于楚文化发展的新探索》,《江汉考古》1980年第1期。

俞伟超:《长江流域青铜文化发展背景的新思考》,《长江流域青铜文化研究》,科学出版社,2002年。

郁永彬、梅建军、张爱冰、王乐群:《安徽枞阳地区出土先秦青铜器的初步科学分析》,《中原文物》2014年第3期。

郁永彬、王开、陈建立、梅建军、宫希成、朔知、徐天进:《皖南地区早期冶铜技术研究的新收获》,《考古》2015年第5期。

郁永彬、王开等:《安徽铜陵师姑墩遗址出土原始瓷的初步分析研究》,《文物保护与考古科学》2017年第1期。

张爱冰、陆勤毅:《皖南商周青铜文化研究的意义》,《光明日报》2006年2月14日。

张爱冰、陆勤毅:《繁昌汤家山出土青铜器的年代及其相关问题》,《文物》2010年第12期。

张爱冰、陆勤毅:《皖南出土商代青铜容器的年代与性质》,《考古》2010年第6期。

张爱冰:《皖南沿长江地区周代铜器研究》,《考古学报》2013年第4期。

张爱冰:《也谈曲柄盉的年代及其相关问题》,《文物》2014年第3期。

张爱冰等:《群舒文化研究》,上海古籍出版社,2018年。

张弛:《葬仪中的社会与社会权力》,《社会权力的起源:中国史前葬仪中的社会与观念》,文物出版社,2015年。

张国茂:《安徽铜陵地区古矿、冶遗址调查报告》,《东南文化》1988年第6期。

张国茂:《安徽铜陵地区先秦青铜文化简论》,《东南文化》1991年第2期。

张国茂:《安徽铜陵市金口岭春秋墓》,《文物研究》第7辑,黄山书社,1991年。

张国茂:《安徽铜陵谢垅春秋铜器窖藏清理简报》,《东南文化》1990年第4期。

张海:《GIS与考古学空间分析》,北京大学出版社,2014年。

张海:《GIS与考古学空间分析实践教程》,北京大学出版社,2018年。

张海:《景观考古——理论、方法与实践》,《南方文物》2010年第4期。

张佳菁:《工业遗址保护的探索性研究——以铜绿山古铜矿遗址为例》,武汉纺织大学硕士学位论文,2018年。

张敬国、贾庆元:《肥东县古城吴大墩遗址试掘简报》,《文物研究》第1辑,1985年。

张敬国、李仲达、华觉明:《贵池东周铜锭的分析研究——中国始用硫化矿炼铜的一个线索》,《自然科学史研究》1985年第2期。

张敏:《陶冶吴越——简论两周时期吴越的生业形态》,《东南文化》2019年第3期。

张敏:《吴国都城初探》,《南方文物》2009年第2期。

张敏:《长江下游西周青铜器构成研究》,《宝鸡文理学院学报(社会科学版)》2016年第6期。

张天恩:《陕西金文集成》,三秦出版社,2016年。

张小帆:《繁昌汤家山西周墓的再认识》,《南方文物》2014年第1期。

张小雷、朔知:《青铜考古的新成果——安徽铜陵师姑墩遗址发掘的收获与意义》,《中国文物报》2011年4月15日第004版。

张长寿:《论屯溪出土的青铜器》,马承源主编:《吴越地区青铜器研究论文集》,(香港)两木出版社,1997年。

赵建明:《安徽贵池市发现一件古代陶范》,《考古》1996年第12期。

浙江省文物考古研究所、故宫博物院、德清县博物馆:《德清火烧山——原始瓷窑址发掘报告》,文物出版社,2008年。

浙江省文物考古研究所:《钱山漾——第三、四次发掘报告》,文物出版社,2014年。

镇江博物馆、丹阳县文物管理委员会:《江苏丹阳出土的西周青铜器》,《文物》1980年第8期。

镇江博物馆、句容市博物馆:《江苏句容鹅毛岗1号土墩墓发掘简报》,《江汉考古》2013年第2期。

镇江博物馆:《江苏句容浮山果园土墩墓》,《考古》1979年第2期。

镇江博物馆:《江苏镇江谏壁王家山东周墓》,《文物》1987年第12期。

郑建明、梁奕建等:《浙江长兴发现龙山西周早期印纹陶礼器窑址》,《中国文物报》2010年12月17日第004版。

郑建明:《21世纪以来先秦时期印纹硬陶窑址考古新进展(上)》,《文物天地》2021年第6期。

郑建明:《21世纪以来先秦时期印纹硬陶窑址考古新进展(下)》,《文物天地》2022年第1期。

郑小炉：《南方青铜器断代的理论与实践》，《考古》2007年第9期。

郑小炉：《吴越和百越地区周代青铜器研究》，科学出版社，2007年。

中国硅酸盐学会：《中国陶瓷史》，文物出版社，1982年。

中国国家博物馆、安徽省文物考古研究所：《姑溪河—石臼湖流域先秦时期聚落考古调查与研究》，科学出版社，2019年。

中国考古学会编：《中国考古学年鉴2000》，文物出版社，2001年。

中国考古学会编：《中国考古学年鉴2005》，文物出版社，2006年。

中国科学院考古研究所：《沣西发掘报告》，文物出版社，1963年。

中国科学院考古研究所沣西考古队：《陕西长安张家坡西周墓清理简报》，《考古》1965年第9期。

中国青铜器全集编辑委员会：《中国青铜器全集》（1—16册），文物出版社1997年。

中国社会科学院考古研究所实验室：《放射性碳素测定年代报告（一七）》，《考古》1990年第7期。

中国社会科学院考古研究所：《偃师二里头——1959年～1978年考古发掘报告》，中国大百科全书出版社，1999年。

中国社会科学院考古研究所：《殷墟发掘报告（1958—1961）》，文物出版社，1987年。

中国社会科学院考古研究所：《张家坡西周墓地》，中国大百科全书出版社，1999年。

中国社会科学院考古研究所沣西发掘队：《1967年长安张家坡西周墓葬的发掘》，《考古学报》1980年第4期。

周仁、李家治、郑永圃：《张家坡西周陶瓷烧造地区的探讨》，《考古》1961年第8期。

周晓陆、张敏：《〈攻敔王光剑〉跋》，《东南文化》1987年第3期。

朱凤瀚：《中国青铜器综论》，上海古籍出版社，2009年。

朱华东：《皖南周代青铜剑初论》，《东方博物》第25辑，浙江大学出版社，2007年。

朱剑、王昌燧等：《商周原始瓷产地的再分析》，《南方文物》2004年第1期。

朱献雄：《安徽青阳出土的春秋时期青铜器》，《文物》1990年第8期。

祝炜平：《浙北土墩墓遥感考古研究》，《人文地理》1999年第1期。

后　记

　　本报告是国家社科基金重大项目"安徽沿江地区矿冶遗址调查与综合研究"（17ZDA222）阶段性成果。

　　安徽沿江地区矿冶遗址考古调查与发掘始于20世纪80年代，其中南陵县文物管理所刘平生、安徽省文物考古研究所杨立新和汪景辉等先生开展的工作最具开创性。2008年起，中国国家博物馆李刚先生主持"皖江流域古代矿冶遗址考古调查"项目，安徽大学研究生参与调查，并承担了部分矿冶遗物的科技分析工作。此次调查覆盖范围更广，工作也更为深入。2017年11月，安徽大学科研团队主持申报的国家社科基金重大项目"安徽沿江地区矿冶遗址调查与综合研究"获准立项。立项前后，项目组不仅多次咨询杨立新、汪景辉等先生，还邀请李刚先生作为子课题负责人加入项目团队。因此，本次新一轮调查完全可以看成是前两次调查的延续。考虑到以往工作多关注矿冶遗址本身，本项目专门设计子课题"安徽沿江地区矿冶、聚落的兴替与青铜文明的关系研究"，在江南、江北各选取一个区域进行系统调查，以考察矿冶、聚落和墓葬等遗址形态及其相互间的关系。恰好此时，正在主持凌家滩遗址所在的裕溪河流域系统考古调查的安徽省文物考古研究所吴卫红研究员调入安徽大学，他在理论和实践上均有相当积累，遂请他指导调查工作。考虑到以往学者在皖南开展的工作较多，本次调查先从江北入手。因与枞阳县文物管理所王乐群所长有长期良好的合作关系，合作成果《枞阳商周青铜器》又刚刚出版，就与王所长商定，在矿冶遗址较为集中的枞阳县白柳镇开展"枞阳罗昌河—柳峰山区域系统调查"。调查自2018年12月至2019年1月持续了约一个月，期间邀请安徽省文物考古研究所张小雷副研究员参与指导。此次调查不仅锻炼了团队，更积累了经验。

　　2005年前后，我曾参与安徽大学陆勤毅教授主持的"皖南商周青铜器"项目，在南陵跑过调查，得到时任南陵县文物管理所所长王陵华和姚耘同志的帮助。漳河—大工山区域位于安徽省沿江地区矿冶遗址核心区，矿冶、聚落、土墩墓等各类遗址形态丰富，考古基础也好。因此，枞阳调查结束后，又与南陵县文物管理所王东明所长商定，适时开展"南陵漳河—大工山区域系统调查"。我们在此区域进行两次调查：2019年12月至2020年1月调查了该区域的东部，涉及乡镇包括籍山、家发和工山镇；2020年12月调查了该区域的西部和南部，涉及乡镇包括工山和何湾镇。两次调查亦由吴卫红、张小雷担任业务培训和指导，参加人员有安徽大学历史系考古专业师生和南陵县文物管理所的同志，分别都在20人左右。此后由于疫情等原因，调查告一段落。南陵县第一次调查资料由 2018 级研究生肖航负责整理,并以此为基础完成硕士论文《漳河—大工山先秦时期区域系统调查与研究》。第二次调查资料由 2020 级研究生张文利负责整理,并以此为基础完成硕士论文《2020 年度南陵漳河—大工山区域系统调查报告》。资料整理的同时,又开展了若干专题研究,主要成果有:2017 级研究生王爱民完成博士论文《安徽沿江地区青铜文化研究》,2020 级研究生王志文完成硕士论文《南陵地区古矿冶遗产保护与利用研究》,2021 级研究生韦荣和完成硕士论文《安徽南陵出土商周青铜器研究》,2018 级本科生吕乐双完成毕业论文《南陵漳河—大工山区域考古调查所见印纹陶遗存研究》,2021 级本科生王梦月、张欣如、孙昕阳和吕乐双共同完成国家级大学生创新训练计划项目《GIS 支持下的南陵漳河—大工山区域先秦遗址聚落形态研究》等。

　　本报告也是安徽大学与南陵县、芜湖市校地合作文化遗产保护项目的阶段性成果。2020 年 5 月 22 日,安徽大学与南陵县人民政府签署了《安徽大学—南陵县人民政府关于文化遗产保护的合作框架协议》和《安徽大学历史系—南陵县文化旅游体育局关于共建"安徽大学南陵大工山实践教育基地"的合作协议》,安徽大学党委书记蔡敬民教授、副校长程雁雷教授、南陵县委书记陈海俊等参加签字仪式。2021 年 7 月 7 日上午,"安徽大学南陵大工山实践教育基地"揭牌仪式在南陵县工山镇大工村举行,安徽大学副校长程雁雷教授、南陵县委书记陈海俊出席开幕式。该基地由工山镇大工小学旧址改造,围绕矿冶考古、矿冶遗址保护、青铜文化研究等相关课题开展教学、科研、文化遗产保护利用等工作。同日下午,又举行"南陵县大工山矿冶遗址保护利用专家研讨会",来自国内各高校、科研院所和文博单位的专家学者为基地建设和南陵县矿冶遗址保护利用发抒宏论。2021 年 11 月 30 日,南陵县文体局局长王群、南陵县文物管理所所长王东明、副所长姚耘一行三人到访安徽大学,就大工山实践教育基地未来规划等进行了座谈交流,并达成尽快形成校地合作标志性成果等共识。2023 年 6 月 9 日,安徽大学历史学院与芜湖市文化和旅游局签署战略合作协议,共建"安徽大学历史学院芜湖实践教育基地"。2024 年 3 月 11 日,安徽大学历史学院与芜湖市文物考古研究所签订"南陵、繁昌区域考古调查、资料整理与价值阐释"合作协议,加快推进考古资料整理,并补充调查南陵、繁昌土墩墓。本报告的出版,不仅是上述诸合作协议的阶段性总结,也为下一步继续深入开展区域文化遗产发掘与研究奠定了良好基础。

　　本报告的撰写,分工如下:张爱冰负责报告的整体框架、内容构成、编写体例以及书稿的最后审定;第 1—4 章由肖航、张文利完成;第 5 章由吕乐双完成;第 6 章由王梦月、孙昕阳、张欣如和吕乐双共同完成;第 7 章由课题组成员、中国国家博物馆钱静轩完成;第 8 章由韦荣和完成;第 9 章由王爱民完成;第 10 章由课题组成员、国家文物局考古研究中心郁永彬完成;第 11 章由王志文完成;图版由吕乐双、王梦月、孙昕阳、张欣如共同完成。王爱民、龙华烈士纪念馆姚倩星对书稿进行了核校。

　　本报告的出版,得到诸多机构和专家学者的支持和帮助:中国社会科学院学部委员王巍研究员、中国科学院大学王昌燧教授、南京大学贺云翱教授、安徽省社会科学院陆勤毅教授、安徽省文物局杨立新研究员、已故安徽省政协副主席李修松教授等对项目研究给予持续的关心和指导；南京博物院张敏研究员、中国科学技术大学金正耀教授、秦颖副教授、中国国家博物馆李刚研究员友情出任子课题负责人；张敏先生拨冗撰写了《序》，陆勤毅教授题写了书名；安徽大学历史学院、芜湖市文物考古研究所为成果的后期整理和出版提供了支持；上海古籍出版社吴长青副社长、张亚莉、宋佳、董瑾女士为本书的按时出版付出颇多，在此一并表示诚挚谢意！

张爱冰

2024 年 4 月 19 日

图　版

1. 2019年度调查合影

2. 2020年度调查合影

图版一　调查人员合影

1. 安徽大学与南陵县人民政府合作框架协议签约仪式

2. 南陵县大工山矿冶遗址保护利用专家研讨会

图版二　重要活动照片（一）

1. 安徽大学南陵大工山校外实践教育基地揭牌仪式

2. 安徽大学南陵大工山校外实践教育基地全景

图版三　重要活动照片（二）

1. 前桥遗址地面调查（左亚琴）

2. 鲍家屋南遗址记录（杨朴等）

图版四　调查工作照（一）

1. 老屋遗址调查剖面（常经宇等）

2. 崔涝遗址调查记录（李迎港、李如雪）

图版五　调查工作照（二）

1. 茅棚遗址调查剖面

2. 新店土墩墓记录（吕乐双、胡雪堃）

图版六　调查工作照（三）

1. 滨河塥遗址（镜向230°）

2. 竹丝遗址（镜向300°）

图版七　漳河流域遗址照片（一）

1. 前桥遗址（镜向270°）

2. 墩汪遗址（镜向210°）

图版八　漳河流域遗址照片（二）

1. 联工遗址（镜向360°）

2. 曹村遗址（镜向325°）

图版九　漳河流域遗址照片（三）

1. 鲍家屋遗址（镜向337°）

2. 永林遗址（镜向136°）

图版一〇　漳河流域遗址照片（四）

1. 风合刘北遗址（镜向117°）

2. 风合刘北遗址剖面（镜向209°）

图版一一　漳河流域遗址照片（五）

1. 甘罗墩遗址（镜向37°）

2. 老屋遗址（镜向281°）

图版一二　漳河流域遗址照片（六）

1. 老鸦冲遗址（镜向63°）

2. 老鸦冲遗址地表遗物

图版一三　漳河流域遗址照片（七）

1. 老鸦冲土墩墓（镜向220°）

2. 荷花冲土墩墓群（镜向19°）

图版一四　漳河流域遗址照片（八）

1. 孙村土墩墓（镜向278°）

2. 盛桥散点（镜向313°）

图版一五　漳河流域遗址照片（九）

1. 店门林东一号墩（左）、二号墩（右）（镜向160°）

2. 店门林遗址四号墩（镜向270°）

图版一六　大工山北麓遗址照片（一）

1. 店门林遗址一号墩剖面（镜向310°）

2. 店门林南遗址（镜向225°）

图版一七　大工山北麓遗址照片（二）

1. 芦塘遗址（镜向0°）

2. 回龙墩遗址（镜向165°）

图版一八　大工山北麓遗址照片（三）

1. 回龙墩东遗址（镜向250°）

2. 何家冲遗址（镜向90°）

图版一九　大工山北麓遗址照片（四）

1. 垅下遗址（镜向36°）

2. 崔涝遗址（镜向69°）

图版二〇　大工山北麓遗址照片（五）

1. 四垅遗址（镜向10°）

2. 金子阡遗址矿井

图版二一　大工山北麓遗址照片（六）

1. 排形遗址俯视

2. 排形遗址剖面

图版二二　大工山北麓遗址照片（七）

1. 沙滩脚遗址（镜向270°）

2. 上牧冲遗址

图版二三　大工山北麓遗址照片（八）

1. 阮冲土墩墓（镜向296°）

2. 塘埂土墩墓（镜向270°）

图版二四　大工山北麓遗址照片（九）

1. 四甲土墩墓群（镜向106°）

2. 新塘土墩墓（镜向166°）

图版二五　大工山北麓遗址照片（十）

1. 庆山土墩墓（镜向 159°）

2. 岭头土墩墓（镜向 332°）

图版二六　大工山北麓遗址照片（十一）

1. 下屋遗址俯视

2. 下叶遗址（镜向234°）

图版二七　七星河流域遗址照片（一）

1. 毛草棚遗址（镜向186°）

2. 毛草棚遗址剖面（镜向146°）

图版二八　七星河流域遗址照片（二）

1. 燕屋旺冲遗址俯视

2. 刘家井遗址俯视

图版二九　七星河流域遗址照片（三）

1. 冷水冲遗址俯视

2. 水龙湖遗址俯视

图版三〇　七星河流域遗址照片（四）

1. 小燕冲遗址俯视

2. 铜塘遗址俯视

图版三一 七星河流域遗址照片（五）

1. 滨河勘遗址 C01－01

2. 滨河勘遗址 C01－02

3. 滨河勘遗址 C02－01

4. 滨河勘遗址 C02－02

5. 滨河勘遗址 C02－03

6. 滨河勘遗址 C03－02

7. 滨河勘遗址 C03－03

8. 滨河勘遗址 C03－04

图版三二　漳河流域陶片标本（一）

1. 滨河塮遗址 C04-01

2. 滨河塮遗址 C04-02

3. 滨河塮遗址 C04-03

4. 滨河塮遗址 C06-01

5. 滨河塮遗址 P04-01

6. 竹丝遗址 C03-01

7. 竹丝遗址 C03-02

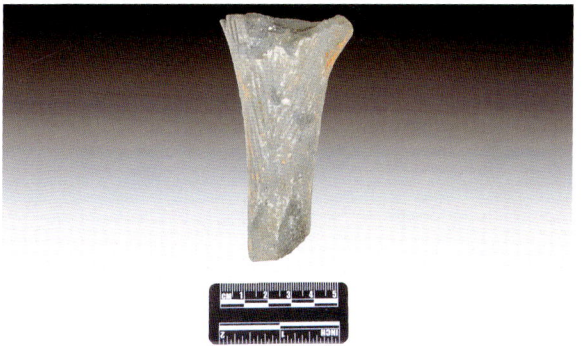

8. 竹丝遗址 C03-03

图版三三　漳河流域陶片标本(二)

1. 竹丝遗址 C07-01

2. 竹丝遗址 C08-01

3. 前桥遗址 C01-01

4. 前桥遗址 C01-02

5. 前桥遗址 C01-03

6. 前桥遗址 C01-04

7. 前桥遗址 C01-05

8. 前桥遗址 C01-06

图版三四　漳河流域陶片标本(三)

1. 前桥遗址 C01-07

2. 前桥遗址 C02-01

3. 前桥遗址 C02-02

4. 前桥遗址 C02-03

5. 前桥遗址 C02-04

6. 前桥遗址 C02-05

7. 前桥遗址 C02-06

8. 墩汪遗址 C03-01

图版三五　漳河流域陶片标本（四）

1. 墩汪遗址 C03-02

2. 墩汪遗址 C03-03

3. 墩汪遗址 C03-04

4. 墩汪遗址 C04-01

5. 墩汪遗址 C04-02

6. 墩汪遗址 C04-03

7. 墩汪遗址 C04-04

8. 墩汪遗址 C04-05

图版三六　漳河流域陶片标本（五）

1. 墩汪遗址 C04-07

2. 墩汪遗址 C04-09

3. 墩汪遗址 C04-10

4. 墩汪遗址 C04-11

5. 联工遗址 C05-01

6. 联工遗址 C07-02

7. 联工遗址 C08-01

8. 鲍家屋遗址 C07-03

图版三七　漳河流域陶片标本（六）

1. 曹村遗址 C01-01

2. 曹村遗址 C02-01

3. 曹村遗址 C03-01

4. 曹村遗址 C04-01

5. 曹村遗址 C05-01

6. 曹村遗址 C06-01

7. 曹村遗址 C07-01

8. 曹村遗址 C08-01

图版三八　漳河流域陶片标本（七）

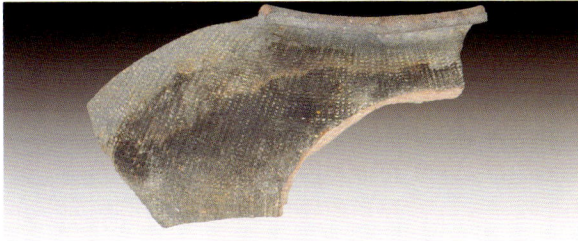

1. 永林遗址 C01-01

2. 永林遗址 C01-02

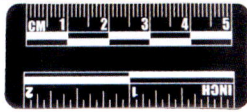

3. 永林遗址 C01-03

4. 甘罗墩遗址 C02-01

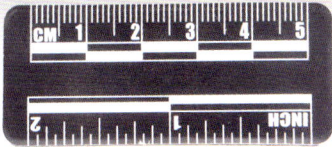

5. 甘罗墩遗址 C02-02

6. 甘罗墩遗址 C02-03

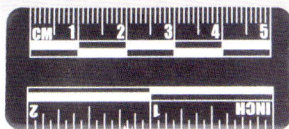

7. 甘罗墩遗址 C02-04

8. 塔里遗址 C01-08

图版三九　漳河流域陶片标本（八）

1. 老屋遗址 C03-03

2. 老屋遗址 C03-04

3. 老屋遗址 C03-05

4. 老屋遗址 P1-01

5. 老屋遗址 P1-02

6. 老屋遗址 P1-04

7. 老屋遗址 P1-05

8. 老屋遗址 P1-06

图版四〇　漳河流域陶片标本（九）

1. 宛村散点标本01

2. 石峰水库散点标本08

3. 孙村散点标本01

4. 孙村散点标本02

5. 滨玉散点标本01

6. 滨玉散点标本02

7. 黄祠散点标本01

8. 天马散点标本01

图版四一　漳河流域陶片标本（十）

1. 店门林遗址①C01-01

2. 店门林遗址①C01-03

3. 店门林遗址①C01-04

4. 店门林遗址①C02-03

5. 店门林遗址①C02-12

6. 店门林遗址①C02-15

7. 店门林遗址①C03-01

8. 店门林遗址①C03-02

图版四二　大工山北麓陶片标本（一）

1. 店门林遗址①C04-02

2. 店门林遗址①C05-01

3. 店门林遗址①C05-02

4. 店门林遗址①C05-03

5. 店门林遗址①C05-04

6. 店门林遗址①C05-05

7. 店门林遗址①C06-01

8. 店门林遗址①C06-02

图版四三　大工山北麓陶片标本（二）

1. 店门林遗址①C06-03

2. 店门林遗址①C07-03

3. 店门林遗址①C09-01

4. 店门林遗址①C10-02

5. 店门林遗址①C10-03

6. 店门林遗址①C10-04

7. 店门林遗址①C11-01

8. 店门林遗址①C11-02

图版四四　大工山北麓陶片标本（三）

1. 店门林遗址①C11-03

2. 店门林遗址①C11-04

3. 店门林遗址①C12-01

4. 店门林遗址①C13-01

5. 店门林遗址①C13-02

6. 店门林遗址①C14-02

7. 店门林遗址①C14-03

8. 店门林遗址①C14-04

图版四五　大工山北麓陶片标本(四)

1. 店门林遗址②C01-02

2. 店门林遗址②C03-01

3. 店门林遗址②C08-01

4. 店门林遗址②C09-01

5. 店门林遗址②C11-01

6. 店门林遗址②C13-01

7. 店门林遗址②C13-02

8. 店门林遗址③C02-02

图版四六　大工山北麓陶片标本（五）

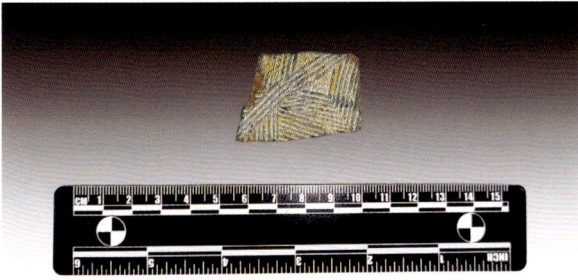

1. 店门林遗址③C04-02

2. 店门林遗址③C05-01

3. 店门林遗址③C06-01

4. 店门林遗址③C06-02

5. 店门林遗址④C03-01

6. 店门林遗址④C06-01

7. 店门林遗址④C06-03

8. 店门林遗址④C07-01

图版四七　大工山北麓陶片标本（六）

1. 芦塘遗址 C06-02

2. 芦塘遗址 C07-02

3. 芦塘遗址 C07-03

4. 排形遗址 C06-01

5. 阮冲散点标本01

6. 燕屋旺冲遗址 C01-02

7. 水龙湖遗址 C01-05

8. 小燕冲遗址 C01-04

图版四八　大工山北麓陶片标本（七）

1. 下屋遗址 C01-01

2. 下屋遗址 C01-02

3. 下屋遗址 C01-03

4. 下屋遗址 C01-04

5. 下屋遗址 C01-07

6. 下屋遗址 C01-08

7. 下屋遗址 C01-10

8. 下屋遗址 C01-11

图版四九　七星河流域陶片标本(一)

1. 下屋遗址 C01-12

2. 下屋遗址 C03-01

3. 下屋遗址 C03-02

4. 下屋遗址 C03-03

5. 下屋遗址 C03-05

6. 下屋遗址 C04-01

7. 下屋遗址 C04-02

8. 下屋遗址 C04-04

图版五〇　七星河流域陶片标本(二)

1. 下屋遗址 C04-06

2. 下屋遗址 C04-07

3. 下屋遗址 C04-08

4. 下屋遗址 C04-09

5. 下屋遗址 C04-10

6. 下屋遗址 C04-11

7. 下屋遗址 C05-01

8. 下屋遗址 C05-02

图版五一　七星河流域陶片标本(三)

1. 下屋遗址 C05-03

2. 下屋遗址 C05-04

3. 下屋遗址 C07-01

4. 下屋遗址 C08-01

5. 下屋遗址 C08-03

6. 下屋遗址 C08-05

7. 下屋遗址 C08-06

8. 下屋遗址 C08-07

图版五二　七星河流域陶片标本（四）

1. 下屋遗址 C09-02

2. 下屋遗址 C09-03

3. 下屋遗址 C09-04

4. 下屋遗址 C09-05

5. 下屋遗址 C10-01

6. 下屋遗址 C10-02

7. 下屋遗址 C11-01

8. 下屋遗址 C12-01

图版五三　七星河流域陶片标本(五)

1. 下屋遗址 C12-02

2. 下屋遗址 C13-01

3. 下屋遗址 C13-02

4. 下屋遗址 C13-03

5. 下屋遗址 C13-04

6. 下屋遗址 C13-05

7. 下屋遗址 C13-06

8. 下屋遗址 C13-07

图版五四　七星河流域陶片标本（六）

1. 下屋遗址 C13-08

2. 下屋遗址 C13-09

3. 下屋遗址 C13-10

4. 下屋遗址 C13-11

5. 下屋遗址 C13-12

6. 下屋遗址 C13-13

7. 下屋遗址 C13-14

8. 下屋遗址 C13-15

1. 下屋遗址 C15-02

2. 下屋遗址 C17-01

3. 刘家井遗址 C02-01

4. 刘家井遗址 C02-02

5. 刘家井遗址 C02-03

6. 刘家井遗址 C03-02

7. 余家冲遗址 C01-05

8. 余家冲遗址 C01-06

图版五六　七星河流域陶片标本（八）

1. 冷水冲遗址 C01-01

2. 冷水冲遗址 C01-02

3. 冷水冲遗址 C01-03

4. 冷水冲遗址 C01-04

5. 冷水冲遗址 C02-01

6. 冷水冲遗址 C03-03

7. 冷水冲遗址 C03-04

8. 冷水冲遗址 C03-05

图版五七　七星河流域陶片标本（九）

1. 神冲遗址 C01-04

2. 下榻湖散点标本 01

3. 下榻湖散点标本 02

4. 蒋家湖东北散点标本 02

5. 桥头西南散点标本 01

6. 姚冲下散点标本 01

7. 落冲散点标本 01

8. 落冲散点标本 02

图版五八　七星河流域陶片标本（十）

1. 老鸦冲遗址 191211NJLYP001-1

2. 老鸦冲遗址 191211NJLYP001-2

3. 老鸦冲遗址 191211NJLZYQ001

4. 下分卢遗址 C01-03

5. 下分卢遗址 C01-04

6. 塔里遗址 C02-08

7. 塔里遗址 C04-01

8. 塔里遗址 C06-01

图版五九　调查所获炼渣与炉渣（一）

1. 何家冲遗址 C01-01

2. 何家冲遗址 C01-02

3. 垅下遗址 C01-05

4. 排形遗址 C02-01

5. 排形遗址 C05-01

6. 排形遗址 C05-02

7. 金子阡遗址 C01-02

8. 沙滩脚遗址 C01-01

图版六〇　调查所获炼渣与炉渣(二)

1. 沙滩脚遗址 C02-01

2. 沙滩脚遗址 C05-01

3. 上分桂遗址 C02-03

4. 上分桂遗址 C03-02

5. 团山涝遗址 C03-01

6. 团山涝遗址 C04-01

7. 上牧冲遗址 C01-01

8. 上牧冲遗址 C01-02

图版六一　调查所获炼渣与炉渣(三)

1. 长塘冲遗址 C01-01

2. 长塘冲遗址 C02-01

3. 长塘冲遗址 C02-02

4. 南山脚遗址 C01-05

5. 南山脚遗址 C02-06

6. 南山脚遗址 C02-07

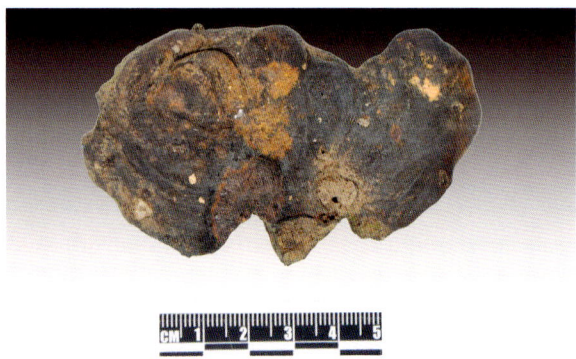

7. 刘家井遗址 C01-04

8. 刘家井遗址 C04-01

图版六二　调查所获炼渣与炉渣（四）

1. 燕屋旺冲遗址 C01-07

2. 燕屋旺冲遗址 C01-08

3. 燕屋旺冲遗址 C01-09

4. 燕屋旺冲遗址 C01-10

5. 水龙湖遗址 C01-06

6. 水龙湖遗址 C01-07

7. 水龙湖遗址 C01-08

8. 水龙湖遗址 C01-09

图版六三　调查所获炼渣与炉渣（五）

1. 冷水冲遗址 C01-05

2. 冷水冲遗址 C03-07

3. 冷水冲遗址 C03-08

4. 樟木涝遗址 C01-01

5. 樟木涝遗址 C02-01

6. 樟木涝遗址 C02-02

7. 小燕冲遗址 C01-01

8. 小燕冲遗址 C01-02

图版六四　调查所获炼渣与炉渣（六）

1. 神冲遗址 C01-01

2. 神冲遗址 C01-02

3. 神冲遗址 C01-03

4. 神冲遗址 C02-01

5. 余家冲遗址 C01-01

6. 余家冲遗址 C01-02

7. 余家冲遗址 C01-03

8. 余家冲遗址 C01-04

图版六五　调查所获炼渣与炉渣（七）

1. 小燕冲遗址 C01-03

2. 铜塘遗址 C01-01

3. 铜塘遗址 C01-02

4. 铜塘遗址 C01-03

图版六六　调查所获炼渣与炉渣（八）